Geulnuri
2020-B-02

Dialogue
Between Law & Soul

법과 영혼의 대화

한 철

글누리
HNU

머 / 리 / 말

21세기 벽두에 지구촌은 9 · 11 사태를 보며 망연자실했다. 파편화된 세상의 고독한 영혼들은 종교의 품 안에서 안식과 평안을 찾기를 염원하지만, 신의 이름으로 흘린 피가 인간 역사를 더럽혀 왔다. 대량살상무기와 결합한 종교적 극단주의는 공멸의 위기감을 증폭시킨다. 너와 내가 모두 사라진 폐허에는 고요와 정적만 남을 것이다. 공멸이 아닌 공존을 위해서는 거칠게 쏟아내는 독설을 내려놓는 법부터 배워야 한다.

전통적으로 현실질서 규율은 법의 몫이었다. 그러나 오늘날 종교는 하늘 너머의 세계만이 아니라 이 땅에서의 인간 생존에 강력한 영향을 미치고 있다. 땅의 질서에 대해서도 종교에 문의해야 하는 상황이 된 것이다.

법치주의는 법이 사회의 병리현상을 치유해주기를 기대한다. 사회가 병들었는데 개인만 건강할 수는 없다. 개인의 이익실현을 넘어 궁극적으로 이웃사랑의 정신을 놓치지 말아야 한다. 법의 본질(마 22:37~40)을 잃고 방황하는 율법주의자를 양산하는 현실은 우리의 마음을 편치 않게 한다. 본질을 잃고 형식에 매몰되면 진리는 화석같이 된다. 화석화된 진리는 사람을 질식시키는 굴레가 될 수 있다. 예수께 책망 받던 당대 지도자들은 법을 잘 지킬 요량으로 본질보다 형식에 골몰했다. 끊임없이 자신이 서 있는 자리를 확인하지 않는다면 동일한 어리석음을 범할 수 있다.

법이 적용되는 공간은 사람들의 삶의 현장이다. 제대로 된 법이해나 법집행은 사람에 대한 균형 잡힌 이해 없이는 불가능하다. 직립보행을 하

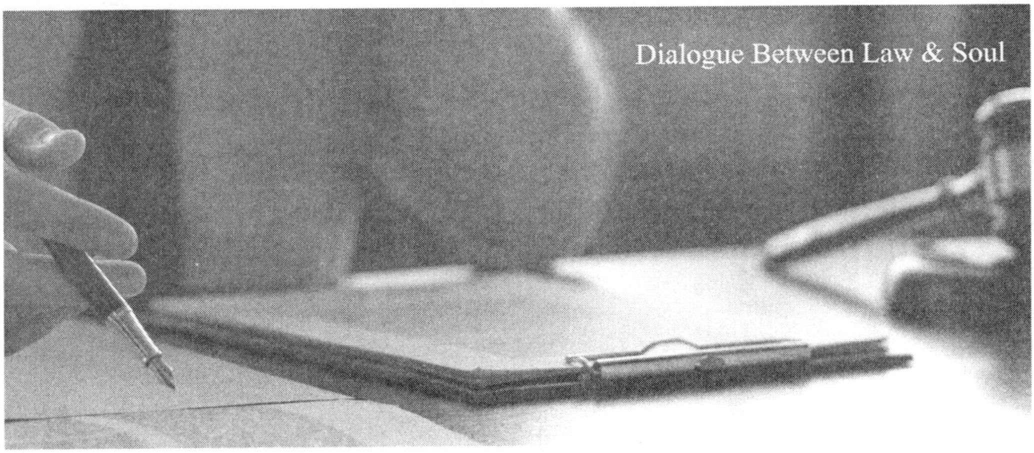

는 인간은 땅을 보면서 하늘도 본다. 건강한 신체에 건전한 정신이 깃든다. 몸이 아프면 마음도 힘들어진다. 영혼이 짓눌리면 몸도 자유롭지 못하다. 우리 현실사회의 삶의 조건을 규정하는 법, 그리고 죄와 슬픔으로 얼룩진 현실을 초월하여 영원한 세계에 대한 희망을 이야기하는 종교는 모두 전인격적인 존재인 인간에게 다가온다. 땅과 하늘을 아우르는 균형 있는 이해와 균형적인 삶을 촉구한다.

법은 이 세상의 조화로운 질서를 추구하지만 현실에만 만족할 수 없고, 인간영혼의 문제는 세상을 초월한 또 다른 질서를 추구하지만 현실을 외면할 수 없다. 법적 현실에 뿌리 내리면서도 저 멀리 인간영혼의 문제를 생각하는 균형 있는 시각이 필요하다. 법과 영혼의 대화를 통한 지평의 융합이 가능해야 할 것이다. 우리에게 의지가 있다면 완전하지는 못해도 근접할 수는 있다.

딱딱하다고 생각하기 쉬운 법, 교조적이고 고리타분할 것이라고 생각하기 쉬운 종교에 대한 선입견은 바람직하지 않다. 독자들의 법과 종교에 대한 이해에 조금이라도 도움이 된다면 큰 기쁨이 될 것이다. 또한 저자의 부족한 견해에 대해 인내로서 조언을 아끼지 않은 아내의 신뢰와 헌신에 고마운 마음을 전한다. 그리고 이 책의 출간을 위해 힘써주신 도서출판 글누리의 관계자 여러분께 감사의 말씀을 드린다.

2020. 2. 29.

저 자

CONTENTS

Dialogue Between Law & Soul

대화의 기초

01 Part

01 Chapter _서 설

우리나라는 동족상잔의 비극을 겪은 지 1세기도 되지 않아 세계사에 남을 만한 발전을 이룩했다. 남의 나라의 도움으로 일어선 나라로서 남의 나라를 원조를 하는 국가가 된 유례를 찾아볼 수 없는 나라가 됐다. 많은 나라가 발전의 모델로 생각하기도 한다. 또한 한류는 지구촌 곳곳에 자유롭게 전파를 타고 흘러가고 있으며 한국이라는 나라에 대한 국제적 관심은 계속 커져 가고 있는 듯하다. 나라 밖에서는 선망의 대상으로 보기도 하지만, 정작 우리 국민들은 행복하지 않은 것으로 보인다. 국제적으로 권위 있는 조사기관들의 보고에 따르면 한국인의 평균생활만족도는 번영지수에 크게 미치지 못한다고 한다.

왜 우리는 행복하다고 느끼지 않는 것일까? 우리나라는 세계적으로 인구밀도가 높고, 국토는 좁다. 부존자원의 결핍, 남북 분단과 대치 상황 등 치열한 경쟁이 펼쳐질 수밖에 없는 여건에 놓여 있다. 급속한 성장과 번영의 밑바탕에 경쟁심이 크게 작용했다고 볼 수 있는데, 경쟁은 극소수를 제외한 절대다수로 하여금 스스로를 패자로 느끼게 만들었으며, 그 결과 절대대수의 국민들은 행복하다고 느낄 수 없게 된다.

공정한 경쟁이 이루어진다면 그래도 결과에 승복할 수 있을 것이다. 그렇지 않다는 데에 문제가 있다. 국제투명성기구는 한국의 투명성 지수가 상당히 낮은 것으로 보고한다. OECD 국가 중에서 갈등지수는 최고수준이며 이로 인해 수백 조원이 낭비된다고 한다. 부패는 국가 경제발전에 크게 악영향을 미친다는 것이다.

법위반행위 또는 비도덕적인 행위는 결과적으로 약자에게 고통을 가하는 것, 즉 약자의 팔을 비트는 비겁한 것이며, 자존감이 약한 사람들이 자주 저지르는 것이다. 비도덕적인 행위가 발생하면 그로 인해 억울한 상황에 처하는 사람들이 많아진다. 그런데 우리 사회는 비도덕성의 문제를 잘 인식하지 못하고 있다. 도덕불감증이야말로 우리 사회를 위험사회로 몰고 가는 중요한 원인이 되고 있다.

I. 법과 행복

1_ 자연과 사람, 고통의 원인

산업화가 본격적으로 이루어지기 전에는 사람이 당하는 고통의 대부분은 자연재해 등 자연에 의한 것이었다. 그러나 과학기술의 발달은 자연으로 인해 발생하는 많은 문제를 해결해주고 있다. 자연으로 인한 고통은 완화되고 있는 것이다. 오늘날 사람들은 자연이 아니라 주로 사회, 즉 다른 사람과의 관계 속에서 행복이 결정된다. 자연이 아니라 사람이 가해자가 되는 상황이 된 것이다. 인간관계에서 오는 스트레스는 암을 유발하기도 한다. 장애인의 절대다수가 사람의 실수와 잘못으로 인한 것이라는 조사보고도 있다. 흡연의 문제도 다르지 않다.

사람들로 인한 고통의 대부분은 부당한 이익을 추구하는 과정에서 발생한다. 그런데 사람을 무시하는 것은 이익과 관련이 없음에도 불구하고 타인에게 커다란 고통을 가한다. 사람은 자존감이 있어야 하고 자신에게만 있는 독특한 정체성이 있어야 살 수 있다. 이것은 다른 사람들이 자신을 독특한 존재로 인정해 줌으로써 생기는 것이다. 타인이 자신을 독특한 존재로 인정함으로써 타인과 다른 나의 정체성이 형성된다. 그런데 남이 나를 무시한다면 자존감은 사라지고 정체성은 흔들리게 된다. 사람이 폭력을 행사하는 주된 이유는 자신에 대한 무시라고 한다. 무시당하는 것은 사람에게 고통과 분노를 가져다준다.

종교가 중요한 기능을 한 시대에는 종교가 상당부분 이 문제를 감당했다. 신앙인들은 사람의 인정이 중요한 것이 아니기 때문에 사람들의 무시도 견딜 수 있고, 무시를 당해도 신은 자신을 인정한다는 믿음으로 자존감을 유지할 수 있었다. 그런데 과학의 발달과 함께 진행된 세속화는 상황을 급변하게 했다. 신의 위로를 거절한 사람들은 오직 다른 사람들의 인정 속에서만 자존감과 정체성을 보장받게 된다. 그런데 사람들은 신만큼 자비롭지도 않고 정의롭지도 않다. 또한 실체적 진실을 정확하게 알 수 있는 능력도 없기 때문에, 고독하고 쉽게 폭력을 행사하게 된다.

대가족제도에서는 구성원 모두가 공동체의 소중한 일원으로 인정되었기 때문에 크게 외롭지도 않고, 서로 무시하지도 않았다. 오늘날 이익사회에서는 모두가 자신의 이익극대화를 위한 길의 경쟁자가 되어 이익을 위한 수단으로 전락하고 말았다. 어찌 불행하지 않을 수 있을까? 남의 사기행위로 피해를 입은 사람은 사기 당한 액수에 비례하여 고통스러운 것은 아니다. 이용당하고 무시당했다는 사실이 더 고통스러운 것이다.

과학기술은 인간에게 행복만을 가져다 줄 것으로 예상되었지만 고통을 주는 힘으로 변질되기도 한다. 주먹보다는 총이나 폭탄을 사용할 때 훨씬 더 큰 고통을 가져온다. 기술의 발달로 사람들이 행사할 수 있는 물리적 힘은 커졌는데 그에 상응하는 도덕적 책임의식은 커지지 않았기 때문에 인재라고 하는 대형 사고들이 발생하고 있다. 지구온난화는 과거보다 강해진 태풍, 한파 등 엄청난 재해를 야기한다. 인간이 원인을 제공했다는 점에서 인재라고 할 수 있고, 여기에는 공평성의 문제가 제기된다. 인간이 가하는 고통은 자연이 가하는 것보다 훨씬 잔혹하다. 뿐만 아니라 세속화된 세계에서는 신의 심판이나 내세의 처벌에 대한 두려움도 약화되었다.

인간은 사회를 구성하여 활동한다. 인간 집단이 사람들의 삶에 큰 영향력을 가지게 되어 있으며, 사람의 행복을 크게 좌우하게 된 것이다. 미국의 신학자 니버[1]는 〈도덕적 인간과 비도덕적 사회〉라는 저서에서 사회의 도덕성 문제를 다루었다. 그는 개인에게는 양심이나 체면 등이 있어서 어느 정도 도덕적이 될 수 있지만, 집단에게는 그런 도덕성이 없기 때문에 개인보다 훨씬 더 비도덕적이 될 수 있다고 주장했다. 집단이기주의나 국가이기주의에서 전형적으로 나타나고 있는 모습이다. 오늘날 사람이 초래하는 고통의 많은 부분은 사회가 주는 것이며 사회의 비도덕성은 더 큰 고통을 주게 된다.

1) Reinhold Niebuhr (1892-1971)

1920년대에 널리 퍼져 있던 자유주의 신학 비판. 미국 개신교 안의 지적 분위기와 정치사상에 큰 영향. 제2차 세계대전 때는 대 히틀러 전쟁을 지원 촉구. 에큐메니컬 운동에 영향. 많은 논문과 학구적인 글 썼고, 많은 분야의 학문과 사상에 영향.

2_ 자유와 책임, 도덕

자유가 없는 자에게는 책임도 물을 수 없다. 자연은 시시비비를 가릴 능력이 없으므로 자연에게는 책임을 물을 수 없고, 따라서 자연에는 도덕이 있을 수 없다. 인간에게만 도덕이 요구되는 것이다. 인간에게도 자유의지가 없다고 주장하는 결정론적 사고방식을 가진 이들도 있다. 그러나 인간에게 자유의지가 없고 따라서 존엄성도 없다면 히틀러를 비판하는 것이나, 슈바이처를 존경할 이유도 없게 된다. 결정론[2)]은 이미 악용되고 있으며 책임회피의 수단으로 이용되기도 한다. 범죄자가 자신의 행위에 대한 이유와 궤변의 근거로 악용하는 것이다.

결정론의 근거는 설득력이 없다. 과학적 설명방식은 원인과 결과를 말하는 인과관계에 기초한다. 그런데 자유의지는 그 자체가 원인 없는 원인을 전제하는 것이며, 따라서 자연과학의 영역에 속할 수 없다. 윤리는 초자연적이고 신비들 가운에 하나로 과학적 언어로 표현될 수 없다. 윤리가 신비에 속하는 것은 자유의지가 전제되지 않으면 무의미하기 때문이다. 인간 삶에서 가장 중요한 것들은 모두 과학적 언어 영역 밖에 있다. 삶의 의미, 사랑, 슬픔, 고상한 것 등 우리 삶에서 중요한 것들은 모두 과학적 설명을 거부한다.

하고 싶지는 않아도 '마땅히 해야 하는 일'과 하고 싶어도 '해서는 안 되는 일'이 있다. 전자는 의무이며 명령에 대한 순종이고, 당위Sollen, oughtness라 한다. 도덕적 명령은 자유의지가 있는 사람에게만 적용되고 그렇지 않은 짐승에게는 적용되지 않는다. 그러므로 당위는 사람에게만 적용되고, 할 수 있는 것에만 적용된다. 거짓말도 적당히 섞어가며 살고 싶은 데 왜 정직하라는 명령에 따라야 하는 것일까? 사람은 왜 도덕적으로 행동해야 하는가?

신의 명령이기 때문에 지켜야 한다는 생각을 '신명론'이라 한다. 세속화되고 탈종교화한 사회에서, 그리고 종교인들이 명목상으로만 종교인이요 실제는 무신론자인 상황에서는 이러한 이론의 설득력은 약화될 수밖에 없다.

옳고 그름을 판단하는 절대적 기준이 있고, 이성을 가진 사람은 누구나 직관적으로 알 수 있으며, 사람이라면 이에 따라야 할 의무가 있다는 생각으로 이를 '의무론'이라 한다. 사람은 누구나 거짓말은 나쁘다는 것을 알고 있고, 그것이 왜 나쁜가에 대해서는 따지지 않는다. 사람은 양심에 따라 행동해야 한다. 도덕적 기준을 지키지 않는 사람은 양심이 없고 인간 자격에 미

2) 철학에서, 도덕적 선택을 비롯한 모든 사건은 앞서 존재하는 원인에 의해 전적으로 결정된다는 이론.

달한다고 본다. 그런 사람은 '짐승 같은 놈'이라 비난당하기도 한다.

도덕적으로 행동하면 자신에게 어떤 종류의 이익이 된다고 믿으면 도덕적으로 행동하게 된다고 하는 생각을 '목적론'이라 한다. '정직한 사람은 성공한다'는 식이다. 윤리적 목적 이외에 성공을 위한 수단으로 취급하는 것이다. 여기에서 목적으로 가장 많이 언급되는 것이 행복이다. 도덕적으로 행동하면 행복할 수 있으므로, 도덕적으로 행동해야 한다는 것이다. 도덕적 행동에 동기를 부여할 수 있다. 공리주의 철학자들은 '최대다수의 최대행복'을 가져오는 행동이 도덕적이라고 했다.

행복과 쾌락을 추구하고 고통을 피하려고 하는 것은 인지상정이다. 이것은 증명할 필요가 없다. 고통과 쾌락은 그렇게 대칭적인 것은 아닐 수 있다. 고통을 피하는 것이 쾌락을 얻는 것보다 더 절박하고 더 필요하다. 즐겁지는 않아도 아프지 않았으면 하는 것이 대부분의 사람들의 본능적 욕구이다. 행복추구보다는 고통회피가 우선적이다. 사람을 행복하게 하기 전에 고통으로부터 해방시켜야 하는 것이며 이런 생각을 '최소고통론'이라 할 수 있을 것이다. 최대다수를 행복하게 만드는 것은 바람직한 일이지만, 그것을 도덕적 의무라고는 하지 않는다. 일반적으로 비난받는 비도덕적인 행위는 타인에게 부당하게 고통을 가하는 것이다. 이것을 '위해성의 원칙'이라 하며, 법이나 도덕에 모두 적용될 수 있다. 한국인의 불행은 도움을 주는 사람이 적어서라기보다 해를 당하는 경우가 많기 때문이 아니겠는가?

3_ 규범, 법, 약자의 보호

법이나 도덕 등의 규범은 모두 타인에게 해를 끼치지 말라고 한다. 여기에는 '당위'가 적용된다. 규범은 모두 타인과의 관계에서 문제가 된다. 인간사회를 질서 있게 유지하기 위해 만들어진 것이다. 법률은 강제력을 가지고 있으며, 법률위반에 대해서는 민형사상의 처벌을 받을 수 있다. 법이 이렇게 강제력을 가지고 법의 위반을 강력하게 제재하는 것은 법률위반이 타인에 대한 상당한 고통을 주기 때문이다. 당위의 요소가 핵심을 이루고 있는 법규범이 인간관계를 질서 있게 유지하는 데 공헌하고 있다.

국가와 법률은 원칙적으로 약한 사람들을 악한 사람들로부터 보호하기 위해 존재하는 것이고, 따라서 약자를 보호하지 못하거나 나쁜 짓을 하는 사람을 벌주지 않는 국가는 국가의 자격이 없다. 그러나 바람직한 것은 자발적으로 법을 지키는 것이다. 법을 지켜야 할 이유는 어디에 있는가? 국가의 권위는 신이 주신 것이기 때문에, 민주적인 절차를 통해 사회가 약속했기 때문에, 모두에게 편리하기 때문에 등 여러 가지 이유가 있을 것이다.

그것 이외에도 법을 준수해야 약자가 보호받을 수 있다. 정상적이고 건강한 상식을 가진 사회라면 약자가 보호받지 않아도 된다는 주장은 성립할 수 없다. 강자는 법이 없어도 어느 정도 방어할 수 있다. 약자는 법이 보호해주어야 하는 것이다. 모든 법이 다 그런 것은 아니지만, 대부분의 법은 제대로 만들어지기만 하면 약한 사람들을 위해 만들어지고 집행된다.[3]

법이 많아지는 것은 사회가 복잡하게 변화하면서 남에게 해를 끼치는 경우도 많아졌기 때문이다. 법이 많아지고 잘 집행되면 사회질서와 정의가 확립되고 억울하게 손해를 보는 사람이 적어질 것이다. 그러나 법을 만들고 집행하는 데에 엄청난 비용이 든다. 법은 인간관계를 기계적으로 만들고 규격화할 수 있다. 인간의 자율성이 아니라 처벌에 대한 두려움에 의한 사회질서의 유지는 인간의 존엄성에 어긋난다. 그렇다면 법이 없거나, 있더라도 강력하게 집행하지 않아도 되는 사회가 좋은 사회이다. 법은 법이 없어도 되는 사회를 만들기 위해 존재한다. 그런 의미에서 법은 자살지향적이다.

한국인의 불행에 크게 작용하는 것은 비도덕적인 사회일 것이다. 도움을 많이 받지 못해서가 아니라 피해를 많이 본다고 생각하기 때문에 힘든 것이 아닌가? 특히 약자들은 강자들로부터 피해를 입을 때 그에 대처할 능력이 부족하다. 법이 약자를 제대로 보호한다면 덜 불행한 사회가 될 수 있을 것이다. 법이 제대로 작동되는 사회가 되기를 희망해본다. 물론 법만으로 행복한 사회가 될 것이라고 믿는 사람은 없을 것이다.

Ⅱ. 실정법을 넘어서

사람들은 말한다. "사람이라고 다 사람인 것이 아니다. 사람다워야 사람이다." '돼지가 아닌 돼지'는 있을 수 없지만, '사람이 아닌 사람'은 있을 수 있다는 것이다. 사람으로 대접을 받으려면 '사람들이 당연히 해야 할 것으로 기대하는 기준'에 부합하도록 행동해야 한다. '사람답게 행동하는 사람'이 진

3) 손봉호, 약자 중심의 윤리, 세창출판사, 2015, 80.

정한 사람이라는 것이다.

사람은 혼자 사는 것이 아니라 사회에서 다른 사람들과 함께 살기 때문에, 사람이 있는 곳에는 분쟁이 발생하기 마련이다. 이 분쟁에서 물리적으로 강한 힘을 가진 자가 약자를 힘으로 제압하는 것이 통하는 사회라면 '동물의 왕국'과 같은 곳이 되고 말 것이다. 사람들로 구성된 사회에서는 '정글의 법칙'과는 다른 법칙이 있다고 생각해왔다.

사람들은 분쟁 상황에서 그 해결 기준을 생각한다. 이 때 사람들은 '상대방이 당연히 알고 있을 것으로 기대되는 행위기준'을 제시한다. 그 말을 듣는 상대방도 그런 기준 자체를 부인하는 경우는 거의 없다. 대부분의 경우 그 기준에 위반하지 않았다든가, 기준을 위반했다 해도 그럴 수밖에 없는 사정이 있었다고 주장한다. 사람들이 일반적으로 어떤 법칙이나 규칙의 존재에 대해 동의하고 있음을 보여준다. 만약 이러한 규칙이 없다면 짐승처럼 괴상한 소리를 지르며 싸울 수는 있겠지만, 그 행위의 옳고 그름을 다툴 수는 없을 것이다. 사람들 사이에 '옳고 그름에 대한 합의'가 없다면 시시비비를 가리는 일은 무의미한 일이 되고 만다.

1_ 자연법, 인간 본성의 법칙

이러한 법칙 또는 규칙을 자연법이라고 한다. 이와 달리 중력의 법칙, 유전법칙, 화학법칙 등은 자연법칙이라고 한다. '옳고 그름에 대한 법칙'을 '자연법'이라 부른 것은 그것이 인간 본성의 법칙이라는 뜻에서 비롯된 것이다. 모든 물체에는 그것을 지배하는 자연법칙이 있는 것과 같이 인간에게도 그를 지배하는 법칙이 있다. 물체는 스스로의 선택에 따라 자연법칙을 거부할 수 없지만, 인간은 스스로의 선택에 의해 인간 본성의 법칙을 거부할 수 있다는 점에서 양자는 근본적으로 차이가 있다.

사람이 높은 곳에서 뛰어내리면 중력의 법칙에 따라 아래로 떨어진다. 이처럼 중력의 법칙, 유전법칙 등의 법칙은 사람과 다른 존재들이 공유하고 있으며, 사람들이 이것들을 거부할 수는 없다. 그러나 사람만이 가지고 있는 인간 본성의 고유한 법칙은 거부할 수 있다. 남을 속이지 말아야 하는 줄은 알지만, 현실에서는 자신의 이익을 위해 남을 속이는 일이 다반사로 발생하고 있는 것이다.

이 법칙을 '자연법'이라고 부르는 것은 특별히 배우지 않아도 사람이라면 누구나 자연스럽게 안다고 생각했기 때문이다. 인류 전체로 보면 사람은 누구나 바른 행동에 대한 인식을 가지고 있다. 그렇지 않다면 시시비비를 가릴 수 없게 된다.

우리는 일본 제국주의자들도 대한민국 국민들처럼 내심으로는 옳고 그름에 대한 인식을 가지고 있다고 본다. 그러므로 그들이 '종군 위안부' 문제에 대해 사죄하고 피해배상에 대해 적절한 성의를 표시해야 할 의무가 있다고 생각한다. 그들에게 옳고 그름에 대한 인식 자체가 존재하지 않는다면, 아무리 그들에게 '너희가 잘못하고 있다'고 해보아야 무슨 의미가 있겠는가? 우리가 옳다고 말하는 개념이 그들에게는 아예 존재하지도 않으면, 그들과 총, 칼로 싸울 수 있을지언정 도덕적으로 비난할 수는 없는 것이다.

시간과 공간에 따라 도덕의 내용에 차이가 있기 때문에 자연법이 큰 의미를 가질 수 없다는 주장도 있다. 그러나 실질적으로 그 차이는 그다지 크지 않다. 어느 정도의 차이가 있을 수는 있지만 모든 도덕관을 관통하는 동일한 법칙이 있기 때문이다. 전쟁 중에 도망치는 비겁한 행동을 긍정적으로 평가하거나, 은혜를 베푼 사람을 배신한 자를 칭송하는 사회는 없다. 파렴치하고 이기적인 행동을 한 자를 떠받드는 곳도 없다. 일부일처주의나 일부다처주의에 대한 차이는 있어도, 자기 마음에 드는 모든 여자를 다 차지해도 된다는 생각에 동의하는 세계도 없다.

간혹 '옳고 그름'의 구별이 존재하지 않는다고 주장하는 사람들도 있다. 그러나 그들조차도 자기의 주장과 반대되는 행동을 한다는 점을 주목할 필요가 있다. 자기는 약속을 마음대로 어기면서도, 남이 약속을 어기면 '옳지 않다'고 불만을 제기하는 모습을 얼마든지 볼 수 있다. 이러한 점은 그들이 겉으로 자연법의 존재를 부인하는 말을 한다 할지라도, 그들도 사실은 자연법의 존재를 알고 있음을 무심결에 증명하는 것이다.

사람들은 모두 자연법의 존재를 인정하고 있지만, 아무도 이 자연법을 제대로 지키지는 않는다. 사람들은 '자신들이 다른 사람에게 기대하는 행동'을 자기 스스로가 실천하는 데는 실패했다. 누군가 그런 사실을 지적하면 변명거리들을 줄줄이 늘어놓는다. 이렇게 변명을 한다는 점 자체가 그가 자연법을 알고 있음을 보여주는 확실한 증거가 된다. 만약 그가 바른 행동이 존재한다는 사실을 믿지 않는다면, 바르게 행동하지 못했다고 해서 변명할 이유가 어디에 있는가? 사람들은 누구나 올바른 방식으로 행동해야 한다고 하는 생각에서 벗어나지 못한다. 그러나 사람들은 사실상 그런 방식으로 행동하지는 아니한다. 자연법을 알지만 그것을 따르지 않는 것이다.

자연법칙은 일종의 법칙이라기 보다는 단지 사실에 대한 서술방식에 불과하다. "돌은 중력의 법칙을 따른다"는 말은 돌을 던지면 떨어지기 마련이라는 의미이다. 돌에 적용되는 자연법칙이란 단지 '자연이 실제로 늘 하는 일'을 의미할 뿐이다.

'인간 본성의 법칙'은 이와는 다르다. '인간이 실제로 늘 하는 일'을 의미하지 않는다. 인간은 이 법칙을 전적으로 따르지는 않으며, 완전하게 따르는 사람은 한 명도 없다. 누구나 그가 '마땅히 해야 할 일'이 있지만, 하지는 않는다는 것이다. 인간의 문제에는 '인간은 실제 어떻게 행동하고 있는가?'라고 하는 현실의 사실 너머에 '인간은 마땅히 어떻게 행동하여야 하는가?'라고 하는 당위Sollen가 있다. 인간 이외의 우주에는 사실 이외에 더 필요한 것은 없지만, 인간은 그렇지 않다.

전기와 분자의 경우에는 일정한 조건에서는 일정한 방식으로 움직이고 일정한 결과를 일으킨다고 하는 것이 이야기의 전부일 수 있다. 그러나 인간의 경우 그들이 일정한 방식으로 움직인다는 것이 이야기의 전부가 될 수 없다. 현실에서 사람들이 뇌물을 주고받으며 약자들을 억울하게 하는 불공정한 행위들이 자행되는 것이 관행이 되고 있다. 그러나 인간은 그와는 다르게 행동해야 한다는 것을 이미 알고 있다. 실수로 남을 넘어지게 한 사람에 대해 비난을 가할 수는 없지만, 의도적으로 발을 걸어 남을 넘어지게 한 사람에 대해서 비난하는 것은 정당하다.

사람들은 "이기적으로 행동하지 말고, 공정하게 행동하라"고 한다. 이것은 인간이 실제로도 늘 이기적인 존재들이 아니며 기꺼이 이기적인 존재가 되지 않으려 한다는 뜻이 아니다. 말 그대로 이기적이 되어서는 안 된다는 말이다. 중력의 법칙은 단순히 무거운 물체가 움직이는 방식에 대한 사실에 불과하다. 자연법은 단순히 인간이 행동하는 방식에 대한 사실이 아니다. 인간은 이 생각을 도저히 지워버릴 수가 없다. 만에 하나 이를 지워버린다면 우리가 인간에 대해 언급하고 생각하는 것들은 모두 헛소리가 되고 말 것이다.

자연법, 인간 본성의 법칙, 또는 옳고 그름의 법칙은 인간이 만들어낸 것이 아니라, 실제로 현실에 존재하는 것이다. 인간의 행위라는 일상적인 사실 너머에 자연법이 존재한다.

2_ 자연법이 주는 메세지

자연법칙이라는 말은 사실상 자연이 일정한 방식으로 움직이고 있다는 것을 의미한다. 그러므로 이 법칙은 우리 눈에 보이는 현실의 사실들 너머에 존재하는 어떤 것은 아니다. 그러나 자연법은 인간 행위라는 사실들 너머에 있는 어떤 것이다. 즉 인간이 만들어낸 것이 아님에도 우리가 마땅히 따라야 한다고 생각하는 실재적 법칙이 존재한다는 것이다. 이 법칙이 우주에 대해 이야기하는 메시지는 무엇인가? 우주에 대한 관점은 크게는 두 가지로 나눌 수 있다.

하나는 유물론적 관점이다. 이 관점은 물질과 공간은 우연히 생긴 것으로서, 늘 존재해왔지만 그 존재 이유는 알 수 없다는 것이다. 생물은 물질이 일종의 요행으로 만들어낸 것이다. 아주 많은 일련의 우연을 통해 살아있는 생명체들이 결국 인간으로까지 발전하게 되었다는 관점이다.

중간적 위치에 있는 것으로 베르그송[4]과 같은 이들의 '생명력의 철학' 내지는 '창조적 진화' 또는 '돌연변이적 진화'의 관점이 있다. 지구 위의 생명체를 가장 하등한 형태에서 인간으로 진화시킨 변화들은 우연에서 나온 것이 아니라 '생명력의 분투'나 '목적성'에서 나왔다고 본다. 이 때 그 '생명력'이 정신을 가진 존재인가? 그렇다면, 생명을 존재하게 하고 그 생명이 완전해지도록 이끄는 정신을 신이라 할 수 있을 것이다. 즉, 종교적 관점과 같다. 그렇지 않다면, 정신을 가지지 않은 존재가 분투하거나 목적을 가진다는 것은 불가능하다. 이 관점은 유지될 수 없다.

또 다른 하나는 종교적 관점이다. 우주의 배후에는 정신과 비슷한 무엇인가가 있다. 그 무엇인가는 지각과 목적을 가지고 있다. 그 무엇인가는 부분적으로는 우리가 모르는 목적을 위해, 또 부분적으로는 자신과 닮은 존재를 만들려는 목적을 위해 우주를 만들었다는 것이다. 정신을 가졌다는 정도에서 닮았다는 의미이다. 인간이 존재하는 곳에는 어디에나 이 두 관점 내지 세 관점이 있었다. 일상적 의미의 과학으로는 어느 관점이 옳은지 알아낼 수 없다.

과학의 유용성 및 필요성에 이의를 제기하는 것은 아니다. 그러나 어떤 사물이 왜 존재하느냐? 과학이 관찰하는 사물들의 배후에 무엇인가가 존재하는가, 존재하지 아니 하는가? 이러한 것들은 과학의 영역이 아니다. 만약 '배후의 무엇'이 존재한다면 그것은 인간에게 전혀 알려지지 않거나, 알려지더라도 과학과는 다른 방식으로 알려지거나 둘 중의 하나일 것이다. 그 존

4) Henri Bergson
(1859-1941)

프랑스의 철학자. 1927년 노벨 문학상 수상. 과정 철학을 정교하게 발전시킴. 창조적 진화〉, 〈형이상학 개론〉 등 저술.

재 유무에 대한 진술은 과학이 할 수 있는 진술이 아니다. 설사 언젠가 과학 지식이 완벽해져서 우주의 모든 것을 알게 되는 날이 온다고 할지라도 "우주는 왜 존재하는가?", "우주에는 어떤 의미가 있는가?" 등의 질문들은 여전히 남아있을 것으로 보아야 하지 않겠는가?

우리는 궁금하다. 우주는 아무 이유 없이 그저 우연히 이런 모습으로 존재하는가? 아니면 이런 모습으로 존재하게 만든 힘이 배후에 있는가? 만일 그런 힘이 존재한다면 그 힘은 관찰 가능한 사실들 중 하나가 아니라, 그 사실을 만들어낸 실재이므로 단순한 사실 관찰을 통해서는 찾아낼 수 없다.

그런데 그 사실 너머의 존재가 있는지 여부를 알 수 있는 단 한 가지 사례가 있는데 그것은 바로 인간이다. 우리 자신이 인간이기 때문에, 우리는 인간의 내부 정보를 가지고 있고, 그 내부 사정을 잘 알고 있다. 그러므로 우리는 인간이 자연법 아래 있으며, 그 자연법은 인간이 만들어 내지 않은 것으로서 아무리 노력해도 잊어버릴 수 없고, 마땅히 따라야 한다고 생각하는 것이다.

만약 인간을 외부에서만 연구하여 인간의 행동만을 관찰한다면, 인간에게 자연법이 있다는 사실을 발견하지 못할 것이다. 외부의 연구는 사람이 '하고 있는 행동'만을 관찰하는 것인데, 자연법은 사람이 '해야 하는 행동'을 다루는 것이니 어떻게 그 증거를 얻을 수 있겠는가? 사람을 통해 그런 배후의 존재가 있음을 발견한다. 집을 지은 건축가가 곧 그 집의 벽이나 계단일 수 없다. 마찬가지로 우주 밖에서 우주를 통제하는 힘이 있다면 그 힘은 우주 안에 있는 사실 중 하나로 나타날 수 없다. 그 힘은 오로지 우리를 일정한 방식으로 행동하게 만드는 내면의 영향력이나 지배력으로서만 자기 존재를 드러낼 수 있다. 우리는 그런 힘을 우리 내면에서 감지한다.

인간이 발견한 것은 "사람은 독립적인 존재가 아니며 어떤 법칙 아래 있는 존재라는 사실, 즉 내가 일정한 방식으로 행동하기를 원하는 누군가 또는 무엇인가가 있다는 사실"이다. 우주를 지휘하고 있는 지휘부가 존재하며, 그 지휘부는 내 안에서 옳은 일을 하도록 재촉하고, 옳지 않은 일을 한 경우에는 그에 대해 책임감과 불편함을 느끼게 만드는 하나의 법칙으로 나타난다는 것이다.

여기에서 우리는 그 무언가(지휘부)가 다른 무엇보다도 정신을 닮았다고 생각하지 않을 수 없다. 정신 이외에 다른 것은 물질뿐인데, 물질이 지시를 내린다는 것은 상상할 수 없는 것이기 때문이다.

3_ 우주 너머에

우주 너머에 있는 누군가 또는 무엇인가가 자연법을 통해 현실적으로 우리에게 다가온다. 지금 우리 자신의 힘으로 이 누군가에 대해 접근하고 있다. 그러면서 충격적인 사실을 발견한다. 이 누군가에 대해 두 가지 증거가 제시되어 있다.

하나는 그가 만든 우주이다. 만일 우리가 우주를 유일한 단서로 사용한다면 그는 위대한 예술가라고 할 수는 있지만, 인간의 친구가 될 수는 없는 무자비한 존재라는 결론이 나온다. 우주는 아름다운 곳이기도 하지만, 인간이 통제할 수 없는 위험하고 무서운 곳이기 때문이다.

또 하나의 증거는 그가 우리 정신 안에 둔 도덕률, 즉 자연법이다. 그 자연법은 우리에게 옳고 그름을 가르치고 옳은 행동을 할 것을 촉구한다. 이것을 볼 때 우주 배후에 있는 존재가 옳은 행동에 큰 관심을 가지고 있다는 결론을 내릴 수 있다.

도덕률은 냉혹하다. '올바른 일을 하라'고 명령을 할 뿐, 그것이 얼마나 어려운지에 대해서는 신경 쓰지 않는다. 만약 '우주 너머에 있는 누군가 또는 무엇인가'가 순전히 비인격적인 정신이라면, 그 정신에게 도덕률을 위반한 점에 대해 용서해 달라거나 벌을 면하게 해달라고 청원해보았자 아무 소용이 없다.

'우주 너머에 있는 누군가 또는 무엇인가'가 존재하고 있다면, 사람들이 아무리 존재하지 않는다고 생각해도 존재하지 않는 일은 없다. 또 사람이 그의 존재를 무시한다고 해서 그를 피할 길이 생기는 것이 아니다. 온 우주 공간의 전부가 그에 의해 통제되고 있기 때문이다. 사람은 마음 한편으로 절대 선을 인정하고 내심 그 절대 선에게 동의하고 있다. 절대 선이 존재한다면, 절대 선은 도덕률을 위반하는 우리 행동 대부분을 미워할 것이다.

이것이 사람이 처한 상황이다. 절대 선이 우주를 다스리지 않는다면 어떤 노력을 해도 소망이 없다. 반면에 절대 선이 다스린다면 우리는 매일 그 절대 선의 원수가 되는 셈이기 때문에 역시 소망이 없다. 그 선 없이 살 수 없고, 그 선과 더불어 살 수도 없다.

기독교는 회개를 촉구하고 용서를 약속한다. 그러므로 자신이 용서가 필요한 존재라는 점을 알지 못하는 사람에게는 기독교 세계관이 의미를 가질 수 없다. 먼저 자연법이 존재하고, 그 법의 배후에는 어떤 힘이 있고, 사람들은 그 법을 어김으로써 그 힘과 잘못된 관계를 맺었음을 깨닫는 순간, 기독교 세계관은 그 사람에게 말하기 시작할 것이다.

Ⅲ. 종교의 미래

사회학자 피터 버거Peter Burger와 그레이스 데이비Grace Davie는 말했다: '사회가 근대화할수록 종교는 쇠퇴한다'는 세속화 명제는 경험적으로 오류로 입증되었다는 데 이제 대다수 종교사회학자가 동의한다. 먼저 세속secular이라는 단어의 의미를 정의해보고 논의를 진행하기로 한다. 정치적 의미에서 '세속 사회'라는 말은 정치와 종교가 분리되는 사회를 말한다. 또한 '세속적인 사람'이라고 하면 자연 세계 너머에 신이나 초자연 세계가 존재하는 것을 인정하지 않는 사람을 말한다. 그리고 '세속 시대'는 영원의 개념은 없고 그저 현세만을 강조하는 시대이다. 삶의 의미와 지침은 물론 행복의 기준을 현세에서 누리는 경제적 번영, 물질적 안락, 정서적 만족에 두고 오직 그것만 추구한다.

2015년 4월 미국 '퓨 리서치 센터'의 한 인구통계학적인 연구결과는 무신론자와 불가지론자를 합한 비율이 현재 세계 인구의 16.4퍼센트에서 40년 후 13.2퍼센트로 계속 서서히 낮아질 것으로 내다봤다. 근래에 〈워싱턴 포스트〉The Washington Post지에는 "세상의 종교는 쇠퇴하지 않고 성장할 것이다"는 제목의 기사가 실렸다. 일부 지역에서는 종교 없는 사람의 비율이 증가할 수 있지만 전 세계적으로 종교 전반이 꾸준히 강세를 보이며 성장하고 있다는 연구결과를 소개한 것이다. 특히 기독교인과 무슬림이 차지할 비율은 높아지지만 무종교인의 비율은 줄어든다는 것이다.

근대화의 발전으로 세속화와 불신앙이 확산될 것이라는 사회학자의 말은 속단이었으며, 현실은 사람에게 종교가 필요하다는 것이다. 오늘날 소위 '신흥 무신론자들'이 거칠게 독설을 쏟아내는 상황은 종교의 생명력과 소생력에 대한 반증일 수도 있다.

1_ 세속 이성의 한계

세속주의의 거센 공격에도 종교가 계속 성장하는 이유는 무엇일까? 사람의 무지 때문이라는 식의 답은 수많은 존경할만하고도 박식한 사람들의 삶을 무시하거나 외면하는 것이 되지 않겠는가? 위르겐 하버마스J. Habermas는 세속 이성을 추종하는 계몽주의 관점을 수십 년 동안 유지했다. 그런 사람이 이제는 세속 이성만으로는 인간의 본질을 설명할 수 없다고 단언한다. 과학은 도덕성을 판결하거나 선악을 규정할 수 없고, 사회과학도 인간의 삶이 어떠해야 할지 말해줄 수 없다는 것이다.

19세기 인본주의자들은 종교가 쇠퇴하면 전쟁과 충돌도 줄어들 것이라고 믿었지만, 20세기는 더 큰 폭력으로 물들었으며, 이는 무종교국가들에 의한 과학적 합리주의에 기초한 폭력이었다. 하버마스는 자유, 양심, 인권, 민주주의의 이상 등 이 모두는 유대교의 윤리인 정의와 기독교의 윤리인 사랑의 직접 유산이며, 현재까지 다른 설명은 없다고 했다. 과학은 대단한 기계를 만들 수는 있지만 기계의 오남용으로부터 사회를 보호하고자 하는 도덕적 제약을 가하지는 못한다. 과학은 형제애를 가르치지도 않는다. 과학적 세속 이성은 필요한 선이긴 해도 과학에는 사람에게 필요한 것들이 너무나도 많이 결여되어 있는 것이다.

또한 매사에 과학적 증거를 제시하고 과학적으로 설명해야 한다면 세상에서 사라져야 할 것은 신만이 아니다. 사랑과 미움의 의미까지 사라져버리고 만다. 우리가 사는 세상은 이런 세상은 아니다. 폴 칼라니티Paul Kalanithi는 희망, 사랑, 아름다움, 명예, 고난, 덕 등 인생의 핵심 요소와 관련하여 과학에 그 증거가 없음을 인정했다. 그는 철저한 세속적 관점에는 하버마스가 말한 바와 같이 '마땅히 있어야 할 것이 빠져 있는 부분'이 너무 많음을 깨달았다. 세속적 이성만으로는 희생, 구원, 용서 등의 기초는 설명될 수 없다는 것이다.

2_ 이것이 전부인가? 직관

오늘날의 세속 시대에도 종교가 쇠퇴하지 않는 또 다른 이유는 수많은 사람들이 자연 세계 너머의 초월 세계를 직관으로 인식한다는 것이다. 〈뉴요커〉New Yorker지에 "이것이 전부인가?"라는 기사가 실린 적이 있다. 필자의 확고한 무신론자 친구가 본능적으로 불안에 시달린다는 말을 한다. 어떻게 이 세상이 아무런 목적이 없다는 것인가? 모든 생명, 자녀의 생명과 그 너머까지 다 우주의 무의미한 파편에 불과한 것일까? 주변 가까운 사람들이 죽기 시작하면서 자신의 하는 일이 무의미해 보이면 그런 공포와 이해할 수 없는 순간이 더 잦아진다. 세속주의자마저 피할 수 없는 이 '이해할 수 없음'이란 무엇인가?

인생의 마지막 날을 바라본 스티브 잡스Steve Jobs가 말했다: "평생 축적된 모든 경험이 그저 다 사라져버린다 생각하면 이상하다. 그래서 나는 뭔가 살아남는 것이 있고, 어쩌면 우리 의식이 지속될 거라고 정말 믿고 싶다." 세속주의가 삶을 피폐하게 축소시켰기 때문에 우리의 모든 소득과 지출은 죽음을 기다리는 동안의 손장난에 불과한 것이 되고 말았다. 우리의 직관은 이러한 세속주의에 항거한다. 모차르트의 〈레퀴엠〉The Requiem[5]은 기독교 관점의 죽음, 심판, 내세 등에 의존한 스토리를 기반으로 펼쳐진다. 세속 이성은 죽음 이후에는 소멸밖에 없다고 한다. 그러나 세속 이성을 추종하는 사람이라 할지라도 그 선율과 가사에 감동할 때 '만일 레퀴엠의 이야기가 사실이라면 어떻게 될까?' 하는 생각이 들 수 있지 않겠는가?

세속 사상가들은 누구나 주체 할 수 없는 미적 감각에 대해서도 우리 선조들이 살아남는 데 도움이 되었기 때문에 유전자로 우리에게 전수되었다고 가르치려 한다. 그러나 예술은 사람 안에 계속해서 피할 수 없는 직관을 불러일으킨다. 과학적 세속주의로 설명할 수 없는 것이 인생에는 너무도 많다.

또한 사람은 누구나 충만함을 경험할 때가 있다. 즉 초월세계를 경험하는 것이다. 갑자기 세상에 의미와 아름다움이 가득 차 보인다. 그것은 눈에 보이는 물질세계 너머에 무엇인가가 있다는 결론을 유도한다. '무한의 언저리'에 서 있는 듯한 상황이 펼쳐진다. 이러한 것을 C.S.루이스는 영원한 세계의 궁수가 우리를 향하여 활을 쏘아오는 것으로 설명했다.

이생이 전부라면 존재하지도 않고 존재한 적도 없는 무엇을 우리가 이토록 깊이 갈망하는 까닭은 무엇인가? 세속주의의 세계상 너머를 가리켜 보이는 체험이 왜 이렇게 많은가? 이생이 전부라면 이런 갈망은 영원히 채워질 수 없단 말인가?

철저한 세속주의는 인간을 '영혼 없는 물리적 존재'라고 하며, 사랑하는 사람이 죽으면 그 존재는 소멸되며, 사랑과 아름다움에 대한 인식은 신경화학 사건에 불과하다고 가르친다. 그러나 이런 입장은 보통 사람들의 직관에 부합하지 않는다. 사람들이 신을 믿는 이유는 정서적 필요성 때문이 아니다. 그렇게 해야만 자신이 보고 경험하는 것이 이해되기 때문이다. 무신론 진영에 서 있던 유력한 사상가들이 결국 종교로 돌아오는 것은 세속주의보다 종교가 더 인간 실존에 충실하게 부합하기 때문이다.

오늘날 과학 시대의 세속주의는 종교를 퇴물 취급하려고 하는 경향이 있

5) 레퀴엠은 진혼곡, 즉 죽은 이의 넋을 달래는 곡이란 뜻. 'Requiem'은 라틴어로 '안식'을 의미함.

지만, 다양한 증거들은 오히려 반대 방향을 가리키고 있음에 유의해야 할 것이다. 랍비 조너선 색스Jonathan Sacks도 21세기는 20세기보다 더 종교적인 시대가 될 것이라고 말한다. 21세기 지성의 종교적 관심은 합리적이고도 필수적인 것이 아닌가?

Ⅳ. 세속주의 신념

'신 없는 행복한 삶'A Good Life Without God이라는 웹사이트가 있다. 여기에서 종교의 영향만 없다면 우리는 만인이 평등하고 서로 존중하는 관용적인 개방 사회를 건설할 수 있다고 한다. 종교인은 맹신하면서 살지만, 세속적인 사람이 신을 믿지 않는 것은 명확한 증거와 이성을 따른 결과라는 것이다. 그러나 세속적 관점은 과학과 이성에서 이전에 초자연 세계를 믿던 신념을 뺀 결과일 뿐이다. 즉 이성만으로 인본주의 가치인 평등과 자유를 구축할 수 있다는 것이다. 그러나 종교에서 세속주의로 옮겨가는 것은 신앙을 버린다기보다는 새로운 신념체계와 새로운 신앙공동체로 갈아타는 것과 다를 바가 없다. 세속주의도 일종의 신앙적 신념이라고 할 수 있는 것이다.

1_ 과학과 믿음

세속주의자들은 대체적으로 경험적 관찰로 증명할 수 없는 한 무엇도 믿을 수 없다는 신념을 가지고 있다. 증명될 수 있는 것만이 진리라는 생각이다. 그들은 주장한다: "종교는 신과 초자연 세계가 존재한다는 주장을 결코 증명할 수 없다." 그러나 이러한 관점에는 심각한 문제가 있다. 진리에 대한 확신은 과학적으로 증명할 수 있는 것이 거의 없다. 물이 특정 조건하에서 특정 온도에서 끓는다는 것 정도는 증명할 수 있겠지만, 정의와 인권, 모든 인간의 존엄과 가치의 평등성, 인간의 선행과 악행의 기준 등은 그렇게 증명될 수 있는 것이 아니다.

증거가 없으므로 신을 못 믿는다고 하지만, 그 동일한 기준을 다른 신념에 적용한다면 그 누구도 무엇 하나 옹호할 수 없게 된다. 많은 사람들이 입증이 불가능한 내용을 믿고 있으며, 심지어 그것을 위해 죽기도 한다. 그런데 입증이 불가능하다는 이유로 그런 신념을 가질 수 없다는 말이 타당한가?

자신의 삶의 기초가 되는 모든 헌신에 모든 사람이 인정하는 증거를 기준으로 삼는 사람은 없다. 신을 믿는 믿음에 대해서도 그런 기준을 요구할 수 없는 것이다.

과학과 경험적 증거만이 실재를 이해하는 확실한 길이라고 하는 주장에도 믿음으로만 알 수 있는 세계관이 전제되어 있다. 철학자 에반스C. Steven Evans는 '이 세상 너머에 초자연적인 실재가 없다'는 진술이나 '이 세상 너머에 초자연적인 실재가 있다'는 진술은 둘 다 과학적 명제가 아니라 철학적 명제라고 역설했다. 그 두 가지 진술에는 반드시 믿음이 담겨 있다. 그러므로 과학만이 진리의 기준이라는 선언은 하나의 신념이 되는 것이다.

세속주의는 인간의 이성을 벗어나서는 신이 존재할 수 없다고 전제하기 때문에 신이 존재하지 아니한다는 결론을 내린다. 그러나 이것은 전제일 뿐 증명된 사실이 아니다. 이는 가정을 진리로 예단하는 오류에 해당한다. 과학자이며 철학자였던 마이클 폴라니[6]는 의심과 믿음이 결국 '동등하다'고 했다. 어떤 신념(A)을 부정하려면 그 신념을 부정하고 대신 당분간 의심하지 않아도 되는 다른 신념(B)을 수용해야 한다는 것이다. 의심 자체에 대해서도 의심하는 태도가 필요하다. 종교인이나 비종교인이나 이성과 믿음을 통해 자신의 신념에 도달한다. 이성은 단독으로 작용하지 않으며 그럴 수도 없다. 세속주의는 방대한 신념체계에 기초하고 있다. 이것들에는 논쟁의 여지가 많다.

2_ 세속주의 가치와 기독교사상

대부분의 세속주의자들은 합리성을 추구하고 윤리적 신념을 품고 있다. 그들은 종교의 영향력을 걷어내면 이런 가치의 실현이 쉬워진다고 생각한다. 그런데 이런 가치는 어디에서 온 것인가? 이러한 도덕 기준은 증명이 불가능한 것이며, 유물론적 세계관에서 나오는 논리적 결과도 아니다.

유물론 세계관은 사람은 영혼 없이 물질로만 채워져 있다고 한다. 특별한 목적도 없다. 결국 소멸하여 무로 돌아갈 운명이다. 도덕적으로 살아야 한다는 결론이 나올 여지도 없다. '인간은 썩어가는 우주의 썩어가는 물질 조각일 뿐 그 이상 아무런 의미가 없는 존재'라는 사상의 뿌리에서 '남을 사랑하며 살아야 한다'는 꽃이 필 수 있는가? 개인의 자유, 인권, 평등을 믿는 신

6) Michael Polany
(1891-1976)

유대인 혈통이며, 헝가리 출생. 맨체스터 대학 물리화학 교수, 철학 교수. 특히 과학의 객관성, 과학적 발견, 과학 연구에 대한 그의 역사학적 분석은 이후 미국에서 그를 따르는 많은 추종자들을 양성함과 동시에 신랄한 비평의 대상이 되기도 함.

념이 현재의 인간이 적자생존의 산물이라는 개념에서 나올 수 있는가? 그 개념들이 조화를 이룰 수 있는가?

러시아 철학자 솔로비요프[7]는 세속적 인본주의의 윤리를 꼬집었다: "인간은 원숭이의 후손이다. 그러므로 우리는 서로 사랑해야 한다." 과거에는 사람에게 약육강식이 당연한 것이었다면, 지금은 왜 약자를 배려해야 하는가?[8] 논리성을 살펴보자는 것이다. 유물론적 우주에서 인본주의의 가치를 추론해 낼 수는 없다. 프랑스 철학자 자크 데리다[9]는 말했다: "범죄의 개념은 기독교에서 왔다. … 내가 보기에 기독교 유산, 아브라함의 유산, 성경의 유산이 없이는 법이라는 것도 없다." 기술한 많은 학자 사이에서 확산되는 합의를 하버마스가 언급한 것도 이와 같은 맥락에 있는 것이다. 가치는 과학적 논리의 산물이 아니라 신학적 역사를 가진 것이며, 믿음으로만 수용할 수 있다.

기독교는 인류가 근본적으로 동일하며 인간의 존엄성이 평등하다는 개념을 창시했다. 당대로서는 전대미문의 개념이었고, 오늘날의 민주주의는 전적으로 여기에 빚지고 있다.[10] 하나님이 그분의 형상대로 사람을 창조하셨고, 그리스도께서 온 인류를 위해 속죄하셨다는 성경 개념은 개인의 가치라는 서구의 개념의 기초를 이루고 있다. 흔히 인권을 현대 세속주의가 압제적인 종교와 투쟁하여 쟁취해낸 산물로 알지만, 이 개념은 계몽주의 이후가 아니라 중세 기독교에서 출현했다. 인권 개념은 모든 인간이 하나님의 형상대로 창조되었다는 성경 개념에서 비롯된 것이다.[11]

또한 기독교는 고대 엘리트주의를 무너뜨렸다.[12] 그리스인의 구원은 철학적 명상이 전제가 되었는데 이것은 교육받고 여유 있는 사람만 할 수 있는 일이었다. 그러나 기독교의 구원은 믿음에서 비롯된다. 고대 다른 모든 고전 사상보다 탁월한 평등주의를 보여준다. 서구 세속주의의 도덕 가치는 많은 학자들이 역사를 통해 논증한 바와 같이 유대교와 기독교 사상에서 출발한 것이다.

기독교 도덕은 고도의 인격적 우주에서는 철저하게 이치에 부합한다. 그리스 철학자들에게 로고스logos라는 단어는 우주 배후의 초자연적 질서를 의미했다. 그런데 사도 요한은 예수 그리스도를 '로고스'라 칭했다.[13] 전체 우주의 질서를 어느 한 사람과 동일시 할 수 있다는 주장은 혁명적인 것이었다. 그러나 기독교 세계관은 우주의 인격화를 선언했다. 세상 배후의 능력

7) Vladimir Solovyov (1909-1968)
모스크바 출생. 과학 · 철학 및 신학적 종교의 종합을 인류의 지적 발달의 목표로 삼아, 인식에 대한 최초의 기초적 단계는 신앙이며, 기본적인 도덕성은 수치와 연민과 경건의 감정이라고 설파. 철학자로서는 신앙과 과학의 조화 주창.

8) 현대 민주주의 사회의 커다란 특징 중의 하나는 사회적 약자의 배려에서 찾아볼 수 있다

9) Jacques Derrida (1930-2004)
구조주의 이후를 대표하는 프랑스의 철학자. 알튀세르, 푸코 등과 교제.

10) 그리스의 사상은 귀족 태생의 교육받은 사람만을 위한 제한적 민주주의 개념을 제시했다.

11) 창 1:26–28

12) Platon의 정의론에 나타난 '그리스 세계관'은 자연적인 위계의 존재를 전제한다. 각 사람이 자신의 천성에 적합한 한 가지 일에 전념하고, 다른 사람에게 적합한 일에는 간섭하지 않는 것이 정의라고 했다. 혹자는 지배하도록 태어났고, 혹자는 복종하도록 태어났다는 것이다.

13) 요 1:1

이 사랑이신 인격신이라는 개념은 어디에서도 찾아볼 수 없다. 하나님이 인간이 되셨다는 성육신incarnation의 교리는 인간의 인격을 가능한 최고의 지위로 격상시켰다. 이것이 오늘날 인권 철학의 견고한 토대가 된 것이다.

만인의 가치와 평등에 대한 신념, 약자를 사랑하는 일을 중시하는 신념은 인격신의 우주를 믿는 사회에서야 비로소 등장했다. 그 신은 모든 사람을 자신과 사랑의 교제를 나누도록 지으셨다. 오늘날 세속주의는 성경적 신앙의 도덕적 이상을 대부분 고수하면서도, 그런 이상이 그 우주에서 자연스럽게 흘러나온 결과임에도 인격적 우주관은 거부한다.

3_ 인본주의 신념

이 점에 대해 니체는 탁월하게 비판했다. 신과 초자연 세계가 존재하지 않고 이생과 물질세계가 전부라면 이생 자체보다 상위의 관점은 존재하지 않는다. 삶에 대한 선악 간의 가치 판단은 결국 절대로 참일 수 없다. 신을 믿지 않으면서 만인의 권리를 믿고 약자와 빈민을 돌봐야 한다고 믿는다면 여전히 기독교 신념을 고수하고 있다는 것이다.

인본주의를 비판한 이러한 니체의 사상에 대해 제대로 반박한 사람을 찾아볼 수 없다. 그는 신을 거부하는 사회에서는 도덕을 정당화하거나 동기화하기가 점점 어려워질 것이고, 사람은 더 이기적인 존재가 될 것이며, 강압 이외에는 사람을 통제할 수단이 없어질 것이라고 예견했다.

인본주의가 믿는 것을 신념이라고 칭하는 것이 어색하지 않다. 세속주의자들의 인본주의 신념은 자연계와 물질세계로부터 논리적으로나 경험적으로 도출될 수 없다. 이생 너머에 초월적 실체가 없다면 그 무엇도 가치나 의미가 없다. 인간을 약육강식의 진화과정의 산물일 뿐이라고 이해하면서 동시에 만인의 존엄성이 존중되어야 한다고 주장한다면 논리적 일관성을 상실한 태도가 아니겠는가?

니체는 신을 폐기한 것이 아니다. 전능한 신과 같이 초인은 자기만을 의지한다. 그는 사람들에게 한 때 신에게 두었던 신앙과 권위를 자아에게 부여하라고 촉구한 셈이다. 그도 믿음의 사람이었다. 스스로 결정하는 능력을 가진 자율적인 초인은 또 하나의 모조 신학이다. 이러한 관점은 20세기에 좌우의 진영 모두, 나치주의와 스탈린주의 모두의 인물들에게 커다란 영향을 끼쳤다.

니체는 인본주의 도덕 가치가 결코 자기 우주관의 귀결이 아니라고 말했다. 세속주의 인본주의도 그 부모격인 기독교만큼이나 가치 판단이 많다. 그런데도 불신앙을 택한 사람들은 그런 가치 판단을 기꺼이 받아들이면서도 유독 기독교에 대해서만은 근거가 부실하다며 배격하려 한다. 개인의 자유, 인권, 문명의 진보는 신이 죽었다는 사실에서 자동으로 귀결되는 것은 아니다.

이상으로 미루어 보건데 종교인에게만 그들의 견해를 증명하라는 요구는 불공정하다. 경험적 이성으로는 초자연적인 실재가 있다는 주장이나 그런 것이 없다는 주장 모두 증명할 수 없음을 말하는 것이다. 그러한 진술들을 평가할 방법이 없다는 것이 아니라, 그런 진술에 의문을 제기할 여지가 없는 증거를 요구하는 것이 부적절하다는 것이다.

종교적 신념과 그에 대한 증거를 세속적 신념과 그 증거에 비교하여 평가하는 것이 필요가 있다. 그리할 때 어떤 태도가 우리가 살아가고 있는 세상에 대한 설명을 제대로 하고 있는지 판단할 수 있게 되기 때문이다.

02 Chapter _인생론

3천년 가량 전에 살았던 예루살렘의 지혜자, 솔로몬은 그의 인생 노년에 청년들에게 주는 일종의 '인생론'을 저술했다. 그의 이야기는 "헛되고 헛되며 헛되고 헛되니, 모든 것이 헛되도다" 하는 말로 시작된다(전도서1:2). 이 땅에 거했던 어느 누구보다 지혜로운 자요, 누려보지 못한 것이 없을 정도로 부귀영화를 누린 사람으로 알려진 솔로몬이었지만, 그가 살아 본 인생을 결산해볼 때 그것은 '헛되더라'meaningless는 것이다. 심지어 "살아 있는 산 자보다 죽은지 오랜 죽은 자가 복되다, 이 둘보다도 출생하지 아니하여 해 아래에서 행하는 악을 보지 못한 자가 더욱 낫다"고도 했다.

그러나 그가 자신의 명예와 인생을 걸고 앞으로 살아야 할 날이 창창한 젊은이들에게 해주고 싶은 말은 그것이 아니었다. 그는 책의 마지막 장에서 말했다. "일의 결국을 다 들었으니, 하나님을 경외하고 그 명령을 지킬지어다. 이것이 사람의 본분이니라." 창조주를 모르고 행복을 추구하는 모든 삶은 그때그때 희로애락을 느낄 수는 있지만, 궁극적으로는 '사람의 본분'을 알지 못하고 좌충우돌한 것이요, 핵심이 빠져 있는 것으로 돌아보면 허무한 것에 불과하다는 것이다. "과연 인생이란 무엇인가? 어떻게 사는 것이 의미 있는 삶일까?"

Ⅰ. 근원적인 질문

참으로 오래 된 질문이라는 점에서 진부할 수 있지만, 이것이야말로 삶의 의미에 대한 가장 근원적인 물음 중 하나이다. 그런데 근대 이후 많은 사상가들은 이를 잘못된 질문이라고 한다. 삶에 자체적인 의미는 없다는 것이다. 알베르 카뮈[1]는 〈시지포스의 신화〉The Myth of Sisyphus에서 인생은 부조리라는 유명한 말을 남겼다. 이 부조리는 인간의 욕구와 그에 대한 세상의 부당한 침묵이 충돌한 결과라고 한다.

포스트모던의 사상가들은 큰 그림과 거대 담론에 대한 회의론이 바탕이 되어 '의미'라는 단어조차 수상한 것으로 인식하게 되었다. 오히려 의미라는 개념을 버려야 자유를 얻을 수 있다는 생각까지 나타났다. 시카고대학교의 제리 코인Jerry Coyne 교수는 우주에는 목적이 없으므로 사람들은 각자가 자유롭게 삶의 의미를 지어낼 수 있다고 말한다. 결국 삶이란 '내가 해석하기 나름'이라는 관점이다. 그러나 삶에서 의미를 포기하는 것이 해방이라고 할 수 있을까? 그렇게 본다면 삶의 궁극적 의미가 없다고 믿는 것이 해방이라는 것이 될 것이다. 모던 시대에는 우리가 삶의 의미를 잃어버리고 슬퍼했지만, 포스트모던 시대의 우리는 삶의 의미라는 개념 자체가 없어져서 행복해졌다고나 할까?

그러나 많은 사람들은 의미의 문제를 가지고 씨름하지 말고 삶을 그저 오는 대로 맞이해서 스스로 의미를 부여하고 최대한 즐기는 것으로 만족하라는 설명에 동의하지 않는다. 자신의 삶이 한낱 쾌락과 위안 너머의 무엇과 연결되어 있기를 원한다. 독일 실존주의 철학자 마틴 하이데거[2]는 인간이 다른 생명체와 구별되는 점은 자신의 실존에 의문을 품는 역량이라 한다. 인간에게는 실존의 특정한 단면만이 아니라 실존 자체가 의문으로 다가온다는 것이다. 삶의 의미에 의문을 품는 생명체는 인간뿐이다.

우리는 의미를 잃어버린 듯 어두운 분위기가 드리워진 시대를 산다. 프랑스 철학자 사르트르[3]는 말했다. "우리는 모두 대단한 생존을 위해 먹고 마시지만 정말 없다, 없어. 생존의 이유는 전혀 없다." 인간은 이 세상에 우연히 던져졌다는 것, 따라서 우리의 삶은 아무런 의미나 가치가 없다는 것이 그의 생각의 출발점이다. 아무런 목표도, 의미도, 가치도 없는 삶을 가지고 자신의 인생을 구축하는 것은 전적으로 인간 자신에게 달려 있다.

1) Albert Camus
(1913-1960)

사르트르와 함께 프랑스의 대표적인 실존주의 철학자, 소설가, 극작가. 좌파적 현실 참여 활동. 〈이방인〉으로 문단의 총아로 부상. 〈시지프스 신화〉 출간하여 '절망의 철학자'로 불림.

2) Martin Heideger
(1889-1976)

20세기 실존주의의 대표자로 꼽히는 독창적인 사상가, 기술사회 비판가, 당대의 대표적인 존재론자, 유럽 대륙 문화계의 신세대에게 커다란 영향.

3) Jean Paul Sartre
(1905-1980)

프랑스 파리 출생. 철학자, 소설가, 극작가. 무신론적 실존주의 제창. 시몬 드 보부아르와 계약결혼. 1968년 5월의 68운동에서 청년들의 정치참여 권고. 마르크시즘 투사. 6.25 전쟁 북침설 옹호.

무의미한 삶을 살기란 어렵다. 그런 세상에서 하는 모든 일이 무슨 소용이 있단 말인가? 삶의 근원적인 의미에 대한 물음에 대해서는 애써 외면하면서, 열심히 공부하고, 열심히 일하고, 그저 하루하루 열심히 살기만 하면 된다고 가르쳐도 되는 것인가? 그렇게 열심히 살면 좋은 직장, 행복한 가정을 가질 수 있을지는 모른다. 열심히 산다고 해서 반드시 뜻을 이루는 것은 아니다. 설령 뜻을 이룬다 한들 기계처럼 열심히 사는 것만으로는 허무하지 않은가?

러시아의 문호 톨스토이[4]는 그의 참회록에서 50세 정도가 되어 사랑하는 이가 모두 죽어 곁을 떠나리라는 것, 자신의 작품들이 모두 잊혀질 것이라는 것을 깨달았다고 한다. 영원한 객관적 의미가 없음을 깨달았기에 다시 소설을 쓰고 가족을 사랑하는 삶으로 돌아갈 수 없었다는 것이다.

2차 세계대전 당시 나치 수용소에서 생활했던 포로들에 관한 보고가 있다. 포로들의 생존 여부는 살고자 하는 의지에 달려 있었으며, 생존의 의지는 절망적인 상황 속에서 의미와 목적을 찾는 능력에 달려 있었다는 것이다. 사람이 사건과 상황을 이해하지 못하면 현실에 대처할 수 없다.

왜 살아야 하는지 아는 사람은 어떤 상황도 견뎌낼 수 있다는 것이다. 수감자의 인간다움이 살아남으려면 삶의 주된 의미를 초월적 기준점으로, 즉 이생과 이 세상 너머로 옮기는 길밖에 없었다. 세속사회 바깥의 다른 종교와 문화는 각각 그 역할을 한다. 가정에 충실해 명예롭게 살다가 조상과 함께 영면하는 것, 기독교 신앙의 경우 그리스도를 닮은 모습으로 영원히 사랑과 영광 가운데 하나님 및 사람들과 함께 사는 것이 될 수 있다. 각 경우마다 삶의 의미는 역경 앞에 무너질 수 없다.

트라우마Trauma와 관련한 보고가 있다. '일관성의 유지'가 고통이 수반되는 상황, 즉 표면적으로 무의미하거나 불합리한 상황을 극복할 수 있게 한다는 것이다. 변칙적이고 무의미한 세상의 실체를 꿰뚫어보고 현실의 구조를 깊이 이해할 수 있는 사람이 대처도 잘한다는 것이다.

리차드 도킨스[5]는 반대로 간다. "우주에는 설계도 목적도, 악의도 선의도 없다. 우주는 맹목적이고 불편부당하다." 인간이 스스로 만족하기 위해 의미를 만들어낼 수는 있어도, '큰 그림'은 없다는 것이다. 이러한 태도는 이론적으로는 발설할 수 있어도, 사람들에게 삶의 자리에서 실존적으로 만족을 줄 수 없다. 만사가 그렇게 간단할까? 인생에 더 많은 것이 있다면 어떻게 할 것인가?

4) Leo Tolstoy (1828-1910)

러시아의 작가, 개혁가, 도덕사상가. 세계적인 소설가 중의 한 사람으로 꼽히며, 불후의 명성을 안겨준 대표작 〈전쟁과 평화〉, 〈안나 카레니나〉 남김.

5) Richard Dawkins (1941-)

진화생물학자, 대중과학 저술가, 전투적 무신론 주창. 온건한 무신론자나 불가지론자들과 달리 종교가 유해하다고 주장. 〈이기적 유전자〉, 〈만들어진 신〉 등 저술.

Ⅱ. 어느 무신론자

C.S.루이스[6]는 16세 무렵 확고한 무신론자가 되었다. 종교란 미개한 인간의 본능이며 성인에게는 불필요한 것이라고 생각했다. 1차 세계대전에 참전하여 고통과 파괴의 실상을 목격하고, 인생의 허무와 신의 부재를 확신했다. 신의 존재를 믿지는 않지만 전쟁과 관련하여 하나님께 화가 단단히 났다. 증오를 퍼붓고 세상의 잘못에 대한 책임을 물을 대상이 필요했다. 모든 것이 하나님의 잘못이라고 비난했다. 무신론을 견지한다면 전쟁이 가져온 파괴와 고통을 이해할 '의미의 프레임'을 찾을 수 없었기 때문이다.

더구나 무신론의 주장처럼 신이 존재하지 않으면 전쟁의 책임은 전적으로 인간의 몫이 될 수밖에 없다는 불편한 진실을 피할 수 없었다. 전쟁의 폭력성과 잔혹함은 무신론적 인본주의 자체에 대해서도 심각한 의문을 제기하게 만든 것이다. 무신론으로는 전쟁 트라우마의 극복은 그만 두고 현실에 대한 이해도 불가능했다. 전후의 문학은 세계대전과 그 영향에 관해 전쟁터에서 돌아온 군인들의 파괴된 신체와 심리를 끔찍하게 묘사했다. 전쟁의 불합리성은 우주나 개인의 존재의미에 대해 강한 의문을 제기했던 것이다.

그러던 그가 회심하여 20세기 최고의 기독교 변증가가 되었다. 1920년대 초 무신론은 그에게 '정나미가 떨어지는 허무한 인생관'이 되어 환멸을 느끼게 만들었다. 무엇보다도 그가 의지했던 무신론은 인간의 상상력을 자극하는 것이 전혀 없었다. 그는 마음 깊이 갈망하는 바가 있었고, 눈에 보이는 것이 전부가 아님을 직관적으로 느끼고 있었다. 그의 자서전 〈예기치 못한 기쁨〉Surprised by Joy에서 유명한 말을 남겼다. "한편에는 다도해의 섬처럼 흩어져 있는 시와 신화가 있고, 다른 한편에는 가볍고 단순한 합리주의가 있었다. 내가 사랑한 모든 것은 거의가 상상의 산물이었고, 사실이라고 믿었던 모든 것은 거의 정나미가 없고 허무했다."

무신론은 그에게 사물의 이치를 너무도 간단하게 설명하는 것이었다. 그가 신봉했던 '가볍고 단순한 합리주의'는 정작 인생의 중요한 질문들에 대해서는 외면하거나 겨우 피상적인 답변을 제공할 뿐이었다.

무신론은 인간의 정신에서 나오는 중요한 물음이나 마음의 열망에 대해서는 침묵할 수밖에 없었고, 실존적으로는 그에게 아무런 의미를 줄 수 없었다. 무신론은 피상적이고 시시한 것들에 대해서는 증명할 수 있었다. 하

6) C. S. Lewis
(1898-1963)

북아일랜드의 수도 벨파스트에서 태어난 소설가, 교수. 케임브리지 대학교에서 철학, 르네상스 문학 가르침. 부모의 사망을 계기로 무신론자가 됐다가, 30세에 신앙을 받아들임. 기독교 변증과 소설, 특히 '나니아 연대기'로 유명함.

지만 진짜 중요한 것, 곧 정치적이든 도덕적이든 종교적이든 인간이 기대고 살아가는 실재는 이런 식으로는 증명할 길이 없었던 것이다. 그 합리주의는 이성이 증명할 수 있는 것만으로 그 대상을 제한했던 것이다. 그는 이성을 신뢰할 수 없었다. 그에게 인생과 우주는 이성의 설명만으로 충분한 것은 아니었던 것이다.

무신론자들의 주장과는 달리 인간 이성으로 지각할 수 없는 무엇인가가 존재한다면 어떻게 할 것인가? 사실 이 세상에는 인간 이성으로 설명할 수 없는 일들이 얼마든지 있다. 인간 이성 너머에 더 넓은 세상이 존재한다는 힌트들이 세상에 산재해 있다. 어느 순간 불현듯 그 인간 이성의 너머에 있는 세계의 활 쏘는 자가 우리가 사는 세상으로 화살을 쏘아 그 세계의 존재를 알려 준다면 어떻게 할 것인가?

그에게 다가오는 그런 힌트와 단서들은 이성의 경계 너머에 있는 세계를 가리키고 있었다. 적막이 감도는 순간 그 세계의 음악이 귓가에 세미하게 들려오기도 한다. 시원한 저녁 산들바람이 뺨을 스치면서 그 세계의 향기를 뿌려주기도 한다. 이러한 '초월의 신호들'은 우리가 일상에서 경험하는 것이 전부가 아니라는 것을 암시한다. 인간의 상상력은 이성의 한계를 뛰어넘어 진짜 대상을 찾는다. 대부분의 예술가들은 초월적인 존재와의 만남을 느낀다고 한다. 그는 냉철한 사상가였지만, 반면 상상력을 발휘하여 실재를 이해할 수 있음을 간파한 전혀 색다른 사상가이기도 했다.

인간에게는 시공을 뛰어넘는 풍부함이 있고, 인간은 감성과 직관으로 그것을 느낀다. 인간의 내면에는 지상의 대상이나 경험으로 채울 수 없는 깊고 강렬한 갈망이 있다. 그러한 갈망을 기쁨이라 부를 수 있고, 갈망은 기쁨의 궁극적 원천과 목표인 하나님을 가리킨다. 하나님은 우리 마음을 겨냥해 '기쁨의 화살'을 쏘아, 단순한 무신론과 게으른 불가지론에서 우리를 흔들어 깨우고, 본향으로 돌아가는 길을 찾게 하신다.

인간은 욕구를 성취하고 나면, 만족을 느끼는 것은 잠깐이요 이내 불만을 느낀다. 그런 점에서 욕구는 자기 파괴적인 특징을 가지고 있다. 책이나 음악, 사람에게 아름다움이 깃들여 있다고 여기고 그것에 기대를 품으면 결국은 실망한다. 아름다움은 작품이나 사람 속에 있는 것이 아니고, 그것을 통해서 올 뿐이다. 그 실체는 결국 갈망이다.

만족을 주는 무언가를 향한 달콤하고도 씁쓸한 갈망은 이 세상의 유한한 대상과 유한한 인간 너머를 가리킨다. 우리가 이 갈망을 알아채는 것은 대개 짧은 환상이 막 사라져갈 때이다. 그래서 어떤 시인은 "술 마시고 노래하고 춤을 춰 봐도, 가슴에는 하나 가득 슬픔뿐"이라고 노래한다.

우리는 잠시 그 세계에 속했다는 환상에 젖지만, 문득 그 환상에서 깨어나면 그렇지 않다는 것을 발견한다. 그저 구경꾼에 불과했던 것이다. 그 달콤한 메시지가 한편 씁쓸하게 느껴지는 이유는 그것이 대부분 우리에게 보내진 메시지가 아니라, 우리가 엿들은 내용인 듯하기 때문이다. 그러므로 씁쓸하다는 것은 분노가 아니라 고통을 뜻한다. 이 우주에서 이방인으로 취급을 당하는 느낌이다.

인간의 갈망은 이런 대상을 관통하여 하나님 안에 있는 진짜 목표와 성취를 가리킨다. 그는 무신론이 이런 느낌과 직관을 기만적이고 허튼 소리라고 여기며 외면함으로써, 인간을 진정한 의미를 인식할 수 없게 만드는 관점에 가두었다고 했다.

Ⅲ. 세상을 보는 관점

세상을 보는 관점이 몇 가지 있다. 기독교의 체계는 사물을 보는 렌즈 중 하나이다. 사물을 정확히 보고 사물이 서로 연결되어 있음을 이해하는 것이 진리이다. 근래에 진리는 사람들 각자가 만들어내는 것이라는 식으로 주장하는 사람들이 등장했다. 과연 그럴까? 각자가 자기 마음대로 만들어내는 것은 각자의 생각일 뿐 모든 사람들이 인정하는 진리가 될 수 없다. 진리는 발견해내는 것이지, 사람들이 스스로 논리적으로 만들어 내는 것이 아니다. 기독교 세계관은 말로 다 표현하기는 어려울지라도 넉넉한 지성과 충분한 상상력으로 사물을 보고 관련성을 파악하는 탁월한 관점을 제공한다.

사람에게는 이 세상의 경험만으로는 만족할 수 없는 욕구와 갈망이 있다. 이 점에 대해 몇 가지의 설명이 가능할 것이다. 먼저, 우리가 만족하지 못하는 것은 이 세상에서 엉뚱한 것을 추구하고 있기 때문이라는 관점이 있다. 그러므로 검색의 범위를 넓혀야 한다. 그러면 진짜 행복을 우연히 발견할지도 모른다. 그런데 이렇게 하다가는 그 범위가 너무도 넓어서 망망대해에서 바늘을 찾아 헤매는 격이 되어 평생 결코 손에 넣지 못할 무언가를 찾다가 절망에 빠지고 말 수 있다.

다음으로는, 사람의 만족은 불가능한 것이라고 믿고 아예 절망하고 포기하게 하는 관점이다. 구태여 찾으려 할 이유가 없다는 것이다.

마지막으로, 기독교의 렌즈로 보는 관점이다. 기독교는 이 세상은 우리의 본향이 아니며, 우리는 이 세상이 아니라 다른 세상을 위해 창조되었다고 한다. 이 세상에서 경험하는 것으로 채울 수 없는 욕구가 내 안에 있다면, 나는 이 세상이 아닌 다른 세상을 위한 존재라는 것이 가장 합리적인 설명이라는 것이다.

그저 수학이나 물리, 상거래나 기술 등 세상 이치나 배우고 이해하면서 사는 것이 인생의 전부는 아니다. 방향과 의미를 주는 가치 있는 것을 찾으며 사는 것이 인생이라는 것은 반드시 증명해야만 알 수 있는 것이 아니다. 사람은 누구나 그렇게 살려고 한다. 바로 이것 자체가 확실한 증거이다. 기독교 세계관은 세상을 이해하는 큰 관점으로서 두 가지 중요한 일을 한다.

우선, 기독교는 세상이 무의미하지도 혼란스럽지도 허무하지도 않다고 선언한다. 세상은 형체를 구분할 수 없을 만큼 초점이 흐리게 보인다. 그러므로 초점을 맞춰줄 수 있는 렌즈가 필요하다. 기독교 세계관이라고 하는 렌즈를 통해서 보면 만물을 또렷하게 볼 수 있다. 소음 대신 선율을 들을 수 있게 되는 것이다. 그리고 큰 그림을 통해 자신의 인생과 같은 개별적인 세부 요소들을 이해할 수 있다. 사람들 각자는 큰 그림의 일부이다. 한 사람 한 사람이 빠지면 모자이크, 즉 큰 그림은 완성되지 아니한다. 그런 점에서 사람들 하나하나는 전체에 있어서 중요한 존재인 것이다.

인생의 의미를 알면 무엇이 달라질까? 우주에는 의미도 목적도 없고, 선의 개념도 없다고 주장하는 자라 해도, 그가 의미나 선에 대한 생각을 가공하지 않는 것은 아니다. 그렇게 되면 허구에 기초한 인생을 살게 된다. 인생의 의미나 목적이 있는 것처럼 가장하며 살게 된다. 그러나 그것이 가공품에 불과하다는 것을 뼈저리게 느낄 수밖에 없게 된다. 기독교 세계관은 인생에는 의미가 있다고 한다. 우주에는 중요한 도덕 질서가 있다. 의미와 질서를 발견한 사람은 그것에 토대를 둔 인생을 살게 된다. 선과 의미는 만들어내는 것이 아니라, 인식하는 것이다.

의미를 삶의 기반으로 삼으면 관점이 변한다. 더 깊은 의미가 있다는 것을 알면, 인생은 더욱 풍요롭고 흥미로워진다. 뿐만 아니라 의미를 이해하는 사람은 의미 있는 삶을 살 수 있게 된다. 우리는 더 이상 관찰자 또는 구경꾼의 자리에 머물지 않는다. 우리에게는 해야 할 역할이 생기고, 그 일을 해야 할 책임이 생긴다.

루이스는 그의 저서 '영광의 무게'에서 말했다. "기독교 세계관에 기반을 둔다면 날마다 이웃의 영광에 대해 부담을 가지고 살아야 한다. 우리가 만난 사람 중 죽음으로 사라질 사람은 없다. 국가, 문화, 예술, 문명 따위는 모두 소멸한다. 그러나 우리가 농담하고, 함께 일하고, 냉대하고, 착취하는 사람들은 불멸의 존재이다. 우리는 실제적이고 희생적인 사랑으로 이웃을 사랑해야 한다. 성찬의 떡과 포도주 다음으로 가장 거룩한 것은 이웃이다."

기독교인은 스스로에게 우주에 대한 네 믿음 속에 함축된 의미를 생각하지 말라고 하지 않는다. 자신에게 하나님이 누구이시며, 장차 자신에게 무엇이 예비되어 있는지를 믿는 자임에도 평안과 삶의 의미를 누리지 못하고 있다면, 충분히 사고하지 않기 때문이라고 말해도 지나치지 않다. 현대인들은 그나마 한때의 피상적 평안이라도 얻으려면 자신의 상황을 깊이 생각하지 말라 한다. 그러나 기독교가 주는 평안과 삶의 의미는 자신의 신념을 최대한 인식하고 되새길수록 더 깊어진다.

우리가 사는 세상에는 자기중심적인 태도가 만연해 있다. 사람마다 각자의 의미만 추구하면 공동체의 가치와 의미는 줄어들어 결국 사회적 연대와 공공제도가 위축된다. 양극화와 분열을 초래한다. '의미를 각자가 스스로 만들어내는 문화'에서는 사람에 따라 빈민을 돕겠다는 사람도 있지만 빈민을 착취해서라도 부자가 되겠다는 사람이 있을 수 있다. 그와 같은 '지어낸 의미'를 잘못이라고 설명하는 것이 가능한가? 그러나 '발견하는 의미'를 이해하면 이와는 천양지차의 삶을 살 수 있다. 사회사업기관, 자선단체, 병원들이 그 뿌리를 기독교에서 찾는 이유이기도 하다.

의미는 중요하다. 인생이란 대체 무엇이냐는 물음에 적절히 대답하면 인생이 또렷하게 보이고 시야가 넓어진다. 의미를 찾아 떠나는 여행이 필요한 이유이다.

Ⅳ. 최신 지상주의, 교육의 역할

뜻있는 사람들은 오늘날의 교육에 대해 걱정한다. 사회에 진출하여 먹고 사는 도구나 기술을 가르쳐서 취업만 시키면 된다는 식의 '취업 지상주의'가 대학가를 휩쓸고 있다는 것이다. 이것은 정당한 지적이다. 교육의 목적이 단지 '학생에게 특정 기술을 가르치는 것이 전부'라는 도구주의적인 생각은 대학 교육의 위기를 자초한다. 배고픈 소크라테스가 되라 하지는 못할지언정 '배부른 돼지'가 되는 길을 가르치는 것으로 만족한다면 그것을 사람교육이라 할 수 있을까? 그것을 학교와 교육의 존재이유라고 할 수는 없다. 형이상학적 가치를 도외시하면서 전통 가치를 폄하하고, 시류에 맞는 것이라면 무조건 수용해야 하는가?

옳고 그름에 대한 본능을 억압하고 무미건조한 도덕 상대주의로 가는 길을 열어주는 교육방식에 대해 그것이 유행이요 대세라는 이유로 고개를 끄덕일 수는 없다. 선악을 분별할 수 없는 사람이 어떻게 부정부패로부터 자신과 사회를 지키고 나라의 미래를 열어갈 수 있을까? 과거의 지혜를 무시하고 최신의 사상이라면 무비판적으로 받아들이려는 태도는 반지성적 태도이며 '최신의 것에 대한 속물적인 추종'이라는 비판을 면할 수 없다. 이러한 교육으로는 인품과 신망이 두터운 지도자나 시민들을 배출할 수 없다. 오히려 이러한 자질을 파괴할 수밖에 없다.

교육의 역할은 사람들로 하여금 인생의 의미를 찾도록 도와주는 데 있다. 많은 사람을 이롭게 하고, 행복한 사회를 건설할 수 있는 역량을 가진 사람을 배양해야 한다. 전통적으로 고전적인 교육방식은 선을 사랑하고, 악을 미워하도록 가르친다. 지식이나 기술을 가르치는 것에 그치지 않고 인생의 모든 영역에서 선하고 지혜로운 사람을 기르는 것을 목표로 한다.

사람들은 문화와 지성의 최신 유행에 쉽게 휩쓸리는 경향이 있다. 유행에 뒤지기 싫어서 최신 사상을 무분별하게 받아들인다. 그러나 지금 구시대의 퇴물이라고 여기는 사상들도 한때는 첨단 사상이었다. 지난날 새롭고 찬란했던 것이 어느 순간 낡고 진부해진다. 새로운 사상은 신중한 검증이 필요하다.

지혜자 솔로몬은 말했다. "이미 있던 것이 후에 다시 있겠고 이미 한 일을 후에 다시 할지라. 해 아래에는 새 것이 없다."(전도서 1:9) 새롭다는 이유만으로 좋은 것이라고 판단할 수는 없으며, 옛 사상에도 불변의 가치를 지닌 것들이 적지 않다. 중요하고 불변적인 사상과 가치를 분별해내는 것이 필요하다. 고전은 세월이 지날수록 그 가치를 더해가며, 더 많은 사람들이 찾는다. 그래서 법고창신[7]이나 온고이지신[8]이라는 말이 있는 것이다.

오슬로 국립대의 박노자[9]는 자본주의 사회의 가장 큰 물신fetish에 대해 말하면서, 많은 사람들은 '돈'이 그것이라고 하겠지만 사회 이념가들이 좋아하는 것은 돈보다 훨씬 고상한 '과학'의 논리라고 했다. 1920년 영국에서 우생학eugenics이 주목을 받았다. 이것은 인류의 미래를 우연에 맡기지 말고 자연선택을 계획적이고 의도적인 선택과 바꾸자는 것이다. 1920년대, 1930년대의 영국 사회주의자들은 우생학을 지지했다. 웰스[10]는 문화 엘리트들이 진화 과정을 주도하지 못하면 인류가 멸종할 것이라고까지 말했다.

서양의 소위 진보 사상가들은 히틀러Adolf Hitler가 우생학을 적극 지지하고 '인종위생법'을 만들어 인종 간 잡혼을 금지하며 '유전적 열등분자'에 대해 강제적 불임 수술 등의 만행을 저지르는 것을 보고서야 문제의 심각성을 깨달았지만 때는 이미 늦어버렸다. 1922년 우리나라에서도 춘원 이광수가 여기에 영향을 받아 '조선민족 개조론'에서 조선인들은 근본적 성격이 좋지 못한 민족이라고 하면서, 그에 대한 개선책으로 '우수한 선인 사이의 결혼'과 그들에 의한 중추계급 형성 등을 제시한 바 있다.

우생학은 과학이라는 이유로 진보적인 운동처럼 보였지만, 이에 대한 맹목적인 추종은 '최신의 것에 대한 속물적인 추종'에 불과한 것임이 밝혀졌다. 세계를 휩쓴 우생학 열풍은 가라앉았으며, 주류 학계는 우생학에 대해 사이비 과학이라는 딱지를 붙였다. 상당수 유명 인사들의 반인륜적 극우정책 입안 주도의 사실은 과학계의 반성거리가 됐다.

이처럼 검증되지 않은 새로운 사상은 경우에 따라 대단히 나쁜 사상일 수 있다. 오늘날 유전자 조작을 통한 생명복제나 인간 세포와 동물 세포의 결합이 어떤 부작용을 가져올지 누구도 자신할 수 없다. 설령 당대에는 그 결함이 나타나지 않는다 할지라도 몇 세대가 지난 후 유전자 이상이 발생할 가능성이 없다고 단언할 수 있는가? 새로운 사상은 시간이 흘러 그 해악을 깨달았을 때에는 이미 돌이키기 어려운 지경에 처할 수도 있는 것이다.

교육은 사람의 시야를 넓히고 정신세계를 풍부하게 만들어주는데 그 의의가 있다. 그렇게 함으로써 인간을 인간 한계에서 구해내는 것이다. 각자는

7) 법고창신 (法古創新)

18세기 선각자 박지원(朴趾源)이 설파한 말. 옛것을 본받아 새로운 것을 창조한다는 뜻. 옛것에 토대를 두되 그것을 변화시킬 줄 알고 새것을 만들어 가되 근본을 잃지 않아야 한다는 의미를 담은 말.

8) 온고이지신 (溫故而知新)

옛것을 익히고 그것을 미루어서 새것을 앎. ≪논어≫의 〈위정편(爲政篇)〉에 나오는 말.

9) Vladimir Tikhonov (1973-)

소련 레닌그라드에서 출생. 노르웨이 오슬로대학교 교수로 한국학 강의. 2001년 대한민국으로 귀화. 반파시즘을 대표하는 지식인이며, 박노자(朴露子)라는 별명 사용.

10) H. G. Wells (1866-1946)

영국 켄트 주 브롬리에서 출생. 현대 공상과학소설의 창시자로 불리는 영국의 소설가. 〈타임머신〉, 〈우주 전쟁〉등 100여 편의 과학소설 발표하며 SF라는 독자 영역 개척.

자신의 세계관을 가지고 있다. 그러나 그것이 최선이라 할 수는 없다. 자신의 세계관을 잃지 않으면서도 더 깊고 풍부한 세계관을 가질 수는 없는가? 문학은 남의 눈으로 세상을 보게 해준다. 훌륭한 문학작품을 읽는 독자는 천 명의 인물로 변하지만 여전히 그 자신으로 남아있다. 자신의 생각을 버리는 것이 아니다. 여러모로 더 멀리, 더 깊이, 그리고 더 풍부하게 나아가는 것이다. 때로 어떤 생각은 거부해야 한다. 하지만 그것을 거부하는 합리적인 이유는 있어야 한다. 삶의 과정에서 그런 생각을 가진 사람을 만날 수도 있으며, 이때 훨씬 더 만족스럽고 긍정적으로 그를 대할 수 있을 것이다.

교육이란 다른 사고방식, 다른 세계관을 잘 아는 것 이상이다. 교육이란 그러한 세계 안에서 사는 것이다. 곧 사고방식을 체험하고 그런 방식으로 살아보는 것이다. 어떤 관광객들은 외국에 대해 배울 뜻이 전혀 없이 외국으로 간다. 그러나 진짜 관광객은 해외에서 배울 준비가 되어 있는 사람이다. 그는 관광객의 눈이 아니라 거주자의 눈으로 새로운 세상을 있는 대로 본다. 그리하여 사고와 느낌이 변해서 귀국한다. 해외여행을 통해 세계관이 넓어진다. 교육은 사람을 변화시킨다. 자신이 늘 옳은 것이 아니며, 남들이 경험하는 방식으로 세상을 경험함으로써 현실을 더 깊이 더 잘 이해할 수 있게 되는 것이다.

V. 불멸의 관점

최신의 것에 대한 속물적인 추종의 태도에 일정한 거리를 두는 것이 지혜자의 태도이다. 한 때 스포트라이트를 받았던 수많은 최신의 것들은 사라져갔다. 기독교 세계관, 기독교 진리에 대해 많은 비판과 적대적 작업들이 있었다. 신은 죽었다는 선언에서부터 성경의 비현실성을 지적하는 많은 사상과 사상가들은 역사의 뒤안길로 사라져갔지만 성서적 전통과 진리는 시간과 공간을 넘어서 많은 사람들의 인생을 변화시키고, 그들을 마르지 않는 신비한 샘으로 인도해주었다.

성서적 전통의 렌즈는 수 천 년의 세월을 거치면서 거칠고 험한 검증과정을 통과하여 오늘날 우리 손에 쥐어졌다. 이것을 최신의 사상이 아니라는 이유로 외면하는 태도는 반지성적이다. 세월이 흐르고 흘러도 사람, 사회, 그리고 우주를 뚜렷하게 볼 수 있는 '변하지 않는 불멸의 관점'이 있다. 법과 영혼의 대화를 통해 성서적 전통이 우리 시대의 법, 그리고 삶의 의미를 어떻게 깊고 풍부하게 해주는지 들여다 볼 수 있기를 바란다.

Ⅵ. 로마와 예루살렘

교부철학자 터툴리안[11]은 "아덴(아테네)과 예루살렘은 무슨 관계가 있는가?"라는 유명한 질문을 남겼다. 이 질문은 예루살렘으로 대표되는 종교와 아테네로 대표되는 철학 또는 이성의 관계를 언급한 것으로 이해된다. 종교를 가진 사람들 중에 이성을 중시하지 않거나 심지어 무시하는 견해를 가진 이들이 있다. 그리하여 이성에 근거한 철학을 신앙에 위험한 요소로 간주하는 경향이 있다.

그러나 이성이나 신앙의 한편만을 추구하는 극단을 피하는 것이 지혜로운 일이 아닐까? 신앙이 이성에 의해 지지될 때 신앙은 합리성과 객관성을 확보할 수 있기 때문이다. 신앙은 지식knowledge과 총명insight, 즉 앎과 통찰로 구성된다.[12] 그러므로 옳고 그름이나 참된 신앙을 분별하기 위해 지식이나 통찰의 과정을 무시하지 않을 때 합리적 신앙에 도달할 수 있을 것이다.

신앙과 이성은 상충하는가? 어느 하나를 배제할 수 없다. 진리란 항상 한편만을 요구하지 않기 때문이다. 성경이 이를 뒷받침한다. "너희의 마음을 다하고, 목숨을 다하고, 성품을 다하고, 뜻nous, 이성을 다하여 주 너의 하나님을 사랑하라"(마 22:37)는 명령을 보라. 무조건 믿는 맹신의 순종이나 행위가 아니라, 의지와 이성에 근거한 믿음을 요구한다. 남의 장례식장에 가서 실컷 울고 난 후에 "그런데 누가 돌아가셨지?" 하고 물어서야 되겠는가?

터툴리안의 질문, "아덴과 예루살렘이 무슨 관계가 있는가?"에 대하여 이제 "로마와 예루살렘이 무슨 관계가 있는가?"라는 질문도 가능할 것이다. 물론 예루살렘은 터툴리안이 말하는 종교이지만, 로마는 오고오는 세대의 법에 중요한 기초를 제공해 준 로마법을 배경으로 하여 법을 대표하는 의미로 말할 수 있을 것이다. 만약 터툴리안이 이러한 질문을 받았다면 아마도 신앙과 이성이 서로 화목할 수 없는 것으로 생각한 것처럼 법과 종교 또한 그러한 것으로 생각했을지도 모를 일이다. 그러나 터툴리안의 질문에 대하여 역사적으로 많은 사람들이 다양하게 접근한 것과 같이 이 질문에 대하여

11) Tertullianus (160-220)
북아프리카 카르타고 출생. 문학·철학 섭렵. 로마 법률가로 활약하다가 개종하여 사제가 됨. 하나님과 성도의 관계를 법률적 접근을 통해 이해. 금욕주의인 몬타니즘에 관여. "모순되기 때문에 믿는다."

12) "너희 사랑을 지식과 모든 총명으로 점점 더 풍성하게 하사"(빌립보서 1:9)

도 어쩌면 그 이상으로 다양한 접근이 가능할 것이다.

이 질문은 터툴리안의 질문과 같은 연장선상에서 이해될 수 있을 것이다. 과연 법과 종교는 어떤 관계에 있는 것일까? 법이란 하나의 그릇과 같은 것이다. 이 그릇에 담을 내용에 대하여는 그 사회의 구성원들의 합의가 필요하다. 과연 어떠한 내용을 이 그릇에 담을 것인가? 직립보행을 하는 인간은 땅만 보는 것도 아니고, 하늘만 보는 것도 아니다. 하늘과 땅을 다 볼 수 있는 존재이다. 그러므로 법은 이 시대, 이 나라의 고민을 담는 '땅의 법'과 함께 시대와 공간을 초월한 영구불변의 가치를 담는 '하늘의 법'을 아우를 수 있어야 할 것이다.

그러나 오로지 우리의 시간과 공간에 적합한 법만을 인정한다면 천박한 현실주의의 늪에 빠질 위험성이 있을 것이다. 반대로 시대와 공간의 현실을 외면하고 하늘 저 너머의 이상적인 내용만을 법에 담겠다고 고집한다면 이 법은 아무도 지킬 수 없는 법이 되고 말아 대부분의 백성을 범법자로 만들게 될 것이다. 결국 법은 우리의 현실에 뿌리내리면서도, 영원불변의 가치로 인정되어야 할 '인간의 존엄과 가치'를 실현할 수 있는 조건을 확보하기 위한 고민을 담아야만 할 것이다.

법과는 비교할 수 없을 정도로 동기의 순수성을 요구하는 종교의 율법은 모든 시대의 법이 올려다보는 이상이라 할 수 있을 것이다. 이 율법원리의 핵심에는 사랑이 있다(마 22:37). 이 원리는 어느 시대에나 변할 수 없는 것이지만, 그 시대의 문화와 언어로 표현되어 그들의 법에 반영되어야 할 것이다. 이 원리가 오늘날에도 법을 만드는 이, 법을 해석하고 집행하는 이, 그리고 법적인 문제를 만나는 이들의 가슴 속에 살아있어야 할 것이다. 율법의 배후에 있는 최고의 원리를 이해하지 못하는 이에게 법을 맡기는 것은 어린 아이에게 칼을 쥐어주는 것과 무엇이 다르겠는가?

인간실존의 근원적인 조건을 다루는 '법과 종교'라고 하는 주제는 인류가 존재하는 한 어느 누구도 피할 수 없는 근원적인 문제일 것이다. 인간은 빵만으로는 살 수 없는 존재이기 때문에.

Ⅶ. 대화의 필요성

21세기 벽두에 들어서면서 인류는 9 · 11 사태를 목도했고, 평화와 희망 대신 불안과 파멸의 그림자를 보았다. 종교의 색채를 띤 어두운 그림자가 지구촌 전체에 드리워졌다. 오늘날 우리의 삶의 자리인, 지구촌에 총성이 없는 날은 찾아보기 어렵게 되었고, 대체적으로 그러한 전쟁의 80%는 직 · 간접적으로 종교와 관련이 있다. 이 시대의 종교는 인간 영혼의 문제만이 아니라 인류의 생존조건과 불가분적 관계를 맺게 되었다.

인류 공존의 질서문제를 끌어안고 고민하는 법과 세상을 초월하여 궁극적으로 정의로운 질서를 추구하는 인간 영혼 간의 대화야말로 이 시대를 견인할 핵심 담론이 된 것이다. 이 문제를 외면하고 이 시대 지구촌 문제의 핵심에 도달하고자 하는 태도는 실로 사상누각을 쌓겠다는 것이 아니겠는가. 이들의 관계에 대한 물음과 고민이 없다면 시대를 이해하지 못하는 답답함에 빠질 수밖에 없는 것이 오늘의 상황이 되었다.

17세기 이후 서구 사상계의 패자로 군림해 온 계몽주의[13]는 지난 세기 두 차례의 전쟁 이후 급속한 위기를 맞이했다. 20세기 중반 이후 제기되기 시작한 합리적 계몽주의 세계관에 대한 철저한 회의와 좌절은 모든 것을 일변하게 만들었다. 진리는 발견되는 것이 아니라, 시대의 담론에 의해 규정될 뿐이라는 미셸 푸코Michel Foucault, 1926-1984식의 회의가 만연된 시대가 되었다.

소위 포스트모던postmodern 세계관은 합리적 주체 이성에 의한 진리의 관철이라는 모던modern 인식론에 반항하며, 더 이상 과학을 객관적이고 보편적인 진리의 집합체로 보지 않는다. 과학이 주장해 온 소위 객관적 합리성이란 것이 사실과 거리가 있음이 드러나고 있기 때문이다. 또한 이 세계관은 세계를 계몽적 합리주의처럼 결정론이나 기계론적으로 파악하지 않는다. 아인슈타인의 상대성이론은 절대 시공의 개념을 붕괴시켰고, 만물의 중심에는 그 깊이를 알 수 없는 신비가 있어서 미래란 절대적으로 미리 결정될 수 없는 미지의 사건으로 이해된다. 모던정신은 전통적 진리체계와 인습에 대한 단절과 비판이라는 목표를 제시했었지만, 어느새 새로운 전통과 권위로 자체의 체계를 화석화시키고 말았다. 그러자 포스트모던 세계관은 또 다시 이에 대한 반항과 비판을 선언한 것이다.

포스트모던 상황에서 종교적 진리는 어떻게 이해되어야 하는가? 먼저 포

13) 계몽주의 (Enlightment)

이성을 진리판단의 기준으로 삼아 불합리를 제거하고 세계를 합리적으로 개선하여 인간의 무지와 몽매를 계몽하려던 범 유럽적 운동. 영국의 자연과학적 경험주의, 프랑스의 인식론적 합리주의가 사상적 토대.

스트모던 시대가 종교적 진리에 대해 미치는 긍정적인 효과를 지적할 필요가 있다. 포스트모던 세계관의 한 분파인 해체주의 신학이 추구하는 부정과 해체의 전략은 이미 상정된 교리적 전제들을 좇는 복음주의 또는 보수주의 노선 추종자들이 범할 수 있는 형식주의에 의한 매몰을 경계하게 한다.[14] 그리하여 경직화되고 화석화된 교리들을 재고시킨다.

또 다른 분파인 다원주의 신학은 제국주의적이고 배타적인 일부 극단적 보수주의에 대항하여 획일주의를 부정함으로써, 경직된 교리주의자 혹은 제도적 교조주의자들이 주장하는 특정 노선에 대한 섣부른 정죄나 옹호의 편파성을 고발하는 측면을 가지고 있다.[15]

또 다른 분파인 후기 자유주의 신학은 각 공동체마다의 체제 내적 진리들을 보장하게 됨으로 말미암아 포스트모던 정신과 상치되는 배타주의, 절대주의 등의 낙인을 극복하면서도 자신이 속한 공동체의 신앙, 종교, 교리의 정체성을 어느 누구로부터의 간섭도 없이 안전하게 지켜낼 수 있게 하였다는 점을 평가할 수 있을 것이다. 이는 포스트모던 상황이라는 시대지평을 부인하지 않고도 복음주의 노선의 정체성을 고수하려는 복음주의자들에게 복음이 될 수 있을 것이다.

복음주의는 포스트모던이라는 시대지평을 거부하지 않는다. 주체 이성의 시대 혹은 모더니티의 시대가 가져다 준 선물을 과소평가하지도 않는다. 지난 수세기 동안 인류가 모더니티라는 시대정신의 개진을 통하여 얻은 가장 귀중한 수확 중의 하나는 인간의 주체 이성에 의하여 확증된 인식 자체에 한계가 있을 수 있음에 대한 반성이었다. 그러므로 "네 명철을 의지하지 말라"(잠 3:5)는 말씀이 시대의 진리로 다가오는 현장이 바로 포스트모던 상황이며, 지난 인류사의 토양을 딛고 선 새 시대의 지평이라고 할 수 있을 것이다.

한편에서는 복음주의가 자신의 공동체적 확신을 세상에 선포할 수 있는 시대적 토양은 다른 노선, 다른 종교들도 동일한 권리로 활용할 수 있는 것이 아니냐고 우려할 수 있다. 이는 부인할 수 없는 포스트모던의 파르마콘[16] 이라고 하여야 할 것이다. 그렇다고 해서 흑백논리에 천착하는 근본주의의 입장을 취할 수는 없다.

근본주의는 초자연적 실재를 부인하는 과학주의 · 진화론 · 고등비평 등을 내세운 자유주의 신학에 대한 반작용에서 비롯되었다. 근본주의자들은 당대 지평에 정면으로 맞서는 입장을 취함으로써 일반 주류 지성세계의 이단아가 되어 외로운 투쟁의 길을 걷고 있다. 그들은 자신의 확신을 전달함에 있

14) 해체주의 (deconstruction)

기존의 이론들에 의구심을 던짐으로서 본문이 수만 가지의 해석 가능성이 있다고 주장. 창시자는 Jacques Derrida(1930~2004)

15) 교조주의 (dogmatism)

도그마에 의거하여 모든 사물을 설명하려는 태도. 원리원칙에 묶여 이를 융통성 있게 응용하려고 하지 않는 사고방식. 무비판적인 독단주의 · 독단론의 별칭.

16) 파르마콘 (Pharmakon)

때에 따라 약이 되기도 하고, 독이 되기도 하는 것.

어서 수단과 방법에 대하여 고민하지 않는다. 이러한 태도 앞에서는 공멸의 위기감이 고조된다.

복음주의자들은 그들과 달리 시대의 지평을 인정하면서도 지켜낼 것이 무엇이며, 지켜낼 현장이 어떤 조건과 상황과 속성을 띠고 있는가를 정확히 진단하고, 처한 그대로의 상황을 솔직히 인정한 토대 위에서 미래의 희망을 열어가는 방향 위에 서 있다.

사람은 누구나 그의 가치관 · 세계관에 입각하여 시대를 읽고 해석한다. 개인의 가치관 · 세계관은 그가 속한 집단의 전통과 역사에 의해 영향을 받게 마련이다. 그 영향에 의해 선이해[17]를 하게 되고 그것에 의존해 판단을 내리게 된다. 그가 판단을 하기 전에 이미 형성된 영향사Wirkungsgeschichte에 영향을 받기 때문에 자신의 판단만이 객관적 진실이라고 주장할 수는 없다. 보다 높고 넓은 인식의 지평으로 나아가기 위해서는 융합이 필요하다.

대화를 통해서 타자의 지평과 나의 지평이 만날 때 주관주의를 극복한 진리 체험이 가능하게 된다. 이러한 사상은 예수께서 말씀하신 "남에게 대접을 받고자 하는 대로 너희도 남을 대접하라"(마 7:12)고 하는 황금률에서도 확인할 수 있다.

서로 다른 영향사를 가진 타자들, 즉 각각의 지평을 가진 사람들이 만나 대화함으로써 서로 절충하고 보완하여 더 나은 지평으로 나아가는 이른바 지평의 융합이 이루어지는 사회가 건강한 사회라고 할 것이다.

법은 이 세상의 조화로운 질서를 추구하지만 그저 편의주의로 흐를 수만은 없으며, 인간 영혼의 문제는 이 세상의 문제를 초월한 또 다른 의로운 질서를 추구하지만 결코 현실의 문제를 외면할 수는 없다. 현실만 들여다보는 천박한 법실증주의나 현실을 경멸하는 초월적 이상주의자의 종교가 아니라, 법적 현실에 뿌리를 내리면서도 저 멀리 인간 영혼의 문제를 생각하는 균형 있는 시각이 필요하다. 이 세대의 지성들이 로마와 예루살렘의 대화를 통해 또 하나의 지평융합을 이룰 단초를 발견할 수 있기를 기대한다.

17) 선이해(先理解)
슐라이어마허와 가다머에 따르면, 이해는 '순환' 과정 속에서 이뤄짐. '선이해'와 '이해'의 상호작용으로 이해 범위의 확장이 가능함.

03

Chapter

_법 일반

I. 공동 사회와 규범

1_ 인간, 의존적 존재

인간은 다른 생명체에 비해 공동사회를 이루면서 살고자 하는 본성이 월등하게 강한 존재이다. 이러한 본성은 언어라고 하는 의사소통 수단과 올바른 질서에 대한 정의 관념을 통하여 지지되고 있으며, 가족, 국가 기타 모든 사회의 기초를 이룬다. 따라서 인간의 본래적인 존재의의를 실현하기 위해서는 공동사회의 존재가 필수적이다.

그러므로 인간은 가정, 학교, 직장, 국가 및 기타 각종의 사회단체나 정치단체 등 여러 가지 형태의 공동사회를 통하여 천부적인 능력을 완전하게 계발·발현하고 자신의 단점을 공동사회로부터의 산물에 의하여 보완하여야 한다. 요컨대 인간은 공동사회 안에서 비로소 그 존재의의를 실현할 수 있는 가능성을 발견하게 되는 것이며, 따라서 인간은 공동사회에 대한 의존적 존재인 것이다.

2_ 공동사회와 질서유지

공동사회는 그 질서가 유지될 때에만 목적을 달성할 수 있다. 구성원들의 행위는 어떻게 질서가 지워질 수 있는가? 개인의 행위와 공동생활의 조화가 인간의 본능(생래적 행태양식)에 의해 자연적으로 이루어지기를 기대할 수는 없다. 여러 가지 생활영역에 대한 행위원칙을 통하여 반공동사회적 본능이 보충될 필요가 있다. 본능대로 살아도 질서가 유지되는 동물의 세계와는 본질적으로 구별되는 것이다. 이러한 질서는 시간과 공간에 따라 다른 구조를 가질 수 있으며, 규범의 준수 여부도 만유인력의 법칙이나 에너지 불변의 법칙과는 달리 당사자의 의사에 달려 있다. 그러므로 공동사회의 질서를 확보하기 위해서는 행위원칙으로 법규범이 필요한 것이다.

또한 근본적으로 말한다면 그 사회의 구성원의 올바른 정의감과 건전한 상식이 그 구성원의 행위를 규율하여 사회질서를 유지시켜 주게 된다. 즉, 스스로 보다 높은 수준의 가치관과 세계관에 입각하여 자신의 행위를 조종할 때 인간의 존재의의는 실현될 수 있고, 인간다운 사회가 성립될 수 있는 것이다. 나아가서 인간행위에 대해 각자의 세계관이 방향을 제시하게 된다. 이러한 세계관을 가장 강하게 제시한 것은 종교라고 할 수 있다.

종교는 행위의 조정원리 내지 방향지침으로서의 역할을 하며, 나아가 사회 구조와 경제발전에도 영향을 미칠 수 있다. 막스 베버[1]는 칼빈주의적 세계관과 힌두교적 세계관 하에서 각각 사회와 정치 · 경제의 전체적인 발달과정을 대비하고, 민주주의와 마르크스주의에서의 차이를 그 예로 제시하였다. 인간의 행위와 사회질서는 무위자연적으로는 충분하게 조종되지 아니하기 때문에 법규범에 의하여 확실한 방향을 확보할 필요가 있다. 이는 사회가 복잡하게 될수록 특히 그러하며, 이러한 필요성은 시대적, 세계관적 원칙이 흔들릴 때 더욱 뚜렷해진다.

1) Max Weber
(1864-1920)

사회학, 정치학, 기타 사회 과학의 거의 전 분야를 망라하는 하나의 거대한 패러다임을 제시한 거장.

공동사회의 질서유지는 각 구성원의 양심이나 호의가 아니라, 각 구성원이 일정한 규칙에 자기 행위를 조화시킬 때 이루어진다. 인간행위를 규율하는 원칙인 규범은 인간이 어떤 행위를 당위적으로(마땅히) 하여야 하는가를 선언하는 것이다. 그렇다고 규범이 현실세계와 인간의 본질과 현상에 대한 이론적 통찰을 무시하고 성립될 수 있는 것은 아니다. 또한 인간사회의 질서유지의 원칙인 규범은 당위규범으로서 현실적으로는 필연적으로 발생되지 아니하는 것을 요구할 수 있다는 데 그 의의가 있다.

궁극적으로 공동사회는 질서유지를 통하여 그 목적을 달성한다. 이 질서유지는 규범을 통하여 가능하며, 종국적으로 법규범은 항상 일정한 행위를 명령하고 금지하는 형태로 나타난다. 이것은 법규범이 명령과 금지를 직접 규정하고 있는 경우뿐만이 아니다. 심지어 소유권에 관한 법규정도 결국 명령과 금지에 관하여 규정하여 타인의 물건을 파괴 · 훼손 · 탈취하는 행위를 금지하고 있는 것으로 볼 수 있는 것이다. 이런 의미에서 법은 규범적 사회질서 형성의 시스템 또는 사회를 자동적으로 조절하는 시스템이라고 할 수 있다.

3_ 법적 제재와 사회적 제재

법규범은 여러 가지의 행위규범 중의 일부일 뿐이며, 사회생활 관계의 많은 부분은 법 이외의 행위지침인 도덕이나 관습 등에 의하여도 규율된다. 특히 가족 · 친구 등과 같은 친밀한 관계에서는 예의범절이나 상부상조 등 법 밖의 사회규범이 우선한다. 또한 거래계에서는 상도의와 같은 것이 거래관계의 대부분을 규율한다. 이와 같은 법 이외의 사회규범이야말로 공동사회가 원활하게 기능하도록 법을 보충하는 역할을 수행하는 것이다.

가정의 기능과 평화는 전적으로 가족법에 의하여서만 보장되는 것은 아니며, 국가의 경우도 마찬가지다. 즉, 국가생활이 훌륭하게 영위되느냐 여부는 헌법의 완비 여부에 달려있는 것이 아니라, 정치가와 국민들에 의하여 실천되는 자기 규율, 공정성 및 관용의 정도에 의하여 좌우되는 것이다. 의회제도의 기능은 헌법의 허용범위 내에서 정적에 대하여 베풀어지는 공정성의 원칙, 도적적 · 정치적 타락을 이유로 집권자의 퇴진을 요구하는 전통 등의 정치적 관례를 존중 · 발전시키고자 하는 능력과 의지에 좌우된다.

법규범의 준수는 법적으로 조직화된 관철절차에 의존한다. 즉, 채무불이행의 경우 그 이행청구소송을 제기할 수 있으며, 법관은 이행을 명할 수 있을 것이고, 필요한 경우에는 강제집행절차를 이용할 수 있는 것이다.

그러나 기타의 사회규범의 제재는 다른 방법으로 실현된다. 즉, 친지의 결혼식 또는 장례식에 불참한 자는 심하면 의절될 위험이 있고, 상도의를 저버리고 신용 없는 영업태도를 취하면 고객을 잃을 수 있다. 이와 같이 법적 제재가 아닌 사회적 제재는 사회적 고립 또는 영업적 고립이라는 손실로 나타 나며, 경우에 따라서는 법적 제재보다 더욱 강력한 것일 수도 있다.

사회적 제재가 제 기능을 하지 못할 경우에는 공동사회의 붕괴를 방지하기 위하여 법이 필요하다. 이러한 관점에서 옐리네크[2]는 법이란 소위 '도덕의 최소한'etisches Minimum이라고 했다. 이때 예컨대 근친 간의 부양의무에 있어서와 같은 경우에 어떠한 의무를 사회적 제재에 따르게 하는 단순한 도덕상의 의무에 머물게 하고, 어떤 의무를 법적 제재가 수반되는 의무로 할 것인가 하는 점은 그 사회의 수준에 따라 결정될 것이다.

Ⅱ. 법의 개념

1_ 법이란 무엇인가?

법이란 무엇인가? 수많은 법철학자들이 이 문제를 가지고 씨름해 왔지만 아직도 결론에 도달하지 못한 상태에 있다. 법은 강자의 명령에 불과한 것일까? 법은 정당한 것인가? '법의 지배'나 '법치주의 국가'를 건설하기 위해서는 법의 개념에 대한 고민이 있어야 할 것이다.

(1) 법은 규범의 일종이다

물리학, 화학, 생물학 등에서 발견되는 법칙들은 누구나 쉽게 인정하게 된다. 창조된 모든 생명체는 그 자체 내에 하나님이 정하신 존재Sein의 법칙을 담고 있다. 인생 전체의 도덕적 영역에도 하나님의 법칙이 존재한다. 그러한 관점에서 아브라함 카이퍼[3]는 "창조 때부터 하나님은 모든 피조물들 속에 불변하는 존재의 법칙을 감추어 두셨다"고 했다. 모든 피조물이 이 창조질서에 반응하고 있지만, 반응하는 방식에는 근본적인 차이가 있다. 인간 이외의 피조물의 반응은 불가피한 것이다. 봄철에 햇살이 따가워지고 얼음이 녹는 것은 어쩔 수 없이 그래야만 하기 때문이다(시 148:8). 이러한 것을 자연법칙이라고 한다. 그러나 인간에게는 선택의 권한이 주어졌다. 법은 '살인하지 말라, 사람을 살해한 자는 일정한 처벌을 받게 된다' 고 한다. 그런데 인간이라는 피조물의 반응은 자유롭고 책임이 따르며 창의적이다. 즉 인간은 창조질서를 위반할 수도 있음을 의미한다. 그래서 인간 이외의 피조물

2) Georg Jellinek (1851-1911)
독일 빈대학 · 바젤대학 등을 거쳐 하이델베르크대학 교수 역임. 형이상학적 국가 이론에서 벗어난 실증주의 적 국가론의 학파에 속함.

3) Abraham Kuyper (1837-1920)
네덜란드 레이덴대학 졸업. 개혁교회 목사, 하원의원, 상원의원, 내무상 역임. 1880년 암스테르담에 칼뱅파 대학 세우고 신학교수로 취임. 칼비니즘을 세계관으로 정치, 학문의 전 영역에 적용하려는 네오 칼비니즘 제창.

이 반응하는 방식을 배반가능성이 없는 필연의 법칙Muessen, 인간이 반응하는 법칙을 배반가능성이 있는 당위의 법칙Sollen이라고도 한다.

자연법칙은 일정한 조건이 있으면 현상은 항상 반복하여 발생한다고 하는 인과적 관계에 관한 항구불변의 필연적 법칙이다. 그러나 법은 '해야 한다' 또는 '해서는 안 된다'라고 하는 행위의 기준을 제시하고 준수해야 할 행위의 한계를 설정한다. 이러한 관계를 당위라고 한다. 이러한 당위의 관계를 나타낸 명제가 규범Norm이다.

법은 규범이다. 자연법칙은 인간의 의사와는 무관한 필연의 법칙이다. 규범은 자유를 가진 인간계에 성립하는 것이지, 배반가능성이 없는 곳에는 규범은 성립하지 않는다. 이성과 의사가 부여된 인간만이 규범의 지배에 따를 수 있다. 법은 일정한 목적을 실현하기 위해 따라야 할 법칙이다.

(2) 법은 사회규범이다

인간은 한 개인이면서 동시에 사회적 존재이다. 개인으로서 인간이 따라야 할 규범이 있고, 사회구성원으로서 따라야 할 규범이 있다고 할 때, 법은 후자에 관한 것이다. 인간은 사회적 존재이기 때문에 법을 반드시 필요로 한다. 이 점에서 '사회 있는 곳에 법이 있다'는 말은 타당하다.

이에 비해 도덕(윤리)규범은 내면적인 개인규범에 그치는 경우가 많다. 예컨대, 다른 사람을 죽이고 싶다고 생각하는 것은 도덕적으로 비난이 가능하지만 법의 영역은 아닌 것이다.

(3) 법은 사회에 의해서 강제되는 규범이다

법을 지키지 않는 경우에는 국가에 의해 제재가 가해진다. 채무자가 빚을 갚지 않으면 국가가 개입하여 채무를 이행하도록 강제한다. 사람이 재물을 훔치면 국가는 그 재물을 강제로 몰수할 뿐만 아니라 형벌로서 제재함으로써 법질서의 준수를 강제한다. 법에 있어서 강제성은 특히 중요한 속성이다. 법이 종교규범, 도덕규범 등 여타의 규범과 결정적으로 구분되는 것은 바로 이 점 때문이다. 지금까지 논의한 것을 간략히 정리하면 법은 '국가에 의해서 강제되는 사회규범'이라고 할 수 있다.

법은 과연 규범의 세계에 속하는 것인가? 존재의 세계와 당위의 세계는 엄격하게 구별되어 있는가? 국가가 과연 법의 본질적 징표라고 할 수 있는가? 만약 그렇다면 국가라는 정치적인 조직체가 형성되기 전인 원시사회나 고대사회에는 법이 없었다고 볼 수 있을까? 국가에 의해서 강제되는 사회규범이 모두 법이라고 한다면 악법의 문제는 어떻게 해결할 것인가? 나치 시대처럼 국가가 극단적으로 잘못된 법을 제정하여 강제한다면 그것도 법의 자격을 갖는 것일까?

2_ 법과 도덕

법과 도덕의 관계에 대하여 예링[4]은 「법철학상의 케이프혼」Cape Horn der Rechtsphilosophie이라고 하여 그 결론에 도달하기가 매우 어려움을 토로한 바 있다. 그러나 이것은 법학에 있어서 반드시 거쳐야만 하는 하나의 관문이다. 법의 도덕적 기반을 외면한 법실증주의의 오류를 직접적으로 체험한 현대인은 법의 도덕성에 새로운 관심을 가지게 되었다. 도덕성을 배제한 법은 도구로서의 법기술에 불과하며, 권력의 지배수단으로 전락할 운명에 놓인 것이다.

도대체 법이 무엇이기에 사람이 이것에 구속되어야 하는가? 이에 관하여 기싱George R. Gissing, 1857-1903은 "내가 사회에 대하여 느끼는 감정은 적개심뿐이다"라고 하였다. 자발성이 아니라 처벌이 무서워서 법을 준수하여야 하는 상황이 된다면 기싱과 같은 감정에 빠질 수 있을 것이다. 도덕성을 상실한 법실증주의 내지 법만능주의의 경향에 대하여는 이 자발성이 생길 수 없는 것이다. 진정한 의미에서 사람이 법에 대하여 머리 숙이고, 준수하는 것은 법의 도덕성 때문일 것이다.

(1) 법과 도덕의 차이

4) Rudolf von Jhering
(1818-1892)

독일의 법학자. 법의 사회적 실용성을 중시한 목적법학 설파한 로마법 학자. 불후의 업적 「로마법의 정신」 저술.

법과 도덕은 어떻게 구분되는 것인가? 보통 외면성-내면성, 타율성-자율성, 강제성-비강제성 등의 기준으로 구분한다.

■ 외면성-내면성

법은 겉으로 드러난 행동에 대해서 문제 삼는 데 비해, 도덕은 내면적 태도에 관심을 갖는다. 법은 생각하는 것만으로는 문제 삼지 않지만, 도덕의 관심사는 어떤 행위보다도 그 행위의 배후에 있는 생각 자체이다.

따라서 법과 도덕은 그 관심방향이 다르다고 할 수 있다. 그러나 법도 인간의 내심적인 문제를 고려하여 배가 고파서 도둑질한 경우라면 정상참작을 할 수 있게 한다.

■ 타율성-자율성

법은 타율을 목적으로 하고, 도덕은 자율을 목적으로 한다는 것이다. 법은 국가권력에 의해 강행되므로 주로 타율적이다. 그러나 도덕도 타인을 규율하지 아니하는 것은 아니다. 도둑질하지 말라고 하는 도덕은 타인에 대해서도 요구된다. 그러므로 사실상 법이나 도덕 모두 외부에서 강요되며, 그 실효성은 타율적인 것이라고 할 수 있다.

■ 강제성-비강제성

법은 강제규범이지만 도덕은 그렇지 않다는 것이다. 국가기관에 의한 강제성이라는 것은 법의 본질적 징표라고 할 수 있다. 이에 비하여 도덕은 그것을 위반한 경우에도 기껏해야 주변사람들로부터 도덕적 비난을 받을 뿐이며, 많은 경우에는 약간의 양심의 가책을 받는 것으로 끝난다.

(2) 법과 도덕의 관계

법과 도덕은 여러 방향에서 깊은 관계를 맺고 있다. 종래 실증주의적 법사상에서는 이 점이 강조되지 않았으므로 법의 권위가 실추되었다. 법 만능주의도 피하여야 하지만, 법의 가치를 극단적으로 무시하여 톨스토이와 같은 무정부주의적 오류에 빠지는 것도 경계하여야 한다.

법과 도덕은 중복되는 범위가 있다. 법은 그 내용에 다수의 도덕적 규범을 포함하는 것이다. 예를 들면, 형법, 가족법, 재산법 등의 다수의 내용은 도덕적 요청과 중복된다. 라드부르흐는 이러한 현상을 '법적 왕국에의 도덕의 귀화'라고 하였다. 도덕과는 무관한 법의 내용도 있다. 도덕적 색채를 띠지 않은 순수하게 기술적인 내용으로서 예를 들면, 좌측통행 등 도로교통법의 상당한 내용이 이에 해당한다. 심지어 도덕에 반(反)하는 법의 내용도 있다. 법과 도덕은 기능적인 측면에서 서로 반대의 관계에 놓이기도 한다. 채권의 소멸시효나 부부 간의 계약은 혼인 중에 언제든지 부부 일방이 취소할 수 있게 하는 민법의 규정 등이 그 예가 되겠다.

(3) 법의 타당근거로서의 도덕

효력의 측면에서 볼 때, 실정법규범은 도덕에 의해 뒷받침되어야 궁극적으로 준수되는 것이다. 법이 행위자의 동기를 묻지 않는 것이기 때문에 형벌이 두려워서 법을 준수하더라도 법을 위반한 것은 아니다. 그러나 법 위반에 대한 엄중한 책임부과만으로 인간을 영속적으로 법질서 전체에 따르게 할 수는 없다. 탈법행위나 법의 남용을 방지할 수 없고, 법의 목적을 달성할 수 없다. 인간의 이기적 본능과 권세욕이 작용하는 경제 및 정치 영역에서는 법의 불완전 또는 흠결 등이 있는 경우에는 법의 준수는 각자의 양심에 의존하는 바가 크다. 어느 시대에나 선거법 · 지방자치법 · 주식회사제도 · 증권거래법 등의 모든 영역에서 탈법과 남용의 기술은 입법기술을 앞질러 가고 있다.

여기에서 실정법질서는 스스로의 힘만으로는 완전히 무력함을 맛보고 있는 것이다. 결국 '제도가 아니라 사람의 문제'라는 평범한 진리에 이르게 된다. 사람의 개선은 법에만 맡길 수 없는 문제이며, 도덕의 문제가 되는 것이다. 도덕의 도움을 입어 법은 궁극적으로 준수되게 된다. 물리적 강제력만으로는 영속적 준수와 완전한 실현을 확보할 수 없다. 일반 시민의 도덕생활의 수준이 향상되어야 법 그 자체의 효력도 보장되는 것이다.

도덕은 개인의 의사에 기초하여 양심 또는 사회적 비난에 의한 판단에 의하여 그 실효성이 보장된다. 따라서 그 효력의 측면에서는 법에 미치지 못한다. 그러므로 법은 도덕을 법규화하고 강제함으로써 도덕을 관철할 수 있다. 이와 같이 법이 도덕의 사회적 유효성을 보장해 주는 것을 슈몰러Gustav Schmoller 는 '법은 도덕의 최대한'이라고 말하였다.

(4) 악법의 문제

법에는 도덕적 요소와 명령적 요소가 있다. 법에 따라 행동하면 자기의 양심에 반하고, 반대로 양심의 요구에 따라서 행동하면 범법자가 되는 경우가 있을 수 있다. 도덕에 반하는 법의 문제이며, 이러한 법을 악법이라고 할 수 있다. 악법에 어떻게 대처해야 할 것인가? 악법도 법이므로 준수해야 하는가, 아니면 악법은 법이 아니므로 준수를 거부해야 하는가? 이것은 법실증주의와 자연법론 간에 논쟁되어 온 뿌리 깊은 주제이다.

일반적으로 악법일지라도 형식상 정규요건을 갖추고 있으며 현실로 법원에 의하여 적용되고 있으면 합법적인 수단에 의하여 개정되지 않는 한, 이를 무효라고 하여 복종을 거부하는 것은 허용되지 않는다. 악법이라고는 하지만 그 나름대로 사회의 질서유지의 기능을 수행하고 있는 한에는 100%의 악법은 현실적으로 판단하기 어렵고 무법 · 무질서의 상태보다는 나으며 바람직한 점도 있으므로 '악법도 법이다' 라고도 하는 것이다.

진정한 의미에서의 악법을 타파하는 것이 도덕의 임무이지만, 만약 각자의 판단에 따라 법의 준수를 거부한다면 사회의 평화와 질서는 유지될 수 없으며, 혼란이 야기될 것이다. 그러나 실정법 중에는 객관적으로 누가 보아도 도덕적 요소를 갖지 않은 법이 없는 것은 아니다. 어떤 법이 국민의 도덕의식에 강하게 반하는 법이면 그 법은 확실히 죽은 법이며, 오래 존립 할 수 없을 것이다. 대체적으로 헌법에서 보장하는 기본적 인권을 침해하는 법은 악법이라고 할 것이다. 즉 인간을 차별하며, 인간의 생명 · 재산 · 자유를 존중하지 않고, 국민의 근로의 권리, 근로자의 단결권을 보장하지 않으며, 언론 · 출판의 자유를 탄압하는 법은 원칙적으로 악법으로 볼 수 있을 것이다.

(5) 소결

법은 인간을 성자로 만들 사명을 가진 것은 아니며, 다만 악마가 되는 것을 막는 역할을 하면 족한 것이라고 할 수 있을 것이다. 이것이 법이 가진 강제성의 의미이며, 법이 가진 내재적 한계성인 것이다. 법이 단순히 합법성으로만 만족할 수 있는 것은 법규가 단순한 명령 이상의 것이 아닌 경우에만 가능하다.

명령과 강제는 당위를 기초로 한다. 즉, 가치가 그 명령과 강제의 기초에 놓여있는 경우에만 의무의 성격을 가지는 것이다. 법의 근본구조는 명령imperative이 아니라 규범norm인 것이다. 명령은 규범 안에 포함된 가치를 실현하기 위한 수단에 불과한 것이다. 따라서 법은 합법성만으로 만족할 수 없고, 언제나 도덕성의 요청을 받는 것이다.

3_ 법과 종교

법은 보통 강제를 수반하는 사회규범이요, 종교는 개인의 영혼의 구제와 인간이 하나님과 같이 완전해질 것을 요구하는 것이다. 법은 빌린 물건을 갚고 죄를 범한 자에게 일정한 형벌을 예정하고 있으나, 종교는 죄악에서의 해탈, 내심의 맑은 행복과 같은 것이다. 전자가 사회적이며 그 명하는 바는 지극히 지상적이고 저급한 것임에 반하여, 후자는 개인적인 것이며 그 요구하는 바는 천상적인 것이고 고상한 것이다.

원래 종교에는 그 안에 도덕률이 있으며 도덕이나 법과 유사한 일면이 있다. 그 결과 종종 종교의 본질이 이러한 약간의 율법을 준수하여 성인군자가 되게 하는 데 있다고 오해하는 이가 있다. 종교 안의 율법은 도덕 및 법률과는 전혀 다른 의미를 가진다. 율법은 법과는 달리 평균인이 따를 수 있는 정도의 것, 외부적이고 결과적인 것이 아니다. 오히려 그 완전한 실현은 세상에서 상상할 수 있는 완전한 인간조차도 그 한 조목도 아무리 노력을 해도 당해낼 수 없을 정도의 동기의 순수성을 요구하는 것이다. 마음속의 간음도 간음이 되고, 형제를 미워하는 것은 살인이 되는 것이다.

종교상의 율법은 이처럼 보통 사람이 완전히 실현할 수 없을 정도로 높은 수준의 것이다. 그렇기 때문에 실현하지 않아도 된다는 것을 의미하지는 않는다. 실현하지 않으면 안 되지만, 실현할 수 없다는 데에 인간의 비극적 운명이 있는 것이다. 이러한 율법이 존재하지 않았더라면 인류는 보다 행복했을 것이라는 탄식이 나올 법하다.

> 율법이 없으면 죄는 죽은 것이나 다름없습니다. 나는 전에 율법이 없을 때에는 살았는데 계명이 들어오자 죄는 살아나고 나는 죽었습니다. 그래서 생명을 가져다주어야 할 그 계명이 나에게 오히려 죽음을 가져왔다는 것을 깨달았습니다.
>
> 로마인들에게 보낸 편지 7:8~10

이 '율법에 의한 죽음'에서 인류를 구하는 것이 그리스도의 십자가라고 믿는 것이 그리스도교 신앙이다. 종교는 신앙에 의한 '율법에서의 해방'이다. 포도밭에서 일하는 일꾼은 저녁이 되어서야 온 자라 할지라도 아침부터 일한 자와 같은 급료를 받을 수도 있다. 신의 완전함에 대하여 인간상호간의 차이는 오십보백보이기 때문이다. 종교는 도덕적 · 법률적 가치를 초극하는 것이며, 존재와 당위의 대립을 초극하는 것이다. 범죄인이나 창부가 신앙으로 말미암아 고귀한 인격으로 종교의 세계에 들어가는 것은 많은 작품들에서 생생하게 그려지고 있다.

종교가 포함하는 규범, 즉 율법은 법이나 도덕과는 전혀 다른 태도로 인간성에 접하게 된다. 법은 평균인이 준수할 수 있을 정도의 비근한 규범을 내걸고 그 준수를 강제한다. 도덕은 보다 고상한 내면적 규범을 인간의 양심에 맡긴다. 그런데 종교는 인간이 도저히 따를 수 없는 이상을 율법으로 요구하면서 다른 한편으로는 율법으로부터의 해방, 즉 율법에 의하여 의롭게 되는 것이 아니라 신앙에 의하여 구원된다고 하는 것이다.

종교가 추구하는 이상은 법이 추구하는 바와 비교가 안 되는 천상적인 것인데 그 실현을 가차 없이 추구하는 것이 아니라 살펴가면서 각자의 신앙을 추구하는 것이다. 그렇다면 행위와 신앙은 무관한 것인가? 인간이 완전하기를 기대하기는 불가능하나 신앙의 작용으로 인한 죄악의 감소는 도덕적 노력의 경우와는 비교할 수 없을 것이다. 존재와 당위의 평행선은 신앙과 은총에 힘입은 노력으로 말미암아 점차 접근하게 된다. 이 평행선은 영원에서, 무한대에서 상봉하는 것이다. 종교는 인류에게 희망을 품게 하는 것이다. 그것은 궁극적으로 모든 존재를 긍정하는 것이다. 독일의 법철학자 라드부르흐[5)]는 종교에 대하여 다음과 같이 말하였다.

> 종교는 존재하는 모든 존재자의 궁극적 긍정이요, 모든 사물에 대하여 예Ja와 아멘Amen을 선언하는 미소 짓는 실증주의요, 사랑하는 것의 가치 · 무가치를 고려하지 않는 무조건적 사랑이며, 행복과 불행의 피안에 존재하는 법열(法悅)이요, 유죄와 무죄를 넘어선 은총이요, 모든 이성의 문제보다 고차원의 평화이다.

모든 것 위에 긍정과 아멘이라고 말할 수 있는 희망이 주어져 있지 않다면 인생의 종착역에서 기다리는 것은 절망과 허무만이 아니겠는가? 그리하여 종교는 인간에게 희망이 되어 왔으며, 종교로 인하여 인간은 영혼의 소생을 맛보게 되는 것이다.

종교는 법과는 달리 강제에 의해 실현을 요구하는 것이 아니라, 죄를 자각하게 하는 표준을 내세워 오직 신앙을 요구하고, 신앙의 결과 자연스럽게 율법을 성취하려는 것이다. 종교는 먼저 인간에게 천국의 율법을 실현할 것을 요구하고, 다음에 자력만으로는 그 실현이 불가능함을 느끼게 하고, 이어서 신앙에 의해 그 죄의 고뇌로부터 해방시키며, 마지막으로 신앙과 은총에 의해 율법을 성취시키는 것이다. 그리하여 사회학적으로는 법이나 종교의 율법이 같게 보일지 모르나, 두 규범은 평행선을 달리는 것이다.

5) Gustav Radburch
(1878-1949)

1933년 나치정권에 의해 대학교수직 박탈당함. 전후 시대적 아픔에 대한 인식의 결과로 상대주의 입장을 고수하면서도 실정법을 넘어선 법에 관해 관심 가짐.

Ⅳ. 질서유지와 정의

공동사회 구성원 상호간에는 이익충돌이 발생하기 마련이다. 문제를 해결하기 위하여 약자의 희생 위에서 강자의 이익만을 만족시키는 이익의 조정장치, 즉 그러한 법의 내용은 구성원의 비판을 면치 못할 것이다. 모든 사람이 자기가 옳다고 생각하는 바대로 행위한다면, 결국 무정부상태가 도래하고 말 것이다. 이와 같이 각자의 주관적 관점이 어떻게 극복되어야 할 것인가 하는 것이 정의론의 핵심과제이다.

공동사회의 질서유지를 위해서는 모든 사람이 따라야 할 보편타당한 행위원칙이 확립되어야 한다. 도덕적 평가의 근원인 양심을 기초로 객관적이며 확정된 내용을 가지는 법적 행위원칙을 구성하여야 한다. 공동체 구성원의 합의를 얻어내기 위한 노력이 필요하다.

이러한 다수결의 논리는 소수를 억압하는 결과가 되어서는 안 된다. 다수결 사상은 인간이 평등한 도덕적 존재임과 인간이 존엄성을 가진 존재임을 인식하는 데서 출발하기 때문이며, 이러한 전제는 포기되어서는 안 된다.

그리하여 정의 관념에 대하여 상당부분 견해의 일치가 가능할 것이다. 예컨대, 계약의 내용을 지키지 않은 자에 대하여는 손해배상 등의 법적 효과를 부여하거나, 과실로 타인에게 폭력을 가한 자에 대하여 처벌하는 것은 정당하지 않다는 점에 대하여 견해가 합치될 수 있을 것이다.

이와 같이 이익충돌의 문제를 해결할 법체계는 다수인의 동의에 근거한 것이어야 한다. 따라서 통치자는 여론에 귀 기울이고 그가 제정한 법의 근거를 밝히고 그 정당성을 제시하여야 하며, 전체적으로 다수의 동의를 얻도록 노력하여야 할 것이다. 이에 따라 정부와 의회는 그 실효성과 정당성을 함께 확보할 수 있을 것이다. 그러므로 정의의 주관적 요소와 객관적 요소는 상호 의존적 관계에 있다.

무정부상태를 원하지 않는다면 객관적 행위원칙이 필요하다. 이 원칙은 적어도 다수의 구성원의 법감정에 비추어 형평에 맞으며, 동의될 수 있는 경우에만 지속적인 기능을 할 수 있다.

1_ 정의론의 여러 측면

(1) 거래상의 정의의 원칙

사회구성원들 간의 개별적인 법적 거래에 대한 정의의 원칙이다. "계약은 지켜야 한다"라는 계약 성실의 원칙은 매우 중요한 원칙이다. 이는 개인 간의 문제일 뿐만 아니라 국가 간의 정의의 원칙이기도 하다. 거래의 대상이 되는 물건과 그에 대한 대금은 거래당사자가 누구이든 간에 등가적이어야 한다는 것도 거래상의 정의이다.

(2) 배분적 정의의 원칙

재화나 관직 및 경제적 부담 등이 구성원에게 어떻게 분배되는 것이 정당한가? "각자에게 자기의 몫을 귀속시키는 것이야말로 최고의 정의이다"라는 법격언이 타당한 측면이다. 개인의 차이가 중요하며, 성실한 근로자가 게으른 자보다 좋은 대우를 받고, 부자가 가난한 자보다 많은 세금을 내야 한다. 각자에게 자기의 정당한 몫이 무엇인가, 또 이러한 차별 취급을 정당화하기 위해서는 그 차별의 법이 다수에 의하여 동의될 수 있는 근거를 제시해야 할 것이다.

관직의 분배에 대한 우선권은 개인의 능력에 있다는 점에 대하여는 동의가 쉽게 이루어질 수 있을 것이다. 조세의 부담에 대한 누진세에는 문제가 없다고 하더라도, 그 누진율의 결정에는 견해차가 있을 것이다. 국제적으로도 한정된 자연자원의 개발에 대한 선진 제국의 각종의 규제가 개도국들에게 그 분배에 있어서 불공평하다고 인식된다면, 국가 간의 갈등이 심화될 것이다. 평화와 정의는 의존관계에 있는 것이다.

(3) 헌법상 또는 조직상의 정의의 원칙

국가 또는 기타의 조직화된 공동사회에서 정당한 권력분배 및 권력제한의 문제가 발생한다. 기관 상호간의 상호통제가 가능한 권력분배가 이루어져야 할 것이다. 또한 인간의 존엄과 기본권 보장을 위한 국가권력의 제한이 필요하다는 점에 대하여 상당한 동의가 이루어지고 있다.

(4) 기타 정의의 원칙

절차상의 정의의 원칙으로는 소송절차의 공정성에 관한 문제가 있다. 이해관계가 있는 모든 소송당사자에 대하여 공정하고 타당한 의견진술의 기회가 제공되어야 할 것이다. 형벌상의 정의의 원칙으로는 정당한 형벌의 요건, 형량의 정도 등이 문제가 될 것이다. 또 형벌은 인과응보를 목적으로 하는가, 사회복귀를 위하여 교육시키는 것을 목적으로 하는가, 사형제도는 폐지되어야 하는가?

또 전쟁 시에도 상황에 합치하는 정의의 문제가 존재한다. 적어도 이론상으로는 전쟁 수행 시에도 최소한도의 당위규범은 준수되어야 한다는 점에 대하여 합의점을 찾을 수 있을 것이다.

2_ 법적 인간관

정의의 문제와 인간이 추구하는 질서에 대한 문제는 인간관적 문제와 마주치게 된다. 인간관은 법적 사유에 대하여 어느 정도의 영향을 미치고 있다. 많은 경우 인간의 특성 중의 어느 하나만이 강조되는 이념적으로 치우친 인간관과 관련을 맺게 된다. 인간의 행위와 계획은 인간의 존재, 인간의 기본성향 및 인간의 목적에 의하여 이루어지는 지도적 형상에 맞추어 계속 진행된다.

(1) 낙관주의적 인간관

그로티우스H. Grotius, 1583-1645는 인간의 기본성향을 '평화롭고 질서 있는 사회에서 타인과 어울려 살려고 하는 사교성'이라고 보았다. 또 루소[6]는 '인간은 본래 선하지만, 사회환경과 문명에 의하여 타락 된다'는 가정으로부터 출발한다. 이러한 낙관주의가 발달하여 이성에 대한 믿음과 결합하는 경우에는, 국가는 인간에 대한 지배도구에 불과하며 결국 불필요한 존재라고 보는 무정부주의나 마르크스주의를 낳을 수 있다.

이 낙관주의는 인간은 계몽과 교육을 통하여 더 많은 통찰력과 이해력을 갖게 되며, 평화를 사랑할 수 있게 되고, 사회적 분쟁을 토론에 의하여 해결할 수도 있고, 이성적 통찰에 따라 규제할 수 있다고 한다. 이러한 인간의 이성에 대한 믿음은 상당한 성과를 가져 왔다. 성년자에게는 사적 자치에 관한 광범위한 권리가 주어졌고, 의회는 국민의 대표들이 토론을 통하여 그

6) J. J. Rousseau (1712-1778)

자연상태에서 인간은 자유롭고 행복하고 선량하였으나, 사회제도나 문화에 의해 부자유스럽고 불행한 상태에 빠졌다고 주장. 참된 인간의 모습(자연)의 발견 및 회복 주장.

시대의 문제에 대한 해결책을 찾아가는 토론장이 되게 한 것이다.

그러나 우리의 현실에서는 다원화된 사회에서 이해관계자들의 압력이나 여론의 향배에 대한 민감성 등 비이성적 감정적 요소들이 강력하게 작용함으로써 합리적인 의회의 활동과정은 찾아보기 어렵고, 국가공무원들은 무사 안일주의나 보신주의에 빠지기 쉬운 현상을 나타낸다는 것을 경험한 바 있다.

(2) 비관주의적 인간관

이러한 경험적 과정으로부터 이성적 인간관은 수정될 필요성이 인식되어 왔다. 홉스[7]는 비관적 인간관을 피력하여 '인간은 이기적이고, 복수심에 불타는 비겁한 존재'라고 하였으며, 그 결과 사회생활이 '만인의 만인에 대한 투쟁'으로 타락하는 것을 방지하기 위하여 강력한 국가권력이 필요하다고 한 것이다. 또 19세기의 낭만주의[8]는 인간을 '이성만이 아니라 감정과 정열에 휩쓸려 비이성적 생활을 영위하는 존재'로 파악하였다.

이러한 입장에서 볼 때, 인간의 행위를 합리화하려는 주장은 인간의 욕심과 복수심을 충족시키기 위한 단순한 구실에 불과하다는 것이다. 이러한 입장에서 직접민주주의에 대한 지나친 낙관적 희망을 회의적으로 보는 이는 인간은 '군중 속에서 고도의 암시를 받게 되며, 비판력과 판단력이 감소된다'고 한다. 이것은 히틀러의 선동행위를 통하여 확인된 바 있다.

홉스의 저작 「리바이어던」의 표지

이러한 인간관은 인간의 이성을 과신하지 않고, 인간행위의 비합리적인 원인을 직시하여 행위규칙을 정립하려고 하는 방향으로 나아간다. 즉, 인간의 이기적이고 권력지향적인 측면을 고려하여, 국가질서에 있어서 민주주의적 요소의 철저한 관철보다는 권력통제 방법을 제도화하는 것이 더욱 중요한 것이다. 로크J. Loke, 1632-1704 등의 권력분립과 권력통제에 대한 주장은 권력자에 대한 불신과 끝없이 권력을 확대하려는 인간의 성향에 대한 통찰에서 비롯된 것이다. 또 국민대표기관은 선동적으로 오도될 수 있는 직접민주주의의 위험성을 방지하는 데 이바지한다고도 할 수 있을 것이다.

7) T. Hobbes (1588-1679)

영국의 철학자. 성악설. 각자의 이익을 위해 계약으로 국가를 만들어 자연권을 제한하고, 국가를 대표하는 의지에 양도하여 복종해야 한다고 주장. 전제군주제를 이상적인 국가형태로 봄.

8) 낭만주의 (Romanticism)

18세기 말에서 19세기 전반에 걸쳐 계몽주의의 합리적·기계론적 세계관에 반발하여 일어난 유럽적 사상운동. 진정한 아름다움에 도달할 수 있는 것은 감성의 세계라고 보았음.

(3) 포괄적인 인간의 기본성향

국가론에 대하여 중요한 의미를 가지는 인간의 기본성향으로 인간의 자유의지(선택의 자유)와 자치능력이 있다. 이와 관련하여 임마누엘 칸트[9]는 인간의 존엄과 가치는 '인간의 도덕적 자치능력에 있다'고 하였다. 인간은 자신의 인격, 소질 및 능력을 계발할 수 있도록 지어졌다고 하는 사상은 오랜 역사를 가지는 것이다.

그러므로 개인적인 차원에서 신앙 · 양심의 자유와 같은 기본적 자유에 대한 요청과 나아가서 사회 · 국가적인 차원에서 모든 사람에 대한 교육 기회의 제공과 적절한 경제적 생활조건에 대한 요구는 이러한 전제에 근거하고 있다. 정치적 차원에서 보충성의 원칙도 자치능력과 자치요구를 바탕으로 한다. 즉, 개인 또는 소규모의 단체가 중앙기관과 동등하게 또는 보다 능률적으로 자치적 규율을 할 수 있는 사항에 대하여 국가 등이 처리하지 않도록 하려는 것이다.

법사상 및 법적 제도는 낙관적 인간관 및 비관적 인간관과 다양한 관련을 맺고 있다. 홉스가 국가에 의한 권력의 독점을 요구한 것은 그가 인간을 극히 비관적인 시각에서 바라보았기 때문이다. 국가권력을 제어하고 '견제와 균형'의 체계에 의한 통제 하에 두려는 로크와 몽테스키외C. Montesquieu, 1689-1755의 생각은 인간은 끝없이 권력을 확대하려고 하는 본성을 가졌다는 염려에서 기인한 것이다.

한편 낙관주의는 무정부주의와 급진적 민주주의의 전제가 된다. 그러나 권력에 대한 통제가 불가피하다는 통찰에 의하여 이 급진적 사상이 완화되어, 민주주의의 이상형이라고 하는 대의제적 · 법치국가적 민주주의로 전환되었다. 아울러 인간은 도덕적 · 정치적 자치능력이 있다는 사상도 민주주의의 원천이 된다. 이러한 사상은 인간존엄과 관련된 권리의 기원이 되고 있다.

여기에서 정의의 문제, 특히 정치적 행위의 정당성의 문제는 국가가 어떠한 행위를 추구해야 하는가의 문제로 귀착하게 될 것이다. 이것은 국가사회의 질서를 지배하는 국가의 목적에 의하여 해결될 수 있을 것이다.

9) Immanuel Kant (1724-1804)

독일의 철학자. 서유럽 근세철학의 전통을 집대성, 전통적 형이상학을 비판한 비판철학 탄생시킴. 「순수이성비판」, 「실천이성비판」, 「판단력비판」 등 저술.

3_ 국가의 목적과 정의

라드부르흐G. Radbruch는 법에 있어서 세 개의 목적을 상정할 수 있다고 하였다. 첫째, 개인주의적 목적에 의하면 개인에게 최대의 가치계발과 최대의 행복이 확보되어야 한다. 둘째, 초개인주의적 목적에 의하면 국가의 민족적 힘과 위력 또는 종교적 과업이 그 목적으로 설정된다. 개인의 행복은 이 목적의 하위에 존재하게 된다. 셋째, 국가의 주된 목적을 학문과 예술을 융성시키고 문화적 업적을 창조하는 데 둘 수도 있다. 이러한 목적들이 철저하게 서로 구별될 수는 없을 것이다.

이상의 분류에 따라 살펴볼 때, 개인주의적 목적 내에서도 차이점과 모순점이 존재한다. 자유주의, 사회주의 및 민주주의는 모두 이 목적 내에서 개인의 계발의 자유, 복지 및 정치적 자치에 봉사하고 있다. 자유주의에서는 모든 인간의 최대한의 자유가 강조되고, 민주주의에서는 정치적 · 경제적 관계에 대한 공동결정의 가능성에 보다 중점을 둔다. 각 입장은 상호보완적이기도 하며, 상충되기도 한다.

'계약자유의 제한'은 단기적으로는 개인의 자유를 침해하는 것으로 인식될 수 있지만, 장기적으로 보면 다수인에게 실질적으로 계약의 자유를 보장해 주는 결과가 될 수도 있다.

또 국가사회의 질서유지의 요청은 무한한 개인의 계발에 대한 요청과 충돌될 수 있다. 이러한 충돌을 해결하기 위해서는 양자의 목적이 동시에 실현될 수 있는 정당한 척도를 찾아야 할 것이다. 이 문제는 국가정책에서 발생될 수 있다. 즉, 국가의 규제는 한편으로 사회복지와 사회정의의 실현을 위해 필요하지만, 다른 한편으로 개인의 창의성의 말살이나 경쟁기능의 마비를 가져와서는 안 될 것이다.

국가에서 실현되어야 할 상이한 목적들을 평가하는 정당한 기준은 무엇인가? 상이한 생활영역에서 중앙집권적 행정 또는 개인이나 단체의 자치에 대한 정당한 기준은 어떻게 추출할 수 있는 것인가?

이러한 문제들을 해결하기 위하여 역사적 경험으로부터 다른 어떤 체제보다 국민의 요구에 보다 충실하다고 생각되는 국가질서를 찾아낼 수 있을 것이다. 많은 사람이 그 나라에 가서 살고 싶어 하고, 다른 나라로 가고자 하는 사람이 없는 국가의 국가질서가 가장 이상적인 것이 아닐까?

Ⅴ. 권리

1_ 권리의 의의

권리는 일정한 이익의 향수를 위하여 법에 의하여 부여된 힘이다(權利法力說). 이는 그 이익이 타인에 의하여 방해되는 경우에는 이에 대한 구제를 유효하게 법원에 청구할 수 있는 것을 말한다.

예를 들면, 물건의 매도인은 대금을 청구할 권리가 있지만, 대금을 받는 것은 이익이며, 또한 이것은 매도인의 의사에 의하여 실현된다. 매도인이 매수인의 청구에 응하지 아니하는 경우는 법원에 소를 제기하여 그 판결을 얻어 국가의 힘에 의하여 매수인의 재산으로부터 지급받을 수 있다. 따라서 매도인은 대금을 청구할 수 있는 권리가 있다고 할 수 있다.

2_ 권리의 행사

(1) 권리행사의 자유

권리는 법률상의 힘이며, 권리의 내용은 이익이다. 권리를 가진 자가 자기의 권리를 주장하여 법에 의해 인정되는 범위 내에서 이익의 향수를 실현하기 위한 행위를 권리의 행사라고 한다.

법격언에 "자기의 권리를 행사하는 자는 누구에 대하여도 불법을 행하지 않는다"는 말이 있다. 이것은 권리행사는 권리자의 자유이며, 아무런 제한도 받지 않는다는 원칙을 말하는 것이다.

(2) 권리행사의 의무

법은 권리를 인정하고 있기 때문에 법을 유지하는 것은 권리를 유지하는 것이며, 역으로 권리를 유지하는 것은 권리를 인정한 법을 유지하는 것이다. 예링은 그의 저서 「권리를 위한 투쟁」에서 "권리를 위한 투쟁은 권리자의 자기 자신에 대한 의무이다"라고 한다. 그 저서를 요약하면 '법의 목적은 평화이지만, 그 수단은 투쟁'이라는 것이다. 그 투쟁은 불법에 대한 항거이며, 이것이 없이는 법의 생명은 죽어버리고 만다고 한다.

권리는 인간의 실존조건이며, 이러한 생명권 · 신체권 · 재산권 · 자유권 · 명예권 · 인격권 등의 확보 없이 인간은 인간으로서 생존할 수 없다.

권리를 위한 투쟁은 동시에 이익을 위한 투쟁이기도 하다. 여기에서의 이익은 물질적 · 경제적 이익에만 국한되는 것이 아니라 오히려 정신적 · 인격적 이익에 중점이 있다. 순수한 인격적 권리침해는 물론이고, 재산적 권리의 침해의 경우에도 동시에 인격의 침해가 있음이 강조된다. 따라서 일체의 권리침해에 있어서 궁극적으로 문제되는 것은 '인간의 존엄과 가치'이다.

권리를 위한 투쟁은 개인을 위해서뿐만 아니라 국가공동체의 존립을 위해서도 불가결적이다. 권리의식이 뚜렷하지 못한 백성은 결국 국가의 권리도 지킬 줄 모른다는 것이다. 그리하여 침략자보다 오히려 짓밟히는 자를 탓하게 된다.

그러므로 권리를 위한 투쟁은 도덕적 자기 보존의무로서 각자에게 명해지며, '인간의 자기 자신에 대한 의무'로까지 높여진다. 이 의무를 태만히 하는 자는 자기의 도덕적 실존조건을 포기하는 자로서 '도덕적 자살자'라고 한다. 권리침해를 감수하는 자, 그 자가 바로 법의 정신을 좀먹는 자이다. 인간의 실존조건은 거저 주어지는 것이 아니라 투쟁에 의하여 비로소 쟁취된다고 하는 것이다. 이와 같은 예링의 권리투쟁론은 권리의 주장에 의하여 법을 유지하여야 한다는 것을 설명한다.

이와는 반대로 권리의 불행사에 대하여 소멸시효를 인정하여 일정한 불이익을 가하기도 하고, 친권자의 미성년의 자녀에 대한 감호교육권과 같이 권리의 불행사를 법적으로 인정하지 않는 경우도 있다.

(3) 권리행사의 제한

원래 권리는 개인의 이익을 위하여 인정되는 것이므로 개인적인 문제라고 할 수 있다. 그러나 권리의 행사는 그에 상응하는 의무자나 기타의 관련 당사자 나아가서 사회 일반에 대하여 직 · 간접적으로 영향을 미치는 경우가 있다. 그러므로 권리행사는 개인문제로 그치는 것이 아니라 사회문제가 될 가능성을 가지고 있다.

원래 권리 자체에는 '개인성'과 함께 '사회성'이라고 하는 내재적 제약원리가 깃들여 있는 것이므로, 권리행사에도 '개인성과 사회성'의 조화가 요구되며, 권리행사의 자유가 제한될 필요가 있는 것이다. 이러한 사상은 우리 실정법에서도 찾아볼 수 있다. 헌법은 "재산권의 행사는 공공복리에 적합하도록 하여야 한다"는 규정을 두었다(제23조 2항). 이것은 사적인 권리에서 가장 기본이 되는 재산권의 행사에 대한 제한을 선언하고, 권리행사의 제한이 뒷받침되는 '공공복리의 원칙'을 재산권에 관하여 선언한 것이다.

또 민법은"권리의 행사와 의무의 이행은 신의에 좇아 성실히 행하여야 한다"고 규정한다(제2조 1항).[10] 신의성실이란 정의 형평 등의 의미이고, 사회의 일반적 도덕의식을 가리키며, 법질서는 이러한 도덕의식의 토대위에서 성립하므로 법률상 권리는 이러한 도덕에 위반해서는 안 된다. 권리행사에 있어서 이 원칙을 위반하는 경우에는 권리남용이 된다.

또 민법은 "권리는 남용하지 못 한다"고 규정한다(제2조 2항).[11] 권리의 무제한한 주장은 경우에 따라 사회에 폐해를 가져올 수 있다. 예컨대 타인을 해할 목적으로 권리를 행사한다거나, 사회적으로 상당한 정도를 초과하여 권리를 행사한다거나, 공서양속을 무시하고 조리에 반하는 방법으로 권리를 행사한다면 아무리 외견상 권리행사인 것으로 보인다고 할지라도 실질적으로 권리의 행사로 볼 수 없다. 이것은 경우에 따라 위법행위가 될 수 있으며 이를 권리남용이라고 한다.

결국 권리에는 개인의 이익만을 위해서가 아니라 공공의 복리를 위해서 행사하여야 한다고 하는 의무가 포함되는 것이다. 이것이 "권리는 의무를 수반한다"라고 하는 것이다.

10) 신의성실의 원칙

11) 권리남용금지의 원칙

04 Chapter _종교 일반

사람은 굶으면 배가 고프다. 배가 고프다는 사실이 사람이 배부르게 될 것을 보장하는 것은 아니다. 식량을 구하지 못하면 굶어 죽을 수도 있기 때문이다. 하지만 사람의 굶주림은 그가 음식을 먹음으로 생명을 보존하는 존재라는 것과 세상에는 그가 먹을 수 있는 먹을거리가 있다는 증거로 볼 수 있다. 사람은 이성을 사랑하고 싶다. 사랑하고 싶다는 사실이 이성과의 사랑에 성공할 것을 보장하는 것은 아니다. 그러나 이것은 남녀가 서로 사랑하도록 만들어졌다는 것의 증거가 될 것이다.

마찬가지로 사람들은 다양한 방법으로 영원한 세계에 대해 갈망한다. 사람에게 이러한 갈망이 있다는 사실이 모든 사람들이 장차 영원한 세계에 들어갈 것을 보장하는 것은 아니다. 하지만 이 갈망은 분명히 이해할 수는 없다 하더라도 영원한 세계가 존재한다는 것과 누군가는 그것을 누리게 될 것임을 보여주는 증거로 생각할 수 있다. C.S.루이스는 이러한 방식으로 문제를 제기했다.

동서고금을 막론하고 사람들은 이 땅에서의 삶이 전부가 아니며, 인간은 영원토록 불멸하는 존재라는 생각을 해왔다. 이 땅에서 사랑하던 사람을 먼저 보낸 사람들은 다시는 헤어지지 않을 그 곳에서 만날 날을 고대하며 소망의 줄을 붙잡고 살기도 한다. 사람은 유한한 존재이면서도 무한한 세계를 꿈꾸는 모순적이고도 기이한 존재이다. 그래서 사람은 '영원을 사모하는 마음'을 가지고 있다고 한다(전도서3:11).

그러나 이러한 점을 애써 외면하는 이들도 있다. 독일의 철학자 프리드리히 니체[1]는 광인(狂人)의 입을 통해 하나님을 죽였다고 말한다. "당신과 나, 우리가 그를 죽였다. 우리 모두는 그를 죽인 살인자다 …… 살인자 중의 살인자인 우리는 자신을 어떻게 위로할 것인가? …… 자격이 있어 보이기 위해서라도 우리 자신이 신이 되어야 하지 않겠는가?"

그렇다. 하나님이 없다면 인생에 의미를 부여하고 창조세계의 질서를 세우고, 옳고 그름의 보편기준을 정해 줄 절대자는 없다. 하나님이 죽었다면 인간이 신이 되어 창조주 노릇을 해야 한다. 인간이 스스로 삶의 목적을 규정하고, 질서도 세우고, 옳고 그른 것도 정해야 한다. 인류를 악으로부터 구원하는 일도 인간 스스로가 해야 한다. '인본주의 선언'Humanist Manifesto I은 "자신이 꿈꾸는 세계를 실현하는 것도 인간이 …… 단독으로 할 일이고, 그것을 성취할 능력도 인간에게 있다"고 선언했다. 인간이 신이 된 세상에는 어떤 일이 일어났는가?

Ⅰ. 신 없는 인간 세상

기독교적 관점에서 보면 모더니즘modernism은 인류가 '신 노릇' 하는 일을 인간의 이성으로 해낼 수 있다는 사상이라고 할 수 있다. 17세기의 과학혁명은 18세기 계몽주의 시대에 유럽에 확산되면서 문화를 형성하는 세계관이 되었다. 그 핵심은 진보, 이성, 과학기술, 세상의 합리적 사회질서 등에 대한 확신에 있다. 인간이 창조세계를 관리하고 정복할 능력을 가지고 있으며, 이성과 과학을 믿고 그 길로 충실히 가기만 하면 행복, 자유, 물질적 부, 진실, 정의 등의 세계로 진보하는 것이 보장된다는 것이다.

이 모더니즘은 '계몽주의 세계관', '근대주의 세계관', '인본주의' 등으로 불려 왔다. 여기에는 인류가 성숙해져서 마침내 한물간 '종교적 세계관'을 버렸다는 생각이 깔려 있다. 그러나 모더니즘은 포괄적이며 대립되는 인생관인 기독교 세계관과 접촉하여 그 과실을 누리면서 19~20세기 산업혁명, 사회혁명, 정치혁명을 통해 사회와 문화 속으로 녹아들어 온 것임을 부인할 수 없다.

산업혁명은 부의 성장과 함께 많은 고통을 가져왔다. 사춘기의 자녀들은 부모의 간섭이 없는 세상에서 마음껏 자유를 누리며 살 생각으로 부모를 떠

1) Fredrich Nietzsche (1844-1900)

5살 때 목사였던 아버지 사망. 본 대학교에서 신학, 그리스 문헌학 공부. 24세 바젤 대학교 문헌학 교수 부임. 프로이센-프랑스 전쟁에 의무병으로 종군. 평생 독신. 말년엔 정신발작으로 10년간 모친과 여동생의 돌봄 받음.

나 바깥세상으로 나가려고 하는 경향이 있다. 그러나 동경하던 그 세상에서 자신의 생각과는 달리 많은 난관에 봉착하게 된다. 이와 같이 신의 보호를 떠나 스스로 '신이 된 인간'은 곳곳에서 감당할 수 없는 암초들을 만나게 됐다. 도시로 이주한 많은 가정들은 해체되기 시작했고, 비위생적 생활환경으로 내몰렸으며, 공장에서 지독한 착취를 당했다. 근무시간은 길고, 보수는 적었다. 계몽주의가 예언한 지상낙원과는 거리가 멀었다.

계몽주의 이후로 19세기에 자유주의와 마르크스주의가 등장했다. 이들은 과학과 기술로 진보가 이루어진다는 확신을 유지하면서 그에 반하는 증거들을 전체 이야기의 한 부분으로 해석했다. 경제적 자유주의는 경제활동에서 개인의 자유를 존중하고, 정치적 자유주의는 개인의 인권을 존중하면서, 19세기의 처참한 고통의 문제에 대해 답을 제시했다. 허버트 스펜서[2]는 매정하게도 고통은 진화의 과정에서 치러야 할 대가라고만 말했다. 칼 마르크스[3]도 진보 이야기를 가지고 고통을 설명하면서 역사는 계급간의 갈등을 통해 진보한다고 했다. 그러한 혁명을 통해 결국 평등이 이루어지고 경제발전이 낳은 모든 부가 공평하고 균등하게 분배된다는 것이다. 이 두 가지 사상은 19세기 인본주의에 뿌리를 두고 있다.

산업발전과 경제발전은 특히 서구인들에게 물질적 부를 안겨 주었다. 그러나 모더니즘 세계관 자체가 위기에 처해 있고, 이 위기는 물질적 진보가 이루어지는 듯하던 20세기에 더 악화되었다. 서구 국가들이 확신했던 평화와 번영이 계속되리라는 이전의 예언들은 두 번의 세계대전 앞에서 참혹하게 허물어졌다. 계몽주의 세계관이 심각하게 실패했음을 보여주는 빈곤, 환경파괴, 무기 확산, 심리적 문제, 사회 경제적 문제 등의 증거들을 직시하면서 계몽주의 세계관은 힘을 잃어가고 있다.

빈부의 격차는 시간이 갈수록 더 벌어지고 있으며, 물질적으로 부유해진다는 꿈은 소수만의 것이라는 것이 증명되고 있다. 전 세계가 천연자원을 북미에서 쓰는 방식으로 사용한다면 불과 10~20년이면 모든 자원이 고갈될 것으로 추정된다. 어떤 세계관대로 살 때 세계가 파괴되는 결과를 가져온다면, 그런 세계관을 지속가능한 것으로 받아들일 수는 없다. 온 세상을 파괴할 수 있는 무기의 대량 비축은 현대 기술발달의 직접적 결과이다. 20세기에 정신적, 심리적 결손의 증상들로 거식증, 과식증, 스트레스, 낮은 자존감, 탈진, 우울증 등이 문제가 되었다. 이러한 증상들을 낳은 심리적 빈곤은 주로 20세기에 발달한 과학기술에 그 원인이 있다는 진단이 나오고 있다.

2) Herbert Spencer
(1820-1903)

영국의 사회학자, 철학자, 교육학자. 자신의 사회이론과 다윈의 진화론을 결합한 사회진화론 창시.

3) Carl Marx
(1818-1883)

독일 라인란트 출신의 공산주의 혁명가, 역사학자, 경제학자, 철학자, 사회학자, 마르크스주의의 창시자. 1847년 공산주의자동맹 창설. 프리드리히 엥겔스와 공동집필한 〈공산당 선언〉, 〈자본론〉의 저자. "종교는 인민의 아편"이라는 말을 남김.

가정의 붕괴나 범죄율 및 실업률의 증가는 서구 사회의 붕괴를 보여주는 많은 증상 중 일부이며, 이 또한 모더니즘 세계관에 대한 확신을 약화시키고 있다. 모더니즘 세계관대로라면 그런 문제들은 쉽게 극복되어야 한다. 이런 증상 역시 기술 일변도로 발전된 문화에서 그 원인을 찾을 수 있다. 결국 모더니즘은 자신이 했던 가장 중요한 약속들 중 다수를 지키지 못한 것이다.

이러한 현실을 보면서 작곡가 슈베르트[4]는 계몽주의에 대해 '살과 뼈가 없는 흉한 해골'이라고 불렀다. 인간의 풍요로운 경험과 복합적인 인격을 부정한다고 보았기 때문이다. 계몽주의 시대에 억눌리고 경시되던 삶의 요소들 중에서 일부가 튀어 오른 운동이 낭만주의다. 낭만주의는 특히 20세기 말에 다시 살아나서 서구 문화에서 막강한 영향력을 행사하게 됐다. 그리하여 이제 감정, 상상력, 창의력, 본능이 거센 물결처럼 되살아났다. 인간은 자연을 즐거워하고 외경을 품어야 하며 감정과 상상력을 살려 흠뻑 빨아들여야 한다고 본다. 윌리엄 워즈워드[5]는 "우리의 주제넘은 지성이 사물의 고운 모습을 일그러뜨리고, 사물을 살해하거나 해부하고 있다"고 말했다. 낭만주의자들은 이성만 사용하는 것보다 이성에 상상과 감정을 융합시킬 때 창조 세계를 더 깊이 알고 이해할 수 있다고 본 것이다.

한편 지구촌은 21세기의 문이 열리자마자 9 · 11 사태를 맞이했다. 이 사건은 우리 삶에서 저편으로 밀어놓고 고리타분한 문제라고 치부했던 종교의 문제가 순식간에 지구촌 한 가운데로 진입한 사실을 웅변해준다. 21세기에 종교는 사후 세계의 문제가 아닌 현실의 문제가 되어 돌아온 것이다. 이 땅에서의 평화적인 공존의 질서를 추구하는 법과 이 세상 너머에 있는 영원한 세계의 평화를 추구하는 영원한 법의 문제는 오늘의 거대담론이 되어 우리에게 다가와 있다.

4) Franz Schubert
(1797-1828)

오스트리아 빈 근교에서 교사의 아들로 탄생. 예술가곡이라는 장르를 본격적으로 개척한 작곡가로 일생 600여 곡의 예술가곡을 작곡한 '가곡의 왕'. 〈현악 5중주 C장조〉를 완성하고, 2달 후 31세를 일기로 타계.

5) William Wordsworth
(1770-1850)

영국 낭만주의를 대표하는 시인. 일상적 언어로 자연과의 교감을 노래함. 테일러 콜리지와 공저한 〈서정 가요집 Lyrical Ballads〉은 영국 낭만주의 운동의 시발점이 됨. 1843년 계관시인이 됨.

Ⅱ. 초인, 무신론의 기수

철학자이며 법학자인 모티머 아들러[6]가 공동 편집자로 54권으로 된 브리태니커 백과사전을 집대성했다. 여기에는 법학, 철학, 역사, 신학, 사랑 등에 관한 주제들이 망라되어 있다. 특이한 점은 신에 관한 글이 가장 장황하다는 사실이다. 그 이유를 묻는 어느 비평가에게 대답했다. 신을 긍정하느냐 부정하느냐 하는 질문은 다른 어떤 질문보다 삶과 행동에 더 큰 영향을 미치기 때문이라는 것이다. 개인과 국가의 운명은 이 주제와 불가분의 관계로 얽혀있다. 스티븐 호킹도 신을 긍정하느냐 부정하느냐의 문제야말로 인간 방정식의 가장 의미심장한 요인이라고 주장했다.

이 주제에 대해 지성의 거장들은 여러 세기에 걸쳐 그 지적인 깊이와 실용적인 넓이를 증명해왔다. 상반된 두 진영은 각자의 견해를 집요하게 주장하면서 상대의 주장은 강력하게 반박해왔다. 오늘날도 여전히 논쟁은 진행되고 있다. 이 두 진영은 연역적 귀납적 오류를 범하면서 문제를 더 복잡하게 만들었다.

1633년 갈릴레오는 종교재판에서 코페르니쿠스의 지동설에 대한 지지를 철회할 수밖에 없었다. 그런데 당시 교회가 취한 태도는 성서가 아니라 2세기 그리스 천문학자 프톨레마이오스의 가르침에서 출발한 잘못된 전제를 기반으로 했던 것이다. 즉, 아리스토텔레스와 프톨레마이오스의 우주론을 성서의 세계관인양 옹호한 것이다.

유신론을 반대하는 진영에서도 갈릴레오에게 저지른 실수에 필적하는 것으로 '필트다운 조작 사건'Piltdown hoax이 있다. 그들은 1913년 영국 서식스주에서 발굴된 두개골의 화석조각들을 가장 오래된 유럽 인류의 화석이라고 믿었지만, 40년 뒤에 그것이 조작이라는 사실이 밝혀진 것이다.

인류가 동물의 세계로부터 자연선택에 의해 진화했다는 사상은 종교적인 신앙의 뿌리에 도끼를 내려찍는 것과 같았다. 다윈의 이론이 나온 이후 유신론 자체가 격렬한 공격에 직면했고, 무신론의 입장은 그때부터 과학의 지지를 받는 현실이 되었다. 실제로 마르크스는 자신의 저서 '자본론'을 다윈에게 헌정할 생각까지 했다. 그는 다윈의 가설이 자신의 경제적 기반을 뒷받침하는 과학적 하부구조를 제공한다고 본 것이다. 스탈린은 마르크스의 신념을 바탕으로 종교인들을 향한 절대적 증오심으로 수백만 명을 학살했

6) **Mortimer J. Adler** (1902-2001)
교육에 있어 고전 교양의 필요성 역설한 철학자, 교육자. 이십년 넘게 〈브리태니커 백과사전〉 편집위원장 지냄. 시카고대학교의 법철학교수로서 고전 읽기를 통한 교양교육 추구 운동.

다. 무신론은 당시 정치 무대에서 강력하게 작용한 것이다.

갈릴레오 효과, 다윈의 이론, 마르크스주의로 이어지는 공격 이외에도 더 많은 공격이 이어졌다. 프로이트의 종교분석은 인간의 성을 침실이라는 성소로부터 끌어냈다. 신성한 결혼을 한낱 성적인 대체물로 평가절하 했다. 그는 윤리, 신앙, 의식 등으로부터 신성함으로 박탈했다.

유신론이라는 실체를 완전히 몰아내고 그것이 세계에 끼친 영향을 말끔하게 씻어내는 일을 무자비할 정도로 강력하게 수행한 사람은 니체이다. 이제부터 정통orthodox이라는 단어는 '잘못된 생각'이라는 새로운 의미를 띠게 되었다. 그는 전반적으로 종교를 경멸했고, 특히 기독교를 분노로 경멸했다. 폴 존슨은 '모던 타임즈'에서 20세기 3대 악마로 히틀러, 스탈린, 무솔리니를 거명했다. 이 세 사람 모두 니체의 영향을 받은 것으로 알려져 있다.

프로이트의 비유를 따르면 보금자리에 사는 인류에게 신은 일종의 위로였지만, 인간이 성장하면서 신에게 퇴거통지를 한 것이다. 니체는 신을 장사지내면 올 결과를 알고 있었다. 신의 심장을 찔렀다고 주장하는 인간이 사실은 자기 스스로 피를 흘리고 있는 현실을!

니체는 말했다. 신이 19세기에 죽었으니 20세기에는 두 가지의 직접적인 결과가 다가올 것이라는 것이다. 먼저는 가장 유혈이 낭자한 세기가 될 것이며, 두 번째로 보편적인 광기가 발생하는 세기가 될 것이라고 예측했다. 그 예측은 모두 옳은 것으로 증명되었다. 거지같은 폐허라고 생각했던 기독교 윤리를 초월해 살 길을 찾는 초인의 세계는 니체의 외침에도 답을 주지 못했다. 현대의 철학자들, 기독교 사상가들은 신이 없는 세계가 불안할 수밖에 없음을 경고해왔다.

니체는 신이 죽고 나면 초인들이 승리할 것이라고 선언했다. 그런데 그것은 어마어마한 파멸을 초래한 살인적 선동정치가들을 낳았다. 그들의 선동의 결과는 아직 끝이 보이지 않는다. 인류는 그러한 불행한 결과를 막을 힘을 가지고 있는 것일까? 무신론을 인간 영혼의 승리이자 유익이라고 선언하는 자들은 이러한 사실을 인식하지도 못하고, 연구하지도 아니한다. 이것이 이 시대의 비통한 비극이다.[7)]

7) 라비 재커라이어스, 무신론의 진짜 얼굴, 에센티아, 2016, 42.

Ⅲ. 태초에 수소가?

무신론은 '신이 없다고 믿는 신조'라고 정의할 수 있다. 즉 신이 존재하지 않는다는 확신이다. 이러한 입장은 논리적인 측면에서 보면 절대부정의 오류를 범하고, 자기모순에 빠지게 된다. '신이 존재하지 않는다'고 주장하기 위해서는 자신에게 무한한 지식이 있음을 입증해야 하기 때문이다. 즉 나는 "무한한 지식을 가진 존재는 세상에 없다"고 말할 수 있을 정도의 '무한한 지식을 가진 존재' 라고 말하는 것이 되는 것이다.

무신론의 입장에서 통과해야 하는 첫 번째의 관문은 기원에 관한 문제이다. 어떤 이들은 과학적 발견에서부터 무신론으로 비약하는 경향이 있다. 그러나 그러한 접근방식은 매우 취약하다. 역사적으로 볼 때 유신론과 진화론은 상호 독설과 비방으로 가득 찬 과거를 가지고 있다. 과학은 대체적으로 근거도 없이 또는 편견으로 인해 종교에 대해 반감을 표출하는 경향이 있다.

생물학과 신학의 관계를 어떻게 이해해야 할 것인가? 과학적으로 아는 것과 믿는 것 사이에 거대한 차이가 있다. 기원의 문제와 관련하여 소진화[8] 과정에서 이루어진 진전 내용을 대진화[9]에 이르기까지 추정하는 것은 형이상학적으로 건전하지 않다. 물리학이 신학의 영역을 반복적으로 침범하고, 형이상학의 영토로 잘못 진입하는 것은 무책임한 일이기도 하려니와, 칼을 마구 휘둘러서 엄청난 위험을 초래하는 것과도 같다. 그러다가 결국 자신의 목을 자르는 결과가 나올 수도 있지 않을까? 과학을 통해 진화로부터 최초의 원인을 단정하는 부당한 비약을 당연한 것으로 받아들이는 것은 무신론의 중대한 잘못이 될 것이다.

헉슬리[10]는 과학과 종교의 분쟁은 항상 과학이 종교를 말살하는 결과로 끝났다고 말했다. 그러나 이러한 주장은 사실도 아니고 공정하지도 않다. 다윈 이후에도 수많은 탁월한 과학자들이 형이상학적 비약을 거부하고 있는 사실이 그 증거라고 할 것이다. 그들은 다윈주의에 대한 비판적 재평가가 필요할 뿐 아니라 그것이 가능하다고 보면서, '기원에 관한 임시위원회 문서'에 서명했다.

헉슬리의 주장과는 반대로 무신론으로의 비약은 신학보다는 오히려 과학을 파괴하는 결과를 가져왔다. 과학 분야야 말로 새로운 발견으로 인해 과

8) 소진화 (microevolution)

환경 변화에 따라 생물 형질이 자연선택되고, 점진적 변화가 나타나는 것. 종 단위 이하에서 이뤄지는 진화적 변화. 집단 내에서 유전자 빈도가 변화하여 유전자 풀이 달라지고 이 과정에서 점진적으로 새로운 종이 분화되는 것.

9) 대진화 (macroevloution)

표현형이 큰 진화적 변화. 주요 분류계급을 특징짓는 형질변화 과정으로 정의되는 경우가 많고, 그외 종(種) 수준이나 그보다 높은 수준의 진화로 정의되기도 함.

10) Aldous Huxley (1894-1963)

영국의 소설가, 비평가. 〈멋진 신세계 Brave New World〉(1932)에서 20세기의 정치와 과학기술에 대한 깊은 불신감 표현.

거의 발견이 극복되면서 과학적 이론과 신념들이 소멸되는 일이 비일비재한 것이다.

정직한 과학자들은 신중하고 겸손하게 자신의 연구 주제를 다루면서 과학적 이해의 한계에 대해서도 슬기롭게 불가지론의 자세를 유지한다. 그렇지 않으면 과학의 한계를 벗어나 과학을 '과학만능주의'로 둔갑시키는 형이상학적 비약을 범하게 되는 것이다. 위르겐 하버마스[11]는 "과학의 지식이 사물의 본질적 속성, 그 본성이 우주에서 차지하는 위상의 중요성, 그 본성이 작동하는 방법 등에 관한 진리를 생성하지는 않는다"는 점을 상기시켜준다.

과학은 다양한 분야에서 획일적이지 않다. 엄청난 복잡성으로 인해 과학적 분석작업은 스스로 한계를 인정할 수밖에 없다. 그렇지 않으면 거기서 나오는 결론은 심각하게 왜곡될 수밖에 없다. 다윈주의나 유전학을 포함한 멘델 이후 학파들이 헉슬리의 신학에 대한 경멸적 주장을 수용할 여지는 거의 없다. 과학적 사실들은 변화하는 이론들에 의해 종종 폐기되었고, 과거의 법칙들은 새로운 가설에 항복해왔다. 이런 분쟁의 영역들에서 신중한 자세를 취하는 것이 현명하다고 말하는 이유이다.

생물학과 물리학의 관계는 어떻게 이해해야 할 것인가? 과학계 내의 분쟁은 적어도 세 가지 방향에서 드러난다. 그리고 모든 것을 연결시키는 통합적인 시스템은 발견되지 않았다. 먼저 주된 갈등은 결정론[12]의 문제, 즉 "우리는 전적으로 우연의 산물인가?"라는 문제를 다루는 방식과 관련이 있다. 과거의 원인이 미래의 결과가 되며, 이 세상의 모든 사건은 이미 정해진 곳에서 정해진 때에 이루어지게 되어 있었다는 이론이다. 이 이론에 따르면 우주에서 일어나는 모든 사건과 운동은 이미 그 전부터 결정되어 있으며, 어떤 법칙에 따라 합리적으로 움직인다는 것이다. 수많은 현자들이 이 문제를 다루었으나, 아직 만족할만한 답은 제시되지 못하고 있다.

두 번째로는 진화론 자체가 과학계 내에서 적어도 세 차례의 심각한 불일치를 겪어왔음을 지적할 수 있다. ① 후손이 조상의 혼합된 특성들을 유전으로 물려받는가? 유전된 변이들에 대한 문제는 멘델지지자들과 생체통계학자들[13] 사이에 격한 말이 오가면서 적대적 관계로 변질되기에 이르렀다.

② 1920년대 고생물학자[14]와 유전학자들 사이에서 치열한 논쟁이 발생했다. 돌연변이[15]에 대한 지식이 증가하면서 고전적 다윈주의에 대한 환멸이 퍼졌다. 진화 메커니즘에 대한 다양한 이론이 제기되었다.

11) Jürgen Habermas (1929-)

독일의 철학자, 사회학자, 심리학자, 언론인. 비판이론과 실증주의, 북미 실용주의 분야를 연구한 사회학자. 파시즘은 좌우에 상관없이 나타날 수 있다고 주장.

12) 결정론 (Determinism)

만유인력의 법칙을 발견한 뉴턴, 라플라스 등의 지지 받음. 라플라스는 "우주의 모든 입자의 위치와 속도를 안다면 우주의 미래를 예측할 수 있다"고 주장하여, 초기 결정론의 모태를 만들었음. 흔히 라플라스 주의라고도 함.

13) 생체통계학 (生體統計學)

통계이론을 응용하여 생물의 여러 현상들과 실험을 통하여 얻은 자료를 분석하는 학문.

14) 고생물학 (古生物學)

동식물들이 진화해온 역사를 화석기록, 생흔화석 따위를 통해 연구하는 학문

15) 돌연변이란 이제까지 어버이에게서 볼 수 없던 형질이 자식에 나타나는 현상. 체세포에 변화가 있어도 유전이 되지 않지만, 생식 세포에 변화가 있을 때에는 유전됨.

③ 1960년대와 1970년대에는 중립설[16]과 자연선택[17]에 대한 논쟁이 심화되었다. 모든 고생물학자들은 중간 형태로 나아가는 과정을 보여주는 화석기록이 거의 없다는 사실을 알고 있다. 주요 그룹들 사이의 전이는 놀라울 정도로 돌발적으로 일어난다. 화석기록에서 변이형태들이 극히 드물다고 하는 사실은 고생물학계에서는 일종의 기업비밀이 되고 있다.

기원을 둘러싼 다양한 가능성을 놓고는 더욱 심각한 갈등에 처해 있다. 어떤 과학자는 분자들이 무작위로 섞이면서 생명이 태어났다는 생각은 "고물이 모여 있는 쓰레기장에 태풍이 지나간 후 보잉 747이 만들어 질 수 있다는 생각만큼이나 있을 수 없는 터무니없는 주장"이며, 그런 식으로 생명이 시작될 가능성은 10의 4만 제곱분의 1이라고 계산했다. 과학은 순수한 의미의 '시초 혹은 기원'에 대해 아무런 지식을 가지고 있지 않다. 아무것도 없는 것이 아니라, '무엇인가가 존재한다'는 사실에 대해 과학은 "왜, 어째서"는 고사하고, "어떻게" 조차 대답해 줄 수 없다. 그런데도 맹목적 비약을 고집하는 것을 과학적인 태도라고 할 수 있을까?

무신론자들은 보통 최초에 수소가 있었다고 한다. 그렇다면 수소는 어디서 왔는가? '인간으로 진화할 수 있는 능력을 가진 수소'가 우주의 기원이라고 상상하는 것은 '인간이 인간의 모습으로 창조된 것'을 받아들이는 것만큼이나 경외감을 불러일으키지 않는가? George Beadle 수소가 '사고하고 목적 있는 존재로 변하는 일'은 과학적으로 논증될 수 있는 일이 아니다.

이런 일이 일어날 가능성은 제로에 가까울 만큼 희박하기 때문에 어떤 학자는 박테리아 형태의 생명체가 우주의 다른 지역으로부터 미사일을 타고 지구로 전송되었을지도 모른다는 의견을 제시하기까지 한다. Francis H. C. Crick 결국 원점으로 돌아온 것이 아닌가? 신을 패러다임 밖으로 밀어낸 사람들의 주장은 설명하지 못하는 설명이 되고 만다.

나아가서 물리학과 형이상학의 관계를 어떻게 이해할 것인가? 생명체들이 더욱 복잡하고 우월한 구조로 상승하는 일은 '질서로부터 무질서로, 복잡함에서 단순함으로 움직인다'는 물리학의 열역학 제2의 법칙과도 상충한다. 어떻게 생물학적 시스템이 엔트로피의 흐름에 역행하여 진행하는 일이 가능하다는 말인가? 자연계는 엔트로피와 무질서로 하강하는데 생물학적 체계는 어떻게 복잡함과 질서를 향하여 갈 수 있다는 말인가?

혹자는 '소산 구조' 즉, 흩어지는 구조들을 연구함으로써 이 문제를 풀어

16) 진화는 생존 경쟁에 있어 환경에 잘 적응하는 개체가 살아남는 자연도태에 의한 것이 아니라, 우연히 생긴 돌연변이 유전자의 축적에 의한 것이라는 학설.

17) 어떤 생물에 생긴 유전적 변이개체 중 생존에 유리한 것이 살아남는다는 견해.

보려고도 했지만, 이런 연구로도 “살아있는 유기체처럼 고도의 질서를 가진 체계들이 어떻게 세상에 존재할 수 있게 되었는가?”라는 질문에 답을 주지 못한다. 왜냐하면 이 세상은 돌이킬 수 없는 과정들이 언제나 엔트로피를 증가시켜 결국 무질서로 진행하는 경향을 띠기 때문이다.

생물학의 기본법칙이 물리학의 기본법칙과 정반대의 방향으로 작용한다는 것은 미스테리가 될 수밖에 없다. 혹자는 전체에 대한 법칙은 각 부분 모두에게는 적용되지 않는다고 주장하려고 한다. 어떻게 설명하든 기본적인 물리학의 법칙을 초월한 경이로운 능력을 지닌 어떤 존재(원시 수프)로 돌아가게 된다. 이러한 설명은 결국 다시 한 번 설명에 실패한 것이라는 평가를 받게 되지 않을까?

30년 이상 에너지물리학 분야를 이끌어왔고, 스티븐 호킹의 동료이며, 그의 저서 ‘양자 세계’에 대해 ‘물리학회보’가 그 분야 최고의 도서로 묘사했던 존 폴킹톤은 아미노산이 그저 무작위로 결합해서 단백질 사슬을 생성한다는 태도를 도무지 생각이 없는 견해라고 비판했다. 무작위적인 우연의 과정으로는 우리가 속한 우주처럼 긴밀하게 연결되어 있고 지성을 가진 우주를 충분히 설명할 수 없다고 단언한다.

일부 과학자들이 수많은 다른 우주들의 목록이 존재할지도 모른다는 의견을 개진하기도 하지만, 그것은 물리학이 아니라 엄밀한 의미에서 형이상학이라고 해야 한다는 것이다.

창조주의 의지에 따라 이 세계가 이런 모습을 가지게 된 것이라는 설명이외에는 지적으로 존경할만한 설명을 찾아볼 수 없다는 것이 그의 결론이다. 과학이 신학에 치명적인 펀치를 날렸다는 헉슬리의 주장은 허황된 꿈일 뿐이다.

Ⅳ. 도덕법

사람이 살아가는 모든 사회에는 '당위'Sollen라고 하는 규범이 존재한다. '당위'는 사람들이 믿는 삶의 목적과 밀접하게 관계되어 있다. 목적과 당위는 불가분리적인 관계에 있는 것이다. 자연주의 세계에는 당위가 존재하지 않는다. 무신론적 관점은 인간의 기원과 본질에 대해 자연주의를 추종하기 때문에 '휘그 이론'을 따르게 된다. 이 이론은 가장 진보된 시간은 가장 높은 발전단계에 이른 시간이라는 주장이다. 결국 진보는 논리적인 것이 아니라 연대기적인 것이 되고 만다. 도덕의 절대원리는 과거의 일이며, 인정받는 도덕이론은 시대착오적이고 무의미하다는 것이다.

도덕법을 포기하는 현재의 사태는 인류 문명사에서 유례를 찾아볼 수 없는 특이한 실험이다. 인류는 도덕적으로 거세되어 가고 있는가? 그러나 인간이 이 세상에 우연하게 존재한다는 전제를 수용하면 이러한 태도는 논리적으로 일관성이 있는 것으로 볼 수 있다. 이런 시대에는 효용이 의무를 대신하고, 자기표현이 권위를 쫓아내고, 선한 것은 기분 좋은 것이 되어 버린다. 그리하여 절대가치는 사라지고 모든 것이 상대적인 것으로 둔갑한다. 진리의 기초가 사라졌기 때문에 느낌이나 직관만이 남게 되는 것이다.

이러한 도덕적 혼란의 원인은 어디에서 온 것인가? 지성인 공동체의 책임이 될 수밖에 없을 것이다. 옳고 그름에 대한 전통적 토대들을 조롱하고 보물처럼 여겨지던 신념들을 향해 공격을 가했던 것이다. 지적 초인들이 이룩한 업적이다. 이들은 무신론적 세상의 시류에 편승하여 태어나지도 않은 태아를 건드릴 정도로 갈 데까지 가보자는 태도를 취했다.

과거의 결론들을 원시적인 신념이라거나 죄의식으로 대중을 지배하기 위해 날조해낸 사상체계라고 취급했다. 자연선택을 출발점으로 하는 한 누구에 대한 의무이며, 무슨 목적을 위한 의무인가에 대해 답을 할 수 없게 된다. 주관주의, 주정주의, 정의주의, 이기주의, 공리주의 등 많은 이론이 등장했지만 이들은 모두 인간 자율을 향하고 있으며, 결국 자신의 자아를 향한 법을 의미한다. 지성인 공동체는 신을 배제한 채 도덕에 혼을 불어넣으려다 결국 도덕의 신경을 자르고 만 것이다. 자율적 도덕을 지지했던 많은 사람들은 도덕의 비극적 결말에 이르기까지 그런 삶을 살았다. 러셀, 사르트르, 헤밍웨이 등은 사랑의 헌신이나 도덕적 정절이 없는 관계 속에서 살았다. 그러나 그들이 끼친 영향은 압도적이었다.

60년대 정신적 지도자 사르트르는 '금지하는 것은 금지되어야 한다'고 했다. 그는 당시 억압의 최전선에서 수많은 테러에 학문적 대부가 되었다. 그의 철학적 지지가 아프리카 대륙의 대부분을 내전과 대량학살의 소용돌이로 몰아가는 데에 기여했다. 1975년 캄보디아에서 자행된 극악무도한 범죄들을 주도한 프랑스어를 사용하는 '앙카 루'라는 지성인 단체의 구성원 대부분은 불가피한 폭력주의에 대한 사르트르의 학설에 심취해 있었다.

히틀러는 니체의 글을 자신의 철학적 청사진으로 삼아 역사상 가장 피비린내 나는 파괴적인 전쟁을 일으켰다. 히틀러의 아우슈비츠의 포로수용소에서는 인간 지성이 타락할 때 범할 수 있는 가장 참혹한 일들이 벌어졌다. 히틀러는 니체의 논리를 가져와 무신론적 세계관을 적용했다. 또한 다윈 이론의 원리체계를 취했다. 강자가 약자를 지배한다는 이론은 자연선택이론의 핵심이다. 그에 따라 히틀러는 가장 고상한 국가를 이끌면서 세상의 '열등한 사람들'을 거리낌 없이 학살했다. 유대인 대학살은 신의 사망과 도덕법 말살이 가져온 논리적인 결과물이 된 것이다.

신과 종교에 대한 증오심을 가진 스탈린은 무식한 대중 속에 있는 1,500만 명에 이르는 '열등한 사람들'을 말살했다. 둘 다 무신론의 힘을 사용한 것이다. 절대성이 사라진 도덕의 전성기에 인간 존재는 하찮은 것이 되었고, 무슨 초인의 이념적인 계획을 성취하는데 소모된 통계 수치로만 남게 되었다. 바로 이런 말을 한 사람은 니체였다. 신이 죽었기 때문에 20세기는 역사상 가장 유혈이 낭자한 세기가 될 것이라고 한 것이다.

무신론자를 비도덕적이라고 매도하려는 것이 아니다. 무신론자도 얼마든지 자연선택과 같은 자기의 신념에 따르기 보다는 인간 본성에 따라 도덕적으로 살 수 있음을 부인하는 것이 아니다. 그러나 '선'으로서의 도덕을 무신론의 전제로 정당화할 수는 없다는 것이다. 지성인이 되는 것은 크나큰 특권이지만, 신을 믿지 않는 지식인 되는 것은 위험하다.

지식인이나 지도적 인사들의 삶은 때로 설명이 되지 않는다. 세계를 정복했다는 알렉산더 대왕은 자신의 알코올 중독은 극복하지 못했다. 시몬 드 보부아르는 그녀의 책에서 사르트르 말년의 삶에 대해 환멸을 느꼈으며 그의 난잡한 성생활과 자유분방함 그리고 술버릇 등을 고발했다. 삶의 일관성이 부족한 부분을 말한 것이다. 한 지성인은 경고했다. 인류의 운명을 개선한다는 핑계로 수백만의 무고한 생명이 희생된 비극적인 금세기를 통해 우리가 배워야할 가장 중요한 교훈은 "지식인을 주의하라"는 것이다. 사람이 사상보다 중요하고, 사람이 가장 우선시 되어야 하다는 것을 지식인들은 걸핏하면 잊는다.

가장 고약한 폭정은 비정한 이념의 폭정이다. 옳고 그름을 없애버리면 세상은 황폐화된다. 어느 사회든 논리적이고 의미 있는 윤리체계만이 해법을 제시할 수 있다. 무신론이 가르치는 도덕으로는 미래가 없다.

V. 의미와 목적

창조주의 상실과 도덕률의 폐기는 무신론을 의미의 문제로 인도한다. 혹자는 의미에 관한 질문을 제기하는 것이 삶의 가치를 떨어뜨린다고 한다. 과학은 변함없이 인과론적 인생관을 취하고 있으며 자연주의자의 관점에서 볼 때 목적과 의미라는 말은 모두 가치 없는 용어라고 한다. 누군가에게 삶의 의미와 목적을 묻는 것은 그의 자존감을 목적으로 섬기는 것이 아니라 수단으로 격하시킴으로써 그 사람의 가치를 약화시키는 것이라고도 한다. 그런데 무언가의 진정한 가치를 모른다면 그것의 가치가 떨어졌다고 말하는 것은 모순이 아닌가?

인간의 기원을 우연으로 보고 각 개인들의 가치를 제거하려는 것은 무모한 시도이다. 그들은 물리학의 법칙은 질서에서 무질서로 이동하지만, 진화는 무질서에서 질서로 이동한다고 말한다. 이때 전체의 원리는 부분에는 적용되지 않는다고 설명하려고 한다. 그러므로 의미의 문제에 대해 자연주의자들은 말한다. 삶은 사소한 목적들로 채워져 있지만 궁극적인 목적은 없다. 지극히 사소한 가치들은 있지만 궁극적인 가치는 없다는 것이다.

삶의 본질적 의미와 목적에 대한 질문은 개인의 가치를 축소하는 것이 아니며 존엄에 필수적인 것이다. 위대한 사상가들은 계속적으로 경고해왔다. 신을 벗어나면 인간은 벌거벗겨지고 의미가 없는 존재가 되고 만다고. 신에게서 멀어질수록 인간은 인간의 가치를 더 깍아내리게 된다. 역설적인 표현이지만 미친 인간이란 이성을 상실한 사람이 아니라 오직 이성만 남아 있는 인간일지도 모른다. C. S. 루이스는 그런 사람을 '가슴이 없는 사람'이라고 했다.

절망은 고통에 찌들어서 오는 것이 아니라 쾌락에 싫증나서 찾아온다는 말이 있다. 쾌락의 버튼을 계속 눌러도 더는 즐거움이 전해지지 않거나 유지되지 않을 때 그 결과로 주어지는 공허감은 너무나 끔찍하다. 사람이 최고의 성취를 이룬다 해도 삶에 의미를 주지 못한다. 삶의 쾌락조차도 허무의 느낌을 가져다준다. 즐거움은 한 순간일 뿐 곧바로 사라진다. 삶의 의미를 찾다가 막다른 골목에 부딪친 솔로몬이 묻는다.

해 아래에서 수고하는 모든 것이 무엇이 유익한가? 그가 말하는 '해 아래의 삶'이란 하나님 밖에 있는 삶을 가리킨다. 많은 지성인들이 하나님이라고 하는 그 거대한 지성을 차단하면서 그대로 고통 속에 남지만 솔로몬은 그 거대한 지성으로 하여금 말하도록 허용함으로써 무의미에서 유의미의 세계로 나아간다. 무신론은 그 머리를 숙이고 땅을 보며 걷기 때문에 하늘의 가치를 파악하지 못한다. 성서적 전통의 주장은 그분이 우리 삶 속에 정당한 자리를 누리시기까지는 부도덕한 삶이든 도덕적인 삶이든 아무런 목적도 의미도 없다는 것이다.

Ⅵ. 운명과 죽음

인류는 탄생이라는 분야에 대해서는 어느 정도 신비를 벗겼다고 할 수 있지만, 죽음에 대해서는 여전히 무지하다. 인간의 기원을 알지 못하고 그 존재이유를 말할 수 없다면 인간의 운명에 대해 침묵을 지키거나 적어도 무(無)를 주장해야 할 것이다. 죽음으로 단절된 관계는 고뇌의 마음을 낳는 것이며, 사람의 운명은 사람의 기원과 연결되어 있다. 인간의 마음은 언젠가 다시 만날 날을 갈망한다. 죽음도 그러한 갈망을 파괴할 수는 없다.

그리고 죽음으로 만사가 끝이라면 최후의 정의는 있는가? 이 땅에서 정의가 실현되지 않는다면 내세에서라도 이루어져야 하지 않겠는가? 온갖 악행을 일삼고도 이생에서 부귀영화를 누린 사람이 평안히 죽는 것을 보면서 죽으면 모든 것은 끝이라고 말하는 것은 사필귀정이라는 말에 역행한다. 그러므로 죽음이 정의의 가능성을 끝장내고 마는 것인가 아니면 그것을 보장하는 것인가 하는 질문이 남아 있는 것이다. 인간에게는 죽음과 그 후에 따라오는 것이 잘못된 이 세상의 균형을 맞추는 데 필수적이라는 믿음이 있다. 불교 같은 무신론적 종교나 힌두교 같은 일원론적 종교들도 업보의 원리를 주장한다.

인간은 마음속으로부터 영원을 갈망하거나 적어도 죽음에 얽매이지 않는 영원을 알고자 하는 욕구를 느낀다. 그러나 우리 지성은 그것을 줄 수 없다. 또한 인간에게는 사람마다 정도 차이는 있을지언정 죽음이 어쩌면 끝이 아닐지도 모른다는 깊은 불안감, 그리고 최후의 심판이 있을 것이라는 뿌리 깊은 불안감이 있다. 죽음에 관한 질문들은 답을 요구하지만, 무신론은 얻고 싶은 천국도 없고 피하고 싶은 지옥도 없다고 주장하기 때문에 대답을 주지 못한다.

신을 죽여버린 인간에게는 존재할 이유도, 도덕도, 삶의 의미도, 죽음 너머의 희망도 남은 것이 없다. 삶에 아무런 희망이 없다면 장래 얻을 것도 없으므로 현재는 낭비되고 있는 것이다. 젊은이들은 마음 속 깊은 곳에 있는 공허감을 감당하지 못하고 있으며, 그중 상당수가 자살 충동에 시달린다. 정직한 젊은이들은 삶의 의미와 답을 추구한다.

그런데 하나님 없는 세상을 아무리 철학적으로 탐구한다 해도 그것이 희망을 주지는 못한다. 바로 이 소외감, 허무감이 젊은이들을 괴롭히는 주된 마음의 병이다. 아무리 많이 학문적 성취를 이룬다 해도 불규칙한 우주 속의 존재가 지닌 무의미함에서 오는 불안을 떨치지 못하는 것이다. 무신론자들의 설명을 통해서는 영혼의 깊은 질병이 치유될 수 없다. 해방의 선포는 일시적인 행복감을 줄지는 모르나, 그 행복은 이내 썰물처럼 사라져버린다. 결국 궁극적인 목적이 없는 삶 속에서 '절망'의 손아귀에 붙잡힌 자신의 모습을 보는 것은 어려운 일이 아니다.

삶의 의미를 추구하는 모든 젊은이들에게 무신론은 답을 주지 못한다. 물질주의적 또는 물질 주도적 관점이 인간의 모든 존재를 지배하는 세계는 끔찍한 공간이 되고 말 것이다.[18] 무신론이 이런 자손을 낳았다. 이것이 누구의 얼굴인가?

우리가 자신의 길을 찾으려 한다면 반드시 제1원인을 찾아야 하고, 도덕을 비난하는 짓이 부도덕하다고 해야 하며, 모든 무의미함을 의미 있게 표현하고, 희망이 없는 가운데 안전을 찾아야 한다. 이것이 C.S.루이스의 주장이기도 하다.

18) 라비 재커라이어스, 이성의 끝에서 믿음을 찾다, 에센티아, 2016, 20.

05 Chapter

_최고의 법

너희가 만일 성경에 기록된 대로 네 이웃 사랑하기를 네 몸과 같이 하라 하신 최고의 법을 지키면 잘하는 것이거니와.

야고보서 2:8

Ⅰ. 법과 사랑

1_ 법의 중심원리

뤽 베송Luc Besson 감독은 그가 제작한 영화 〈제5원소〉The Fifth Element의 마지막 장면에서 사랑이야말로 모든 구원의 중심이라는 메시지를 제시하면서 SF 엔터테인먼트물에 어울릴 것 같지 않은 결말, 즉 사랑이 바로 온 우주 에너지의 최종 콘트롤러라고 하는 설정으로 관객들에게 신선한 충격을 주었다. 인간사회의 각종 드라마나 노래 등에서 사랑이야기를 제거한다면 남는 것은 무엇일까? 인류의 역사 전체가 사랑이야기요, 인류사회를 지탱해 온 기초가 사랑이라는 에너지에 있다고 한들 지나친 말이겠는가?

법은 사회문제에 대한 해결책을 제시하는 것을 주된 임무로 한다. 인간 사회의 본질적인 문제가 사랑에 기반한다면, 문제 해결책도 궁극적으로 사랑에 기반해야 한다. 문제해결의 임무를 가지고 있는 법은 사랑과 밀접한 관계에 있을 수밖에 없음은 당연한 일이다.

어떤 점에서 예수께서도 이 점을 분명히 하셨다. 한 율법사의 질문에 답하시면서 모든 율법의 중심원리가 사랑이라고 설파하신 것이다.[1] 바울도 사랑이 없으면 소리 나는 구리와 울리는 꽹과리가 되고, 아무것도 아니며, 아무 유익이 없다고 단언한다(고전 13:1-3).

그러나 보통 분쟁해결의 현장에서 법의 근본원리로서 사랑이 언급되고, 사랑의 원리에 기반하여 문제를 해결하고자 하는 모습을 보기는 쉽지 않다. 법률가들의 논의의 공간에서 법과 사랑은 전혀 무관한 별개의 개념인 듯 보인다. 그러나 궁극적으로 법은 정의로운 사회의 건설을 목적으로 하며, 사랑은 우리를 그곳으로 인도하는 로드맵 역할을 하게 된다.

법률문제에서 사랑이 그 자리를 확보하기는 쉽지 않아 보인다. 그 대신 논리, 추론, 분석 등이 중시된다. 이러한 것들이 유익하기는 하지만, 이러한 방법만으로 인간사회의 문제를 다 해결할 수는 없다. 언제나 공정하고 타당한 결과가 나오는 것은 아니기 때문이다.

2_ 사랑의 힘

종래 과학적인 연구대상은 정량화, 측정, 실험에 의한 확인 등이 가능하여야 한다는 생각이 지배적이었다. 그리하여 과학적 접근방법을 크기와 무게를 가진 유형적인 것으로 한정했었다. 그러나 과학은 이미 측정할 수 없고 정량화할 수 없으며 감각적으로 접근할 수 없는 것까지로 연구범위를 넓혀 가고 있다. 우주에 존재하는 모든 것이 가시적인 것이든, 비가시적인 것이든, 다양한 주파수로 진동하는 에너지라고 보는 과학적 연구들이 등장했다. 물리학적으로는 유형적 물질은 단지 한 가지 형태의 에너지일 뿐이라고 하는 관념이 수용된다. 아인슈타인Albert Einstein, 1879-1955의 상대성원리는 질량이란 그저 다른 형태의 에너지임을 말해준다. 양자물리학 분야에서는 이러한 논의가 매우 진지하게 진행되고 있다.

국내의 한 공중파 방송에서 실험결과를 방영한 적이 있다. 여러명의 PD들에게 쌀밥 두 그릇씩을 주어서, 매일 세 차례씩 긍정적인 말과 부정적인 말을 각각의 쌀밥에 해주도록 하고, 일정 기간이 경과한 후 수거해서 살펴본 결과 긍정적인 말을 들은 밥은 하나같이 흰색의 색상을 유지했지만, 부정적

1) "네 마음을 다하고 목숨을 다하고 뜻을 다하여 주 너의 하나님을 사랑하라 하셨으니 이것이 크고 첫째 되는 계명이요, 둘째도 그와 같으니 네 이웃을 네 자신같이 사랑하라 하셨으니 이 두 계명이 온 율법과 선지자의 강령이니라."(마태복음 22:37~40)

인 말을 들은 밥은 하나같이 검정색의 곰팡이가 생겼다는 것이다.

또한 모든 인류가 강력하게 상호 연결되어 있다는 주장도 있다. 인간의 상호연대성은 인류가 모두 연결되어 있음을 설명하는 방법의 하나이다. 인류는 모두의 생명과 연결되어 있으며, 우리는 모두 하나의 영적인 공동체의 부분이라는 것이다. 또한 대부분의 사람들은 그들 영혼을 개별적인 존재로 생각하지만, 이는 그들이 그들 스스로를 개체로 생각할 수밖에 없기 때문이며, 그러한 잘못된 신념이 사라지면 오로지 하나의 영혼만이 실제로 존재하는 것을 알게 된다고 한다.

천둥 · 비를 관장하는 베다Veda교의 으뜸 신인 인드라Indra의 거미줄 또는 인드라의 망[2]에 관한 불교 전통신화는 그 이상의 인간 상호연대성을 주장한다. 이 신화적 망의 각각의 매듭은 보석을 가지고 있으며, 그 보석들은 서로 반사한다는 것이다. 그 그물망 안에 있는 어떤 보석이 손상되면, 다른 모든 보석들이 영향을 받는다는 것이다. 결국 우주에 존재하는 모든 것과 모든 사람의 상호연대성 및 상호의존성을 말하는 것이다.

이 상호연대성은 일종의 우주적 수프로 불리기도 한다. 수프를 담는 그릇을 통하여 우리 모두가 일부라는 유추를 이용하면, 그 수프의 일부가 부패하면 그릇 속의 내용물 전체가 부패하게 되는 이치이다. 예를 들면, 바닷가재 크림수프의 경우 만약 바다가재나 크림이 신선하지 않다면, 수프 전체가 부패하게 될 것이다. 이와 유사하게 모든 인간 영혼의 상호연대성도 같은 방식으로 작동한다. 그 우주적 혼합체에 증오와 폭력이 존재하면 모든 인류가 나쁜 영향을 받게 된다. 이 상호연대성의 개념은 증오의 치유는 더 많은 증오 또는 복수가 아니라 사랑과 용서를 통해서만 가능하다는 진리를 설명해 준다.

우리 모두가 부분을 이루고 있는 유일한 에너지계가 존재한다면, 우리는 그것이 가능한 한 양질의 것, 애정이 깃들인 것이 되기를 원할 것이다. 이는 빛과 어둠의 개념에 대해서도 유사하다. 어두운 방을 밝히기 위해서는 더 많은 어둠이 필요한 것이 아니라 빛이 필요하다는 것이다. 인류가 건강해지도록 하기 위해서는 사랑, 조화, 아름다움, 미덕, 지혜, 아량, 평화, 자신, 감사 등과 같은 가치를 소중히 여겨야 하는 이유이다.

우주가 에너지로 충만한 상태에 있고 우주만물은 모두 에너지로 상호연관 되어 있다고 전제하면, 사랑이 가진 에너지에 관심을 기울일 이유가 있게 된다. 사랑의 힘을 법의 배후에 존재하는 추진력으로 활성화시킬 수 있

2) 인드라의 망 (Indra's Net)

제석천(帝釋天) 궁전 그물에는 그물코마다 한 개의 보석이 있고, 그 보석에는 다른 그물코의 모든 보석이 비친다고 함.

다면 의미 있는 일이 될 것이다. 사랑의 본질에 관한 다양한 논의자료들을 통해서 사랑의 힘에 관한 어느 정도의 동의가 가능할 것이다. 즉, 사랑이 유일한 진정한 힘이라는 것이다. 타인에 대해서 사랑하지 않는 방식으로 행동할 때 이 에너지는 소멸된다. 사랑이야말로 모든 문제에 대한 궁극적인 답이 된다. 사랑은 추상적 개념에 그치는 것이 아니라, 실제적 에너지 또는 에너지의 스펙트럼이다. 모든 것이 에너지이며 사랑은 모든 에너지를 품고 있기 때문에, 모든 것은 사랑과 관련되어 있다고 할 수 있다.

법의 배후에 있는 근본적인 추동력이 되는 것도 다른 어떤 것이 아니라 사랑이다. 사랑은 인류의 개선 및 회복을 위해 이용되어야 할 힘이다. 이것은 타인들에게 초점을 맞추게 할 것이고, 돌봄과 동정을 베풀도록 이끌 것이다. 마틴 부버Martin Buber, 1878-1965가 '나'가 존재하는 진정한 이유는 '너'에 대한 관심에 있다는 말을 한 것도 비슷한 맥락으로 이해될 수 있을 것이다.

3_ 법과 사랑

사랑이 인간 영혼을 어루만지고 에너지를 공급하며 가슴을 진동하는 강력한 힘이라고 하는 사실과 인류 모두는 상호 연관되어 있다는 사실을 수용한다면, 이 지식은 법률의 제정 및 개정과 관련해서도 적용될 수 있다. 생각의 근원을 정신적 쓰레기의 바다와 사랑의 바다로 구분한다면, 사랑의 바다에서는 사람들은 냉담하고, 무정하고, 지식적인 상태에 있지 않게 된다. 여기에서 사람들은 이해력이 뛰어나고, 자비롭고, 애정이 깊고, 차분한 위엄이 있고, 평온하고, 자신감 있고, 감사하고, 화목하게 된다. 사랑은 용서, 동정, 관대, 친절, 배려 등으로 그 모습을 드러내게 된다. 정신적 쓰레기로 가득 찬 바다에서는 그 반대의 것들이 정체를 드러내게 될 것이다.

사랑은 인간사회 전체를 품고 있다. 인류 전체가 가시적인 세계를 넘어 영적으로 연결되어 있음을 인식한다면, 우리는 단지 사람들이 존재한다는 사실 자체만으로 모든 사람에게 인간의 기본권을 인정할 수 있을 것이다.

이것은 그들의 거주지, 피부색, 종교, 사회경제적 지위, 또는 기타 특별상황 등을 불문하고 적용될 것이다. 즉, 기본적 인권과 '보편적인 법체계'universal jurisprudence 관념을 인정할 수 있게 되는 것이다. '우리 vs. 그들'이라고 하는 대결적 구조보다는, 인종과 무관하게, 가난한 자든 부자든, 건강한 자든 병든 자든, 기타 어떠한 특정 요소를 가지고 있든, 하나의 인간

공동체임을 인식할 수 있을 것이며, 차이를 두려워하기 보다는 환영할 수 있을 것이다.

우리는 관용적이고 동정심을 가진 마음을 유지함으로써 사랑의 진동을 만들어낼 수 있다. 사랑이 최고의 진동이며 우리는 모두 연결되어 있다는 사실은 사랑으로부터 비롯된 법에는 이웃사랑과 자기사랑 모두가 반영되어야 한다는 것을 의미한다. 사랑이 가지고 있는 가시적인 영역을 뛰어 넘는 개념과 법을 융합하면 새로운 시각으로 다양한 법적인 시나리오를 만들어 낼 수 있을 것이다.[3)]

4_ 사랑과 제도

이웃의 고통스런 신음소리를 들으면서 자신은 건강하기 때문에 행복하다고 느끼기는 어려운 존재가 사람이다. 의료보험 또는 건강보험이 없는 사람들은 적기에 그리고 양질의 건강관리를 하기 어렵다. 그 결과 그들은 대체적으로 건강보험 가입자들보다 덜 건강한 상태에 있게 된다. 건강보험 비가입이 실제 개인건강에 상관이 없다면, 형편이 어려운 사람들이 보험에 가입하지 못하는 것이 특별히 문제가 되지 않을 수 있다. 만약 우리 사회가 모든 국민들에게 건강보험을 제공할 수 있는 역량이 없다면 비가입자의 문제를 정당화할 수 있을지도 모른다.

그러나 이러한 전제는 사실과는 차이가 있다. 따라서 사랑으로부터 나오는 건강관리정책은 무관심보다는 모든 사람에 대한 동정심과 관심과 배려를 반영해야 할 것이다.사회가 비보험가입자들에 대해 악한 감정을 가지고 있을 리 만무하지만, 사회의 건강진료정책은 그들에 대한 무관심을 반영할 수 있다. 무관심은 사랑과 양립할 수 없다. 사랑과 동정심을 가지고 본다면 비보험가입자의 입장에서 생각하고 그들이 직면하는 어려움을 이해할 수 있을 것이다. 사랑의 에너지를 중시하는 입법자들은 인류는 한 인간 가족임을 인식하고 모두에게 건강보호가 필요함을 인식하며 그에 따라 행동할 것이다. 신중하고 동정심을 가지고 관대하게 해결방법을 찾을 수 있을 것이며, 당리당략적 판단이 끼어들 여지는 없을 것이다. 돈도 정책도 중심적인 문제는 아니기 때문이다. 그 대신 입법자들은 건강보험이 없는 국민이 존재한다는 것은 사랑의 관점에서 용납할 수 없을 것이다.

따라서 문제를 해결하기 위한 노력이 진행될 것이다. 유일한 문제는 그러

3) 한 철, "사랑이 견인하는 법과 제도", 「신앙과 학문」 16(4), 2011. 12, 223~224.

한 목표를 달성하는 데 있어서 가장 효과적인 방법을 찾아내는 것이 될 것이다. 사랑은 모두를 위해 건강진료에 대한 접근을 제공하는 개선된 건강진료 시스템의 구축을 요구한다.

또한 전 인류의 건강·복지에 대한 관심은 환경문제에 대한 책임감을 불러일으킬 수 있다. 대부분의 주요 환경법령들의 목표는 특히 지구온난화와 관련하여 큰 성과를 거두지 못한 것으로 보인다. 지구온난화 주범 중의 하나는 대기 중에 방출된 이산화탄소이며, 이로써 온실효과가 발생하는 것으로 알려져 있다.

환경문제에 대한 경고성 주장을 과장된 것으로 의심하는 이들도 있기는 하지만, 오늘날 인류사회는 극심한 기상이변, 홍수, 빙하 융해 등을 통해 지구온난화를 실감하고 있다. 지구온난화가 전문가들의 예측보다 빠른 속도로 진행되고 있다는 보고도 있다. 인류는 이미 온실가스 문제를 효과적으로 다루기 위해 필요한 것을 대부분 알고 있다. 단지 그럴 의지가 없을 뿐이다.

인류가 환경정화에 관한 기술과 역량을 가지고 있고 비용 대비 효과적으로 그렇게 할 수 있다고 볼 때, 사람들이 그들의 집에서 쫓겨나고, 지구에 대한 회복할 수 없는 손상을 방치하는 것은 무관심과 무책임의 표상이 될 것이다. 이것은 사랑과 조화가 될 수 없다. 사람이 살 수 있는 거주공간이 사라지는 상황이 된다면 나머지 모든 것은 부차적인 것에 불과하게 되기 때문에, 환경문제는 인류가 직면한 가장 중요한 문제라고 할 수 있다.

공동체가 병들었는데 개인만 건강할 수는 없다. 주변의 이웃들은 불행한데 자신만 행복을 느낄 수는 없다. 국민 다수가 불행한 사회는 건강한 사회가 아니다. 이렇게 불안정한 사회에는 졸지에 혼란의 쓰나미가 덮쳐 올 수도 있다. 건강한 공동체를 전제로 각각의 구성원의 행복과 평안이 보장되는 것이다. 그러므로 법은 전체적으로 행복하고 건강한 사회를 만들어야 할 근원적인 책무를 인식해야 할 것이다. 사회는 법과 법률전문가들에게 사회의 병리현상을 바로잡고 건강한 사회를 회복하고 유지할 임무를 부과했다. 그러므로 개인의 권리와 의무를 기본개념으로 하는 법은 개인 이익의 실현만으로 만족할 것이 아니라, 궁극적으로 사랑, 즉 이웃사랑의 정신을 놓치지 말아야 할 것이다. 그런데 법의 자구에만 매달려 법의 본질인 사랑(마 22:37~40)을 잃어버리고 방황하는 율법주의자들을 양산하는 현실은 우리의 마음을 편치 않게 한다.

법은 사회정의를 위한 도구이다. 사랑에 기반한 법에 대한 접근방식은 정의사회로 인도하는 로드 맵을 제공할 것이다. 사랑에 기반한 법을 만들기 위해서는 사랑의 에너지와 연결되어야 한다.

Ⅱ. 황금률 (Golden Rule)

1_ 상대방의 입장에서

마태복음 7장 12절은 황금률로 널리 알려져 있다.[4] 이러한 황금률이 서구적 교양을 이루는 기독교의 핵심이라고 일컬어진다. 마태복음 22장에 나와 있고, 고린도전서 13장에 나와 있는 기독교적 사랑을 요약한 것이 로마서 13장 9절이다.

> 간음하지 말라, 살인하지 말라, 도적질하지 말라, 탐내지 말라 한 것과 그 외에 다른 계명이 있을지라도 네 이웃을 네 몸과 같이 사랑하라 하신 그 말씀 가운데 다 들었느니라.
>
> 로마서 13:9

기독교적 사랑이 이 황금률 안에 요약되어 있다고 한다. 마태복음 7장에 나오는 예수 그리스도의 말씀이 이를 뒷받침한다.

동양적 교양을 이루는 유교의 핵심도 황금률이라고 할 수 있다. 공자[5]도 동일한 이야기를 한 바 있다. 그의 가르침의 핵심을 묻는 번지의 질문에 대해 인(仁), 즉 사랑이라고 대답하였다. 구체적 내용을 묻는 자공의 질문에 “자신이 원하지 않는 것을 남에게 권하지 않는 것”[6]이라고 말했다. 겸애설을 주장하는 묵자의 경우도 마찬가지이다. 황금률을 한자의 방식으로 표현한다면 ‘역지사지’(易地思之)라고 할 수 있을 것이며, 이것을 우리말 표현으로 하면 ‘입장을 바꿔 놓고 생각하기’라고 할 수 있을 것이다. 이와 같은 황금률적인 사고, 즉 다른 사람의 입장에서 생각하는 훈련을 하면 여러 가지 유익이 있다.

4) “그러므로 무엇이든지 남에게 대접을 받고자 하는 대로 너희도 남을 대접하라.”(마태복음 7:12)

5) 孔子 (BC 551-479)

노나라 출생. 춘추전국시대 후반 시기에 인(仁)과 예(禮)를 바탕으로 자신의 사상을 현실정치에서 실현하고자 했으나 뜻을 펼치지 못함.

6) 己所不慾勿施於人.

첫째, 객관성 있는 생각이 가능하게 된다.

어느 한 쪽으로 치우침이 없는 객관적인 생각을 할 수 있는 사람이 객관적이고 공정하게 사회를 이끈다면 그 사회는 큰 혼란에 빠지는 일이 없을 것이다. 그러나 자기가 아는 사람에게는 관대하고 모르는 사람에게는 엄격하게 대하는 지도자라면 많은 사람이 힘들어 하는 사회를 만들기 십상이다. 지도자만이 아니라 평범한 이웃이라 할지라도 객관적으로 생각할 줄 아는 사람이 존경을 받게 되고 그 사회를 건강하게 만들 수 있다.

과연 사람은 객관적으로 생각할 수 있는 존재인가? 인간의 가장 큰 문제점 중의 하나는 객관적으로 생각하기 어렵다는 점이라고 할 수 있다.

지구를 기준으로 하면 태양이 돌지만, 태양을 기준으로 하면 지구가 돌고 있다. 9 · 11 테러행위가 미국인들에게는 야만적 테러지만 일부 무슬림 근본주의자들에게는 성전에 참여하는 성스러운 행위로 여겨질지도 모른다.

그러나 인간의 마음속에는 궁극적 진리를 알 만한 것이 있다. 그렇게 지음을 받았기 때문이다.[7] 양심의 소리를 들어볼 수 있다. 그러나 양심을 무시하고 살아온 사람들에게는 양심의 소리가 잘 들리지 않을 수도 있을 것이다. 그뿐만 아니라 양심이라는 것도 각자의 영향사Wirkungsgeschichte를 반영하는 것이기 때문에 사람에 따라서 상당한 편차가 있을 수 있다. 각자의 개별적 양심은 모든 문제에 해답을 주기에 너무도 제한적이다.

궁극적 진리에 접근하기 위해서는 기적적인 훈련이 필요하다. 황금률적 사고방식, 즉 입장을 바꿔 놓고 생각하는 훈련은 그러한 기적을 가능하게 해준다. 상대방의 입장에 서서 생각해 보는 것은 다른 사람의 마음에 들어가 보는 것이다. 그러면 그의 마음을 이해할 수 있게 될 것이고, 그 결과 그의 양심과 결합하게 된다. 사랑의 특징은 타인의 마음에 들어가는 것이다. 타인의 생각은 아랑곳 하지 않고 내 마음대로 행동하는 것은 사랑이 아니다. 아들의 마음에 들어가는 엄마, 백성의 마음에 들어가는 정치가가 될 수 있다. 이로써 인간에게 주어진 가장 위대한 가능성이 그 모습을 보이게 된다. 입장을 바꿔 놓는 폭을 넓히는 만큼 보편성도 증가한다. 과거에는 하나의 개별적 주관으로서만 존재하던 것이 이제는 점차 보편적 객관으로 변화하기 시작한다. 많은 철학자들이 하나님을 '궁극적인 보편적 객관'으로 불렀다. 사도 요한도 하나님은 사랑이시며, 사랑하지 않는 자는 하나님을 알 수 없다고 하였다.

둘째, 나눔이 증가한다.

맹자[8]는 하나님이 모든 인간에게 '측은히 여기는 마음'[9]을 심어 놓으셨다고 한다. 우리가 할 일은 이 '측은히 여기는 마음'을 억지로 거부하지 않는

7) "이는 하나님을 알 만한 것이 그들 속에 보임이라 하나님께서 이를 그들에게 보이셨느니라."(로마서 1:19)

8) 孟子 (BC 372?-289?)

제자백가의 한 사람. 부국강병이나 외교적 책모를 찾는 제후들에게 도덕정치인 왕도(王道)는 채택되지 않음. 만년에 고향에 은거하여 제자교육과 저술에 전념.

9) 측은지심(惻隱之心)

일이다. 이 교양이 요구하는 단 하나의 전제는 일단 내가 먼저 그러한 행동을 시작해야 한다는 점이다.

공동체적 나눔은 상대방이 원하는 것에 대한 이해를 바탕으로 한다. 독단적 명상은 좋은 결과를 가져오기 어렵다. 예컨대 기업가가 아무리 노동자들에게 복지를 제공해도, 노동자의 마음에 들어가 보지 않으면 별 효과를 거두기 어렵다.

그뿐만 아니라 노동자가 노사관계를 적대적인 것으로만 보고 있으면 간혹 선한 의지를 가진 고용주조차도 적으로 만들게 된다. 이러한 적대적 관계에서 공동체적 나눔이 이루어지기 어려운 것이다. 반면에 우선 작은 일에서부터라도 입장을 바꿔 놓고 생각하기 시작하면, 어느덧 공동체적 나눔의 즐거움이 그 집단을 지배하기 시작한다.[10)]

셋째, 현명한 의사결정을 할 수 있다.

황금률적인 생각을 하면 더욱 현명해진다. 여유가 있기 때문이다. 조급함은 사랑을 망가뜨릴 수 있다. 공부 안 하는 자녀에 대한 불안은 부모를 조급으로 몰고 간다. 관계를 파괴하고 상처를 줄 위험이 있다. 입장을 바꿔 놓고 보면 여유가 생긴다. 그리고 이 여유는 종종 조급함 때문에 증오의 늪에 빠져드는 것을 구해 줄 수 있다. 황금률적인 생각으로 상대방에 대한 이해를 증가시킬 수 있다. 입장을 바꿔 놓고 생각하면 자연히 나의 관심이 '나'에게서 '너'에게로 옮아가게 된다. 이러한 '너'에 대한 관심은 마틴 부버Martin Buber가 지적하였듯이 '나'가 존재하는 진정한 이유이기도 하다. 실제로 상대방에 대한 진지한 관심은 우리가 자칫 빠지기 쉬운 편견이나 오해를 면하게 해주며, 사태를 해결할 수 있는 다양한 전략의 우선순위를 드러나게 해준다. 선생은 학생의 입장에서, 부모는 자식의 입장에서 생각해야 한다.

황금률적인 사고를 서로의 잘못을 덮어주자는 말로 오해할 가능성이 있다. 덮어줄 수 있는 실수와 그렇지 않은 실수는 구별되어야 한다. 그 기준은 '행위의 사회성'에 있다. 나의 행동에 의해 타인이 영향을 받게 될 가능성이다. 나의 용서만으로 상대방의 잘못이 다 해소되는 것이라면 용서할 수 있다. 나의 용서가 타인의 권리를 짓밟는 것이라면 용서는 불의한 것이 될 수 있다. 이러한 사랑은 눈먼 사랑이다. 이러한 사랑은 보편적일 수 없다. 우리 가족, 우리 단체, 우리 국가에서 한 걸음만 확대되면 적용될 수 없는 사랑은 황금률적 사랑이 아니다. 정의가 함께 하는 사랑이 참된 사랑이다.

10) "이는 하나님을 알 만한 것이 그들 속에 보임이라 하나님께서 이를 그들에게 보이셨느니라."(로마서 1:19)

2_ 절차적 정의

「정의론」Theory of Justice을 쓴 존 롤즈[11] 교수는 '강자가 자르고 약자부터 선택하는 방법'을 '완전절차적 정의'라고 불렀다. 절차로나 절차의 결과로나 완벽하게 정의가 실현되는 방법이라는 뜻이다.

(1) 절차적 정의의 내용

절차적 정의는 사회의 강자에게 역할을 부여한다.

강한 자가 강한 이유는 정보를 가장 많이 소유하고 있기 때문이다. 한 집단에서 몫을 나눌 때 그 중 강한 자(실력자)가 그 몫을 규정해야 하는 이유가 여기에 있다. 약자가 자르고 강자가 먼저 선택하라면 언제나 약자는 후회하게 될 것이다. 왜냐하면 자신의 제한된 정보 때문에 심각한 실수를 저질렀다는 것을 곧 알게 되기 때문이다. 강한 자가 잘랐을 경우에는 이러한 가능성이 줄어든다.

그뿐만 아니라 강한 자는 그 집단 내에서 가장 효율적인 수단을 가지고 있다. 사회 내에서 가장 강한 자와 약한 자들이 동원할 수 있는 수단의 차이는 크다. 약자들에게 몫을 잘라 보라고 하면 그 비효율성 때문에 엄청난 사회적 낭비가 초래된다. 만약 효율적인 수단의 부족 때문에 사회적 몫 전체가 낭비되어 사라진다면, 나누는 방식 자체의 정당성도 소멸될 것이 틀림없다.

또 현실적인 이유도 있다. 강자에게 분배의 우선권을 주지 않는다면, 강자는 판 자체를 뒤집어 엎어버릴 수 있다. 실제로 황금률의 절차적 정의는 강자의 전횡을 정당화하지 않는다. 도리어 강자를 일정한 사회정의의 틀로 끌어들이는 현실적 방법이 된다. 왜냐하면 강자는 자기가 분배를 주도할 경우의 이익과 판이 깨졌을 경우의 부담을 저울질할 것이기 때문이다.

또한 절차적 정의는 사회적 약자를 배려하는 것을 내용으로 한다. 약자를 우선적으로 배려해야 할 이유가 있다.

첫째, 강자의 전횡을 저지하기 위해서이다. 우리 사회는 강자가 자르고 강자가 먼저 선택하는 사회라는 비판을 받아왔다. 선거 때마다 드러나는 지도층의 병역기피문제에서 지도층 인사들은 국민들에게 국방의무의 짐을 지워 놓고 자기 자녀에게는 의무를 면제시켜 주는 면모를 보여 왔다.

11) John Rawls
(1921-2002)

미국의 철학자. 하버드대학교 교수 역임. 공리주의를 대신할 실질적인 사회정의의 원리를 '공정으로서의 정의론'으로 전개.

둘째, 절차적 정의의 법칙은 중간계층들의 지지를 쉽게 받을 수 있어 현실적이기 때문이다. 강자가 자르고 강자가 먼저 선택하는 사회에서는 중간계층들도 매우 괴로워진다. 강자가 자르고 강자부터 선택하면 강자는 거의 항상 몫의 대부분을 가져가기 마련이다. 그렇게 되면 중간계층들이 자신의 정당한 몫을 가진다 해도 말썽을 피할 수 없다. 강자와 중간계층들이 취하고 남은 것으로는 약자들이 살 수 없기 때문이다. 이렇게 되면 약자들의 폭력적 봉기를 피할 수가 없게 된다. 폭력 봉기가 발생하면 중간계층이 가장 많은 피해를 본다. 어차피 삶을 포기한 자들의 반항처럼 무서운 게 없다. 역사상 많은 사례들에서 약자들의 봉기를 가라앉히기 위해 중간계층의 재산과 인명이 희생되었다. 황금률의 절차적 정의의 원칙이 적용되는 체제에서는 약자들이 최대한의 배려를 받기 때문에 중간계층들이 자신의 몫을 가진다 해도 체제가 붕괴할 이유가 없다. 더구나 중간계층들이 약간의 배려만 하면 강자들도 명분과 실리를 다 챙길 수 있다. 중간계층들의 활동 공간이 넓어진 것이다. 민주주의가 항상 정의로운 것은 아니지만, 만약 강자가 자르고 약자부터 선택하는 체제를 만들면 가능하게 될 수 있다.

셋째, 약자 배려는 인간의 본성에 부합하기 때문이다. 양심, 자비심, 혹은 측은지심은 모든 종교가 발견한 인간의 공통적인 품성이다. 근대적 사회정의론은 이를 '최소 수혜자에게 최대 이익'이라는 말로 요약하고 있다. 정의란 약자에게 돌아갈 몫을 최대로 만드는 것이다. 인간이 양심이 그렇게 말하기 때문이다. 절차적 정의의 원칙은 이 본성에 어울린다. 약자에게 기회균등만을 보장하는 것은 미흡하다. 분배 내용을 규정하지 않는 기회균등만으로는 약자의 몫이 증가하지 않는다. 절차적 정의는 실질적 부정의를 유발할 수 있다. 절차상의 정의만을 추구하면 현존하는 권력구조를 강화하는 결론이 나기 쉽다.

롤즈 교수는 '완전절차적 정의'가 불가능한 것은 아니나 현실적으로 드물다고 했다. 그러나 인간의 상상력은 무한하여 이러한 체제를 개발할 수 있다. 더구나 인간의 양심은 약자에게 돌아갈 수 있는 몫의 극대화를 강조하는 이론을 좋아한다. 할 수만 있다면 약자가 점차 강해져서 강약의 구분이 없는 사회에 살기를 원하고 있다. 완벽하지는 않지만 어느 정도 근접할 수는 있다.

(2) 절차적 정의의 효용

절차적 정의가 가져올 수 있는 몇 가지 효용이 있다.

첫째로, 우리 사회의 소외계층이 줄어들 것이다.

법은 현실에 있어서 매우 유용하다. 강자들의 횡포를 견제할 수 있는 제도적 장치가 되기 때문이다. 물론 이론상으로 약자들의 방종도 문제가 된다. 감시의 눈이 없으면 수시로 발생하는 무임승차가 그 예이다. 그러나 사회적 약자들의 방종보다는 강자의 횡포 때문에 사회문제가 일어난다는 것이 우리의 역사적 경험이다. 법이 불신을 받는 것은 약자에게만 적용되기 때문일 것이다. 강자독식 사회에서는 억울한 사람이 많게 된다. 절차적 정의의 원칙은 억울함을 풀어준다. 하나님은 억울한 것, 특히 약한 자의 억울함을 가장 싫어하신다.[12] 그분은 정의로우셔서 정의롭지 못한 것을 그냥 넘기시지 않으신다. 전능자이시니 누구의 눈치를 볼 필요도 없다. 천지에 편만해 계셔서 정보수집력이 추종을 불허하니 억울한 사례를 놓치지 않으신다. 자비로우셔서 억울함을 당한 자의 눈물을 닦아주길 좋아하시는 분이시다. 그러므로 약자를 억울하게 하는 자, 약자를 왕따시키는 자는 하나님을 대적하고 있는 자이다.

둘째, 약자를 배려하는 체제를 만들면, 공정하고 효율적인 분배가 이루어진다. 왜냐하면 강자의 입장으로 보아 최종적으로 남은 몫이 결코 자신에게 불리하지 않도록 최선을 다 할 것이기 때문이다.

셋째, 황금률은 선한 의지의 결과에 대해 정당성을 제공한다.

강자가 자신의 불이익을 예견하고도 고의로 불평등하게 잘라서 약자에게 더 많은 몫을 주었다고 치자. 혹은 불평등한 분배로 인해 나타난 더 많은 유익을 약자 스스로가 겸손히 포기하였다고 치자. 이와 같이 자신의 욕망을 절제하고 타인과의 화목을 도모하는 선한 의지는 칭송을 받아야 마땅하다. 아리스토텔레스[13]는 「니코마코스 윤리학」[14]에서 이 점이 정의의 핵심임을 다음과 같이 말하고 있다. "까닭없이 자기의 권리를 너무 고집하지 않고 오히려 법률상 자기가 취할 수 있는 분깃보다 덜 취하는 경향이 있는 사람이 공평한 사람이요, 이러한 상태가 공평이다." 북송 진종 때의 정치가 왕참정은 「사유명」에서 좋은 사회란 재물을 다 쓰지 않고 남겨서 백성에게로 돌리는 데서 출발한다고 했다.[15] 분별력이라고 부르는 개인적 품성을 사회정의

12) 양낙홍, 「한국기독교의 사회윤리적 책임」(IVP, 1998), 168.

13) Aristoteles (BC 384-322)

고대 그리스 철학자. 학문 전반에 걸친 백과전서적 학자. 트라키아의 스타게이로스에서 출생. 플라톤의 학교에서 수학. 왕자 시절의 알렉산더 대왕의 교육 담당. 페리파토스 학파(소요학파)의 기원이 된 학교를 아테네의 리케이온에 세움.

14) 니코마코스 윤리학 (machean Ethics)

10권으로 된 도덕에 관한 아리스토텔레스의 철학을 담은 책. 그의 아들 니코마코스에게 바치는 형식. 도덕적 행동의 습관화를 통한 도덕 성품 고양에 초점.

15) 留有餘不盡之財 以還百姓

(재물을 긁어모아서 백성을 헐벗게 만들지 말고) "재물을 다 쓰지 않고 남겼다가 백성에게 돌려줘라."

의 구현에서 소중히 여기는 이유가 바로 여기에 있다.

선한 의지는 칭송을 받아야 마땅하다. 그러나 이는 오직 칭송받기에 적절한 구조를 수반할 때에만 가능하다. 강자독식 체제에서는 선한 의지도 칭송받기가 어렵다. 대부분의 기업복지가 좋은 평가를 받지 못하는 이유는 복지의 내용을 일방적으로 사용자의 뜻대로 구성하기 때문이다. 20억 원을 쏟아부은 음악회에 대한 사원들의 평가는 부정적일 수 있다. 오히려 5억 원을 들여 탁아소를 만들었다 해도 사원의 요청을 반영한 것이라면 긍정적인 평가를 받을 수 있다. 이처럼 명백히 선한 일에서조차도 욕을 먹는다면 애석한 일이 아닐 수 없다. 기업복지는 근로자들의 선호를 반영하는 체제로 바뀌어야 한다.

억울함이 줄어들고, 공정한 분배가 이루어지며, 선한 의지에 대한 정당한 평가가 주어지는 사회야말로 정의로운 사회이다. 인간의 유한성 때문에 이러한 사회가 완벽하게 이루어지는 것을 기대할 수는 없다. 그러나 우리가 만일 황금률을 우리 사회의 교양으로 삼고, 성실하게 노력한다면 이러한 사회에 어느 정도 가까이 갈 수 있다.

3_ 이익충돌

사회에는 이해관계를 달리 하는 사람들이 있게 마련이다. 여기에서 발생하는 이익충돌문제를 해결하는 것은 쉬운 일이 아니다. 그런데 공적 정책결정과정에서 그 정책으로 인해 개인적 이익을 얻게 될 사람이 정책결정과정에 참여해서는 안 된다는 것은 이론의 여지가 없다. 다수의 이익을 위해 일정한 지위를 부여받고 월급을 받는 사람이 그 지위를 이용하여 사적이익을 추구할 수는 없는 것이다. 이런 일을 하는 자들이 지도층으로 군림하는 사회는 건강하지 못한 사회이다. 이익충돌이란 공적 업무수행과정에서 얻은 정보나 권한을 사사로운 이익을 위해 사용하지 않는 태도도 포함한다.

한국사회는 연줄망사회이다. 각종 연줄로 얼기설기 얽혀 있다. 한국의 지배 엘리트들은 철저하게 혈연관계로 얽혀져 있다. 돈과 권력을 집중시키기 위해 엘리트들은 배타적 연줄망을 구성하기에 광분했다. 그 결과 사건의 합리적 구조보다는 연줄망의 구조를 찾는 것이 그 사건을 이해하는 데 더 빠르고 정확한 방법이 될 정도가 되었다.

전통적 사회는 연줄망으로 구성되고, 근대적 사회는 업적평가로 인정을 받는다. 우리 사회는 반대로 가고 있는가? 연줄망사회는 대표적으로 정의롭지 못한 사회이다. 법이 적용되지 않는다. 아는 사람이라고 풀어주고, 모르는 사람이라고 구속한다면 정의로운 사회가 되기는 요원하다. 이런 사회에서 젊은이들은 건실하고 합리적인 방법보다 퇴폐적이고 비열한 방법으로 신분상승을 추구하게 된다.

모든 사람이 다 연줄망을 엮을 수는 없다. 그러므로 극히 소수만이 그 연줄망 안에서 혜택을 누린다. 전형적으로 강자가 독식하는 사회로 타락하게 되는 것이다. 엘리트들이 연줄망을 만들기 위해 광분하는 이유는 자신의 이익보호와 확대에 있다. 검사 사위에, 국회의원 처남에, 기자 동서에, 대재벌 사돈을 둔다면 여러 위기에서 겹겹이 그를 보호해 줄 것이라고 믿기 때문이다. 명시적으로 나타난 연줄 때문에 불이익을 당하게 되어야 연줄망사회가 해체된다. 이익충돌의 원칙이 이를 가능하게 한다. 형제 중 하나가 대통령이 되었다면, 나머지 형제들은 조용히 정치권에서 물러나는 것이 아름답지 아니한가?

간단한 교양 하나가 큰 사회를 지탱한다. 예로부터 귀감이 되는 사회들은 정직과 성실을 최고의 덕목으로 간주했다. 이익의 충돌의 원칙은 정직과 성실을 당연한 것으로 만드는 효능을 가지고 있다. 한국사회는 봉건적인 연줄망을 더욱 강화하려는 추세에 있다. 이를 해체하지 못한다면 정의롭지 못한 사회의 모습은 더욱 가속화할 것이다.

4_ 차선의 선택

차선의 선책이란 “최선이 안 되면 차선이라도 선택한다”는 지혜를 말한다. 차선을 선택하기보다는, 죽음을 선택한 사람들도 있다. 그러나 마음먹은 대로 되지 않는다고 목숨을 던지는 경우 대부분은 어리석은 자가 아닐까? 만사가 자신이 원하는 바대로 되지 않는 것이 인간이요, 인간이 사는 사회이다. 자신이 원하는 바대로 되지 않는다고 목숨을 버린다면, 신과 인간 앞에 죄를 범하는 것이다. 세상을 치열하게 살아간 다수의 인생들에게 차선의 선택은 일상적이며 불가피한 교양이다. 차선의 선택이라는 말은 서양의 정치적 교양으로 정착했다.

라파엘로의 아테네 학당

그리스의 플라톤은 각 사람이 자신의 천성에 가장 적합한 한 가지 일에 전념하고, 다른 사람에게 적합한 일에는 간섭하지 않는 것이 정의라고 했다. 그런데 누가 무슨 일에 적합한지 아는 일은 쉽지 않다. 이는 초월적 지식으로만 가능한데, 이 지식을 지닌 사람이 바로 철인왕philosopher King이다. 그러므로 철인왕의 통치가 최선의 정치체제라고 본다. 강제적 규범, 즉 법으로 통치하는 것은 차선책이라고 했다.

이와 달리 그의 제자 아리스토텔레스는 법치주의라는 차선책이야말로 인간사회의 현실적 목표라고 보았다. '초월적 지식을 가진 철인왕'이 과연 존재하기는 하는가? 철인왕이란 인간의 본성에 어긋난다. 인간의 통치는 빈번히 폭군정으로 타락했다. 그러므로 법의 통치가 현실세계에서는 최선의 통치이다. 법의 통치는 중산층의 지지로 가능하다. 중산층이야말로 너무 가난하므로 질투에 빠지지도 않고, 너무 부요하므로 교만에 빠지지도 않는 중용의 덕을 갖춘 계층이다. 이들은 이성을 구현하는 계층이며, 따라서 합리적인 법의 지배를 가능하게 하는 사회적 세력이다. 이들의 토론 이후로 민주주의와 법치주의는 차선의 체제로 명명되었다.

(1) 정당성

인간은 최선에 대한 이데아[16]를 가진 존재이다. 실현가능성의 여부와는 관계없이 최선에 대한 인식을 가지고 있다. 그럼에도 불구하고 인간의 능력은 유한하다. 대부분의 경우에 최선을 실행할 수 있는 가능성이 없다. 그러면서도 이 유한성을 부정하려고 한다. 때로 비록 파멸에 이를지라도 최선의 이데아에 집착한다. '이데아적 최선' 때문에 '현실적 최선'은 거의 항상 차선으로 간주된다. 인간의 유한성은 차선의 선택이 정당함을 입증한다(인간의 불완전성).

이데올로기란 지상에서 실행할 수 없는 어떤 최선이 현실에서 가능한 것처럼 주장함으로써 특정한 정치적 목적을 달성하려는 시도, 즉 사기라고 할

16) 이데아 (Idea)

플라톤 철학의 기본 개념. 원래는 '보이는 것', 모양 · 모습, 그리고 물건의 형식이나 종류 의미. 플라톤 철학에서는 육안이 아니라 영혼의 눈으로 볼 수 있는 형상 의미.

수 있다. 마르크스는 프롤레타리아 혁명으로 정치적 강제가 없는 노동자의 천국이 도래할 것이라고 했다. 그러나 노동자들만 사는 사회라 해도 국가 등의 조직체의 등장은 시간문제이고, 국가의 지배층이 노동자 다수를 속박하는 체제를 발전시키게 된다(이데올로기적 오류).

차선의 선택이 건전한 줄 알면서도 놓치는 이유는 최선의 가능성 때문이다. 조금만 더 노력하면 최선의 결과가 있을 것으로 기대되는 때에 차선을 말한다는 것 자체가 부도덕하거나 무책임하다고 생각될 수 있다. 개량주의를 최대의 적으로 보는 혁명이론들에서 이러한 현상을 볼 수 있다.

볼셰비키[17]에게 난폭한 황제는 사회주의 혁명을 도와주는 우군이나 다름없다. 황제의 난폭성은 볼셰비키 혁명에 동조하는 사람의 수를 배가시켜 주기 때문이다. 반면 의회주의적 멘셰비키들[18]은 폭력혁명 없이 사회주의를 달성하는 것이 가능하다고 주장하여 혁명을 불가능하게 만드는 최대의 사기꾼들이며, 적으로 간주된다. 이들의 주장으로 인해, 볼셰비키의 주장에 동조하지 않기 때문이다. 볼셰비키 혁명의 결과는 명약관화하다. 어설픈 이상주의자들은 그 결과가 전과 동일한 일을 위해 너무나 많은 피를 흘리는 최악의 결과를 범한 것이다. 역사에는 지나치게 최선을 강조하다가 도리어 최악을 선택한 비극적 사례들이 적지 않다(최악의 선택).

17) Bolsheviki
(레닌추종자, 혁명론자)

1903년 러시아 사회민주노동당이 분열될 때, 레닌(Vladimir Il'lch Lenin, 1870~1924)이 이끄는 좌익의 다수파. 과격한 혁명주의자 또는 과격파의 의미로 사용됨.

(2) 양비론(兩非論)

언론이 양비론을 취하는 경우는 흔히 볼 수 있다. 양비론이란 대립되는 사물들의 장단점을 기계적으로 나열하는 태도를 말한다. 최선의 모습을 강조하기 위한 비판적 견해도 아니고, 비판 자체를 목적으로 삼는 체계적인 분석도 아니다. 여당도 잘못했고, 야당도 잘못했다, 호남 사람도 잘못했고, 영남 사람도 잘못했다는 식이다.

18) Mensheviki
(자유주의적 온건파)

러시아 반레닌 성향의 마르크스주의 우파 정치세력. 러시아 사회민주노동당의 자유주의적 온건파. 소수파. 합법적인 테두리 안에서의 혁명운동 주장.

차선을 강조하지 않는 기계적 양비론에는 심각한 문제가 있다.

첫째, 선악의 구분이 불가능하다. 장단점이 나열되다 보면 비교적 나은 것을 찾기 어렵게 된다.

둘째, 장단점을 나열하다 보면, 자신에게 유리한 것을 취사선택하게 된다. 사익을 공익으로 정당화하는 위선을 저지를 수 있다.

셋째, 결국 강자의 이익만 보장하게 된다. 장단점의 나열을 통해 어떤 선택이든 정당화할 수 있다면 누가 이를 가장 잘 활용할 것인가? 사회적 강자이다. 만일 일관되게 차선이라도 선택하면, 강자가 공공의 이름으로 최악을 정당화하는 잘못을 면할 수 있다.

양비론에 매달려 온 한국의 언론들은 이상적 기준에 기초를 두고 모든 사태의 천박함을 경멸하는 척하였으나, 사실은 강자의 지배를 정당화한 것이다. 라인홀드 니버[19]는 무분별한 이상주의가 초래하는 위험을 경고하였다. 이상주의와 냉소주의는 한 걸음이고, 냉소주의에서 기회주의가 한 걸음이며, 기회주의에서 현존하는 권력에의 굴종이 한걸음이다.

우리 사회의 고질병은 쉽게 고쳐지기 어렵다. 그러나 황금률을 확립한다면 보다 나은 사회가 될 것이다. 서로 입장을 바꿔 놓고 생각하는 것, 강자가 자르고 약자부터 선택하는 것, 공공정책 결정과정에서 그 정책으로 사적 이익을 얻게 될 사람은 그 과정에 참여해서는 안 된다는 것, 최선이 안 되면 차선이라도 선택한다는 것 등은 그 구체적인 원칙이 될 것이다.

19) Reinhold Niebuhr (1892-1971)

미국의 문명비평가. 신정통주의 신학의 지도자. 낙관적 인간관을 비판하고 인간의 죄성(罪性) 강조. 특히 집단 간 분쟁에서의 집단이기주의 폭로. 단순한 기독교적 사랑만 실천할 것이 아니라, 어느 정도의 실력을 가지고 기독교적 사랑에 접근해 가는 기독교적 리얼리즘 제창.

06 Chapter
_사회의 이해

Ⅰ. 다민족 · 다종교 사회

2007년 8월 유엔 인종차별철폐위원회CERD는 한국사회는 이제 다민족사회가 된 만큼 '단일 민족'이라는 개념을 극복해야 한다고 지적했다.

우리 사회가 다인종 · 다문화 사회로 빠르게 전환하고 있는 데도 국민의식과 사회제도는 순수혈통주의라는 편협한 울타리에서 벗어나지 못하고 있다. 이 위원회는 한국이 민족 단일성의 강조, '순수혈통', '혼혈' 등의 용어 사용 문제도 지적했다. 한국이 다민족사회에 부합하는 교육, 문화 등 분야에서의 조치를 요구했다. 혼혈아에 대한 차별은 우리 사회에서 1950년대부터 제기된 문제이다.

농촌 총각들의 외국인 여성과의 결혼 증가로 농촌지역에서 미래세대의 구성을 바꾸어 놓을 혼혈 아동이 급속하게 증가하고 있다. 우리 사회에서 머지않아 미국, 프랑스처럼 인종갈등이 사회문제로 대두할 소지도 커지고 있다. 미래세대의 소모적 갈등을 막기 위해서는 혼혈을 부끄럽게 여기지 않는 사회로 나아가야 한다. 순수혈통주의에 대한 집착은 인종차별로 이어질 수밖에 없다. 오늘날 미국이 초일류 강대국이 된 한 요인으로 외국인들에게 국가의 문호를 대폭 개방해 국가발전에 동력이 될 우수한 인재와 저임 노동력을 동시에 흡수한 것이 꼽힌다. 단일 민족국가라는 순수혈통주의가 대한

민국의 정체성을 좌우할 수 없는 시대가 온 것이다.

현대는 새로운 인종갈등에 직면하고 있다. 다원주의 사회란 여러 가지 인종 및 종교 집단으로 이루어진 사회이다. 세계적으로 다원주의는 지구촌화의 심화로 인해 더욱 확산되고 있다. 오늘날 대부분의 국가에 다양한 인종집단들이 유입되고 있다. 이로 인해 문화적 다양성을 경험할 수 있게 되었지만 그로 인하여 종교적 경쟁이 일어나고, 그 결과 교육 · 법제도 안에서 다른 종교와 가치관들을 인정하라는 요구가 제기된다.

Ⅱ. 우리시대의 소통방식

자신의 생각과 다른 생각을 가진 사람들과 함께 살면서 어떤 태도가 필요할까? 자신의 가치관 및 종교적 확신을 어떻게 표현하는 것이 바람직할 것인가? 가장 평범한 두 가지의 태도가 가능할 것이다. 자신의 방식을 강제로 관철하려는 강요주의적인 태도는 대화를 거부하는 태도가 될 것이다. 자신의 생각을 강제로 관철하려는 강요주의적인 태도는 사람의 자유와 양심을 인정하지 않음으로 사람의 품격을 떨어뜨린다. 대화를 시도조차 하지 않는 방관주의적인 태도는 겉으로는 다른 생각을 가진 이들을 존중하는 듯 보이기는 하지만 결국은 소통부재로 인해 무관심과 오해의 사회를 만들고 말 것이다.

1_ 강요주의

13세기에 이단과 싸우기 위해 로마 가톨릭교회가 설립한 특별 법정에서는 종교재판[1]이 이루어졌다. 이교 혐의자들을 먼저 색출하고, 신앙을 고백할 것을 요구하고, 그들이 거절하면 재판에 회부했다. 교황 이노센트 4세는 1252년의 교서에 따라 고문까지 허용하였다. 뉘우치지 않는 이교도들은 출교나 투옥, 재산몰수 등의 벌을 받거나, 국가에 넘겨져 산 채로 화형을 당했다. 종교재판은 약 300년간 지속되다가 1542년에 금지되었다.

14세기까지 이베리아 반도는 무어인[2]의 지배로 인한 영향으로 이슬람교, 로마 가톨릭, 유대교 등 다종교사회였다. 14세기 이후 아라곤 왕국과 카스

1) 종교재판 (inquisitio)
13세기에 로마 가톨릭 교회가 이단자 탄압을 위해 제도화한 비인도적 재판. 이단자의 탐색 · 적발 · 체포 · 재판 · 처벌을 포함한 모든 이단자 박멸활동을 임무로 함.

2) 로마 가톨릭 국가는 이베리아 반도의 무슬림을 무어인이라 함.

티야 왕국 등에 의한 레콩키스타[3]가 진행되면서 유대교에 대한 대대적인 탄압이 일어났다. 그리하여 15세기에는 많은 무슬림과 유대인이 가톨릭으로 개종했다. 1492년 1월 2일, 무슬림의 마지막 보루이던 알함브라 궁전이 있는 그라나다가 정복되고 레콩키스타는 종결되었다. 15세기 말 북아프리카의 무어인들의 통치를 종식시킨 페르디난드Ferdinand와 이사벨라Isabella가 종교재판소를 설치했다. 이 재판소는 특히 유대인, 무슬림, 개신교 등을 대상으로 했던 가장 잔인했던 종교재판소로 알려져 있으며 1831년에야 폐지되었다.

오늘날 교파와 교단을 막론하고 신의 이름으로 그런 방법들이 사용되었다는 것에 대해 깊은 수치심을 느낄 것이다. 종교재판은 역사에 끔찍한 오점을 남겼으며 결코 반복되어서는 안 될 일이다.

하지만 오늘날에도 극좌와 극우의 독재 정권들은 여전히 무력으로 반대를 물리치고 강제로 반대세력을 제압하고자 하는 강요주의의 전철을 밟고 있다. 그뿐 아니라 우리 사회에서 개인적 차원 또는 집단적 차원에서 힘으로 사람을 억압하는 행태를 찾아보는 것은 어려운 일이 아니다.

미국에서 있었던 금주령은 알코올 음료의 제조와 판매를 법적으로 금지한 것이었다. 1869년에 한 백인 개신교도 집단에 의해 금주당이 결성되었다. 그들의 동기는 칭찬할 만한 것이었다. 그들은 특히 가난한 이민자들 사이에 알코올 중독자들이 증가하는 것을 보면서, 이것을 공적 질서에 대한 위협으로 인식하여 알코올 음료를 완전히 추방시키기 위해 노력했다. 1895년에 술집반대동맹Anti-Saloon League of America이 설립되었으며, 약 25년의 운동 끝에 의회는 1919년에 주류의 생산 · 판매 · 운송을 금하는 제18차 헌법 수정안을 통과시켰다. 그것은 1년 후 실시되었으며, 2년 안에 48주 가운데 46개 주에서 비준되었다.

그러나 이 법은 실효성을 확보하지 못하였다. 주류 밀매업자들은 불법으로 알코올 음료를 만들어 팔고 밀수했으며, 주류 밀매점이 번창했다. 그래서 1933년에 소위 고상한 실험이 시작된 지 13년 후에, 루즈벨트 대통령은 18차 수정안을 무효화하는 21차 수정안에 서명했으며 금주법은 역사의 뒤편으로 사라졌다. 그것은 알코올의 남용을 없애기는커녕 오히려 그것을 자극하고 증가시켰다.[4]

종교재판은 신앙을 강요하려는 태도였으며, 금주법은 행동을 강요하려는 것이었다. 둘 다 결국에는 아무 수확이 없었다. 사람들에게 믿지 않는 것을

3) 레콩키스타 (Reconquista)

718년부터 1492년에 걸쳐 이베리아 반도 북부의 로마 가톨릭 왕국들이 남부 이슬람 국가를 축출하고 반도를 회복하는 과정.

4) 금주령 (禁酒令)

알카포네(Alphonse Gabriel "Al" Capone) 등 조직폭력배의 주류 밀거래, 무허가 술집 개업, 주류 사업 이익을 노린 폭력조직 간의 살인사건 등 부작용으로 1933년 수정헌법 제21조로 폐지됨.

믿으라고 강요하거나, 그들이 행하고 싶지 않은 것을 실행하라고 강요할 수는 없기 때문이다. 남을 힘에 의해 굴복시킬 수 있다는 생각은 비현실적임을 보여주는 것이다.

2_ 방관주의

방관주의라는 말은 냉담하고 무관심한 분위기를 묘사한다. 자신의 견해를 강요하기는커녕, 심지어 자신의 견해를 공개하거나 표현하지도 않으려고 하는 태도이다. 심지어 때로는 관용이라는 이름으로 방관적 태도를 취하기도 한다. 관용의 정신으로 다르게 생각하고 행동하는 사람들을 존중해야 하며, 사회적으로도 관용해야 한다. 이는 정치적 · 종교적 소수집단이 사회에서 받아들여지고 법적으로 보호받아야 한다는 것을 의미한다.

그러나 잘못된 견해나 악한 행동에 대하여 알면서도 침묵할 수 있는가?

악이 창궐하고 있을 때 침묵을 지키는 것은 매우 심각한 결과를 가져온다. 그렇게 되면 부전패, 즉 한번 싸워 보지도 못한 채 탈락해 버리는 것이 아니겠는가?

심각한 방관(침묵)의 사례로 독일 교회가 나치정권의 유대인 처단에 반대하지 못한 것을 들 수 있다. 1933년 히틀러가 권좌에 오른 뒤 비(非) 아리안계 공무원을 숙청하는 법률이 통과되었으며, 몇몇 종교회의는 그것을 채택하고 교회에 적용하려고 했다. 본회퍼[5]는 교회의 침묵에 매우 당혹해 했으며, "너는 벙어리를 위하여 입을 열지니라"(잠 31:8)는 말을 자주 인용했다.

5) Dietrich Bonhoeffer (1906-1945)

독일의 신학자. 바르트의 제자. 히틀러의 교회 공격에 대해 투쟁에 참가. 1941년 히틀러 암살계획에 가담. 1943년 체포. 1945년 처형됨.

1938년의 유대인 학살에서, 119개의 회당이 불태워졌고, 2만 명의 유대인이 체포되었으며, 유대 시민들이 공개적으로 굴욕을 당했다. 그러나 복음주의 교회 전체가 전율과 분개를 표현할 기회는 없었으며, 가톨릭교회는 거의 완전히 침묵을 지켰고, 고위 성직자들은 아무런 할 말을 찾지 못했다. 히틀러가 제2차 세계대전 발발 전에 이미 결정했던 '최종 해결'은 1941년에 실행되기 시작했다. 복음주의 교회 지도자들은 전쟁 직후에 슈투트가르트에 모여 슈투트가르트 선언Stuttgart Declaration을 발표했다: "우리가 더 용기 있는 고백을 하지 않았다는 것이 우리의 자기 고발이다."

나아가서 일반 대중이 어떤 시점에서도 자발적으로 분노를 폭발하지 않았다는 점이 큰 문제점으로 지적될 수 있을 것이다. 의로운 분노가 광범위하고 공적이고 가시적으로 표현되었더라면, 나치 지도자들은 심각하게 생각했을 것이다. 극악무도하고 파렴치한 전제정치를 몰락시키지는 못했다 하더라도 사악한 무절제와 야만성을 억제하는 데는 어느 정도 효과를 거두었을 것이다. 나치의 인종차별주의에 대하여 비판하지 못했던 독일인들은 방관주의의 무서운 결과를 웅변해 주는 것이라고 할 것이다.

3_ 논증에 의한 설득

독일 철학자 가다머[6]는 대화를 통한 지평의 융합이라는 개념을 소개했다. 다른 생각을 가진 사람들이 함께 공동체의 존재의의를 실현하기 위해서는 상호간에 이해가 필요하며 이해에 도달하기 위해서는 타자와 대화를 통해 지평의 융합이 가능해야 한다. 논증에 의한 설득은 이러한 지평융합을 이룰 수 있는 방식이요, 이상의 두 극단보다 더 나은 전략이다. 이러한 방식은 성서에서 그 원리를 발견할 수 있다.

(1) 성서적 신관

하나님은 어떤 분이신가? 성서는 도처에서 일관되게 언급하고 있다. 하나님은 우주를 창조하고 유지하시며, 자신이 창조한 인간들이 사랑의 공동체 안에서 살도록 하셨다. 더구나 하나님의 의는 그분의 사랑의 본질적인 표현이다. 그분은 정의를 사랑하시고 억압을 미워하신다. 그분은 가난한 자와 나그네, 과부와 고아를 위한 투사이시다. 그분은 주린 자를 먹이시고, 헐벗은 자를 입히시고, 병든 자를 고치시고, 잃어버린 자를 찾으신다. 그분은 그 아들 예수 그리스도 안에서 모든 인류가 구원받고 진리를 알게 되기를 원하신다.

이러한 시각은 사회에 대한 태도에 영향을 미친다. 하나님의 관심사는 그분의 백성의 관심사가 되기 때문이다. 하나님의 백성 역시 그분의 형상으로 지음 받은 남자들과 여자들을 존중하고, 정의를 추구하고, 불의를 미워하고, 궁핍한 자들을 돌보고, 일의 존엄성을 수호하고, 안식의 필요성을 인식하고, 결혼의 신성함을 유지하고, 하나님의 나라를 위해 충성을 바칠 것을 바랄 것이다.

이 모든 것이 하나님의 관심사이기 때문이다. 하나님의 백성이라고 하는 이들이 어떻게 그분을 격노하게 하는 일을 묵인하거나, 그분의 간절한 소망

6) Hans-Georg Gadamer
(1900-2002)

독일 철학자. 하이델베르크 대학 교수 역임. 딜타이의 정신과학 방법론과 하이데거의 존재론에서 출발. 후에 독자적 해석학 전개.

에 아랑곳하지 않고 냉담할 수 있단 말인가? 그분의 관심사에 아무런 관심을 가지지 않는다면, 그가 진정으로 그분의 백성이기는 한 것일까? 성서적 신관을 가진 사람에게 방관적인 태도는 어울리지 않는다.

(2) 성서적 인간관

하나님은 남자와 여자를 책임 있는 존재로 만드셨다. 그분은 그들에게 생육하고, 땅을 정복하고, 그 안의 피조물들을 다스리고, 일하고 쉬고, 자신에게 순종하라고 말씀하셨다. 이러한 명령은 하나님이 인류에게 주신 양심과 자유라고 하는 두 가지 독특한 선물이 없다면 아무 의미가 없을 것이다. 성경은 처음부터 끝까지 인간이 도덕적 존재이며, 자기 행동에 책임을 지는 존재라고 전제하고 있다. 그들은 도덕법을 안다. 그것은 그 마음에 새겨 있으며(롬 2:14-15), 순종하라는 권고와 불순종하면 형벌을 받는다는 경고를 받기 때문이다. 하지만 그들은 결코 강요당하지 않는다. 강제적 수단은 사용되지 않는다. 논증에 의한 설득만이 사용될 뿐이다.[7] 성경적인 인간관을 고수하는 사람들에게는 강요정책 또한 어울리지 않는 것이다. 인간의 양심은 가장 크게 존중되어야 한다.

바울은 항상 양심에 거리낌이 없기를 힘쓴다고 했다.[8] 그는 또한 다른 사람들의 양심에 대해서도 말한다. 그 양심은 '강할'(교육으로 잘 다듬어지고 자유로울) 수도 있고, '연약할'(지나치게 세심하고 양심의 가책으로 가득 차 있을) 수도 있다. 하지만 사람의 양심은 어떤 상태든, 심지어 무엇인가 실수를 범했다 하더라도 존중되어야 한다. 연약한 양심은 강화될 필요가 있고, 속이는 양심은 계몽될 필요가 있다. 가장 극단적인 상황이 아니라면, 사람들이 양심에 거슬러 행동하도록 강요해서는 안 된다. 일반적으로 양심은 육성되어야 하며, 억압되어서는 안 된다는 것이다.

이 원리는 사회적 행동과 제도들에 영향을 미친다. 독재를 반대하고 민주주의에 찬성해야 하는 이유이기도 하다. 독재정치는 양심을 짓밟는다. 민주주의는 적어도 이론적으로는 양심을 존중한다. 민주적 정부는 통치를 받는 자들의 동의로부터 정당한 권력을 끌어내기 때문이다.

신관과 인간관은 모두 우리의 행동방향을 지시해 준다. 전자는 방관주의를 거부하고, 후자는 강요주의를 거부한다. 하나님의 본성 때문에 그분의 진리와 율법이 업신여김을 당할 때 무관심할 수 없다. 그리고 인간의 본성

7) "여호와께서 말씀하시되, 오라. 우리가 서로 변론하자."(이사야 1:18)

8) "나도 하나님과 사람에 대하여 항상 양심에 거리낌이 없기를 힘쓰나이다."(사도행전 24:16)

때문에 사람들에게 억지로 강요하려는 시도를 취할 수 없다. 법령을 통해 강요할 수 없다면, 성경을 인용하는 것만으로 확신시킬 수도 없다. 이러한 접근법들은 모두 사람들을 분개하게 하고 저항하게 만드는 위로부터의 권위의 일종이기 때문이다. 더 효과적인 것은 밑으로부터의 권위, 즉 자명하며 그렇기 때문에 믿을 수 있음을 스스로 증명하는 사물 고유의 진리와 가치를 제시하는 것이 될 것이다.

기독교적 기준들을 억지로 강요하거나, 침묵하는 것은 적당하지 않다. 그보다는 이성적 논증에 의해 율법을 권하고, 성서적 윤리의 유익에 대해 인내심을 가지고 변론할 필요가 있다. 율법은 전혀 독단적인 것이 아니고, 인간들에게 맞는 보편적으로 적용되는 원리이기 때문이다.

성서는 율법의 목적이 '네 행복을 위하여'(신 10:13)라고 한다. '그들과 그 자손이 영원히 복 받도록' 그 율법에 순종하라고 한다(신 5:29 등). 모든 제품에는 그 제품의 활용을 위한 설계도와 사용설명서가 있는 법이다. 사용설명서에 어긋나게 사용한다면 그 제품을 충분히 활용할 수 없거나 수명을 단축시키는 결과가 되고 말 것이다. 율법은 인간의 사회적인 삶과의 관계에서 일종의 '사용설명서'와 같은 의미를 가진 것이라고 할 것이다. 그러한 사실에 대하여 모든 사람들이 희미하게나마 알고 있는 것으로 보인다. 하지만 그것을 인정할 수 없거나 인정하고 싶어하지 않기 때문에 율법이 개인과 사회 모두의 복을 위한 것임을 보여주는 논증이 필요하다.

과연 성서적 도덕법은 인간에게 맞는 것인가? 하나님의 율법이 개인과 사회 모두에게 적합한 것인가? 인간은 율법에 대하여 인간의 자유를 억압한다거나 거추장스럽고 귀찮은 것이라고 생각하는 경향이 있다. 그런데 '네 행복을 위하여'(신 10:13) 율법을 주셨다는 말씀은 증명될 수 있는 것인가? 몇 가지의 문제를 중심으로 논증을 해볼 수 있을 것이다.

(3) 혼전순결과 결혼관계의 정절

성서는 혼인을 신성한 것이라고 하며, 혼전순결을 지키는 것을 당연한 의무로 가르친다. 오늘날 성적 난잡함이 확산되고 있다. 독신생활 방식을 고수하기도 하고, 또한 에이즈에 대한 두려움으로 일부 사람은 훨씬 더 절제하기도 한다. 혼전동거와 함께 혼외동거, 열린결혼 등도 있다고 한다. 쉽게 이혼하고 여러 번 결혼을 하는 것을 삶을 풍성하게 하는 것으로 생각하거나 동성애관계를 전통결혼에 대한 대안으로 보는 이들도 있다.

과연 혼인에 관한 율법 기준에 순종하는 것이 자유의 억압이 아니라 '네 행복을 위하여'(신 10:13) 필요한 것인가? 이 점에 관해 시내산에 올라가 권위의 정상에서 십계명을 선포하는 것만으로 충분치 않을 것이다. 번거로울지 몰라도 율법에 순종할 이유에 대한 논증이 필요하다.

언윈 박사는 문명과 성적 절제가 서로 관련되어 있다는 가정을 시험해 보았다.[9] 80개의 원시사회와 16개의 문명사회를 대상으로 연구한 결과 예술 · 과학 · 기술 등의 사회의 문화적 에너지는 성적 에너지가 통제됨에 따라 더 증가한다는 사실을 발견했다. 몇몇 활력 있는 사회에 대한 그의 연구결과 각 경우 그들은 절대적인 일부일처제를 채택함으로 성행위의 기회를 최소한으로 줄였으며, 그렇게 해서 의무화된 성적 절제는 엄청난 사회적 에너지를 보여주었고 그 사회를 지배했다는 것이다. 역으로 일부일처제가 완화될 때마다 사회의 문화적 에너지는 줄어들었다. 그의 결론은 활기찬 사회가 장기간 생산적 에너지를 드러내고 싶다면, 일부일처제의 시행으로 남성과 여성의 관계를 규율해야 한다는 것이다. 그렇게 되면 그것을 물려받은 전통은 계속 풍성해질 것이다. 인간 엔트로피 즉, 새로운 문화적 에너지가 작동하여 지금으로서는 도저히 이해할 수 없는 방식으로 그 전통이 증대되고 세련될 것이라는 것이다. 프로이트[10]도 이와 유사하게 문화의 번성과 본능의 억제는 결합되어 있다고 주장했다.

남자와 여자의 성적 체험은 다르다. 남자의 성욕은 대체로 육체적이고, 재빨리 일어났다가 재빨리 충족된다. 하지만 여자에게 성행위 그 자체는 완전한 만족을 주는 체험이 아니다. 그것은 쉽게 충족될 수 없는 다른 욕구들을 일으킨다. 그 욕구란 남편과 가정과 자녀의 안전을 위한 욕구다. 남자들이 여성들의 그러한 욕구를 충족시킬 의사도 없이 그런 욕구들을 불러일으키는 것은 잔인한 것이다.

미국 오하이오 주립대학교 사회학과 교수, 낸시 클랫워시Nancy M. Clatworthy 박사는 한 잡지에 기고했다. 그녀는 결혼하지 않고 동거하는 커플들의 현상을 10년 동안 연구해 왔다. 연구를 시작할 때 그녀는 동거에 찬성하는 쪽이었다. 그녀는 동거에 대해 남녀 한 쌍이 서로를 알아 나가는 구혼기간의 유용한 단계로 보았다.

연구결과는 정반대였다. 그녀는 동거가 자기들에게 해주는 일이라고 사람

9) J. D. Unwin, Sex and Culture, 1934.

10) Sigmund Freud (1856-1939)

오스트리아의 신경과 의사.정신분석의 창시자. 히스테리환자를 관찰하고 최면술 행함. 인간 마음의 무의식 존재 주장. 꿈 · 착각 · 해학과 같은 정상심리에도 연구를 확대하여 심층심리학 확립.

들이 말하는 것을 실제로는 해주고 있지 못한다고 한다. 특히 문제는 젊은 여성들이었다. 여성들이 초조해 하고, 두려워하며, 화려한 미사여구 너머로 고통과 고뇌에 사로잡혀 있음을 발견했다. 또한 두 가지를 입증했다.

첫째, 조정 · 행복 · 존중이라는 분야에서 결혼 전에 동거를 했던 부부들은 동거를 하지 않고 처음부터 결혼을 한 부부들보다 더 많은 문제를 노정했다. 또한 그들은 돈과 친구 및 성에 대해 더 많이 싸웠다. 모든 영역에서 결혼 전에 동거했던 부부들은 동거하지 않았던 부부들보다 더 자주 의견이 맞지 않았다. 결혼 전에 먼저 동거를 해본다고 해서 문제가 해결되는 것은 아니라는 결론에 도달하였다.

둘째, 상호 헌신에 대한 것이다. 통계적으로 동거하는 경우보다 결혼하는 경우가 훨씬 더 잘 산다. 사랑에 빠진 사람들 관계에서 온전한 헌신에 미치지 못하는 것은 책임회피이다. 어떤 것이 임시적 관계라는 것은 헌신도에 영향을 미친다. 그래서 결혼하지 않은 커플들은 관계를 유지하고 보호하는 일에 덜 헌신한다. 그리하여 그들 중 75퍼센트가 파경을 맞게 된다. 이 경우 심한 상처를 입는 사람은 특히 여성이다.

인류학 · 사회학 · 심리학이 모두 같은 방향을 가리킬 때, 그 논증의 힘은 강력하다. 도덕법은 인간에게 이질적인 것이 아니다. 성서와 인간 본성 간에는 근본적인 상응점이 있다. 성도덕은 기독교 사회윤리를 설득하기 위한 논증의 한 가지 사례가 될 것이다. 다른 영역에서도 이러한 논증이 가능할 것이다. 율법의 목적은 '네 행복을 위하여'(신 10:13)이기 때문이다.

(4) 일요일

십계명 중의 네 번째는 일주일 중 하루를 별도로 구별하여 예배와 휴식을 취해야 하는 것으로 되어 있다. 동시에 이러한 리듬을 유지하는 것이 '네 행복을 위하여' 필요하다는 것을 논증할 수 있을 것이다.

일요일을 일하는 날과는 다른 날로 지키도록 법률로 보호하면 건강한 가정생활이 유지될 수 있고, 그에 따라 국가에 도움이 될 수 있기 때문에 근로자들이 일요일 근무를 강요받지 않게 보호해야 한다는 것에 동의할 수 있을 것이다.

성서적 논증에 불편한 사람이라 할지라도, 역사적 논증에는 수긍할 수 있을 것이다. 일주일 중 하루를 쉬는 리듬을 바꾸어 보려는 시도가 역사상 여러 차례 있었다.

1792년 프랑스 혁명가들은 군주정을 폐지하고 공화국을 설립하면서, 1주일을 10일로 하는 새로운 공화국 달력을 도입했지만 그 실험은 얼마 가지 못했다. 사람들은 휴식 없이 도저히 9일간 계속 일할 수 없었다. 그래서 1805년 나폴레옹은 다시 1주일을 7일로 고쳤다. 한 세기 뒤 러시아 혁명이 일어난 후에도 비슷한 일이 일어났다. 혁명지도자들은 종교제도들을 일소하면서 일요일을 일하는 날로 바꾸었지만 그것 역시 지속되지 못했다. 그래서 스탈린은 일요일을 다시 쉬는 날로 회복시킨 것이다. 율법은 '네 행복을 위하여'(신 10:13) 존재하는 것이라는 것이다.

(5) 정전론

성서의 권위를 받아들이지 않는 이라 할지라도 정전론(正戰論)[11]의 합리성에는 동의하는 이들이 많다. 정전론의 논리가 어거스틴과 토마스 아퀴나스 같은 기독교 사상가들에 의해 발전되기는 했지만, 그 기원은 고대 헬라와 로마의 플라톤, 아리스토텔레스, 키케로 등에게로 거슬러 올라간다. 그러므로 정전론은 비록 성경에 의해 다듬어지고 풍성해지긴 했어도 하나의 전통일 뿐이다. 성서적으로 보면 전쟁에 대한 율법규정들에는 다음과 같은 제한이 나타나 있음을 볼 수 있다.

특정한 제한 아래에서 20세가 넘는 자들 모두가 소집되었지만(민 1:2-3), 보통 선별된 사람들만 전쟁에 참여하였다(민 31:3-6). 일정한 사람들은 소집을 면제받았다(신 20:1-8). 소집면제 대상에는 새집을 건축하고 낙성식을 하지 못한 자, 포도원을 만들고 그 과실을 먹지 못한 자, 여자와 약혼하고 그를 취하지 못한 자, 두려워서 마음에 겁내는 자, 레위인 등이 포함된다. 이스라엘은 공격을 개시하기 전에 선전포고를 하거나 화해를 제의해야만 했다(신 20:10-11). 포로로 잡힌 여인을 노예로 삼거나 영원토록 포로로 잡아둘 수 없었다. 그러나 그녀와 결혼할 수는 있었다(신 21:10-14). 전쟁은 방어적이어야만 한다. 이스라엘은 제한된 말의 수(또한 전차) 그 이상을 사용할 수 없었다. 말과 전차는 공격 시에 사용하는 무기들이었기 때문이다. 이스라엘은 포위공격을 할 때에도 과수를 베어 넘길 수 없었다(신 20:19-20).

이러한 형태의 사례들을 검토하면서 정전just war이라는 개념이 발전되었다. 즉, 침략자에 대항하여 정부가 힘을 사용할 때에도 엄격한 제한이 필요

11) 정전론 (theory of just war)

전쟁을 정당한 전쟁과 부당한 전쟁으로 구분하고, 정당한 원인에 의한 전쟁만을 합법으로 인정하려는 이론.

하다는 것이 받아들여지게 된 것이다. 그리하여 다음과 같은 정전의 기준이 마련되었다.

전쟁의 의도가 선하며, 그 목표가 이익을 추구하는 것이 아니라 정의로운 평화를 도모하는 것이어야 한다. 전쟁의 동기가 정의로워야 한다. 침략에 대한 방어전이어야 한다. 전쟁에서 이길 승산이 있어야 한다. 전쟁은 최후의 수단이어야 한다. 정당한 절차를 거쳐 설립된 정부만이 이러한 전쟁을 할 수 있다. 전쟁의 수단이 제한되어야 한다.

- 비전투원과 중립자 등 제3자에게 해를 끼쳐서는 안 된다.
- 전쟁규칙에 관한 제네바 협약 등 기존 법률과 조약을 존중해야 한다.
- 전쟁의 수단이 전쟁의 목표와 부합하여야 한다.
- 적과 평화를 이룰 수 있는 조건이 무엇인지 알고 있어야 한다.
- 전쟁의 목표는 침략자가 전멸되거나 종속되는 것이 아니라 국가들 사이가 올바른 위치로 되돌아가는 것이어야 한다.

이러한 정전론에 대하여 견해 차이가 있다. 즉 불의한 전쟁을 하는 경우 정부에 반대하여야 하는가, 아니면 그냥 참아야 하는가? 또한 정당한 전쟁이란 위에서 언급한 기준의 전부를 만족시키는 경우로 한정되는가, 아니면 그 중 일부만 만족시키는 경우로 확대될 수 있는가 등의 문제가 남아 있다.

정전론이 지배하게 된 것은 4세기 최초의 공식적인 기독교인 황제인 콘스탄틴 시대였다. 정전론이 득세하게 된 때가 바로 기독교가 로마제국과 정치적으로 결탁된 시기였던 것이다. 이 점에서 기독교계가 영혼을 팔아서 정전론을 받아들인 것이 아닌가 의심하는 견해가 있다. 반면에 정전론은 제국의 힘과 타협하는 것으로서가 아니라 새로운 상황과 책임에 직면한 기독교계가 성서의 정치적 책임에 대한 가르침을 조리 있게 잘 다듬은 것으로 이해하는 견해도 있다.

오늘날 기독교계에서는 후자가 유력한 지위를 점하고 있는 것으로 보인다. 그들은 정전론이 전쟁예방수단 내지 전쟁억지수단으로 개발된 것이라고 본다. 그러나 전자의 전통도 꾸준히 명맥을 이어오고 있으며, 거의 모든 기독교 전통에 속한 기독교인들, 특히 젊은 기독교인들 사이에서 광범위하게 확산되고 있다.

(6) 환 경

자연보존에 관해서는 지구라는 우주선의 단일성, 자연의 미묘한 조화, 공기와 물과 땅에 의존하고 있다는 것, 그리고 화석연료 같은 자본자원들과 소득의 구분 등에 대해 창세기 1장과 2장 등의 어떤 부분을 인용하지 않고서도 의견의 일치를 볼 수 있다.

자연환경을 보존하고자 하는 마음에서 다른 종교적 전통에 서 있는 사람들과 공통 기반을 갖고 함께 협력할 수 있다. 그들의 이유가 성서적 이유와 다르더라도, 인간을 존중하는 것은 인간의 대의를 위해 헌신하는 세속 인도주의자들의 주요 관심사이기 때문이다.

Ⅲ. 소통방식과 법 제도

논증에 의한 설득이 가능하다면 일반 대중의 삶이 성서적으로 합치되도록 법을 제정할 필요가 있다. 율법이 인간의 행복을 위한(신 10:13) 목적을 가진 것이기 때문이다. 그리스도와 그 제자들이 정치에 관심이 있었느냐고 반문하는 이들도 있다. 억압받는 식민통치 하에 있던 1세기 그리스도인들은 정치적 행동을 취할 수가 없었다. 우리는 할 수 있는 데도 하지 말아야 하는 것인가? 우리 시대는 민주주의 시대이다. 정치적 행동이 없으면 채워질 수 없는 사회적 필요들이 있다면, 적극적인 접근이 필요한 것이다.

12) William Wilberforce (1759-1833)

영국의 정치가. 1787년 노예무역폐지운동의 지도자가 되어 1807년 노예무역폐지법 성립시킴.

사도들은 노예제 폐지를 요구하지 않았다. 하지만 19세기에 영국의 윌버포스[12] 등이 그렇게 요구한 것은 자랑스러운 일이 아닌가? 그들의 캠페인은 인간의 존엄성에 대한 성서의 가르침에 기초하고 있었으며, 적절한 태도였다. 사도들은 병원을 설립하거나, 병원을 지으라고 요구하지 않았다. 하지만 기독교 병원들은 병든 자에 대한 그리스도의 동정 어린 관심을 반영하는 적절한 반응이 아닌가? 마찬가지로 정치적 활동, 즉 억압받는 사람들의 인권을 보호하고 정의를 추구하는 사랑은 그리스도의 가르침과 사역을 반영하는 적절한 반응이 아니겠는가?

1_ 전제주의

강요주의적인 태도의 정치적 표현이 전제주의이다. 전제주의 국가는 사람들과의 협의라는 견제와 균형 없이 법을 만들고 시행한다. 전제주의는 인간에 대한 전적으로 비관적인 견해에서 생겨난다.

인간은 자신과 사회를 위해 좋은 것이 무엇인지 알기에는 너무 어리석든가, 그것이 무엇인지 안다 하더라도 그것에 대해 동의하지 못하든가 그것을 원치 않는 존재로 여겨진다. 그 결과 "우리가 그들에게 말해줘야 해!", "우리가 그들로 하여금 깨닫게 하고 그들이 따르도록 해줘야 한다"는 주장이 나온다. 그러한 주장을 정당화하는 공개적인 이유는 언제나 빈틈없이 조이는 것이 사회질서를 위해 필요하다는 것이다.

그리고 이따금씩 독재정치는 진정으로 선의에서 나온 것이었다. 그럼에도 불구하고 그것은 시민들을 신뢰하지 않아서 의사결정 과정에서 어떤 몫도 담당하지 못하게 하기 때문에 시민들의 품격을 떨어뜨린다.

2_ 무정부주의

방관주의적인 태도의 정치적 표현이 무정부주의[13]이다. 그것은 인간에게 스스로를 다스릴 수 있는 완벽한 능력이 있으며, 정의로운 사회를 만들어 내기 위해 법은 불필요하다고 가정한다. 또 "사람들을 그냥 내버려두라! 그러면 만사가 다 잘 될 것이다"라고 말한다. 원래 자유방임을 주창하던 사람들은 질서정연한 사회에 대한 비전을 간직하고 있었으며, 자유방임 경제가 그 목적을 위한 수단이라고 생각했기 때문이다. 하지만 현대의 자유방임적 태도는 인간에 대한 순진할 정도로 낙관적인 견해에서 생겨난 것으로, 자연히 모든 정부와 법을 폐지하도록 유도한다.

13) 무정부주의 (anarchism)
모든 제도화된 정치조직 · 권력 · 사회적 권위를 부정하는 사상 및 운동. 국가와 법 또는 감옥 · 사제 · 재산 등이 없는 사회를 지칭. 일상적으로 혼란 · 무질서 등을 의미하는 말로도 사용.

전제주의와 무정부주의는 실제로 재난을 가져 온다. 전제주의[14]는 정의가 아니라 독재로, 무정부주의는 유토피아가 아니라 혼돈으로 이끈다. 전제주의는 엄격한 통제가 반드시 필요하다고 생각한다. 그것은 인간이 하나님의 형상으로 창조되었음으로 인한 존엄성을 가지고 있다는 것을 부인하고, 인간에 대해 비관적인 견해를 가지고 있기 때문이다. 반면에 무정부주의는 제

14) 전제주의 (autocracy)
국가의 모든 권력을 개인이 쥐고 개인의 의사에 따라 정치를 하는 제도. 절대주의 · 독재주의 정치체제 의미.

한 없는 자유를 주어도 상관없다고 생각한다. 인간이 타락으로 인해 부패했다는 것을 부인하고 인간에 대해 낙관적인 견해를 가지고 있다. 둘 다 잘못된 인간론에 기초하고 있는 것이다.

3_ 민주주의

논증에 의한 설득의 정치적 표현이 바로 민주주의라고 할 수 있다. 민주주의는 "들을 귀 있는 자는 들으라!"라는 말에서 보는 바와 같이 열려진 마음을 가지고 대화하는 것에서 가능성을 찾는 것이다. 민주주의는 창조되었으며, 또 타락한 존재인 인간에 대해 현실주의적인 견해를 가지고 있기에 그들 자신의 법을 고안하는 일에 시민들을 참여시킨다. 민주주의는 의사결정 과정에서 그 진가가 나타난다. 의사결정 과정에는 세 가지의 측면이 있다.

먼저는 누가 결정을 내리느냐는 것이다. 이 문제에 대한 대답이 대체적으로 모든 사람이라면 그 결정은 민주적이라고 할 수 있다.

다음으로 민주주의는 어떤 결정에 도달하는 방법을 묘사한다. 토론과 비판과 타협에 의해 어떤 결정에 도달한다면 그 결정은 민주적이라고 할 수 있다. 타협은 각자가 원하는 것을 조금씩 골고루 나누는 방법을 찾으려고 노력하는 것이다. 하나님도 어떤 의미에서 아브라함, 모세, 사무엘 등과 타협하지 않으셨는가?

그리고 민주주의는 결정이 내려지는 정신을 말한다. 즉, 단 하나의 당파나 당 대신 모든 사람의 유익에 관심이 있다면 민주적이라고 할 수 있다.

현대의 민주주의는 인간에 대한 균형 잡힌 성서적 견해에 거의 합치한다. 그리하여 성서적 원리에 기반을 두고 살고자 하는 자들에게 다원주의 사회에서 건설적으로 기여할 수 있는 기회를 제공해 준다. 군비 축소나 이혼, 낙태 혹은 시험관 수정 등에 대한 의견개진으로서, 그리고 사람의 행복을 목적으로 하는 율법에 합치하는 법의 제정을 대중이 요구할 때까지 대중을 논증을 통해 설득함으로써 영향을 미칠 수 있다.

Ⅳ. 종교다원주의

1_ 거대담론

모더니즘은 이성과 과학에 기초한 진보가 인류를 신세계로 이끌어 평화와 번영을 누리게 할 것이라는 메타-내러티브를 신봉했다. 그러나 20세기의 여러 사건들은 모더니즘의 낙관론에 타격을 입혔고, 20세기 중엽에는 많은 사람들에게는 이 진보의 내러티브 자체가 오히려 세상의 문제들을 일으키는 원인으로 비치기에 이르렀다. 그리하여 '포스트모던'이란 단어를 모더니즘의 메타-내러티브를 전면적으로 거부한다는 표시로 사용하기도 한다.

료타르[15]는 그러한 사조를 규정짓는 요소의 하나로 '메타-내러티브를 불신한다'라는 말을 사용했다. 그에게 메타-내러티브라는 말은 세계관과 같은 의미로 사용되었다. 그는 이성이 실재를 포괄적으로 설명할 수 있다고 믿은 점, 사회질서의 보편타당한 기준을 추구한 점, 과학과 기술이 인간을 모든 악에서 해방시킬 수 있다면서 그 능력을 맹신한 점 등에서 모더니즘을 비판했다. 과학과 이성에 근거한 내러티브들을 더 이상 믿을 수 없다고 본 것이다. 우리에게 있는 것은 언어 게임, 즉 세상을 언어상으로 저마다 다르게 해석하는 것뿐이며, 그러한 해석들은 결코 보편적이지 않고 늘 지엽적이라고 주장했다.

미국의 철학자 로티[16]는 료타르의 견해를 따르면서 모든 지식은 '전통으로 내려 온 것'이고 현실을 정확히 기술한다는 개념은 신화이며, 서구에서는 바로 그런 신화적 개념을 근간으로 지식을 추구한다고 주장했다. 그가 볼 때 모든 지식은 찾아내기 보다는 만들어 가는 것에 가까웠다. 포스트모던 철학자들은 이처럼 인식론에 대해 의문을 제기한다. 보편적이고 객관적인 지식을 얻는 일은 모더니즘이 핵심으로 삼는 목표인데 포스트모던 사상가들은 대부분 그것이 불가능하다고 본다. 케네스 거겐은 말한다: "이것은 인간 속성에 관한 진리 주장을 의심하는 문제가 아니라, 아예 객관적 진리라는 개념 자체를 완전히 버리는 문제다."

모더니스트들이 객관적이고 가치중립적이라고 주장하던 것들은 포스트모더니스트가 보기에는 강력한 이데올로기의 탈이었다. 모더니스트들이 객관

15) Jean-Franciōs Lyotard (1920-1998)

프랑스 베르사이유 출생. 포스트모던이라는 용어를 세계에 퍼뜨린 사람. 초기에는 정치적, 맑시즘적 저술에 몰두. 1968년 프랑스 학생혁명을 겪은 후 철학 저술에 주력.

16) Richard Rotty (1931-2007)

미국 뉴욕시 출생. 시카고 대학 졸업. 반 표상주의(anti-representationalism) 철학. 거울로 비유되는 진리에 대한 입장을 거부하고, 표상주의적 입장이 근거 없음을 주장함.

적 진리라고 제시했던 것들 중에 사실은 가부장제, 식민지주의, 유럽중심주의, 합리주의, 반유대주의 같은 이데올로기의 부하가 잔뜩 걸려 있었는데, 포스트모더니스트들은 그 사실을 성공적으로 밝혀냈다. 예를 들면, 콜럼버스는 신대륙을 발견한 것이 아니라, 그 땅에 침입한 것이라는 것이다. 료타르와 푸코[17]는 이성 자체가 권력 다툼과 얽히고 설켜 있기 때문에 이성은 믿을 수 없는 도구라고 보았다.

이런 회의론의 결과로 지식이란 어쩔 수 없이 다원적이라는 인식이 생겨났고, 지금은 확실성과 진리 자체를 크게 의심하는 사람들이 많아졌다. 포스트모더니스트들에게 세상을 아는 참 지식이란 아예 존재하지도 않는다. 문화는 단순히 역사의 여러 요인이 부딪쳐서 생겨나는 산물이라는 관점이 흔히 나타난다. 또 하나의 흔히 볼 수 있는 개념은 언어가 현실의 가장 근본적인 요소이며, 실재를 규정하는 것이 언어라는 개념인데, 프랑스 철학자 자크 데리다[18]가 주장했다. 이런 입장대로라면 현실에 인간이 만들어내는 구성물 이외에 다른 질서가 존재한다는 개념은 들어설 여지가 없다.

예술과 철학에서 시작된 포스트모더니즘은 이제 다른 모든 학문과 대중문화에 확산되었다. 포스트모더니즘은 서구 문화에서 수많은 사람들의 상상력을 사로잡았다. 포스트모더니즘에는 좋은 면도 있고 나쁜 면도 있다. 포스트모더니즘은 모더니즘이 자체적 이데올로기를 신봉하는 하나의 특정한 세계관이라는 사실을 드러내는 데 기여했다. 하지만 포스트모더니즘은 어느 하나의 세계관도 진리로 인정하지 않는데, 그런 강한 배격이 위험한 상대주의로 흐를 수 있다.

데이비드 하비David Harvey는 모더니즘이 전통과 종교적 권위를 거부하긴 했어도 이성만으로 진리에 이르리라는 희망만은 붙들고 있었다고 지적했다. 포스트모더니스트들은 이성이 진리로 이끌리라는 망상을 버렸지만, 전통을 되찾은 것은 아니고 종교적 권위를 되찾은 것은 더더욱 아니다. 대신 그들은 허무주의에 신이라도 난 듯이 인간의 한계와 유한성을 당당히 즐기며 '놀이'를 하고 있다.

포스트모더니즘이 서구 문화에 끼친 한 가지 긍정적 영향은 종교라는 주제를 학계의 진지한 담론에 복귀시킨 점이다. 이미 여러 포스트모던 사상가들은 자신의 저작에 종교적 주제들을 다루어왔다. 유수한 학술회의 의제에서도 용서와 기도 같은 주제가 등장한다. 포스트모더니스트들이 이성을 믿

17) Michel Foucault (1926-1984)

968년 파리를 휩쓴 학생혁명 이후 사회 변혁운동에 교수이자 실천적 지식인으로서 참여. 1970년 프랑스 최고 교육기관인 콜레주 드 프랑스의 '사상체계의 역사' 담당 교수로 부임. 파리에서 에이즈에 의한 합병증으로 사망

18) Jacques Derrida (1930-2004)

프랑스의 철학자. 식민지 시대 알제리의 유대인 가정에서 출생. 1949년 프랑스로 건너가 1952년 고등사범학교에서 철학연구. 1984년부터 파리 사회과학 고등연구원 교수 역임. 1970년대 이후는 예일대학과 UCLA를 중심으로 미국에서 활동.

는 믿음을 버렸을지는 몰라도, 그렇다고 해서 인간의 자율성을 탐하는 우상숭배까지 버린 것은 아니다.

포스트모더니스트들은 세계관 내지 메타-내러티브를 인정하지 않기 때문에, 세상에 관한 진리를 발견할 수 있는 가능성을 거부한다. 역설적이게도 세계관을 부정하는 것 자체가 특정한 세계관이라 할 수 있다. 포스트모더니스트들은 '겸손의 옷'을 입고 있지만, 자신들만큼은 자신들의 규칙에 예외라는 그 은근한 주장은 겸손과는 거리가 있다. '진리를 발견할 수 없다'라는 명제 자체를 철석같이 진리로 믿는 모순을 범하고 있다.

포스트모더니즘이 소수파의 세계관으로 남아 있는 한 가지 이유는 그 관점이 극단적이라 실효성이 없거나 실천이 불가능하기 때문이다. 21세기 서구에서는 많은 세계관이 서로 지배권을 얻기 위해 다투고 있다.

2_ 종교 간의 대화

우리나라는 어느 특정 종교가 압도적 다수를 점하는 사회가 아니라는 점에서 종교다원사회라고 할 수 있다. 그러나 세계적으로 다수의 종교가 있는 사회에서 평화적 공존은 쉽지 않다. 영혼을 구원하는 종교의 이름으로 사람의 목숨을 파괴하는 테러가 횡행하는 것은 아이러니 중의 아이러니가 아닐 수 없다. 이러한 지구촌의 잘못된 행태가 언제 우리 사회를 강습할지는 누구도 알 수 없다.

악성의 병원균은 전염력이 강하다. 평화가 사라지고 폭탄과 테러가 전염되어 공멸의 길로 가지 않으려면 종교 간 대결을 넘어 종교의 공존이 가능한 사회를 만들어야 한다. 모든 것이 사라진 폐허에 홀로 살아남은들 무슨 의미가 있을까? 공멸이 아닌 공존을 위해 대화에 의한 지평융합, 논증에 의한 설득이 가능한 사회를 만들어야 할 것이다.

2005년 4월 한국기독교총연합회 대표회장 최성규 목사는 강원도 낙산사를 방문했다. 그는 강원도 양양에서 일어난 산불로 인해 불에 탄 낙산사 화재현장을 둘러보며 주지 스님에게 위로의 말을 전했다. 서울 성북동에 있는 덕수교회(목사 손ㅇㅇ)와 같은 지역에 있는 사찰인 길상사(법조 스님)는 석가탄신일이나 성탄절이 되면 축하 메시지를 담아 꽃을 보내거나 화환을 보낸다고 한다. 불교계나 기독교계에서 이러한 활동은 어떻게 평가될 것인가?

신학은 시대의 문제에 대해 답을 해야 한다. 그렇지 않으면 비겁하다는 평가를 받을 것이다. 해결은 하지 못한다 하더라도 문제의식만큼은 공유해야 한다. 20세기 초만 하더라도 포스트모더니즘post-modernism은 소수의 입장에 불과하였다. 그들의 한 유파가 종교다원주의이다.

오늘날에는 복음주의자들이라 할지라도 그들의 목소리를 무시할 수 없는 상황이 된 것으로 보인다. 사람이 자신의 종교를 선택하는 경우도 없지 않지만, 인류문화적 관점에서 보면 사람은 자신의 종교가 한 특정한 문화 속에 놓여 있음을 부인하기 어렵다. 그렇다고 해도 믿음의 체계는 확고한 진리의 신념 체계 위에서 시작되는 것이다. 진리의 신념을 받아들이는 일과 배타적인 태도를 취하는 것은 전혀 다른 차원의 문제이다. 기독교는 불교를 이해하고, 불교는 회교를 이해할 필요가 있다.

그릇된 고정관념에 사로잡힌 일부 종교인들은 성급하게도 인식적 이해의 과정을 거치지 않는다. 이해보다는 무비판적으로 '우리 vs. 그들'이라는 대결구도만 부각시킬 뿐이며, 독선적인 아집만이 존재할 뿐이다. 이해할 필요가 있다. 종교인들이 다른 종교를 가진 이들을 사랑하는 것이 불가능한 것일까? 종교다원주의는 이웃으로서의 다른 종교인들에 대한 사랑의 시험이 아닐까?

19) 밀라노칙령 (Edict of Milan)

313년 2월 동서 로마 제국의 콘스탄티누스 1세와 리키니우스가 밀라노에서 공동으로 발표한 칙령. 그리스도교 신앙의 자유와 교회재산의 반환 선포.

3_ 종교다원주의의 태동

(1) 종교다원주의의 의의

서구 사회에서는 밀라노 칙령[19](313) 이전에는 기독교는 많은 종교 중의 하나에 불과하였다. 그러나 그 후 1,000년 이상 그 사회에서는 기독교가 유일한 종교였다. 가톨릭Catholic이라는 말은 정상적인 사람은 보편적으로 다 믿는 종교라는 의미를 내포한다. 그러나 오늘날 지구촌은 종교충돌의 상황에 처하였다.

바르트K. Barth는 그리스도 외에는 구원의 길이 없다고 하는 기독교의 절대성을 강조하는 태도를 취하였으며, 이러한 태도는 배타주의라고 일컬어졌다. 칼 라너[20]는 플로렌스 공의회의 '교회 밖에는 구원이 없다'라는 입장으

20) Karl Rahner (1904-1984)

독일의 로마 가톨릭 신학자. 익명의 그리스도인이라는 말로 유명. 제2차 바티칸 공의회 신학 자문.

로부터 '구원받은 자는 예수 그리스도를 믿는 자이다'라는 입장으로 전환하여 비기독교 종교들에 대한 가톨릭교회와의 관계를 재정립하였다. 이와 같은 태도는 가톨릭교회의 공식노선으로 채택되었으며 이를 포괄주의라고 한다. 그 밖에도 모든 종교는 하나의 구원을 지향한다고 하는 종교다원주의 등의 입장이 등장했다.

(2) 종교 다원주의의 태동 배경

비교종교학자인 뮐러Max Müller는 '하나만 아는 것은 아무것도 모르는 것이다'(괴테)는 말을 인용하여, 다른 종교의 연구에 어려움을 겪는 자는 부족한 자라는 견해를 표명하면서, 힌두교를 연구하여 반면교사로 삼고자 하는 태도를 보이기도 했다. 그런가 하면 선교사들은 배타주의 노선을 취하는 경우가 많았다. 그리하여 문화는 존중하지만 이단신앙은 배격하겠다는 선교사들의 입장은 종교와 문화가 융합되어 있어서 양자를 구별하여야 한다고 하는 현실적 어려움에 봉착하였다.

현지인들의 눈에는 모든 문화를 무시하는 것으로 보일 수 있다. 고민하는 과정이 필요하였다. '종교는 문화의 내용이고, 문화는 종교의 형식'Paul Tillich이라는 말에서 보듯이, 선교철학의 재정립(토착화, 상황화 등)이 문제되었다. 또한 헌팅턴Samuel Huntington은 '문명의 충돌'로 인하여 오늘날 지구촌에서 발생하는 전쟁의 80%가 종교전쟁이라는 사실을 지적하였다. 한스 큉[21]은 종교 간의 대화 및 평화 없이는 세계평화는 불가능하다고 하면서, 종교 간의 대화의 필요성을 제기하였다. 이러한 문제제기는 공멸의 위기감 속에서 이루어진 것이다.

포스트모던 상황은 '이것만이 진리다'Meta-narrative라고 주장하는 특정 세계관(스탈린주의, 맑시즘, 나치즘 등)의 존재를 인정하지 않는다. 세계대전이 일어나기 전까지는 인간 이성이 한없이 성숙하고 발전할 것이며, 인간 이성이 활짝 피어나는 날이 되면 이 땅에 지상낙원이 이루어질 것이라는 생각에 빠져 있었다. 그러나 훌륭한 지도자들이 2차 세계대전을 지지했고, 뛰어난 과학자들이 히틀러를 지지했다. 또한 기계문명과 산업발달로 인해 인간의 정신과 도덕은 점점 파괴되어 갔다. 과연 인간은 이성적인 존재인가 라는 의문이 제기되었으며K. Barth, 인간의 이성이 무한하게 성숙하는 것이 아니며, 따라서 믿을 만한 안내자가 될 수 없다는 인식이 커져가게 되었다.

21) Hans Kuñg
(1928-)

스위스의 로마 가톨릭교회 신학자. 제2차 바티칸 공의회 신학 자문위원. 1979년 교황무류설 등 비판. 교황청으로부터 로마 가톨릭교회 교사직 박탈당함.

이 세계관의 특징은,

첫째, 과학을 객관적이고 보편적인 진리의 집합체로 보지 않는다. 아인슈타인Albert Einstein 이후로 과학은 진리를 독점하고 있다는 생각을 점차 내려놓게 되었다. 양심적인 과학자들은 과학이 절대진리를 향해 접근해 가려는 노력일 뿐임을 겸허히 인정한다. 과학적 연구가 성숙해 가면서 자연법칙으로 설명할 수 없는 현상들이 얼마든지 존재한다는 사실을 인정하게 되었다. 그래서 과학자들 중에도 기적의 가능성을 인정하는 사람들이 많아지게 된 것이다. 야스퍼스[22]는 이러한 변화를 포스트모던 시대의 과학자들이 과학 앞에서 무릎 꿇은 신학자들을 일으켜 세워준 것이라고 말했다.

둘째, 이 세계를 계몽적 합리주의처럼 결정론적으로나 기계론적으로 파악하지 않는다. 가령 뉴턴의 세계관에서는 한 대상이 고립하여 존재할 수 있는 절대시간과 절대공간을 가정하는 일이 가능했다. 그러나 아인슈타인의 상대성이론은 절대시공의 개념을 붕괴시켰다. 즉, 모든 만물의 중심에는 그 깊이를 알 수 없는 신비가 있어서 미래란 전적으로 미리 결정될 수 없는 미지의 사건이라는 것이다. 세상에 대해 알면 알수록 모르는 것이 더 많아진다는 진리를 인정하는 현대 과학자들이 많아지게 되었다.

셋째, 전통적인 형이상학적 진리체계, 주체성, 합리성 등에 반항한다. 그래서 중세의 전통적 진리체계와 인습에 대한 단절이라는 목표를 내걸었던 모던 정신이 어느새 새로운 전통과 권위로 자체의 체계를 화석화시켜 나가자 또 다시 이에 대한 반항과 비판을 선언하는 것이다.

22) Karl Jaspers (1883-1969)

일의 철학자. 하이데거와 함께 독일 실존철학 창시. 칸트, 니체, 키에르케고르 등의 영향으로 현대 문명에 의해 잃어버린 인간 본래의 모습 추구.

4_ 종교다원주의의 내용

(1) 주요 논지

① 종교전통들 사이에 연대감을 형성하여, 대화와 만남을 효과 있게 하거나, 생산적이게 하여야 한다고 본다.

② 모든 종교전통들이 그 종류나 질에 있어서 서로 다르지만, 어느 종교전통도 다른 것들에 비하여 절대적이거나 우월하지 않다고 주장한다.

③ 다원주의 신학은 종교전통들 사이의 만남에 있어, 일체의 개종주의를 배제하며, 만남의 궁극적 목적은 상호성장 혹은 상호변혁에 있다고 본다.

(2) 평가

다원주의적 신학은 그 태동 배경을 보면, 세계평화에 대한 기대를 반영하고 있다. 그리고 다원주의 신학의 극복대상은 제국주의적이고 배타적인 일부 극단적 보수주의 사상이라고 할 수 있다. 그러므로 다원화 전략이 가지는 강점을 과소평가해서는 안 될 것이다. 경직된 교조주의자들[23)]의 특정 노선에 대한 섣부른 정죄나 옹호의 편파성을 고발하는 측면이 있기 때문이다.

그럼에도 불구하고 복음주의 입장에서 종교다원주의의 입장을 수용하기는 어렵다. 대화에 집착하면 각 종교의 정통성이 파괴되고, 종교혼합주의[24)]에 빠질 우려가 있는 것이 사실이다. 종교적 진리의 핵심내용을 포기하여야 한다는 주장은 시대상황과 타협하는 편의주의적 발상에서 도출된 상대주의 노선이라는 비판을 면하기 어렵다. 또한 각 종교마다 존재하는 변별적 요소들을 고려하지 못한 채, 모든 종교의 본질을 약분된 공통분모 수준에서 파악하는 비약의 위험성을 간과해서는 안 될 것이다.

5_ 종교다원주의를 보는 입장

(1) 복음주의

복음주의는 그 용어 자체가 갖는 다양한 의미에도 불구하고, 성서의 충분성과 권위, 그리스도를 통한 구원의 유일성, 개인적 회심의 필요성, 복음전도의 우선성 · 정당성 · 긴급성이라고 하는 4가지 기본가치를 가정한다.

19세기에 보수적 개신교의 경직성을 대표하는 근본주의가 출현하였는데 이는 초자연적 실재를 부인하는 과학주의 · 진화론 · 고등비평 등을 내세운 자유주의 신학에 대한 반작용이었다. 그리고 2차 대전 이후 신(新) 복음주의가 태동하였다. 이는 과학만능주의, 합리적 계몽주의의 퇴조 경향으로 여유가 생긴 일부 복음주의 진영의 반응이었다. 신복음주의는 근본주의가 간과했던 사회복음의 측면, 세속의 철학적 · 문화적 · 과학적 성과들을 터부시하지 않는 노선이다. 현재 가장 보편적이고 일반적인 복음주의의 세력으로 평가받는다.

23) 교조주의 (dogmatism)

교리, 원리, 신조 등에 의해 수정되거나 비판됨이 없는 독단적인 주의.

24) 종교혼합주의 (syncretism)

다양한 종교적 신앙과 의식의 혼합. 그리스와 로마의 세계정복으로 문화의 혼합 경향 발생. 그 결과 종교혼합주의 등장.

인간의 주체 이성에 대한 철저한 반성을 촉구하는 포스트모던 상황은 복음주의자들에게 희망의 메시지가 아닐 수 없다. 복음주의는 포스트모던이라는 시대지평을 부인하지 않는다. 오히려 그 속에서 기대할 수 있는 부분을 발견한다.

성경의 권위 회복이 가능하게 되었다. 인간 이성의 한계를 확인한 이상, 현대과학이나 이론들에 의한 합리적 논증이라는 실증사관[25]에 매여 이미 인격적 · 체험적으로 받아들인 진리를 확증 · 선포하는 데 주저할 필요가 없게 되었다.

또한 변명이 필요 없는 신학[26]의 개진이 가능하게 되었다. 타종교인들 혹은 자유주의자들 중의 일부는 배타적 구원관에 큰 불만을 가졌었다. 그러나 각 공동체 안에서의 종교담론은 변명을 필요로 하지 않는다는 것이다. 공동체 안에서의 체험, 확신, 공동체적 진리를 신뢰한다면, 공동체 담론의 주체들은 더 이상 누구의 변명이 필요 없게 되었다는 것이다(고전 1:23).

25) 실증사관 (實證史觀)

실증주의란 '과학적인 방법을 통해 객관적, 사실적으로 증명할 수 있는 것만이 진리이다'라는 철학사조. 실증주의에 영향을 받아 역사연구의 방법으로 고증주의를 받아들인 것이 실증사관.

(2) 근본주의

흑백논리에 천착하는 근본주의자들의 입장은 많은 문제점을 노정하고 있다. 근본주의는 시대의 지평에 정면으로 맞서는 입장을 취함으로써, 일반 주류 지성세계의 이단아가 되어 외로운 투쟁의 길을 걸어가고 있다. 근본주의는 그 확신을 전함에 있어서 수단과 방법에 대한 고민이 없다. 문화적 접근법의 필요성을 인정하지 않는다. 마치 아편전쟁 당시에 군함을 타고 복음을 전한다는 생각과 궤를 같이 하는 것이어서, 오늘날 인류의 공멸의 위기감을 조장하고 있다. 이러한 태도는 결국 종교다원주의를 잉태한 것으로 평가되기도 한다.

26) 변명이 필요 없는 신학 (unapologetic theology)

신학은 더 이상 자신을 외부인에게 변명하는 작업에 정열을 낭비하는 헛수고를 할 필요가 없다는 견해. 신학의 에너지는 외부가 아니라 자신의 공동체로 향해야 한다는 것.

복음주의는 시대의 지평을 인정하면서도 지켜낼 것이 무엇이고, 지켜낼 현장이 어떤 조건과 상황과 속성을 띠고 있는가를 정확히 진단하고, 처한 그대로의 상황을 솔직히 인정한 토대 위에서 미래의 희망을 열어가는 방향 위에 있다.

6_ 과제

인종갈등과 문명충돌, 테러행위에 대한 종교적 정당화가 목소리를 높이는 시대에서 인간에게 닥친 명백하고 시급한 위험이 나타나고 있다. 인간의 탐욕을 위해 신의 이름으로 흘린 피가 인간역사를 더럽혀 왔다. 대량살상무기와 결합한 종교적 극단주의는 지구상의 삶을 뿌리째 흔들고 공멸의 위기감을 증폭시킨다. 너와 내가 사라진 공간에 남는 것은 무엇일까? 인류가 이렇게까지 어리석을 수 있는 것일까? 그날이 오기 전에 긴밀하게 연결된 이 세상에서 우리는 차이 때문에 두려움을 느끼기보다는 오히려 자신이 커지는 법을 배워야 한다. 너나없이 내 생각과 다른 생각을 가진 사람들을 향해 거칠게 쏟아내는 독설부터 내려놓는 훈련에 힘써야 할 것이다.

우리는 과거와 같이 별 생각 없이 습관적으로 타자를 적으로 돌리는 언사를 사용하면서 파멸에 일조하며 서로를 증오하는 길을 갈 수 있다. 반대로 삶의 터전인 이 땅의 평화를 깨는 공멸의 저주가 쏟아질세라 꺼진 불도 다시 보는 길을 갈 수도 있다. 파괴의 능력이 과거와는 비교할 수도 없을 정도로 커진 만큼, 도덕적이고 영적인 상상력의 관대함도 커져야 할 것이다.[27] 많은 종교의 많은 목소리가 이 말을 되풀이하여야 하지 않겠는가?

당연한 말이 되겠지만 종교다원주의 논의를 통하여 사랑해야 할 이웃의 범주에 타 종교인이 포함되어야 한다는 것, 즉 이웃사랑의 실천에서 다른 종교인들이 배제될 수 없다는 결론을 끌어낼 수 있어야 할 것이다. 종교인들이 사회와 세계의 문제를 외면할 것이 아니라 오히려 민감하고, 관여해야 할 필요가 있다.

종교가 지구파멸을 구할 마지막 보루라고 한다면, 지구윤리와 책임의 절박성에 대하여 종교다원주의를 통하여 그 논의의 가능성을 타진할 필요가 있다. 다만, 과연 다른 신앙과도 대화할 수 있는 노력을 동시에 병행해 나갈 수 있는 능력이 있는가? 자칫 신앙의 정체성을 훼손할 위험성에 대한 우려가 남는다.

또한 모든 종교가 동일한 구원을 지향한다는 종교다원주의적 주장은 '각각의 종교는 각각의 구원을 지향한다'로 이해되어야 할 것이다. 힉J. Hick이나 니터Paul Knitter 등이 복음주의적인 배경에서 출발하여 종교다원주의자가 된 이유가 무엇인가? 결국 교회가 빛과 소금의 역할을 다하지 못한다면, 장차 종교다원주의를 능가하는 괴물이 탄생하지 않는다고 누가 장담할 수 있을 것인가?

27) J. Sachs, 임재서 역, 「차이의 존중」 (말글빛냄, 2007), 6.

07 Chapter

_법조윤리

Ⅰ. 법조인의 직업윤리

법조란 말은 '법을 하는 무리'라는 뜻인데, 일반적으로 법을 전문으로 하는 사람 혹은 집단을 가리킨다. 보통 법원 · 검찰 · 변호사단체를 말하고 이 직역에 종사하는 판사, 검사, 변호사를 법조인이라고 부른다. 세발자전거의 바퀴 3개를 빗대어 법조삼륜(法曹三輪)이라고도 칭한다. 더 넓은 의미로는 판사, 검사, 변호사뿐 아니라 이들과 함께 근무하는 일반직 공무원과 사무원도 법조인에 속한다고 하기도 한다. 또한 대학에서 법학도를 가르치는 교수 그룹을 추가하여 법조사륜(法曹四輪)이라고 부르기도 한다.

특정한 직업인에게는 이른바 직업윤리 혹은 직업책임이 요청된다. 그것은 말할 필요도 없이 이런 직업에 있는 전문인의 행동은 자기 자신뿐만 아니라 수많은 사람과 국가 전체에 큰 영향을 미치기 때문이다. 법조윤리도 경찰윤리, 의료윤리, 기업윤리 등과 같이 특수윤리 내지 응용윤리의 한 분야로서 법률가에게 요구되는 윤리이다. 법조윤리는 법률가에게 요구되는 직업윤리를 말한다.

법률가는 인간이면서 인간을 재판하고 처벌하는 위치에 서 있는 존재이기 때문에 누구보다 특별한 직업윤리가 요청된다. 따라서 어떠한 인간상이 법률가에게 요청되는가는 매우 중요한 문제이다. 아무나 법률가가 되어도 좋은가? 같은 인간이라 하더라도 그것을 말하는 법률가 자신이 그럴 만한 자격을 갖지 못할 때 그 권위가 손상되거나 실추됨은 자명한 일이다.

법률가가 갖추어야 하는 자질 내지 덕목에 관한 논의는 상당히 있지만 어떤 결론으로 도출된 것은 없다. 라드브루흐는 "재판관은 자기의 법 감정을 권위적인 법 명령에 희생시켜 무엇이 법에 적합한가라고 하는 것만을 문제로 삼고, 결코 그것이 또한 정의에도 적합한가 아닌가를 문제로 삼지 않는 것이 그의 직업적 의무이다"라고 하고, "우리들은 자기의 확신에 반하여 설교하는 목사를 경멸하지만, 법규에 충실하기 위하여 자기의 확신에 반한 법감정에 혼란되지 않는 재판관은 존경한다"고 하였다.

라드브루흐는 또한 법률가에게 요구되는 높은 수준의 자질을 이야기한다. "이해와 자신에 충만하여 모든 인간적인 것을 통찰하는 눈을 가지고, 원칙에 엄격하면서도 말 없는 부드러움을 가지고, 당사자의 다투는 심정을 초월하면서도 흔들리지 않는 독자성을 추구해 나가는 노판사 …" 라드브루흐는 나아가 "항상 자신의 행동에 대하여 양심의 가책을 느끼는 자만이 진정한 법률가이다"고 하였고, 또 "모든 순간에 있어서 자기가 인간사회에 쓸모 있는 존재라고 느끼는 자는 오직 속물뿐"이라고 하였다.

라드브루흐는 만년에 "양심의 소리를 더 이상의 목표와 가치를 위하여 지나쳐 듣는 자를 신뢰하지 말라. 양심의 윤리는 분명히 말한다. 소위 책임윤리는 '서로 정죄하고 송사하는'(롬 3:19) 사상의 변증법에 이르러, 마침내 양심을 그르치고 침묵하게 만드는 데로 인도한다"고 하였다.

라드브루흐의 표현들은 평면적으로 이해하면 다소 파악하기가 힘들지만, 법률가의 직업인으로서의 법률에 대한 충실성과 인간으로서의 양심의 양면을 다 함께 보는 견해로 이해해야 할 것이다. 법과 도덕, 권리와 책임, 투쟁과 사랑의 긴장과 갈등 속에서 마음에 원하는 것(내면성)보다 밖으로 나타내는 것(외면성)에 주력할 수밖에 없는 법률에게는 고민이 따르게 마련이다.

우리의 현실에서는 이상적 법률가들보다도 바람직하지 못한 법률가의 모습들을 많이 보게 된다. 예로부터 법률가를 보는 눈은 일반적으로 곱지 않아서 잘 보면 선망, 못 보면 질시의 경향이 농후하였다. 많은 사람들이 법률가에 대하여 비판적으로 논평하여 왔다.

'좋은 법률가는 나쁜 이웃'이라는 서양의 속담을 비롯하여, '좋은 법률가는 나쁜 크리스찬'이라는 마틴 루터의 표현을 볼 수 있는가 하면, 토마스 모어Thomas More는 그의 유토피아에서 법률가를 추방시켰다. 톨스토이L. Tolstoi는 인간과 인간의 관계가 사랑 없이 존재할 수 있다고 믿는 것이 법률가의 죄악이라고 하였다. 1950년대에도 미국 예일대학 로스쿨 학장 프레드 로델은 고대에는 주술사가 있었고, 중세에는 승려가 있었고, 오늘날에는 법률가가 존재한다고 하면서 현대판 주술사로서의 법률가의 행태를 신랄하게 비판한 바 있다.[1)]

우리나라에서도 법률가에 대한 인상은 해방 후 상당한 동경과 선망에서부터 근년에 급격히 현실적으로 비판적 평가를 받고 있다. 이러한 비판이 높아질수록 법률가에 대한 윤리적 요청 즉, 법조윤리의 중요성이 강조되고 있다.

Ⅱ. Hired Gun vs. Hired Dove

법정에 가는 경우 소송당사자들은 변호사의 조력을 받지 않을 수 없다. 소송과정에서 분쟁해결을 위해 진력하는 변호사들에 대해 우리 사회에 부정적 정서가 만연해 있다. 거기에는 소송지연, 비용과다, 절차남용 등을 가져오는 소위 고용된 총잡이hired gun 논리의 영향이 작지 않다. 전통적인 법률가의 이미지는 고용된 총잡이의 이미지인 미국의 서부를 배경으로 한다.

고용된 총잡이인 법률가는 자신을 가치중립적인 전사라고 생각하고, 자신의 역할을 단순하게 의뢰인의 신호에 따라 행동하는 것으로 족하다고 본다. 이러한 법률가는 이 세상에서 자신의 의뢰인만 아는 사람이다. 법률가의 유일하고 첫째가 되는 의무는 타인에게 어떤 비용과 해를 끼치더라도 수단과 방법을 가리지 않고 의뢰인을 구하는 것이다. 그리하여 변호사가 돈에만 관심을 가진다는 공공의 불신과 비판을 가져온다.

고용된 총잡이 논리는 오늘날 람보식 법률가Rambo lawyer의 형태로 변형되었다. 물론 이러한 표현은 람보 영화의 주인공이 연기한 캐릭터로부터 유래된 것이다. 고용된 총잡이의 이미지가 의뢰인에 대한 일종의 무조건적인 충성을 암시한다면, 람보식의 법률가의 이미지는 당사자주의 시스템[2)]과 그 가치에 대하여 일종의 맹목적인 충성을 다 하는 자를 묘사한다.

1) Fred Rodell, Woe unto you, lawyers, 1939.

2) 당사자주의 (當事者主義)

소송 주도권을 당사자가 가지고 원고와 피고가 스스로 권리를 주장하고 증거를 제출함으로써 대등한 지위에서 공격 · 방어하는 소송형식. 소송 주도권을 법원이 가지는 직권주의에 대립되는 말.

람보식의 법률가의 태도에는 어떤 비용을 지불하고라도 승리를 얻어내고야 만다고 하는 단순한 생각, 변호사로서의 그의 역할에 있어서 도덕적 책임의 거부, 의뢰인의 승소를 위한 모든 전술을 정당화한다고 하는 신념 등의 특징이 있다. 그는 소송을 일종의 전투로 보며, 자신을 고풍스러운 전사라고 하는 로맨틱한 관념을 가지고 있다. 이러한 견해에서는 법률가는 정의 또는 진실에 대한 도덕적 책임을 부담하지 않고, 오로지 의뢰인에게 유리한 결과를 끌어내는 것에 대해서만 책임을 진다. 법률가는 오로지 의뢰인에게만 배타적으로 충성하는 것이다.

성서에는 분쟁의 해결에 관한 기준을 제시하는 본문이 매우 풍부하다. 특히 그리스도의 가르침 중에서 산상수훈은 많은 사람들의 사랑과 경탄을 받아왔다. 그런데 산상수훈의 내용이 대부분 법에 대한 해석과 관련되어 있지만, 법조계에서는 이 원칙을 그 실무에 적용하는 경우는 찾아보기 힘들다.

그러나 산상수훈의 가르침은 영혼을 가진 법률가 활동의 기본 모델이 될 수 있다. 이 모델에서 변호사는 의뢰인의 모티브에 적극적으로 개입하고, 복수의 도구로 전락하는 것을 거부하며, 화해자와 치유자가 되기를 강하게 희망한다. 이러한 모델을 고용된 비둘기hired doves로서의 법률가라고 할 수 있으며, 이는 법률가 사회에서 고용된 총잡이 모티프와 대립된다.[31] 산상수훈이 보여주는 실정법의 의미와 목적은 사랑, 이타주의, 자선 등이기 때문이다.

이 점과 관련하여 미국 연방대법원장 출신인 워렌 버거Warren E. Burger, 1907-1995는 말했다: "법조직 전체가 법정투쟁의 자극에 마비되어, 분쟁의 치유자가 되어야 한다는 사실을 잊어버리고 있다. 의사가 천문학적인 의료비용에도 불구하고 여전히 공공의 신뢰를 얻고 있는 것은 치유자로 인식되기 때문이다. 변호사도 전사가 아니라 치유자가 되어야 한다."

Ⅲ. 그 이상의 기대

산상수훈은 상한 심령을 가진 사람들의 공동체와 함께 시작한다("애통한 자는 복이 있나니!"). 이 공동체의 구성원은 법을 영적인 의미를 가진 것으로 보아야 할 것이다. 법의 목적은 사랑이다. 겉으로 드러나는 행동만이 아

31) 한 철, "법률가 모델로써의 '고용된 총잡이'를 넘어서: 성서적 법조윤리를 위하여." 「신앙과 학문」 14(3), 2009. 12. 183.

니라 겉으로 드러나지 않는 마음에도 관심을 둔다. 이때 마음의 기준test of the heart은 특정 행위가 타인의 이익을 위한 것인가 여부의 문제가 된다. 법이 본질적으로 영적인 의미를 가진 것이라면 복수할 수 있는 개인적 권리는 인정되지 않으며, 반대로 정의는 개인적인 고통과 희생을 요구할 수도 있게 된다.

그렇다면 법률가는 그저 고용된 총잡이에 머무는 것으로 만족할 수 없다. 고용된 총잡이라는 말은 변호사에 대한 가장 높은 찬사이며 동시에 가장 날카로운 비판이다. 우리 사회는 의사에게 육신의 병을 치유하여 건강을 지킬 임무를 부여하고 있고, 법률가에게는 사회의 병리현상을 치유하여 건강한 사회를 만들라는 임무를 부여했다. 고용된 총잡이 개념에는 치유자로서의 법률가의 역할에 대한 충분한 고려되지 못하는 결함이 있다.[4)]

이 가르침을 법률실무에 반영하기 위한 노력이 필요하다. 그럴 때 법이 요구하는 것보다 더 높은 기준과 기대에 직면하게 된다. 이러한 기준과 기대는 법률가가 정의라고 하는 기계장치를 다루는 기술자 이상의 존재라는 인식으로부터 출발한다. 단지 가치중립적인 기사이거나 로봇과 같이 도덕과 무관한 기술자가 될 수 없다. 이러한 가르침을 통상적인 법률실무에 통합하기 위해서는 법률가는 변호사로서의 역할 뒤에 숨지 말고, 그의 의뢰인의 목적을 달성하기 위해 사용하는 수단의 정당성에 대해 관심을 기울여야 한다. 보통 법률가들은 역할 구별role differentiation이라는 방법으로 편리하게 변호사의 역할 뒤에 숨어버린다. 그렇다면 변호사 업무는 정의실현이나 실체적 진실발견과는 거리가 멀 수 있을 것이다.

그러나 좋은 결과를 끌어내는 것만으로 충분한 것은 아니다. 좋은 결과를 끌어내기 위해 노력하는 방법에 관한 정의와 공정성의 원칙에 대해서도 주의를 기울여야 한다. 예수께서 보여주신 사랑의 윤리는 사람을 수단으로 보는 것을 거부하고, 사람 자체를 중시하셨다. 이러한 태도는 법률가들의 태도에도 반영되어야 할 것이다.

마태복음 5장의 가르침을 보면, 수단이 목적만큼이나 중요하다는 것이 나타나 있다(21–48). 복수심에 불타는 보복행위를 피할 것이 요구되고, 평화를 재건하고 치유와 화해를 목적으로 하는 특별한 소송절차가 제시된다(38–48). 성과나 목적 대신에 사람에 대하여 관심을 가지는 것을 최고로 보는 돌봄의 윤리ethic of care가 주창된다.

4) J. Allegretti, 심동섭 · 전재중 역, 「법조인의 소명」(IVP, 1999), 117.

오늘날 소송절차에는 정중하고 예의바른 모습이 실종되어 가고 있다. 이러한 무례한 모습은 의뢰인의 승리라는 목적이 모든 수단을 정당화한다고 하는 람보식의 실용주의의 승리를 보여주는 것이다. 이러한 상황을 개선하고자 하는 입법적 · 사법적 노력은 별 성과를 내지 못하고 있는 것으로 보인다. 이 점에 대한 오로지 한 가지의 해결책이 있다면, 그것은 법률가들의 마음의 변화일 것이다. 즉, 그들이 그들의 업무와 상대방을 보는 방법의 변화이다.

꿩 잡는 것이 매라는 식의 실용주의는 문제를 악화시켜 왔다. 프로그램, 전술, 법적 권리, 개인적인 성공 등보다도 사람이 먼저 존중되어야 한다. 변혁원리인 원수사랑은 자기 자신의 이익 앞에 타인과 그 타인의 필요를 놓도록 한다. 존중과 호의의 기본원칙 및 공명정대한 행동은 뜨겁게 다투어지는 소송의 한 가운데에서도 적용된다.

법률가들은 의뢰인의 중대한 권리를 보전하기 위해 필요한 경우가 아니라면, 반대를 위한 반대를 해서는 안 된다. '의뢰인 우선주의' 모델과는 대조적으로 '정의 우선주의' 모델이 요구된다. 법률가는 법정에서 공인으로서 행위하고 그의 의뢰인을 위해 변론하는 과정에서 정의실현이 자신의 의무임을 인식해야 한다.

'정의 우선주의' 모델에서는 법률가들은 단지 의뢰인의 욕심을 만족시켜주는 존재가 아니다. 법률가는 의뢰인의 신호에 따라 행동하는 고용된 총잡이가 아니라 치유자이자 화해자라는 사실을 인식해야 한다. 따라서 법률가는 가능한 선택을 검토하기 위해 의뢰인과 대화해야 하고, 각각의 선택의 적법성만이 아니라 그 도덕성까지 고려해야 한다.

나아가서 변호사는 고용된 비둘기로서 의뢰인과 공감할 수 있는 대화를 시작해야 한다. 소송과정에서 자신이 단지 의뢰인의 도구에 불과한 것이라고 보아서는 안 된다. 소송이 복수의 도구로 악용되는 것을 피해야 하고, 소송을 제기한 근본적인 동기에 관해 의뢰인과 대화를 시도해야 한다. 전통적으로 법률가은 의뢰인의 동기는 문제 삼지 않는 경향이 있다. 그러나 자신의 역할이 도덕적 대리인이라고 보는 법률가에게는 동기가 문제되지 않을 수 없다. 마음이 머리나 손과 분리될 수 없다(마 5:21-22). 좋은 목적과 좋은 수단만이 아니라, 좋은 이유가 있어야 한다는 것이다.

따라서 법률가들은 자신의 동기 및 의뢰인의 동기가 정의의 목적에 봉사하고 진실을 밝히고자 하는 것인지, 아니면 보복과 부당한 이익을 도모하는 것인지 살펴보아야 한다. 법률가들이 순수한 동기를 가지지 않은 의뢰인을 위한 변호를 거부하라는 것이 아니다. 의뢰인과 그 동기에 관해 대화를 해야 하며, 복수나 보복을 위해서는 소송은 빈약한 도구에 불과하다는 점을 알려주어야 한다는 것이다. 소송은 진정한 만족이나 계속적인 구제 또는 사건종결의 감을 제공하기 어렵다는 점을 지적해 주어야 한다.

법률가는 의뢰인을 위한 복수의 도구가 되는 것을 거부해야 한다. 그 대신에 법률가들은 자신의 금전적 관계와 상관없이 적극적으로 의뢰인의 분쟁해결책을 찾아야 한다. 소송을 자제하도록 설득하여야 하고, 명목상의 승리자가 종종 실질적인 패자가 되고 마는 이치를 지적해 주어야 한다.

만약 국가가 제정한 법령이 있다면, 고용된 비둘기는 '오리를 같이 가자고 하는 자에게 십리를 더 같이 가라'고 하는 유추에 따라, 그의 의뢰인이 전심으로 법령을 준수하도록 권고해야 한다. 그러나 법률개정을 위한 운동을 배제하는 것은 아니다.

법이 존재하는 한 법률가들은 그들의 고객에 대하여 그 법의 정신을 기꺼이 준수하도록 조언하여야 한다. 법률가는 화해자로서 선량한 사람이 될 수 있는 유리한 기회를 가지고 있다. 법률가들은 법이 부여한 단순한 윤리적 · 절차적 요건을 넘어서야 하며, 의뢰인의 주장의 법적 · 사실적 충분성을 넘어서야 한다는 것이 '원수의 최선을 빌라'고 하는 원수사랑의 정신이다.

그뿐만 아니라 겸허한 마음자세를 가지고 자신의 부족한 점을 인정하고 타인의 이익을 고려하고 신의 주권과 권능과 지혜를 의지하여야 한다. 법률가들은 권력, 명성, 특권, 부 등을 가지고 있다. 그로 인해 교만이라고 하는 치명적인 병에 걸리기 쉬운 조건을 갖추고 있다. 교만을 근원적인 악이라고 하는 것은 자신이 신의 자리에 앉으려는 태도 때문이다. 그러나 예수께서는 제자들을 심령이 가난하고, 애통하고, 자비로운 자로 묘사하셨다(마 5:3,4,7). 이러한 성품은 신에 대한 의존의 인식, 세상 죄에 대한 슬픔, 신의 자비에 대한 감사 등 겸손한 태도의 기초임을 암시한다.[5)]

법률가는 자신이 신이 아니며, 전능자도 아니고, 창조주는 더욱 아니라는 것을 인정해야 한다. 원수사랑의 실천은 자신의 한계와 오류가능성을 인정할 때에만 가능하다. 정직과 진정성이야말로 치유와 화해를 위한 강력한 도구이기 때문이다.

5) M. P. Schutt, 정옥배 역, 「다시 찾은 법률가의 소명」(IVP, 2010), 283.

Ⅳ. 세리와 죄인의 친구

피의자의 유죄 여부는 최종판결이 있기까지는 알 수 없다(무죄추정의 원칙). 그런 의미에서 변호사는 피의자의 친구가 되어야 한다고 할 수 있다. 또 인간의 존엄성 보호가 실체적 진실발견보다 앞서야 한다. 만일 실체적 진실발견만이 유일한 가치라면 모진 고문이라도 동원하고자 하는 유혹을 받을 수 있을 것이다. 그래서 아흔 아홉 명의 범죄자를 놓치는 한이 있더라도, 한 명의 무고한 시민을 벌해서는 안 된다는 형사소송법의 기본원리가 등장한다. 그런 점에서 토마스 모어는 자신의 안전을 위해 마귀에게도 법의 혜택을 주겠다고 했다.

무죄의 변론은 국가에게 입증책임을 지우는 것이며, 피고에게 변명의 기회를 주는 것이다. 변호사는 공권력이나 여론의 횡포에 대항하여, 무고한 사람을 보호하는 찬양받지 못하는 영웅이다. 변호사가 인간의 자유를 보호하는 데 중요한 역할을 한다는 것은 사실이다.

그러나 성서적 관점에서는 이러한 설명이 충분하지 못하다. 치유 · 화해 · 용서가 없기 때문이다. 예수께서는 세리와 교제하고, 창기 · 도적 · 난폭한 혁명가 그리고 사마리아인 등 소위 '좋지 않은 많은 사람들'의 친구가 되어주었다(마 9:10). 그분이 선포하시고, 구체화하신 나라는 권세와 지배가 아니라, 섬김과 포기를 특징으로 한다. 섬김을 받으려 함이 아니라 섬기려고 이 땅에 오셨다고 했다(막 10:45).

만일 낮고, 버림받은 사람을 섬기려 한다면, 형사법정에서 두려워 떨고 있는 피고인보다 더 도움이 필요한 자가 있을까? 성서적 관점에서는 범죄자의 변호보다는 범죄자를 위한 섬김이 문제된다. 변호인을 넘어 동반자가 될 수 있다. 갈보리의 세 개의 십자가의 의미는 아무리 저주받은 자라도 불행을 당할 때 동반자를 가질 자격 있다는 것을 보여주는 것이 아닌가? 특히 형사범은 동반자와 친구, 즉 그의 편에 서 줄 누군가가 필요하다. 주께서 죄인을 위하여 죽으셨다. 특히 변호인은 죄인을 섬기도록 부르심을 받은 것이다.

변호사는 "가난한 자에게 복음을 전하고, 포로된 자에게 자유를 선포하고, 눌린 자를 자유케 하기 위하여" 부름을 받았다. 형사피고인에게 범죄 자체는 빙산의 일각이다. 그 이면에는 더 근본적인 감정적 · 경제적 · 영적 문제가 있다. 사실 그는 자신을 둘러싸고 있는 수많은 환경 속에서 상처받은 고독한 영혼이다. 그의 존재가치를 일깨워줄 수 있는 진정한 친구가 있었다면 범죄의 구렁텅이에 빠지지 않았을 수도 있다. 그와 같은 처지에 놓였다면 우리도 그와 같은 길을 갔을지도 모른다. 그런 환경에 그를 방치해 놓은 공동체와 그 구성원들에게 전혀 책임이 없다 할 수 있을까?

만일 변호사가 피고인과 신뢰관계를 발전시킬 수 있다면 이러한 깊은 문제를 다루어줄 수 있을 것이다. 비난을 쏟아 놓지 않는 한 명의 친구가 되어주는 것만으로도 의미가 있다. 피고인이 과거와는 다른 미래를 그려보고 갱생의 길을 갈 수 있도록 도와줄 수 있을 것이다. 사실 도스토예프스키의 수많은 작품에 등장하는 상처받은 영혼의 모습의 현실적 실존이 될 수 있는 것이다.

변호사와 의뢰인의 이러한 관계는 피고인에게 은총과 치유의 길이 될 수 있다. 이것은 변호사에게도 마찬가지이다. 변호사는 피고인과의 만남을 통해 자신의 편견과 선입견, 안이한 중산층의 가치관을 깨뜨릴 수 있을 것이다.

형사법정에 선 변호사는 고용된 총잡이 이상이다. 변호사는 친구와 동료 없이, 외롭고 두려워하는 이들의 친구이다. 희망을 잃고 자신의 살 이유를 발견하지 못하는 이에게 한 줄기 사랑의 빛이 되어 주고, 용서와 치유를 위한 도구가 되어 줄 기회가 있다. 그렇게 함으로써 또한 그리스도를 섬긴다. 서로 섬김으로써 하나님을 섬기기 때문이다.

Ⅴ. 소송과 돌봄의 윤리

성서적 관점에서 본다면 사랑을 손상시키지 않고 수행될 수 있을 때에만 소송은 제기될 수 있다. 칼뱅J. Calvin은 소송이 허용되기는 하지만, 올바르게 사용될 때만 가능하다고 한다. 정의를 추구하되 적개심이나 복수감정을 품는 것은 허용될 수 없다. 기독교적인 사랑을 손상시켜서는 안 되기 때문이다.

그런데 소송은 선량한 사람을 나쁘게 행동하도록 유혹한다. 법률가들은 그러한 행동을 부추기고 기름을 끼얹는 역할을 한다는 비판을 받게 된다. 오히려 변호사는 법적인 절차가 적개심과 복수의 수단으로 왜곡되는 것을 감시할 수 있는 유일한 위치에 있다.

변호사는 소송이 탄식과 복수로 퇴보하는 것을 막을 개인적이고 도덕적인 의무가 있다. 변호사는 적개심과 분노의 불이 꺼져갈 때 기름을 끼얹어서는 안 될 것이다. 변호사는 의뢰인의 위증을 덮어주는 것과 같이 진실발견을 방해하거나 왜곡시키는 소송술책을 끌어들여서는 안 된다. 다들 그렇게 하고 있다는 말보다는 내가 공정하고 정직하게 행동한다면 상대방도 그렇게 행동할 것으로 생각해야 할 것이다. 이것이 황금률이다.

소송남용을 가장 잘 절제시키는 것은 변호사 개인의 가치관과 성품이다. 의뢰인의 권리를 추구할 때 다른 이들과의 관계를 유지하고, 손해를 최소화하는 길을 택하여야 한다. 그는 중재자로서 권리와 돌봄 사이에서 균형을 추구한다.

> 때에 창기 두 계집이 왕에게 와서 그 앞에 서며, 한 계집은 말하되, "내 주여, 나와 이 계집이 한 집에서 사는데 내가 저와 함께 집에 있으며 아이를 낳았더니, 나의 해산한 지 삼일에 이 계집도 해산하고 우리가 함께 있었고 우리 둘 외에는 집에 다른 사람이 없었나이다. 그런데 밤에 저 계집이 그 아들 위에 누우므로 그 아들이 죽으니, 저가 밤중에 일어나서 계집 종 나의 잠든 사이에 내 아들을 내 곁에서 가져다가 자기의 품에 뉘우고, 자기의 죽은 아들을 내 품에 뉘었나이다. 미명에 내가 내 아들을 젖 먹이려고 일어나 본 즉, 죽었기로 내가 아침에 자세히 보니 내가

낳은 아들이 아니더이다" 하매, 다른 계집은 이르되 "아니라 산 것은 내 아들이요, 죽은 것은 네 아들이라" 하고, 이 계집은 이르되 "아니라 죽은 것이 네 아들이요, 산 것이 내 아들이라" 하며, 왕 앞에서 그와 같이 쟁론하는지라.

왕이 가로되 "이는 말하기를 산 것은 내 아들이요 죽은 것은 네 아들이라 하고, 저는 말하기를 아니라 죽은 것이 네 아들이요, 산 것이 내 아들이라 하는도다" 하고, 또 가로되 "칼을 내게로 가져오라" 하니 칼을 왕의 앞으로 가져온지라. 왕이 이르되 "산 아들을 둘에 나눠, 반은 이에게 주고 반은 저에게 주라." 그 산 아들의 어미되는 계집이 그 아들을 위하여 마음이 불붙는 것 같아서, 왕께 아뢰어 가로되 "청컨대 내 주여, 산 아들을 저에게 주시고 아무쪼록 죽이지 마옵소서" 하되, 한 계집은 말하기를 "내 것도 되게 말고 네 것도 되지 말게 나누게 하라" 하는지라.

왕이 대답하여 가로되, "산 아들을 저 계집에게 주고, 결코 죽이지 말라. 저가 그 어미니라" 하매 온 이스라엘이 왕의 심리하여 판결함을 듣고 왕을 두려워하였으니, 이는 하나님의 지혜가 저의 속에 있어 판결함을 봄이더라.

열왕기상 3:16-28

'솔로몬의 재판'으로 알려져 있는 이 이야기에는 소송의 모범이 압축되어 있다. 이 이야기는 사법절차를 상기시킨다. 원고와 피고가 재판관 앞에서 변론한다. 여자들이 소송을 제기하고 솔로몬 왕이 판결을 내리는 식이다. 두 여인이 판결을 구한다. 두 여인은 변호사처럼 서로 공방전을 벌이는데, 입증할 증거는 없고 여인들의 말로는 판단이 불가능하다.

첫째 여인은 자식에 대한 사랑을, 다른 여인은 결과가 불공정하다고 하더라도 산술적인 공평을 요구한다. 생명의 희생과 무관하게 자기의 몫을 요구한다. 솔로몬은 그 분쟁을 불합리하고 치명적인 결과로 끝맺도록 강요함으로써, 첫 번째 여인이 항상 가지고 있었지만 법적절차라는 공식적 장애물 때문에 감추어졌던 연민의 정을 일깨웠다. 생모 여부를 입증할 수는 없으나, 더 좋은 어머니라는 사실은 의심의 여지가 없다.

이 재판은 "의뢰인에 대한 충성과 법적 권리의 추구"가 아무리 정당하다 할지라도 인간관계의 유지와 피해축소에 대한 관심을 잃으면 잔혹한 율법주의로 전락할 수 있음을 일깨운다.

두 번째 여인은 권리 추구가 그의 행동으로 영향을 받는 사람에 대한 배려로 억제되지 않는다면 어떤 결과가 생길 수 있는가를 보여준다. 소송의 승리를 위해 누가 다치든 상관없이 수단과 방법을 가리지 않고 자기 일만 하는 변호사와 같다. 첫 번째 여인은 권리와 돌봄을 동시에 수행하였다. 권리의 윤리가 "진실을 위하여 사람을 희생시키는 맹목적인 의지"로 타락하지 않기 위해서는 사람에 대한 배려가 동반되어야 한다. 실체적 진실발견이 중요한 것이긴 하지만 가장 중요한 것은 아니기 때문이다.

Ⅵ. 법조인의 정의

일반적으로 법률가들의 논의의 공간에서 정의는 적법절차나 개개인에게 차별 없이 적용되는 규칙인 절차의 문제로 생각되는 경향이 있다. 공정한 원칙이 공정하게 적용되는 한, 자신을 자신의 행동의 결과에 연관시키지 않는다. 그 결과가 객관적으로 '진실한가' 또는 '공정한가'에는 관심이 없다. 법률을 포기하면 괴물이 나온다. 변호사는 어느 것도 버릴 수 없다. 정의는 절차와 결과, 모두에 대한 관심을 필요로 한다.

변호사는 의뢰인에 대하여 특별한 의무가 있다. 그러나 그 밖의 사람들과는 더 크고, 함축적인 관계를 맺고 있다. 모든 인류는 공동체를 이루고 있다. 의뢰인에 대한 특별한 의무로 인해 모든 사람과의 기본적인 연대에 대해 눈을 감아서는 안 된다. 한 율법사가 예수께 물었다. "누가 나의 이웃입니까?" 저 유명한 선한 사마리인의 비유에서 보는 바와 같이 이웃은 도움을 필요로 하는 모든 사람이다(눅 10:29-37).

성서적인 의미에서의 정의는 권리와 의무라고 하는 엄격한 개념에만 관련되어 있는 것이 아니다. 인간 삶의 조건의 공정성과 관련되어 있다. 정의는 사랑의 표현이며, 사랑이 자랄 수 있는 조건이다. 이러한 사랑과 정의의 밀접한 관계는 선지서에서 명백히 나타난다.[6)]

성서적 정의는 권리와 절차라는 좁은 영역을 초월하여, 다른 이에 대한 사랑의 배려를 포함한다. 성서의 정의사회는 사랑의 사회이다. 정의는 사랑의 도구이고, 사랑은 정의의 뿌리이다. 변호사는 도덕적 맹목성에 감염되기 쉽

6) "너희가 자기를 위하여 의를 심고, 확고한 사랑의 열매를 거두라"(호세아서 10:12)

"사람아, 주께서 선한 것이 무엇임을 네게 보이셨나니, 여호와께서 네게 구하시는 것이 오직 공의를 행하며, 인자를 사랑하며, 겸손히 하나님과 함께 행하는 것이 아니냐?"(미가서 6:8)

다. 정의를 공평한 절차, 의뢰인을 위한 투쟁, 당사자주의 그 자체와 동일시 한다. 여기에는 동정과 사랑과 치유의 여지는 없다. 수단과 방법을 가리지 않고 이기는 것이 아니라, 용서와 화해에 헌신하여야 한다. 이 두 가지 시각을 업무에 통합할 때 진정한 의뢰인의 편이요, 중재자가 될 것이다.

과연 산상수훈은 현실세계에서의 실현가능성을 도외시하는 그저 하나의 고상한 내용의 종교적 가르침에 불과한 것인가? 산상수훈은 법의 의미는 사랑이기 때문에 소송을 피하는 방식으로 살 것을 요구한다. 또한 변호사는 만약 원수가 언쟁을 시작하면 용서하게 하지만, 개인적 복수를 넘어서 원칙이 문제가 되는 경우에는 법적 권리를 기꺼이 주장하게 하고, 법의 진정한 의미는 사랑이라고 하는 것을 기억하라고 의뢰인에게 조언할 수 있다.

우리 법조문화가 일반 시민의 정서를 더욱 황폐화시키는 데에 일조하고 있다는 평가를 불식하기 위해서는 산상수훈에서 설파되고 있는 법조윤리의 원리에 귀 기울일 필요가 있다. 특히 그리스도인 법률가들의 경우 단순히 고용된 총잡이에 머물지 말고 고용된 비둘기의 의미를 마음에 새길 때 세상을 변화시킬 동력을 얻게 될 것이다.

법률가는 정의의 수호자요, 진실을 찾는 자이며, 매우 중요한 책임을 지고 있는 존재이다. 법을 준수하는 정도를 넘어 화해자가 되어야 한다. 희망과 치유를 가져오는 변혁원리를 통해서 공멸의 길로 가게 되는 끝없는 불법행위와 보복의 사슬을 깨뜨려야 할 것이다. 고용된 총잡이나 람보식의 법률가의 개념은 화해자로서의 법률가의 개념으로 대치되어야 한다. 그럴 때에 진정한 변화에 대한 희망이 존재한다.

물론 변호사는 언제나 일반법정에서의 소송에 의한 분쟁해결에 대해서 소극적인 태도를 취해야 하는 것은 아니다. 단지 개인적인 복수가 아니라, 정의와 진리가 문제가 되는 경우 거리낌 없이 소송을 제기할 수 있고, 또한 그렇게 해야 할 것이다. 장애인이나 이주난민들의 권리보호를 위한 공익소송과 같은 경우는 사랑계명(막 12:30-31)에 부합하고, 고아와 과부를 돌보라고 하시는 율법(신 10:18)에 부합하는 것이 될 것이다.

Dialogue Between Law & Soul

국민의 국가생활

02 Part

제1장 법적 권위와 국가

제2장 국가권력과 기본권

제3장 국가권력과 민주질서

01 Chapter

_법적 권위와 국가

Ⅰ. 법적 권위의 기원

창세기 가인의 이야기에서 법적 권위가 모습을 드러낸다. 가인이 동생 아벨을 살해하자 하나님께서 말씀하신다. "네가 무엇을 하였느냐? 네 아우의 핏소리가 땅에서부터 내게 호소하느니라"(4:10). '호소하다'라는 단어는 전문적인 법률 용어이다. 그것은 불의를 바로잡기 위하여 법정에 호소하는 것이다. 법정이 그 의무를 다하지 못하면 그때 울부짖음이 궁극적인 정의의 수호자이신 하나님께 상달된다. 아벨을 변호하시는 하나님의 모습이 법률 용어로 묘사되고, 법적 권위가 등장하는 것이다.

하나님께서 벌을 선고하신다(4:12). 가인의 두려움[1]은 자신이 하나님의 법적 보호를 받지 못하게 될 것이라는 점이다.

성경이 하나님께서 "그의 얼굴을 감추신다"고 말할 때 그 말은 하나님께서 그 백성의 울부짖음을 듣지 않으신다는 것을 의미한다. 하나님의 얼굴이 드러날 때 의가 편만하고, 하나님의 얼굴이 감추어질 때 악이 창궐하며 사악한 자가 득세한다. 살인자 가인이 두려워하는 것은 그가 하나님의 얼굴을 피해야만 할 것이라는 것이 아니라, 하나님의 얼굴이 그를 피하게 될 것이라는 것이다. 가인은 보호자가 없게 된다는 것이다. 지금부터 의나 정의가 그에게 주어지지 않을 것이다. 사람들이 그를 멋대로 취급할 것이다. 가인의 이러한

1) "내가 주의 얼굴을 뵈옵지 못하리니, 무릇 나를 만나는 자가 나를 죽이겠나이다"(창세기 4:14)

불평에 대해 하나님께서는 법률적 형식을 취하여, "가인을 죽이는 자는 벌을 칠 배나 받으리라"는 법을 선포하신다(법의 선포).

가인의 이야기에서 법적 질서가 나타나기 시작한다. 가인은 살인행위에 대해 심판을 받지만, 그렇다고 해서 무방비 상태로 방치되는 것이 아니다. 가인의 표는 특별히 가인 개인에게만 해당되는 것이 아니다. 그것은 정의를 유지하기 위해 하나님께서 질서를 정하셨다는 표다.

가인은 후에 결혼하고 자녀를 낳고 도시를 건설한다. 그의 5대 손인 라멕은 "나의 창상을 인하여 내가 사람을 죽였고 … 가인을 위해서는 벌이 칠 배일진대 라멕을 위해서는 벌이 칠십 칠 배이리로다"라고 한다. 하나님의 질서에 따라 정의로운 반응을 하는 대신에, 라멕은 한 대 맞은 걸 가지고 살인했다. 라멕에게는 정의가 없다. 오직 복수만이 있을 뿐이다. 라멕과 더불어 인간은 정의를 유지해야 할 책임을 저버렸다. 하나님의 의로운 법질서를 존중하지 않고 정의를 폭력과 복수로 바꾸어 버렸다. 가인의 이야기는 법적 질서가 이 땅위에 등장했음을 보여준다. 인간은 하나님께서 명령하신 의로운 관계를 유지할 책임을 부여받았다. 역사의 전개에 따라 등장하는 정치적 권위는 정의를 유지해야 하는 권위다.

국가는 창조질서의 일부가 아니라 죄 때문에 생긴 것으로 죄가 존속하는 동안만 존속하는 것이라고 보는 이들이 있다. 실제로 성경에서 다양한 인간 활동 및 제도가 죄 이후에 나타나고 또 죄의 영향을 받는 것으로 묘사되고 있다. 음악은 가인의 후손 계열에서 나온다. 그러나 음악이 죄 때문에 생긴 것이라고 말할 수는 없다. 음악은 그 내용에 따라 평가되어야 한다. 벽돌과 역청을 처음 사용한 것 역시 바벨탑 건설 때였다. 또한 가인의 이야기로부터 국가와 법이 죄 때문에 필요하게 된 것이라고 결론을 내릴 수는 없다. 이에 대한 답은 국가와 법이 죄를 억제하는 소극적인 사명만을 가진 것으로 볼 것인지, 아니면 국가와 법이 사람들 간에 정의를 촉진하는 적극적인 과제를 가진 것으로 볼 것인지에 따라 좌우될 것이다. 그와 같은 적극적인 과제는 하나님께서 세상을 만드신 방법에서 유래한 것일 수 있다. 가인의 이야기에 기초하여 말할 수 있는 것은 법적 제도가 본질적으로 정의와 관련을 맺고 있다는 것이다.

Ⅱ. 법적 권위의 분화

아브라함에 관한 성서의 기록은 메시야의 담지자들이 되도록 선택하고 훈련받을 한 백성에 초점이 맞춰진다. 하나님께서는 소돔과 고모라에서처럼, 또 사라를 탐내는 이집트의 경우에서처럼 여전히 정의를 유지하는 일에 직접 개입하신다. 그러나 역사의 흐름에 따라 의로운 질서를 유지하는 일과 관련된 인간의 역할이 점증한다.

1_ 권위의 미분화

씨족장 또는 작은 부족장의 역할을 하는 아브라함은 가부장적 권위와 법적 권위를 다 가지고 있다. "여호와께서 가라사대 나의 하려는 것을 아브라함에게 숨기겠느냐? … 내가 그로 그 자식과 권속에게 명하여 여호와의 도를 지켜 의와 공도를 행하게 하려고 그를 택하였나니 …"라고 말씀하신다. 아브라함은 정의를 유지하고 정의를 계속 행하도록 하기 위해 선택된 것이다. 아브라함이 부여받은 과제(정의 실현) 때문에 소돔과 고모라의 멸망에 관한 정보를 받게 된다.

아브라함은 의로운 질서가 무엇인지를 깨닫고 실천하기 시작했다. 그는 그 문제를 가지고 하나님과 논쟁을 한다.

> 주께서 의인을 악인과 함께 멸하시려나이까? 그 성 중에 의인 오십이 있을지라도 … 주께서 이같이 하사 의인을 악인과 함께 죽이심은 불가하오며 의인과 악인을 균등히 하심도 불가하나이다. 세상을 심판하시는 이가 공의를 행하실 것이 아니니이까?
>
> 창세기 18:23-25

아브라함은 정의가 무엇인지 깨달았다. 그는 하나님의 정의로운 질서와 정의실현의 요구는 모든 인류에게, 즉 선택받은 백성이 아닌 자들과 소돔과 고모라 거민들에게까지 확대된다고 선언한다. 그는 의인과 악인을 동일하게 하면 안 되고, 그들의 행위에 따라 공정하게 보상해야 한다고 지적한다.[2]

2) "오십 의인 중에 오인이 부족할 것이면 그 오인 부족함을 인하여 온 성을 멸하시리이까? … 거기서 사십 인을 찾으시면 … 거기서 십 인을 찾으시면 …"(창세기 18:23~32)

결국 하나님께서는 아브라함의 요구에 응하셔서 소돔과 고모라에 열 명의 의인이라도 남아 있다면 그 도성들을 벌하지 않겠다고 하신다. 여기에서 사람을 공정하게 심판하고, 또 하나님의 명령에 따라 상벌을 시행하는 진정한 법적 직책을 볼 수 있다. 아브라함은 온 세상을 다스리시는 하나님의 권위를 부여잡고, 하나님 자신의 약속과 책무를 기초로 하나님께 이의를 제기하기까지 한다. 이와 같이 하나님과 씨름하면서 역사를 형성해 나감으로써 하나님의 형상대로 지음 받은 자로서의 자신의 소명을 성취해 나간다.

2_ 권위의 분화

모세에게서 가부장적 권위와 법적 권위는 구별된다. 시내산에서 선포된 율법은 개인, 가족, 국가로서 이스라엘 사회가 구현해야 할 의로운 질서를 선포한다. 이스라엘은 계명을 준행하기로 맹세한다. 모세는 결혼, 간음, 도둑질, 살인, 빚, 토지소유권, 주택소유권, 법적 증거, 이방인들을 대하는 법 등의 국가 내에 존재할 온갖 형태의 관계와 관련된 율법을 선포한다. 그 후 율법을 시행할 장로들을 뽑아 세운다.

약속의 땅에 정착한 다음 사사Judge들을 통해 노략자의 손에서 구원을 받았다. 사사들은 제사장들과 구별되는 것처럼 보인다. 부모의 권위와 제사장의 권위가 점차 구별되고 있다. 사사 중에 드보라와 같은 위대한 신앙의 여성이 포함된 점을 보면 법적 권위가 더 이상 아버지나 족장의 권위가 아니다. 이제 부모, 제사장, 사사 등의 권위는 별개의 권위로 분화되었으며, 이 권위들은 그들에게 부여된 특별 과제에 대해 각각 책임을 져야 한다.

사사기와 사무엘상에서 사사의 자리에 왕을 놓게 된다. 이스라엘은 그들 주변의 열방들을 본받아 전쟁을 하기 위해 왕을 원했었다. 이스라엘의 잘못된 동기에도 불구하고 하나님께서는 여전히 회복과 정의의 수단으로 왕을 임명하면서 왕권제도가 정착한다. 비록 이스라엘이 그릇된 동기에서 왕을 요구했지만, 하나님께서는 은혜를 베풀어 왕을 주시고 그 왕을 축복과 정의의 근원으로 삼으신다.

왕은 전쟁터에서 전투를 지휘했다. 그러나 그 외의 일은 명확하지가 않다. 왕은 법을 만들지는 않았다. 왜냐하면 이미 시내산에서 율법이 주어졌었기 때문이다. 후에 선지자들이 등장했다. 선지자들은 왕이 의를 왜곡하지 않고 여호와의 의로운 질서를 뒷받침할 것을 요청하는 역할을 했다. 이와 같이 하나님의 백성 이스라엘 가운데서 법적 권위가 발전되었다.

Ⅲ. 국가

1_ 법적 권위

바울은 국가가 마귀적인 것도 아니요 또 하나님의 법과 상관없는 별개의 영역도 아니라고 말한다. 하나님께로부터 유래하지 아니한 권위는 없으며, 존재하는 권위는 다 하나님이 세우신 것이라고 말한다. 바울은 법적 권위는 "당신의 유익을 위하여 일하는 하나님의 일꾼"이라고 되풀이 한다(롬 13:1, 4). 베드로도 "인간이 세운 모든 제도에 주를 위하여 복종하시오. 주권자인 왕이거나 … 왕에게서 보냄을 받은 총독이거나 간에 그들에게 복종하시오" 말한다(벧전 2:13~14). 예수께서도 빌라도에게 동일한 내용의 말씀을 하셨다.[3)]

하나님께서 다스리고 섬기는 직책을 공인하셨기 때문에 법적직책을 가진 자들은 권위를 행사할 수 있는 것이다. 법적 권위는 복음과 분리된 별개의 영역이 아니다. 법적 권위는 하나님의 사자들이 수행하는 사역의 한 영역이 될 수 있다. 그것은 교회 내의 다른 직분과 마찬가지로 사역이 될 수 있다. 이 권위는 그리스도의 통치와 분리된 것이 아니다. "나는 하늘과 땅의 모든 권세를 받았다"(마 28:18)고 말씀하신 만왕의 왕(계 1:5)의 권세를 나타내는 것이다.

산상수훈에서 예수께서 말씀하신다: "너희에게 악을 행하는 사람에게 보복하지 말라. 누가 네 오른편 뺨을 치거든 왼편 뺨을 돌려대라," 또 "남을 심판하지 말라. 그리하면 하나님도 너희를 심판하시지 않을 것이다"(마 7:1). 바울은 로마서에서 이 가르침을 되풀이 한다.[4)] 국가의 과제를 설명한다. 바울은 국가는 "하나님께서 세워 주신 것이며 … 하나님의 일꾼으로서 악을 행하는 자에게 하나님의 진노를 집행한다"고 한다.

악을 벌하고 선을 보상하는 것은 사람이 아니라 바로 하나님이다. 이 일을 위한 수단들 중 적어도 하나는 다스리는 권세들이다. 하나님께 순종하는 것

3) "위에서 주시지 않았더라면 네게 아무런 권한도 없었을 것이다."(요한복음 19:11)

4) "사랑하는 여러분! 스스로 복수하지 말고 하나님의 진노에 맡겨 두시오. 성서에 '원수 갚는 것은 내가 할 일이니 내가 보상하겠다고 주께서 말씀하신다.'라고 기록되어 있습니다."(로마서 12:19)

은 다스리는 권세들의 정의시행을 인정하는 것이다. 누구도 개인 자격으로는 악에게 보복할 권리가 없으며, 또 그러한 권리를 타인에게 양도할 수도 없다. 그러나 하나님께서 정부들을 세우시기 때문에 적법하게 정부의 권세를 장악한 자들은 악을 벌하고 선을 보상할 수 있으며, 또 마땅히 그렇게 해야 한다. 이것은 오늘날 국가로 하여금 형벌권을 독점하도록 하고 있는 법치국가질서의 요청과 부합하는 것이기도 하다.

또한 현대의 복지국가 원리 하에서 정부는 질서유지라고 하는 소극적인 사명 외에도 국민들의 복지향상을 위해 노력할 적극적인 책임이 있다.[5] 국가에게는 환경, 교통, 주거, 교육, 고용 등의 국민복지를 증진시켜야 할 사명이 있다. 하나님이 정부를 세우신 목적이 그것이기 때문이다.

바울은 개인적 활동과 공적인 활동을 구분하고 있기 때문에, 산상수훈과 로마서 13장을 비교 · 검토하는 것은 적절하지 않다. 또 그리스도의 통치는 비폭력과 평화의 통치이므로 힘의 행사가 불가피한 정부의 통치와는 반대된다고 말할 수 없다. 정부는 그리스도의 통치 아래 있으며, 그 통치 아래서 정부는 선과 악을 보응하는 특별 과제를 수행하는 것이다.

2_ 국민의 국가에 대한 의무

초대교회의 신자들 중에는 그리스도인이 됨으로써 세속국가에 대한 의무로부터 자유롭게 되었다고 생각하는 이들이 있었다. 그리스도의 명령에만 순종하기 때문에 지상의 왕이나 국가권력에 복종할 필요가 없다고 생각한 것이다. 그래서 정부의 권위를 부정하고 국가에 대한 기본적 의무 수행을 거부하기도 했다. 종교개혁 시대에 재세례파로 알려진 이들 중의 일부는 정부뿐만 아니라 정치와 관련된 모든 것을 부정했다. 이들은 법률, 재판, 교도소, 벌금형 등의 제도를 거부했다. 물론 군복무나 참전도 거부했다. 정치인이나 공직자가 되는 것도 금지했다.

미국의 아미쉬Amish라는 집단은 정치뿐 아니라 현대의 과학 문명, 기술, 학문 등을 모두 거부한다. 전기, 전화, TV, 철도, 자동차, 트랙터를 사용하지 않는다. 자녀들도 공립학교에는 보내지 않고 자기들이 만든 사립학교에만 보내는데 그것도 중학교로 끝난다. 이들은 검소한 생활을 중시한다. 그리하여

5) "그는 하나님의 사자가 되어 네게 선을 이루는 자니라."(로마서 13:4)

각자 검정색 의복 한두 벌씩만 소유한다. 질서와 권위를 부정하는 태도가 발전하면 세상 전부에 대한 거부로 이어질 수 있음을 보여주는 사례일 것이다.

국가는 정의로운 질서의 유지를 위해 세워진 것이다. 국가의 관리들은 선지자들과 제사장들과 마찬가지로 하나님의 사자들이다. 국가의 권위는 그리스도와 상관이 없는 별개의 권위가 아니다. 그것은 그리스도로부터 유래한 권위이다. 그러므로 성서는 정당한 권위에 복종하라고 가르친다. 정당한 권위를 인정하고 존중해야 한다.[6] 정당한 권위에는 국가의 권위, 부모의 권위, 교회의 권위, 상관의 권위, 교사의 권위 등이 있다.

성경은 자녀들이 부모에게 순종할 의무(엡 6:1-3), 아내들이 남편들에게 복종할 의무(엡 5:22-24), 잘 다스리는 장로들을 배나 존경할 자로 알되 말씀과 가르침에 수고하는 이들에게 더욱 그리해야 할 의무(딤전 5:17), 교인들을 인도하는 자들, 즉 목회자들에게 순종하고 복종해야 할 의무(히 13:17), 고용인들이나 하급자들이 육신의 상전들에게 순종해야 할 의무(골 3:22) 등에 대해 언급하고 있다.

정당한 권위에 대하여 반항적 성향을 가진 사람들이 있다. 권위를 무조건 거부하는 사람들에게는 문제가 있을 가능성이 있다. 이런 사람들은 사회에 파괴적이고 해로운 영향을 미칠 수 있다. 이유 없이 권위에 저항하는 사람은 비성서적인 인간상이라고 할 것이다.[7] 우리 국민 대부분은 위계질서를 강조하는 유교적 분위기 속에서 성장했기 때문에 복종이나 순종에 관해서는 별로 강조할 필요가 없을지 모른다.

그런데 성서는 권위에 대한 존중이 단지 형벌에 대한 두려움 때문이 아니라 양심에 의한 자발적인 것이어야 하며, 하나님에 대한 인식과 그의 지배를 인정하는 것이어야 한다고 한다.[8] 권세를 거스르는 사람은 하나님이 정하신 것을 거스르는 것이다(롬 13:2). 그리스도의 제자가 그리스도께만 복종하고 국가의 권세에는 복종할 수 없다고 주장하는 것은 결국 그리스도께 대항하는 결과가 되고 만다.

3_ 국가의 지위

국가는 무엇이든 할 수 있는 신적인 존재가 아니며, 수동적으로 국가에 복종하는 것이 국민의 유일한 책임도 아니다. 신약성서는 권세에 대해 언급할

6) "모든 자에게 줄 것을 주되 공세를 받을 자에게 공세를 바치고, 국세를 받을 자에게 국세를 바치고, 두려워할 자를 두려워하며, 존경할 자를 존경하라."(로마서 13:7)

7) 양낙흥, 「한국기독교의 사회윤리적 책임」(IVP, 1998), 37.

8) "노를 인하여만 할 것이 아니요 또한 양심을 인하여 할 것이니라"(롬 13:5).

때마다 그 권세의 특별 과제가 있으며, 또 그 과제를 위해 특별 권위를 부여받은 것으로 언급한다. 그런데 국가가 선을 행하는 자들을 벌하는 경우가 있다. 그리스도의 경우가 대표적인 예이다.

예수께서는 "가이사(황제)의 것은 가이사에게 돌리고, 하나님의 것은 하나님께 돌리라"고 하셨다(막 12:17). 황제는 모든 일을 다 주장할 수 있는 존재가 아니다. 앞에서 본 바와 같이 황제의 권위는 하나님께로부터만 나올 수 있으며 따라서 황제의 권위는 하나님의 규제를 받는다. 하나님과 황제는 서로 다른 두 개의 별개의 영역이 아니다. 황제는 하나님 아래 있으며 따라서 하나님께서 황제에게 돌리라고 말씀하신 것만을 황제에게 돌려야 한다. 즉, 황제가 하나님께로부터 부여받은 과제를 올바로 수행할 때 황제에게 복종하고 존경하는 것이다.

로마서 13장은 기존의 정치질서를 복음에 비추어 재해석한 것이다. 바울은 로마제국에 정면으로 대항한다. 바울은 로마제국의 법률구조를 비판하고 그 정치권위를 격하시킨다. 로마 황제들이 자신들을 신격화하던 시절에 바울은 그들이 신이 아니며 최고의 권위도 아니고, 종이라고 말한다. 바울은 황제가 무엇이라고 주장하든지 간에 국가가 독자적으로 존립할 수 없으며, 또 모든 권위의 원천도 아니라고 한다. 바울은 로마제국이 최고가 아니라고 말하고 있는 것이다.

4_ 국가권력의 리더십

성서는 국가권위들을 가리켜 "당신의 유익을 위하여 일하는 하나님의 일꾼들"이라고 말한다(롬 13:4). 예수께서 말씀하셨다: "세상에서는 임금들이 백성을 지배한다. … 그러나 너희는 그렇지 않다. 너희 중에 가장 높은 사람은 가장 낮은 사람처럼 해야 하고 또 지도자는 섬기는 사람처럼 해야 한다. … 나는 너희 가운데 섬기는 자로 와 있다"(눅 22:25~27). 말하자면 권력의 종됨을 언급한다.

하나님께서 지도자를 세우신 것은 지도자 자신의 영광이나 권세를 위한 것이 아니었다. 성서의 주인공은 하나님과 백성이요, 지도자는 조연일 뿐이다. 지도자는 시민의 유익을 위해 존재한다는 것이다. 그러므로 국가권력은 종의 직분으로 이해되어야 한다. 국가에게는 모든 사람의 유익을 도모하는 정의를 시행하고 또 억압받는 자들을 옹호할 책임이 있다.

권위는 다른 사람 위에 군림하는 것이 아니라, 섬기는 것이다(마 20:27).

이러한 사상은 신약 전체에 걸쳐 반복되고 있다. 하나님께로부터 나온 권위를 가지고 있다는 것은 특별한 방법으로 이웃들을 섬길 수 있는 권리와 책임을 가지고 있다는 것을 의미한다. 국가가 백성 위에 군림하고 백성들과 동떨어진 낯선 존재가 되어서는 안 된다. 민수기 20장의 가데스에서 발생한 사건에서 백성들은 물이 없다고 모세를 공박한다. 이 사건에서 지도자는 하나님과 백성들 앞에서 특권보다는 책임과 의무를 많이 지고 있으며, 지도자의 직권남용 행위는 매우 엄격하게 다루어지고 있다.

우리 역사에서 멀쩡하고 순박했던 사람도 완장 하나만 채워주면 금세 태도가 바뀌어 목에 힘이 들어가는 것을 보는 것이 어렵지 않았다. 권력을 잡기까지는 비굴하리만치 굽신거리다가도, 권좌에 오르기만 하면 목소리를 낮게 깔고 뒤로 넘어질 듯 팔자걸음을 걸으며 거들먹거리는 모습도 본다. 권력을 잡는 목적이 가문의 영광이나 한풀이를 위한 것으로 치부되는 역사도 멀리 있는 것은 아니었다. 성경이 말하는 섬기는 리더십, 봉사하는 리더십과는 상당한 거리를 느끼게 하는 부분이다.

Ⅳ. 정의

1_ 공평한 보상

정의는 복음에 내재하는 중심적인 요소이다. 회복된 참된 공동체에는 반드시 정의 및 그 정의에 기초한 정치가 실현되는 법이다. 그런데 이 정의는 법적 · 정치적 권위를 통해 중재된다. 정의(正義)에 대해 규정하기는 거의 불가능하지만, 성서에서 그 의미를 어느 정도 알아볼 수 있다. 시편은 정의를 가난한 자들을 옹호하는 것, 반대로 억압하는 자들을 처벌하는 것과 결부시킨다. 신약성서는 정의의 핵심을 의인을 보상하고 악인을 처벌하는 것이라고 거듭 언급한다. 법은 의인과 악인 둘 다를 보상한다. 그들의 행위에 따라 그들에게 그들의 몫을 되돌려준다는 의미에서 보상한다고 말할 수 있다.

가인을 살해하는 자는 칠 배의 벌을 받게 되는데, 여기서 '칠 배'는 적당하거나 완전한, 또는 충분하지만 지나치지 않은 복수의 의미를 담고 있다. 그리고 "세상을 심판하시는 이가 공의를 행하실 것이 아니나이까?", "의인을 악인과 함께 죽이심은 불가하오며"라고 말하는 아브라함의 정의는 관련된 당사자들이 실제로 저지른 과실의 정도에 적합한 보응을 요구한다고 볼 수 있다.

이러한 사상은 시내산에서 이스라엘에게 율법이 수여될 때도 반복된다.

하나님께서는 그 유명한 동해보복법[9]을 선포하신다(출 21:24-25). 이 말씀에 대한 오해가 없는 것은 아니지만, 이 말씀의 전후 문맥을 살펴보면 이 말씀이 정의에 관한 특별한 형태의 메시지를 전하고 있음을 알 수 있다. "사람이 그 남종의 한 눈이나 여종의 한 눈을 쳐서 상하게 하면 그 눈 대신에 그를 놓을 것이며" '눈은 눈으로'를 문자적으로 이해하면 모순이 된다. 노예가 주인의 눈을 뽑지 않고 대신 자유로운 신분으로 풀려나기 때문이다. 위의 구절들은 '눈은 눈으로'라는 말씀의 원리를 적용한 것이다.

동해보복법의 요점은 처벌의 경중은 범죄의 정도에 일치해야 하는 것이다. 작은 잘못은 작은 보응을 받고, 큰 잘못은 큰 보응을 받아야 하는 것이다. '눈은 눈으로'는 공평이라는 법적 원리를 말하는 것이다.

시내산에서 수여된 이 율법의 원리는 가인을 죽이는 자가 받게 될 '칠 배의 벌'이 의미하는 바가 무엇인지를 보다 분명하게 해준다. 이러한 정의는 '각 사람에게 그들이 당연히 받아야 하는 것을 주는 것'이라고 하는 고전적인 정의관과 매우 흡사하다.

2_ 정의의 여러 측면

성서는 정의를 실천하라는 명령으로 가득 찬 책이다. 궁극적으로 하나님의 뜻에 일치하는 정의로운 질서가 있다는 사실을 언급한다. 하나님께서는 창조세계 안에 정의로운 질서를 유지하신다. 이 질서에 순응해서 행동을 해야 한다. 이 질서에 비추어 판단할 것이 요구된다. 의롭다, 불의하다 말할 때 정의를 이러한 관점에서 평가하는 것이다. 이 정의로운 질서는 사람들에 의해 유지되는 것이긴 하지만, 설사 사람들이 정의롭게 행동하지 않는다 하더라도 하나님께서는 여전히 세상에서 정의를 지지하신다.

사람들뿐 아니라, 다른 것들에도 정의가 그 표준이 된다. 중량과 도량형은 공정해야 한다. 중량과 도량형은 그것들이 표시하도록 되어 있는 것을 나타내야만 한다. 임금도 공정해야 하며, 법적 제도 또한 정의로워야만 한다.

사람들은 정의롭게 행동해야 한다. 정의롭게 된다는 것은 우상숭배, 간음, 도둑질과 폭력 같은 것들을 삼가야만 한다는 것을 의미한다. 그와 같은 정의는 부정적인 것들을 금하는 것뿐만 아니라 실제로 긍정적인 것들을 추구하는 것을 포함한다. 정의로운 사람은 굶주리고 헐벗은 사람들을 보살피고, 가난한 자들을 옹호하며, 사람들의 일을 공정하게 판단해야만 한다. 불의한 자들은 이러한 일들을 행하지 않는 자들이다.

절대적인 의미에서 정의로운 사람은 아무도 없다(롬 3:10). 법적 분쟁에서 재판관은 둘 중 한 사람을 정의로운 사람이라고 선언할 수 있다. 이것은 이

9) 탈리오법칙 (lex talionis)

동해보복법(同害報復法). 응보원칙의 가장 소박한 형태. 무제한 복수허용 단계에서 동해보복의 정도까지 보복제한 단계로 진보.

사람이 죄가 없다는 의미가 아니라, 이 경우에 한해 이 사람이 옳다는 것이다. 재판관은 정의로운 사람의 편을 들어야 한다는 것을 의미한다.

정의는 새로운 역사적 환경이 나타날 때마다 그에 부응하는 새로운 행동을 요구한다. 정의는 일정한 형태의 사회질서를 명시하는 것이 아니라 우리가 형성하는 사회질서가 어떤 형태의 것이든 언제나 그 질서를 평가하는 수단이다. 또 정의를 율법주의와 동등시해서도 안 된다. 정의는 법적 선례를 그저 종합한 것이나 추상적인 법적 원리를 적용하는 것이 아니다. 정의는 사물을 바로잡는 추진력이다. 정의는 선하고 생명을 주는 관계를 향한 운동이다. 정의는 언제나 친절과 관용을 포함해야 한다.

3_ 각자의 정당한 몫

성서상의 정의는 하나님-인간-사물 간의 올바른 관계질서를 말한다. 이 질서에 부합하는 관계양식이 정의로운 것이다. 인간이 이 질서에 따를 때 정의롭다고 말할 수 있으며, 또 그들의 행위 역시 정의롭다고 할 수 있다. 정의란 각자에게 '정당한 몫'을 주는 것이다. 각자가 당연히 차지해야 할 정당한 몫은 무엇인가?

각자는 자신들에게 주어진 특정한 위치에서 하나님과 이웃에게 책임을 져야 한다. 각자는 행해야 할 과제와 짊어져야 할 책임을 지고 있다. 충실한 남편과 아내, 사랑이 많고 지혜가 가득한 부모, 열심히 일하고 성실한 일꾼, 주위 사람들을 잘 돌보는 이웃, 책임을 다 하는 시민, 우정이 변치 않는 친구가 되어야만 한다. 당연히 받아야 하는 것은 자신에게 주어진 인생의 책임을 감당하기 위하여 필요로 하는 것이다. 각자는 자신의 소명을 완수할 권리를 갖고 있다고 할 수 있다. 따라서 정의는 하나님께서 창조하신 세계에서 만물이 갖는 위치 또는 소명을 비교해서 그들이 다른 것들에 비해 필요로 하는 것을 가질 수 있도록 하는 것이다. 정의에 대한 성서의 가르침은 창조에 관한 성서의 가르침을 입증하고 있다.

각종 산업현장에서는 매년 연례행사로 임금투쟁이 이루어지고 있다. 물론 노동에 대한 정당한 몫을 귀속시키는 것이 정의 관념에 맞는 것이다. 그러나 반대의 측면에서 조용히 자문해 볼 필요는 없는 것일까?

"나는 과연 내가 받는 임금에 걸맞은 가치 있는 일을 하고 있는가?"

02 Chapter

_국가권력과 기본권

우리 헌법상의 국가형태인 민주주의의 기원은 근대 이후 시민계급이 정치권력의 주체로 등장하는 계기가 되었던 시민혁명을 역사적 배경으로 하고, 국민주권주의를 이념적 배경으로 하는 것으로 이해할 수 있다. 국민주권주의는 국가권력의 정당성의 기초가 국민으로부터 기원한다는 입장이다. 국가권력 및 국가공동체는 국민적 정당성이라는 기반 위에서 성립 · 형성된다고 본다(헌법 제1조 2항).

루소J. J. Rousseau는 국가권력이 성립되기 이전의 상태를 자연상태라고 하고, 국가권력이 개입하여 만들어내는 온갖 억압과 폭정이 없는 이러한 상태를 이상적인 상태로 상정한 바 있다.

그러나 홉스T. Hobbes는 법과 국가의 관념을 인간의 본능에 기초하여 파악하였다. 그는 국가의 기본요소가 사람이기 때문에 국가의 기능과 성격을 인간의 기본성향에 따라 파악해야 한다고 하였다. 그는 인간을 이기적이고 복수심에 불타는 비겁한 존재로 보았다. 그러므로 국가권력에 의해 인간사회가 정글의 법칙이 작용하는 약육강식의 상태인 '만인의 만인에 대한 투쟁'의 장으로 변하지 않도록 하기 위하여, 즉 인간생존의 조건을 성취하기 위해서는 강력한 독점적 국가권력이 필요하다고 보았다.

Ⅰ. 국가의 신적 기원성

국가는 교회와 어떤 관계에 있는가? 이에 대해서는 대체적으로 세 가지의 견해가 있다.

먼저 교회와 국가는 적대적 관계라는 견해가 있다. 기독교와 국가의 관계를 본질적으로 갈등 · 대립의 관계로 본다. 유럽에서의 장미전쟁이나 백년전쟁, 크롬웰이 주도한 영국의 청교도혁명 등은 표면상의 이유와는 달리 종교와 국가 간의 갈등에서 비롯된 점이 많다고 볼 때 일면 수긍할 수 있는 점도 있다고 본다.

그런가 하면 가톨릭교회에서는 국가가 교회의 한 부분에 불과하다고 본다. 그러므로 교황은 세속국가의 여러 가지 문제에 대해서도 판단을 내릴 권리가 있다고 본다. 신앙과 도덕의 문제는 말할 것도 없고 국가의 법과 제도에 관한 문제에 있어서도 교회는 최고의 권위를 갖는다고 한다. 교회는 영원하지만 세상에 있는 국가는 잠정적이며 영원하지 못하기 때문이라고 한다. 개신교인 중에서도 이와 비슷한 태도를 가진 이들이 있다. 교회가 국가 위에 있던 중세에는 수긍될 수 있었겠지만, 오늘날에는 그저 선언적 의미밖에는 없는 것으로 보인다.

INSTITVTIO CHRI-
ſtianæ religionis, in libros qua-

IOHANNE CALVINO AVTHORE.

Oliua Roberti Stephani.

나아가서 국가의 신적 기원을 주장하는 견해가 있다. 종교개혁자들의 주장이며 개신교의 국가관이라고 할 수 있다. 장 칼뱅[1]은 교회가 국가에 우선한다는 주장을 거부하면서 그리스도인들은 하늘나라의 시민으로서 영적인 세계에 살면서, 동시에 이 세상에 살기 때문에 국가의 권위에 순종하며 협조해야 한다고 했다. 칼뱅은 로마서 13장에 근거하여 정부의 역할이 태양, 공기, 물, 빵보다 더 귀중하다고 역설했다. 그리고 공직은 모든 소명 중 가장 명예롭고 가장 신성한 직분이라 했다. 정부는 인간이 짐승처럼 되는 것

제네바에 신정정치를 이루었던 장로들 (좌로부터 파렐, 칼뱅, 베자, 녹스)

1) John Calvin (1509-1564)

프랑스의 종교개혁가. 제네바에서 종교개혁에 성공. 신정정치적 체제 수립. 「그리스도교 강요(綱要)」, 「로마서 주해」 등 저술.

을 막아주기 때문이라는 것이다. 정치는 더러운 것이기 때문에 멀리해야 한다는 생각은 칼뱅에게는 한낱 광신일 뿐이었다.[2] 하나님이 정부와 국가라는 제도를 만드셨다(롬 13:1). 그러므로 국가는 신성한 제도이지, 혹자가 생각하듯 본래 더럽거나 속된 것이 아니다. 또 성경은 공직을 높이 평가하여, 관원들을 하나님의 사자(롬 13:4) 또는 하나님의 일꾼(롬 13:6)이라 부르고 있다. 성직자만이 아니라 공직자도 그렇다는 것이다.

혹자는 정치에 대해 냉소적이고 정치인을 경멸하는 태도를 보인다. 그러나 비난받는 현실의 정치는 그 본래 모습이 아니라 타락한 모습이다. 원래 질서의 일부로서의 정치는 현실정치가 보여주는 것과는 다른 것이다. 그러므로 정치를 본래의 모습으로 회복시킬 책임을 받아들여야 할 것이다.

Ⅱ. 권력의 분배

대규모 공동사회에 있어서 권력구조는 불가피한 것이다. 국가 외에 지방자치단체, 회사, 노동조합, 학생회 조직 등에 있어서도 업무의 대부분은 소수의 업무 담당자에게 맡겨진다. 이러한 권력구조의 존재가 불가피하다면, 권력을 정당하게 분배하는 것이 중요한 과제가 될 것이다.

공동사회에서 권력은 어떻게 분배되어야 하는가? 현대사회에서 완전한 직접민주주의는 불가능하며, 한 사람이 모든 문제를 규율하는 것도 불가능하다. 한 사람이나 모든 구성원이 사회의 모든 사항을 파악하거나 처리할 수 없기 때문이다. 그러므로 규율기능의 분배는 불가피하다. 규율기능의 분배와 조정이 질서 있게 이루어짐으로써 권력분립과 권력통제의 체제가 확립되어야 한다. 권력요소들이 서로 억제하고 영향력을 행사하며 균형을 이루어야 한다. 이러한 체제는 주로 국가권력의 독점을 예방하기 위한 배려에 힘입은 바 크다. 즉, 입법권, 행정권 및 사법권의 제도화가 그것이다.

권력기관의 내부에서는 수평적 권한분배가 이루어진다. 즉 행정부의 업무는 재정, 경제, 교육, 과학 및 국방 등의 전문영역에 따라 행정 각부와 하부의 행정관청에 분배된다. 이는 사법부도 마찬가지이다. 또 수직적 권한분배도 행해진다. 즉, 사법과 행정부에는 다수의 상하심급이 존재하는 것이다.

분권화는 규율기능을 광범한 영역으로 분배하는 데 사용되며, 구체적인

2) John Calvin, 「기독교강요」, 4권 20장.

사정의 필요성과 특수성에 맞는 합리적인 취급을 가능하게 해준다. 또한 권력의 집중과 중앙집권체제에 고유한 획일화의 경향을 저지하는 역할을 하며, 나아가서 보충성의 원칙에 부합하는 동시에 개인에게 그와 밀접한 생활영역에서의 의사결정 과정에 참여할 수 있는 최대한의 기회를 부여하려는 요청에도 부합한다. 그러므로 민주사회에서 지방자치가 중요하다.

그러나 일관된 행정정책의 추진을 위해서는 중앙집권적 규율이 바람직한 경우도 있으며 여기에 분권화의 한계가 있다. 중앙집권적 체제의 장점은 광범한 전망가능성 및 활발성, 고도의 전문성 및 사무처리의 공평무사성 등을 들 수 있다. 그러므로 정치적 분권화의 장점과 중앙집권제의 장점을 조화시키는 조직모형의 추구가 필요할 것이다.

Ⅲ. 권력의 제한과 기본권 보장

1_ 법치국가의 원리

법치국가의 원리는 국가행위의 형식을 규율하고, 권력남용과 국가의 자의(恣意)를 방지하지 위해서는 그 밖의 원칙, 즉 법적 안정성, 비례원칙,[3] 과잉침해금지,[4] 기본권 보장 등이 중요한 역할을 한다. 즉, 국가의 행위는 확실한 근거 하에서 행하여져야 하고(모든 국가권력은 헌법의 구속을 받는다), 우월한 이익이 있는 경우에만 그리고 꼭 필요한 한도 내에서만 개인의 이익을 침해할 수 있으며, 인간의 기본권을 침해하여서는 아니 된다.

국가권력에도 한계가 있다는 사상은 먼저 종교의 요구에 의하여 근대 법치국가의 성립 이전부터 있어 왔다. 특히 기독교 세계의 국가권력은 이러한 요구를 일찍이 승인하고 있었다.[5] 종교적 양심결정에 있어서 국가의 간섭을 받지 않으려는 개개의 신자들에 의하여 주장된 것이다. 이러한 사상은 시민혁명에 상당한 영향을 미쳤으며, 초기의 기본권사상에 대하여 결정적 계기를 제공한다.

또 하나의 근거는 사회계약이론에 있다. 로크J. Loke에 의하면 국가권력이란 입법자에게 양도된 모든 사회구성원의 통합된 권력에 불과하다고 하였

3) 비례원칙 (比例原則)
침해행위에 의해 실현되는 이익보다 중요한 이익이 침해될 경우, 그러한 침해행위 금지.

4) 과잉침해금지원칙 (過剩侵害禁止原則)
국가 목적의 달성에 적합한 행위 중 이익상충을 최대한 줄이는 행위 선택 의무. 이익침해에 필요한 한도 초과 금지.

5) "하나님 앞에서 너희 말 듣는 것이 하나님 말씀 듣는 것보다 옳은가 판단하라."(사도행전 4:19).

다. 그러나 어느 누구도 그가 천부적으로 소유하고 있지 아니한 권력, 특히 타인의 생명 또는 재산에 관한 자의적 권력을 공동사회에 양도할 수 없으며, 공동사회도 이러한 자의적 권력을 소유할 수 없다는 것이다. 이러한 사상적 배경과는 무관하게 오늘날의 대부분의 국가에 있어서 국가권력에는 한계가 있다는 것은 인정되고 있다.

2_ 기본권의 보장

(1) 국가와 개인의 관계

기본권의 기초는 개인의 계발을 위한 활동영역의 보장에 있다. 헌법은 신앙 · 양심의 자유, 거주이전의 자유, 직업선택의 자유 등의 개별적인 자유권을 보장한다. 인간의 존엄과 가치를 존중받을 권리에는 자치와 자기계발에 대한 요구뿐 아니라 누구든지 일거일동에 간섭 · 감시받지 아니하는 사생활에 대한 자유도 포함된다.

간섭 · 감시행위는 인간관계를 속속들이 파헤치게 되어 인간을 인격 없는 투명한 유리인간으로 전락시킨다. 이것은 각종 정보기관의 활동에 의하여 경험한 바이며, 특히 전자정보처리의 시대에서 현저한 위험으로 나타나고 있다.

기본권 중에는 자유주의적 요소와 함께 민주주의적 요소도 포함되어 있다. 전자가 국가의 간섭으로부터 자유로운 영역을 확보하려는 것이라면, 후자는 정치적 의사형성 과정에의 적극적 참여를 목표로 한다. 이 두 가지 측면의 융화는 개인에게 계발의 자유를 부여함으로써 정치적 의사형성의 기회를 보장하려고 하는 기본권, 특히 언론 및 출판의 자유, 집회 및 결사의 자유에서 현저하게 나타나고 있다.

(2) 개인과 개인의 관계

기본권 보장의 문제는 단지 개인과 국가 간의 자유의 한계설정만이 문제되는 것은 아니며, 개인 상호간에도 관계된다. 공동사회에서 한 사람의 자유는 다른 사람의 자유의 희생을 가져오기 마련인 것이다. 그러므로 칸트가 법에 부여한 과제, 즉 한 사람의 자의가 다른 사람의 자의와 공존할 수 있도록 일반법칙에 따라 이를 제한하여야 할 과제가 대두하는 것이다.

이러한 한계설정의 문제는 재산권의 보장과 다른 국민의 이익을 위한 재산권의 사회적 제약의 충돌 또는 출판의 자유의 보장과 개인의 사생활의 영역의 보장의 충돌 등의 경우에서 나타난다. 이때 기본권 제한 임무는 국가에게 맡겨져야 할 것이다. 이리하여 원래는 기본권 보장의 요청 대상으로 생각되던 국가가 그 조정자 내지는 감시자의 역할을 맡게 된 것이다.

따라서 기본권문제는 국가적 규율권한(立法)의 한계문제로 귀착하게 된다. 국가권력은 법률에 의하여도 기본권의 본질적 내용을 침해할 수 없다. 법률에 의한 기본권 제한에 있어서는 비례의 원칙, 과잉침해금지의 원칙 등 법치국가의 일반원칙이 존중되어야 한다.

이 경우 입법자는 헌법재판소의 통제를 받는다. 그러나 이 문지기gate-keeper는 누가 지킬 것인가? 궁극적으로 자유주의적 국가질서는 제도정비만으로는 완전히 보장될 수 없으며, 정치과정에 참여하는 자 및 이를 견제 내지 통제하는 자들의 분별심 내지 선의에도 의존하게 된다는 것을 이해할 수 있게 될 것이다.

Ⅳ. 지배와 공동결정

1_ 지배와 동의의 상관관계

모든 국가권력이 존재할 수 있는 것은 복종이 있기 때문이다. 그러나 국민의 의사에 반하는 복종을 강요할 수는 없는 것이며, 다수인으로부터 자발적인 복종을 얻어야 할 것이다. 심지어 독재자라 할지라도 그의 지배체제의 안정을 위하여 국민 대중의 찬동을 얻으려고 하는 것이 보통이다. 어느 누구도 영원히 총칼 위에 앉아 있을 수는 없기 때문이다.

국민들의 욕구는 단순한 복종을 넘어서 자치를 요구한다. 국민들은 궁극적으로 그들의 법률과 정치적 운명을 스스로 결정하여야 한다는 것이다. 이리하여 국가권력은 국민으로부터 나오고, 국가권력의 집행자는 국민의 동의와 통제에 구속되어야 하는 것이다. 이러한 동의는 자유로운 여론형성을 통하여 얻어져야 할 것이며, 조작되어서는 안 된다. 동의와 통제는 선거에 의하여 지배체제를 대치할 수 있는 진정한 가능성이 주어질 때 비로소 효과적으로 실현될 수 있을 것이다.

2_ 지배자의 독자성과 종속성

국민의 대표자들은 국민의 의사에 귀 기울여야 한다는 요청이 밝혀주는 바와 같이 국민의 여론에는 직접민주주의적 요소가 내재하고 있는가 하면, 다른 한편 급진적 민주주의적 체제와 대의적 체제 사이에는 구조적 차이가 존재한다. 대의민주주의에서 통치자는 수시로 변하는 여론의 단순한 집행기관으로 머물러서는 아니 되며, 장기적인 안목을 가지고 전문적인 입장에서 법적 · 정치적 결단을 내려야 하고, 진정한 여론의 비판의 대상이 될 수 있는 고유한 정책을 수립하여야 한다.

국민의 통제권 행사는 판단자료를 쉽게 접할 수 있는 경우에 가능하기 때문에 국가행위는 공개되어야 한다. 특히 언론 · 출판 · 집회의 자유를 통하여, 자유로운 논쟁에 의하여 정부시책에 대하여도 여론을 형성할 수 있는 가능성이 주어져야 한다. 의회에서의 여야 사이의 논쟁이나 국정에 관한 TV 공개토론회 등과 같이 정부의 활동을 공개하는 것은 중대한 정치적 결정을 국민이 알 수 있도록 공개적으로 논의하기 위한 것이기도 하다.

국가를 중심으로 설명하는 지배와 동의 사이의 상관관계는 내용상의 차이는 있지만 기타의 공동사회에 있어서도 중요한 문제이다. 경제적 분야와 정치적 분야 사이에도 어느 정도의 구조적 유사성이 존재한다. 즉, 기업 내에 있어서의 지배와 공동결정의 문제가 그것이다. 생산업체의 종업원들은 점차 생산공동체 내지 경영공동체의 구성원으로 이해되고 있으며, 경영자본의 소유가 무제한의 지시권을 가지는 것으로 의심 없이 받아들여지지는 않는다. 이러한 입장에서 근로자들이 근로조건과 목적에 대하여 사용자와 공동으로 결정하고 기업경영이 이러한 공동결정에 따라 이루어지도록 하려는 요청이 기업법의 영역에 등장하고 있는 것이다.

03

Chapter

_국가권력과 민주질서

Ⅰ. 다양한 권위

국가의 사명은 정의사회의 실현에 있다. 개인과 국가가 다른 한 가지는 국가가 악을 벌하고 선을 보상할 수 있는 권세를 갖고 있다는 것, 즉 검을 사용할 수 있는 힘을 가지고 있다는 것이다. 국가가 이 권세를 언제 사용해야 하는지 명확히 할 필요가 있다. 정부가 무엇이나 다 할 수 있는 권위를 가진 것은 아니다. 국가도 자신의 적당한 위치를 지켜야 한다. 국가는 위험하고 쉽게 왜곡될 수 있는 존재이다. 엄청난 힘, 검의 힘, 무력적이고 탄압적인 힘을 휘두를 수 있다. 이 특별한 종이 주인이나 폭군이 되지 않고, 계속 종으로 남아 있을 수 있어야 한다. 국가가 해야 할 일뿐만 아니라, 국가가 해서는 안 될 일에 대한 관심도 중요하다.

장로, 사사, 왕, 제사장, 선지자들에게는 각각의 권위가 주어졌다. 이러한 직책들은 각각 하나님이 주신 특별 형태의 권위이다. 각각의 직책은 특별한 형태의 봉사직무를 가지고 있으며 그 직무수행을 위해 권위와 책임을 부여받았다. 이 지상에서 권위는 어느 한 사람이나 또는 어떤 한 형태의 제도에 집중되지 않는다. 남편, 아내, 부모, 고용인, 감독과 집사와 같은 여러 가지

권위의 영역이 있다. 각자가 독특한 방식으로 책임을 져야 한다.

모든 권위를 대표할 수 있는 조직이나 사람은 없다. 책임과 권위는 단 하나의 제도를 통해 전달되는 것이 아니다. 황제도, 사도도, 주인도, 교사도, 부모도, 남편과 아내도 자기가 유일하거나 최고의 권위라고 주장할 수 없다. 이러한 직책들 중 하나가 다른 직책들이 갖고 있는 적법한 권위 영역을 무시하고 다른 것을 지배할 수는 없다.

모든 직책이 창조질서 내에서 수행해야 할 특별한 임무와 함께 각각 책임과 권위를 갖고 있다. 국가가 가장 중요한 것이라고 할 수 없다. 정치를 삶의 중심으로 삼으려고 하는 태도는 정치를 무시하려고 하는 것만큼 나쁜 것이다. 국가질서는 하나님 앞에서 책임져야 하는 영역 중 하나일 뿐이다. 국가질서는 특별한 일을 수행하기 위한 특별한 권위를 갖고 있다. 따라서 그 범위를 넘어가려고 해서는 안 된다. 국가의 권위는 다른 권위들이 시작하는 곳에서 끝난다.

Ⅱ. 자기의 지위를 떠난 권력

절대왕정시대에는 로마서 13장의 "권세는 하나님께로 나지 않음이 없나니 모든 권세는 다 하나님의 정하신 바라"는 본문은 왕권신수설[1]의 근거로 사용되었다. 그 후에도 나치 독일 치하의 그리스도인들이 그랬던 것처럼, 국가에 무조건 순종할 것을 요구하는 명령으로 해석되기도 했다. 위정자들은 하나님으로부터 직접 권세를 받았기 때문에 그들의 통치행위에 대해 하나님께만 책임을 진다는 것이었다.

1) 왕권신수설 (divine right of kings)

왕은 신으로부터 권력을 받았기 때문에 의회 같은 지상권력이 왕을 견제할 수 없다는 주장. 영국 제임스 1세(1603~25 재위)는 왕권신수설의 제창자였으나 1688년 명예혁명 이후 왕권신수설은 영국 정치에서 사라짐. 존 로크는 절대주의에 반대하는 〈통치론〉(1689) 저술.

1_ 불복종

국가권력도 타락할 수 있다(계 13장). 국가권력이 본연의 지위를 이탈하여 타락한 경우는 어떻게 대응하여야 할까? 모든 권세가 하나님께로부터 났다고 해서 그들의 명령이 곧 하나님의 명령이라고 할 수는 없다. 하나님께서 세우신 제도로서의 국가와 그 권력을 행사하는 타락한 인간은 구별하여야 한다. 모든 권세는 위로부터 온 것일지라도, 그들의 명령까지 모두 하나님께로부터 온 것은 아닐 수 있다. 이때 불복종 또는 도피할 수 있다. 모세의 어머니 요게

벳의 태도가 그 예가 될 수 있다(출 1장). 또한 고문을 명하는 상관의 명령이나 업자에게 뇌물을 받으라는 명령에 복종한다면 이는 범죄행위가 된다. 하나님의 명령과 상반되는 권세자의 명령에는 당연히 복종해서는 안 될 것이다. 국가나 권세자의 명령에 순종해야 하나 '주 안에서' 순종해야 한다.

국가에게 국가가 받아 마땅한 몫만을 주어야 한다. 오늘날에도 국가 그 자체가 본질적인 목적을 가진 것으로 절대화하려는 시도를 경계해야 할 것이다. 교회는 언제나 정치질서에 이의를 제기하고 도전했다. 그래서 국가권력을 절대화시키고자 했던 마키아벨리, 홉스 또는 루소 등과 같은 서구의 정치이론가들은 그리스도인들이 국가에 전적인 충성을 바치지 않는 것을 비판하기도 했다.

2_ 비폭력저항

하나님의 뜻을 이루기 위해 인간의 폭력적인 수단이 필요한 것은 아니다. 어디까지나 하나님의 방법과 하나님의 시간에 따라야 한다.[2] 만일 수단과 방법을 가리지 않고 하나님의 뜻을 이루려고 하는 사람이 있다면 그것은 하나님을 비인격적인 세력으로 격하시키는 행위요, 기독교를 인본주의적인 이데올로기와 혼동한 것이라 할 수 있다.[3] 또한 자기를 죽이려던 사울왕에 대해 다윗은 그의 부하 장수가 자고 있는 사울을 단창으로 처치하고자 했을 때 "여호와께서 그를 치시리니 혹 죽을 날이 이르거나 혹 전장에 들어가서 망하리라"(삼상 26:10)고 하면서 만류하였다.

불의를 불의한 방법으로, 폭력을 폭력의 방법으로 대적하는 것은 성서적이지 않다. 선으로 악을 이기는 것이 진정한 승리이다(롬 12:21). 정의로운 평화를 창출하기 위해서는 비폭력적 저항의 방법이 성서적일 것이다(마 5:39). 보복적이고 폭력적인 악한 수단들을 사용하는 저항에 자신을 개입시켜서는 안 된다. 오른 뺨을 때리는 자에게 왼 뺨도 돌려대라(마 5:39)는 말은 오해되기 쉽다. 유대사회 관습에서 만약 누가 오른 뺨을 때렸다면(오른 손등으로 오른 뺨을 때리는 행위), 그 행위는 비인간적인 모욕을 가한 것이다. 이때 왼 뺨을 돌려대는 것은 동등한 인간으로서 자신의 존엄성을 비폭력적으로 주장하고 지키는 행위가 될 수 있다(가난한 자에게 전당물로). 속옷을 취하고자 하는 자(채권자)에게 겉옷까지 가지게 하라(마 5:40)는 것도 적극적인 비폭력적 저항의 방법으로 이해된다.

2) "네 검을 도로 집에 꽂으라. 검을 가지는 자는 다 검으로 망하느니라." (마태복음 26:52)

3) 양승훈, 「기독교적 세계관」 (IVP, 2003), 220.

3_ 저항권

1987년 우리나라 헌법은 저항권을 독자적인 기본권으로 보장하지는 않았지만 전문에 '… 불의에 항거한 4 · 19 민주이념을 계승하고'라고 하여 저항권의 흔적을 남겼다.[4] 미국 독립선언서는 저항권을 행사하는 것이 국민의 권리이자 의무임을 천명하였다: "하나님은 모든 인간에게 자유와 평등과 행복의 추구라는 기본적인 권리들을 주셨다. 정부는 그것을 보장하고 증진시키기 위해 존재한다. 그러므로 만일 정부가 그 본연의 사명에 역행하는 일들을 할 때는 언제라도 국민들은 정부를 타도 · 교체할 수 있다."

사울과 다윗이 일찍이 왕으로 기름부음을 받았으나 실제 통치권을 행사하기 시작한 것은 백성들이 그들을 왕으로 선택하고 추대한 후였다. 이를 보건데 하나님이 위정자들에게 권세를 주신 것은 직접적으로가 아니라 간접적으로이며 백성들을 통하여 주신 것이다. 하나님의 권세가 지상에 내려와서 머무르는 첫 번째 자리는 왕이 아니라 백성들이라는 것이다.

백성들이 주권자들이기는 하나 그들 모두가 직접 통치할 수는 없으므로 자신들을 대신해서, 그리고 자신들을 위해 통치할 대리인들에게 일시적으로 권력을 위임하는 것이 필요했다. 권력을 위임하는 제도적 과정으로 고안된 것이 바로 선거였다. 사람들에게는 날 때부터 자신의 역할이 주어져 있다는 계층적 사고가 사람들의 세계관의 일부를 이루고 있던 사회에서는 백성들이 투표를 통해 통치자를 선택한다는 개념은 상상할 수 없는 일이었을 것이다.

지상에서 권력의 일차적 주인은 국민이요, 통치자들은 일시적으로 그것을 위임받아 관리하는 청지기들에 불과하다는 사상이 보편화됨으로써 이제 통치자들이 권력을 위임한 국민들의 의사에 반하여 권력을 행사할 때는 권력의 위탁자인 국민들이 그들을 소환하거나 처벌할 수 있다는 논리가 성립되었다. 이런 생각들은 주로 칼뱅주의자들 사이에서 발전되었고 칼뱅주의가 꽃을 피운 나라들 중에서는 폭군들을 쫓아내는 혁명적 사건들이 발생하기도 했다. 물리력의 행사가 기독교 윤리적으로 정당화될 수 있는가에 대해서는 논란이 있다. 그러나 현대의 많은 국가들은 헌법에서 저항권을 인정하는 경향을 보이고 있다.

4) 저항권 (right of resistance)

국가권력의 불법적 행사로 기본권이 침해되는 경우 다른 합법적 구제수단으로 목적달성이 불가능할 때에 복종거부나 실력행사를 통하여 저항할 수 있는 국민의 권리.

Ⅲ. 민주주의의 원리

1_ 대의민주주의(代議民主主義)[5)]

성서적 관점에서 볼 때 권위는 타인을 다스리기 위한 것이 아니라, 섬기기 위한 것이다(마 20:27). 이러한 사상은 신약성서 전체에서 반복되고 있다. 권위가 부여되어 있는 사람은 특별한 방법으로 이웃들을 섬길 수 있는 권리와 책임이 부여되어 있는 사람이다. 국가의 권위만이 아니라 부모나 가르치는 이의 권위도 마찬가지이다. 정부권력은 절대적인 존재가 아니라 종이다. 국가는 시민의 선을 도모하는 종이다. 백성 위에 군림하는 낯선 존재가 돼서는 안 된다.

성서에는 국가와 국민의 관계의 이해를 위한 중요한 사상의 흐름이 있다. 이스라엘의 역사에서 정치적 대표로 볼 수 있는 장로들은 패장, 두령, 어른, 방백 등 여러 이름으로 묘사된다. 그들은 하나님으로부터 권위를 부여받았으며 종종 모세나 사무엘 같은 사람에 의해 임명을 받았었다. 동시에 장로들은 백성에 의해 그들의 대표자들로 선택을 받았다. 이스라엘이 왕을 요청했을 때도 하나님이 이미 임명하셨던 사울이 백성들의 제비뽑기로 백성 가운데 선출되었다. 이것은 현대의 주권재민론, 즉 국민이 가진 고유한 권력에 의해 국민들이 지배자를 선택하고 그 지배자에게 그들을 다스릴 권위를 준다고 하는 사상과 일치하는 것은 아니다.

성서는 정치적 권위가 백성들이 아니라, 하나님께로부터 나온다고 한다. 그런다고 정치적 권위가 독재정치는 아니었다. 백성들이 장로들을 선출함으로써 정치적 책임을 나누었다. 그리고 장로들이 다윗에게 와서 하나님께서 그를 이스라엘을 다스리는 왕으로 임명하셨다고 말했다. 그런 후에 장로들은 다윗과 언약을 맺고 다윗을 왕으로 기름부었다(삼하 5:3).

언약개념은 성서에서 중심적 위치를 차지하는 개념이다. 언약 당사자들은 당사자들 간의 관계에 대한 일정 조건에 동의하고, 그 조건들을 지키기로 약속한다. 언약은 상호약속, 헌신 및 책임의 관계이며, 생활양식을 설정하는 관계이다. 언약이 하나님과 이스라엘의 왕 및 지도자들 사이에 맺어졌다. 또 이러한 헌신의 일환으로 왕과 장로와 백성들 간에 언약이 맺어졌다(삼하 5:3).

5) 대의민주주의(代議民主主義)

국민이 직접 국가의사를 형성하지 않고, 대표자를 통해 간접적으로 의사결정 과정에 참여하고 그에 구속되는 국가의사 결정의 원리. 직접민주제의 반대 개념.

언약을 통해 한 백성이요 집단인 이스라엘은 하나님의 율법을 지키기로 다짐한다. 이 언약의 일환으로 한 공동체인 백성들은 정치적 업무에 대해 책임을 지기로 했다. 백성들은 정의가 시행되는 것을 감시할 책임이 있었다. 이 언약 안에 있었던 제사장, 장로, 사사, 왕 등의 직책들을 맡은 자들은 각각 의무를 부담했고, 또한 일반 백성의 의무와는 다른 그 의무를 수행할 수 있는 권위를 가졌으며, 언약에 대한 상호책임으로서 하나님과 동료들에게 책임을 져야 했다. 지도자와 백성들은 하나님을 사랑하고 하나님의 정의로운 율법을 준수함으로써 정의를 행해야 하는 언약을 하나님과 서로 간에 맺었던 것이다. 국가의 임무는 전체 백성에게 주어진 것이다. 지도자와 백성들은 서로에게 책임이 있으며, 또 하나님께 함께 책임을 져야 한다. 이것은 오늘날 국가와 일반 국민 간의 관계를 이해하는 데 중요한 의미를 갖는다.

오늘날 우리는 이스라엘 사회와는 비교가 되지 않게 훨씬 더 다양한 사회 속에서 살고 있으며, 그에 따른 직책들은 더욱 늘어날 것으로 전망된다. 그러나 그때와 지금 간의 차이에도 불구하고, 국가질서는 다양한 직무와 책임을 가지고 시민들의 종이 되도록 하나님이 고안하신 것이며, 또 그 범위 내에서 정의가 유지되어야 할 것이다.

이러한 책임양식은 역사상 국가구조 속에 여러 가지 다양한 방법으로 그 모습을 나타내 왔다. 백성의 복지에 전혀 관심이 없는 지배자라 할지라도 그들은 거의 언제나 백성의 선을 위해 활동하고 있으며 백성들을 위해 일한다고 말한다. 즉, 지도자들은 전체 국가질서를 대표한다는 점을 부각시키려고 하는 것이다. 적어도 자신들이 그렇게 행동할 수 있는 공인된 이유를 갖고 있다고 주장하지 않으면서 지배하려고 한 지배자는 거의 없었다. 세상의 국가질서는 대표성을 띤 통치형태에 의해 유지되는 것이다.

2_ 민주주의의 내적인 제약원리

성서는 권력과 권위가 하나님으로부터 나온다고 선언한다. 국가권위의 기원에 대한 이러한 사상은 국가나 국민이 원하는 것은 무엇이든 다 할 수 있는 권리를 가진 것은 아니라는 것을 말한다. 국민들은 자신들이 원하는 일이 아니라, 정의를 실행해야 한다. 다수의 국민들이 유대인들과 집시들을 가스실에 보내기를 원하거나 소수 집단을 부당하게 대우하기를 원한다 해도, 이러한 일은 국가가 할 일이 아니라는 것이다. 국민의 뜻, 또는 다수의 국민의 동의가 있다하여 올바른 일이 되는 것은 아니다.

또한 국가가 국민들의 뜻을 외면하는 통치를 해서도 안 된다. 전체주의[6]에 빠지지 않고 정의롭게 임무를 수행할 수 있는 능력은 국가가 백성들의 문화와 여론과 소원에 얼마나 민감하게 대처하느냐에 달려 있다. 그렇다 해도 정의를 버리고 단지 여론의 눈치만 살피는 것이 국가의 과제는 아니다.

헌법은 국가의 통치원리이며 모든 법이 따라야 할 기본법이다. 헌법은 정부가 순응해야만 하는 근본적인 정의의 질서이다. 국민 대다수가 원한다 해도 헌법에 위배되는 것이라면 할 수 없다. 헌법은 여론의 추이가 크고 지속적으로 변화되고 있을 때에만 매우 신중하게 고려하여 변경될 수 있을 뿐이다. 성문 헌법을 가진 대부분의 국가에서 군대는 정권이나 국민의 뜻이 아니라 헌법질서 자체에 충성을 바치도록 되어 있다. 이것은 정권과 국민이 순응해야 하는 질서가 있다는 사실을 인정하는 것이다.

실정법적 규제만으로 충분하지 않은 경우가 있다. 독일 나치정권은 다수의 지지로 헌법을 개정했고 합법적으로 국가구조를 그들의 뜻대로 개조할 수 있었다. 히틀러는 법에 따라 거의 절대적인 권력을 취했고 적법절차에 따라 수백만 명의 권리를 빼앗고 학살을 자행했다. 나치 지도자들에 대한 전범재판이 열렸을 때 그들을 처벌할 수 있는 실정법상의 근거가 없었다. 그들은 헌법이든 기타 법률이든 실정법을 어긴 것은 아니었다. 만약 인간이 만든 법만을 인정하거나, 정의는 시민들 간의 동의에 지나지 않은 것이라는 태도를 고수하면 처벌근거는 없었던 것이었다.

그러나 나치의 야만적 행위는 정의로운 심판을 받아야만 했다. 전범재판소는 그들을 '인류에 대한 범죄'라는 논리에 기초하여 재판했다. 이것은 다소 애매한 것이었으며 또 인간행위를 규제하는 근본 규칙이 있다는 사상을 표현하기 위하여 만들어진 것으로 보인다. 이 사건은 다수의 뜻이나 국가 헌법을 초월하는 정의의 개념이 인간의 참자유를 보존하는 데 중요하다는 점을 가르쳐 준다. 극단적인 정치적 주장이 난무하는 세상에서 다수의 뜻을 초월하는 질서의 필요성을 제기한 것이다.

2차 세계대전 당시 일본이나 독일의 만행이 자행될 때에도 당시의 양심세력은 국수주의적 태도로 침묵하지는 않았다. 21세기 일본의 지도층이 그들

6) 전체주의 (totalitarianism)

개인은 전체 속에서 비로소 존재가치를 갖는다는 주장을 근거로 강력한 국가권력이 국민생활을 간섭·통제 하는 사상 및 체제. 1930년대 후반부터 이탈리아의 파시즘, 독일의 나치즘, 일본의 군국주의 등 가리키는 말. 제2차 세계대전 후 냉전체제하에서 공산주의 지칭.

의 정신대 만행을 감추기에만 급급할 때에도 그들의 과오를 반성하는 일본의 양심세력은 목소리를 내고 있다. 맹목적인 국가지상주의나 민족지상주의는 나라의 앞날에 오히려 큰 짐이 되고 말지 아니하겠는가?

Ⅳ. 국민의 책임

정의 실현에 모든 국민들이 공동책임을 진다. 탈(脫)정치적이 되거나, 정치에 참여하지 않은 상태로 있을 수는 없다. 세상에 살고 있는 그것만으로도 이미 정치에 참여하는 것이다. 주변에서 일어나고 있는 것을 방관 또는 무시한다면, 현재의 상태를 정의로운 상태로 인정하는 것이 된다. 현 상태를 있는 수용하고 있기 때문이다. 이 세상에 죄와 고통, 그리고 슬픔이 있음을 인정할 때 그러한 태도는 비성서적이며, 하나님과 이웃의 요청을 외면하는 것이 될 수 있다.

정치적 책임을 의식하며 정부에 대해 정의실천을 요구하는 행동이 필요하다. 하나님은 정의로운 질서를 수립하셨다. 이 질서는 점진적으로 발전되어 하나님께로부터 정의를 수립하는 법의 제정권위를 부여받은 국가적 직책의 담당자에 의해 대표되기에 이르렀다. 정의로운 국가질서의 유지는 그 질서 내에 있는 모든 사람들의 과제이며, 모든 사람들이 공동적으로 가진 권위요 책임이다.

정치적인 문제와 관련하여 국민들은 적극적으로 의를 행하는 길을 선택할 수 있다. 이러한 선택은 개인의 행동과 집단적인 운동으로 나타날 수 있다. 경제정의를 실현하기 위한 시민운동이나 기독교윤리 실천운동, 국회에서 정의로운 입법을 만들어 행정부가 옳게 집행하도록 끊임없이 로비 활동을 하고 감시 감독하는 것은 불의를 책망하고 정의를 실현하려는 노력들이라고 볼 수 있다.

"임금들과 높은 지위에 있는 모든 사람을 위하여" 즉, 국가와 정치 지도자들을 위해 기도하여야 한다. 왜냐하면 정치가 올바로 이루어져야 "우리가 모든 경건과 단정한 중에 고요하고 평안한" 생활을 할 수 있기 때문이다(딤전 2:1~2).

그러므로 정치에 관한 국민의 일차적인 책임은 정의롭고 도덕적인 국가가 되도록 기도하는 것이다. 기도를 하려면 현실에 대한 정확한 안목과 판단력이 있어야 한다. 이를 위하여 국가적 현실에 대하여 관심을 기울여야 하고, 국가와 지방의 현안들에 대한 지식을 가져야 한다. 그리하여 칼 바르트[7]라고 하는 신학자는 '한 손에는 성경을, 또 다른 손에는 신문을!'이라는 의미심장한 말을 남겼다. 선거에서 기권하지 말고 투표권을 행사해야 한다. 국회의원들에게 로비를 하거나 평화적 시위에 참석하고 노동조합, 국제인권위원회, 소비자보호단체 등에 참여할 수도 있다. 정치적 성향이 있는 그룹들, 정당 혹은 입후보자의 선거조직에서 개인적으로 적극적 역할을 할 수도 있다. 헌신된 시민 행동가들은 정치에 영향력을 행사할 수 있다.

민주국가에서는 시민운동이 활발하게 일어난다. 이런 운동은 시민들의 공적인 윤리수준의 향상에 크게 기여하며, 정치부패를 막는 중요한 세력이 되고 있다. 민주주의는 시민들로 하여금 자신들의 삶을 스스로 결정할 수 있게 해줄 뿐 아니라 부패를 가장 효과적으로 방지한다. 그러므로 시민운동은 민주사회에서만 가능하고, 이는 민주주의의 꽃이라 할 수 있다. 이 운동은 시민들의 자발적인 운동이고, 공공의 이익을 위한 운동이며, 따라서 정의감과 희생정신이 있는 사람들이 이 운동에 참여하게 될 것이다. 권력과 영향력을 가진 기관의 비윤리적 행위에 대해 감시와 비판의 기능을 한다.

또한 불의에 참여하지 않는 길을 선택하는 것도 가능하다. 오랜 역사를 통하여 불의한 사회구조 속에서 개인의 양심이 얼마나 나약한가를 확인할 수 있었다. 자기가 속한 조직의 구조적 불의에 대하여 내부적 고발자가 될 수도 있다. 불의한 사회구조 속에서도 의롭게 사는 것은 큰 용기를 필요로 한다.

조직이나 기관의 부정부패는 사회에 막대한 피해를 입힌다. 그런데 이 경우 조직 내부로부터의 고발 내지 폭로가 없으면 조직의 부패나 비리는 밝혀지지 않는 경우가 대부분일 것이다. 미국은 '내부고발자보호법'Whistleblower's Protection Act, 1989을 만들었고, 우리나라도 '공익신고자보호법'(2014)을 제정했다. 사회 일각에서는 내부고발에 대해 조직에 대한 의를 배신하는 행위라는 식의 인식이 있는 것으로 보이지만, 불의한 것을 지켜주고 눈감아주는 것은 범죄행위 또는 범죄에 대한 방조행위이다. 비도덕적 동료들을 보호하기 위해 수많은 시민들에게 해를 끼치는 것은 '조폭의 의리'이며, 사회구성원 전체를 배신하는 행위가 아니겠는가?

7) Karl Barth
(1886-1968)

스위스의 개혁교회 목사이자 신학자. 1914년 8월 대부분의 자유주의 신학자들이 전쟁을 지지하자 자유주의 신학에 대해 환멸을 느끼고, 자유주의 신학에 반대함. 그리스도인들이 헌신적으로 복종해야 하는 하나님의 말씀 예수 그리스도를 강조. 신정통주의자. 로마 가톨릭 신학자 칼 아담은 '칼 바르트가 자유주의 신학자들의 놀이터에 폭탄을 던졌다'고 말함.

하나님이 국가라는 제도를 수립하신 목적은 악한 구조를 뒤엎고 그것을 의로운 구조로 대체하기 위해서 이다. 오직 국가만이 다른 모든 기관들과 집단들에게 구속력 있는 결정을 내리고 그 결정을 경찰력, 교도소, 벌금과 같은 강제력으로 뒷받침할 수 있다. 사회개혁과 관련하여 국가가 이처럼 결정적 역할을 담당하기 때문에 뜻있는 사람이 국가의 주도적 위치를 담당하는 것은 중요하다.

공직을 가지는 것이야말로 공공정책에 영향을 미치는 가장 직접적이고 즉각적이며 확실한 방법이다. 평소에 공동체의 공적문제에 무관심하던 사람이 갑자기 공직을 맡겠다고 나서는 것은 원칙적으로 문제가 있다. 전문가는 하루아침에 탄생하지 않는다. 정치인이 되려는 사람은 최소한 자신이 속한 공동체, 조직, 집단에서 활동적으로 일했던 사람이어야 할 것이다. 정치적 달란트를 가진 젊은이들이 경건하고 유능한 정치인이 되도록 격려해야 한다. 공동체에서 정직성과 신실성을 훈련받은 양심적이고 경건한 젊은이들이 정치무대에 등장하여야 한다.

Dialogue Between Law & Soul

국민의 인간다운 삶

03 Part

01 Chapter

_인간의 존엄과 가치

Ⅰ. 붕괴되는 인간의 존엄성

세계적으로 20세기의 가장 큰 사회적 문제는 공산주의도 아니고 민주주의도 아니라 인권침해의 문제였다. 또한 21세기를 살아가는 우리들도 이 문제를 안고 살아가고 있다.

20세기의 지구촌은 세계대전을 통해 약 6천만 명이 사망했고, 히틀러의 강제 수용소와 가스실에서 600만 명의 유대인이 몰살당하는 등 폭력과 인권침해로 얼룩졌다. 1989년에 중국에서는 자발적 민주주의 운동이 잔인하게 억압당하였다. 인민해방군이 비무장한 자기 동포들을 장갑차를 앞세워 무자비하게 대량 학살했다. 같은 해에 소망의 빛도 희미하게나마 비취었다. 철의 장막이 붕괴되자 많은 서구인들은 이전에는 억압적이었던 상황에 민주적 정부 형태들이 뿌리내림에 따라, 전 세계에 상대적인 자유와 안전의 시대가 밝아오는 것으로 생각했다. 그리고 많은 남미 국가들에서는 인권학대 기록이 꾸준히 개선되어 왔다.

그러나 90년대에 들어서면서 인권학대가 세계적으로 만연하고, 여성과 아동에 대한 대규모 착취가 계속되며, 노골적인 집단학살이 재등장했다.

중앙아프리카에서는 인종적·부족적 분쟁이 일어나 1994년에만 르완다에서 50만에 달하는 투치족이 '체계적으로 계획되고 묵과된' 살해를 당했다. 또 수많은 르완다 사람들은 무장하지 않은 채 곤봉이나 칼에 맞아 죽었다. 소위 인종청소는 격렬한 억압과 죽음과 행방불명으로 이어졌다. 보스니아 세르비아의 최고 지도자 라도반 카라직Radovan Karadzic과 랏코 믈라딕Ratko Mladic은 세르비아 영토 내의 8천 명에 달하는 무슬림을 개인적으로 처형했다는 혐의를 받고 고소된 바 있다.

오랫동안 계속된 학대의 희생자들인 여성들과 어린아이들은 최근 인권계에서 최우선적 관심사가 되었다. 해마다 50만명 이상의 어린이가 매춘을 강요받는 것으로 추산된다. 아시아에서만 200만명의 아동이 정규 노동자로 일한다. 어린아이를 종으로 부리는 것은 인도와 수단에서는 드문 일이 아니다. 콜롬비아, 브라질, 불가리아, 인도, 과테말라, 케냐, 터키 등지에서는 거리의 아이들이 경찰에게 정기적으로 죽임을 당하고 학대당한다. 여성의 성기 훼손은 아프리카 여러 지역에서 여전히 만연되어 있다.

기독교인들 역시 몇몇 지역에서 억압을 받아 왔으며, 그들의 신앙 때문에 정부나 폭도로부터 죽임을 당하고 있다. 그들은 특히 이집트, 수단, 이란, 인도네시아, 중국 등에서 납치되어 종이 되거나 고문을 당하고 있으며, 교회가 방화되는 일 등이 보고된다. 인권침해가 호전적인 인종집단, 부패한 경찰, 악한 독재자에 의해서만 저질러지고 있기라도 하듯이 몇몇 경우에 대해서만 비분강개하는 위험에 빠질 수 있다.

유엔 인권위원회에는 해마다 약 2만 건의 고소가 들어온다. 동아프리카의 아시아인들, 브라질의 인도인들, 호주의 원주민들, 인도의 불가촉 천민들, 터키 · 이란 · 이라크의 쿠르드족, 구소련의 유대인, 이스라엘의 팔레스타인인들, 캐나다와 미국의 아메리카 원주민들, 캐나다의 이뉴잇(에스키모)들, 그리고 북아일랜드의 가톨릭 교도들 등과 같은 소수 집단은 부당한 취급을 받아왔으며, 어떤 경우에는 지금도 그런 취급을 받고 있다. 난민, 인질, 테러희생자들은 곤경에 처해 있으며, 문맹, 인종차별, 빈곤, 기아, 질병 등으로 인간의 품격이 격하되는 경우도 있다.

이 모든 것보다 더 나쁜 것은 전 세계적인 비난의 대상이 되고 있음에도 불구하고 고문이 자행되고 있다는 것이다. 고문은 고문하는 사람 안에 있는 인간성을 죽여 버리고, 고문 받는 사람의 인격을 부숴버린다.

전 세계적으로 인간은 여러 가지 방식으로 억압을 당하는 상황에 처해 있다.

Ⅱ. 헌법

헌법 제10조는 인간의 존엄과 가치를 보장한다. 인간의 존엄과 가치는 헌법 최고의 원리이며, 헌법질서의 구조적 원리이다. 헌법의 존재의의는 궁극적으로 인간의 존엄과 가치를 실현하는 데에 있기 때문이다. 그러므로 인간의 존엄과 가치는 헌법의 다른 규정에 대해 지도원리로서 기능한다. 헌법에 보장된 다른 기본권들은 경제 · 사회 · 문화 · 정치 등 각각의 생활영역에서 인간의 존엄과 가치라는 기본이념을 실현하는 수단의 성격을 가지는 것으로 이해된다.

인간의 자유와 권리의 보장과 관련하여 인권human rights, Menschenrechte, 기본권fundamental rights이라는 표현이 혼용되고 있다. 오늘날 인권개념의 역사적 · 철학적 기초는 일반적으로 자연법론과 사회계약론에서 찾을 수 있다. 자연법론에 의하면 인간은 단지 인간이라는 이유만으로 천부(天賦)의 권리를 향유한다.

1789년 프랑스에서 채택된 '인간과 시민의 권리선언', 미국의 버지니아주 권리장전 등에서 이러한 사상을 볼 수 있다. 기본권이라는 표현은 독일 바이마르 헌법과 기본법에서 쓰고 있는 용어이다. 독일에서는 모든 권력을 구속하는 가치를 기본권에 부여한 것으로 이해된다. 독일에서의 기본권 또는 기본적 자유라는 관념이 프랑스 등의 인권 또는 기본권이라는 관념과 유리된 것이라고는 할 수 없다.

인권이란 인간의 본성에서 나오는 생래적 자연권을 의미하는데 비하여, 기본권이란 헌법이 보장하는 국민의 기본적 권리를 말하며 이 중에는 생래적 권리도 있지만 국가 내적인 생존권적 기본권 · 청구권적 기본권 · 참정권 등이 있는 까닭에 인권과 기본권은 그 내용에 있어서 반드시 일치하는 것은 아니다. 그러나 일반적으로 국내 · 외적으로 기본권과 인권이라는 표현이 혼용되고 있는 점을 부인할 수 없다. 한국 헌법학에서 일반화된 기본권이라는 용례는 자연권사상에 바탕을 둔 천부인권론에 기초하여 헌법에서 보장하고 있는 일련의 자유와 권리에 관한 규범적 이해의 체계라고 정의할 수 있겠다.[1)]

1) 성낙인, 「헌법학(제3판)」(법문사, 2003), 213.

Ⅲ. 보호의 역사

인간의 기본권에 대한 인식 및 이에 대한 보호의식은 오랜 역사를 통해 성장해 왔다. 플라톤과 아리스토텔레스는 자유와 정의라는 개념을 가지고 씨름을 했으며, 반면 토마스 아퀴나스와 다른 중세 신학자들은 헬라인들의 사상을 자연권이라는 견지에서 기독교화했다. 1215년 영국의 마그나 카르타[2]에는 교회의 자유 및 동료에 의한 공정한 재판을 보장해 주는 부분이 있었고, 1689년에는 왕이 국회에 종속되도록 한 권리장전[3]이 확립되었다.

미국과 프랑스는 18세기 말에 있었던 혁명으로 시민들이 헌법상의 권리를 확보하게 된다. 토마스 제퍼슨이 초안을 작성했던 미국 독립선언서(1776)는 "모든 사람이 평등하게 창조되었으며", "창조주로부터 특정한 양도 불가능한 권리", 특히 "생명 · 자유 · 행복을 추구할" 권리를 부여받았음은 자명하다고 선언했다. 1789년 국회에서 공포된 '사람과 시민의 권리에 대한 선언'Declaration of the Rights of Man and of Citizens에도 비슷한 말이 사용되었다. 그것은 인간의 천부적이고 불가침적인 그리고 양도 불가능한 권리 혹은 인간의 천부적이고 양도 불가능하고 신성한 권리에 대해 말한다.

제2차 세계대전을 경험하면서 인권문제가 세계의 가장 중요한 의제가 되었다. 1941년 루즈벨트 대통령은 네 가지 필수적인 자유에 기반한 세계가 등장하기를 고대했다. 그것은 세계 모든 곳에서 언론과 표현의 자유, 모든 사람이 자기 방식대로 하나님을 예배할 자유, 빈곤으로부터의 자유, 두려움으로부터의 자유이다.

1945년에 유엔이 설립되었다. 유엔헌장 전문은 "우리 유엔의 사람들은 '근본적인 인권, 인간의 존엄성과 가치, 남자와 여자 및 큰 나라와 작은 나라의 평등한 권리를 재천명하기로' 결의한다"고 선언한다. 제1조는 "인종, 성별, 언어, 종교의 구별 없이 모든 사람의 인권과 기본적 자유를 존중하는 것을 증진하고 고무하는 일에" 국제적으로 협력할 것을 말한다.

1946년에 유엔은 인권위원회를 설립했다. 그 임무는 국제권리장전의 첫 번째 요소인 보편적 인권선언을 준비하는 것이었다. 선언의 첫 번째 부분은 정치적 권리와 시민의 권리를 다루며, 두 번째 부분은 경제적 · 사회적 · 문화적 권리를 다룬다. 그것은 1948년 12월 10일 파리에서 열린 유엔 총회에

2) 마그나 카르타 (Magna Carta)

1215년 영국 존왕이 귀족들의 강요로 서명한 문서. 대헌장이라고도 함. 왕권의 축소와 귀족과 성직자들의 권리의 확대. 의회의 탄생으로 이어짐. 후대에 가서는 모든 국민들의 권리로 확대 해석됨.

3) 권리장전 (English Bill of Rights)

명예혁명 이후 1689년 잉글랜드에서 국민의 권리와 자유를 선언하고 왕위 계승을 규정한 법률. 의회동의 없이 법률제정, 징세 불가, 상비군 유지 금지, 선거 및 언론의 자유 규정.

서 채택되었다. 이것을 필두로 인권보호를 위한 유럽협약(1950), 인권에 대한 유럽위원회(1953), 유럽인권법정(1958), 국제사면위원회(1961) 등이 탄생되었다.

1966년에는 경제적 · 사회적 · 문화적 권리에 대한 협약과 시민권과 정치적 권리에 대한 협약의 두 개의 국제협약이 출발되었다. 1968년은 국제인권의 해였다. 그리고 1973년 유럽 안전과 협력에 대한 헬싱키 회의가 열렸으며, 마지막 조항에는 "인권과 기본적 자유에 대한 존중" 부분이 포함되었다. 1976년에 두 개의 국제규약이 효력을 발휘하여, 오랫동안 꿈꾸어 왔던 국제권리장전이 실현되었다.

Ⅳ. 성서적 관점

매킨타이어[4)]와 하버마스[5)]는 기본권 사상이 유대교와 기독교의 가르침이 세속화된 것이라고 주장했고, 1982년 이란의 유엔대사 사이드 라자디-코라사니 Said Rajadie-Khorassani는 국제연합이 1948년에 제정 선포한 '보편적 인권선언'은 유대-기독교 전통의 세속적 이해라고 말했다. 인간의 기본권에 관한 사상이 기독교적 배경에서 시작되었다는 사실에 대해서는 사상계나 종교계의 어느 편에서나 인정되고 있는 것이다.

인권 기준을 개발한지 많은 세월이 지났음에도 그 증진 · 보호 문제는 대중의 관심에서 멀어지고 있다. 이러한 상황에서 몇 가지 기본적 문제들을 검토할 필요가 있다. 인간이 가진 권리는 어떻게 얻게 된 것인가? 언제 그 권리를 획득하는가? 이와 관련하여 토머스 페인[6)]은 인권의 기원은 창조라고 하였다.

인권은 투쟁을 통해 획득한 것이 아니다. 어떤 권위도 그 권리를 수여하지 않았다. 처음부터 조물주에게서 생명과 함께 그러한 권리를 받았던 것이다. 인권의 본질은 그 권리를 가진 인간의 본질에 달려 있다.

4) Alasdair MacIntyre
(1929-)
도덕 철학, 정치 철학, 철학 역사, 신학분야에 공헌한 스코틀랜드의 철학자, 기독교 윤리학자.

5) Jurgen Habermas
(1929-)
독일 철학자, 사회학자, 심리학자, 언론인. 비판이론과 실증주의, 북미 실용주의 분야를 연구한 사회학자.

6) Thomas Paine
(1737-1809)
18세기 미국의 작가. 국제적 혁명이론가로 미국 독립 전쟁가. 1802년 다시 미국으로 갔으나 거기서도 독립 전쟁의 영웅이 아니라 '추악한 무신론자'로 프랑스혁명 때 활약. 이신론적 입장 에서 쓴 「The Age of Reason」이 무신론으로 오해 받음.

1_ 인간의 존엄과 가치

"하나님이 자기 형상대로 사람을 창조하셨다.", "남자와 여자를 창조하셨다.", "하나님이 그들에게 복을 주시며 그들에게 이르시되 … 땅에 충만하라. 땅을 정복하라"고 하셨다(창 1:27~28). 인간의 존엄성은 하나님이 창조로 확립해 놓으신 독특한 세 가지 관계로 이루어져 있다. 그것들은 인간됨의 큰 틀을 구성한다.

(1) 하나님과의 관계

미켈란젤로의 천지창조

어거스틴은 〈고백록〉에서 기도했다. "주님을 사랑하지 않는 이들에게는 주어지지 아니하고, 주님을 사랑하는 이들에게만 주어지는 기쁨이 있습니다. 이것이 행복이며, 그 외에는 없습니다. 다른 행복이 있다고 생각하는 이들은 다른 데서 기쁨을 찾으려고 하지만, 그것은 참 기쁨이 아닙니다. 그래도 그들의 의지는 뭔가 참 기쁨을 닮은 것 쪽으로 늘 끌립니다."

인간은 하나님의 형상대로 창조되었는데 그분은 세 인격체로 존재하신다. 하나님의 세 위격은 무한한 영광과 기쁨 가운데 서로 사랑하신다. 사람도 이 기쁨을 알도록 지음 받았으며, 이는 하나님을 최고로 사랑하고 영화롭게 할 때 가능하다. 이것을 인정하지 않는다 해도, 사람은 하나님과 사랑을 나누는 교제를 통해 얻도록 되어 있는 기쁨을 찾아 헤맨다. 우선순위를 무시하고 창조주이신 주님 대신 피조물을 더 많이 사랑하는 것은 죄다.

세상에서 좋다는 것에도 만족이 없음은 사람이 누리도록 지음 받은 그 기쁨과 만족이 무한해서 그런 것으로는 어림도 없기 때문이다. 그러므로 다른 무엇을 하나님보다 더 사랑하면 사랑의 대상을 해치고, 자신을 해치고, 주변 세상을 해친다. 결국 불평불만에 빠진다. 요지는 무엇을 사랑하지 말라는 데 초점이 있는 것이 아니라, 하나님을 더 사랑하는 법을 배우라는 것이다. 그러면 나머지 모두를 사랑하는데서 오는 만족이 훨씬 커진다.

그러므로 헌법이 규정하고 있는 종교를 고백하고 실행하고 전파하는 자유, 예배의 자유, 양심의 자유, 사상과 언론의 자유라고 부르는 모든 인권 등은 이러한 관계에 해당하는 기본권이라 할 수 있을 것이다.

(2) 인간 상호간의 관계

인류를 만드신 하나님 자신이 사회적 존재로서, 영원히 별개인 세 인격으로 된 한 분 하나님이다. 그분은 "우리의 형상을 따라 우리가 사람을 만들고"라고, 그리고 "사람이 독처하는 것이 좋지 못하니"라고 말씀하셨다. 하나님은 사람을 남자와 여자로 만드셨다.

인간은 타락한 세상에서 이웃사랑에 헌신하기보다 자기중심성에 사로잡히기 쉽다. 이웃사랑에 기반하지 않는 교제는 결국 상대방에 대한 비난과 책임전가로 이어지게 된다. 이러한 인간사회는 메마른 사회가 될 것이다. 성별은 하나님이 창조하신 것이며 결혼은 그분이 제정하신 제도이다. 가정에서 가족 상호간의 풍성한 교제는 메마른 세상을 촉촉하게 적실 생명수가 될 것이다. 인간이 교제를 나누는 것은 그분의 목적이며, 교제의 즐거움을 누리지 못하면 인간답게 살 수 없다.

그러므로 헌법이 규정하고 있는 성과 결혼과 가정의 신성함, 평화로운 집회를 할 권리, 연령 · 성별 · 인종 · 계층과 상관없이 존중받아야 할 권리라 부르는 인간의 모든 자유 등이 보장되어야 한다.

(3) 피조물과의 관계

사람은 땅을 정복하고 열매가 풍성한 땅을 경작하며 그 피조물들을 다스리라는 지시와 함께 지배권(대리권)을 수여받았다.[7]

그러므로 인간에게는 헌법이 규정하고 있는 일할 권리와 쉴 권리, 땅의 자원을 나눌 권리, 의식주의 권리, 생명과 건강에 대한 권리, 이것을 보존할 권리 및 빈곤·기아·질병으로부터의 자유 등이 보장되어야 한다.

이상에서 언급한 바에 따라 인간의 존엄성의 의미를 다음과 같이 요약할 수 있겠다. 인간과 하나님의 관계(혹은 예배드릴 권리와 책임), 인간 상호간의 관계(혹은 교제를 나눌 권리와 책임), 그리고 인간과 피조물의 관계(혹은 청지기직의 권리와 책임)가 제대로 정립되어야 한다. 인권은 기본적으로는 인간이 될 권리이다. 그래서 하나님의 형상으로 창조된 존엄성, 그리고 그에 따라 우리 동료 인간들 및 물질세계와 독특한 관계를 맺고 존엄성을 누릴 권리다. 그리고 그리스도의 성육신과 속죄를 통해 큰 희생을 치르고 인간을 구속 · 재창조함으로써 부가가치가 추가되었다. 그러므로 구속의 희생은 그분의 창조로 인한 인간의 가치의식을 더욱 강화해 준다.

7) "주님께서는 그를 하나님보다 조금 못하게 하시고, 그에게 존귀하고 영화로운 왕관을 씌워 주셨습니다."(시편 8:5)

결국 사람의 가치는 사람에 대한 하나님의 견해 및 사람과 그분의 관계에 좌우된다. 그러므로 인권은 원하는 것은 무엇이든 마음대로 할 수 있는 무제한적 권리가 아니다. 하나님이 만드신 원래의 인간이 되는 것과 모순되지 않아야 한다. 참된 자유는 자가당착적인 것이 아니라 진정한 인간으로서 우리의 참된 자아가 되는 것에서 발견된다. 그러므로 인권human right에 앞서 인간human being을 정의할 필요가 있다. 창조에 의한 인간의 존엄성과 그로 인해 인간이 갖게 되는 권리를 잊어도 되는 상황은 없다.

2_ 평등권

역사는 다양한 권리 · 이익의 충돌에 관한 이야기이다. 낙태와 관련하여 어머니의 권리와 태아의 권리 간의 긴장, 지주들의 재산권과 신도로 혹은 신공항 건설에 대한 공동체의 필요 간의 긴장, 시민권을 옹호하는 집단의 데모를 위한 집회의 자유와 지역주민들의 평온의 권리 간의 긴장 등이 그것이다.

이에 반해 성서가 언급하는 권리충돌은 다소 다른 형태이다. 힘 있는 자라고 해서 그의 뜻을 공동체에 강요할 수 없다는 것과 공동체도 소수 집단의 권리를 침해할 수 없다는 것이다. 모세 율법에 따르면 약한 사람들을 세심하게 보호해야 한다. 하나님의 백성은 그런 사람을 착취할 수 없음은 물론, 목소리를 내지 못하는 사람들의 목소리가 되어 자기 원수들을 포함한 힘없는 사람들의 옹호자가 되어야 한다.

모세는 말한다: "너희의 하나님 여호와는 … 사람을 외모로 보지 아니하신다"(신 10:17). 그러므로 재판관들도 사람을 외모로 보지 말고 오히려 '귀천을 일반으로' 정의를 시행해야 한다. 사람들에 대해 편파성을 제거해야 하며, 부자나 유명하거나 영향력이 있다고 특별히 경의를 표해서는 안 된다. 예수께서도 "외모로 사람을 보시지 않으시는 분"(막 12:14)으로 묘사된다. 그분은 부자와 가난한 자 또는 강한 자와 약한 자들을 사회적 지위와 무관하게 똑같이 존중하셨다는 것이다. 성서는 인간의 존엄성과 평등, 양자 모두가 인간이 창조되었다는 사실에서 유래되었다고 말한다.

"하나님은 외모로 사람을 취하는 일이 없다"는 사실은 예언자적 항변이라는 성서적 전통의 기초를 이룬다. 선지자들은 지도자, 특히 왕들의 폭정을 용감하게 비판했다. 통치자들에게는 그들의 직무에 걸맞은 존중을 표해야 하지만 그들이 권위를 폭정으로 혹은 통치를 압제로 바꾸려 하면 격렬히 저항했다. 독재자들은 임의체포와 구금, 심지어 정당한 재판 없이 투옥하거나 처형하는 경우에 국가의 안전보장이라는 전가의 보도를 들고 나오는 경향이 있다. 선지자들이라면 어떻게 반응했을까? 선지자가 그런 나라 내부에서 항변하거나 책망하려면 자기 목숨을 걸어야 했을 것이다.

3_ 자유와 권리를 넘어서

사람에게는 두 개의 폐가 있다. 한 쪽 폐로만 숨을 쉬고, 다른 폐로는 숨을 쉬지 않을 수는 없다. 권리가 있는 곳에 의무도 있다. 성서는 타인들의 권리변호에 대해서는 많이 언급하지만, 자신의 권리변호에 대해서는 거의 말하지 않는다. 오히려 성서는 권리가 아니라 책임을 강조한다. 하나님을 사랑하고 이웃을 사랑해야 한다. 이러한 요구사항이 의무의 전체다. "이 두 계명이 온 율법과 선지자의 강령"이다(마 22:40). 사실상 성서는 인권이 아니라 하나님 사랑과 이웃사랑의 견지에서 "인간의 책임에 대한 보편적 선언"을 담고 있다. 성서는 한 걸음 더 나아가 그 둘을 연결시킨다. 우리의 책임이 다른 사람들의 권리를 확보하는 것임을 강조한다.

타인에 대한 책임 때문에 자신의 권리를 포기하는 것에서 그리스도는 최고의 귀감이 된다. 그분은 영원히 하나님의 본체이시지만, 이를 주장하지 않으셨다.[8] 일생을 통해 그분은 인권학대의 희생자였다. 바울은 그리스도 예수의 마음을 품으라고 썼다. 그리고 바울은 이를 실천했다. 그는 사도로서 결혼할 권리, 재정지원을 받을 권리 등을 가지고 있었다. 하지만 복음을 위해 모든 사람의 종이 되어 그들을 섬기기 위해 자신의 권리를 포기했다(고전 9장). 권리의 포기는 그것이 아무리 부자연스럽고 이상주의적인 것으로 보일지라도, 하나님의 새로운 사회가 보여주는 필수적인 특징이다.

1세기에 잔인한 주인을 모시고 있는 종들이 부당하게 매를 맞으면 어떻게 해야 하는가? 참을성 있게 견뎌야 했다. 이는 보복하지 않고 오직 공의로 심판하시는 자에게 부탁하신 그리스도의 발자취를 따르는 것이다. 보복하지 않으신 것에는 자신을 하나님께 위탁하는 것이 수반되는 사실이 중요하다. 권리의 포기는 잘못을 묵인하는 것이 아니다. 심판하지 않는 이유는 심판이 사람의 권리가 아니라 하나님의 특전이기 때문이다(롬 12:19).

8) "그는 근본 하나님의 본체시나 하나님과 동등됨을 취할 것으로 여기지 아니하시고 오히려 자기를 비어 종의 형체를 가져 사람들과 같이 되었고."(빌립보서 2:6~7)

타인의 권리가 곧 우리의 책임이다. 인류 최초의 살인자 가인은 책임을 물으시는 하나님께 자기는 아우를 지키는 자가 아니라고 항변했다(창 4:9). 그러나 우리는 형제를 지키는 자들이다. 하나님이 우리를 같은 인간 가족 안에 두셨으며, 우리가 서로 관련을 맺고 책임을 지도록 하셨다.

율법과 선지자, 그리스도와 사도들은 가난한 자들을 섬기고 힘없는 자들을 수호하라는 의무를 부과한다. 이 의무에서 벗어날 사람은 없다. 억압당하고 학대받는 자들의 고통을 느껴야 한다(히 13:3). 이를 위해 인권침해 사례들을 알고, 그에 대해 가능한 대처를 할 필요가 있다. 그리고 옹호하려는 바로 그 인권을 침해하지 않기 위한 노력이 필요하다.

모범적인 공동체의 모습은 어떤 것일까? 특히 공동체 중의 하나로서 교회에서는 인간의 존엄성과 평등이 변함없이 인정되고, 서로에 대한 책임이 수용되어야 한다. 그 안에서는 다른 사람들의 권리는 침해되지 않는 반면, 자신의 권리는 포기되기도 한다. 그 안에서는 편애, 편파성, 차별 등이 없다. 그 안에서 가난한 자나 약자는 보호받고, 사람들은 하나님이 의도하신 모습을 충분히 발휘할 수 있어야 한다.

법은 시대나 사회에 따라 어느 정도 달라질 수 있다. 윤리적 상대주의자였던 니체는 우리가 알고 있는 것과 같은 규범을 따르는 것은 약한 자의 몫이고, 노예들이 그 전형이라고 보았다. 강자는 약한 사람을 배려하는 윤리를 존중할 필요가 없다고도 했다.

근래 미국 철학자 왈저Michael Walzer, 1935- 같은 이들은 남편이 죽으면 아내를 화장시키는 인도의 풍속에 대해 인도인 이외에는 비판할 권리가 없다거나, 아프리카 일부에서 이루어지는 악습인 여자아이의 성감대를 잘라내는 할례제도에 대해서도 외부인은 비판할 권리가 없다고 주장한다. 그러나 모든 인간은 고통을 싫어한다는 것과 다른 사람에게 해가 되지 않게 행동하여야 한다는 것은 인류 보편적 원칙이며 시간과 공간에 따라 달라질 수 있는 상대적인 것이 될 수 없다. 이 원칙에 위배되면 비난받는 것이 마땅하다.

과거에는 어떤 사회에서 그것이 잘못이라는 인식이 없었다고 해도, 후에 그런 인권유린이 잘못된 사실로 인식된 이상 과거의 잘못된 관행으로 돌아가자는 말을 해서는 안 될 것이다. 부당하게 고통을 당하지 않을 권리는 특별한 사람들만 누릴 수 있는 특권이 아니라, 모든 사람이 누려야 할 보편적 권리인 것이다.

타인에게 해가 되지 않게 행동하여야 하는 원칙이 무시되는 사회에서는 억울하게 고통당하는 타자는 대부분 약자들이다. 억울하게 고통을 당하고 억울함을 당한다는 사실 자체가 그가 약자임을 증명해준다. 약자가 보호받고 존중받는 사회가 인간의 존엄과 가치가 꽃피는 사회요, 다양하고 고상한 목적을 달성하는 진정한 선진 사회이다. 국가 법질서의 선진성의 정도는 그 법질서가 약자를 보호함에 있어 얼마나 효과적인지를 기준으로 평가될 수 있을 것이다.

현대인이 당하는 고통의 대부분은 다른 사람에 의한 것이다. 현대 사회는 자신의 이익을 극대화하려는 이익공동체가 되어 있다. 이익극대화를 위한 경쟁은 개인 이기주의를 넘어서 집단 이기주의, 국가 이기주의를 만들어낸다. 미국이나 중국 등 강대국들의 애국은 주변국들을 고통스럽게 만들 수 있다. 인간은 누구나 고통을 원하지 않는다. 사람을 아프게 하는 것이 바로 인간이라면 '다른 사람을 아프지 않게 하는 것'이 모든 인간에게 주어진 당연한 의무이자 책임이다.

사람에게 다른 사람, 즉 이웃은 매우 중요하다. 외적의 침입이나 자연재난에 대해 혼자 대응하는 것은 불가능하다. 또한 외로움이라고 하는 감옥에 갇혀 있는 사람을 오래 살 수 없다고 한다. 다른 사람이 없다면 인간의 생존은 불가능하며, 다른 사람의 존재는 나의 존재의 전제조건이다. 비교적 근래에 들어서 부버[9)]나 레비나스[10)] 등이 '너'가 나를 진정한 '나'가 되고 하고 '타자'가 나의 선험적 조건이라는 것이 제시되면서 많은 공감을 얻게 되었다. 그렇게 중요한 다른 사람이 사람에게 고통을 줄 수 있다.

현대인이 최소한의 행복이라도 누리려면 적어도 다른 사람으로부터 고통을 당하지 않아야 한다. 사람에게는 남에게 행복을 요구할 권리는 없다 해도 억울한 고통을 당하지 않도록 요구할 권리는 있는 것이다. 억울하게 고통을 당하는 자들은 대개는 사회적 약자들이 될 것이다. 약자들이 부당하게 고통을 당하지 않을 권리가 보장되는 사회가 건강한 사회이다.

9) Martin Buber (1878-1965)

오스트리아 출신의 유대계 종교철학자. 그의 철학은 인간과 다른 존재의 만남 또는 대화에 중심을 둠. 그의 사상은 〈나와 너〉(Ich und Du)(1923)에 완벽한 대화체로 드러나 있음.

10) Emmanuel Levinas (1906-1995)

프랑스어권에서 가장 중요한 유대계 작가로 주목받는 철학자. 탈무드 주석가. 인간이 타자에게 진 도덕적 빚은 결코 갚아질 수 없기 때문에 타자는 "무한히 선험적이며, 무한히 이질적"이라고 주장.

4_ 국제 난민과 외국인 망명권

모든 사람이 망명권, 즉 박해로부터의 비호를 타국에서 구하고 이를 향유할 권리를 가진다고 하는 사상은 세계인권선언, 유엔총회 비호권선언 등에 의해 인간의 기본권으로 선언된 바 있으나, 모든 나라에서 구속력이 있는 국제관습법적 지위를 얻고 있는 것은 아니다. 우리나라는 난민협약에 서명했고, 출입국관리법에 난민인정 조항을 두어 난민지위 인정신청을 받고 있으며, 독자적인 난민법을 제정하여 난민인정 절차와 처우에 관한 규정을 두고 있다. 이러한 난민보호제도에 더하여 헌법에 망명권 규정을 신설해야 할까?

최근 난민신청의 급증하고 있는 것은 세계적인 난민 증가로 인한 것이기도 하지만, 입국 및 비자 연장의 수단으로 남용될 수 있는 난민제도의 허점을 외국인들과 브로커들이 악용하고 있는 측면도 있는 것으로 보인다. 헌법에 망명권 규정을 둔다면 이러한 문제를 더 확대시킴으로써 진정한 난민에 대한 보호를 더 어렵게 하는 결과를 가져올 수 있다는 우려가 제기되기도 한다. 프랑스, 독일, 이태리, 체코, 중국 등을 제외한 대부분의 국가들은 헌법에 망명권 조항을 두지 않고 있다. 역사적 이유로 헌법상 망명권 조항을 두고 있는 몇 안 되는 나라들에서도 이 권리는 형식적이고 퇴화된 규정으로 남아 있고, 난민 보호의 1차적 기준은 난민협약과 난민법이 되고 있는 현실이다.

혹자는 외국인의 망명권을 헌법에 못 박아두면 박해를 당하는 외국인은 모두 우리나라로 오라는 메시지를 세계에 전파하는 결과가 될 수 있다고 주장한다. 망명권을 주장하는 외국인들이 밀물처럼 몰려올 경우 우리 사회는 그들을 받아들일 수 있는 수용역량을 가지고 있는가? 나아가서 적국과 내통하면서 우리 사회의 안전과 질서를 위협할 목적을 가진 '반국가적 외국인'이 난민협약과 함께 헌법상 망명권을 주장하며 입국과 체류를 요구하고 헌법소원까지 청구하는 경우, 과연 그들의 청구를 거절할 수 있을까? 수용역량이나 대처능력도 없이 막연히 인권 감성으로 헌법상의 권리를 규정한다면 진정한 난민 보호는커녕 우리 사회의 혼란만 가속화될 것이라고 우려하는 것이다.

유럽 사회는 다문화적 이민 사회의 모델로 인식된 적이 있다. 그러나 유럽 각지에서 계속적으로 발생하고 있는 테러의 배후에 대부분 사회 통합에 실패한 이민자들이 있었던 것으로 알려지면서, 2010년 이후에는 유럽 각국의 정상들은 꼬리를 물고 자국 다문화주의의 실패를 선언하는 상황에 이르고 말았다.

그러나 유럽의 실패가 난민 수용을 반대할 절대적인 근거가 될 수는 없다. 이민 사회의 또 하나의 모델인 미국이나 캐나다는 난민 수용과 사회 통합의 가능성을 보여주고 있기 때문이다. 그들의 경험은 좋은 참고 사례가 될 수 있다. 그러므로 이 문제에 대한 접근은 실패사례와 성공사례의 경우에 대한 충분한 검토가 이루어지면서 방향성이 확보될 수 있을 것으로 보인다.

외국인의 망명권을 헌법적 권리로 선언하고 외국인의 입국과 체류의 관문을 활짝 여는 것은 우리 사회의 체질을 다민족 다문화 국가로 바꾸는 중대한 결단이 될 것이다. 뿐만 아니라 다수 국민들은 유럽 사회의 사례를 보면서 엄청난 불안감을 가지고 있다. 그러므로 그러한 결단은 몇몇 소수의 인권 엘리트들에 의해 결정될 일이 아니라 국민적인 합의를 바탕으로 이루어져야 하며, 유럽의 실패를 타산지석으로 삼아 신중한 속도 조절이 필요하다. 난민에게 비호를 부여하기 위해서는 관련된 판정을 하고 그들의 처우를 보장하기 위해 상당한 인력과 예산이 수반된다. 우리 사회가 선진사회의 길에 진입했다면 공론화 과정을 통해 국제사회의 책임 있는 구성원으로서 그 지위에 상응하는 부담을 감당할 것인지에 대한 논의와 결단이 있어야 할 것이다.

5_ 인권 전문가와 일반 대중

소위 인권 전문가 또는 인권 엘리트들은 무지한 대중이 인식하지 못하는 차원 높은 인권을 계몽하고, 국가기관과 인권침해의 가해자인 제3자를 강력하게 규제할 목적을 가진 헌법에 근거한 국가기관이 필요하다고 인식하는 듯하다. 인권을 강조하는 소위 인권전문가들은 민주주의의 중요성을 강조한다.

그런데 취객을 상대하는 경찰관의 인권이나, 지도에 순응하지 않는 폭력적 학생 앞에 서 있는 교사의 인권 문제에 관한 질문에 답하는 자세는 수긍하기 힘들다. 그러한 질문에 대해 자신의 고매한 전문용어를 이해하지 못하는 무지한 대중의 넋두리로 취급하고, 계몽이나 지도의 필요성을 역설하는 상황에서는 인권에 대한 논의가 왜곡될 수밖에 없다. 인권과 관련된 민주주의의 가치 자체도 훼손되는 결과가 된다.

인권 문제에 대하여 각 시민단체나 다양한 영역에서 인권에 관한 논의를 통해 공론화가 필요하며, 이런 토론의 결과가 인권의 내용과 보장, 그 한계를 결정하는 공권력의 행사에 반영되어야 한다. 이러한 공론의 장을 무시하고 정답을 가르쳐주겠다는 식의 태도로 무지한 대중을 이끌어 인권을 실현시켜주겠다고 생각한다면 인권과 민주주의는 숨을 쉬지 못하게 되고 결국 질식사할 위험성이 있는 것은 아닐까?

Ⅴ. 최고의 자유

서구 문화는 자유를 최고의 선으로 본다. 모든 기관과 사회는 그저 개인에게 자유를 부여하기만 하면 된다. 개인에게 절대적 자율을 부여하려고 하는 현대의 자유는 통하지 않는 정도를 넘어 무책임하다. 다른 사람들에게 진 부채를 인정하지 않기 때문이다. '아무도 내게 어떻게 살라고 말할 권리가 없다'는 말이 타당하게 되려면, 자신을 위해 희생한 사람이 아무도 없어야 한다. 지금도 완전히 자기 힘으로만 살고 있어야 한다. 그러나 그런 사람은 없다. 그러므로 한 개인의 주인은 결코 자신만이 아니다. 사람은 독자적 결정과 선택의 산물이 아니다. 가정과 공동체의 산물이다. 사람은 불가피하게 어느 정도 연대되어 있다. 예컨대 한 사람의 자살은 주변의 많은 사람들에게 평생 치유할 수 없는 아픔을 남긴다. 무슨 권리로 그들에게 아픔을 주려고 하는가?

혹자는 남에게 피해를 주지 않는 한 마음대로 살 자유가 있다고 하는 해악원리harm principle를 주장한다. 이러한 원리에는 함정이 있다. 현실에서 해악이 무엇인지에 대한 합의는 쉽지 않다. '무과실 이혼'은 남에게 피해를 주지 않는가? 포르노를 혼자 보면 남에게 피해를 주지 않는가? 사실상 해악에 대한 정의는 인간의 본성과 목적에 근거할 수밖에 없다.

또한 사람은 사회적인 존재이다. 그러므로 자유를 최고의 가치로 하는 사회는 타인에게 불공정하고 자신에게도 비극을 가져올 수 있다. 그런 자유는 공동체를 무너뜨리고 헌신적인 사랑의 관계를 파괴한다. 자아에 함몰된 개인은 공동체의 일원이라는 의식 없이 그냥 자유롭게 자기 삶을 추구할 수 있다. 그러면 가정, 반상회, 교회, 지역 시민단체 같은 자치공동체들은 위축되고 국가 관료주의가 심화된다. 자유가 커진 결과 자유가 증발한다. 구성원들의 이타적 행동이 없다면 건강한 사회의 이상은 실현될 수 없다.

한편 종교를 자유의 적으로 보는 경향도 있다. 사람은 직업, 정치적 대의, 특정한 친구나 동료, 가정 등을 위해 살아갈 수 있다. 의미와 만족의 대상이 무엇이든 그것이 사람을 통제한다. 누구나 무엇인가의 지배를 받으며 산다. 사람들이 그것을 부정할 뿐이다. 사람이 무엇인가를 숭배하며 섬기는 존재라면, 착취하고 학대하지 않고 존중하고 세워주는 주인을 발견하는 것이 중요하다. 어떤 주인이 우리의 마음과 삶에 꼭 맞는 주인이며, 올바른 제약을 가져다 줄 것인가? 신이 없는 세상에서라면 피조물 중에서 하나를 선택하여 숭배할 것이다. 그 주인은 성취하지 못하면 두려움과 원망과 수치심으로 벌할 것이다. 일과 재물(외적 성공)을 추구하다가 마음이 공허한 중독자처럼 될 수 있는 것이다. 외적 성공이라는 주인은 더 많은 성공을 요구하는 주인이 되어 버리는 것이다.

하나님이 계시면 어떻게 될까? 이 주인은 우리가 실망시켜도 벌하지 않으신다. 그분이 우리를 위해 십자가에 달리셨기 때문이다. 사람은 하나님을 알고 섬기고 사랑하도록 지어졌다. 사랑에 빠진 사람은 상대가 좋아하고 싫어하는 모든 것을 어떻게든 알아낸다. 그리고 상대를 기쁘게 한다. 상대의 행복이 자신의 행복이 된다. 그 사람 자체가 목적이기 때문이다. 사랑하는 마음으로 하나님의 뜻을 따르는 사람은 점차 자신이 창조주께서 지으신 본래의 모습이 되어간다.

하나님은 원수까지도 용서하라 하신다.[11] 이러한 도덕적 지시에 대한 불순종은 사람의 본성과 우주의 성질에 어긋난다. 결국 인생 전체를 망가뜨릴 수도 있다. 하나님은 '수고하고 무거운 짐 진 자들'을 부르신다.[12] '나'를 만나면 만족을 얻고, '나'를 실망시켜도 용서받는다. 그런 주인과 상전은 '나'뿐이라 한다. 그렇다면 그분은 착취하지 않을 유일한 주인이다. 하나님은 악과 죽음으로부터 궁극적 자유를 주시려고 십자가에서 자신의 자유를 버리셨다. 그분이 우리를 위해 자유를 포기했기 때문에 우리도 그분을 위해 그렇게 할 수 있다.[13] 자유를 주기 위해 자유를 포기한 행위에서 위대한 자유의 모습을 본다.

11) "또 네 이웃을 사랑하고 네 원수를 미워하라 하였다는 것을 너희가 들었으나, 나는 너희에게 이르노니 너희 원수를 사랑하며 너희를 박해하는 자를 위하여 기도하라."(마태복음 5:43-44)

12) "수고하고 무거운 짐 진 자들아 다 내게로 오라 내가 너희를 쉬게 하리라. 나는 마음이 온유하고 겸손하니 나의 멍에를 메고 내게 배우라. 그리하면 너희 마음이 쉼을 얻으리니, 이는 내 멍에는 쉽고 내 짐은 가벼움이라 하시니라."(마태복음 11:28-30)

13) "아들이 너희를 자유롭게 하면 너희가 참으로 자유로우리라."(요한복음 8:36)

02 Chapter

_종교의 자유

Ⅰ. 헌법상의 보장

헌법은 "모든 국민은 종교의 자유를 가진다"(제20조 1항)라고 하여 종교의 자유를 보장하고, "국교는 인정되지 아니하며, 종교와 정치는 분리된다"(제20조 2항)라고 하여 국교부인과 정교분리의 원칙을 규정한다.

1_ 종교의 자유

(1) 의 의

종교의 자유라 함은 자신이 선호하는 종교를 자신이 원하는 방법으로 신봉하는 자유를 말한다. 종교의 자유는 개인의 내심의 작용인 신앙의 자유를 핵심으로 하지만 신앙은 교리로 형성되어 보급되기 마련이고, 동일한 교리를 신앙하는 자들은 공동으로 종교적 행사를 영위하고 종교적 단체를 결성하며 선교(포교)활동을 하기도 한다.

종교의 자유는 이와 같은 신앙, 종교적 행사, 종교적 집회 · 결사, 선교활동 등을 자유로이 행할 수 있는 적극적인 자유만이 아니라, 무신앙의 자유, 종교적 행사 · 집회 · 결사 또는 선교활동 등을 강제 받지 아니할 소극적 자유까지 그 내용으로 한다.

(2) 주 체

종교의 자유는 인간의 권리이므로 자국민만이 아니라, 외국인에게도 그 주체성이 인정된다. 따라서 외국 선교사도 종교의 자유의 주체가 된다.

(3) 내 용

종교의 자유의 발현형태에는 네 가지 유형이 있다. 신앙의 자유, 종교적 행사의 자유, 종교적 집회 · 결사의 자유, 선교(포교)의 자유 등이 그것이다. 신앙의 자유는 종교의 자유의 최소한을 의미하고, 그것은 자유로운 종교적 행사에 의하여 확대 · 강화되며, 종교적 집회 · 결사의 자유와 선교 · 종교교육의 확립 등으로 완전한 형태를 구비하게 된다.

① 신앙의 자유

신앙은 양심 · 신조 등과 더불어 인간의 내심의 작용이지만 이들은 서로 구별된다. 신앙은 신과 피안에 대한 내면적 확신인데 대하여 양심은 도덕률의 존재와 그 구속력에 대한 인식이고, 신조는 신앙과 양심에 따른 주변사에 대한 결단을 의미한다. 신앙의 자유에는 신앙선택 · 신앙변경(개종)·신앙고백 · 신앙불표현(침묵) · 무신앙의 자유가 포함된다.

따라서 공직 취임 시에 특정 종교의 신앙을 취임조건으로 하거나 종교적 시험을 과할 수 없으며, 국가나 공공단체가 행정상의 필요에서 국민의 종교실태를 조사할 경우에도 이를 강요하여서는 아니 된다. 종교의 자유 중 신앙의 자유는 인간의 내심의 작용이므로 어떠한 이유로도 제한될 수 없는 절대적 자유이다(통설).

② 종교적 행사의 자유

종교적 행사라 함은 기도 · 예배 · 독경 · 예불 등 신앙을 외부에 나타내는 모든 의식·축전을 말한다. 종교의 본질적 부분은 신앙이지만 신앙은 단지 내심의 작용에만 머무는 것이 아니고 외부적 행위로 표현되기 마련이다. 외부적 행위의 자유까지 보장될 때에 비로소 종교의 자유는 완전한 것이 될 수 있다. 그러므로 개인적 또는 집단적으로 행하는 종교적 행사를 방해하거나 금지할 수 없음은 물론, 종교적 의식이나 집회에의 참가를 강제할 수도 없다.

③ 종교적 집회 · 결사의 자유

종교적 집회라 함은 종교적인 목적으로 회합하는 것을 말한다. 종교적 결사라 함은 같은 신자들이 결합하여 단체를 조직하는 것을 말한다. 종교적 집회 · 결사의 자유라 함은 종교를 위한 집회나 단체형성의 자유는 물론 그러한 집회 및 단체에 참가 또는 가입하거나 그로부터 자유로이 이탈할 수 있는 자유를 말한다. 이러한 자유가 보장되므로 국가는 종교적 집회나 종교단체의 조직을 금지할 수 없고 그에 관하여 인가제를 규정할 수 없다. '사회단체 신고에 관한 법률'도 이것을 신고만으로 족하도록 하고 있다.

④ 선교와 종교교육의 자유

종교의 자유에는 자신이 신봉하는 종교를 선전할 수 있는 자유와 신자를 규합하기 위한 선교의 자유가 포함된다. 선교의 자유에는 다른 종교를 비판하거나 다른 종교의 신자에 대하여 개종을 권고할 수 있는 자유가 포함된다. 또한 종교의 자유에는 종교를 위한 교육을 실시할 수 있는 종교교육의 자유가 포함된다. 국가나 지방자치단체가 국 · 공립학교에서 특정종교를 위한 종교교육을 실시하는 것은 정교분리의 원칙에 따라 금지되지만, 사립학교에서의 종교교육은 선교활동의 일환으로써 인정된다.

(4) 효 력

종교의 자유는 원칙적으로 대국가적 자유이지만, 모든 잠재적 침해자를 대상으로 한다. 따라서 종교의 자유는 사인에 의한 침해까지도 부정하는 제3자적 효력(간접적용설)을 가진다. 그러므로 사용자가 종교를 이유로 근로조건에 관하여 차별대우를 할 수 없다.

그러나 종교의 자유는 종교단체 내부에서의 관용까지 요구하지는 아니한다. 교단이 신도와 교직자에 대하여 교단의 교율에 따르게 하거나 그에 위반한 경우에 징계권을 행사하는 것(합법적인 한계 내에서)은 인정된다.

(5) 한계와 제한

신앙의 자유와는 달리 종교적 행사의 자유, 종교적 집회 · 결사의 자유, 선교의 자유 등은 외부에 나타나는 행위이기 때문에 헌법유보나 법률유보에 의하여 제한될 수 있는 상대적 자유권이다. 사교(邪教)에 해당하는 것은 물론이고 종교적 단체가 국가의 존립을 위태롭게 하거나 종교적 의식 · 축전 ·

행사 등이 공서양속 또는 안녕질서를 침해할 경우에는 법률로써 금지 또는 제한할 수 있다.

이를테면 비과학적인 질병치료나 재물을 약취하는 사이비종교의 종교적 행위나 종교적 결사는 형사법상 금지되어 있으며, 종교적 행위가 도로교통법이나 '집회 및 시위에 관한 법률'에 위배될 경우에는 제한을 받게 된다.

2_ 국교부인과 정교분리

(1) 의 의

국교부인의 원칙이라 함은 국가가 특정종교를 국교로 지정하는 것을 금지한다는 국가의 비종교성을 말한다.

정교분리의 원칙이라 함은 국가와 종교의 결별은 물론이고 국가나 정치에 대한 종교의 중립과 국가에 의한 모든 종교의 동등한 처우를 말한다.

종교평등의 원칙 · 종교중립의 원칙 등은 국교부인과 정교분리의 전제가 되고 있다. 그러나 국교부인과 정교분리의 원칙은 종교의 자유에서 파생된 원칙일 뿐 종교의 자유 중에 당연히 포함되는 것은 아니다(소수설). 종교의 자유는 성질상 개인을 위한 주관적 공권을 의미하는 데 대하여, 국교부인과 정교분리의 원칙은 국가와 종교단체의 상호관계에 관한 제도적 보장을 의미하기 때문이다.

(2) 내 용

1) 종교의 정치 간섭금지

종교가 정치에 간섭하거나 종교단체가 정치활동을 하는 것은 금지된다. 그러나 교도가 소속종교단체의 통제나 지시를 받음이 없이 개인적 차원에서 정치활동을 하거나 소속종교단체와는 별도로 결사를 조직하여 정치활동을 하는 것은 무방하다.

2) 국가에 의한 종교교육 · 종교활동 금지

국가도 특정의 종교적 교육이나 종교적 활동을 할 수 없다. 교육법에는 국가나 지방자치단체가 국 · 공립학교에서 특정의 종교교육을 실시하는 것을 금지하고 있다. 또한 국가나 지방자치단체는 그 소속공무원에 대하여 종교적 행위를 강제하거나 특정 종교에의 가입이나 그로부터의 탈퇴를 강요할 수 없음은 물론이고, 공직 취임 시에 특정 종교의 양식에 따르는 선서를 요구할 수도 없다.

3) 국가에 의한 특정 종교의 우대 또는 차별의 금지

국가가 특정 종교를 특별히 보호하거나 억압하기 위하여 재정적 · 경제적 특혜를 부여하거나 부당한 대우를 하는 것은 금지된다. 수형자들의 교화를 위하여 교도소 내에 특정 종교의 집회소만을 설립한다면, 그것은 특정 종교를 위한 국유지 제공을 의미하기 때문에 위헌의 소지가 있다. 그러나 크리스마스와 석가탄신일의 공휴일제는 추석이나 설날처럼 특별한 종교적 의미가 없는 하나의 습속으로 인식되고 있기 때문에 문제가 없다. 모든 종교단체에 대하여 국가가 동등하게 우대하는 문제에 관하여는 모든 종교에 대한 평등한 보호는 무방하며 이것까지 무신자가 반대할 것은 못 된다는 견해도 있고, 평등보호일지라도 종교단체에 국한된 특혜는 국가의 종교적 중립성과 모순된다는 견해도 있다.

(3) 판 례

미국에서 정교분리의 기준에 관한 중요한 판례로는 Lynch v. Donnelly 사건이 있다. 포터킷Pawtucket 시는 매년 비영리단체가 소유하는 공원에서 크리스마스 장식을 설치했다. 설치물은 산타클로스의 집, 크리스마스트리, "SEASONS GREETING"의 현수막, '구유 속의 아기 예수상' 또는 성탄 그림 등이었다. 이러한 전시행위가 정교분리의 원칙을 위반했기 때문에 위헌이라는 소송이 제기되었다.

1심과 2심 법원은 위헌이라는 판단을 했다. 그러나 3심인 연방대법원은 다른 판단을 했다. 즉, "행정적 유착에 관해 교회와 시 당국이 전시물의 내용 또는 전시물의 디자인에 대해 협의를 한 증거가 없고, 아기 예수상의 보존, 유지에도 비용이 발생하지 않았다"고 판시했다. 이 사건에서 제시된 정교위반의 판단기준은 정부와 종교 단체 간의 행정적 유착 여부, 특정 종교단체에 대한 재정지원 여부이다. 이는 국가가 특정 종교에 대해 특혜를 제공하거나 억압하는 것을 금지하는 것을 내용으로 한다. 재정지원이 무조건 정교분리를 위반하는 것이 아니다. 공권력 행사의 목적이 종교적 목적이 아닌 세속적 목적을 위한 것이라면 공권력과 특정 종교와의 협력은 위반으로 볼 수 없다.

다른 판례인 코취란Cochran 사건에서는 주의 법이 교회 관련학교에 등록된 학생들을 포함한 취학 아동들에게 교과서를 주 정부 예산으로 공급하도록 했다. 원고는 이 법이 세금이 종교계 사립학교를 원조하는데 사용될 수 있으므로 위헌이라고 주장했다. 연방대법원은 수익자가 학교가 아니라 주와 아동의 이익을 위한 공익적 목적이므로 합헌이라는 판단을 내렸다. 또 다른 판례인 에버슨Everson사건에서는 주의 법이 학교 통학을 위한 교통비 지원 대상에 가톨릭 학교를 포함시킨 것이 문제가 되었다. 그러나 이 법은 종교를 돕거나 종교적 활동과 종교기관을 돕는 것이 아니라 아동들의 공공복리를 증진하는 것이므로 합헌이라고 판단했다.

우리 법원은 어떤 태도인가? 서울고등법원은 군종 목사의 직무와 관련한 판결에서 중요한 쟁점을 다룬 바 있다.[1] 이 사건에서 군종 목사들은 소위 이단으로 분류되는 종교단체의 군내 종교활동을 공군 참모총장의 지시로 통제하고, 설교와 출판을 통해 이단의 내용을 적시했다. 이 점과 관련하여 원고는 군종 목사가 국가공무원이라는 신분을 문제 삼아 정교분리의 원칙을 위반했다고 주장했다. 이에 대해 법원은 그 주장을 기각했다. 나아가서 특정 종교의 이단 여부를 판단하는데 국가가 개입할 여지가 없음을 명확히 했지만, 군이라는 조직의 특수성과 군종 장교의 직역상의 특수성을 고려했을 때 위법행위가 없었다고 판시했다.

법원은 국가와 종교가 완전히 분리되는 것을 정교분리라고 보는 것이 아니다. 이 점은 미국 판례도 마찬가지이다. 군종 장교 제도를 국방부가 유지하고 있는 것을 정교분리의 원칙에 대한 위반이라고 보지 않는 이유가 바로 이런 점 때문이다. 정교분리의 위반은 국가가 특정 종교를 우대하거나 특정 종교를 차별하는 것을 금지하는 것으로 보는 것이 우리 법원의 태도이다.

우리 법원은 공공복리 등 세속적인 목적이 아닌 포교 등 종교적 목적을 갖는 공권력과 종교의 유착관계는 정교분리 위반으로 판단한다. 군종 장교의 경우는 어떠한가? 이들의 임무 중 일부에 분명 종교적인 목적이 있음에도 불구하고, 이것이 정교분리 위반에 해당하지 아니하는 것으로 판단하는 이유는 군조직의 특수성에 있다. 군종장교제도의 목적은 생명의 위협이 상존하는 군조직의 특성상 군조직의 유지와 구성원의 정신건강 내지 이동의 자유가 제한되는 군장병의 종교자유 보장 등 세속적 목적에 있는 것으로 평가할 수 있다.

1) 서울고법 2006.11.16.선고, 2006나21639.

우리나라 법은 정교분리에 대해 국가의 특정 종교에 대한 우대와 차별을 금지한다. 그렇다고 해서 이것이 정치와 종교의 완전한 관계 차단을 의미하는 것이 아니다. 그 위반의 판단기준은 공권력과 특정 종교의 사실상의 협력관계에 있는 것이 아니라 그 목적에 있는 것으로 보고 있는 것이다.

(4) 종교의 사회적 책무

정교분리 원칙에 대한 잘못된 이해에 기초하여 정치적인 문제에 대해 종교가 침묵해야 한다고 하는 오해가 나타나는 경우가 있다. 미국과 우리나라의 관련 판례에서 검토한 바와 같이 정교분리의 참된 의미는 특정 종교단체와 공권력의 정책적 유착을 금지하는 것이다. 본질적으로 종교의 사회적 순기능을 헌법이 배제할 수는 없는 것이다.

종교는 사회와 정치의 소금 역할을 해야 할 사명을 가지고 있다. 종교가 사회와 정치의 타락에 대해서 침묵으로 일관한다면 이는 표현의 자유를 억압하는 악법을 입법하는 결과로 이어질 수 있다. 종교가 결혼과 가정에 대해 정의하는 일을 게을리 하면 결혼제도의 혼란을 부추기는 결과를 가져올 수 있다. 정치적, 사회적, 문화적 문제들을 정확히 인식하고 도덕적으로 잘못된 법과 정치에 대해서는 적극적으로 의견을 표명하는 것이 종교의 사회적 책무의 하나가 될 것이다.

Ⅱ. 개인적 신념에 따른 병역거부와 대체복무

인류 역사상 최초의 개인적 신념에 따른 병역거부자들은 로마제국의 기독교도들이었다.[2] 그들은 당시 자칭 신이라고 하던 로마 황제가 아니라, 만왕의 왕이신 그리스도에게만 충성을 바친다는 신념으로 병역을 거부하였다. 그것은 성서의 '살인하지 말라'는 교훈과 동시에 그리스도의 평화주의 및 비폭력 교훈의 실천이기도 했다. 그러나 5세기 성 어거스틴이 '국가권력은 악을 응징하는 수단'이 될 수 있다고 말함으로 '정당한 전쟁론'이 대두되기도 했다.

미국 독립전쟁이 일어나 전국민징집법이 시행되던 1750년대 펜실베니아주는 최초로 종교적 신념을 이유로 하는 병역거부자(퀘이커교도)들의 지위

2) 양심적 병역거부자 (Conscientious Objector)

개인의 양심, 사상, 종교 등 신념에 의해 전쟁을 반대하여 군복무를 거부하는 자. 스스로를 평화주의자(pacifist), 비간섭주의자(non-interventionist)라고도 함.

를 인정해 주고 대체근무제도를 허락했다. 1940년에 제정된 연방법은 공식으로 종교적인 개인적 신념에 따른 병역거부자의 지위를 인정하고, 군대와 관계없는 국가의 공적 기관에 '대체근무'하는 것을 허락하였다.

2차 세계대전 및 한국전쟁 때에는 특히 퀘이커교, 유니테리언, 메노나이트, 애미쉬, 형제교회, 안식교, '여호와의 증인'[3] 등에 속한 교도들 중에 개인적 신념에 따른 병역거부자가 많이 나왔다. 그들에게는 산림소방관 같은 대체근무가 허락되었다. 이는 징병제 하에서의 일이다. 현재 미국은 지원병제를 취하고 있다. 따라서 기존의 개인적 신념에 따른 병역거부는 이제 별로 문제되지 않는다.

또 다른 형태의 개인적 신념에 따른 병역거부자들로 현역 군인 중 월남, 이라크 및 아프가니스탄 같은, 어떤 특수 지역의 전쟁참가를 거부하는 자들이 나타났다. 제레미 힌즈만Jeremy Hinzman 병장 사건이 대표적 케이스이다. 그는 이라크전 참가를 거부하며 2004년에 캐나다로 도망가서 난민지위를 신청했다. 그 후 많은 미군들이 이라크, 아프가니스탄전 참가를 거부하며 캐나다로 도망갔는데, 일부는 추방되었으나 일부는 난민자격을 인정받기도 했다. 미 연방대법원은 어떤 특수 지역 전쟁참가 거부에 대해 개인적 신념에 따른 병역거부자 지위를 인정할 수 없다고 판시했다.[4] 즉, 개인적 신념에 따른 병역거부란 모든 형태의 전쟁참가를 반대하는 것이지 특정 전쟁의 거부에는 해당되지 않는다는 것이다.

2차 세계대전 당시 미국 첫 번째 개인적 신념에 따른 병역거부자 도스Desmond Doss 병장은 국법을 지켜 징집에는 응했지만 안식교도로서 집총거부를 선언하였다. 군이 비전투요원인 의무병과 근무를 제의하자 그는 받아들였고 수많은 부상병들을 살리는 공적을 세워 미군 최고의 명예인 'Medal of Honor' 훈장까지 받았다.

우리나라의 개인적 신념에 따른 병역거부의 역사는 일제강점기로 거슬러 올라간다. 일본에서 징병제가 확대되면서 일본 내 '여호와의 증인'이 병역을 거부하자 일제는 1939년 조선의 '여호와의 증인'에게도 탄압을 가하여 신자 38명을 투옥하였는데, 이들 중 5명은 옥사하고 나머지 33명은 신앙양심을 지키다가 해방이 되어서야 옥문을 나섰다. 그들은 자신들이 그저 신앙 양심을 지켰을 뿐이라고 했지만, 정부기관이 편찬한 각종 독립운동사에는 일제강점기 말기의 주요한 저항 중 하나로 기록되어 있다. 그들은 일제강점기에서나 독립된 대한민국에서나 똑같은 행동을 하였을 뿐인데, 대

3) 여호와의 증인 (Jehovah's Witnesses)
1872년 피츠버그에 설립된 국제성서연구자협회가 기원. 기독교의 중심교리인 삼위일체, 지옥, 영혼불멸 등 부인. 정부권위를 존중하나 정치활동에서 분리되어 중립 유지. 병역과 전쟁 거부. 엄격한 도덕적 행동 강조. 간음 이외에는 이혼 불허. 《파수대》와 《깨어라!》 발행.

4) Gillette v. United States, 401 U.S. 437 (1971).

한민국 정부는 그들의 일제 말기의 행동은 독립운동으로 평가하면서, 정부 수립 이후의 행동은 엄히 처벌해 왔다.

헌법재판소는 2018년 6월 28일 병역법 5조 1항 등에 대한 헌법소원 심판에서 종교와 양심을 이유로 군 복무를 거부한 이들을 위한 대체복무를 정하지 않은 병역법 조항에 대해 헌법불합치 결정을 내렸다. 헌재는 현행법상 병역 종류가 군사훈련을 전제로 하고 있고, 대체복무제는 규정하지 않아 개인적 신념에 따른 병역거부자의 양심의 자유를 침해한다고 판단했다. 또 국방력에서 병역자원의 비중이 점차 낮아지고 있고, 엄격한 심사를 통해 병역회피자를 걸러낼 수 있다는 점을 들어 대체복무제 도입에 문제가 없다고 보았다. 헌재는 병역의 종류를 현역·예비역·보충역·병역준비역·전시근로역 등으로만 규정한 이 조항을 2019년 12월 31일까지 개정하라고 판시했다. 헌재가 사실상 '개인적 신념에 따른 병역거부자'를 위한 대체복무의 길을 열어준 것이다. 1949년 대한민국 국군이 징병제를 택한 이후 69년 만, 2001년 국내 첫 개인적 신념에 따른 병역거부 공개 선언이 있은 지 17년 만이다.

Ⅲ. 선교의 자유

1_ 교내 전도활동

미국 플로리다 주 레이크랜드의 한 초등학교 여학생이 전도지를 같은 반 학생들에게 나누어주기 전에 담임선생님의 허락을 받으려고 하자, 그 사실을 알게 된 교장선생님은 이를 거부하고 전도지를 빼앗아 불태워 버렸다. 이 소식을 들은 그녀의 어머니는 교장선생님에게 전도지를 빼앗은 사건에 대해서 항의하였다. 교장선생님은 "우리 학교에서는 비록 언론과 표현의 자유가 보장되어 있기는 하나 종교적인 전도지 등을 학교 내에서 돌리는 것은 허락되지 아니합니다" 라고 대답했다.

이에 그 어머니는 소송을 제기했다. 소장에서 앞으로 전도지 등을 학교에서 돌릴 때 이를 금지하는 일체의 행위의 중단과 자기의 딸에 대한 과거의 불법행위에 대해 1달러의 손해배상을 요구했다.

1심, 2심 등 3번에 걸친 재판 끝에 법원은 초등학교에서 어떤 유인물을 돌릴 때 사전에 교장선생님의 승인을 얻도록 한 학교의 규칙은 사전에 내용을 보고 승인 여부를 결정하자는 것이어서 언론의 자유를 제한하는 규정이므로 헌법에 위배된다고 판단했다. 결국 법원은 앞으로 그 학교나 교장선생님으로 하여금 전도지 배포행위를 금지하지 말도록 명했고, 동시에 교장선생님에게는 1달러의 손해배상을 명했다.

위 판결이 내려질 즈음에 딸은 이미 그 초등학교를 졸업하였고 중학교에 진학한 뒤였다. 경제적으로 얻은 것은 1달러요, 잃은 것은 소송비용과 변호사비용이다. 변호사비용이 적지 않을 것이라는 것은 분명하다. 고발정신이 부족하다는 평가를 받는 우리 사회에서 이러한 정신과 행동은 시사해 주는 바가 있다.

2_ 지하철 전동차 구내에서의 선교행위

대법원은 지하철 전동차 구내에서의 선교행위에 대하여 판시하였다.[5] 선교행위를 경범죄처벌법상 인근소란행위로 평가함에 있어서 고려할 사항은 무엇이며, 지하철 전동차 구내에서 한 선교행위를 경범죄처벌법상 인근소란행위로 본 원심의 판단에 심리미진의 위법이 있는지에 대하여 판단하면서, 이 사건의 경우 피고인이 한 구체적인 선교행위의 내용과 방법, 소란의 정도, 피고인의 선교행위로 인하여 그 전동차에 탑승한 승객들의 평온한 공공시설 이용권이 어느 정도로 침해되었고 그 수인한도를 얼마나 초과한 것인지 여부, 피고인의 선교행위가 공공질서의 유지에 현존하는 명백한 위험을 초래한 것인지 여부 등에 관하여 이를 심사할 아무런 자료도 없이, 막연히 전동차 구내에서 선교활동을 하였다는 정도만으로 피고인에 대하여 유죄를 인정한 원심판결에는 종교와 선교의 자유 및 경범죄처벌법에 관한 법리를 오해하여 심리를 다하지 아니한 위법이 있다고 보았다.

이 점과 관련하여 현대의 신학자 리처드 마우[6]의 권고를 경청해 볼 필요가 있다. 그는 2009년 10월 국민일보에 실은 '무례한 기독교'라는 칼럼에서 공공시설에서 거칠게 쏟아 붓는 전도에 대해 말하면서 많은 사람이 싫어하는 방법으로 전도를 해야 하느냐는 의문을 제기했다. 이러한 문제제기에 전도자들의 순수한 헌신을 왜곡할 뜻이 없음은 분명하지만, 효과는 그만 두고 더 많은 안티만 생산하는 것은 아니냐는 것이다. 바울도 모든 것을 품위 있

5) 대법원 2003.10.9. 2003도4148.

6) Richard Mouw (1940 -)

미국 풀러신학대학교 총장. 그리스도인의 사회참여 문제를 개혁주의적 입장에서 제시해 낸 세계적 석학. 그리스도인이 사회 각 영역에서 적극적인 영향력을 행사할 것 강조.

게 하고 질서 있게 하라(고전 14:40)고 했다. 한때 서울 지하철 전동차 구내 안내표지의 금지사항 목록에 '성희롱, 상행위, 절도, 포교(선교)' 등이 포함되어 있었다. 이어서 '신고하면 즉시 조치하겠음' 이라는 문구도 있었다.

어쩌다가 포교행위가 성희롱 등과 같은 수준의 반열에 올랐을까? 안내문을 부착한 측에도 문제가 있지만, 이러한 상황이 발생하게 된 점에 대한 반성이 필요한 것은 아니겠는가? 사랑은 무례히 행치 않는 것(고전 13:3)이다. 세상과의 소통이 중시되는 시대에 전도나 포교의 방법에 대한 진지한 연구가 필요할 것이다.

Ⅳ. 종교교육

1_ 문제의 제기

헌법 제20조 제2항은 국교부인과 정교분리의 원칙을 선언한다. 국가와 종교의 분리 또는 국가의 종교로부터의 중립이란 의미는 국가는 어떤 특정 종교를 후원하여서도 아니 되고 특정 종교활동을 방해하여서도 안 된다는 것이다. 즉, 국가는 특정 종교에 지나치게 개입된 행위를 하여서는 안 된다는 의미이다. 그러므로 국가는 특정 종교를 후원하여서는 아니 된다는 것을 확대 해석하여 종교활동을 방해한다면 이것 또한 헌법을 위반하는 결과가 될 것이다. 특정 종교를 후원하는 행위에 해당하느냐 여부는 개별적 사안에 따라 신중하게 판단하여야 할 것이다.

미국 판례에 의하면 공립학교에서 정규교과시간에 기도하며 성경 읽기를 하는 행위는 국가가 특정 종교를 후원하는 경우에 해당되어 위헌이라고 하며, 공립학교 교실에 십계명에 써서 비치하여 놓는 것도 특정 종교를 후원하는 행위에 해당하는 위헌이라고 한다. 그러나 학생들의 자발적 참여로 이루어지는 교내 외의 종교활동을 방해할 수는 없다고 한다.

우리나라의 경우 확립된 판례는 없으나, 최소한 공립학교에서 학생들이 방과 후에 혹은 수업에 지장을 주지 않는 범위 내에서 자발적으로 참여하여 서클활동을 하는 것을 금지할 수는 없다. 그리고 학생 개개인이 쉬는 시간이나 점심시간에 성경을 읽거나 기도하는 행위와 전도하는 행위도 금지할 수 없다. 국가가 개인적 종교행위를 금지할 수 없기 때문이다.

그러나 공립학교가 주관하여 종교활동을 지도하거나, 학생들로 하여금 참여를 직·간접적으로 강요한다면 이는 헌법에 위배된다. 국가가 특정 종교를 후원하는 행위에 해당하기 때문이다. 공립학교의 교장선생님이 장로라 할지라도 학교 자체의 주관으로 종교활동을 한다면 이는 위헌의 문제가 될 수 있다. 포교는 본질적으로 국가의 힘이 아니라 진실한 신도들의 자발적인 전도활동을 통해 이루어져야 하는 것이기 때문이다. 종교활동에 국가권력이 개입하면 종교는 부패하고 만다는 것이 역사적인 경험이다.

2_ 사립학교의 종교교육

종교자유에는 자신의 종교를 선전할 수 있는 자유와 신자를 규합하기 위한 선교의 자유가 포함된다. 또한 종교의 자유에는 종교를 위한 교육을 실시할 수 있는 종교교육의 자유가 포함된다. 국가나 지방자치단체가 국·공립학교에서 특정 종교를 위한 종교교육을 실시하는 것은 정교분리의 원칙에 따라 금지되지만, 사립학교에서의 종교교육은 선교활동의 일환으로써 인정된다.

대법원은 사립대학(학교법인 숭실재단)이 학생들로 하여금 일정한 내용의 종교교육을 받을 것을 졸업요건으로 하는 학칙을 제정할 수 있는지 여부에 대한 문제, 기독교 재단이 설립한 사립대학에서 일정 학기 동안 대학예배에 참석할 것을 졸업요건으로 하는 학칙을 정한 경우 헌법상 종교의 자유에 반하는 무효의 학칙인가의 문제 등에 대하여 판단했다.[7)]

이 사건에서 대법원은 대학의 자율성 및 학교교육의 성질에 관하여 규정한 헌법조항과 교육에 대하여 규정하고 있는 관계 법령의 내용 등을 종합하여 볼 때, 원고가 숭실대학교에서 법학과의 교육과정을 이수하고 있을 당시 구 교육법시행령 제56조에서 학칙의 기재사항으로 규정한 교육과정이나 졸업·학위수여에 관한 사립대학의 학칙은 그 내용이 법령에 위배되거나 학교교육의 본질에 반하는 등의 특별한 사정이 없는 한 당연히 구속력을 가진다고 판단했다. 따라서 이 사건에서도 숭실대학교의 학생인 원고는 대학예배의 6학기 참석을 졸업요건으로 정한 위 대학교의 학칙에 구속된다고 판시한 것이다.

7) 대법원 1998.11.10. 96다37268..

Ⅴ. 창조과학교육

1_ 법과 판례

미국에서는 오래 전부터 공립학교에서의 창조과학교육 문제가 제기되어 왔고 판례도 형성되어 있다. 아칸소 주법에는 1968년경까지만 해도 창조과학만 가르치게 되어 있었고, 진화론을 가르치는 교사에 대해서는 벌금형에 처하도록 되어 있었다. 그러나 진화론을 주장하는 사람들은 이 법이 헌법상 종교의 자유에 위배된다고 보고 소송을 제기하였고, 연방대법원이 위헌을 선고하여 이 법은 폐지되었다. 공립학교에서 창조론만 가르치도록 규정한 법은 국가가 특정 종교를 공인하는 결과가 되기 때문에 헌법에 위배된다는 것이다.

루이지애나 주법은 1987년경까지 공립학교에서는 창조과학과 진화론을 동시에 가르쳐야 한다고 규정했다. 진화론자들이 헌법상 종교의 자유에 위배된다고 하여 소송을 제기하였고, 연방대법원은 1987년 6월 19일 위헌이라는 결정을 내렸다. 결국 미국의 공립학교에서 창조과학교육을 실시할 법적근거를 잃었다고 해도 과언이 아니다. 그런데 이 판례는 경청할 내용을 담고 있다.

법원은 창조과학과 진화론을 균등하게 가르칠 수 있게 하는 루이지애나 주법은 특별한 종교적 신앙 · 주의 · 교리를 공인하는 것이므로 종교자유 규정에 위배된다고 판시하였다. 그러면서 공립학교에서 교사들은 진화론을 포함한 일반적 과학이론들에 대한 과학적 비평을 가르칠 수 있다고 하였다. 즉, 진화론만이 진리라고 가르치지 않아도 되며 진화론에 대한 다른 과학적 비평이 있다면 전문적이고 과학적 증거를 들어 비평할 수 있다는 것이다.

법원이 창조과학이나 진화론의 옳고 그름을 판단할 수는 없다. 법원은 진화론을 인간 기원에 대한 여러 이론들 가운데 하나의 과학적 이론이라고 본 것이다. 과학적 데이터에 근거한 과학적 이론으로 인정될 수 있다면 다른 견해들도 교육될 수 있는 길을 열어놓은 것이다. 또 이 판결은 진화론을 어떤 종교적 신앙을 손상하기 위해서 사용해서는 안 된다고 못 박고 있다. 진화론을 공립학교에서 가르치고 있지만, 그 진화론을 인간은 창조되었다는 창조과학을 부인하는 방법으로 사용할 수 없다는 것이다.

2_ 과제

공립학교에서 진화론을 가르친다고 하여 하나님의 인간 창조가 부인될 수 없고, 공립학교에서 창조과학을 가르친다고 하여도 모든 학생이 하나님이 인간을 창조하였다는 사실을 믿지는 않을 것이다. 언젠가 창조과학이 과학적 데이터에 근거한 과학적 이론으로 발전되어 자유롭게 교육될 수 있는 날을 기대해 본다.

이를 위해서는 미국 법원이 지적하였듯이 이 분야의 연구자들이 창조과학을 주장함에 있어 단지 신앙을 옹호하거나 자기 신앙을 주장하는 차원이 아니라 과학적 데이터에 근거한 과학적 이론으로 발전시켜야겠다. 그래서 창조과학이 인간 기원에 관해 진화론을 비판할 수 있는 또 다른 하나의 과학적 이론이라고 여길 수 있는 정도까지 되어야 하겠다. 이를 위해 창조과학의 근본 아이디어는 성경에서 가져오되 이를 표현하고 설득하기 위해서는 보다 전문적인 연구가 필요한 것이다.

3_ 지적설계(Intelligent Design) 이론

(1) 지적설계이론의 등장

미국 오하이오 주 교육위원회는 과학교과과정에 지적설계에 의한 창조론을 포함시킨 과학교육기준을 만장일치로 통과시켰다. 이로써 오하이오 주는 다윈의 진화론을 지지하는 과학적 증거뿐만 아니라 이를 비판하는 창조론의 증거도 학생들이 의무적으로 배울 수 있는 미국의 첫 번째 주가 됐다. 위 교육위원회는 주 내 학부모들의 의견수렴 과정에서 과학적인 문제가 전국적인 관심의 대상이 된다고 판단되면 교육위원들이 모여 결정하는 최고 의사결정 과정이다.

오하이오 주뿐 아니라 미국의 대도시 주택가 교육구 가운데 한 곳인 조지아의 콥 카운티 교육구는 균형 잡힌 교육이란 차원에서 진화론처럼 논쟁의 여지가 있는 과학의 주제를 학교에서 다룰 때 학생들은 광범위한 과학적 관점의 다양성을 경험토록 해야 한다고 촉구했다(교육구는 국내 군교육청에 해당).

동아일보는 이처럼 첨단과학을 자랑하는 미국의 과학교과서에 창조론의 내용이 공식적으로 채택된 데는 크게 세 가지 이유가 작용했기 때문인 것으로 분석했다.

첫째, 과학적으로 인정받을 수 없는 폐기처분된 진화론의 자료가 고교 생물교과서에 버젓이 소개돼 진화론의 허구를 스스로 드러냈다는 것이다. 19세기 독일 진화론자인 에른스트 헥켈[8]이 조합해 만든 배아 그림이 그것이다. 찰스 다윈이 주장하는 공동조상을 증명하기 위해 사용된 이 배아 그림은 이미 허위자료로 밝혀진지 오래지만, 지금도 과학적 사실인 것처럼 그대로 실려 있기 때문이다.

헥켈은 자신의 계통발생설을 설명하기 위해 많은 척추동물의 배아 그림을 그렸다. 그는 이 배아 그림을 최초의 단계에서 의도적으로 매우 흡사하게 그렸다. 그가 그린 초기 배아들은 상당한 정도로 조작된 것이다. 과학사가인 오펜하이머의 증언이다: "헥켈은 과학논문 변조로 인해 한 번 이상 빌헬름 히스Wilhelm Hies, Sir와 다른 여러 사람들에 의해 고소당했다."[9]

둘째, 지층을 조사할 때 진화론자들을 당황하게 만드는 첫 번째 의문은 선캄브리아기와 캄브리아기 지층을 비교할 때 나타나는 생물화석의 갑작스런 출현이다. 이것을 흔히 캄브리아기의 대폭발[10]이라고 한다. 선캄브리아기 지층에서는 다세포생물 화석이 없다가 캄브리아기에 들어와서는 다양한 종류의 바다 생물, 즉 삼엽충, 해파리 등 무척추동물과 산호류 등이 갑자기 나타나는 것은 진화론의 가장 큰 딜레마 중의 하나이다. 비록 선캄브리아기 지층에서 현미경으로나 관측될 수 있는 단세포 박테리아나 해초식물의 미화석microfossil이 간혹 발견된다고 하지만, 현미경으로나 볼 수 있는 단세포 생물과 캄브리아기에 발견되는 복잡 다양한 다세포 생물 간에는 엄청난 간극이 있다.

실제 배아 그림과의 비교

마지막으로 진화론이 열린 마음과 비판적 사고에 기초하지 않고 오히려 교리처럼 학생들에게 주입돼 왔다는 것이다. 과학은 결코 일방통행식 선택이 아닌 다양한 비판의 수용을 기반으로 한다. 그러나 진화론자들은 낡은 이론에 기초해 창조론자들을 성경 맹신자로 몰아붙여 왔다는 것이다.

8) Ernst H. Heckel
(1834-1919)

독일 생물학자이자, 생물철학자. 독일 예나대학 비교해부학 교수 역임. 다윈의 진화론 증명에 일생 보냄. '계통발생에 대한 대단한 지식과 능력을 가진 사람'이라고 다윈의 칭찬을 받음.

9) 양승훈, 「창조와 격변」(예영커뮤니케이션, 2006), 213.

10) 캄브리아기의 대폭발 (Cambrian Explosion)

5~6억 년 전으로 추정되는 지층에서 수많은 생물 화석이 갑자기 폭발적으로 나타난 현상. 고생물학자들이 캄브리아기 동물 조상을 찾기 위해 선캄브리아기 지층을 조사했으나 찾지 못함.

워싱턴에서 헥켈의 배아 그림을 비판한 생물교사가 해당 교육구에서 쫓겨난 경우가 그 예이다. 이런 것들이 진화론의 입지를 궁색하게 한 원인이 됐다는 분석이다.

(2) 지적설계이론의 내용

자연계에는 우연히 존재한다고 볼 수 없는 설계의 흔적으로 가득 차 있다. 신앙의 유무와는 무관하게 많은 과학자들은 자연계에서 찾아볼 수 있는 다양한 설계의 흔적들을 지적하고 있다. 자연에 나타난 분명한 설계의 흔적을 보면서 1980년대 중반부터 일단의 과학자들이 지적설계운동Intelligent Design Movement이란 새로운 과학운동을 전개하고 있다. 이 운동은 유물론과 자연주의를 핵심으로 하는 다윈주의에 대한 도전이라고 할 수 있다. 이들은 지적설계를 과역의 영역으로 끌어들여 "지적인 원인들의 영향을 연구하는 과학의 연구 프로그램이고, 다윈주의와 자연주의의 유산에 대하여 도전하는 지적운동이며, 하나님의 역사하심을 이해하는 한 가지 방법"이라고 주장한다.

지적설계론자들은 자연계는 임의적인 자연의 힘만으로는 적절하게 설명할 수 없으며, 우리가 지성에 기인하는 것이라고 주장할 수 있는 특징을 나타내고 있다고 한다. 지적설계는 성경이나 신학적, 종교적 주장에 근거한 것이 아니라, 과학적 증거에 기초하고 있다. 그러므로 지적설계운동가들은 지적설계론에 대한 반박을 신학이나 성경이 아니라 자연의 증거를 통해 반박해 줄 것을 요청한다.

넓게 볼 때 지적설계론은 창조론 운동의 일환이라고 할 수 있을 것이다. 그러나 종래에 제시되어 온 다른 어떤 창조론 모델보다도 지적설계론은 포괄적이고 개방적이다. 그래서 이 운동에 다양한 배경의 사람들이 참여하고 있다.

지적설계론자들은 진화를 인정하기는 하지만 다윈주의자들처럼 진화가 모든 것을 설명할 수 있다는 데에는 반대한다. 지적설계 모델은 창세기의 기사를 문자적으로 뒷받침하기 위함이 아니라, 자연의 증거가 말해주는 것을 결론으로 삼는다고 한다. 그러므로 성경을 문자 그대로 해석하고 이를 뒷받침하기 위해 과학을 동원하는 창조과학자들의 비난을 받기도 한다.

03

Chapter

_표현의 자유

Ⅰ. 종교 맹신의 사회문제

일본의 독가스 살포 사건, 미국 오클라호마 주에서의 주 정부청사 폭파 사건, 9·11 미국 국제무역센터 폭파사고 사건 등 근래 들어 전 세계를 경악시키는 사건들이 계속 발생하고 있다.

그런데 불행하게도 이러한 사건들의 배후에는 종교에 대한 맹신이 작용하고 있는 것으로 알려지고 있다. 이러한 잘못된 종교의 폐단에 대해 정통 교단에서는 수많은 비평을 통해 사람들로 하여금 잘못된 가르침에 빠지지 않도록 경각심을 주어 왔지만 정통 교단의 가르침에 따르지 아니하고 잘못된 종교에 빠지는 사람의 숫자가 증가하고 있다. 우리나라에서도 예외는 아니다.

Ⅱ. 헌법상 표현의 자유

1_ 표현의 자유의 기능

표현의 자유는 한편으로는 개인의 국가에 대한 방어권의 성격을 가진 권리라고 할 수 있다. 개인은 자유로이 형성된 의견을 국가의 간섭을 받지 않고 발표 · 전달할 수 있으며, 국가가 의견의 형성을 강요하거나 혹은 의견표현 과정을 지배해서도 안 된다. 그러므로 표현의 자유는 기본적으로 개인이 사회구성원으로서 타인과의 관계에서 인격을 실현하는 매체가 된다.

다른 한편 민주주의는 개인의 자유로운 의견 형성과 교환을 통해 나타나는 국민의 의사에 기초한 국가형태이기 때문에 표현의 자유는 민주주의를 실현하기 위해 필수적인 질서로서의 성격을 가진다. 그러므로 사회구성원 간에 의사소통을 통하여 대의과정에 개인의 의사를 투입하는 기능을 수행한다.

그러므로 종합적으로 볼 때 표현의 자유는 의사소통을 위한 기본권이자 정치적 기본권의 두 가지 성격을 가지고 있다.

헌법 제21조는 언론 · 출판 · 집회 · 결사의 자유를 표현의 자유로 같은 조문에서 보장한다. 헌법 제37조 2항은 표현의 자유가 제한될 수 있음을 규정하고, 그 제한의 방법에 대하여 독자적인 기준을 제시한다. 즉, 언론 · 출판에 대한 허가나 검열, 그리고 집회 · 결사에 대한 허가는 인정되지 않는다. 언론 · 출판은 타인의 명예나 권리 또는 공중도덕이나 사회윤리를 침해해서는 안 된다. 언론 · 출판이 타인의 명예나 권리를 침해한 때에는 피해자는 이에 대한 피해의 배상을 청구할 수 있다.

언론 · 출판의 자유는 개별적인 표현행위를, 집회 · 결사의 자유는 집단적인 의사표시 및 형성행위를 보호한다.

2_ 언론 · 출판의 자유

언론이란 구두 및 문자에 의한 의사표시행위이다. 여기에는 사상의 표현과 전파의 자유가 포함된다. 의사전달로서의 속성이 있는 한 의사의 가치 및 중요성 등은 보호의 여부에 영향을 미치지 않는다. 개인의 의사는 다른 사람의 의사와 다를 수 있을 뿐이지, 옳고 그름에 따른 헌법적 평가가 다를 수 없기 때문이다.

언론의 자유는 모든 형태의 매체를 통한 의사표현을 보호한다. 그러나 출판의 자유는 대량인쇄 방법에 의해 생산 · 배포되는 인쇄행위를 매개로 이루어지는 의사표시의 자유이다. 언론 · 출판의 자유는 개인의 자유로운 의견표현 및 전달행위에 국가가 개입하는 것을 금지하는 것이다.

언론 · 출판의 자유가 실효성을 갖기 위해서는 언론기관 설립의 자유 등을 내용으로 하는 자유언론제도가 보장되어야 한다. 또한 언론기관은 사회적 영향력이 매우 강력하다. 언론기관이 언론의 자유를 남용하지 않도록 국가가 간여할 필요가 있다. 그러므로 헌법은 제21조에서 방송통신에 대하여는 시설기준을, 신문에 대하여는 그 기능을 보장하기 위하여 필요한 사항을 법률로 정하도록 하였다.

언론의 자유에 내재해 있는 객관적 질서형성의 기능과 언론기관의 사회적 책임 등으로부터 알권리, 언론매체 이용권, 보도의 자유 등의 파생적인 기본권이 나온다.

3_ 집회 · 결사의 자유

집회와 결사의 자유는 집단적인 의사 형성과 표현을 보호하기 위한 기본권이다. 집회는 단기적인 형태의 의사표현행위이며, 여기에는 시위가 포함된다. 그리고 결사는 시간적으로 지속성을 갖는 집단의 의견 형성과 표현을 위한 조직형태이다.

집회 · 결사의 자유에는 그 자체로 독립적 기능이 있지만, 그 외에도 민주주의의 실현에 기여하는 보충적 기능도 있다. 민주주의에서는 추정적인 국민의 의사에 기초하여 대의과정을 통하여 국가의사가 형성된다.

또한 국가의사의 형성과정에서 국민 개인 혹은 집단의 구체적인 의사를 투입하여 추정적인 국민의 의사와 구체적인 국민의 의사가 심각하게 괴리되는 것을 방지하는 기능을 한다. 그리하여 소수 보호의 기능을 수행하게 된다. 그리하여 제도언론에 대한 보완기능을 수행하게 될 것이다.

Ⅲ. 종교 내의 비판

잘못된 종교적 가르침과 이단사상들에 대하여 잘못이 지적되어 왔다. 그러나 이단사상을 비판하는 경우 법적으로 송사에 휘말릴 수 있다. 승소하는 경우도 있지만, 패소하거나 유죄로 인정되는 경우도 있다. 이단비판과 관련하여 송사문제로 비화된 사례는 많이 있지만 아직까지 이단비판의 자유는 종교의 자유나 표현의 자유 영역에 해당된다는 대법원 판례가 확립되어 있지는 않은 상태에 있다.

과거 판례의 경향을 보면 이단비판자가 이단 지도자의 사생활을 비판하면 비방의 목적을 인정하여 명예훼손으로 보는 것 같다. 그런데 이단사상을 비판하다 보면 그 이단사상을 유포하는 지도자의 개인 신상에 대해서도 언급하게 된다. 이때 단지 개인 신상 관련성만을 가지고 판단하면 이단비판의 자유는 위축될 수밖에 없을 것이다. 그로 인하여 많은 국민들의 고통스러운 생활을 방관하는 결과가 될 수 있다.

종교는 국민의 건전한 가치체계를 함양하고 사회의 윤리적 성숙에 기여하기도 하지만 잘못된 종교 또는 성숙되지 못한 종교는 개인의 삶과 가정을 파괴시키고 사회질서를 위태롭게 할 수도 있다. 여기에 종교의 정통성 논쟁 또는 사이비 이단논쟁의 필요성이 있는 것이다. 정통 기독교에서 사이비 이단교리의 잘못을 지적해 주지 않으면, 사이비 이단교리는 많은 사람들의 생활을 파괴하게 될 것이다. 따라서 종교의 정통성을 가리기 위한 종교 내부의 토론, 비평, 표현 등은 존중되어야 하고, 국가권력의 간섭은 극소화하여야 한다.

종교적 토론과 논쟁, 비평과 표현은 학술적 토론 및 비평과는 성격을 달리한다. 종교는 진리를 추구하되 인간 내면의 정신적 · 전인격적 가치를 추구하고 인격적 부분을 단서로 하는 가치체계이기 때문이다. 이러한 점 때문에 종교적 토론과 논쟁, 비평과 표현에는 자연히 개인의 내면적 · 인격적 부분까지 종교논쟁의 단서가 될 수 있다. 이러므로 종교비평, 논쟁이 이단 지도자 개인의 신앙생활을 언급하였다 하여 그것이 바로 법에 어긋난다는 식의 판단을 할 수는 없는 것이다.

Ⅳ. 종교적 비판과 명예훼손

법원이 정면으로 종교적 비판의 자유를 언급한 것은 아니지만, 종교적 비판과 관련한 명예훼손 등의 문제에 대해 언급한 판례들이 있다. 종교적 표현행위의 보호 정도의 문제를 판단하고, 종교적 비판의 표현행위로 인한 명예훼손의 경우, 위법성 여부의 판단방법 등에 대한 문제, 기도원의 운영에 이단적 요소가 있음을 들어 한 비판행위 및 이에 맞선 상대방의 광고행위가 모두 허용되는 종교적 비판의 표현행위에 해당하는가 여부의 문제에 대하여 판단한 것이다.[1)]

이 사건에서 법원은 종교의 자유에 선교의 자유가 포함되고, 종교적 선전, 타 종교에 대한 비판 등은 동시에 표현의 자유의 보호대상이 되는 것이며, 종교적 목적을 위한 언론 · 출판의 경우에는 그 밖의 일반적인 언론 · 출판에 비하여 보다 고도의 보장을 받게 된다고 판시했다. 또한 다른 종교나 종교집단을 비판할 권리는 최대한 보장받아야 하며, 그로 인하여 타인의 명예 등 인격권을 침해하는 경우에 종교의 자유보장과 개인의 명예보호라는 두 법익을 어떻게 조정할 것인지는, 그 비판행위로 얻어지는 이익, 가치와 공표가 이루어진 범위의 광협, 그 표현방법 등 그 비판행위 자체에 관한 제반 사정을 감안함과 동시에 그 비판에 의하여 훼손되거나 훼손될 수 있는 타인의 명예 침해의 정도를 비교 · 고려하여 결정하여야 한다고 판시했다.

그리하여 노회의 회장, 서기 또는 그 노회 소속 교회의 목사, 장로인 자들이 다른 교단 소속의 기도원 운영자를 비판한 행위 및 그에 맞선 기도원 운영자의 광고행위가, 각 관계자들의 지위, 비판행위로 얻어지는 이익, 공표가 이루어진 상대방 범위의 광협, 그 표현방법, 비판내용 및 명예침해의 정도 등에 비추어, 다소 과장되거나 부적절한 표현을 사용한 바 있다 하더라도 그 행위는 근본적으로 종교적 비판의 표현행위에 해당되어 위법성이 없다고 보았다.

또한 법원은 어느 교단이 그 산하 단체로 하여금 다른 교단 소속 목사의 주장의 이단성 여부에 관해 연구하게 한 후 그 결과를 책자에 게재하여 배포한 사건에 대해 판단했다. 이 경우 비록 그 공표내용 중에 그 목사의 교리와 주장을 비판하고 그 명예를 침해하는 내용이 포함되어 있다고 할지라도, 이는 신앙의 본질적 내용으로서 최대한 보장받아야 할 종교적 비판의 표현행

1) 대법원 1996.9.6. 96다19246, 19253.

위라고 보았다. 그러므로 그 안에 다소 과장되거나 부적절한 표현이 있다 하더라도 중요한 부분에 있어서 진실에 합치할 뿐만 아니라 자기 교단의 교리보호와 그 산하 지도자들 및 신자들의 신앙보호를 위하여 주로 그들을 상대로 주의를 촉구하는 취지에서 공표한 것이라면 위법성이 없다고 본 것이다.[2)]

또한 법원은 구체적인 교리에 대한 나름대로의 분석에 근거하여 특정 종교인을 사이비로 기술한 출판물을 출판한 사안을 다루었다. 이 사안에서 그와 같은 분석 및 그 분석의 결과가 사실과 다르다거나 사실을 왜곡하였는가 여부를 과학적으로 입증하기는 불가능하고 오히려 이러한 종교·교리적 분석은 하나의 '의견'에 불과하여 명예훼손이 성립하기 위한 '사실의 적시'라고 보기 어렵다고 판단했다. 그러므로 그 출판물에서 그 종교인을 단정적·반복적으로 그리스도교의 사이비라고 표현하고 있다거나 이와 유사한 내용으로 표현한 것만으로는 그 종교인의 인격권·명예권이 침해되었다고 볼 수 없다는 것이다.

우리 헌법은 제20조 제2항에서 국가의 종교적 중립성을 요구하고 있는바, 특정 종교의 이단이나 사이비 여부로 인하여 발생하는 분쟁에 법원이 개입하여 어떠한 특정 종교나 교리가 옳고 이에 대한 비난이 위법하다고 선언할 수는 없다고 판시했다.[3)]

V. 표현의 자유와 그 한계

자연권 사상에 따르면 인간은 태어날 때부터 평등하고 자유로운 사회의 자율적 단위이며, 개개인은 인권 또는 시민권을 향유한다. 자연권을 가진 개인들이 자신의 의사를 실현하고자 한다면 서로 다른 선호와 이해관계를 갖기 때문에 개개인의 힘과 힘이 충돌하는 것은 필연적이다. 갈등이 없는 사회는 전체주의 국가에서나 가능하며, 이런 사회는 민주사회가 아니다. 이러한 갈등의 존재는 당연한 것이지만, 그 해결방식이 문제가 되는 것이다. 공동체 구성원들이 자신의 생각을 자유롭게 표현할 수 없는 분위기에서는 상호간에 불신과 오해, 그로 인한 경계심이 커질 수밖에 없다. 표현의 자유가 민주사회에 필수적이라고 하는 이유이다. 우리 사회는 이 점과 관련하여 아직 성숙한 단계에 있다고 하기는 어려운 것으로 보인다.

2) 대법원 1997.8.29. 97다19755.

3) 서울지법 서부지원 1996. 4.19. 95카합4745.

그런데 국민의 기본권인 표현의 자유는 소수자 집단의 구성원들을 범죄자이거나 배교자, 혹은 테러리스트라고 주장하는 등의 혐오표현의 자유까지 포함하는 것인가? 표현의 자유와 '혐오 표현'hate speech에 대한 규제의 법리적 양립 가능성이 문제가 된다. 혐오 표현의 개념은 서구에서 수입한 것이기 때문에 개념 자체의 혼란도 있다. 혹자는 좀 나쁘다 싶은 말을 모두 혐오 표현으로 정의하려고 할 수도 있다. 또한 혐오 표현의 범위를 확대하면 표현의 자유는 위축될 수밖에 없을 것이다.

혐오 표현을 범죄로 규정하려는 입장에서는 그 '표현'을 언어에 국한하지 않으려는 경향이 있다. 즉 동성애자가 옆에 앉았다는 이유로 불편한 기색을 나타내거나 자리를 피한다든지, 악수를 거부하는 행위 등 비언어적 표현이 감정과 의사를 표현할 수 있으므로 그런 표현도 형사처벌 할 수 있는 표현의 범위 내에 포함시키려고 한다.

이와 같이 어디까지 규제할 것인가의 문제에 대해서는 의견접근이 쉽지 않다. 미국에서는 소수 민족, 장애인, 여성 등에 대한 모욕성 발언을 동반한 폭력은 가중 처벌하고, 독일에서는 집단혐오죄, 유태인학살부인죄, 프랑스에서는 국적, 인종, 종교 등의 혐오 발언을 처벌하는 것으로 알려져 있다. 그러한 규제를 가진 다른 나라들은 각각 그들의 사회가 가진 특수한 문제 상황을 반영하고 있는 것이다.

이미 국회에 제출된 바 있는 국가인권위원회나 법무부의 '차별금지법안'에서는 성소수자가 주관적으로 느낀 혐오감에 대해 가해자로 지목된 자에게 '혐오 표현'이 아님을 입증할 책임을 부담시키고, 나아가서 징벌적 손해배상 등을 포함한 강력한 법적 제재조치들을 규정했다. 그리하여 이러한 법안이 국회를 통과하면 사실상 성적 지향이나 트랜스젠더 관련 이슈들에 대한 비판적 표현들은 위축될 가능성이 있다.

'자유론'을 쓴 밀[4)]은 표현의 자유가 문명의 진보에 기여한다고 하면서 어떤 주장이 옳든 그르든, 일정한 시기에 그것이 지지를 받든 받지 못하든, 표현되는 것은 용인되어야 한다. 그 주장이 옳다면 공동체의 다수에 의해 수용될 것이고, 옳지 않다면 소멸할 것이라고 주장했다. 유엔 인권위원회는 사실적 주장이 아닌 단순한 견해 표명에 대해 법적 책임을 지울 수는 없다고 선언했다.

4) J. S. Mill
(1806-1873)

영국의 사회학, 철학자, 정치경제학자. 논리학, 윤리학, 정치학, 사회평론 등 방대한 저술 남김.

'위축 효과'chilling effect의 법리는 표현의 자유에 위축 효과를 발생시키는 법은 위헌이라는 법적 논리이며, 합법적 행위임에도 그 합법성을 입증하는 수고가 장애사유가 되어 원하지도 않으면서 그 행위를 회피하거나 자제하게 되는 효과를 말한다. 헌법재판소도 표현의 자유 관련 법률에 대한 위헌심사에서 이 법리와 같은 입장을 취했다.

혹자는 주장한다. 현행법으로 욕설과 모욕 행위를 처벌할 수 있는 형법상의 '모욕죄', '명예훼손죄'가 있고, 일반적 차별금지법으로 볼 수 있는 국가인권위원회법도 존재한다. 그럼에도 불구하고 강력한 형사처벌을 내용으로 하는 법을 만든다면, 이는 국민 정서에도 맞지 않고 표현의 자유를 위축시킴으로써 헌법을 위반하는 요소를 가진다는 것이다.

차별금지법의 입법을 위해 제시된 법안들이 입증책임의 전환이나 징벌적 손해배상이라는 극약 처방을 제시한 것은 우려되는 상황이라 할 수 있다. 예컨대 동성애에 대해 부정적인 측면에서 의학적 소견을 피력하거나 전통적 혼인의 가치를 내세워 비판적 입장을 표현하고자 하는 사람이 입증책임의 전환이나 징벌적 손해배상으로 인해 표현을 자제하는 위축효과가 나타난다면 그러한 법적 규제의 내용은 과잉금지에 해당할 수 있다.

민주사회에서 시민들의 정치참여는 매우 중요한 덕목이며, 상호간의 의사소통의 과정에서 자기실현을 추구하는 시민들에게 필요한 것은 사상의 자유 및 표현의 자유가 보장되는 '공론의 장'이다. 공동체 내의 '공론의 장'을 규제를 통해 위축시키면, 이는 시민들의 자기실현과정 자체가 원천적으로 봉쇄될 수 있다. 충분한 공론화의 기회, 공론이 펼쳐질 수 있는 시간과 공간을 확보하는 것이 필요한 시점이 된 것으로 보인다.

04 Chapter

_휴식권

Ⅰ. 헌법

우리나라 헌법학자들 사이에 일요일에 쉬는 것이 기본권에 해당하는가에 대한 논의는 거의 없다. 헌법 제37조 1항은 "국민의 자유와 권리는 헌법에 열거되지 아니한 이유로 경시되지 아니한다"고 규정한다. '휴식권'이 헌법에 열거되지 않은 자유와 권리 중에 속한다는 데에는 별 이견이 없다. 다만, 이 휴식권이 일요일에 쉴 권리인지는 논란이 될 수 있다.

'관공서의 공휴일에 관한 규정'[1] 제2조는 관공서의 공휴일을 열거하면서 1항에서 일요일을 들고 있다. 이 법령은 일요일에 쉴 권리를 기본권으로 파악하는 태도에 대해 근거가 되는 규정이 될 수 있지 않을까?

또 일요일에 쉴 권리를 헌법상 보장된 종교의 자유의 측면으로 접근할 수도 있다. 헌법 제11조 1항은 종교적 차별금지를 규정한다.[2] 즉, 종교행위를 위해 일요일을 지킨다면 국가가 이를 방해해서는 안 된다는 것이다.

지금까지 정부나 국·공기업체, 개인 기업체들이 입사시험 등을 치를 때 대부분 시험 날짜를 일요일로 정하고 있으며, 어떤 초등학교는 운동회를 일요일에 치르기도 한다. 어떤 기업체는 직원들에게 일요일에도 일하도록 강요한다. 불응하면 불이익을 감수해야 하는 것이 현실인 것 같다.

1) 1990. 11. 5. 대통령령 13155로 공포

2) 헌법 제11조 1항

모든 국민은 법 앞에 평등하다. 누구든지 성별, 종교, 또는 사회적 신분에 의하여 정치적 경제적 사회적 문화적 생활의 모든 영역에서 차별받지 아니한다.

일요일에 종교행사가 있고 교인이라면 그 행사에 참석해야 하는데, 일요일에 여러 행사가 치러진다면 자연히 종교행사에 참여할 수 없는 결과가 된다. 어떤 교인들은 자기 재능과는 관계없이 단지 일요일을 지킬 수 있는 직장으로 자리를 옮기는 경우도 있다. 국가적 낭비 내지 손실이 아닌가?

Ⅱ. 미국의 법리

미국에서 주로 안식일(토요일)을 지키려는 노력이 안식교인들에 의하여 행하여지고 있다. 그러나 일요일을 지키려는 소송은 찾아보기 어렵다. 미국에서는 주일(일요일)에 무슨 행사를 한다는 것 자체가 거의 없기 때문일 것이다.

회사가 피용자인 한 안식교인에게 금요일 저녁부터 토요일까지 근무명령을 내렸고, 피용자가 이를 거부하자 해고를 당한 사건이 발생하였다. 이에 대해 종교차별religious discrimination과 고용차별employment discrimination이라는 이유로 해고 무효의 소송이 제기되었다.

법원은 편의 도모accommodation와 과도한 부담undue hardship 즉, 회사는 피용인으로 하여금 종교적 행위를 하도록 편의를 제공해야 되고, 그 편의를 제공함에 있어 과도한 부담이 있는지 여부를 고려하였다. 이 사건에서 고용차별[3] 및 고용에 관련된 분쟁문제를 다루는 피용인이 회사에 대해 승소하였다. 회사는 과도한 부담을 감수하지 않더라도 편의를 제공할 수 있다고 판단한 것이다.

또 다른 사건으로 트럭 운수회사에 근무하는 한 안식교인이 위와 같은 이유로 회사로부터 강제 해고를 당했다. 그는 이에 불복하여 회사를 상대로 소송을 제기했다. 이 소송에서는 회사가 승소하였다. 법원은 회사가 피용인의 요구를 들어준다면 과도한 손해를 감수해야 한다고 판단한 것이다. 고용주와 고용인 각각의 승소율은 50대 50 정도라고 한다. 우리나라에서 위와 같은 차별대우의 이유를 들어 법정으로까지 비화된 예는 거의 없다.

3) 고용차별(雇用差別)

국적 · 인종 · 종교 · 성별 · 연령 등에 따라 기업이 고용상 차별을 하는 행위. 고용차별을 없애고 고용기회 균등의 보장은 기업에 대한 사회의 요청으로 기업의 사회적 책임의 일환으로 간주됨. 미국에서는 1964년에 이에 관한 공민권법 제정. 각 기업의 법위반시 제소권을 가진 EEOC 설치.

Ⅲ. 우리나라의 판례

미국 법원에서 고려한 편의도모와 과도한 부담의 이론을 우리나라의 경우에 적용하여 본다면, 일요일에 각종 시험과 각종 행사를 치르는 것을 중단하고 평일에 치르도록 하는 것이 국가 등으로 하여금 과도한 부담을 지우는 것인가에 대하여는 판단이 달라질 수 있기는 하지만,

국가는 각종 행사와 시험을 평일에 실시하도록 계획을 세우는 것이 필요할 것이다. 국가는 일요일에 각종 행사 등을 치르는 이유에 대해 장소와 감독인원의 문제를 들고 있다. 장기적으로 대책을 수립할 필요가 있을 것이다. 기업들도 주일날 일을 시키지 않는 것이 가장 좋은 것 같고, 부득이한 경우 최소한 주일의 종교행사에는 참석할 수 있도록 편의를 제공하여야 할 것이다.

행정자치부장관이 사법시험 제1차 시험의 시행 일자를 일요일로 정하여 2000년도 공무원임용시험시행계획을 공고했다. 이에 한 수험생이 헌법상 보장된 종교의 자유, 공무담임권, 휴식권 등의 기본권을 침해하는 공권력의 행사에 해당한다는 이유로 2000년 3월 헌법소원심판을 청구하였다. 헌법재판소 전원재판부는 이에 대하여 판단하였다.[4)]

헌법재판소는 이 사건 공고가 헌법소원의 대상이 되는 공권력의 행사에 해당한다고 판단했고, 사법시험을 준비하고 있는 청구인으로서는 매년 사법시험 제1차 시험에 응시하기 위해서는 예배행사에 빠질 수밖에 없어 이 사건 역시 청구인의 기본권 침해가 반복될 위험이 있는 경우에 해당하여 권리 보호의 이익을 인정했다.

그러나 종교적 행위의 자유는 신앙의 자유와는 달리 절대적 자유가 아니라 질서유지, 공공복리 등을 위하여 제한할 수 있는 것으로서 사법시험 제1차 시험과 같은 대규모 응시생들이 응시하는 시험의 경우 그 시험장소는 중·고등학교 건물을 임차하는 것 이외에 특별한 방법이 없고 또한 시험관리를 위한 2,000여 명의 공무원이 동원되어야 하며 일요일 아닌 평일에 시험이 있을 경우 직장인 또는 학생 신분인 사람들은 결근, 결석을 하여야 하고 그 밖에 시험당일의 원활한 시험관리에도 상당한 지장이 있는 사정이 있는 바, 이러한 사정을 참작한다면 피청구인이 사법시험 제1차 시험 시행일을 일요일로 정하여 공고한 것은 국가공무원법 제35조에 의하여 다수 국민

4) 헌법재판소 2001.9.27. 2000헌마159.

의 편의를 위한 것이므로 이로 인하여 청구인의 종교의 자유가 어느 정도 제한된다 하더라도 이는 공공복리를 위한 부득이한 제한으로 보아야 할 것이고 그 정도를 보더라도 비례의 원칙에 벗어난 것으로 볼 수 없고 청구인의 종교의 자유의 본질적 내용을 침해한 것으로 볼 수도 없다고 판시했다. 결국 이 헌법재판소의 결정에는 미국의 판례에서 보는 바와 같이 편의도모 및 과도한 부담의 논리가 적용된 것으로 평가할 수 있을 것이다.

05 Chapter

_환경권

Ⅰ. 봄의 침묵

"평화롭고 아름다운 한 시골 마을이 어떤 나쁜 마술적 주문에 걸린 것 같았다. 병아리 떼가 원인 모를 병에 걸렸고, 소나 양들이 병으로 죽어 갔다. 사방이 죽음의 장막으로 덮여졌다. 농부들의 입에서는 가족들의 질병에 관한 얘기들이 자자했으며, 의사들도 환자들에게 나타나는 원인 모를 이러한 질병 때문에 전전긍긍했다. 그러던 중 갑자기 원인 모르게 몇몇 사람들이 죽어갔다. 어른뿐만 아니라 지금까지 잘 뛰어놀던 아이들도 힘없이 쓰러져서는 수 시간 만에 죽어가는 것이었다. 자연은 소름이 끼칠 정도로 이상하리만큼 조용했다. 그처럼 즐겁게 재잘거리며 날던 새들은 다 어디로 갔는가? 사람들은 모두 당황했으며 불길한 예감에 사로잡혔다. 어쩌다가 발견되는 몇 마리 새들도 몹시 떨면서 날지도 못하고 푸드덕거리다가 죽고 마는 것이었다. 봄은 왔는데 침묵만이 감돌았다."[1)]

1962년 출판된 「봄의 침묵」Silent Spring은 봄을 알리는 새소리가 사라져 버린, 그래서 죽음처럼 고요한 자연의 침묵을 그린 책이다. 이 책의 출판은 미국사회에 커다란 반향을 일으켰다. 이 책은 미국 환경운동의 기폭제가 됐으며 20세기 후반 인류에게 환경문제의 중요성을 일깨워준 하나의 기념비적 사건이 되었다.

1) Rachel Carson, 정대수 역, 「봄의 침묵」(넥서스, 1995), 11.

냉전시대 이후에 많은 사람이 핵전쟁보다는 환경문제가 인류 최대의 위협이라고 생각하게 되었다. 1980년대의 가장 주목할 만한 특징은 '녹색 운동'이 급속히 거의 전 세계적으로 성장한 것이다. 녹색 개념은 사회의 주변부에서 주류로 결정적인 이동을 했다. 그래서 이제 녹색의 도래에 영향을 받지 않는 사회적 · 정치적 영역은 사실상 없다고 할 수 있다. 소수 집단들이 헌신적으로 운동을 일으켜서 녹색 관심사에 대해 일반 대중에게 놀라울 정도로 빨리 경각심을 불러일으키고 있다. 전에는 무관심했던 정치가들이 녹색 이슈들을 그들의 의제에 추가하지 않을 수 없게 되었다. 지방자치단체들은 생태학적 문제를 다루는 전문부서를 두고 있다. 도로를 질주하는 대부분의 차는 무연 휘발유를 사용하며, 배기가스에 관한 법적 규제가 강화되고 있다. 각 가정은 환경 친화적인 제품을 사용하고, 자연식 혹은 유기농 음식을 먹고, 종이와 유리와 금속을 재활용하는 녹색소비자가 되어 가고 있다.

Ⅱ. 인식 확대

1800년에는 지구상 인구는 약 10억명 정도였다. 1900년에는 20억으로 두 배가 되었으며, 1974년에 다시 두 배인 40억이 되었다. 1996년에 거의 60억에 달했으며, 머지 않아 세계 인구는 80억에 달할 것으로 예측된다. 1974년에는 40억 인구 중 5분의 1(8억)이 가난했으며, 장차 80억 이상의 인구를 어떻게 먹여 살릴 수 있을지를 우려하는 질문들이 나오고 있다. 이것은 90퍼센트의 인구 성장이 일어나고 있는 개발도상국에서 특히 문제가 된다.

지구의 능력은 한정되어 있는데, 인구 증가는 가난과 기아로 인해 단기적 목표만을 염두에 두고 자원을 사용하게 만들고 있으며, 그래서 장기적으로 심각한 문제가 발생할 수밖에 없는 것이다. 문제는 인구 성장 그 자체가 아니다. 지구는 더 많은 사람들의 생명을 부양할 수 있기 때문이다. 문제는 우리가 환경에 해를 끼치는 방식의 삶을 살아간다는 것이다. 부유한 자들은 너무 많이 소비하고 낭비하는 스타일의 삶을 사는 데 반해, 가난한 사람들은 장기적으로 지구를 돌보기보다는 당장 먹고 사는 데 급급할 수밖에 없게 된다.

1972년 소위 '로마 클럽'[2]은 지구 자원의 유한성에 세계의 이목을 집중시켰다. 이제 계속적인 성장과 무한한 자원은 양립할 수 없을 것 같다는 것이

2) 로마클럽 (Club of Rome)

심각한 세계문제에 관한 연구의 시급함을 절감한 유럽의 경제학자, 과학자, 기업인 등이 1970년 스위스 법인체로 설립한 민간단체. 1972년「성장의 한계」(The Limits to Growth) 출간.

다. 1973년 슈마허E. F. Schumacher는 대체불가능한 자본인 '자연 자본' 중 첫 번째로 화석연료에 대해 언급했다: "화석연료는 인간이 만든 것이 아니다. 그것은 재활용할 수도 없다. 그것은 한 번 사라지면 영원히 사라져 버린다." 바다의 플랑크톤, 지구의 녹색표면, 깨끗한 물 등의 '생물' 중 많은 것이 오염에 의해 파괴되었다. 그는 "화석연료를 낭비한다면 문명을 위협하는 것이다. 하지만 주변에 있는 생물 자본을 낭비한다면 생명 자체를 위협하는 것이다" 라고 한다. 그는 계속해서 이렇게 말한다: " '현대산업제도의 어리석음'은 '그것이 서 있는 기초 자체를 소비한다'는 것이다."

자원 고갈의 위험이 문제된 이래 생물학적 다양성의 상실문제에도 관심이 집중되어 왔다. 생물학적 다양성이란 "지구상에 살아 있는 다양한 유기체, 거기 포함되어 있는 유전자 혹은 유전자정보, 그리고 그들이 살고 있는 복잡한 생태계"를 요약하는 말이다. 지구상에 사는 생물체 종의 숫자는 5백만에서 5천만으로 추산되며, 보수적인 추산치로는 천만 정도이다. 각 종은 독특한 유전 암호를 갖고 있으며, 특정한 서식지에 살고, 종종 매우 특수한 생존 조건들을 요구한다. 종들이 엄청난 양의 변화를 겪는 세계 가운데, 멸종은 통상적 생활에서 날마다 일어나는 일이다. 이러한 논의에서 관심의 대상은 종들의 자연적 멸종 자체가 아니라, 그러한 멸종을 가속화하는 자연환경에 대한 인간 간섭의 비율이다.

생태학자들은 인간이 환경에 미치는 영향 때문에 현재의 멸종비율은 자연적 비율의 천 배에서 만 배에 이른다고 보는데, 이는 날마다 20종에서 50종이 멸종된다는 의미이다. 과학자들이 생물학적 다양성의 상실에 대해 염려하는 이유는 그저 개개 종이 멸종할 뿐 아니라, 그렇게 될 때 생태계의 미묘한 균형이 깨어지기 때문이다.

생산, 포장, 소비는 바람직하지 않은 부산물들의 처리문제를 야기한다. 1994년 1월 영국 정부는 환경친화적 개발에 관한 보고서를 발간했다. 거기에서는 4중의 쓰레기 관리 체계, 곧 줄이기, 재사용, 재활용 및 에너지 회복을 포함하는 회복, 소각로나 매립에 의한 에너지 회수 없는 처리를 권한다. 이 중 마지막 것은 가장 흔하긴 하지만 환경적으로 가장 덜 생산적이다. 하지만 쓰레기 재활용의 환경비용은 에너지 소비와 배출이라는 견지에서 볼 때 쓰레기 처리보다 더 높다. 그 단계에서 최선의 선택은 쓰레기를 줄이는 것이다.

대기오염의 결과는 오존층 고갈과 지구 온난화를 가져왔다. 오존층이 고갈 되면 자외선에 노출되고, 그렇게 되면 피부암이 생기고, 면역 체계가 망가져 버린다. 그 결과 1985년 남극에서 발견된 대륙 크기의 오존 구멍은 광범한 경각심을 촉구하게 되었다. 1993년 남극 오존 농도는 측정 이래 최저치를 기록했다. 아르헨티나, 칠레, 호주, 뉴질랜드 등 인접 국가들에서는 인간뿐 아니라 동식물들에게도 피해가 나타나고 있다고 보고되었으며, 1990년대 중반이 되자 북반구의 가장 온화한 지역들에서도 심각한 오존 고갈이 기록되었다. 스프레이 분사제, 에어컨, 냉장고 등에 사용되는 화학물질인 염화불화 탄소CFCs 등이 원인으로 밝혀졌다. 국제사회는 그에 대한 대책 마련에 골몰하고 있다.

지구 온난화의 문제는 이와 관련되어 있기는 하지만 다른 문제다. 지구 표면의 온기는 지구가 태양으로부터 흡수하는 방열과 대기 중에 방출하는 적외선에 민감한 방열의 결합에 의해 유지된다. 이것이 소위 온실효과[3]이다. 온실가스, 즉 메탄, 질산화물, 특히 탄산가스는 방출열을 줄여 지구 표면의 기온이 상승하게 한다. 온실효과에 대한 인간의 기여 정도에 견해가 일치하지 않는다.

임박한 재앙에 대해서 찬반 양론이 있다. 그러나 2100년까지 지구의 평균 온도가 섭씨 1도에서 5도까지 증가하리라는 점에는 대체적으로 의견이 일치된다. 1도만 증가한다 해도 최후의 빙하 시대 이래 평균 기온 변화율의 열 배에 이르게 될 것이다. 장기간의 효과로는 상당한 기후 변화, 해수면의 상승, 온난기류의 팽창, 많은 섬 · 항구도시 · 방글라데시 같은 저지대 국가들의 범람, 이전에 비옥한 지역이었던 곳의 건조화, 그리고 변화에 적응 하지 못하는 식물들의 지역적 멸종 등이 포함될 것이다. 이러한 문제들은 필수적으로 관련되어 있다. 다양한 환경 · 개발 · 에너지 문제들에 대한 해결책은 환경친화적 개발에 있다.

1992년 리오에서 열린 지구정상회담에서 나온 공식 문서 중 하나인 '의제 21'[4]은 광범위한 인간과 국가의 활동을 포괄하는 환경적 · 개발적 · 경제적 목표들을 설정한다. 그것은 완전한 법적 문서의 효력은 갖고 있지 않지만, 국제연성법[5]으로 불려왔다. 그것이 도덕적 권위를 가지고 있으며, 모든 국가가 최선을 다해 지지해야 한다는 의미이다.

3) 온실효과 (greenhouse effect)

대기를 가지고 있는 행성 표면에서 나오는 복사에너지가 대기를 빠져나가기 전에 흡수되어, 그 에너지가 대기에 남아 기온이 상승하는 현상. 대기가 온실의 유리처럼 기능하기 때문에 온실효과라는 이름이 붙었음.

4) 의제 21 (Agenda 21)

1992년 브라질 리우데자네 이루, 유엔환경개발회의에서 채택한 행동강령. 이 회의는 지구 전체의 환경보전을 위한 기본원칙인 '리우선언'과 그 실천계획인 '의제 21' 등 채택. 국제협약과 같은 구속력은 없으나 각국 스스로 환경보전과 개발을 조화 시킬 수 있는 방향 제시.

5) 연성법 (soft law)

경성법(hard law)과 대비되는 개념. 법이 창조되는 중요한 전 단계. 관습법의 형성에 불가결한 법적 신념이 국제사회의 각 국가 간에 생기고 있는 유력한 증거로서 '응고과정에 있는 법'. 국제입법과정의 산물은 아니지만 '준입법과정'에 속함.

Ⅲ. 헌법상의 권리

헌법은 환경의 보존과 개선의 과제를 개인의 환경권을 보호하는 형태로 선언한다(제35조). 모든 국민은 건강하고 쾌적한 환경에서 생활할 권리를 갖는다. 다른 기본권에서는 볼 수 없는 내용이 규정되어 있다. 즉 국가뿐 아니라 국민도 역시 환경보전을 위하여 노력하여야 한다(제1항). 환경권의 내용과 행사에 관하여는 법률로 정한다(제2항). 특히 국가의 주택정책적 과제를 환경권과 관련하여 선언하고 있다. 즉 국가는 주택개발정책 등을 통하여 모든 국민이 쾌적한 주거생활을 할 수 있도록 노력하여야 한다(제3항). 사실 주택정책은 국가의 일반정책의 범주에 속하며 부분적으로는 사회정책의 분야에 속한다. 각국에서 주택수당제도를 사회보장법의 내용으로 입법하는 것도 그러한 예에 속한다. 그런데 우리 헌법은 주택문제를 환경권과 연계하여 보장하는 특별한 형태를 띠고 있다.

환경권은 다른 기본권과는 달리 기본적으로는 환경이라는 자연을 대상으로 하는 기본권이다. 그러므로 헌법은 환경권 보장의 과제를 국가에 부과할 뿐 아니라 국민에게도 부과했다. 이는 환경과 관련된 인간의 행태를 규율하는 목적을 가진다.

환경권은 국가의 적극적인 환경보호정책의 헌법적 기초로 기능한다. 환경정책은 필연적으로 개인의 재산권에 대한 사용권 및 개발권을 제한하여 이루어진다. 재산권 제한을 정당화하는 공공복리의 중요한 요소로 기능한다. 또 국가가 환경매체를 오염하여 개인의 재산적 가치를 침해하거나 개인의 생명이나 신체를 침해하는 경우에는 환경권은 방어권적 기본권으로 기능한다. 나아가서 환경오염을 위협하는 제3자의 행위에 대해서는 국가의 기본권 보호의무를 발생시킨다.

Ⅳ. 성서적 관점

하나님은 창조주이시므로 그분은 세상의 주인이시다.[6] 하지만 이것은 부분적인 대답일 뿐이다. "하늘은 여호와의 것이라도 땅은 인생에게 주셨도다"(시 115:16). 땅이 하나님과 인간 모두에게 속해 있다는 것이다. 하나님이 만드셨기 때문에 하나님께 속해 있으며, 그분이 그것을 주셨기 때문에 사람에

6) "땅과 거기 충만한 것과 세계와 그 중에 거하는 자가 다 여호와의 것이로다."(시편 24:1)

게 속해 있다. 물론 하나님이 땅에 대한 권리나 통제권을 갖지 않으실 정도로 완전히 넘겨주셨다는 것이 아니라, 그분 대신 다스리도록 주셨다는 것이다. 그렇다면 사람은 땅을 임차한 것이다. 사람은 일종의 소작인이다. 하나님이 여전히 온 땅의 주인Lord이시다. 창세기 1장과 2장에서 이러한 진리는 더 자세하게 설명되어 있다.

창세기 1장에는 "우리의 형상을 따라 우리가 사람을 만들고"와 "그로 땅을 다스리게 하자"는 두 가지 신적 결심이 기록되어 있다(창 1:26)." 하나님이 자기 형상대로 사람을 창조하시되"와 "하나님이 그들에게 이르시되 땅에 충만하라. 땅을 정복하라"(창 1:27-28)는 두 가지 신적 행동도 기록된다. 이처럼 인간들은 처음부터 이중적 독특성을 부여받았다. 하나님을 알 수 있도록 만들어주는 이성적 · 도덕적 · 사회적 · 영적 특성들로 구성되어 있는 하나님의 형상을 지니고 있으며, 땅과 그곳의 생물들을 지배한다.

땅에 대한 지배는 하나님과의 독특한 관계로 인한 것이다. 하나님은 창조질서, 심지어 계급체계를 조정하셨다. 그분은 인간을 창조주이신 그분 자신과 나머지 피조물 중간에 두신다. 인간은 한편으로 자연의 일부이다. 다른 한편으로 하나님의 형상으로 창조되고 지배권을 부여받았기 때문에 자연과는 별개이다. 생물학적으로 짐승들과 같지만 사람은 더 높은 차원의 경험을 한다. 생각하고, 선택하고, 창조하고, 사랑하고, 기도하고, 지배권을 행사할 수 있다. 이것이 사람의 중간적 위치다.

인간은 '충만하고, 정복하라'는 명령에 순종해 왔다. 식량채집의 다음 단계로 농업을 시작함에 따라, 토지 경작, 짐승들로부터 경작지역의 보호, 토지 산물의 이용 등에 관한 방법을 배웠다. 그리고 짐승 길들이기, 짐승 부리기 등을 배웠다. 그리고 동력, 곧 불과 물의 동력, 후에는 증기, 석탄, 가스, 기름의 동력, 이제는 우라늄, 원자, 강력한 실리콘 칩의 동력의 비결을 배웠다. 연구, 발견, 발명을 통해 인간은 하나님께 순종하고 하나님이 주신 지배권을 행사해 왔다.

땅을 점점 더 지배했다고 해서 하나님의 영역을 침범하고 빼앗은 것이 아니며, 하나님이 계시던 틈새를 막아 그분이 없이 살 수 없게 된 것은 더더욱 아니다. 인간이 알지 못했을지 모르지만 온갖 연구와 지략을 발휘할 때 이는 하나님의 특전이나 권세를 빼앗는 것이 아니라, 하나님이 그들에게 주신 지배권을 행사하는 것이다. 도구와 과학기술의 개발, 땅 경작, 광석 채굴, 연료 추출, 수력발전을 위한 댐 건설, 원자력 에너지 이용, 이 모두가 하나님의 태고적 명령을 성취하는 것이다. 하나님은 이 땅 안에 필요한 식량, 물, 의복, 주거지, 에너지, 온기 등을 공급하셨으며, 자원들이 비축되어 있는 땅에 대한 지배권을 주셨다.

창세기 1장을 보면 사람이 땅에 충만하고 땅을 정복하라는 지시를 받기 전에 이미 땅은 풍성한 열매를 맺게 되어 있었다. 물론 사람은 땅이 더 풍성하게 열매 맺도록 할 수 있다. 땅을 개간하고, 경작하고, 물을 대고, 비료를 줄 수 있다. 태양빛을 더 많이 받도록 식물을 온실 아래 두거나, 토양을 관리할 수도 있다. 선택적인 품종개량으로 저장성을 높일 수 있고, 높은 산출량을 내는 곡물을 생산할 수도 있다. 콤바인 수확기를 사용하여 수확과 타작을 기계화할 수 있다. 이 모든 활동에서 사람은 하나님이 이미 확정해 놓으신 풍성한 열매의 법칙에 협조하는 것이다.

사람이 매사를 인위적으로 통제하고 가속화하는 것도 사실이다. 이는 본질적으로 자연적 과정을 인위적으로 통제하는 것이다. 인간이 하나님과 협력하는 것이다. 하나님이 주시는 것은 '자연'인 반면, 사람이 하는 것은 '재배' 혹은 '배양'이다. 하나님이 사람의 협력을 필요로 할 만큼 자신을 낮추셨다. 자연과 재배의 결합, 인간의 무력함과 훌륭한 솜씨의 결합, 자원과 노동, 믿음과 일의 결합은 '인간은 이제 성년에 이르렀다'고, 그리고 이렇게 성인기에 이르렀으니 하나님이 없이도 살 수 있다고 선포하는 최근의 풍조를 설명하는 데 도움이 된다. 사실상 인류는 과학 기술적으로는 성년에 이르렀다. 자연을 길들이고, 통제하고, 사용하는 면에서 엄청난 전문적 기술을 개발해 왔다. 이 점에서 사람은 바로 주인이다. 하나님은 그렇게 되도록 하시고 그렇게 되라고 명하셨다.

사람은 궁극적으로 햇빛과 비와 열매 맺는 계절을 주시는 아버지 하나님의 섭리에 의지한다는 점에서 자녀이다. 사람은 문명인이든 야만인이든 자연의 자녀다. 그는 자연의 주인이 아니다. 자기 환경을 계속 지배하려면 자연 법칙에 순응해야 한다.

땅이 사람에게 '속한' 이유는 창조주께서 그것을 돌보는 일을 사람에게 위임하셨기 때문이다. 땅을 왕국으로 본다면 사람은 자신의 영토를 다스리는 왕이 아니라 왕을 대신하여 다스리는 총독과 같은 지위에 있는 것이다. 왕이 자신의 지위를 버린 것이 아니기 때문이다. 또 땅을 국가의 소유지로 본다면 사람은 지주가 아니라 소유주 대신 그것을 관리하고 경작하는 토지 관리인 또는 임차인으로 이해될 수 있을 것이다. 이러한 사상은 성서에서 반복된다.

이스라엘의 땅 가나안마저도 이스라엘에게 속하지 않았다. 가나안을 아브라함의 후손에게 주시겠다고 약속하셨기 때문에 '약속의 땅'이었다. 그러나 개인들은 그들 지파의 대표로서만 땅을 소유했다. 누구도 씨족 외의 사람에게 땅을 양도하거나 영구히 팔 수 없었다(민 36:5 이하). 소유주들은 그들이 일시적인 거주자일 뿐임을 기억해야 했다(레 25:33).

또한 땅의 모든 소산을 자기들만 가져서는 안 되고 궁핍한 이웃에게 일부를 나누어주어야 했다. 재산에 대한 권리는 원칙적으로 사회의 더 연약한 구성원들을 돌보는 책임보다 하위에 있었다. 땅에 대한 지배권이 하나님께 협력하고 생산품을 다른 사람들과 나누도록 위임받은 것이라면 청지기직에 대해 그분께 책임을 져야 한다. 자연자원을 멋대로 사용할 자유가 없다.

Ⅴ. 자연보호 논리의 스펙트럼

수탁자는 자연보호의 임무를 부담한다. 인류에게 가장 위협적인 것은 전쟁 시가 아니라 평화 시의 위험, 즉 지구의 자연자원의 손상일 수도 있다. 지구상의 모든 생명체는 물, 토양, 공기의 좁은 층인 생물권에 의존한다. 그런데 자연보호 성과는 특히 20세기에는 좋지 않았다. 한때 비옥한 농업지대였던 아메리카, 아프리카, 아시아의 광대한 지역이 이제는 회복할 수 없는 사막지대 혹은 먼지바람이 이는 황진지대가 되어버렸다. 이제 지구 표면의 50%가량이 사막이나 반사막이 됐다. 환경파괴는 부분적으로 인간의 무지로 인해 일어나고 있다.

중세에 토마스 아퀴나스는 짐승들이 오로지 인간의 즐거움과 이익을 위해서만 존재한다고 가르친 반면, 아씨시의 프란체스코[7]는 짐승들을 자신과 동등한 존재로, 자기의 형제와 자매로 취급했다. 18세기 말 제레미 벤탐 Jeremy Bentham은 짐승들도 고통을 느끼는 감각력이 있는 피조물이므로 권리를 가지고 있다고 최초로 주장했다.

오늘날 피터 싱어는 인간과 동물 간에 차이점이 있음을 인정하긴 하지만, 그럼에도 '기본적인 평등의 원리'가 동물들에게까지 확장된다고 주장한다. 이는 극단적 과잉반응이다. 모든 피조물 중 인간만이 하나님의 형상으로 지

7) Francesco d'Assisi (1182-1226)

프란체스코회 창립자. 이태리 아시시의 부유한 상인 집안 출신. 20세에 회심하여 모든 재산을 버리고 평생을 청빈하게 살며 청빈·겸손·이웃사랑에 헌신. 자애로운 인품과 그가 행한 기적은 모든 시대를 통해 많은 존경 받음. '신의 음유시인(吟遊詩人)'이라 불리움.

음 받았으며, 땅과 그 안의 피조물들에 대한 책임 있는 지배권을 받았다는 근본 진리를 버릴 수 없다. 그러므로 동물의 권리보다는 사람의 동물에 대한 책임에 대해 말하는 것이 필요하다. 하나님이 그것들을 창조하셨고, 그들에 대한 관심을 보여주시기 때문에(시 104), 사람도 그들의 복지에 헌신해야 한다. 율법에 따르면 안식은 인간뿐 아니라 짐승들도 누려야 했다(출 20:10). "의인은 그 육축의 생명을 돌아본다"(잠 12:10).

짐승의 생체 해부, 짐승에 의한 집약농업, 식량용 짐승의 도살, 애완동물 양육 등의 관행에 대하여 성서의 원리의 적용가능성에 대한 논의가 계속될 필요가 있다. 짐승에 대한 잔혹행위는 중단되어야 하며, 짐승을 다루는 관행들이 그 짐승의 피조물로서의 가치와 청지기로서 사람의 책임과 조화가능성을 해치지 않는가를 검토해야 할 것이다. 짐승을 자비롭게 다루는 운동이 필요하다.

이안 맥하그Ian L. McHarg는 자연세계에 대한 서구인들의 태도가 인간의 지배권을 묘사하는 창세기 1장의 '무시무시한 세 줄'에 기원이 있다고 한다. 이것은 지난 2,000년간 서구인들이 자행해 온 모든 파괴와 약탈을 설명해 줄 복합적인 공포의 본문이라고 한다.

그러나 생태학적 문제들에 대해 창세기 1장을 비난할 수는 없다. 하나님이 주신 지배권은 위임된 것이며, 책임을 져야 하는 것이고, 협력적인 것이었다. 그것은 창조주의 보살핌과 똑같이 환경에 대한 지속적인 보살핌을 표현하도록 의도되었다. 창세기 2장은 '배양'에 대해, 창세기 1장은 '파괴'에 대해 가르친다고 볼 수는 없다. 하나님이 땅을 창조해 놓고 사람에게 넘겨주셔서 파괴하게 하셨다는 생각은 어이없는 것이다. 오히려 인류의 지배권은 땅의 자원의 경작을 포함하는 보살피는 청지기직이라고 보는 것이 자연스러운 이해일 것이다.

Ⅵ. 환경과 이웃사랑

지구온난화 주범 중의 하나는 대기 중에 방출된 이산화탄소이며, 이로써 온실효과가 발생하는 것으로 알려져 있다. 환경문제에 대한 여러 주장이 과장된 것이 아닌가 하는 의문을 제기하는 자들이 없는 것은 아니지만[8], 오늘날 지구촌은 허리케인 카트리나와 같은 극심한 기상이변, 인도 및 미국의 홍수, 빙하의 융해 등을 통해 지구온난화를 경험하고 있다.

지구온난화가 전문가들이 처음에 예측했던 것보다 매우 빠른 속도로 진행되고 있다는 보고가 있다. 과학자들은 이러한 긴급성을 일깨우기 위해 새로운 시도를 하고 있다. 2007년 1월 하버드 의과대학의 '건강 및 지구환경 센터'는 전국 복음주의 교계 지도자들과 회의를 열기 위해 최고 기후과학자들을 소집했다. 그들은 지구를 보호하기 위해 공동으로 미국 대통령에게 '긴급 액션요청'Urgent Call to Action을 전달했다. 사상 최초로 과학자들과 복음주의자들이 지구를 보호하기 위해서 회의를 열었다. 그들은 국가 모든 부문의 리더십이 너무 늦기 전에 바로 지금 행동해야 한다고 선언했다. 만약 늦어진다면 일상적인 사업이 더 이상 하루도 지속되지 못하는 상황이 발생할 수 있다는 것이다. 온실가스 배출문제는 이제 매우 긴급한 문제가 되었다.

인류는 온실가스문제를 효과적으로 다루기 위해 알 필요가 있는 대부분의 것을 알고 있다. 단지 그렇게 하고 싶지 않을 뿐이다. 환경적으로 바람직한 일을 하는 경우에 경제적으로 유익한 결과가 발생하는 것이 일반적이기도 하다.

인류가 환경정화에 관한 기술과 역량을 가지고 있고 비용 대비 효과적으로 그렇게 할 수 있다고 볼 때, 사람들이 그들의 집에서 쫓겨나고, 지구에 대한 회복할 수 없는 손상을 방치하는 것은 무관심과 무책임의 증거가 될 것이다. 이것은 사랑과 조화가 될 수 없다. 사랑은 우리 자신과 이웃에 대한 동정심을 품는 것이다. 극심한 기후사태의 희생자들에 대한 감정이입을 요구 한다. 나아가서 그것은 장래의 극심한 기후상태를 예방하기 위한 가능한 액션을 요구한다.

따라서 만약 사랑과 동정의 측면에서 환경문제에 접근한다면, 지구온난화가 인간활동에 의해 발생하고 있으며 이것은 큰 혼란, 사망, 재해 등을 야기할 것이라는 과학적 컨센서스를 진지하게 받아들이고, 이를 교정하기 위해 할 수 있는 일을 해야 할 것이다.

8) Bjoern Lomborg, 홍욱희 · 김승욱 역, 「회의적 환경주의자」 (에코리브르, 2003), 5.

사람이 살 수 있는 거주공간이 사라지는 상황이 된다면 나머지 모든 것은 부차적인 것에 불과하게 되기 때문에, 환경문제는 인류가 직면한 가장 중요한 문제라고 할 수 있다. 따라서 현재의 환경법령을 충실하게 집행하고, 다른 사람들의 요구를 존중하여 보다 더 엄격한 규제를 할 필요가 있다.

법률은 지구온난화를 최소화하는 기업활동을 장려하기 위해 이용될 수 있다. 정부는 세금부과 및 소비능력을 통해서 환경적으로 바람직한 행위를 격려할 수 있다. 교육 역시도 중요하다. 즉시 실행할 수 있는 가장 단순한 일 중의 하나는 가스 마일리지 기준을 확대하는 것이다. 많은 국가들이 이를 이미 시행하고 있다. 아직도 여전히 연료를 많이 소모하는 자동차가 도로상에 있기는 하지만, 연료비용의 증가는 많은 소비자들로 하여금 장차 더 작고, 더 연료 대비 효율적인 자동차나 하이브리드 자동차를 선택하도록 유도할 것이다.

혁신적이고 친환경적인 아이디어들이 일상생활 속에서 작동되고 있다. 예를 들면, 소비자들은 식료품 가게에 갈 때 가능한 한 다시 사용할 수 있는 쇼핑백을 가져가고, 에너지 효율적인 전구를 구매하고, 재생가능한 에너지를 이용하는 등과 같은 일을 하도록 장려된다. 가장 에너지 효율적인 전기기구와 기타 상품들은 라벨이 부착됨으로써 소비자들에게 그들이 최고의 환경적 선택을 할 수 있도록 정보를 제공한다. 비교적 소형의 하이브리드 및 기타 연료효율적인 자동차들의 경우와 같이, LED 전구는 인기를 누리고 있다.

법은 세금공제나 보조금지급에 의해 이러한 친환경적인 활동에 대해 인센티브를 제공할 수 있다. 그러나 만약 대규모의 기업들에 대해 광범한 환경파괴를 가져오는 활동을 할 수 있게 하는 편법이 허용된다면, 지구 기온을 정상적인 수준으로 되돌려놓기 위해 필요한 만큼의 환경이익을 만들어내기 어려울 것이다. 그러므로 정부규제는 엄격하게 집행되어야 할 것이다.

Ⅵ. 미래의 환경

자연 안에는 거의 믿을 수 없을 만한 회복 및 재생 능력, 특히 태양에서 식물로, 동물로, 박테리아로, 땅으로, 그리고 다시 식물로의 에너지 재생의 주기가 들어 있다. 그것은 지구에서 가장 장엄한 단위이다. 미묘한 억제와 균형에 의한 생물학적 힘의 역동적 평형상태는 자연법칙들로 인한 것이다. 하지만 지구의 녹색 표면의 파괴나 바다의 플랑크톤의 파괴는 재순환과정에서 돌이킬 수 없는 상황에 이르게 할 수 있다.

육지 가운데 단 1 퍼센트만이 경작되고 있다. 비용 대비 효과적인 소금물 탈염기술이 개발되면 많은 사막에 물을 공급하여 장미꽃이 피게 할 수 있다. 지구 표면의 3분의 2를 덮고 있는 바다는 기름, 가스, 광물질은 말할 것도 없고 엄청나게 풍부한 생선 단백질을 품고 있다. 하지만 바다를 경작하는 방법은 개발되지 못했다. 원시적으로 채집단계에 있으며 물고기를 남획하는 수준에 있다. 우주개발보다 바다개발이 더 시급한 과제라는 견해도 있다.

성서는 하나님이 땅을 창조하셨고 그것을 사람에게 돌보도록 맡기셨다는 것과, 또한 그분이 언젠가 그것을 재창조하여 '새 하늘과 새 땅'을 만드실 것이라고 선언한다. '피조물이 이제까지 다 함께 탄식하며 고통하기' 때문이다. 탄식하는 것은 '썩어짐의 종노릇'하기 때문이며, 그 결과 '허무한 데 굴복하기' 때문이다. 결국 그것은 '하나님의 자녀들의 영광의 자유'에 참여하게 될 것이다(롬 8:19~22). 그러므로 이러한 가르침들은 땅에 대해, 전체 물리적 피조세계에 대해 적절한 존중을 표하게 한다.

사치와 오염, 그리고 파괴로부터 돌이켜야 한다. 생태학적으로 생각하고 행동하는 법을 배워야 한다. 오늘날의 생태학적 도전에 직면한 개인적 맹목성과 정치적 무력증은 심각한 문제이다. 인류에게는 새로운 자기 인식, 새로운 비전, 도덕적 · 종교적 능력에 대한 재각성 등이 필요하다.

환경위기의 근저에는 환경파괴를 통한 이익추구라는 인간의 탐욕이 있다. 그것은 상업적 이익을 위한 경쟁문제이다. 가격을 올려서든, 세금을 올려서든, 오염 없는 생산의 대가를 소비자들이 지불해야 한다는 주장은 지극히 논리적이다. 책임 있는 생태적 청지기직의 비용에 인색하면 안 된다. 개발도상국들에서의 환경문제는 종종 영양부족, 질병, 빈곤이라는 더 당면한 문제들보다 우선순위에서 밀려난다. 이해할 수는 있는 일이지만 자연환경의 보존 강화를 위해서는 이러한 문제들이 다루어져야 한다.

자기 나라의 이산화탄소 배출량은 줄이지 않으려 하면서 제3세계 열대림을 보호하자는 주장은 위선적인 것이다. 자연파괴를 억제하는 기술의 공유를 위한 국제적인 노력이 필요하다. 부자와 가난한 자 사이의 거대한 불균형이 남아 있는 한, 양심은 불편할 수밖에 없는 것이 아니겠는가?

Dialogue Between Law & Soul

인간의 권리의무 및 책임

04 Part

01 Chapter _선한 사마리아인 법

어떤 사람이 예루살렘에서 여리고로 내려가다가 강도들을 만났다. 강도들이 그의 옷을 벗기고 상처를 입혀 거의 죽게 된 것을 버려두고 갔다. 마침 한 제사장이 그 길로 내려 가다가 그 사람을 보고 피하여 지나갔다. 이와 같이 레위 사람도 그 곳에 이르러 그 사람을 보고 피하여 지나갔다. 그러나 한 사마리아인이 그 길로 지나가다가 그를 보고 측은한 마음이 들어 가까이 가서 그 상처에 감람유와 포도주를 붓고 싸맨 후에 자기 짐승에 태워 여관으로 데리고 가서 돌보아 주었다. 다음 날 그는 두 데나리온을 꺼내어 여관 주인에게 주며 '이 사람을 돌보아 주시오. 비용이 더 들면 내가 돌아오는 길에 갚겠소'라고 말했다.

누가복음 10:30-33

Ⅰ. 선한 사마리아인 운동

제때 처치만 하면 살릴 수 있었을 응급환자 사망비율이 선진국에서는 10~20% 선인데 비해 우리나라에서는 50%대에 이른다. 허술한 응급체계 탓에 귀중한 생명을 잃는 일이 많이 발생하고 있다. 사회 일각에서 사회 각계 인사들을 중심으로 병원 응급실 자원봉사운동과 응급체계개선운동을 벌이는 시민단체의 움직임이 일고 있다.

생명경시 풍조를 바로잡고 생명이 무엇보다 귀하다는 정신이 회복되어야 할 것이다. 촌각을 다투는 응급환자가 빨리 병원으로 후송되지 못해서, 당장 치료비가 없다고 해서, 의사가 없어서 죽어가는 일은 없어야 할 것이다. 병원도 우선 생명부터 살려 놓고 치료비를 생각할 수 있도록 국가와 사회가 나서야 한다.

Ⅱ. 선한 사마리아인 법

선한 사마리아인의 비유와 그에 대한 다양한 반응은 시대와 장소를 초월한 인간의 공통적 실존 사건이다. 그러면서도 잘못된 이해에 빠지기 쉽다. 즉 오늘 나의 집 옆 골목이 곧 여리고로 가는 길임을 인식하지 못함으로써, 인간의 공통적 실존 사건에 참여하지 못하고 항상 2천 년 전의 우화(寓話)의 세계를 동경하는 복고주의적 오류와 사마리아인적 행동은 법적 · 사회적 책임을 동반하는 행동이 아니라 자선적 · 도덕적 행동으로서만 생각하는 낭만주의적 오류를 범하기 쉽다.

오늘날에도 사마리아인의 행동이 정당했고 제사장의 행동은 비난받아야 한다는 21세기 전의 가르침은 공감을 얻고 있다. 세상은 많은 변화를 겪었고, 이에 따라 한 가지 중대한 의문이 사람들의 마음을 점하게 되었다. 제사장의 행위가 비난받아야 한다면 실정법에 의한 비난, 즉 법적책임이 부과되어야 할 것이 아닌가? 오늘날의 세상은 법치주의의 논리가 지배하고 있으며, 그 사회가 중요하게 여기는 가치를 법적으로 제도화함으로써 더 공고하게 그러한 가치를 실현하게 된다. 과연 법으로 그 제사장이 한 것과 같은 행위는 옳지 못하며, 그 사마리아인이 한 것과 같은 행위만이 옳은 것이라고 규정해야 하는 것일까?

심각한 위난(危難) 상태에 빠져 있는 사람을 구조하지 않은 자에 대하여 형사범죄를 인정하려고 하는 움직임이 많은 나라에서 나타나고 있다.[1] 고대 이집트나 인도에서도 위난에 빠져 있는 자에게 구조를 행하지 않은 자에 대한 처벌규정이 있었다. 그러나 로마법과 스콜라 법학은 이러한 취지의 입법에 호의적이 아니었다. 제2차 세계대전 이후에는 거의 모든 신생 형법전들이 구조불이행 조항을 갖추게 되었다.

1) 프랑스 형법 제63조 제2항

위험에 처해 있는 사람을 구조해 주어도 자기가 위험에 빠지지 않음에도 불구하고 자의로 구조하지 않은 자는 3개월 이상 5년 이하의 징역, 혹은 360프랑 이상 15,000프랑 이하의 벌금에 처한다.

이 문제는 형사문제만이 아니라 사법적 측면에서도 중요하다. 이에 따른 민사책임으로서는 구조자가 구조작업을 하는 동안에 발생한 손실이나 상해에 대한 보상, 구조작업에 의하여 야기된 손실이나 상해에 대한 구조자의 책임이 문제가 되는 것이다.

민사상의 문제에 관하여는 세 가지 해결이 가능하다. 즉, 구조행위로 인해 발생한 손해에 대한 보상책임을 위난자나 공동체, 그것도 아니면 구조자 자신이 지는 방법이다. 이 세 방법 중에서 두 번째 방법이 바람직하다는 것이 일반적인 견해인 것 같다. 제사장과 레위인을 그냥 지나가도록 허락하는 것은 옳지 못할 것이며, 착한 사마리아인에게 여러 가지 송사를 부과하는 것은 더욱 옳지 못할 것이다.

구조의무가 인정되는 법체계에서는 그것은 절대적 · 관념적 구조가 아니라 어떤 사람이 위난자를 접하였을 때 그는 능력껏 도와주어야 하고, 기대할 수 있는 만큼, 줄 수 있는 도움을 주어야 한다는 것이다. 대부분의 국가는 일단 위난에 처한 사람을 구조하려고 노력하고 그것이 불가능할 때 다른 도움이라도 줄 것을 요구한다. 어떤 입법에서는 도움을 줄 의무를 당국에 신고할 의무로 국한하기도 한다.

구조자가 구조의무가 성립하는 순간에 행동하지 않았을 경우, 구조불이행의 범죄가 성립한다. 이에는 위난자가 죽어가고 있거나, 부상당했거나 도망치고 있거나 간에 구조불이행의 책임결과에는 영향을 미치지 않는다. 고의적인 지연은 불이행과 같다. 위난자가 제3자에 의하여 구조되더라도 구조불이행자의 책임결과에는 영향을 미치지 아니한다.

이러한 규칙의 적용에는 주의와 상식을 요한다. 처음에는 도움을 거부하다가 마음을 바꾸어 구조한 사람에게는 적용해 보아야 소용이 없을 것이다. 어떤 입법들은 위난자가 죽어가거나 부상당하는 특수한 사정이 야기될 때에만 구조불이행자의 책임이 구성된다고 본다. 구조불이행에 대한 책임은 각국의 형사법 전통과 법체계에 따라 다르다.

Ⅲ. 과제

우리 형법전에는 구조불이행을 금지하는 조항이 따로 없다. 다만 제18조에 "위험의 발생을 방지할 의무가 있거나 자기의 행위로 인하여 위험 발생의 원인을 야기한 자가 그 위험 발생을 방지하지 아니한 때에는 그 발생된 결과에 의하여 처벌한다"고 부작위범에 관한 조항을 두고, 제271조 이하에서 "노유(老幼)·질병 기타 사정으로 인하여 부조(扶助)를 요하는 자를 보호할 법률상 또는 계약상 의무 있는 자가 유기한 때에는 3년 이하의 징역에 처한다"고 유기(遺棄)의 죄를 규정하고 있을 뿐이다.

우리 법체계에서는 산길을 가다가 쓰러져 신음하고 있는 사람을 보고 지나가 버려도 형사책임을 지지 아니한다. 그러나 고의로 아이에게 젖을 먹이지 아니하여 아사하게 한 어머니는 민법 제943조의 친권자로서의 보호의무를 게을리 하였으므로 부작위에 의한 살인죄의 책임을 져야 한다. 또 상점 주인이 자기 집에서 먹고 자는 점원이 병이 걸렸음에도 방치해 두는 것은 형법 제271조 1항의 병자에게 필요한 보호를 하지 아니한 유기죄를 구성하게 된다. 또 화재현장에서 소방관으로부터 도움의 요구가 있었음에도 응하지 않고 불타는 것을 방관하고만 있었을 때는 경범죄처벌법에 의하여 '화재현장에서 정당한 이유 없이 공무원의 원호요구에 응하지 아니한 죄'를 구성한다. 이러한 모든 것은 외국의 구조불이행 조항과는 다르다.

법으로 모든 문제를 해결하려고 하는 법률만능주의 사고방식에 문제가 있기는 하지만, 법이 사회문제를 외면할 수는 없는 것이 아닌가? 입법론적으로 형법전에 구조불이행죄에 관한 조항을 삽입할 수도 있고, 유기죄의 조항을 둘로 나누어 확대적용할 수도 있을 것이다. 법학자, 윤리학자, 종교인들의 광범한 논의가 필요하다.

02 Chapter

_무죄추정의 원칙

Ⅰ. 법과 교양

무죄추정의 원칙이란 어떤 사람이 검찰의 기소나 언론의 비난에 의해서가 아니라, 법원에서 신중한 심리를 통한 범죄의 확정판결이 있고 나서야 죄인으로 취급된다는 원칙이다. 따라서 법원의 확정판결이 있기 이전에는 무죄로 추정된다는 것이다. 우리의 현실은 이에 가깝다고 할 수 없다.

사회정의와 민주주의의 확립을 위해 언론의 역할은 매우 중요하다. 건강한 사회가 되려면 건강한 언론이 있어야 한다. 언론은 진실만을 보도해야 한다. 진실이라고 추정되는 사실은 거기에 해당하는 단서를 수반해야 한다. 반증되는 경우를 생각해서 단서를 추정 사실의 보도와 같은 비중으로 다루어야 한다. 법이 그렇게 규정하고 있다. 그러나 언론들은 이러한 법을 지키고 않고, 도리어 한국사회에서 무소불위의 권력인 양 행세한다. 마치 어떤 정부의 탄생과 소멸이 자신의 손 안에 있는 듯이 왜곡하는 태도에는 문제가 있다. 바른 사회만 바른 언론을 가질 수 있고, 성숙한 민주시민이 있는 곳에 성숙한 언론이 있다. 사람은 속을 수 있다. 그러나 같은 상대에게 계속적으로 속는다면 속는 자에게도 문제가 있는 것이다. 결과적으로 사기꾼을 양성하는 잘못을 범하는 것이다. 사회의 타락과 부정에 일조한 것이다.

무죄추정의 원칙이 사회의 교양이 되면 자신을 권력으로부터 보호할 수 있다. 일반적으로 언론의 통로는 권력을 잡은 자들이 장악하게 된다. 그들은 자신의 권력에 방해가 되는 자들을 제거하거나 약화시키기 위해 혹은 권력을 강화하는 계기를 마련하기 위해 언론을 조작하고 이용하려고 하는 유혹에 빠지기 쉽다. 소위 북풍이니 빨갱이 소동이니 하는 사례가 바로 그것이다. 정적에게 파렴치 혐의를 씌우기도 한다. 만일 언론과 권력이 뭐라 해도 법원의 확정판결이 있기까지는 그 공격의 대상을 무죄로 추정하기로 하는 원칙이 확립된다면 세상은 달라질 것이다.

우리 국민들은 총선이나 대선 때마다 근거 없는 흑색선전이 난무하는 풍토에 익숙해져 있다. 진실을 밝히겠다는 생각이 아니라 어떻게든 일반 대중들의 무지에 편승하여 정치적 이익을 얻자는 전략이라 할 것이다. 무죄추정의 원칙을 교양으로 확립한다면 좋은 선거풍토를 만들 수 있다.

남을 헐뜯음으로써 반사이익을 보려는 부정적 선거전략보다는 좋은 정책을 만들어 내어서 유권자를 설득하려는 긍정적 선거전략을 정착시킬 수 있기 때문이다. 상대방 후보가 부적절하다고 하는 주장만으로는 유권자가 어느 후보가 적합한 자질을 가지고 있는지를 알기는 어려운 일이다. 유권자들은 부적절한 자가 아니라, 적임자를 찾고 있는 것이다.

무죄추정의 원칙을 헌법의 조문으로 넣어야 하는가? 만일 이처럼 모든 교양을 법제화하려면, 법조항이 엄청나게 많아질 것이다. 정부가 각 당의 흑색선전을 명예훼손의 차원에서 의법 처리한다고 주장하는 것도 이상하다. 아직도 정부의 중립성은 신뢰하기 어렵다. 과거에 그런 예가 없기 때문이다. 신뢰할 수 없는 자가 칼을 들면 위험하다.

무죄추정의 원칙을 교양으로 확립하면 거짓과 편견과 악한 선동은 스스로 밝혀지기 마련이다. 악한 선동의 목적은 선악 간에 피차 상대방들을 모두 흥분시켜 실수하게 만드는 데 있다. 이를 통해 양비론적 상황을 조성하기만 하면 결과는 사회적 강자의 이익으로 낙착되기 때문이다.

Ⅱ. 법률상의 무죄추정

헌법 제27조 4항은 "형사 피고인은 유죄의 판결이 확정될 때까지는 무죄로 추정된다"고 규정한다. 무죄추정의 원칙은 아흔 아홉 명의 범죄자를 놓치는 한이 있더라도, 한 명의 무고한 시민을 벌하여서는 안 된다고 하는 형사소송법의 정신을 법조문으로 표시한 것이다.

무죄추정의 원칙에 따라 불구속수사 원칙하에 예외적으로 구속수사가 인정되는 것이고, 구속수사의 경우에도 구속기간은 가능한 한 최소한에 그쳐야 하며, 수사기관에 의한 신체구속은 신체적 · 정신적 고통 외에도 자백강요, 사술(邪術), 유도(誘導), 고문 등의 사전예방을 위하여서도 최소한에 그쳐야 한다.

구속기간의 제한은 형사피의자의 신체적 고통을 감경시켜 주고 수사를 촉진시켜 신속한 재판을 가능케 한다는 점에서도, 신속한 재판을 받을 권리의 실현을 위해서도 불가결한 조건이다. 수사단계에서의 장기구속은 상당한 증거도 없이 구속하고 나서야 증거를 찾아내려고 하는 폐단을 야기할 우려도 있다.

구속하려면 죄를 범하였다고 의심할 만한 상당한 이유가 있다고 인정될 만한 증거가 있어야 하고, 그러한 증거를 조사한 끝에 발부된 법관의 영장이 있어야 하므로 구속 당시 이미 상당한 증거가 수집된 상태에 있어야 한다. 그러한 증거도 없이 앞으로 구속할 만한 증거를 찾아내기 위한 구속은 허용될 수 없다.

형사소송법상의 구속기간은 공소제기 여부의 판단에 지장이 없을 것으로 보아 책정된 것이라고 말할 수 있으며, 헌법상의 무죄추정의 원칙에서 파생되는 불구속수사원칙에 대한 예외로서 설정된 기간이다. 그러므로 이 구속기간을 더 연장하는 것은 예외에 대하여 또 다시 특례를 설정하여 주는 것이 된다.

이처럼 기본권 제한에 관한 예외의 범위를 확장하는 데에는 국가안전보장과 질서유지라는 공익과 국민의 기본권 보장이라는 상충되는 긴장관계의 비례성 형량에 있어서 더욱 엄격한 기준이 요구되며, 최소한에 그쳐야 할 것이다.

Ⅲ. 성숙한 사회로

헛소문은 사람들의 호기심을 자극하는 경향이 있다. 헛소문을 전파하는 이들의 말에 관심을 보이고 재미있어 하면, 이들은 더욱 신이 나서 소문을 퍼뜨릴 것이다. 반대로 무죄추정의 원칙을 적용하여 진실이 밝혀질 때까지 기다릴 것이라고 말하면, 헛소문 전파의 열망은 식고 진실에 대한 관심은 커질 것이다. 무죄추정의 원칙을 생활화하면 여러 가지 이익이 있다. 갈등의 씨앗이 되는 헛소문이 현저히 줄어들게 된다.

언론의 보도는 공공이익을 위한 것이므로 그 가치 여부를 형법적 판단에 맡기는 것은 바람직하지 않다. 그러나 상업적 선정주의나 명백한 오보(誤報)에 의한 책임은 철저하게 물어야 한다. 형사처벌보다는 민법상 손해배상이 바람직하다. 만일 특종을 잡으려고 덤비다가 명백한 오보를 냈을 경우, 수십 년의 봉급을 털어 넣어야 할 일이 생기게 된다면 기자들은 누구나 다 성실한 기사만을 쓰려고 노력할 것이다.

시민단체가 사회의 부정이나 권력의 남용 혹은 유력한 집단의 타락에 대해 지적할 때에도 마찬가지이다. 시민단체가 본질적으로 공공이익을 위해 활동한다고 해서 무고한 자에게 피해를 입히거나 초법적 지위를 주장할 수는 없다.

추정되는 진실에 따른 문제점과 이에 따른 대책을 제기할 때에는 항상 반증의 기회를 제공하여야 한다. 부정한 일을 저지른 것으로 추정되는 대상에 대해서조차도 무죄추정의 원칙을 적용해야 한다. 때때로 악법 때문에 불가피하게 거의 초법적인 강력한 대책을 실행해야 할 때도 있다. 권력자의 부패혐의를 검찰이 불기소하려 할 때 시민들은 검찰청 앞에서 강력한 데모를 할 수 있다. 그러나 그 일 후에는 신속히 원래의 교양으로 돌아와야 한다. 효과가 눈에 보인다고 해서 계속 높은 단위의 처방만을 쓰면 환자 자신을 죽이는 경우가 생기기 때문이다. 그래서 정치는 전쟁보다 어려운 것이다.

아직도 우리 사회는 목욕탕에서 수영하고 수영장에서는 때 벗기는 사회라는 비판을 받는다. 교차로에서 타인의 차를 들이받고서도 큰소리치는 사회이다. 진실보다는 큰 목소리가 이익을 가져다준다고 믿고 있기 때문일 것이다. 잘못을 지적하면 눈을 부라리고 인상을 쓰며 타인을 위협하는 자가 판치고 있다. 때로는 편견과 무지로 혹은 자신의 천박한 이익을 위해서 자꾸 속아 주면서도 속임수를 쓰는 정치인들만 욕하는 사회가 아닌가?

한 나라의 정치는 국민 수준만큼 발전하는 것이다. 무도한 자들에 의해 휘둘리지 않으려면 스스로 비판력과 통찰력을 길러 성숙해져야 할 것이다.

03 Chapter

_의료문제의 형사책임

Ⅰ. 종교적 신념과 유기치사

기독교 유사종교 중 교리상 다른 사람의 피를 수혈 받지 못하도록 금하는 교파들이 있다. 이런 경우 종교적 이유로 자기 가족의 수술, 치료를 위한 수혈을 거부함으로써 환자가 사망하게 되었다면 이는 어떻게 처리될 것인가? 우리 형법 제275조는 노유, 질병 기타 사정으로 인하여 부조를 요하는 자를 보호할 법률상 또는 계약상 의무 있는 자가 유기하여 사람을 사상에 이르게 한 때에는 처벌한다고 규정하고 있다.

수혈을 받아야 할 환자는 이 법률조항에서 지칭하는 질병으로 인하여 부조를 요하는 자에 해당한다. 그리고 부모 또는 친족이 위독한 환자에 대한 수혈 거부 조치를 취하였다면 그는 법률상 보호할 의무 있는 자에 해당한다고 할 것이다. 따라서 부모 또는 가족들이 환자에게 사망의 위험이 예견되는 경우에 수술이 최선의 치료방법이라는 의사의 권유에도 불구하고 자신의 종교적 신념을 이유로 이를 거부, 방해함으로써 그 환자가 사망케 하였다면 이는 유기치사죄에 해당한다.

생모가 사망의 위험이 예견되는 그 딸에 대하여는 수혈이 최선의 치료방법이라는 의사의 권유를 자신의 종교적 신념이나 후유증 발생의 염려만을 이유로 완강하게 거부하고 방해하였다면 이는 결과적으로 요(要)부조자를 위험한 장소에 두고 떠난 경우와 다름이 없다. 법원은 이때 사리를 변식할 지능이 없다고 보아야 마땅한 11세 남짓한 환자 본인 역시 수혈을 거부하였다고 하더라도 생모의 수혈거부행위가 위법한 점에 영향을 미치지 않는다고 판시했다.[1)]

Ⅱ. 종교의식과 질병의 치료

위의 판례와 동일한 것은 아니지만, 유사한 내용을 담고 있는 미국의 판례도 있다. 1984년 3월 캘리포니아 주에서 4살 여자아이가 사망한 사건이 발생하였다. 사망 원인은 급성 화농성 뇌막염이었다. 그 아이는 한 달 전부터 아팠는데 당시에는 독감 증세를 보이고 있었다. 현대 의술에 의하면 초기에 병원에 입원만 하였더라면 충분히 고칠 수 있었다고 한다. 아이의 어머니는 크리스천 사이언스[2)]라는 종교의 신봉자였다. 이 종교의 교리는 육신의 질병은 영적 고통의 육체적 현현이라고 가르친다. 그러므로 육체의 질병에 걸렸을 때 육체의 치료가 아니라 영적 치유가 중요하므로 기도로서 치료해야 한다는 것이다.

어머니는 교리에 따라 딸이 독감 증상을 보였을 때 병원치료를 거부하고 집에서 기도로 치료하는 방법을 선택하였다. 한 달여 동안 딸을 위해 기도하였지만 결국 집에서 죽었다. 그녀는 딸을 사랑했고 기도로 질병을 고칠 수 있다는 교리를 의심하지 않았다. 그럼에도 딸은 죽었다. 무엇이 문제인가? 딸에 대한 사랑이 부족한가? 아니면 믿음이 부족한가? 사랑에도, 믿음에도 이상이 없다면 딸이 죽는 것이 하나님의 뜻이었는가?

사건 발생 후 캘리포니아 검찰 당국은 그녀를 과실치사죄 등의 혐의로 기소했다. 그녀는 법정에서 항변했다: "크리스천 사이언스 신봉자들은 질병이 영적인 문제로부터 오기 때문에 기도함으로써 질병이 치유된다고 믿는다. 그러므로 딸을 병원에 데려가지 않고, 기도의 방법을 선택한 것은 헌법상 보장된 종교의식의 자유에 해당한다." 그러므로 자신은 무죄라는 것이었다.

캘리포니아 대법원은 이 항변을 배척하고 유죄판결을 내렸다. 법원은 다음과 같이 이유를 밝혔다: 즉 피고인의 행동은 보통 상식을 가진 사람이 같

1) 대법원 1980.9.24. 79도1387.

2) Christian Science (Mary Baker Eddy 설립)

미국 종교가 M.B. 에디 부인이 1866년에 창시한 종교단체. 그리스도를 통한 건강하고 도덕적인 생활의 영위를 설립목적으로 함. 병이란 잘못의 주관적인 상태에 지나지 않으므로, 잘못을 제거하면 병은 낫는다고 봄. 심리요법 유사방법으로 교세 확장. 기관지 《크리스천 사이언스 모니터》발행.

은 상황에서 취할 수 있는 행동과 어긋남으로써 타인의 생명, 신체에 위해를 가하게 되었고, 이런 경우 형법상 규정된 과실에 해당된다. 과실범으로 처벌하면서 딸을 고치려는 주관적 믿음의 유무가 아니라, 오히려 행동의 객관적 합리성이 더 중요하다고 본 것이다. 즉, 자녀를 보호하는 보통의 어머니라면 딸이 질병에 걸렸을 때 병원치료를 받게 한다. 그러나 이를 게을리 하여 사망에 이르게 했다면 그에 대해 책임을 면할 수 없다는 것이다.

미국은 종교의 자유가 최대한 보장되는 국가이지만 사람의 생명, 신체에 해를 가하는 것에 관련된 경우에는 종교의 자유에 제한을 가하겠다는 의지를 볼 수 있다. 자기 자신이 병이 들어 기도로 고치려다가 사망했다면 이것은 자신의 생명, 신체에 대한 현대 의학의 도움을 받는 것을 포기한 것이므로 별 문제가 없다. 그러나 자기가 보호해야 할 의무가 있는 자녀에 대해서까지 자기의 믿음을 실천에 옮기다 사망에 이르게 했다면 이는 별개의 문제가 된다는 것이다.

성서에는 병자를 치료하는 방법으로 안수기도, 축사(逐邪), 흙을 눈에 바르는 등 다양한 방법이 나타나 있다. 그런데 하나님이 의술이라는 진리를 허락하셨다고 믿는다면 성서에 배치되는 것인가?

캘리포니아 어느 성공회교회의 교구목사로 시무하면서 알코올 중독자들의 내적 치유와 상담을 전문적으로 하는 리오 부쓰 신부는 미국에서 베스트셀러를 기록한 그의 저서 「하나님이 마약이 될 때」에서 '종교중독'에 대해 언급한다. 그는 종교중독의 많은 증상들을 말하고 있는데, 그 증상 중의 하나가 바로 현대 의술에 대해서 갈등을 느끼는 것이라고 했다. 즉, 많은 종교중독자들이 그들의 좁고 편협한 믿음 때문에 현대 의술에 의지하는 데에 갈등을 갖는다고 한다. 그의 말에 따르면 질병에 걸렸을 때 오직 하나님께서 치유해 주실 것이라고 강하게 주장하면서 병원을 거부하고 기도만을 고집하는 사람이 있다면 그는 믿음이 좋은 사람이라기보다는 종교중독 증세를 보이고 있는 것이라는 것이다.

Ⅲ. 안수기도

안수기도에 수반한 신체적 행위가 경우에 따라 폭행으로 인정될 수 있다.[3] 목사의 안수기도행위에 참여, 보조한 신도에 대하여 공동정범의 성립요건을 인정하는 경우가 있다. 판례를 통해 우리 법원이 안수기도에 취하고 있는 태도를 이해할 필요가 있다.

먼저 안수기도의 집행자에게 폭행치사에 대한 책임이 인정되는 경우가 있다. 본래 안수기도라 함은 목사, 전도사, 장로, 권사 등 신앙의 연조가 깊은 분들이 환자의 환부나 머리에 손을 얹고 또는 약간 누르면서 환자를 위해 병을 낫게 하여 달라고 하나님께 간절히 기도함으로써 병의 치유를 받는다는 일종의 종교적 행위이고, 그 목적 또한 정당한 것으로 볼 수 있다.

그러나 기도에 수반하는 신체적 행위가 단순히 손을 얹거나 약간 누르는 정도가 아니고, 그 정도가 지나친 경우라면 이는 사람의 신체에 대한 유형력의 행사로서 폭행의 개념에 속하는 행위로 인정될 수 있다. 비록 안수기도 방법으로 행하여졌더라도 그것이 신체에 대하여 유형력을 행사한다는 인식과 의사가 있으면 폭행에 대한 인식과 의사 즉, 고의가 인정되는 것이다.

비록 그러한 행위를 적법한 행위로 오인했더라도 폭행이 아니라고 할 수 없다. 피해자의 가슴과 배를 주먹과 손바닥으로 세게 내리치는 등의 신체에 대한 강력한 가해행위를 필요불가결한 치료행위의 일종이라고 인정할 수 없다. 별도의 자료가 발견되지 않는 한 이러한 행위를 치료행위라고 보아 피해자의 승낙이 있었다거나 사회상규상 용인되는 정당행위라고 취급할 수는 없다고 본다.

또한 안수기도행위를 보조한 자에 대해 공동정범을 인정하는 경우도 있다.[4] 안수기도가 진행되는 동안 안수기도에 참여하여 폭행행위를 보조하고 나아가 스스로 피해자를 폭행하기도 했다면, 사망의 원인이 된 폭행행위를 인식하고서도 이를 안수기도의 한 방법으로 알고 묵인함으로써 위 폭행행위에 관하여 묵시적으로 의사가 상통한 것으로 인정된다. 또한 그 행위에 공동가공 함으로써 공동정범의 책임을 면할 수 없게 된다 할 것이다.

3) 대법원 1994.8.23. 94도1484.

4) 대법원 1985.12.10. 85도1892.

Ⅳ. 수혈문제

방치하면 사망의 위험이 예견되는 환자(또는 그 가족)가 자신의 신앙을 이유로 하여 수혈 등의 조치가 수반되는 치료를 거부할 권리가 "종교의 자유로운 행사"에 해당하여 헌법상 보호를 받을 수 있는가가 종종 문제로 된다. 병원에서 성인환자 자신이나 미성년인 환자의 부모가 신앙상의 이유로 생명을 구하는 의료행위를 거부하는 경우에는 개인이 자신의 신체를 마음대로 할 수 있는 일종의 권리와 생명의 존엄성이라는 가치판단이 정면충돌하게 되어 문제해결을 위해 법원이 개입하는 경우가 있게 된다. 미국 판례는 환자의 성인 여부에 따라, 성인의 환자라 하더라도 그에게 미성년의 자식들이 있는가의 여부에 따라 구체적 · 합리적으로 판단을 내리고 있다.

'여호와의 증인' 교리를 신봉하는 성인의 환자가 죽음을 예견하면서도 수혈을 거부하여 문제가 된 사건이 발생했다.[5] 법원은 비록 환자의 수혈거부가 전문의의 소견에 의하면 곧 환자의 죽음을 의미하는 동시에 자살을 금지한 주 형법에 위배된다고 하더라도 위 환자는 성인으로서 그에게 미성년의 자식이 딸려있지 않다는 이유로 수혈을 거부할 권리를 인정하였다.

소화기성 궤양을 앓고 있는 성인 여성이 종교적 이유로 수혈을 거부한 사건에서도 법원은 공중보건, 공중도덕이나 공공복리에 반하는 적극적인 행동도 없으며, 환자가 위험을 충분히 인식하면서 수혈을 완강하게 거부하고, 수혈거부의 결과에 대하여 의사 및 병원에게 민사책임을 묻지 않기로 하는 문서에 서명하였으며, 환자에게 딸린 미성년의 자가 없으므로 환자의 수혈거부는 사회에 명백하고 현존하는 위험을 끼치지 아니한다는 이유로 수혈에 동의할 권한을 위임받은 후견인의 임명을 파기하였다.[6]

그러나 생후 7개월 된 영아를 둔 엄마가 수혈을 받지 않으면 죽음에 이를 급박한 상황에서(환자 자신은 수혈 여부를 결정할 수 없는 상태임) 그의 남편이 종교적 이유로 수혈을 거부한 사건이 발생했다. 법원은 환자 자신에게 충분한 판단력이 없는 경우에는 아이들에 대한 수혈거부의 사안과 마찬가지로 생각하여 부모는 그 자녀들이 정상적인 가정에서 자라날 수 있도록 보호할 책임이 있으므로 환자에 대한 수혈조치를 허가했다.[7]

한편 교통사고를 당하여 부상을 입고 혼수상태에 빠진 22세의 미혼 여성의

5) Erickson v. Dilgard, 44 Misc. 2d 27, 252 N.Y.S. 2d 705(Sup. Ct. 1962).

6) In re Brooks, Estate, 32 Ill. 2d 361, 205 N.E. 2d 435(1965).

7) Application of President and Directors of Georgetown College Inc., 311 F. 2d 1000(D. C.Cir.) cert.denied, 377 U.S. 978(1964).

생명을 구하기 위하여 수혈이 필요함에도 불구하고 환자 자신 및 그 부모의 신앙이 수혈을 금지하고 있어 문제된 사안에서 법원은 종교적 신념이 죽음을 명하고 있다고 하더라도 죽음을 선택할 헌법상의 권리가 확립된 것은 아니며, 자살은 보통법과 주 제정법이 금지하는 바이고 종교적 신념에 의한 행동도 정부에 의한 제약으로부터 완전히 면제되는 것은 아니며, 의사의 직업적 신조는 생명을 유지하는 것이기 때문에 위 환자에 대한 수혈을 강제하는 것이 합헌이라고 판시하였다.[8)]

미성년 환자를 수혈 기타 치료하는 경우에 원칙적으로 그의 동의가 필요함은 물론이나, 그 동의가 미성년 환자의 부모나 후견인으로부터 얻어지는 경우에는 다소 복잡한 문제가 생긴다. 상당수의 주가 부모나 후견인이 미성년자를 위한 의료를 제공하기를 거절하는 경우에 법원에 치료를 강제할 명령을 발할 수 있는 권한을 부여하는 법률을 가지고 있다. 연방대법원도 각 주는 부모가 자신의 신앙을 이유로 하여 자식에 대하여 요구되는 수혈을 거부하는 것은 불법이라고 하였다.[9)]

일본에서 처와 미성년의 3남매를 거느리고 있는, 죽음에 이를 가능성이 높은 골육종에 걸린 성인 환자가 '여호와의 증인' 교도란 이유로 수혈이 동반되는 환부 절단수술을 거부하고 방사선치료와 화학요법만을 받는 사건이 있었다. 그의 부모가 자식의 자살과 같은 행동을 배제하고 생명건강을 옹호할 법률상 권리를 가지고 있다는 이유에서 환자를 대신하여, 병원을 상대로 하여 환자에 대한 절단수술 및 그에 필요한 수혈 등의 의료행위를 위임할 수 있는 결정을 구하는 수술단행 가처분신청사건이 있었다.

법원은 "환자의 부모에게 환자에 대한 장래부양을 청구하고 행복한 친족관계를 보지할 지위 등이 인정되지 않는 것은 아니나 환자가 수혈거부로 인하여 야기될 수 있는 자기의 생명, 신체에 대한 위험성을 십분 지각할 수 있는 성인으로서 자신이 속한 종교의 종교적 신념에 기하여 진지하게 수혈을 거부하고 있는 것이라면 본건 수혈거부행위의 목적, 수단, 태양, 피침해이익의 내용, 정도 등을 종합 고려할 때 수혈을 강제하는 것은 신앙의 자유를 침해하는 것과 같다"고 하여 위 가처분신청을 각하하였다.[10)]

8) John F. Kennedy Memorial Hospital v. Heston, 58 N.J. 576, 279 A. 2d 670(1971).

9) Prince v. Mass., 321 U.S. 158, 166(1944).

10) 자식에 대한 수혈거부로 사회적 문제가 된 우리나라 사례. 대법원 1980.9.24. 79도1387.

04 Chapter
_불법행위책임

Ⅰ. 불법행위책임

불법행위란 고의 또는 과실로 위법하게 타인에게 손해를 가하는 행위를 말한다. 불법행위가 있으면 가해자는 피해자에게 가해행위로 인한 손해를 배상해야 한다(민 제750조). 불법행위는 채무불이행으로 인한 손해배상책임과 더불어 채권발생의 2대 원인이 된다. 불법행위는 위법행위라는 점에서 채무불이행과 그 성질이 같으나, 불법행위는 법률에 반하는 행위이고 채무불이행은 계약에 반하는 행위이다. 계약책임은 특정인과 특정인, 즉 당사자의 특별한 계약관계를 전제로 한 특별한 책임이며, 불법행위책임은 불특정다수인 사이에 존재하는 일반적인 책임이다.

불법행위책임을 주장하기 위해서는 손해를 입은 피해자(원고)가 불법행위규정에서 요구하는 가해자의 과실을 입증해야 한다. 다만 의료사고, 교통사고, 공해소송 등 불법행위에 있어서 피해자의 보호를 위해 입증책임완화 방안이 모색되고 있다. 불법행위에 의한 손해배상 범위에 대하여 민법 제763조(준용규정)는 제393조(손해배상의 범위)를 준용하여 불법행위로 인한 손해배상에 준용한다.

손해란 재산적 손해와 정신적 손해 모두 포함하며 현실적으로 발생한 것에 한하여 배상한다. 따라서 손해배상청구권자는 그 손해액을 입증하여야 하고 불법행위가 성립하기 위해서는 가해행위와 손해 사이에 인과관계가 존재하여야 한다.

경제발달에 따라 공해, 제조물, 기타 위험시설로 인한 불법행위사고에서 보는 바와 같이 피해자구제를 위해 종래의 법이론은 수정되어 가고 있다. 불법행위는 행위자가 위법하게 타인에게 손해를 가한 경우, 행위자에 대한 비난가능성 내지 귀책가능성을 요건으로 손해에 대한 배상책임을 부과한다. 이러한 과실책임주의는 모든 가해행위에 대해 만족스러운 해결을 제시하지 못한다는 문제점을 나타내고 있다. 그리하여 새로운 손해위험으로부터 피해자를 보호하기 위해 과실추정, 무과실책임의 도입 등으로 과실책임주의를 수정하고 있다.

Ⅱ. 종말론 관련 불법행위

시한부 종말론 신도였던 사람이 디베랴 선교회에서 가르치는 교리에 따라 헌금했다가 이에 대해 손해배상을 청구하였다. 법원은 잘못된 교리를 가르치는 측과 그 교리를 잘못 믿은 측 모두에게 책임을 인정했으며 과실비율은 60대 40이라고 했다. 그러므로 손해배상청구자에게 교리를 가르쳤던 측은 헌금의 60%를 지급하라는 것이었다. 이 판결을 보면서 단지 '성경을 가르치는 자가 속여서 헌금을 하도록 했기 때문에 이를 배상하는 것은 당연하지 않은가?'의 차원을 넘어서서, 이제는 성경을 가르치고 영적 상담을 해주는 자도 전문가로 분류되어 소위 잘못된 상담을 할 경우에는 그에 대한 책임을 져야 하는 상황으로 발전하는 것으로 보인다.

또 인천에 있는 대한 예수교 장로회 소속의 한 목사가 교인들에게 다음과 같은 설교를 했다: "유럽공동체의 통합으로 적그리스도가 등장하고 바코드의 보편화 및 컴퓨터의 우상화 등으로 지구의 종말이 멀지 않았다. 1992년 10월 28일 24시에 예수가 공중 재림하니 이에 대비하여야 한다. 그리고 신도들 사이에 휴거인이 나타났는지 여부를 확인하도록 하고 물질에 인색하면 휴거할 수 없으니 휴거 예물을 바쳐라."

이 설교를 믿고 헌금한 신도들이 나중에 목사를 상대로 손해배상을 청구하였다. 인천 지방법원은 목사의 불법행위를 인정하여 신도들에게 손해배상을 하라고 판결하였다. 이 판결에서는 신도들도 30%의 잘못이 있다고 하였다.

Ⅲ. 미국의 사례

미국에서는 성직자들의 잘못된 가르침에 대해 불법행위를 인정한 사례들이 있고, 미국 전역에서 유명한 TV 설교가가 송사문제로 곤욕을 치른 바도 있다. 어떤 사람이 TV를 통해 흘러나오는 신유의 은사로 유명한 목사의 설교를 들었다: "기도를 통해 하나님이 병자를 고치십니다." 그는 이 설교를 계속 듣고 병원에는 가지 않았다. 수년 후에 그는 병이 더 악화되었고 그때서야 그 환자는 병원을 찾았다. 병원 측의 진단은 더 일찍 왔더라면 고칠 수 있었을 것이라는 것이었다. 그 환자가 목사를 상대로 손해배상을 청구하였다. 그 외에도 많은 시청자들이 그의 설교에 속아서 헌금을 하였다고 하며 목사를 상대로 손해배상청구를 하는 일이 발생했다.

Ⅳ. 종교지도자의 책임

의사가 오진을 하여 환자에게 피해를 끼쳤을 경우 의사는 당연히 그 환자에게 손해배상을 하여야 한다. 그래서 의사들은 이러한 상황을 대비하여 별도로 보험에 가입한다. 변호사도 소송 수행을 잘못하였을 경우 의뢰인에게 손해배상의 책임을 져야 한다.

판례는 이와 같이 성경을 가르치고 상담하는 사람도 잘못 상담하여 그 성도로 하여금 잘못된 가르침을 믿고 헌금을 하게 하거나 그에게 정신적 피해를 주었을 경우 그 성직자는 배상 책임을 져야 함을 보여주는 사건이다. 이러한 판례는 정통 기독교 교회 안에서도 위와 같은 사건이 일어날 가능성을 보여주는 지표로 볼 수 있을 것이다.

기독교가 전 유럽에 전파되었던 중세 대학의 주요 과목들은 신학, 의학, 철학 그리고 법학이었는데, 사람들은 의학과 법학을 수학한 자들을 전문가로 인정하고 그들에 대해서는 철저한 책임을 요구한 반면 신학자들에 대해서는 전문가라는 일반적 인식을 갖기를 두려워했다. 영적 문제를 다루는 신학자들의 권위는 신성시되어 감히 책임을 추궁할 수 없었던 것이다.

사람의 권리와 책임에 대한 이해 수준은 계속 높아져 왔는데, 영적 상담문제에 관한 책임만은 외면된 채 현재에도 많은 상처들과 혼란을 일으키고 있다. 이것은 바로 여러 가지 영적 문제들을 끌어안고 사는 오늘날 우리의 아픔이 아닐까.

그러므로 종교지도자 혹은 경전을 가르치는 지도자적 위치에 있는 사람들은 정확한 진리를 가르쳐야 한다. 편견이나 단지 자신의 개인적 신념을 하나님의 말씀인 양 가르쳐서는 아니 될 것이다. 하나님은 사람들이 이 세상에서 사고나 행동의 모든 면에 있어서 균형 잡힌 생활을 하기를 원하신다.

잘못된 교리나 가르침은 신도를 사회에 적응하여 살아가도록 만드는 것이 아니라, 편협하거나 독선적인 삶으로 몰아가고 현실을 도피하게 만든다. 앞으로 이러한 가르침에 대해 세상 법정에서도 배상책임이 있다고 판정할 날이 오고 있는 것으로 보인다.

그리고 위의 디베랴 선교회에 대한 판결 등을 보면 손해배상을 청구한 사람에게도 30% 또는 40%의 책임이 있다고 인정하였는데 이것 또한 시사점이 있다. 즉, 가르침을 받는 사람도 잘 분별하여 들어야 한다는 것이다. 그렇지 않으면 잘못된 가르침을 믿고 행동한 데 대해 스스로 어느 정도 책임을 면할 수 없다는 것이다. 잘못된 가르침은 분별할 수 있어야 하며 성서도 거짓교사들에 대해 경계하라고 가르치고 있다.

종교는 신도들에게 종교의 진리를 가르칠 뿐만 아니라 사이비 이단을 구별하는 법을 가르치는 것도 소홀히 하여서는 아니 될 것이다. 뿐만 아니라 신도들도 경전과 자신의 문제에 대해 깊이 생각해 보는 태도를 가져야 할 것이다. 종교적 상담전문가나 상담을 필요로 하는 모두가 서로를 향한 자신의 책임을 깊이 통감함으로써 건강한 사회인으로서의 삶을 살아갈 수 있어야 할 것이다.

Dialogue Between Law & Soul

인간의 죄와 벌

05 Part

제1장 범죄의 구조

제2장 범죄의 본질

제3장 사면 및 복권

01 Chapter

_범죄의 구조

Ⅰ. 범죄와 형벌

인류사회에서 범죄와 그에 대한 형벌에 관한 논의는 가장 근원적인 주제 중의 하나이다. 날마다 등장하는 뉴스의 상당 부분은 이 사회에서 발생하는 범죄에 대한 것으로 채워진다. 경찰서, 검찰청, 교도소의 건물이 커진다고 범죄가 줄지는 않는 것이 현실이다. 도스토예프스키[1)]는 그의 소설「죄와 벌」에서 이 점에 관해 문제를 제기했다. 이 소설의 주인공 라스꼴리니꼬프는 허무주의적 초인사상을 가진 대학생이며, 비범한 두뇌의 소유자이나 철저한 개인주의자이다. 인류 전체의 행복을 위해서라면 다른 일부분은 희생시킬 수 있다고 생각한다. 세상에는 범인(凡人)과 비범인, 즉 초인(超人)이 있다고 생각한다. 범인은 사람을 죽이면 그에 대한 죄책감이 생기고 형벌을 받게 된다. 그러나 비범인은 나폴레옹과 같이 사람을 죽여도 죄책감이 없으며, 오히려 추앙받을 수 있다는 초인사상에 빠진다. 공리주의 사상[2)]의 맥락에 따른 최대다수의 최대이익을 추구하며, 사회가 용납하는 죄가 있다는 논리를 개발한다. 자신의 논리적인 관념의 세계를 소유하는 인물이다.

라스꼴리니꼬프는 가난한 사람들의 고혈을 빨아먹는 전당포 노파는 이 사회에 백해무익한 존재라고 보며 없어져야 한다고 믿고 살해한다. 자신은 비범인이므로 무가치한 자를 살해할 권리가 있다는 논리를 만든 것이다. 그 후

1) 표도르 도스토예프스키 (1821-1881)

모스크바 출생. 톨스토이와 함께 19세기 러시아 문학을 대표하는 세계적인 문호. '넋의 리얼리즘'이라는 독자적 방법으로 인간 내면을 추구하여 근대소설의 새로운 가능성 개척.

2) 공리주의 (utilitarianism)

부자와 가난한 자 모두를 행복하게 하는 최대 다수의 최대 행복을 추구함. 빈익빈 부익부를 초래한 자유방임주의의 시장의 자동조절 논리의 실패로 인해 탄생.

굶주린 가족을 위해 거리에 나가 일하는 순수한 영혼의 소녀 소냐를 만난다. 그런 소냐로 인해 이성과 양심 사이에서 갈등한다.

결국 저자는 인간을 구원하는 것이 사랑이라고 말한다. 라스꼴리니꼬프의 지적 오만은 그의 이론과 행동에 잘 나타나 있다. 그는 물질적 가난을 지적 오만으로 보상받고 싶어했다. 그는 가난한 사람들을 사랑하고, 정의사회의 구현을 위해 폭력을 사용한다. 반면 소냐는 사랑의 본질과 진실을 알고 있다. 그녀는 라스꼴리니꼬프에게 십자가를 주고자 한다. 십자가는 하나님과 인간의 수직적 사랑과 인간과 인간 상호간의 수평적 사랑이라고 하는 두 가지의 사랑을 상징한다. 저자는 사랑만이 인간을 구원할 수 있는 우주적인 힘이라는 것을 강조하며 에필로그를 마친다.[3]

도스토예프스키는 그의 모든 작품에서 악마적인 육체적 원리와 신성한 정신적인 원리와의 투쟁을 열심히 탐구하면서 인간을 조금이라도 이상으로 접근시키려고 했다. 저자는 실정법적 차원의 논의를 넘어 궁극적으로 무엇이 죄이며 무엇이 그에 대해 부담해야 할 책임이 무엇인가를 묻는다.

Ⅱ. 형법의 기본구조

1_ 형법의 의의

형법이란 범죄라고 하는 일정한 유형의 행위에 대하여 형벌이라는 일정한 법률효과를 귀속시킬 것을 정하는 법규범이다. 즉, 어떠한 행위가 범죄로 되고, 범죄에 대해서 어떠한 형벌이 과하여지는가 하는 것을 정하는 법이다. 다만, 최근에는 이미 행하여진 범죄에 대한 형벌 외에도 장래의 범죄적 위험행위의 예방을 목적으로 하는 보안처분[4]까지 형법에 포함시키고 있다.

인류문화의 발전과 더불어 인간의 의식이 자유화 · 인간존중화 · 합리화의 방향으로 개발됨에 따라 종교적 범죄와 윤리적 범죄, 그리고 법적 범죄의 현실태는 세분화되기 시작했다. 오늘날 형법적 차원에서 말하는 범죄는 그 모양새가 다양하다. 우리 형법전만 하더라도 3백 종에 가까운 범죄를 규정한다. 물론 형법전 속에 규정된 살인, 상해, 강간, 위증, 절도, 강도 등의 행위

3) 조주관, 「죄와 벌의 현대적 해석」(연세대학교 출판부, 2007), 109.

4) 보안처분 (Security Measure)

범죄에 대한 사회방위의 방법으로 형벌 이외에 형벌을 보충 또는 대체하여 국가가 시행하는 각종의 강제적 조치. 자유의 박탈 또는 제한을 수반하는 격리 또는 개선처분.

는 어느 시대, 어느 문화, 어느 종교고 다 같이 범죄로 취급해 왔던 기본적인 품목이어서 그 안에서 법적인 범죄와 윤리적인 범죄는 일치한다. 그렇기 때문에 형법상의 범죄를 기본적인 도덕률의 요구위반으로 보려는 시각도 없지 않다.

그러나 형법은 이 같은 기본적인 반윤리적 형태뿐만 아니라 순전히 법률에 의해 제조된 형태도 범죄로 취급하고 있다. 소위 중립명령위반죄, 전시군수계약 불이행죄, 아편흡식의 장소제공죄, 일반교통방해죄, 변사자의 검시방해죄 등은 법률이 특히 범죄로 규정함으로써 일반인이 지켜야 할 기술적인 성격을 갖고 있다. 이때 법적인 범죄와 윤리적인 범죄가 반드시 일치하지는 않는다.

원래 형법은 인간의 공동사회생활을 규율하여 법적 평화의 유지를 목표로 한다. 따라서 형법이 규제하는 것은 오직 사람들의 공동사회생활 평화유지에 필요불가결한 최소한의 행위이다. 가혹한 칼을 든 형법이 도덕적으로 타락한 사람이나 종교적으로 나태한 사람들을 각성시키기 위해 칼을 휘둘러도 좋다면 그 칼의 공포 때문에 평안할 틈도 찾지 못하게 될 것이다. 그런 의미에서 형법상의 범죄는 종교적 범죄나 도덕적 범죄와 중복되는 목록도 있지만 항상 일치하지는 않는다.

인간은 주어진 문화 · 정치 · 경제 · 사회의 생활공간에서 인격적인 만남 속에서 화합하고 연대하며 살아간다. 이것이 평화로운 공존질서이며, 평화로운 공존질서야말로 인간질서의 근본상황이다. 평화로운 공존질서가 깨어지면 공동체는 뒤흔들리게 되고 법은 충격을 진정시키기 위해 법적 제재수단(형벌)을 들고 나오게 된다.

2_ 형법의 사회적 역할

국가의 형성기 이전에는 대개 응보적 반격을 내용으로 하는 사적 제재인 복수가 중심을 이루었을 것으로 추측된다. 이 시대를 복수시대라고 한다. 종족사회에서는 족장이 강력한 가부장적 형벌권을 갖게 되고, 행동의 준칙으로는 종교적 사회규범인 금기Taboo, 족장의 명령이나 종족의 관습 등이 중요한 내용을 이루었을 것이다. 복수에는 감정이 따르고 그 결과 지나친 응징이 나타나기 쉽다. 이러한 문제를 시정하기 위하여 "눈에는 눈, 이에는 이"라는 식의 탈리오의 법칙이 등장하였고, 피해자가 복수 대신 가해자로부터 속죄물(주로 가축, 농산물, 금전 등)을 받고 용서하는 속죄형제도도 등장하였다.

국가의 확립 및 왕권의 강화와 함께 사적 형벌은 점차 공형벌로 변천되었다. 이 시대를 위혁(威嚇)시대라고 한다. 형벌제도의 내용은 대체적으로 준엄하였다. 고대 형법으로는 바빌로니아의 함무라비법전, 히브리의 모세율법 중 형벌규정, 그리스 고대 도시국가의 형법, 로마 형법 등을 들 수 있다. 중세 유럽에서는 프랑크제국이 분열하면서 형벌권은 봉건영주와 도시국가로 넘어가고, 교회법[5]이 중대한 역할을 하였다. 16세기 카롤리나 형법은 순수한 공법적 성격을 가졌고 형벌의 내용은 가혹하였다. 근세 유럽의 절대왕정은 형벌제도를 더욱 더 준엄하게 하였다.

18세기에 접어들어 계몽사상의 영향을 받아 인간의 이성에 기초한 합리주의, 민주주의, 법치주의 사상이 강조되었다. 이 시대를 박애시대라고 한다. 이에 따라 형벌제도에서도 개인의 자유와 인권을 존중하는 사상이 일반화되었다. 그리하여 죄형전단주의[6]적인 형벌제도는 죄형법정주의적 제도로 개선되고 형벌도 인도주의적으로 되었다.

19세기 유럽에 유행하던 자연과학사상과 산업혁명 이후 등장한 사회문제, 그리고 범죄의 증가는 전통적 형법이론에 반기를 들게 만들었고, 범죄인 및 범죄원인에 대하여 실증과학적 연구의 시대를 열게 하였다. 이 시대를 과학시대라고 한다. 이러한 움직임은 현대 형법이론의 발전에 큰 기여를 하였다.

형법이 사회에서 수행하여야 할 역할로는 범죄 피해에 대하여 법으로 보호되는 일정한 가치 또는 이익을 보호하고(보호적 기능), 범죄로부터 사회의 평화와 질서를 방위하며(사회보전적 기능), 국가가 국민에 대하여 형벌권을 행사함에 있어서 그 한계를 명확히 함으로써 개인의 자유를 보장하는 기능(보장적 기능)을 들 수 있다.

18세기 이래로 발달된 죄형법정주의의 사상에 의해 국가의 형벌권은 개인의 자유보장을 위해 엄격한 법적 규제 아래 놓여지게 되었다. 그리하여 범죄와 형벌은 모두 형법으로 정해지고, 형법으로 정한 범죄 이외의 행위에 대해서는 형벌을 과할 수 없고, 형벌의 종류와 정도도 형법으로 정한 것에 한정되게 되었다.

또한 범죄의 수사와 재판도 법률로 정한 절차에 따르지 않으면 안 되게 되

5) 교회법 (canon law)

교회의 신도들의 신앙 · 윤리 · 훈련 및 교회기구 운영 등에 관한 법규. 대체로 로마 가톨릭교회와 영국 국교회에서 처음부터 중요시함. 법원으로는 교회법의 대전제인 하나님의 법(jus divinum), 인정법 (jus humanum)인 교회의 입법 기관에서 만드는 법규(협의된 교회법), 자연적인 신법(jus divinum nature)이 있음.

6) 죄형전단주의 (罪刑專斷主義)

권력자나 법관이 범죄와 형벌을 마음대로 결정하는 주의. 전제국가 정치이념의 형법적 표현. 중세시대와 근대 초기 이전에는 범죄와 형벌을 법률로써 규정하지 않고 권력자나 관헌이 마음대로 결정해서 시행[專斷] 하였으므로 개인의 권리와 자유가 부당하게 침해됨.

었다(형사소송법). 형법은 일반 국민에 대하여는 범죄를 행하지 아니하는 한 처벌되지 아니함을 보장한다는 의미에서 선량한 국민의 마그나카르타이며, 또한 범죄자에 대하여도 그가 범한 죄에 해당하는 형벌 이외에 부당한 형벌을 받지 아니하는 것을 보장한다는 의미에서 범죄인의 마그나카르타라고 한다. 이것은 형법이 가진 자유 보장적 기능을 잘 드러낸 표현이다.

현대에 있어서도 형법이 가진 자유 보장적 기능은 그 의의를 상실한 것은 아니지만, 이러한 소극적 기능에 더하여 형벌권의 행사에 의해 범죄를 예방하고 사회의 안전을 보장한다는 적극적 기능이 강하게 요청되고 있고, 현재의 형법학파의 이론적 대립도 이러한 기능들을 어떻게 조화하고 이론화하는가에 관한 대립이라고 볼 수 있다.

3_ 죄형법정주의

"법률이 없으면, 범죄도 형벌도 없다"라는 말로 표현되는 죄형법정주의는 국가의 자의적(恣意的) 형벌권 행사로부터 국민의 자유와 인권을 보호하기 위하여 발전되어 온 근대 형법의 지도원리이다. 1215년 영국 대헌장Magna Charta에는 적법한 재판 또는 국법에 의하지 않고는 체포 감금되지 아니하고 법적 보호를 잃지 않는다는 내용이 들어 있다. 대체적으로 이것을 죄형법정주의의 출발점으로 인정한다.

오늘날 대부분의 문화국가에서 이 원칙은 인정되고 있다. 근세 초기의 전제국가에 있어서의 죄형전단주의에 대한 저항으로서 계몽사상가들에 의하여 주장된 자유주의적 인권사상의 결정이다. 우리나라도 헌법 제12조 1항 및 형법 제1조 1항에 의해 죄형법정주의를 채택하고 있다. 다음과 같은 네 가지의 원칙이 그 내용을 이루고 있다.

① 관습형법을 배척한다.
성문형법에 의해서만 재판하고, 관습형법이나 조리는 제외한다. 다만, 형법의 해석이 있어서는 관습이나 조리는 의미를 가진다.

② 형법의 효력은 소급되지 않는다(형법효력불소급의 원칙).
행위 후에 시행된 형법규정에 의하여 시행 전의 행위를 처벌할 수 없다(사후형법의 금지). 인권옹호를 위해서 반드시 확보해야 할 원칙이

며, 헌법 제12조 1항도 직접적으로 이 원칙을 규정하고 있다. 그러나 피의자에게 유리한 경우에는 행위 후의 형법을 소급하여 적용한다.

③ 유추해석은 금지된다.

형법의 해석은 엄격하여야 하므로 법문(法文)의 문언(文言)의 가능한 범위를 넘어서 법문에 규정이 없는 사실에 대해서 형법을 유추하여 적용하는 것은 허용되지 않는다. 다만, 형법해석에 의문이 생기면 피고인의 이익으로 해석하여야 한다.

④ 절대적 부정기형은 금지된다.

범인의 인권이 유린될 위험을 없애기 위하여 형기를 전혀 불확정하게 하는 것은 허용되지 않는다. 다만, 소년범에 대해서만은 교육형적인 요소를 고려하여 소년법이 "법정기간 2년 이상의 유기징역형에 해당하는 죄를 범한 때에는 그 법정기형의 범위 내에서 장기와 단기를 정하여 선고한다"고 하여 상대적 부정기형을 인정하고 있지만, 그러한 한계가 없는 절대적 부정기형은 인정되지 않는다.

4_ 형법 이론

형법은 범죄와 형벌을 정한 법이다. 따라서 범죄란 무엇인가? 형벌은 왜 부과하는가? 하는 문제를 이해해야 한다. 이 점은 형법을 통하여 국가가 실현하고자 하는 목적에 대한 형법이론의 문제이며, 이에 관해 구파와 신파는 근본적으로 이론을 달리하고 있어서 형법에 관한 입법론 및 해석론에 있어서 크게 대립하고 있다.

구파는 19세기 초까지의 자유주의 사상을 배경으로 하고 있어 인권존중을 중시한 데 반하여, 신파는 19세기 후반 이후의 자본주의의 발달로 인해 나타난 누범[7] · 소년범의 격증을 계기로 당시에 급격히 발달하고 있었던 자연과학적 방법을 써서 범죄인을 실증적으로 연구하여 범죄원인을 밝히고 그 대책을 강구하려고 하는 태도이다. 한때 양파의 대립은 격심하기도 하였으나, 최근의 형법이론은 학설 대립을 지양하고 중간적인 입장으로 가고 있다.

7) 누범 (累犯, recidivism)

금고 이상에 처하게 된 자가 그 집행이 종료되거나, 집행이 면제된 날로부터 3년 이내에 다시 금고 이상의 형에 해당하는 죄를 범하는 것(형법 제35조).

(1) 객관주의와 주관주의

범죄의 본질은 무엇인가? 무엇을 대상으로 하여 형벌을 과하는가? 이 문제에 대하여 구파의 주장은 객관주의라고 한다. 객관주의는 침해사실(결과)의 발생에 중점을 두고 범죄 여부를 판단한다. 따라서 형벌은 범죄라는 외부적 행위, 결과발생을 대상으로 하여 부과할 것이라고 하고, 형벌의 경중도 범죄사실의 경중에 따라 정해야 한다고 본다. 모든 사람은 자유로운 인격자이므로 이성의 힘으로서 자신의 행위를 통제할 수 있고, 따라서 범죄가 될 것을 예측하였거나 예측할 수 있었음에도 불구하고 그러한 행위를 감행하였다면 행위자는 자신의 행위에 대하여 책임을 져야 한다는 것이 구파의 논거이다.

신파의 이론은 범죄를 행위자의 성격 또는 인격과 결부하여, 범죄행위는 행위자의 반사회적 성격의 징표이므로 형의 양정(量定)도 침해사실에 의할 것이 아니라 행위를 통해서 관찰되는 행위자의 반사회적 성격 또는 사회적 위험성에 따라 결정되어야 한다고 본다. "처벌되어야 할 것은 행위가 아니고 행위자이다"라고 하는 말은 신파의 주장을 단적으로 표현한 것이다. 객관적 행위보다도 행위자의 반사회적 성격을 중시하는 점에서 주관주의라고 불린다.

이러한 견해의 차이가 가장 잘 드러나는 것은 기수범(旣遂犯)과 미수범(未遂犯)의 구별에 관해서 이다. 즉, 구파는 살인을 범한 기수범과 살인을 하고자 했지만 실패한 미수범의 경우 침해사실이 있느냐에 따라 양자를 명확히 구별한다. 그러나 신파의 입장에서는 살인에 착수한 이상 행위자의 반사회적 성격은 완전히 드러났으므로 기수범과 미수범의 구별은 의미가 없다고 본다.

(2) 응보형론과 목적형론

범죄에 대한 형벌 부과의 목적은 무엇인가에 대해 구파의 응보형론과 신파의 목적형론이 대립한다.

응보형론[8]에 의하면 형벌은 범죄자의 행위에 대한 응보라고 한다. 즉, 범죄는 정의에 반하는 것이고, 이 범죄에 대하여 응보적 해악을 과하는 것이 정의를 실현하는 수단이라는 것이다. 범죄자는 죄값을 치러야 한다. 따라서 응보형론은 형법에 응보 이외에 다른 목적을 인정하지 않는다.

8) 응보형론(應報刑論)

형벌 본질을 응보라 하며, 범죄행위에는 그에 상응한 형벌이 정의실현이라고 보는 이론 및 사상. 형벌 내용으로는 악에 대한 악의 반동으로 고통이어야 하며, 형벌의 종류와 분량도 범죄와 상응해야 한다고 봄. 또한 형벌목적으로 응보 자체가 절대적이며, 응보 자체를 정의로 봄.

목적형론은 형벌은 응보 그 자체에 목적이 있는 것이 아니라 형벌 이외의 목적, 즉 범인 자신이 다시 범죄행위를 하지 않도록 하기 위한 것(특별예방주의)이라고 주장한다. 목적형론은 나아가 형벌에 의해 범죄인을 교육하고 개선시켜 선량한 사회인으로 복귀시키는 목적이 있다는 교육형주의로 연결된다.

한편 구파 입장에서도 형벌을 일반 사회인에게 경고를 줌으로써 일반 사회인으로 하여금 범죄행위를 하지 않도록 예방하기 위한 것이라는 목적형론이 있는데 이를 일반예방주의라고 한다.

5_ 범 죄

어떤 행위가 범죄로 성립하기 위해서는 그 행위가 구성요건에 해당하고, 위법하여야 하며, 행위자에게 책임을 물을 수 있어야 한다.

(1) 구성요건 해당성

구성요건은 위법한 행위 중에서 국가가 형법으로 금지하고 처벌할 가치가 있다고 추출하여 유형화한 것이다. 사람을 살해한 자(제250조 1항), 타인의 재물을 절취한 자(제32조)에 대하여 일정한 형벌에 처한다는 식으로 형법상 규정되고 있는데, 이와 같이 형법이 형벌을 귀속시킬 것으로 규정한 행위를 구성요건적 행위라고 한다. 그리고 실제로 어떤 행위가 이러한 형법상의 구성요건에 해당되면 그 행위는 구성요건 해당성을 가지게 된다.

범죄구성요건은 죄형법정주의와 함께 인권보장을 위한 것으로 일정한 범주 내의 유형에 해당하는 행위만을 처벌대상으로 객관화 하자는 데서 나온 것이다.

위법한 행위라고 해도 채무불이행과 같이 형법에서 범죄유형으로 정한 구성요건에 해당하지 않으면 범죄가 되지 않는다.

(2) 행위의 위법성

구성요건에 해당하는 행위라도 위법성이 없는 한 범죄가 되지 않는다. 위법성의 판단기준은 어떤 행위가 단순히 실정법의 규정에 위반한다고 위법하다고 볼 것이 아니라, 널리 국가법질서의 정신에 위반하였을 때에 비로소 위법한 행위라고 보아야 할 것이다(실질적 위법성).

형법은 위법성을 적극적으로 규정하지 않고 구성요건에 해당하면 일단 위법하다고 추정된다는 것을 전제로, 특별한 사정이 있으면 그 추정을 깨뜨려 위법성이 없다고 한다. 이를 위법성 조각사유(違法性阻却事由)라고 하며, 다음과 같은 것이 있다.

1) 정당행위

법령에 의한 행위(예 : 형사소송법에 의한 범인체포), 또는 업무로 인한 행위(예 : 수술), 기타 사회상규에 위배되지 아니하는 행위(예 : 군인의 적병 살상)는 정당한 행위로서 그 위법성이 조각된다(제20조).

2) 정당방위

자기 또는 타인의 법익에 대한 현재의 부당한 침해를 방위하기 위한 행위는 상당한 이유가 있는 때에는 위법성이 조각된다(제21조 1항). 강도에 대항하여 타살하는 것은 현재의 부당한 침해에 대한 상당한 이유가 있는 정당방위라 할 수 있으나, 좀도둑을 총으로 사살하는 것은 지나치게 방위의 정도를 초과하였으므로 상당한 이유가 없어 정당방위로 인정되지 않는다.

3) 긴급피난

자기 또는 타인의 법익에 대한 현재의 위난을 피하기 위한 행위로서 상당한 이유가 있는 때에는 위법성이 조각된다(제27조 1항). 맹견으로부터 자신의 신체를 보호하기 위하여 그 맹견을 사살하는 경우나 자동차를 피하기 위하여 도로변 상점의 유리창을 깨뜨리고 피신하는 경우 등이 여기에 해당한다.

이 경우는 정당방위의 경우와는 달리 피하려는 위난이나 침해가 반드시 부당하여야 하는 것은 아니므로 피난방법으로서 다른 방법이 없었고(보충의 원칙), 지키려는 법익과 피난으로 침해되는 법익 사이에 균형이 잡혀야 한다(법익의 균형).

4) 자구행위

법정절차에 의해 청구권을 보전하기 불가능한 경우에 그 청구권의 실행불능 또는 현저한 실행곤란을 피하기 위한 행위로서 그 행위에 상당한 이유가 있는 경우에는 위법성이 조각된다(제23조 1항).

5) 피해자의 승낙

처분할 수 있는 자의 승낙에 의하여 그 법익을 훼손한 행위는 법률에 규정이 없는 한 위법성이 조각되어 벌할 수 없다(제24조). 피해자의 승낙에 의한 살인, 낙태행위 등과 같은 경우는 형법이 명문의 규정을 둠으로써 위법성이 조각되지 않는 경우이다.

한편 정당방위나 긴급피난, 자구행위 등에 있어서 상당한 정도를 넘은 경우 위법성이 조각되지 않으나 각각 과잉방위, 과잉자구, 과잉피난으로서 형사책임이 경감 또는 면제될 수 있다. 즉, 정황에 의하여 형을 감경 또는 면제한다(제21조, 제22조, 제23조 2항).

(3) 행위자의 책임

어떤 행위가 구성요건에 해당하고, 위법성을 구비하더라도 그 행위에 대한 책임을 행위자에게 귀속시킬 수 없는 경우에는 범죄는 성립되지 않는다. 위법성이 범죄의 성립을 위한 객관적 요건이라면, 행위자의 책임은 주관적 요건이라고 할 수 있다.

1) 책임의 본질

책임의 본질은 비난가능성이다. 즉, 행위자의 행위가 구성요건에 해당하고 위법하다고 하더라도, 행위자의 정신상태(심리상태)와 결부하여 당시의 부수적 사정 아래에서 행위자에게 적법한 행위를 기대하는 것이 사회통념에 비추어 불가능한 경우에는 범죄가 되지 않는다.

2) 책임능력

책임능력이란 사물을 정상적으로 이해하고 의사를 결정할 수 있는 능력이다. 즉, 행위자가 법의 명령 또는 금지의무를 이해하고 규범에 따라 행위할 수 있는 능력을 말한다. 형법은 책임능력을 적극적으로 규정하지 않고, 책임능력이 없거나 미약한 경우만을 규정하고 있다. 즉 14세가 되지 아니한 자(형사미성년자), 심신장애로 인하여 사물의 변별능력이 없거나 의사를 결정할 능력이 없는 자는 벌하지 아니하며(제9조, 제10조), 사물의 변별능력 또는 의사결정능력이 미약(微弱)한 자와 농아자(聾啞者)의 행위는 형을 감경한다(제10조 2항, 제11조).

3) 책임조건

위법행위에 대하여 행위자의 책임을 묻기 위해서는 그 행위자가 책임능력자라는 것으로는 부족하고, 범죄사실을 인식하고 행위를 한 경우(故意)나, 인식할 수 있었음에도 불구하고 부주의로 인하여 인식하지 못한 경우(過失)이어야 한다. 이러한 고의 및 과실이라는 심리적 요소를 책임조건이라 한다.

형법 제13조는 "죄의 성립요소인 사실을 인식하지 못한 행위는 벌하지 아니한다"고 규정한다. 권총을 발사하면 사람이 살해된다는 것, 즉 살인이라는 구성요건에 해당되는 범죄사실을 알고 있어야 처벌함을 원칙으로 하고 있다. 한편 형법 제14조는 "정상의 주의를 태만히 함으로 인하여 죄의 성립요소인 사실을 인식하지 못한 행위는 특별한 규정이 있는 경우에 한하여 처벌한다"고 규정하므로, 과실범은 예외적인 경우에만 처벌된다.

(4) 공 범

2인 이상이 상호 협력하여 범죄를 실행하는 경우로서, 형법상의 공범은 다음과 같다.

첫째, 공동정범(제30조)이다. 2인 이상이 공동하여 범죄를 실행하는 것을 공동정범이라 하며, 각자는 단독범에 있어서의 정범(正犯)과 같이 전 범죄사실에 대하여 책임을 진다. 2인 이상이 협력하여 범죄사실을 실현할 의사가 있어야 하나, 공동행위가 전체로서 구성요건에 해당하면 된다.

둘째, 교사범이다(제31조). 甲이 乙을 꾀어서 丙을 살해하는 경우와 같이 타인을 교사(教唆)하여 죄를 범하게 하는 자를 교사범이라 한다. 이 경우 甲을 乙과 동일한 형으로 처벌한다.

셋째, 종범(제32조)이다. 타인이 범죄를 실행하는 것을 알고, 이를 도와서 실행을 용이하게 하는 자를 종범이라고 하며, 방조범(幇助犯)이라고도 한다. 정범의 실행이 있은 경우에 처벌하며, 그 형을 정범보다 감경한다.

넷째, 간접정범이다. 책임무능력자인 형사미성년자를 이용하여 살인을 하는 경우와 같이, 자기의 범죄목적을 달성함에 있어서 어느 행위로 인하여 처벌되지 아니하는 자나 과실로 처벌되는 자를 도구로써 이용하여 범죄를 실행하는 자를 말한다. 교사 또는 방조의 예에 의해 처벌한다.

6_ 형 벌

(1) 형벌의 의미와 한계

칸트는 '섬사람 비유'를 들었다. 즉, 한 섬의 주민들이 합의하여 섬을 해체해 버리고 나온다 할지라도 남아 있는 마지막 사형수는 모든 사람들이 각자 자기의 지은 죄값을 되돌려 받도록 하기 위해 필연적으로 사형이 집행되지 않으면 안 된다는 것이다. 형벌을 반드시 범인이 같은 분량으로 치러야 할 죄값이라는 의미에서 응보라는 생각이 나타나 있다. 형벌은 죄에 대한 동일한 값일 뿐이며, 어떤 다른 목적을 가지고 추구돼서는 안 된다는 논리이다. 응보형 사상은 물론 형벌의 정도가 개인책임의 정도에 국한되기 때문에 책임정도를 넘어가는 형벌과 국가형벌권의 제한을 통해 개인의 자유를 보장할 수 있는 장점이 있다.

그러나 응보형 사상은 먼저 이론적으로 시민 상호간의 평화적 공존질서를 지도원리로 삼는 형벌의 임무와 합치하지 않는다. 형벌이란 단지 응보 때문이나 산술적 정의 때문에 가해져서는 안 되고, 도리어 평화로운 공존질서가 침해되고, 위태롭게 되었을 때 그 회복과 유지를 위해서 가해질 수 있는 것이기 때문이다. 섬사람 비유도 그 섬에서 계속 살아가려는 전제 아래서만 남은 마지막 사형수의 처형이 의미 있을 것이며, 삶의 터전을 해체하고 각각 다른 신천지로 흩어져야 할 상황이면 사형의 마지막 집행이란 보복의 의미밖에 없는 것이다.

실무적으로도 응보형 이론은 인간존중적인 사회복귀적 형벌집행 가능성을 박탈하는 단점을 가지고 있다. 실무상 응보형이란 가차 없는 형벌과 동의어로 사용되기도 하기 때문이다. 그곳에서는 범인의 특성을 고려한 특별예방적 재사회화 조치가 불가능하다. 그러므로 오늘날 형벌이론은 응보형론을 형벌이론의 세계에서 제거하고, 형사정책적으로 의미 있는 일반예방적 규범안정성과 특별예방적 재사회화의 방향으로 가고 있다.

일반예방이론은 범인의 자기 자신과의 일체성, 사회와의 일체성, 법질서와의 일체성 회복을 내용으로 하는 특별예방이론에 대해 그 우위를 양보하고, 단지 형법입법을 통해 필요한 최소한도에서 새로운 범죄구성요건을 신설하고, 또 낡은 구성요건을 제거함으로써 형벌위협단계에서 잠재적 범죄인인 일반인에게 규범에 맞는 행동을 해줄 것을 호소하는 기능을 주된 임무로 삼는다.

그러나 이러한 일반예방적 사고는 단지 형법입법단계에서 일회적인 기능만 수행하고 사라지는 것이 아니다. 나아가 판결과 행형단계에 이르기까지 계속되고 있다. 바로 이러한 일반예방을 이끌고 있는 지도원리는 사회화 원리이다. 인간은 타인과 더불어서만 참된 의미의 인간일 수 있다는 의미에서 타인을 신뢰하고 상호보완하는 인간관계를 내면적으로 의식화할 수 있도록 이끌어 나가는 원리이다.

이에 비해 특별예방은 대개 범인의 인격적 특성과 생활환경과 범죄이력 등을 고려하여 범인의 특성에 맞는 형벌을 가함으로써 범인이 사회의 한 건전한 구성원으로서 인격적 변화를 체험하고 범죄에 대한 저항능력을 배양하여 진정한 자아를 회복하도록 함을 주된 목적으로 한다. 특별예방을 이끄는 인간학적 지도원리는 바로 인격화이다.[9] 사회적 약자요, 인격적으로 미숙한 범인을 교화 · 교육 · 원조함으로써 범행으로 잃어버렸던 진정한 자아를 회복하여 새로운 자아의 모습을 신뢰하도록 한다. 범인에게 어두운 면으로 비쳤던 사회를 다시금 그 밝은 면에서 조명시킴으로써 사회 자체가 그 범죄인 한 사람의 인격을 얼마나 귀하고 소중하게 아끼며 신뢰하고 있느냐 하는 진정한 기대와 애호의 정을 새롭게 상기시킴으로써 범인 스스로 인격적 재생을 획득하도록 격려하고 돕는 과정이 바로 인격화이다.

그러므로 범인의 개별적인 책임정도를 상회하는 형벌은 그의 인격화와 그의 인격의 자유로운 발전을 위하여 허용될 수 없으나 책임 정도를 하회하는 형벌은 범죄자의 이익을 위하여 그것이 일반예방적인 법질서의 방위를 해치지 않는 정도까지는 무제한 허용된다고 본다. 이러한 형벌과정을 통해 범인이 진정한 속죄와 자기 책임을 내면적으로 체험하게 되며, 더 나아가 범죄인 자신과 사회가 다 함께 서로 자유사회의 건전한 시민관계로 연대감이나 사회적 공동책임을 확고히 습득하게 된다. 자기 책임과 사회적 공동책임의 획득 없이 형벌과정이 끝난다면 이러한 일련의 형벌집행과정에는 개선돼야 할 문제점이 있다는 증거가 될 것이다.

(2) 형벌의 의의와 종류

범죄에 대한 법률상의 효과로서 행위에 부과되는 법익의 박탈을 형벌이라고 한다. 형벌은 범인의 반사회성을 교화할 뿐만 아니라, 사회 일반인에게 형벌을 예고함으로써 범죄적 성향을 억제하는 기능을 갖는다.

9) 특별예방과 인격화의 논리

형법이 인정하는 형벌의 종류로는 사형, 징역, 금고, 자격상실, 자격정지, 벌금, 구류, 과료, 몰수 등이 있다(제41조). 이러한 형벌은 박탈되는 법익의 종류에 따라 생명형(사형), 자유형(징역, 금고, 구류), 자격형(자격상실, 자격정지), 및 재산형(벌금, 과료, 몰수)으로 구분된다.

(3) 형의 선고유예, 집행유예 및 가석방

자유형 특히 단기자유형은 범인을 교화시키기에는 너무 짧을 뿐만 아니라, 동료 수인(囚人)들로부터 나쁜 영향을 받는 등의 폐단이 있어 형을 집행하지 아니하고 형벌의 목적을 달성할 수 있는 제도로서 안출된 것이 바로 형의 선고유예[10] 및 집행유예[11]의 제도이다.

이 제도는 일정 기간 형의 선고 또는 집행을 하지 않고 그 기간 내에 특별한 사고 없이 경과하면 영구히 형을 집행하지 않을 뿐 아니라 유죄판결이 없었던 것과 동일한 효력을 부여하고 있어서 본인의 개선을 촉진한다는 적극적인 작용도 있다.

가석방은 수형자에게 개전(改悛)의 정이 인정될 때에 수형자를 조건부로 미리 석방하는 제도이다. 자유형의 집행 중에 있는 자로서 무기의 경우에는 10년, 유기의 경우에는 형의 1/3을 경과한 후에 가석방할 수 있다. 수형자의 사회복귀를 촉진하기 위한 것이다.

10) 선고유예(宣告猶豫)

범정(犯情)이 경미한 범인에 대하여 일정한 기간 형(刑)의 선고를 유예하고, 그 유예기간을 사고 없이 지내면 형의 선고를 면하게 하는 제도.

11) 집행유예(執行猶豫)

범죄자에게 단기(短期)의 자유형(自由刑)을 선고할 때에 그 정상을 참작하여, 일정 기간 그 형의 집행을 유예 하는 제도.

02 Chapter

_범죄의 본질

19세기 자유적 낙관주의 시대에는 인간의 본성은 근본적으로 선하며 악은 무지와 나쁜 환경 때문에 생기므로, 교육과 사회개혁을 통해 행복하고 복된 삶을 살 수 있다고 믿었지만 20세기에 들어서면서 이런 환상은 산산조각이 나고 말았다.

서구 세계에서는 교육기회가 급속히 증가되었고 복지국가가 만들어졌지만, 세계대전, 국제분쟁, 정치적 탄압, 인종차별, 폭력과 범죄 증가 등은 인간의 마음속에 있는 탐욕이 문제임을 인정하지 않을 수 없게 만들었다. 법은 대부분 인간 사이의 분쟁을 공평하게 해결할 수 없기 때문에 만들어졌다. 분쟁은 궁극적으로 인간의 죄 문제로부터 비롯된다.

Ⅰ. 죄의 실상

세상 모든 사람이 죄인이라고 하는 성서의 주장에 대해 불편해 하는 사람들이 있기는 하지만, 우리의 현실사회가 인류가 꿈꾸어온 온전한 모습과는 거리가 있다는 점에 대해 이의를 제기할 수 있는 사람은 없을 것이다. 성서적 전통에서 볼 때 온전함과는 거리가 있는 현실은 바로 근본적으로 죄 때문이라고 선언한다.

현자 솔로몬[1]은 "범죄치 아니하는 사람이 없사오니"(왕상 8:46)라고 말한

1) 솔로몬(Solomon) (?-1BC 912?)

이스라엘 왕국 제3대 왕. '지혜의 왕'으로 알려짐. 예루살렘 출생. 부왕 다윗의 후계자. 대외평화에 힘을 쏟아 왕국의 전성기를 이룩함으로써 '솔로몬의 영화'로 일컬어지는 융성 구가. 부족대립 해소 못하고 징병 · 징세 · 강제노동 등에 대한 국민불만 제고로 왕국 분열원인 남김.

다. 또 예루살렘의 전도자는 "선을 행하고 죄를 범치 아니하는 의인은 세상에 아주 없느니라"(전 7:20)고 한다. 시인이나 선지자들도 마찬가지다.[2)]

바울은 로마서 처음 3개장을 할애하여 유대인이나 이방인이나 차별 없이 모든 사람은 죄인이라고 선언한다. 그는 세상의 타락한 도덕을 기술하고, 유대인도 나을 것이 없다고 한다. 결국 "모든 사람이 죄를 범하였으매 하나님의 영광에 이르지 못하더니"(롬 3:23)라고 결론을 내린다. 요한도 "만일 우리가 죄 없다 하면 스스로 속이고", "만일 우리가 범죄하지 아니하였다 하면 하나님을 거짓말하는 자로 만드는 것"이라고 말한다(요일 1:8,10). 성서 전체는 죄의 보편성을 선언한다.

Ⅱ. 죄의 성격

죄의 개념은 도덕적 기준을 전제한다. 죄는 그 기준미달의 행위이거나 기준을 위반한 행위이다. 소극적 의미의 죄는 결함이다. 과실, 실수 또는 실책이라고 할 수 있다. 표적을 향해 활을 쏘았는데 표적을 맞히지 못한 것이다. 즉, 죄는 선한 것에 미치지 못하는 내적 악함이다. 선을 행할 줄 알고도 행치 아니하는 것이다(약 4:17) 이것은 소극적인 측면의 죄이다. 적극적인 의미의 죄는 위반이다. 경계를 넘어간 것이요, 불법이다. 즉, 정의를 어긴 행위이다.[3)] 이것은 죄의 적극적 측면이다.

성서는 각 사회마다 상이한 기준들이 있음을 인정한다. 유대인들에게는 모세의 율법이, 이방인들은 양심의 법이 기준이었다. 그러나 기준과는 상관없이 모든 사람이 그 기준에 미치지 못하였다. 모든 사람이 자신의 법을 어긴 것이다. 기준이 어떤 것이든 지키지 못하고 실패했다. 그래서 양심의 가책을 받고 있다.

비교적 선한 생활을 하는 사람들은 스스로 이상을 가지고 있고, 또 어느 정도 그것을 달성하고 있다고 생각한다. 그러나 스스로 깊은 성찰을 하고, 엄격하게 자기비판을 한다면 그들 자신이 때로 실수한다는 것을 알게 된다. 그러나 자신이 다른 사람들과 비교하면 더 나쁜 사람은 아니라고 생각하는 경향이 있다. 실패 의식은 기준의 수준에 달려 있다. 한때 '인간 새'라고 불리운 여자 높이뛰기 선수가 있었다. 사람과 비교하면 매우 높이 뛰었지만,

2) "우리는 다 양(羊) 같아서 그릇 행하여 각기 제 길로 갔거늘"(이사야 53:6)

3) "죄를 짓는 자마다 불법을 행하나니 죄는 불법이라."(요한일서 3:4)

새와 경쟁한다면 선수 자격도 없게 될 것이다.

또한 행위 뒤에 있는 생각, 즉 행동 뒤에 있는 동기를 보면 생각이 달라질 수 있다. 산상설교에서 이를 볼 수 있다. 이러한 점을 염두에 두고, 출애굽기 20장의 십계명을 검토해 보자.

십계명에 대한 오해가 있다. 계명이 사람에게서 자유를 박탈하게 된다는 생각이다. 그러나 십계명이 주어진 배경을 보라. 이스라엘 백성은 430여 년간 이집트에서 노예생활을 했다. 과거의 노예근성에 젖은 삶의 태도는 해방된 자유민에게 어울리지 않는다. 그렇다면 자유민은 어떻게 살아야 할까? 십계명은 진정한 자유민을 위한 삶의 기준이다.[4)]

제1계명(나 외에는 다른 신들을 네게 있게 말지니라), 제2계명(너를 위하여 새긴 우상을 만들지 말라), 제3계명(너희 하나님 여호와의 이름을 망령되이 일컫지 말라)은 모두 '하나님을 사랑하라'는 계명의 구체적인 표현으로 이해할 수 있다. 인간은 창조될 때부터 지상에서 모든 피조물을 다스릴 지배권을 부여받았으며, 오직 한 분 창조주 하나님께만 예배해야 한다. 이것이 창조질서의 기본 틀이다.

신의 형상대로 지어진 인간은 종교적 본성을 가지고 있다. 어거스틴은 이러한 본성을 종교적 집중religious concentration이라고 했다. 그러므로 하나님을 섬기지 않는다면 대신 다른 것(피조물)을 섬길 수밖에 없는 존재이다. 그러나 피조물은 숭배의 대상이 아니라, 지배의 대상이다. 피조물을 숭배하면 창조질서는 깨지고 만다. 해, 달, 별, 거목, 거석 등에 대한 우상숭배는 이 질서를 파괴하는 것이다.

오늘날 자본주의 세계는 물질을 우상화하는 경향이 있다. 돈의 힘 앞에 굴복하지 않는 사람이 얼마나 있는가? 또 사람을 우상화하는 수도 있다. 사람들이 물질을 추구하는 것 그 자체가 잘못된 것은 아니지만, 물질을 지배하지 않고 물질에 지배당하는 순간 모든 것은 잘못되는 것이다.

피조물을 숭배하지 말고 조물주만 숭배할 것을 요구하는 것은 인간 본래의 품격유지를 요구하는 것이다. 모든 피조물의 지배자가 물질의 노예, 돈의 지배를 받는 지위로 전락하는 것은 통탄할 일인 것이다. 그래서 바울은 로마서 1장에서 '피조물을 조물주보다 더 경배하고 섬기는' 태도를 책망한다(1:25). 또 '돈을 사랑함이 일만 악의 뿌리가 된다'고 경계한다(딤전 6:10).

예수께서 성서의 가장 큰 계명을 묻는 질문에 "마음을 다하고, 목숨을 다하고 힘을 다하여 주 너의 하나님을 사랑하라"고 가르치셨다. 이 계명을 지키

4) "내가 오늘 네 행복을 위하여 네게 명하는 여호와의 명령과 규례를 지킬 것이 아니냐"(신명기 10:13)

는 것이 십계명의 첫 부분을 지키는 것이 된다. 계명의 준수는 궁극적으로 계명을 주신 분을 사랑하는 데에서 완성된다(요 14:15). 하나님만 예배하는 것은 결국 하나님만 사랑하는 것이다.

제4계명은 '안식일을 기억하고 거룩히 지키라'는 것이다. 이 법이 주어진 시대를 생각한다면 획기적인 사상이다. 고대사회에서 노예에게 안식일을 주었을 리가 만무하다. 그러나 자유민의 삶에 안식은 필수적이다. 이스라엘 백성만이 아니라 남종과 여종에게도 일을 시키지 말게 했고, 객, 심지어 짐승에게도 이 자비로운 법이 적용되었다(출 20:10). 예수께서는 인간을 위해 안식일을 만드셨다고 강조하셨다(막 2:27). 또한 안식일이 인간의 필요에 맞게 하셨다. 인간의 몸과 마음은 휴식이 필요하다. 인간의 영은 예배의 기회를 필요로 한다. 따라서 안식일은 휴식의 날이며 동시에 예배의 날이다. 안식일 계명이 환영받는 것이 마땅하지만, 창조질서가 파괴된 곳에서는 안식조차도 낯설게 느껴질 수 있다. 오늘날 안식일에 안식을 하지 못하는 이유는 대개 더 많은 물질을 벌어들이고자 하는 인간의 탐욕에 있다. 안식하지 못하는 것은 물신주의Mammonism의 산물이라고도 볼 수 있다.

제5계명부터 제10계명은 '이웃사랑' 계명의 구체적 표현으로 이해할 수 있다.

제5계명은 '네 부모를 공경하라'이다. 부모에 대한 의무를 말한 것이지만, 하나님께 대한 사람의 의무를 부과한 첫 돌판에 속한다. 이는 최소한 미성년기 동안은 부모가 하나님을 대신하는 위치에 있기 때문이다. 부모는 하나님의 권위를 대리한다. 부모의 은혜를 감사하기는커녕, 부모를 무시하여 존경과 사랑을 드리지 않기가 쉽다. 오늘날 현대사회가 모든 권위를 부인하려고 하는 경향이 있지만, 사람들은 반항하는 인격보다 권위에 순종할 줄 아는 인격을 가진 이들을 더 높이 평가한다. 권위에 대한 공경의 훈련은 가정에서 먼저 이루어진다. 부모공경 훈련을 받지 못한 자녀는 학교에서는 선생님께, 직장에서는 상사에게 반항하게 될 수 있다. 이런 모습은 바람직한 인간상이 아니다.

제6계명은 '살인하지 말라'이다. 단순한 실제 살인에 대한 금지만은 아니다. 예수께서는 노하는 것과 욕하는 것이 살인과 같은 중죄라고 말씀하셨다(마 5:21~26). 또 요한도 "형제를 미워하는 자마다 살인하는 자"(요일 3:15)라고 한다. 분노, 감정 통제의 상실, 증오 등은 모두 살인이다. 또 의도적 무시와 잔인함으로 살인할 수도 있다. 심술과 질투로도 살인한다. 이로부터 자유로운 자는 누구인가?

제7계명은 '간음하지 말라'이다. 혼전 성관계도 포함된다. 간음에는 도덕을 벗어난 해이한 행위 모두가 포함된다. 약혼기간 중의 허니문, 호기심과 경험삼아 하는 연애 등과 음란서적 읽기와 부정한 생각 좋아하기도 포함된다. 예수께서는 "여자를 보고 음욕을 품는 자마다 이미 간음하였느니라"(마 5:28)고 말씀하셨다. 마음속에 살인할 생각을 품는 것이 살인을 범하는 것이듯, 마음에 음란한 생각을 품는 것 역시 간음이다. 하나님께서 주신 신성하고 아름다운 선물의 품위를 떨어뜨리는 모든 행위가 포함된다.

제8계명은 '도둑질 하지 말라'이다. 도둑질이란 타인의 것이나 타인에게 가야 마땅한 것을 훔치는 것이다. 돈이나 물건을 훔치는 것만 아니라 탈세도 절도행위이다. 근무시간을 채우지 않는 것이나, 직원을 혹사시키고 적은 임금을 주는 것도 그렇다.

이러한 소극적인 명령들에는 모두 그에 대응하는 적극적인 측면이 있다. 진정으로 살인하지 않기 위해서는 다른 사람의 건강 증진과 생명 보존에 힘써야 한다. 간음행위를 않는 것만으로는 부족하다. 서로 상대의 성(性)에 대해 바르고 건전하고 존경할 만한 태도가 필요하다. 도둑질을 안 한다 해도 인색하고 아낄 줄만 안다면 덕스럽지 못하다. 바울은 도둑이 도둑질을 그만두는 것으로 만족하지 않았다. 궁핍에 처한 사람들을 도와줄 수 있을 때까지 정직하게 일해야 한다(엡 4:28). 강도에서 자선가로 변해야 한다.

제9계명은 '네 이웃에 대하여 거짓증거하지 말지니라' 이다. 이 계명은 법정에서만 적용되는 것이 아니다. 여기에는 거짓말도 포함된다. 또한 모든 종류의 중상과 비방, 실없는 말과 수다, 거짓말과 진실의 교묘한 과장이나 왜곡 등이 포함된다. 좋지 않은 소문을 듣고 전파함으로써, 남을 희생시키는 농담으로써, 그릇된 인상을 줌으로써, 사실이 아닌 말을 정정하지 않음으로써, 또한 말과 침묵으로써 거짓증거를 할 수 있다.

제10계명은 '탐내지 말지니라' 이다. 이 계명은 어떤 면에서 모든 것을 내포한다. 이 계명은 십계명을 외적인 법 수준에서 내적인 윤리 수준으로 올려놓는다. 형법은 도둑질이 아닌 한 탐심을 처벌하지 않는다. 탐욕은 내적 생활에 속하기 때문이다. 탐심은 마음과 생각 속에 자리 잡고 있는 것이다. 음욕과 간음, 분과 살인과의 관계는 탐심과 도둑질과의 관계와 같다. 탐내서는 안 된다고 언급되어 있는 구체적인 사례들은 현대에도 타당하다. 주택 부족으로 인해 이웃의 집을 탐내는 일들이 많아진다. 또한 이웃의 아내를 탐내지 않는다면 이혼법정이 그렇게 북적거리지 않을 것이다. 사도 바울은 "탐심은 우상숭배"(골 3:5)라고 하고, 대조적으로 "지족하는 마음이 있으면 경건이 큰 이익이 되느니라"(딤전 6:6)고 기록하였다.

십계명이 주어진 배경을 볼 때 이는 자유민의 삶의 기준이다. 문자적 의미만이 아니라 계명이 요구하는 순수한 동기를 생각한다면 계명을 지키는 것은 거의 불가능하다. 그러나 성서는 인간의 현재의 모습이 참모습이 아니라고 한다. 인간은 원래 이렇게 높은 수준의 삶에 맞는 고결한 존재라는 것을 암시한다. 나아가서 그러한 삶을 회복해야 할 과제를 제시한다.

에밀 브루너[5]는 말했다: "사랑하기 위해 결정된 존재는 인간됨의 속성들 중의 하나가 아니라 인간됨 그 자체이다. 인간이 사랑으로부터 벗어나 있는 정도는 그의 비인간성의 정도이다. 우리는 하나님의 말씀을 우리의 마음속에 메아리치게 하는 바로 그만큼 인간이다. 마치 여우가 여우이듯이 그처럼 단순히 인간이 아니다. 인간은 하나님이 인간을 창조한 목적에 순종할 수도 있고, 거절할 수도 있다. 그래서 인간은 인간이 되기도 하고, 비(非)인간이 되기도 한다."[6] 이러한 생각은 수많은 문학작품에 단골 소재로 등장하고 있다.

Ⅲ. 죄의 결과

죄의 결과로 창조질서는 파괴되고 말았다. 원래 창조된 세계에서 인간은 하나님만 경배하고, 모든 피조물을 다스리도록 위임받았다. 그러나 인간은 하나님을 경배할 것을 거부했고, 그에 따라 피조물을 다스리는 것도 불가능하게 되었다. 오히려 피조물을 조물주보다 더 경배하게 되었다(롬 1:25).

1_ 하나님과의 관계

인간의 존엄성은 하나님의 형상대로 창조되었고 따라서 하나님을 알 수 있다는 데에 그 근거가 있다. 하나님은 의로운 분이시며, 모든 면에서 도덕적으로 완전하시고, 거룩하신 분이시다. 성서는 최고의 복은 그분을 알고 그분과 개인적 교제를 갖는 것이라고 한다. 그러나 죄 중에 있는 인간은 이 거

5) Emil Brunner (1889-1966)
스위스의 프로테스탄트 신학자. 변증법적 신학 창시자의 한 사람. 1924~1953년 취리히대학교 조직신학·실천신학 교수 역임. K. 바르트 등의 초기 변증법 신학운동에 참가. 슐라이어마허를 비판한《신비주의와 언어》(1924) 발표. 바르트와 여러 차례 논쟁 벌임.

6) Horst G. Phöhlmann, 이신건 역, 「교의학」(한국신학연구소, 2000), 207

룩하신 분께 가까이 갈 수 없다. 의로우신 하나님과 죄 지은 인간 사이에는 엄청난 간격이 있기 때문이다. 죄 지은 아들이 아버지와 정면으로 눈을 마주칠 수 없듯이 죄는 필연적으로 분리를 가져온다. 분리는 생명의 근원인 하나님으로부터의 단절을 의미한다(롬 6:23).

바울은 "저희가 마음에 하나님 두기를 싫어하매 하나님께서 저희를 그 상실한 마음대로" 내어 버려두셨다고 기록한다(롬 1:28). 부모를 잃어버린 자녀가 그런 것처럼, 하나님을 잃어버린 인간은 자신도 알 수 없는 깊은 고독의 심연에 빠진다. 하나님을 잃어버린 인간은 그 대체물을 찾고 있다. 현대인의 불안의 원인이 바로 여기에 있다.

프랑스의 수학자이자 철학자인 파스칼[7]은 인간의 마음속에 있는 본질적 공허감을 '하나님에 의해서만 채워질 수 있는 공허'God-shaped vacuum라고 표현했다. 그것이 만족되지 않으므로 자극적인 뉴스를 요구하고, 영화가 도가 지나친 사랑이나 범죄 이야기를 소재로 삼고, 독주에 취하고, 자동차 경주와 오토바이 경주, 마약과 성(性)과 폭력 등에 빠지게 된다는 것이다. 그러나 이런 것들을 통해 만족될 수 없다. 성 어거스틴St. Augustine은 그의 참회록Confessinons에서 말한다: "주께서는 우리를 주님을 위해 지으셨습니다. 그래서 우리 마음은 주님 안에서 쉼을 얻을 때까지 쉴 수 없습니다."

하나님과 결별을 선언하고 독립선언을 하면 인간은 참된 자유를 얻는 것일까? 누가복음 15장 탕자의 비유에서 둘째 아들은 인자하기는 하지만 자유를 구속하는 것처럼 보이는 아버지의 집을 떠나면 자유롭고 행복할 줄 알았다. 그러나 그 결과는 어떠했는가? 가출한 청소년들이 죄악의 유혹에 쉽게 노출되듯 하나님을 떠난 자에게 유혹이 따르게 된다. 결국 유혹에 빠져 파탄에 이르러 자유를 잃게 된다.

7) Blaise Pascal
(1623-1662)

프랑스의 수학자, 물리학자, 종교철학자, 작가. 신의 존재는 이성이 아니라 심성을 통해 체험할 수 있다는 종교적 독단론 설파.

예수께서 바리새인들에게 진리가 너희를 자유케 하리라고 말씀하셨을 때[8] 그들은 분개하였다. 그리하여 그들은 반박하였다: "우리가 아브라함의 자손이라. 남의 종이 된 적이 없거늘 어찌하여 우리가 자유케 되리라 하느냐"(33). 예수께서는 대답하셨다: "진실로 진실로 너희에게 이르노니 죄를 범하는 자마다 죄의 종이라"(34). 바울은 죄로 인한 노예상태를 설명한다: "너희가 본래 죄의 종이더니"(롬 6:17), "우리도 전에는 어리석은 자요, 순종치 아니한 자요, 속은 자요, 각색 정욕과 행락에 종노릇 한 자요"(딛 3:3). 선한 삶을 살기 원하지만 자기중심이라는 사슬에 묶여 갇혀 있다.

8) 너희가 내 말에 거하면 참 내 제자가 되고 진리를 알지니 진리가 너희를 자유케 하리라."(요한복음 8:31-32)

죄는 단순히 잘못된 외적 행동이나 습관이 아니다. 열매의 속성은 나무에 의해 결정되듯이 행동은 마음에 의해 결정된다. 마음에 가득한 것을 입으로 말하는 것이다(마 12: 33~35). 교육과 환경, 또는 정치 · 경제 체제에 의해 선악 간에 영향을 받는 것은 분명하다. 또한 우리가 만인의 정의 · 자유 · 행복을 추구해야 하는 것도 분명하다. 그러나 예수께서는 인간사회의 죄악의 원인을 이런 추구의 결여가 아니라 인간의 본성으로 돌리셨다(막 7:21-23). '속 보이는 행위'는 바람직하지 않다.

인간에게 필요한 것은 영적인 힘, 자신을 스스로부터 해방시킬 수 있는 힘, 자기를 극복하고 통제할 수 있는 힘, 과학적 업적에 걸 맞는 도덕적 인격을 줄 수 있는 힘이다. 성서가 아무리 "너희는 … 하지 말라"고 해도, 죽을 때까지 할 것이다. 지식적 교육만으로는 충분하지 않다. 인간이 필요로 하는 것은 충고가 아니라 힘이다.

2_ 인간관계

죄는 하나님과 사람에 대한 자기주장이다. 십계명은 하나님과 이웃에 대한 의무를 규정한다. 예수께서 율법을 하나님 사랑과 이웃 사랑으로 요약하셨다.[9] 하나님께서 정하신 순서는 하나님 먼저, 그 다음이 이웃, 나는 마지막이다. 이 순서를 뒤집는 것이 죄이다. 자신이 모든 것에서 첫째가 되는 것이다.

이러한 자기중심성Self-Centeredness은 인간관계를 깨뜨린다. 다른 사람을 무시하거나 시기한다. 우월감 또는 열등감에 빠진다. 때로 자기 연민으로 가득하다가, 때로 자기 존경, 자기 사랑, 자기 의지로 충만한다. 청소년 범죄의 원인 중 상당수가 가정의 불안정 때문이기는 하지만 비행청소년들이 반사회적으로 자기주장을 하는 것도 사실이다. 또한 만일 사람들이 겸손하여 상대방보다 자신을 책망했다면 수많은 이혼은 없었을 것이다. 이는 노사관계나 국제관계에서도 마찬가지이다.

인간의 죄(자기중심성)가 모든 문제의 원인이 되고 있다. 만약 자기주장의 자세가 자기 희생의 자세로 바뀔 수만 있다면 모든 갈등은 종식될 것이다. 성서는 이 자기 희생을 사랑이라고 부른다. 인간에게 필요한 것은 본성의 근본적인 변화이다.

9) "네 마음을 다하고, 목숨을 다하고, 뜻을 다하여, 주 너의 하나님을 사랑하라 하셨으니 이것이 크고 첫째 되는 계명이요, 둘째는 그와 같으니 네 이웃을 네 몸과 같이 사랑하라 하셨으니 이 두 계명이 온 율법과 선지자의 강령이니라"(마태복음 22:37-40)

파스칼은 타락한 인간을 '폐위된 왕'에 비유했다. 원래는 '영화와 존귀의 왕관'Crown을 쓴 존재(시 8:5)인 사람이 왕의 지위를 상실했다는 것이다. 이 모습이 진정한 사람의 모습이 아니다.

죄는 하나님과의 관계를 단절시켜 놓았고, 하나님을 잃어버린 사람들은 자신에게 속박된 삶을 살게 되었으며, 그 결과 매사의 중심에 자신을 위치시키고 섬김의 대상인 타인을 수단으로 전락시킴으로 인간관계를 파괴하는 이상한 존재, 낯선 존재가 되고 말았다.

성서는 이러한 죄의 실상과 성격과 그 결과를 언급하면서 사람의 발목을 쥐고 놓아주지 않는 수렁과 같은 죄의 문제로부터 해방될 길을 소개한다: "건강한 자에게는 의원이 쓸 데 없고, 병든 자에게 라야 쓸 데 있느니라. 내가 의인을 부르러 온 것이 아니요, 죄인을 부르러 왔노라"(막 2:17)

3_ 피조물과의 관계

인간의 범죄는 인간과 피조세계와의 관계도 훼손했다. 땅은 타락한 아담으로 인해 저주를 받아 인간에게 가시덤불과 엉겅퀴를 낼 것이다(창 3:17~18). 자연이 인간을 대적하는 것과 인간이 자연을 착취하는 것도 훼손된 관계를 보여주는 것이다.

열역학 제2법칙, 즉 엔트로피entropy 증가법칙은 피조세계의 부패하는 속성을 표현하는 법칙이다. 이 법칙에 의하면 유용한 에너지는 점점 줄고 쓸모없는 에너지만 점점 증가한다는 것이다. 우주 에너지의 총량은 일정하지만(열역학 제1법칙 혹은 에너지 보존법칙) 에너지의 흐름은 유용한 에너지가 무용한 에너지 쪽으로 변해간다는 것이다.

인간은 피조물을 제대로 다스리고 관리해야 하는 지배권을 피조세계를 착취하는 방향으로 악용하게 되었고, 그 결과로 지구환경은 몸살을 앓고 있다. 모든 피조물이 허무한 데 굴복하면서 함께 탄식하며 고통을 겪고 있으며, 썩어짐의 종노릇하는 데서 해방되기를 고대하고 있다(롬 8:20-23).

03

Chapter

_사면 및 복권

성탄절이나 광복절 등 국가경축일에는 사면, 복권이 이루어지는 경우가 있다. 사면(赦免)이란 형을 없애주는 것, 즉 현재 형을 살고 있다면 나머지 형을 면제시켜 주는 것을 의미한다. 복권(復權)이란 권리를 회복시켜 주는 것, 즉 법적으로 누릴 수 있는 권리들을 범죄 이전의 상태로 환원시켜 주는 것이다. 사면만으로는 형 집행이 없어지는 것에 불과하고, 권리는 복권되지 않으면 원래의 지위로 복원되지 않는다. 일반사면은 범죄를 특정하여 범죄를 범한 사람 전부를 사면시키는 것이며, 김영삼 정부시절 교통범죄에 관해 일반사면이 있었다. 특별사면은 죄의 종류가 아니라, 개개의 사람을 사면시키는 것이다. 사면은 연혁상 국왕의 은사권에서 비롯된 것이다.

사면을 실시하려면 법무부장관의 신청으로 국무회의의 의결을 거치고, 일반사면은 국회의 동의를 얻어야 하며, 특별사면은 국회동의를 요하지 않는다. 전과기록은 없어지지 않고, 다만 형의 선고의 효력이 상실되는 것뿐이다. 일반사면의 경우에는 누범의 전과로 인정하지 않고, 특별사면이나 복권의 경우는 누범의 전과로 인정된다.

기독교는 구원의 종교이다. 구원에는 죄의 용서(사면)와 원래 지위의 회복(복권)이 다 포함된다. 메시야를 통해 다시 하나님과의 관계를 회복할 수 있다. 오래된 불화를 사랑의 교제로 바꿀 수 있다. 구원은 그리스도 자신의 죽음을 통해서, 성령을 주심으로, 교회를 세우심으로 가능하게 되었다.

하나님이 이르시되 우리의 형상을 따라 우리의 모양대로 우리가 사람을 만들고 그들로 바다의 물고기와 하늘의 새와 가축과 온 땅과 땅에 기는 모든 것을 다스리게 하자 하시고, 하나님이 자기 형상 곧 하나님의 형상대로 사람을 창조하시되 남자와 여자를 창조하시고, 하나님이 그들에게 복을 주시며 하나님이 그들에게 이르시되 생육하고 번성하여 땅에 충만하라, 땅을 정복하라, 바다의 물고기와 하늘의 새와 땅에 움직이는 모든 생물을 다스리라 하시니라.

창세기 1:26-28

하나님은 위와 같이 말씀하셨다. 자녀가 부모의 형상대로 태어나는 점을 유추한다면, 하나님의 형상대로 지어진 사람은 원래 어떤 의미에서는 하나님의 자녀이다. 창조주 하나님은 인간에게 동산 모든 나무의 열매를 대가없이 선물로 주셨다. 그런데 선악과는 창조주 하나님과 피조물 인간의 관계를 상징하는 것이다.

인간은 큰 축복을 받은 존귀한 존재이기는 하지만 피조물의 신분이다. 그러므로 창조주의 권위를 인정해야 했다. 자녀가 부모의 권위에 순종하는 것과 같은 이치이다. 창조주의 권위를 인정한다면 선악과를 볼 때마다 하나님의 존재를 기억하게 될 것이다. 어떤 어려움이 있어도 근심할 이유가 없다. 그분은 전능하신 창조주이시기 때문이다. 그러므로 선악과는 축복이 될 수 있다. 그러나 이것은 사람이 하나님의 권위를 인정할 때만 가능하다.

만약 자녀가 부모의 권위를 인정하지 않을 때 가정의 질서와 평화는 파괴된다. 다른 제한은 없다. 오로지 이것 하나만으로 하나님의 권위에 대한 존중 여부를 판단하기로 한 것이다. 이것만이 유일한 표지가 된다.

너희가 그것을 먹는 날에는 너희 눈이 밝아져 하나님과 같이 되어 선악을 알 줄 하나님이 아심이니라. 여자가 그 나무를 본즉 먹음직도 하고 보암직도 하고 지혜롭게 할 만큼 탐스럽기도 한 나무인지라. 여자가 그 열매를 따먹고 자기와 함께 있는 남편에게도 주매 그도 먹은지라.

창세기 3:5-6

인류의 조상은 '하나님과 같이' 된다는 유혹에 선악과를 범하였다. 이것은 바로 하나님의 권위를 부인하는 적극적인 행위이다. 피조물의 지위를 떠나서 창조주의 지위를 탐한 것이다. 하나님의 지상의 대리인인 사람, 그는 하나님의 피조세계에서 모든 피조물을 다스리는 지배권을 가진 존재이다. 이러한 지위는 이를 위임하신 하나님(위임자)과 위임받은 사람(수임자) 사이의 정상적인 관계를 전제로 한다. 만약 수임자가 자신의 지위에 따른 의무를 이행하지 아니하면 법적 책임이 따른다.

> 여호와 하나님이 그 사람에게 명하여 이르시되 동산 각종 나무의 열매는 네가 임의로 먹되, 선악을 알게 하는 나무의 열매는 먹지 말라. 네가 먹는 날에는 반드시 죽으리라 하시니라.
>
> 창세기 2:16-17

죄에 대한 형벌은 사망이다.[1] 그러나 자녀가 부모의 마음에 못을 박아놓고 가출했다 해도 그 자녀가 돌아올 때까지 부모의 가슴에는 피눈물이 흐른다. 하나님은 사랑을 외면하고 유혹자를 따라 가출하여 죄와 슬픔 중에 방황하는 이들이 돌아오기를 애타게 기다리신다는 것이 성서의 중심적인 메시지이다. 죽는 모습을 지켜볼 수 없다.[2] 그러므로 형벌을 넘어선 사면 및 복권의 문제가 나온다.

Ⅰ. 성서의 중심적 메시지

정확히 일치한다고는 할 수 없지만 사면이 형을 없애주는 것이므로 법적인 의미의 '사면'과 성서의 '죄의 용서'는 유사한 측면을 가지고 있다. 바울은 하나님과의 화목의 근거를 밝힌다(고후 5:18-19). 화목이란 말은 서로 반목하고 있는 두 편이 하나로 되는 것이다. 화해 또는 화목은 그리스도를 통해 얻는다. 사람의 노력으로 얻는 것이 아니라, 값없이 선물로 받는 것이다. 죄는

1) "죄의 삯은 사망이요." (로마서 6:23)

2) 김영봉, 「사랑하는 사람은 누구나 아프다」(IVP, 2011), 28.

하나님과 사람의 교제관계를 깨뜨리고 분리를 가져왔지만 십자가는 그것을 연결하는 다리가 되었다.

구약시대의 짐승을 죽여 피를 흘리는 제사제도를 통해 유대인들은 "피 흘림이 없은즉 사함이 없느니라"(히 9:22)는 교훈을 배웠다. 이 제사는 메시야의 희생제사를 가시적으로 예시한 것이다. 예언자(선지자)들과 시편 기자들도 그리스도의 고난을 예언했다.

예수께서 베드로의 신앙고백이 있은 직후 "인자가 많은 고난을 받아야 할 것"(막 8:31)이라고 가르치기 시작하셨다. 그분은 여러 차례 "때가 아직 이르지 아니하였다"고 하였다. 그러나 십자가가 시야에 들어온 체포 직전 "아버지여, 때가 이르렀사오니"(요 17:1)라고 말했다. 앞에 닥친 시련을 두고 기도하셨다.[3] 체포되는 순간 베드로는 스승을 지키기 위하여 칼을 휘둘렀다. 그러나 예수께서는 말씀하셨다.: "검을 집에 꽂으라. 아버지께서 주신 잔을 내가 마시지 아니하겠느냐"(요 18:11) 성서는 이 땅에서의 그분 삶의 목표는 십자가에 초점이 맞춰져 있음을 확인한다. 결국 예수께서 죄를 위한 희생제물로 죽으신 사건이 성서의 중심주제이다.

3) 지금 내 마음이 민망하니 무슨 말을 하리요. 아버지여, 나를 구원하여 이때를 면하게 하여 주옵소서. 그러나 내가 이를 위해서 이때에 왔나이다. 아버지여, 아버지의 이름을 영광스럽게 하옵소서."(요한복음 12:27–28)

베드로[4]는 그리스도의 수제자로 알려져 있다. 선생님의 죽으심에 대해 가장 잘 아는 사람이었을 것이다. 그는 편지에서 스승의 가르침에 대한 추억을 이야기한다. 최초로 신앙고백을 한 사람이었으나, 그리스도의 죽음의 필요성을 거부한 최초의 사람이기도 했다. 그는 예수께서 부활하신 후에야 고난의 의미를 이해했다(눅 24:26). 그 후 그의 설교의 중심주제는 '그리스도의 고난과 영광'이었다. 십자가의 의미를 가장 잘 가르치고 설득할 수 있는 사람이 있다면 그는 바로 베드로일 것이다. 그는 십자가에 못 박히신 그리스도께서는 본(本)으로서 죽으셨고, 죄를 담당한 자로 죽으셨다고 소개한다(벧전 2:18 이하).

4) Peter the Apostle
(?-1AD 64 ?)

예수의 12제자 중 한 명. 예수 승천 후 그리스도교의 주도적인 지도자 됨. 네로 치하에서 순교. 수제자(首弟子)로 일컬어짐. 원래 이름은 '시몬(Simon)'이라는 그리스식 이름이었는데, 예수께서 '케파(Cephas: 반석이라는 뜻)'라는 아랍어 이름을 주심. 그리스어로 '페트로스'.

베드로는 기독교도들이 받는 로마의 박해는 그들의 잘못에 대한 벌이 아니라고 한다. 의를 위해 고난을 받고 그리스도의 이름을 위해 치욕을 감수하라고 한다.[5] 그분은 핍박하는 자들을 공의로 심판하시는 자의 손에 맡기셨다. 그리스도께서 본을 보이신 것이다. 대항하지 말고 불의한 고난을 참고 선으로 악을 이기라는 이 명령은 사람의 본능에 거슬린다. 당장 되받아치고 당한 만큼 갚아주고 싶은 것이 인지상정이다. 그러나 십자가는 피해를 그대로 받고, 원수를 사랑하며, 문제는 하나님께 맡기라고 한다. 그러나 그리

5) "그리스도도 너희를 위하여 고난을 받으사 너희에게 본을 끼쳐 그 자취를 따라 오게 하셨느니라."(베드로전서 2:21)

스도의 죽음은 단순한 감동적인 본만은 아니다. 본에는 속죄의 개념이 없다. 용서를 가져다주지 않는다. 본은 이상을 불타게 하며 결심을 굳게 한다. 그러나 죄와 허물을 씻어 상한 양심에 평화를 가져오거나 하나님과 화평을 누리게 하지는 못한다.

베드로는 그리스도께서 나무에 달려 우리 죄를 담당하였다고 한다.[6] 죄를 담당한다고 하는 표현은 죄의 형벌을 담당한다는 의미이다. 성서는 때로 타인이 죄인의 죄를 대신 책임질 수 있음을 시사한다(민 30:15; 애 5:7). 그런 가능성은 제사에 의해 설명된다(레 10:17). 아론은 속죄일에 그의 손을 속죄 염소의 머리 위에 얹음으로써 자신과 그의 백성들을 그 염소와 동일시하라는 지시를 받았다. 그 후 이스라엘 민족의 죄를 고백하여 죄를 상징적으로 염소에게 전가시킨 후 염소를 광야로 쫓아냈다.[7] 다른 사람의 죄를 담당하는 것은 다른 사람을 대신해 형벌을 받는 것이다.

때가 차매 예수께서 오셨다. 그분은 '세상 죄를 지고 가는 하나님의 어린 양'이다(요 1:29, 36). 그리스도의 죽음이 마지막 희생제물로서 구약제사의 성취이다. 그리스도께서는 자신을 희생제물로 드리셨다(히 9:28). 그래서 베드로는 "친히 나무에 달려 그 몸으로 우리 죄를 담당하였으니"(벧전 2:24)라고 기록했다. 이러한 사상은 대속(代贖)에 관한 성서의 핵심적 가르침이다. 바울은 하나님께서 우리의 죄를 우리에게 담당시키지 않으셨다고 말했다(고후 5:19).[8] 이 말은 십자가에서 이해할 수 있게 된다. 열두시부터 세 시간 동안 온 땅에 어두움이 임하였다(막 15:33). 하나님의 어린 양이 당하는 영혼의 고통은 어느 눈도 보지 못하고, 어느 입술로도 말할 수 없었다.

버림당한 그리스도께서 절규하신다.: "나의 하나님, 나의 하나님, 어찌하여 나를 버리셨나이까?"(막 15:34) 그것은 연약한 인간이나 절망한 인간의 부르짖음이었는가? 그분이 인간의 죄악을 담당하시는 순간이었다. 그리

6) "친히 나무에 달려 그 몸으로 우리 죄를 담당하셨으니, 이는 우리로 죄에 대하여 죽고 의에 대하여 살게 하려 하심이라. 그가 채찍에 맞음으로 너희는 나음을 얻었나니."(베드로전서 2:24)

7) 염소가 그들의 모든 불의를 지고 접근하기 어려운 땅에 이르거든 그는 그 염소를 광야에 놓을지니라."(레위기 16:22)

8) "하나님이 죄를 알지도 못하신 자로 우리를 대신하여 죄를 삼으신 것은 우리로 하여금 저의 안에서 하나님의 의가 되게 하려 하심이니라."(고린도후서 5:21)

고 "눈이 정결하시므로 악을 차마 보지 못하시며 패역을 차마 보지 못하시는"(합 1:13) 하나님께서는 외면하셨다. 인간의 죄가 하나님과 그 아들 사이를 가로막은 것이다. 영원히 아버지와 함께 계셨고, 육체로 거하시는 동안에도 아버지와 끊임없는 교제를 누리시던 예수께서 그 순간 버림을 당하셨다. 즉, 하나님과 교제가 끊겨진 영혼들이 당하는 고통을 친히 맛보셨다. 모든 사람을 위하여 자기를 속전(贖錢)으로 주신 것이다(딤전 2:6).

"다 이루었다"는 승리의 외침(요 19:30)과 함께 숨을 거두셨다(눅 23:46). 이 땅에 오신 목적이 완성되었다. 사람이 하나님과 화해할 수 있는 길이 열렸다. 이 사실을 입증하듯 성전 휘장이 위에서 아래로 찢어졌다. 하나님께서 계시는 거룩한 곳에 들어가는 것을 막는 것은 이제 사라졌다.

사람이 자신의 노력으로 은총을 얻으려는 것은 결과적으로 예수께서 하신 일을 무의미한 것으로 만든다. 모든 종교는 인간이 전심전력하여 얻는 어떤 것이라고 생각한다. 그러나 십자가는 이런 사상과는 정반대이다. 그리스도께서 죽으신 것은 사람이 스스로를 구원할 수 없기 때문이다. 만일 사람이 스스로 할 수 있는 일이었다면 그분의 죽음은 불필요한 것이 아니겠는가? 그러므로 바울은 "만일 의롭게 되는 것이 율법으로 말미암으면 그리스도께서 헛되이 죽으셨느니라"(갈 2:21)고 기록했다.

Ⅱ. 본성의 굴레로부터의 자유

법적으로 사면은 형 집행을 면제해 주는 것일 뿐, 권리를 회복시켜 주고 범죄 이전의 상태로 환원시키는 것은 아니다. 사면과는 달리 권리를 복원시키는 것을 복권이라고 한다.

성서가 증언하는 그리스도의 구원은 죄 사함, 즉 사면으로 끝나는 것이 아니다. 하나님과 화목하게 한 다음 점진적으로 자기중심의 굴레로부터 해방시켜 다른 사람들과 화목하게 하는 것이다. 그리스도의 죽음을 통해 죄 사함과 화목을 얻었지만, 자기로부터의 해방은 성령을 통하여 이루어진다.

범죄의 원인은 자기중심적인 본성에 있다(마 7:17~18). 따라서 행위를 고치려면 그 원인이 되는 본성을 고쳐야 한다. 나무를 좋게 해야 그 열매가 좋아진다(마 12:33). 인간의 본성은 변화될 수 있는가? 제자들에게는 예수께서 지상에 계시는 것보다, 성령께서 함께 하시는 것이 더 유리했다. 예수께서 말씀하셨다.: "내가 떠나가는 것이 너희에게 유익이라. 내가 떠나가지 아니하면 보혜사(성령)가 너희에게로 오시지 아니할 것이요, 가면 내가 그를 너희에게로 보내리니"(요 16:17) 유리한 점은 예수께서는 단지 그들 곁에서 그들과 함께 있었을 뿐이지만, "저(성령)는 너희 속에 계실 것"(요 14:17)이기 때문이다.

어떤 의미에서 그리스도의 가르치시는 사역은 실패였다. 적어도 효력은 충분하지 못했다. 겸손을 가르치셨지만 베드로의 모습은 이에서 멀었다. 사랑을 가르치셨지만 요한은 불같은 성격의 사람이었다. 성령께서 그들 인격 속에 들어가 안에서부터 변화시킬 때까지는 겸손과 사랑의 사람들이 아니었다. "누구든지 그리스도의 영이 없으면 그리스도의 사람이 아니라"(롬 8:9)고 한다.

"소리에 놀라지 않는 사자와 같이 / 그물에 걸리지 않는 바람과 같이 / 흙탕물에 더럽히지 않는 연꽃과 같이 / 무소의 뿔처럼 / 혼자서 가라"[9]라는 가르침은 진리추구의 자세를 언급하는 것이다. 이러한 자세는 절대자 없이도 진리추구가 가능하다고 하는 것이다. 그런 점에서 성서적 접근방식과는 차이를 보인다고 할 것이다.

예수처럼 살려고 애쓰는 것만으로는 불가능하다. 예수께서 그의 영을 통해 내 안에 들어와 내 안에 사셔야 한다. 본으로 삼는 것만으로는 충분하지 않다. 그분의 구속적 죽음을 통하여 죄에 대한 형벌이 사면된다. 그러나 죄의 권세가 무너지고 죄 이전의 상태로 복원되는 것(복귄)은 내주(內住)하시는 그리스도의 영(성령)을 통해서이다. 우리가 셰익스피어의 희곡과 같은 작품을 쓸 수는 없지만, 우리에게 셰익스피어의 재능이 주어진다면 못할 것도 없다. 예수의 영이 내 안에 들어와 나와 함께 한다면 나도 그분이 가신 길을 갈 수 있을 것이다.

9) 숫타니파타 (Sutta-Nipata)(법정 역)

팔리어로 Sutta는 경전, Nipata는 모음(集)이란 의미. 숫타니파타란 곧 경집. 사품(蛇品), 소품(小品), 대품(大品), 의품(義品), 피안도품(彼岸道品)의 5장으로 구성됨.

Ⅲ. 인간관계의 회복

죄는 인간을 창조주 하나님으로부터 분리한다. 또한 동료 이웃들에게서도 멀어지게 한다. 우리 공동체가 적대감과 의심의 온상으로 변하기 쉽다는 것을 쉽게 경험할 수 있다. 하나가 되는 것은 쉬운 일이 아니다. 하나님께서는 우리와 다른 사람들의 사이도 화목하게 되기를 원하신다. 따라서 하나님은 독립적이고 분리되어 있는 각 개인들을 각각 고립된 채로 부르시는 것이 아니라, 한 백성으로 구속하여 하나님의 소유가 되게 하신다.

때가 차매 그리스도께서 오셨다. 그분은 오랫동안 기다리던 천국이 왔음을 선포하신다. 수많은 사람들이 동서남북 각처에서 와서 아브라함, 이삭, 야곱과 함께 앉을 것이라고 말씀하셨다. 하나님의 백성은 더 이상 한 민족에 국한되지 않는다. 모든 민족과 종족과 언어로 구성된 집단이다. 부활하신 예수께서 자기를 따르는 무리들에게 "가서 모든 족속으로 제자를"(마 28:19) 삼으라고 하셨다.

성령의 첫째 열매는 사랑이다. 형제 사랑을 경험한다.[10] 사랑은 감성적인 사랑이 아니라, 자기 희생을 통해 다른 사람을 섬기려는 욕구로 나타난다. 사랑에 의해 자기중심적인 죄의 세력이 격퇴된다. 죄는 분열하지만 사랑은 연합시키고, 죄는 이간시키지만 사랑은 화해시킨다. 불완전함에도 불구하고 거기서 형제가 연합하여 동거하는 즐거움을 누린다(시 133:1). 이것이 회복된 이웃들이 연합하는 신비이다.

10) "형제를 사랑함으로 사망에서 옮겨 생명으로 들어간 줄을 안다."(요한일서 3:14)

Dialogue Between Law & Soul

인간의 성 · 결혼

06 Part

제1장 양성 평등

제2장 결혼과 이혼

제3장 동성 결혼

01 Chapter

_양성 평등

만일 너희가 사람을 차별하여 대하면 죄를 짓는 것이니, 율법이 너희를 범법자로 정죄하리라. 야고보서 2:9

Ⅰ. History vs. Herstory

고대사회는 여성을 존중하지 않았다. 플라톤은 영혼은 육체에 갇혀 있으며 환생하기 위해서만 풀려난다고 생각했다. 나아가서 나쁜 남자는 여자로 환생한다 했다. 아리스토텔레스는 여자를 '불완전하게 만들어진 남자'로 간주했다. 그리하여 "아버지의 무능 혹은 습한 남풍의 악성 영향에 의해 생겨난 존재"라고 하였다. 이러한 생각은 유대인 저술가들의 사상에도 나타나 있다. 요세푸스는 "여자는 모든 면에서 남자보다 열등하다"는 견해를 표명했다.

윌리엄 바클레이William Barclay는 탈무드에 나타난 여자에 대한 표현을 소개한다: "유대인들의 아침기도 형식에서 유대인 남자는 매일 아침 하나님이 자신을 '이방인이나 노예나 여자'로 만들지 않으신 것에 감사했다. 유대 율법에서 여자는 인격을 가진 인간이 아니라 하나의 물건이었다. 그녀는 아무런 법적 권리도 가지고 있지 않았다. 그녀는 남편 마음대로 할 수 있는 남편의 완전한 소유물이었다."

헬라 사상과 탈무드에 영향을 받은 일부 초대 교부들 역시 별 차이가 없었다. 터툴리안은 "그대는 마귀의 통로, 그대는 저 금단의 나무를 연 사람이다. 신적 율법을 최초로 유기한 자이며, 마귀도 감히 공격할 용기를 내지 못했던 그 남자를 속아 넘어가게 한 자이다. 하나님의 형상인 남자를 너무 쉽게 파괴시켜 버렸다. 그대가 당연히 받아야 할 벌 때문에, 심지어 하나님의 아들이 죽으셔야 했다" 라고 썼다. 현대의 여성해방이 대체로 그리스도의 제자들로 인해 이루어졌음을 감안하면, 이러한 입장은 그분의 제자의 글로는 어울리지 않는다.

또한 법화경[1]에는 여성은 부처가 될 수 없다고 하는 입장이 나타나 있다. 즉, "여성은 완전한 깨달음의 경지에 들어갈 수 없다. 설사 여성이 몇 백 겁[2]의 덕을 쌓는 수행을 거듭해 육파라밀[3]을 실현했다 하더라도 오늘날까지 부처가 된 여성은 하나도 없다"는 것이다. 공자는 여성을 소인배와 같이 분류하여 불가근 불가원(不可近不可遠)의 존재로 여겼다.

주나라 왕궁을 방문한 공자

그러던 것이 20세기 들어 급변했다. 전에 부과되었던 거의 모든 제한으로부터 해방되었다. 참정권도 획득했다. 많은 나라에서 적어도 이론적으로는 평등한 노동에 대해 평등한 임금을 받는다. 그러나 호주의 한 페미니스트, 저메인 그리어Germaine Greer는 여성들이 참정권을 획득하기는 했으나 참정권을 이용하지 못하여 실패한 것으로 규정하고, "새장의 문은 열렸으나, 카나리아는 날아가기를 거부했다"고 말했다. 그녀는 여자들이 결혼처럼 사회적으로 제재를 받는 관계에 돌입해서는 안 되며, 불행하게도 그런 관계에 들어갔다면 주저 없이 떠나야 한다고 했다. 여자들은 참된 무산계급, 참으로 억압받는 다수이기 때문에 반항해야 하고 노동을 철회해야 한다는 것이다. 여성을 '모든 남자가 추구하는 성적 대상'으로, 자신이 아니라 다른 사람 안에 불러일으키는 욕구에 의해 가치가 좌우되는 존재로 보는 틀에 박힌 인식에 저항했다.

1) 법화경 (法華經)
원래 제목은 실상묘법연화경(實相妙法蓮華經). 대승종교(大乘終敎)라 하여 최고의 가르침으로 꼽음. 구마라습이 번역한 법화경이 유명함.

2) 1겁 = 약 42억 2천만 년

3) 육파라밀 (六波羅蜜)
자기의 완성과 동시에 타인의 이익을 추구하는 것을 목적으로 함. 보시(布施), 지계(持戒), 인욕(忍辱), 정진(精進), 선정(禪定), 반야 또는 지혜(般若, 智慧)의 수행 6대 조항. 방편(方便), 원(願), 력(力), 지(智) 넷을 더하여 십바라밀이라고도 함.

페미니즘[4]은 “여성들이 성별로 인하여 제도적이고 사회적인 불의로 고통을 받는다”는 확신에서 나온 것이었으며, 성별에 근거한 불의를 제거하려는 운동이었다. 이러한 불의에 대한 불평과 정의에 대한 외침에 주의를 기울여야 할 것이다. 엘레인 스토키는 역사적 · 사회학적 개관서「페미니즘의 옳은 점」What's Right with Feminism이라는 책에서 서구사회에서의 여성억압 사례를 열거했다.

Ⅱ. 양성 평등의 법리

1_ 법과 판례

2005년 7월 21일 대법원 전원합의체는 20세 이상의 성인 남성만 종중(宗中) 회원으로 인정해 온 대법원의 기존 판례를 바꿔, 성인 여성도 종중 구성원이 된다고 판결했다.[5] 판례 변경은 1958년 이후 47년만이다. 이에 따라 이제 성인 여성은 자동으로 자신이 속한 종중의 구성원으로 인정받게 됐다. 이번 판결은 양성평등의 이념을 구현한 것으로, 2005년 3월 호주제 폐지 법안통과와 맞물려 여권신장에 큰 영향을 미칠 것으로 보인다.

재판부는 판결문에서 종중 구성원의 자격을 성인 남성으로 제한한 종래 관습은 1970년대 이후 우리 사회의 환경과 국민의식의 변화로 그 법적 확신이 약화됐으며, 개인존엄과 양성평등을 기초로 한 전체 법질서에도 부합하지 않는다고 밝혔다. 또 공동선조의 분묘수호와 제사, 친목도모를 목적으로 한 종중의 본질에 비춰 공동선조의 성과 본이 같으면 성별과 무관하게 성년 여성도 종중원이 돼야 한다고 판시했다.

“남아선호 사상과 남성의 가계계승 관념이 쇠퇴하면서 딸만 자녀로 둔 가족의 비율이 증가하고 있다”며, “딸을 아들과 함께 족보에 올리는 것이 일반화되고 있고, 여성이 임원으로 활동하고 있는 종중도 생겨나고 있다”고 배경을 설명했다. 관습이 변하고 있는 만큼 종중에서 여성을 배제해야 할 명분이 사라졌다는 것이다.

4) 페미니즘 (feminism)
여성억압의 원인과 상태를 기술하고 여성해방을 궁극적 목표로 하는 운동 또는 이론. 19세기 중반에 시작된 여성참정권 운동에서 비롯되어 그것을 설명하는 이론까지 포함하는 개념. 자유주의적 페미니즘, 마르크스주의 페미니즘, 급진적 페미니즘, 사회주의적 페미니즘 등으로 분류됨.

5) 대법원 2005.7.21, 2002다1178 (전원합의체판결).

2_ 법적 논리

여성의 역할 및 인식의 변화에 따라 양성평등은 다양한 생활영역에서 활발한 입법형성 및 사법적 판단의 대상이 되고 있다. 헌법은 정치적 영역에서 양성평등을 처음부터 인정하였다. 민주주의 초기 여성에게 선거권을 부인했던 나라들과는 대조적이다.

정당법에 의하면 정당은 비례대표 국회의원 선거후보자, 그리고 비례대표 지방의회 의원선거 후보자 중 50% 이상을 여성으로 추천하여야 한다. 이때 실질적으로 여성이 선출될 수 있도록 후보자명부 순위의 매 홀수에 여성을 추천하여야 한다(공직선거법 제47조 3항). 또 임기만료에 의한 지역구 국회의원 후보자 또는 지역구 지방의회 의원선거 후보자 중 30% 이상을 여성으로 추천하도록 노력하여야 한다. 이를 실천한 정당에 대하여는 보조금을 추가로 지급할 수 있다(동법 동조 4항, 정치자금법 제26조).

고용분야에서 양성평등은 일찍부터 남녀고용평등법을 통하여 실현되고 있다. 이 법에 따라 여성은 성별을 이유로 차별을 받지 않을 뿐 아니라, 고용관계를 유지하는 데 있어서 적극적인 보호를 받게 되었다. 출산 전 · 후 휴가에 대한 지원이나 육아휴직제 등이 그 예가 될 것이다.

양성평등은 부부의 재산관계에도 의미가 있다. 민법은 부부별산제를 채택하고 있다. 부부가 이혼하는 경우 소득활동을 한 배우자와 가사활동을 하였던 배우자는 재산관계에 있어서 불평등이 나타날 수 있다. 그리하여 이혼배우자의 재산관계에서 가사활동의 경제적 가치를 배려하는 입법이 이루어져서 이혼 시 재산분할청구권이 인정되고 있다. 나아가서 국민연금법에 연금분할청구권이 도입되어 이혼배우자 간에 혼인기간 중 취득한 연금청구권의 분할이 가능하게 되었다.

Ⅲ. 성서적 관점

어느 여가수는 노래했다: "때로 여자가 된다는 것은 참으로 어려운 일입니다 / 자신의 사랑을 오직 한 남자에게만 주는 그런 여자 말이죠 / 당신은 고통스러워하는데 / 그 남자는 즐거운 시간을 보낼 수도 있습니다 / 당신이 전혀 이해할 수 없는 일을 하면서 말이죠 / 만약 당신이 그를 진정으로 사랑한다면 그를 용서할 겁니다 / 비록 그를 이해하기 어렵더라도 말이에요 / 그의 곁에 있어주세요."[6] 이 노래는 1998년도에 제작된 〈에이미〉Amy라는 영화에서 여덟 살짜리 여자 아이가 감칠맛 나게 부르던 노래이기도 하다. 많은 사람의 사랑을 받아왔던 이 노래에 페미니스트라면 어떤 반응을 보일까? 모든 형태의 페미니즘은 긴급한 도전을 가한다. 페미니즘은 창조와 구속, 사랑과 정의, 인류애와 사역에 관한 것이다.

1_ 평등성

> 하나님이 가라사대 우리의 형상을 따라 우리의 모양대로 우리가 사람을 만들고 그로 바다의 고기와 공중의 새와 육축과 온 땅과 땅에 기는 모든 것을 다스리게 하자 하시고, 하나님이 자기 형상 곧 하나님의 형상대로 사람을 창조하시되 남자와 여자를 창조하시고, 하나님이 그들에게 복을 주시며 그들에게 이르시되 생육하고 번성하여 땅에 충만하라. 땅을 정복하라. 바다의 고기와 공중의 새와 땅에 움직이는 모든 생물을 다스리라 하시니라.
>
> 창세기 1:26-28

여기에는 신적 결심, 신적 창조, 신적 축복 등이 결합된 인간에 대한 근본 진리가 들어있다. 사람은 그분의 형상대로 지어졌으며, 번식이라는 과업을 받아 남자와 여자로 지어졌으며, 땅과 그 피조물에 대한 지배권한을 부여받았다는 것이다. 그래서 처음부터 사람은 남성과 여성이었으며, 남자들과 여자들은 신적 형상, 땅에서의 지배권 모두에서 대등한 수혜자였다.

남자와 여자 중 어느 한 쪽이 하나님을 더 많이 닮았다든가, 어느 한 쪽이 더 많은 책임이 있다는 암시가 없다. 하나님을 닮은 것과 땅에 대한 청지기직은 처음부터 대등하게 공유된 것이었다. 남성과 여성 모두 대등하게 창조되

6) Tammy Wynette: Stand by your man..

었기 때문이다. 그분의 형상으로 사람을 남자와 여자로 만드셨으므로, 하나님의 존재 안에는 인류의 '남성'뿐만 아니라 '여성'에 해당하는 무엇인가가 있다고 보기도 한다.[7)]

성경의 첫 장부터 근본적인 평등성이 나타난다. 남성과 여성 모두는 평등하게 신적 형상을 반영한다. 그리고 땅을 다스리고, 공동의 유익을 위해 땅의 자원개발에 창조주와 협력하도록 평등하게 부르심 받는다. 이 태고의 성적 평등성은 타락에 의해 왜곡되었다. 불순종에 대한 심판의 기록이다. "너는 남편을 사모하고 남편은 너를 다스릴 것이니라." 남성과 여성은 서로 어느 정도의 소외를 경험할 것이다. 서로 평등한 대신 한 쪽이 다스릴 것이다. 남자가 여자를 지배하는 것은 창조가 아니라 타락으로 인한 것이다.

남자들은 이러한 심판을 여자들을 학대하고 복종시키는 구실로 잘못 사용해 왔다. 그런 예는 여러 문화권에서 찾아볼 수 있다. 간디는 힌두교도 남편들은 자신을 자기 아내의 주인으로 간주하고 아내는 항상 남편의 비위를 맞추어야 한다고 자서전에 썼다. 코란은 알라신이 남자를 여자보다 우월하게 만들었으며, 불순종이 우려되는 자는 훈계하고 심지어 때리도록 기록한다.[8)] 현대의 포르노에서는 여자는 남자의 학대, 폭력, 착취의 대상이 되고 있다.

구약성서에서 남편은 씨족의 족장이며 주Lord 혹은 통치자였지만 아내는 멸시나 학대를 받지 않았다. 그들은 언약공동체의 필수 불가결한 존재였으며, 공적으로 토라를 읽는 것을 듣고 예배에 참여하기 위해 남녀와 어린이가 함께 모였다(신 31:12). 결혼은 대단히 존중되었으며, 성적 사랑의 아름다움은 찬양되었고(아가서), 한나, 아비가일, 나오미, 룻, 에스더와 같이 경건하고 진취적인 여성들은 칭송을 받았고(잠 31장), 과부를 돌보아 주어야 한다는 것이 끊임없이 강조되었다. 선지자들은 원래의 양성평등이 재확인될 새 언약의 때를 고대했다. 하나님은 아들과 딸, 남종과 여종을 포함한 모든 육체에 그분의 성령을 부어주실 것이기 때문이다. 성별 때문에 자격이 상실되는 일은 없을 것이다. 그리고 때가 차매 예수께서 여자의 몸에서 나셨다(갈 4:4).

예수께서는 모두 남자였던 사도들 외에도 여행하실 때 한 무리의 여자들과 동행하셨다. 그들은 예수께 고침 받고 이제는 자신의 재산으로 그분의 쓸 것을 공급하는 이들이었다. 다음으로 그분은 야곱의 우물에서 한 사람과 말씀하셨는데, 그녀는 여자이자 사마리아인이자 죄인으로서 삼중으로 무자격

7) 여성적 이미지
신 32:18; 사 42:12; 사 49:15; 66:13; 시 131:1; 눅 15:8; 마 23:37.

8) 코란 제4장 (여자).

자였지만, 예수께서는 그녀와 신학적 논의를 벌이셨다. 간음하다 잡힌 여자의 경우와 비슷하다. 그분은 그녀를 부드럽게 대하셨으며, 정죄하지 않으셨다. 그리고 그분은 창기가 발을 눈물로 적시고, 그녀의 머리털로 씻고, 그 발에 입 맞추는 것을 허용하셨다. 그분은 그녀의 사랑을 받아들이셨으며, 그 사랑을 죄사함 받은 것에 대한 감사로 해석하셨다. 그렇게 함으로써 평판훼손 위험을 감수하셨으며, 자기를 초청한 사람이 은연중에 보이는 분노를 무시하셨다. 그분은 아마도 이 여자를 존중해 준 최초의 남자였을 것이다. 과거에 남자들은 그녀를 이용하기만 했다.[9] 이 모든 것은 전례 없는 일이었다. 예수께서는 타락의 저주를 끝내셨으며, 여자에게 부분적으로 상실되었던 고귀함을 다시 부여하셨고, 새로운 공동체에 성적 평등이라는 창조의 복을 회복시키셨다.

바울도 이와 같이 파악했다.[10] 남자와 여자가 다 하나라고 하는 사상은 오늘날 당연한 것으로 받아들이지만, 1세기 상황에서 이러한 사상은 획기적인 것이라 하지 않을 수 없다. 다른 성에 대한 우열은 있을 수 없다.

양성평등은 창조에 의해 확립되었으나 타락에 의해 왜곡되었고, 그리스도 안에 있는 구속에 의해 회복되었다. 구속은 창조를 회복하고 재확립한다. 남자와 여자는 하나님 앞에서 지닌 가치에서 완전히 평등하다. 하나님의 형상대로 평등하게 창조되었고, 믿음으로 말미암아 은혜로 평등하게 의롭다 함을 받았으며, 부어주시는 성령에 의해 평등하게 중생한 것이다.

2_ 역할

남자와 여자는 다르며, 심리학적으로나 생리학적으로나 성별의 특성으로 상대방을 보완해 준다. 가치의 평등이 역할의 동일성을 의미하는 것은 아니다. 다만 남성과 여성의 역할을 살펴볼 때 특정한 문화가 발전시켜 온 판에 박힌 역할을 무비판적으로 받아들일 수는 없다. 인류 문화는 여성의 성장이나 잠재력 발휘에 대한 기본적 필요에 관대하지 않았다. 모성이 신적 소명이며 커다란 희생을 요구한다는 것은 사실이지만 그것만이 여자의 유일한 소명이라 할 수는 없다. 여자가 사회에서 활동할 수 있는 중대하고 희생적인 다른 형태의 봉사도 있을 수 있다.

9) 눅 8:1 이하; 막 15:31; 요 8:1 이하; 눅 7:36 이하.

10) "너희는 유대인이나 헬라인이나, 종이나 자주자나, 남자나 여자 없이 다 그리스도 예수 안에서 하나이니라."(갈라디아서 3:28)

성서에는 여성은 직업을 가지거나 생활비를 벌 수 없다고, 아니면 아내가 장보기, 요리, 청소 등을 전담하고 남편은 아무 기여도 없이 그 노동의 수혜자가 되어야 한다고, 혹은 육아가 남자들이 침해할 수 없는 여성만의 영역이라고 시사하는 것은 아무데도 없다.

우리 사회구조에서 남성이 주방에 들어가는 것을 못할 짓으로 보거나, 여성들이 명절증후군으로 시달리는 것을 언제까지 두고만 볼 것인가? 성서는 이러한 노동의 구분에 대해서 침묵한다. 성서가 말하는 성역할과 관계는 무엇인가? 창세기 2장은 1장을 보완하고 풍성하게 해준다.

> 여호와 하나님이 가라사대 사람의 독처하는 것이 좋지 못하니 내가 그를 위하여 돕는 배필을 지으리라 하시니라. 여호와 하나님이 흙으로 각종 들짐승과 공중의 각종 새를 지으시고 아담이 어떻게 이름을 짓나 보시려고 그것들을 그에게로 이끌어 이르시니 아담이 각 생물을 일컫는 바가 곧 그 이름이라. 아담이 모든 육축과 공중의 새와 들의 모든 짐승에게 이름을 주니라. 아담이 돕는 배필이 없으므로 여호와 하나님이 아담을 깊이 잠들게 하시니 잠들매 그가 그 갈빗대 하나를 취하고 살로 대신 채우시고 여호와 하나님이 아담에게서 취하신 그 갈빗대로 여자를 만드시고 그를 아담에게로 이끌어 오시니.
>
> 창세기 2:18-22

창세기 1장은 양성평등을 선포한다. 창세기 2장은 양성평등이 동일성이 아니라 상호보완성임을 보여준다. 이러한 이중의 진리는 남성-여성의 관계와 역할을 조명해 준다. 남자와 여자는 평등한 존엄성을 갖도록 창조되었기 때문에 서로 존중하고 사랑하고 섬기고 서로를 무시하지 말아야 한다.

남자와 여자는 상호보완적으로 창조되었으므로 서로의 차이를 인정해야 하고 상대방의 독특성을 배제 내지 침해해서는 안 된다. 아무리 양성의 차이를 폐하고 싶어 해도 차이는 여전히 존재한다. 그들이 성별의 차이를 부인한다면 정체성과 사랑의 가장 심오한 원천을 거부하는 것이다. 이것은 '성적 자살' 또는 '성적 기인'(자웅동체)으로 일컬어지기도 한다.

90년대 초 양성의 차이점에 대한 인식을 기초로 출간된 두 권의 책은 베스트셀러가 되었다. 그 중 한 권은 남자와 여자는 서로 다른 목적을 위해, 서로 다른 방식으로, 서로 다른 언어를 말한다고 한다.[11] 근본적인 차이점은 여자들은 친밀감의 확보를 위해 언어를 사용하는 반면, 남자들은 독립성의 확보를 위해 언어를 사용한다는 것이다. 이 점을 깨닫지 못하면 오해와 심지어 혼란을 야기한다는 것이다.

또 다른 저명한 책은 남성과 여성의 차이는 너무나 심해서 서로 다른 행성에서 온 것 같다고 한다.[12] 화성인들(남자들)은 권력과 성취를 중시한다. 금성인들(여자들)은 사랑과 관계를 중시한다. 여자가 상처를 받으면 감정 이입을 바라지만 남자는 그녀가 해결책을 원한다고 생각한다. 스트레스에 대처하는 방식도 다르다. 남자들은 혼자 자신의 문제를 해결하기 위해 동굴로 가는 반면, 여자들은 서로 모여서 자신의 문제를 솔직하게 내놓고 말한다. 남자들은 사람들이 자신을 필요로 한다고 느낄 때 힘을 얻지만, 여자들은 자신이 따뜻한 보살핌을 받고 있음을 느낄 때 힘을 얻는다.

서로를 변화시키기 위해 애쓰라고 권하지 않는다. 그저 서로를 이해하고 받아들일 것을 권고할 뿐이다. 하지만 적어도 서로 다르다는 것을 기억하라고 촉구한다.

3_ 리더십

창세기 1장은 양성평등을, 2장은 상호보완을 가르친다. 하지만 바울은 남편이 아내의 머리(엡 5:23)라고, 그리고 더 일반적으로는 남자의 머리는 그리스도요, 여자의 머리는 남자요, 그리스도의 머리는 하나님이시라(고전 11:3)고 쓴다. 이 머리됨의 의미는 무엇일까? 양성평등과 남성의 머리됨 간의 역설을 해결하려는 세 가지 시도가 있었다. 머리됨을 강조하는 나머지 평등성을 부정하거나, 양성평등과 양립할 수 없는 것처럼 보이는 머리됨을 부인하거나, 머리됨을 양성평등과 조화를 이루는 방식으로 이해하려는 견해 등이 있다.

(1) 양성 평등과 리더십

머리됨은 지도력(리더십)을 의미한다. 이는 권위라기보다는 책임이라는 모습으로 이해될 수 있다. 아내에 대한 남편의 머리됨은 지배와 간섭의 리더십이기보다는 보살핌의 리더십, 권위의 리더십이기보다는 책임의 리더십이다.

11) 데보라 탄넨(Deborah Tannen), 「당신은 전혀 이해 못해요」

12) 존 그레이(John Gray), 「화성에서 온 남자, 금성에서 온 여자」

이러한 구분은 매우 중요하다. 그것은 남편의 역할을 지배와 의사결정의 문제로부터 섬김과 양육의 영역으로 옮겨 놓는다. 성숙한 남성성의 핵심은 여성을 인도하고 부양하고 보호하는 자애로운 책임감이다. 각각의 문화에 의해 형성된 다수의 남성성이 있지만, 언제 어디서나 남성성은 육체적 · 직업적 · 정치적 · 재정적 힘과 연관된 것이며 그 힘을 행사하는 것과 관련되어 있다. 하지만 남성성을 이해하는 열쇠를 그리스도에게서 찾는다면 남성성은 희생적인 사랑을 표현하기 위해 힘을 내려놓는 것이라 할 것이다.

남편은 아내를 위해 아내의 머리가 되는 책임을 받아들이고 사랑으로 그녀를 위해 자신을 포기한다. 그리스도가 자신의 몸인 교회를 위해 하신 것과 똑같다. 그리고 남편은 아내를 돌본다. 남편의 관심은 아내를 통치하는 것이 아니라, 아내를 해방시키는 것이다. 그리스도가 자기 신부를 빛나고 흠 없는 존재로 세우기 위해 자신을 주신 것처럼, 남편도 아내의 여성됨이 충만하게 자랄 수 있는 환경을 만들기 위해 자신을 내어준다.

(2) 여성됨

남성됨과 여성됨은 불변적인 특성인가? 남성성과 여성성에 있는 불변적인 것들은 궁극적으로 남성과 여성의 생리학적 차이에서 비롯되며, 적극성과 소극성, 주도권과 반응, 잠재력과 수용성 간의 긴장과 관련이 있는 것으로 보인다.

베드로는 여성을 더 연약한 그릇(벧전 3:7)으로 묘사했다. 일부 문화권에서는 여성들이 힘든 육체노동을 담당한다. 육체적으로 놀라운 능력을 보일 수 있다. 헬라 신화의 여성전사인 아마존족도 있다. 그러나 어떤 의미에서 여성이 남성보다 더 약하다는 점을 인정하지 않을 수 없다.

대부분의 사회에서 대체로 남성은 여성보다 더 크고 강하다. 광산 일은 남자들이 하는 일이고, 대부분의 문화권에서 전투군인이 되는 것 역시 마찬가지다. 또한 운동경기에서 여성과 남성이 겨루지 않는 사실 역시 중요하다. 오늘날 할리우드 전쟁영화에서는 양성평등의 교리에 따라 험악한 전투현장에 언제나 일부 여성전사가 등장한다. 이렇게 해야만 양성평등이 실현되는 것일까?

연약함은 현대인들이 일반적으로 선호하는 특성은 아닌 듯하다. 무의식적으로 니체[13]의 '힘의 철학'의 분위기에 젖어 연약함을 멸시하는 분위기가 있다. 반면 베드로는 그것이 바로 존중받아야 할 특성이라고 말한다. 연약함에

13) **Friedrich Willhelm Nietzsche** (1844-1900)
독일의 철학자. 생(生) 철학의 대표자로 실존주의 및 파시즘의 사상적 선구자. 스위스 바젤 대학 교수직을 그만두면서 고독한 생활을 하다가 정신이상으로 생애 마침. 자본주의 수호를 위해 파시즘 이데올로기 제창. 사회주의를 '노예도덕'으로 간주하고, 지배계급의 독재지배를 '군주도덕'으로 찬양하고 '권력에의 의지' 강조.

는 온유함, 부드러움, 민감함, 인내, 헌신과 같은 여성 특유의 특성이 포함될 것이다. 이들은 섬세한 식물처럼 쉽게 짓밟히며, 조건이 나쁘면 말라 죽는다. 남성의 머리됨이 여성됨을 존중하고, 보호하고, 꽃 피도록 하기 위해 하나님이 주신 수단이라고 말하는 것이 여성의 품격을 떨어뜨리는 것이 될 수 없다.

베드로는 여성이 더 연약한 그릇이라고 언급함으로써 남성 또한 연약한 그릇이라고 말한다. 남자 역시 연약한 존재이며 다른 사람의 도움을 필요로 한다. 성서는 연약함을 그리스도의 능력이 가장 잘 드러나는 인간의 영역으로 언급한다(고후 4:7; 12:9~10). 남성과 여성 모두 연약하고, 깨지고 상처입기 쉽고, 따라서 서로에게 의존하게 되어 있다. 여자가 남자를 필요로 한다면, 남자 역시 여자를 필요로 한다. 하나님은 '사람의 독처하는 것'(창 2:18)이 좋지 않다고 보셨다. 꼭 아내로서만이 아니라 동료와 조력자로서 여자가 없다면, 남자는 측은하고 명색뿐인 인간에 불과하다.

남성과 여성은 서로를 필요로 한다. 양성의 차이 때문에 서로를 필요로 하는 방식 역시 달라야 한다. 서로를 더 잘 이해하고 섬기기 위해, 이러한 차이에 대한 연구가 필요하다. 여자가 남자를 필요로 하고 남자가 여자를 섬길 수 있는 주된 방식을 나타내는 성서의 개념은 머리됨이다. 그것은 군림하는 것이 아니라 지원하는 것이다.

여성들이 자신을 알고, 자신을 실현하고, 자신을 개발하며, 세상을 섬기는 일에 자신의 재능을 사용하는 것은 하나님의 뜻에 부합한다. 그러므로 그것을 부인하거나 좌절시키는 것은 심각한 문제이다. 자신, 자신의 정체성, 자신의 소명을 발견하는 것은 여성의 기본적인 권리와 책임이다.

근본적인 문제는 여성이 남성과 어떠한 관계 속에서 자신을 찾고 자신을 실현할 것인가에 있다. 남자에 비해 열등함을 암시하고 낮은 자존감을 불러일으키는 복종의 관계는 아니다. 양성평등과 협력은 건전한 성서적 개념이다. 그러나 남성의 머리됨을 부인할 정도까지 나아간다면 성서적 개념과는 거리가 있다. 인습적인 왜곡된 지배와 군림의 머리됨 때문에 이러한 머리됨은 오해되어 왔다. 머리됨의 성서적 이상, 즉 희생적 사랑으로 그리스도와 닮았다고 불릴 자격이 있는 머리됨만이 여성의 참된 정체성을 촉진할 것이다.

4_ 성직의 안수

사람은 무엇을 위해 이 땅에 온 것인가? 이는 누구에게나 근원적인 물음이 될 것이며, 많은 현자들의 이야기들에 귀 기울이며 고민하는 문제이다. 성서는 이에 대해 답을 제시한다. 사람이 이 땅에 온 이유는 봉사하기 위함이다. 남성이든 여성이든, 청년이든 노인이든, 섬김을 받으려 함이 아니라 섬기러 온 것이다(막 10:45). 문제는 여성의 사역이 어떤 형태를 띠어야 하는가, 사역에 어떤 제한을 두어야 하는가 여부에 있다.

로마 가톨릭과 동방 정교회에는 여성 성직자가 없다. 스칸디나비아반도 같은 곳에 있는 다수의 루터교회에는 여성 성직자들이 있다. 프랑스 개혁교회는 1965년에, 스코틀랜드는 1966년에 여성 사역자를 허용했다. 영국 자유교회, 회중교회에는 1917년부터 여성 사역자들이 있었던 반면, 감리교와 침례교는 더 최근에 와서야 그들의 선례를 따랐다. 영국 국교회는 고르지 않다. 하지만 여자들은 다른 영역에서는 여집사 혹은 개척선교사로서 섬김에 대한 기록이 있다.

여성의 안수를 허용할 수 없다는 견해가 있다. 신약시대의 모든 사도와 감독이 남자였을 뿐 아니라, 여자들은 교회에서 잠잠해야 하며 가르치는 것과 남자를 주관하는 것을 하지 말라는 구체적 명령들(고전 14:34; 딤전 2:12)이 문제를 해결해 준다는 논리다. 즉, 고린도전서 14장에서 바울은 교회를 세우는 일에(3-5, 26), 그리고 공예배를 '적당하게 하고 질서대로'(40) 할 것을 요구한다. 그렇다면 아마도 '잠잠하라'는 명령은 모든 여성에게 해당되기보다는 회중 가운데 수다스러운 여성들에게 해당될 것이다. 그것은 절대적인 명령이 아니었다. 그는 일부 여성이 공적으로 기도하고 예언할 것이라고 하기 때문이다(고전 11:5).

또한 디모데전서 2:11-15에서 바울은 "여자는 일절 순종함으로 종용히 배우라. 여자의 가르치는 것과 남자를 주관하는 것을 허락지 아니하노니 오직 종용할지니라"고 한다. '복종하라'는 명령은 창조에 근거하기 때문에 영원하고 보편적인 타당성이 있다. 그러나 '잠잠하라'는 요구는 고린도전서 11장에 나오는 머리에 쓰는 것과 마찬가지로, 복종의 명령에 대한 1세기의 적용일 수 있지 않을까? 그렇다면 '잠잠하라'는 요구도 여자들이 남자를 가르치는 것을 완전히 금지한 것이라기보다는, 성역할을 뒤집고 남자들에게 권세를 부리려는 가르침을 금한 것이 아닐까?

다른 한편 교회 내에서 여성이 적극적인 지도력을 발휘할 수 있음을 보여주는 강력한 성경의 사례가 있다. 구약에는 선지자들뿐 아니라 여선지자들도 있었다. 신약에서 비록 예수께 여성 사도는 없었지만, 부활 후 처음 복된 소식을 맡기신 것은 바로 여자들이었다(요 20:10 이하; 마 28:8 이하). 사도행전과 서신서에는 여자 설교자들과 여자 일꾼들에 대한 언급이 많이 포함되어 있다.

여성의 사역을 찬성하는 또 다른 논증이 있다. 오순절에 예언의 성취로 자녀들과 남종들과 여종들을 포함한 모든 육체에 성령이 부어졌다. 성령의 은사들charismata이 남자들에게만 국한된다는 증거는 없다. 성령의 은사는 공동의 유익을 위해 모든 사람에게 나누어졌다(행 2:17 이하; 고전 12:14 이하). 그러므로 섬기는 일을 위해 은사들을 개발 · 발휘해야 한다.

가르침이 성서적이고 겸손한 방식으로 이루어진다면, 여자가 남자를 가르치는 것은 성서적으로 허용된 듯이 보인다. 왜냐하면 그런 상황에서는 그들이 머리됨을 주장하지 않으면서 은사를 발휘할 수 있기 때문이다. 안수가 하나님의 부르심과 은사들을 공개적으로 인정하고, 당사자가 앞에서 말한 것과 같은 사역을 행하도록 인가하는 것이라면, 여성들이 안수를 받지 말아야 할 선험적 이유는 없는 것이 아니겠는가?

세속공동체와 신앙공동체라고 하는 두 공동체는 독특한 스타일의 지도력을 가지고 있다. 세상에서는 "이방인의 소위 집권자들이 저희를 임의로 주관하고 그 대인들이 저희에게 권세를 부린다." 하지만 예수께서는 "너희 중에는 그렇지 아니하니"라고 하신다. "너희 중에 누구든지 크고자 하는 자는 너희를 섬기는 자가 되고 …" 그분 자신이 섬기러 오셨기 때문이다(막 10:42-45). 그분은 완전히 새로운 유형의 지도력을 소개하셨다.

이처럼 교회 지도력이 가톨릭 전통의 사제나 개혁주의 전통의 장로도 아니고 예수께서 말씀하신 종이라면, 여자들에게 자격을 인정하지 않을 이유가 있을 수 없다. 목회의 보살핌의 진수가 사랑이고 그 방식이 겸손이라면, 여자들이 그것을 공유한다 해도 성서원리를 침해하지 않을 것이다.

현실에서는 겸손한 종으로서의 장로를 상상하기 어려울 수도 있다. 교회사는 고위 성직이 독재와 권위주의로 향하는 경향이 있음을 보여준다. 그러나 겸손한 종됨은 추구해야 할 모습이다. 남자들에게는 머리됨이 희생적 섬김의 표현이 되어야 할 것이다. 여자들에게는 이 머리됨에 복종하는 것을 의미할 것이다. 그러면 남자는 남자로, 여자는 여자로 남아 있을 것이며, 비성서적인 혼란은 피할 수 있을 것이다.

가정뿐 아니라 교회와 사회 내에서도 양성평등과 남성의 머리됨이라는 한 쌍의 성서원리가 적용될 필요가 있다. 이러한 틀 안에서 남자와 여자의 관계, 영적 평등, 사역을 위한 자유, 그리고 상호복종과 존중의 문제에 접근할 필요가 있다.

02 Chapter

_결혼과 이혼

수많은 멜로 영화들은 만난을 극복하고 결혼에 골인하는 이야기들로 관객들을 웃기고 울린다. 인류가 존재하는 한 남녀의 로맨스도 지속될 것이다. 그렇게 어렵게 결혼에 성공했으면 행복하게 살아야 한다. 헤어지는 것은 생각도 못할 것만 같다. 그러나 어찌된 노릇인지 화끈한 사랑이 화끈하게 깨어지는 경우도 있다. 특히 오늘날 날로 가파르게 치솟는 이혼율을 볼 때 사랑이 영원하다는 말은 옛말이 되고 만 것인가?

Ⅰ. 결혼의 법적 요건

혼인과 가족생활은 개인의 존엄과 양성의 평등을 기초로 성립되고 유지되어야 하며, 국가는 이를 보장한다(헌법 제36조 1항). 국가는 모성의 보호를 위하여 노력하여야 한다(제2항). 모든 국민은 보건에 관하여 국가의 보호를 받는다(제3항). 혼인과 가족은 사적 자율성이 가장 존중되어야 할 영역이면서, 종족 유지의 기능과 교육기능, 생활보장기능을 수행하는 사회성을 띠고 있는 규율대상이다. 특히 후자의 성격을 중시하여 혼인과 가족을 보호대상으로 하고 있다. 가부장적인 가족제도를 극복하여야 한다는 점을 명시한 것이다. 여성의 지위를 존중하여 양성의 평등을 강조한다.

독자적 인격체인 자녀에 대해 개인의 존엄을 강조한다. 헌법은 모성이 생물학적, 사회적 이유에서 보호의 필요성이 있으며, 또 여성은 가족의 부양부담을 주로 지고 있음에도 이에 대한 사회적, 국가적 보호가 이루어지지 못했음을 인식하고 있다. 그에 상응하는 평가와 보호를 강조한다. 헌법은 혼인 및 가족의 개념을 직접 정의하지 않는다. 이는 민법상의 혼인과 가족의 개념을 수용한 것으로 볼 것이다.

혼인은 사회제도로 법적으로 보장된 남녀의 성적 결합이다. 이것은 가족보존 본능을 바탕으로 한다. 혼인으로 인정되기 위해서는 결합 당시에 결합의 영속을 목적으로 하고, 또 사회에 의해 정당한 것으로 승인을 받아야 한다. 어떠한 결합이 혼인인가에 대하여는 어느 사회에서나 법률 · 관습 · 종교 등의 사회규범에 의해 규율한다. 그러므로 공간과 시간에 따라 혼인의 형태는 달라지게 된다.

우리 민법은 남녀의 합의를 바탕으로 하는 일부일처제이고, 호적법에 따른 혼인신고에 의해 성립하는 것으로 하고 있다. 법적인 의미가 아닌 사회적 의미에서 승인된 남녀 결합관계나 그 결합으로 들어가기 위한 행위도 혼인이라고 하지만, 법적 혼인과 구별하게 위하여 결혼이라는 말이 많이 쓰인다.

근대 시민사회에 있어서의 혼인은 당사자인 남녀의 합의만으로 성립하는 것이다. 또한 부부는 평등한 권리를 가지고 상호협력에 의하여 혼인을 유지하여야 하는 것이다. 나아가서 일부일처주의가 그 근간을 이룬다.

혼인이 성립하기 위해서는 양 당사자의 혼인하려는 의사의 합치가 필요하다. 혼인의사란 정신적, 육체적으로 부부관계를 성립시킨다는 의사를 말한다. 또한 혼인의사는 사회습속상의 부부관계를 형성하려는 의사(실질적 의사)뿐만 아니라 신고에 의하여 법률상 부부관계를 형성하려는 의사(형식적 의사)를 포함한다. 따라서 당사자 사이에 처음부터 정신적, 육체적 결합을 생기게 할 의사가 전혀 없는 가장결혼, 선량한 풍속이나 사회질서에 반하는 조건부, 기한부 혼인 등은 원칙적으로 무효이다. 따라서 동성 간의 혼인은 성립할 수 없게 된다.

혼인을 하기 위해서는 만 18세에 달하여야 한다. 우생학적 이유나 윤리적 이유에서 일정 범위의 근친 사이에 혼인을 금지하는 것이 일반적인 입법경향이다. 미성년자가 혼인을 할 때에는 부모의 동의를 얻어야 하며, 부모 중 일방이 동의권을 행사할 수 없는 때에는 다른 일방의 동의를 얻어야 하며, 부모가 모두 동의권을 행사할 수 없는 때에는 후견인의 동의를 얻어야 한다.

또한 혼인은 호적법이 정한 바에 의하여 신고함으로써 그 효력이 발생한다. 이를 신고혼주의라고 한다. 실질적 혼인생활을 계속하고 있다고 하여도 신고가 이루어지지 않으면 이는 사실혼[1]관계에 불과할 뿐, 법률상의 혼인으로는 인정되지 않는다. 혼인신고는 당사자 쌍방과 성년자인 증인 2인이 연서하고, 호적법에 정한 기재사항을 기재한 혼인신고서를 본인의 본적지 또는 주소지나 현재지의 호적공무원에게 제출하여야 한다.

Ⅱ. 결혼의 의미

예수께서 공생애를 시작하신 후 첫 번째 행하신 기적은 가나의 혼인잔치에서 이루어졌다. 첫 번째 기적이 혼인잔치였다는 점에 의미를 부여한다면 결혼은 그분의 중요한 관심사이며, 축복된 것이라 할 수 있다. 결혼은 그분이 찾아오심으로 아름답게 되었다. 그것은 신학적으로 그리스도와 교회의 신비로운 연합을 상징한다. 하나님은 결혼을 창설하고, 승인하고, 고상하게 하셨다. 부활 이후에는 결혼이 폐지될 것이다(막 12:25). 그럼에도 불구하고 현질서가 지속되는 동안 결혼은 귀히 여김을 받아야 한다. 혼인을 금하는 사람들은 미혹케 하는 영에 잘못 인도된 거짓교사(히 13:4)라고 한다. 나아가서 혼인은 타락 이전에 제정된 창조 규정이기 때문에 모든 인류에게 주어지는 하나님의 자비로운 선물이다.

성서적으로 보면 결혼에는 세 가지 목적이 있다.

하나님이 자기 형상으로 만드신 사람들에게 내린 첫 번째 명령은 "생육하고 번성하라"(창 1:28)였다. 자녀 출산 그리고 자녀들에 대한 가정의 사랑과 훈육이 그 목적의 하나이다.

둘째로 하나님은 "사람의 독처하는 것이 좋지 못하니 내가 그를 위하여 돕는 배필을 지으리라"(창 2:18)고 말씀하셨다. 그래서 하나님은 결혼을 번영할 때나 역경 중에 있을 때나 서로 교제하고 도움과 위안을 주도록 만드셨다. 결혼생활은 어린 시절의 상처가 사랑으로 치유될 수 있는 가장 좋은 환경이므로 '치유'를 가져오고, 각자의 잠재적 능력을 개발하여 성숙한 인격이

1) 사실혼 (事實婚)

혼인신고 없이 사실상 혼인 생활을 하며 동거하고 있는 남녀관계. 결혼식 여부와 혼인생활 기간 장단과 무관 하게 혼인신고 없으면 사실혼임. 종래 내연관계라고 함. 법률상 혼인이 아니므로 원칙적으로 혼인효력에 관한 민법 규정 적용 안 됨. 판례는 사실혼을 혼인예약으로 봄.

되도록 서로 자극하는 '성장' 혹은 '성취'를 줄 수 있다.

셋째로 결혼은 희생적 사랑에 상호 헌신하는 것이다. 그 사랑은 성적 연합 혹은 '한몸'이 되는 것에서 자연스럽게 표현된다(창 2:24).

이러한 필요는 타락으로 인해 더욱 요구된다. 가정생활이 주는 사랑의 훈육은 자녀들의 고집스러움 때문에, 상호 지원은 깨어진 세상의 슬픔 때문에, 성적 연합은 음행에 대한 유혹 때문에 훨씬 더 필요하게 되었다. 하지만 이 목적들은 모두 타락 이전에 존재하고 있었으며, 결혼을 제정하신 사랑의 규정에 속한다고 보아야 한다.

결혼과 가정에 대한 원래 목적에 대해 더 고귀한 개념을 가지고 있을수록, 이혼의 경험은 더욱 황폐해질 수밖에 없다. 부드러운 사랑과 풍성한 기대로 시작되었던 결혼이 이제 황폐해져 버렸다. 결혼의 붕괴는 비극이다. 그것은 하나님의 뜻에 모순되며, 그분의 목적을 좌절시키고, 남편과 아내에게 소외와 환멸과 맞비난과 죄의식을 가져온다. 이는 에덴동산에서 경험한 사실이다(창 3장).

Ⅲ. 그리스도인의 결혼

인간이라는 제품을 만든 제작자는 남자와 여자라는 각각의 반쪽이 단지 성적인 차원에서만 짝으로 결합되는 것이 아니라, 모든 차원에서 완전히 결합되도록 만들어졌다고 한다.

각종 혼외정사가 아름답지 않게 보이는 것은 원래 모든 차원에서 연합을 이루도록 만들어진 것에서 딱 하나, 곧 성적인 연합만을 떼어낸 탓이다. 기독교적인 관점에서 성적 쾌락이 악한 것이라고 보지는 아니한다. 음식을 삼켜 소화시키는 것이 아니라 씹기만 하고 뱉어내거나 삼켰다고 해도 토해내서 미각적 쾌락만 얻으려고 하는 것은 잘못이다. 그처럼 성적 쾌락도 그것만 떼어내 즐기려 해서는 안 된다고 보는 것이다.

1_ 결혼의 영속성

기독교는 한 번 결혼이 평생을 간다고 가르친다. 교파 마다 차이가 있기는 하나 이혼이 일종의 외과 수술처럼 살아 있는 몸을 잘라내는 일과 같다는 데에 모두 동의한다. 그 수술이 너무 폭력적이므로 절대하지 말아야 한다는 생각과 증세가 심할 경우 최후의 수단으로 인정해야 한다는 정도의 생각 차이가 있을 뿐이다. 그러므로 배우자에게 더 이상 애정을 느끼지 못한다거나 다른 사람을 사랑하게 되었을 경우에는 언제든 이혼할 수 있다는 생각에는 반대한다.

이러한 관점은 정의와 관련해서도 검토해보아야 한다. 정의에는 약속을 지키는 일이 필요하다. 결혼식장에서 배우자들은 죽음이 두 사람을 갈라놓기까지 배우자에게 충실하겠노라고 많은 사람 앞에 엄숙히 선서한다. 다른 약속이 지켜져야 하는 것과 같이 이 약속도 반드시 지켜야 한다. 다른 충동들이 약속의 제재를 받듯 성적 충동 역시 결혼서약의 제재를 받아야 한다.

그러나 결혼 서약을 단순한 형식으로 여겼을 뿐, 꼭 지킬 생각은 없었다고 하는 사람도 있을 수 있다. 그렇다면 누구를 속이려고 그런 서약을 한 것인가?

하나님을 속이려고 하는 일은 현명하지 못한 일이 아닐 수 없다. 자신을 속이려고 하는 일도 마찬가지다. 배우자나 친지들을 속이려고 했다면 그들의 믿음을 배신한 것이다. 대중을 속이려고 이렇게 하는 경우가 있을 것이다. 결혼에 따르는 대가를 치를 생각 없이 체면만 세우는 것이다. 그렇다면 사기꾼으로서 속임수를 쓴 것이다.

속임수에 만족하는 자들에게는 할 말이 없다. 정직해질 마음조차 없는 자들에게 더 높고 어려운 순결 의무에 대해 무슨 말을 하리요? 이후에라도 정직해질 마음이 있는 사람은 전에 했던 약속을 존중해야 한다. 이것은 순결의 문제 이전에 정의의 문제이다.

애정이 느껴져야만 결혼생활을 지속할 수 있다고 생각한다면, 결혼은 계약이나 약속으로 볼 여지는 사라진다. 애정이 전부라면 약속은 무의미하고, 약속이 무의미하다면 약속을 하지 말아야 한다. 그러나 서로 사랑하는 연인들은 약속으로 자신들을 묶으려고 하는 경향을 보인다. 사랑하는 이들은 수많은 맹세들을 쏟아낸다. 기독교 전통은 사랑의 열정이 가지는 본질에 어울리지 않는 무엇인가를 강요하는 것이 아니다. 열정 자체가 촉구하는 것을 진지하게 받아들이라고 요청할 뿐이다.

사랑하기 때문에 한 약속, 즉 죽음이 두 사람을 갈라놓기까지 사랑하겠노라는 약속은 사랑의 감정(애정)이 사라진 후에도 유효하다. 그들은 배우자가 가치나 아름다움을 상실하거나 불치병에 걸린다 할지라도 끝까지 사랑하겠다고 약속한 것이다. 약속은 자기가 할 수 있는 일(행동)에 대해 하는 것이다. 감정에 대해 약속할 수는 없다.

더 이상 사랑하지 않는데도 굳이 같이 살 이유가 있는가? 건전하고도 사회적인 이유들이 있다. 자녀들을 생각해야 한다. 여성들이 피해를 입지 않도록 보호해야 한다.

사랑을 느끼는 황홀한 상태는 우리에게 유익을 준다. 너그럽고 용감해지도록 도와주며, 연인만이 아니라 세상의 모든 아름다움에 눈을 뜨게 해주고, 단순한 동물적 성욕을 억제해준다. 그런 점에서 사랑은 정욕을 이기는 위대한 정복자이다. 이러한 사랑이 저급한 육욕이나 냉랭한 이기주의보다 훨씬 좋다는 것을 부인할 사람은 없을 것이다.

그러나 사람이 저지를 수 있는 가장 위험한 일이 있다. 본능 가운데 하나를 절대시하는 것이다. 사랑(애정)을 느끼는 것은 좋은 일이지만, 가장 좋은 일은 아니다. 사랑을 느끼는 것을 모든 삶의 토대로 삼을 수는 없다. 이는 고귀한 감정이기는 하지만, 감정에 불과하다. 감정은 지속될 수 없는 속성이 있다. 밀물처럼 찾아왔다가 썰물처럼 사라지는 것이다. 애정을 느끼는 것도 마찬가지다. 결혼 한 후에도 결혼하기 전과 똑같은 감정을 느끼는 것은 가능하지 않으며, 바람직한 일도 아니다. 죽을 때까지 그런 흥분 상태를 견딜 수 있는 사람은 없기 때문이다.

사랑을 느끼지 않게 되었다는 것이 사랑하지 않게 되었다는 말과 같은 의미는 아니다. 후자의 사랑은 단순한 감정이 아니다. 이것은 의지로 유지되며 의도적인 습관으로 강해지는 깊은 연합, 두 사람이 하나님께 구해서 받는 은혜로써 강화되는 깊은 연합이다. 감정이 느껴지지 않는다 해도 이런 사랑을 할 수 있다. 처음에 정절을 약속하게 만든 것은 사랑의 느낌이다. 그 약속을 지킬 수 있게 해주는 것은 차분한 두 번째의 사랑이다.

소설이나 영화에 빠진 사람들은 자기와 맞는 사람과 결혼하면 영원히 사랑을 느낄 수 있으리라는 기대를 품는다. 그러나 영국인의 속담이 있다. "하루만 행복해지고 싶거든 이발을 하고, 일주일 동안 행복해지고 싶거든 결혼을 해라. 한 달 동안 행복해지고 싶거든 말을 사고, 한 해를 행복해지고 싶거든 새 집을 지어라. 평생을 행복하게 지내려면 ……" 많은 사람들이 결혼의 행복이 그렇게 오래가지 않는 경험을 했단 말일 것이다.

이 속담을 비틀어서 하는 말이 있다. "꽃을 사면 딱 하루가 행복하고, 집을 사면 일 년이 행복하다. 평생 행복하려면 배우자를 바꿔야 한다." 배우자에게 사랑을 느끼지 못하게 되면, 짝을 잘못 찾았기 때문이라고 하면서 짝을 바꿔야 한다고 생각한다. 모든 삶의 영역이 그렇듯 결혼생활 역시 그 흥분이 오래가지 못하는 것이다. 그렇다면 아예 결혼하지 않는 것이 현명한 것이 아닐까?

우리 삶의 모든 영역에서 무엇인가를 성취해내면 처음에 느꼈던 흥분은 시간이 지나면 사라지고 말 것이다. 그 대신 좀 더 차분하고 지속적인 재미가 생길 것이다. 처음의 흥분이 사라졌다는 사실을 인정하는 사람은 새로운 흥분을 발견할 수 있다. 새 집을 지은 사람은 정원을 가꾸는 즐거움을 발견할 수 있다.

인위적으로 흥분을 유지하려고 한다면 결국 사라져버리고 남은 인생은 권태감과 환멸감 속에서 보내게 된다. 이것을 모르는 중년의 남녀들은 사방에서 새로운 문이 열리고, 새로운 삶의 지평이 나타날 나이에 잃어버린 젊음에 대한 미련에 집착하며 방랑자가 되는 것이다. 과거로 돌아가려고 가망 없이 허우적거리기 보다는 미지의 세계에 대한 기대를 품고 미래로 가는 것이 더 재미있는 일이 될 수 있다.

사랑에 빠지는 것은 사람의 의지와는 관계없이 발생하는 불가항력적인 일이요, 운명이라고 하는 소설이나 영화가 있다. 새로운 사람에게 마음이 끌리면 기존의 부부관계를 포기하는 사람들이 있다. 아름답고 매력적인 사람을 만나면 그런 점에 대해 감탄하고 그런 점을 사랑하는 것은 당연한 일일 것이다. 그러나 이러한 감정을 연인관계로 전환시킬 것인가는 각자의 선택에 달려 있는 것이 사실이다. 그 책임은 자기 자신에게 있는 것이다.

그리스도인이라면 이혼을 하는 것이 어렵게 법을 만들어야 하는가? 회교도들이 법을 만들면서 누구도 술을 마시지 못하도록 음주행위를 금지한다면 비회교도들은 받아들이기 어려울 것이다. 우리나라 국민의 대다수가 그리스도인이 아니라는 점을 인정하고, 그들에게 그리스도인의 삶을 살 것을 기대할 수 없다는 점을 인정해야 할 것이다. 국가는 그리스도인이 아닌 사람들을 포함한 모든 사람들에게 법으로 결혼을 통제한다. 한편 교회는 교인들에게 교회법으로 결혼을 통제할 수 있다. 이 두 가지는 구별될 수 있을 것이다.

2_ 가정의 리더십

기독교는 한편으로 양성의 평등을 가르치면서, 다른 한편으로 남편이 아내의 머리라고 가르친다. 머리가 필요한 이유는 무엇인가? 머리가 필요하다는 점을 인정한다고 해도 머리가 반드시 남자여야 하는가? 국가에 헌법재판소가 없다면 헌법 질서가 흔들릴 때 국가는 무정부상태에 빠지거나 쪼개지고 말 것이다.

가정에도 최종적으로 의사결정을 할 기관이 필요하다. 그 이유는 결혼이 영속적이라고 보기 때문이다. 언제나 의견이 일치한다면 머리가 필요하지 않다. 그러나 의견이 일치하지 않는 경우 어떻게 문제를 해결할 것인가? 물론 대화를 통해서 합의점을 찾아야 한다.

문제는 대화로 해결되지 않는 경우이다. 답은 둘 중의 하나가 될 것이다. 헤어져서 각자의 길을 가거나, 헌법재판소와 같이 최종적인 결정권을 행사할 사람을 미리 정해 두는 것이다. 전자의 방법은 결혼의 영속성을 파괴한다. 그러므로 결국 최후의 수단으로 둘 중 한 사람이 결정권을 가져야 한다.

남편의 리더십은 '섬기는 리더십'이어야 한다. 세속적인 리더십은 다른 사람 위에 군림하는 특징이 있다. 그러나 성서가 제시하는 리더십은 섬기는 리더십이다. 남편은 아내 위에 군림하는 사람이 아니다. 예수님이 많은 사람을 섬기기 위해 오신 것처럼, 자기 목숨을 많은 사람들의 대속물로 주신 것처럼 남편은 아내를 사랑으로 섬길 리더십을 가진 것이다.

현실에서는 폭군이 되어 버린 남편을 보는 것이 어렵지 않다. 그러나 이것은 남편의 낯선 모습이다. 그리스도인들은 모두 만나게 될 것이다. 그의 영원한 남편이신 그리스도를.

Ⅳ. 깨어진 가정

우리나라 이혼율은 세계 최고의 수준이 되고 있다. 이혼이 증가하는 사회학적 이유는 다양하다. 여성의 해방, 부모가 모두 일하는 방식으로의 고용유형의 변화, 실업과 재정적 염려가 가정생활에 가하는 압력, 이혼을 더 쉽게 만든 민법규정의 영향 등이 포함된다.

혹자는 일부일처제 결혼이 시대에 뒤떨어진 것이라고 하고, 고풍스럽고, 엄격하고, 구식이고, 억압적이고, 정적이고, 쇠퇴해 가는 제도를 자유롭고, 역동적이고, 솔직하고, 자발적이고, 창의적인 제도로 대체하라고 촉구한다. 그들은 전통적 결혼이나 모성애를 찬양하기를 거부하고, 배우자를 평등하고 독립적인 개인으로 간주한다. 이때 각 배우자가 완전하고 자유롭게 역할을 바꾸는 것을 즐긴다고 한다.

결혼을 부모와 자녀가 성숙하게 자라가는 상호 헌신적 모험으로 보기보다 주로 자신의 자아성취를 위한 수단으로 본다면 결과는 어두울 수밖에 없다. 하지만 이것이 바로 많은 사람이 권유하는 결혼에 대한 자기 중심적 태도이다.

고려의 태조 왕건은 삼국통일의 위업을 이루면서 지방 호족들과의 혼인정책을 취한 것으로 알려져 있다. 일종의 정략결혼이며, 이러한 일은 인류 역사에 비일비재하게 볼 수 있다. 현자로 알려진 솔로몬도 주변국가들과의 평화유지를 위해 결혼정책을 취하면서 삼백 명의 처와 칠백 명의 첩을 두었다고 한다. 오늘날 인기 있는 드라마에도 자신의 성취와 성공을 위해 결혼을 수단으로 삼는 이야기들이 단골 주제로 등장한다.

그러나 이러한 결혼은 위험하다. 그러한 성취가 어려워지면 그 결혼은 파국을 맞이할 운명이 아닌가? 아니면 그런 성취가 달성된 후에는 새로운 성취를 만족시켜 줄 사람을 찾고자 하는 유혹을 받지 아니할 것인가? 이는 왜곡된 생각이다. 그것은 실패를 성공으로, 붕괴를 성장으로, 재앙을 승리로 경축한다. 혹자는 말한다: "당신의 결혼은 싫증날 수 있다. 그것이 더 이상 당신에게 유익이 되지 않는다면 결혼을 해방시키는 것은 당신이 이제까지 한 일 중 가장 성공적인 일이 될 수 있다. 이혼은 긍정적이고, 문제를 해결하며, 성장 지향적인 단계가 될 수 있다. 그것은 개인의 승리가 될 수 있다."[2)]

2) John H. Adam & Nancy Williamson Adam, 「이혼 : 언제 어떻게 해방시킬 것인가?」

우리나라는 전통적으로 이혼에 대해 부정적인 시각을 지니고 있어 이혼문제는 사회적으로 금기시되었다. 그러나 최근 이혼에 대한 가치관의 변화, 여성의 지위향상 및 경제력의 확보 등을 배경으로 이혼이 급증하고 있다. 또한 자녀 수의 감소로 자녀에 대한 부담이 감소하고 있고 법적으로도 이혼이 가능하도록 제도가 마련되어 있다. 즉, 과거에는 결혼생활에 문제가 있더라도 자녀문제, 경제력문제, 이혼부부에 대한 부정적인 시각 등으로 인해 이혼에 대한 부담이 많았으나 이혼에 대한 시각의 변화와 남녀 성역할의 변화로 이혼이 증가하고 있다.

이혼이란 법적으로 부부가 합의 또는 재판에 의하여 혼인관계를 인위적으로 소멸시키는 것을 말한다. 가정은 사회를 구성하는 기본단위이다. 가정이 이혼에 의해 사라지고 있다. 가정파탄에 대해 적극적인 처방을 내리지 않는 한 사회불안은 피할 수 없게 될 것이다.

V. 성서적 관점

1_ 결 혼

> 이러므로 남자가 부모를 떠나 그 아내와 연합하여 둘이 한몸을 이룰지로다.
>
> 창세기 2:24

하와가 창조되어 아담에게 인도되고, 아담이 그녀를 하나님이 주신 배우자로 인정한 직후, 해설자는 위와 같이 말했다. 이로부터 남자가 자기 아내와 '연합하여' 한 몸을 이룰 목적으로 부모를 떠날 때, 결혼은 하나님의 시선 아래 놓이는 것으로 추론할 수 있다. '떠나는 것'과 '연합하는 것'은 결합되어 있다. 자녀-부모의 인간관계가 남편-아내의 인간관계로 대체된다. 이 두 가지 관계에는 본질적으로 다른 점이 있다. '한 몸'이라는 성서적 표현은 남편과 아내의 육체적 · 정서적 · 사회적 연합이 부모에 대한 자녀들의 관계보다 더 심오하고 신비스럽고 개인적임을 의미하기 때문이다. 인간으로서 성숙하려면 부모로부터 어느 정도 정서적으로 분리될 필요가 있다. 최소한도의 정서적 독립을 이루지 못하면 결혼 붕괴의 원인이 될 수 있다.

창세기 2:24을 기반으로 결혼에 대해 정의할 수 있다: "결혼은 한 남자와 한 여자의 이성 간의 배타적인 언약으로, 하나님이 정하시고 인치셨으며, 먼저 공개적으로 부모를 떠나는 것이 선행되어야 하고, 성적 연합에서 완성되며, 영구적인 상호 후원적 협력관계를 낳으며, 보통 자녀라는 선물로 장식된다."

이러한 정의에 비추어보면 동거생활에는 평생의 헌신과 공개적 시작이라고 하는 두 가지 요소가 없다. 일종의 시험적인 결혼으로 이해되는 동거는 영원한 결혼서약이 일시적인 실험으로 대체된다. 임시적 성격은 관계를 약화시킨다. 통상적으로 동거기간은 길지 않은 경향이 있다. 어떤 연구보고서에 따르면 커플의 3분의 1은 1년 이하로 동거하며, 16%만이 5년 이상 함께 산다고 한다. 또 동거 후에 결혼한 부부들은 그렇지 않은 부부보다 결혼 5년 이내에 이혼할 가능성이 50%나 높았다고 한다.

또 하나의 요소는 공개적 시작이다. 결혼 개념에는 부모를 떠나는 것이 포함되어 있다. 떠남은 비밀작전이 아니라 공개적인 것이다. 공개적 관계에는 공개적 시작이 필요하다. 가족들과 친구들은 이 관계를 알 권리가 있다. 자연스럽게 작별을 고하고, 경축하고, 장차 후원을 약속할 기회가 필요하다. 비밀리에 쓸쓸하게 가족을 떠나는 것은 많은 사람을 가슴 아프게 하는 일이다. 성적 친밀함은 본질적으로 개인적인 것이지만 그 배경이 되는 관계는 그렇지 않다. 그러나 동거하는 사람들은 그들의 관계 전체를 전적으로 사적인 일로 간주하는 실수를 범한다. 결혼 시작과 그로 인한 관계들은 공적인 것이다. 법적 효과가 결혼에 필수적인 것은 아니지만, 결혼에 관한 법은 유익하다. 상호 헌신한 부부는 법률의 보호를 필요로 한다.

부부의 헌신이 영원할 뿐 아니라 공개적일 필요가 있으며, 가족과 법의 역할은 결혼과 동거를 구분해 준다. 현실세계에 머물면서 결혼의 성서적 정의와 공개적이고 영원한 특성을 타협하지 않고 유지해야 할 책임이 있다.

2_ 이 혼

사람이 아내를 취하여 데려온 후에 수치되는 일이 그에게 있음을 발견하고 그를 기뻐하지 아니하거든 이혼 증서를 써서 그 손에 주고 그를 자기 집에서 내어 보낼 것이요. 그 여자는 그 집에서 나가서 다른 사람의 아내가 되려니와 그 후부도 그를 미워하여 이혼 증서를 써서 그 손에 주고 그를 자기 집에서 내어 보냈었거나 혹시 그를 아내로 취한 후부가 죽었다 하자. 그 여자가 이미 몸을 더럽혔은즉 그를 내어 보낸 전부가 그를 다시 아내로 취하지 말지니 이 일은 여호와 앞에 가증한 것이라. 네 하나님 여호와께서 네게 기업으로 주시는 땅으로 너는 범죄케 하지 말지니라.

신명기 24:1-4

신명기 24장은 이혼의 근거 혹은 절차에 대해 말하는 구약성서에서 유일한 본문이다. 이 본문은 이혼을 요구하지도, 권하지도, 심지어 재가하지도 않는다. 그 목적은 남자가 전 배우자와 이혼했다면 그녀와의 재혼을 금하는 것이다. 변덕스럽고 잔인했을 전 남편으로부터 여자를 보호하기 위해 세워졌을 것으로 보인다. 이혼을 장려하지 않지만 그래도 만일 이혼이 이루어진다면 그 근거는 남편이 그의 아내에게서 "수치되는 일"을 발견한다는 것이다. 그리고 본문은 일단 여자가 이혼증서를 받고 집에서 내보내졌다면 자유롭게 재혼할 수 있음을 선언한다.

3_ 창조의 법 vs. 궁여지책의 법

바리새인들이 예수께 나아와 그를 시험하여 가로되 사람이 아무 연고를 물론하고 그 아내를 내어 버리는 것이 옳으나이까? 예수께서 대답하여 가라사대 사람을 지으신 이가 본래 저희를 남자와 여자로 만드시고 말씀하시기를 이러므로 사람이 그 부모를 떠나서 아내에게 합하여 그 둘이 한 몸이 될지니라 하신 것을 알지 못하였느냐? 이러한즉 이제 둘이 아니요 한 몸이니 그러므로 하나님이 짝지어 주신 것을 사람이 나누지 못할지니라 하시니, 여쭈되 그리하면 어찌하여 모세는 이혼 증서를 주어서 내어 버리라 명하였나이까? 예수께서 가라사대 모세가 너희 마음의 완악함을 인하여 아내 내어버림을 허락하였거니와 본래는 그렇지 아니하니라.

마태복음 19:3-8

바리새인들의 질문에 대한 대답에 결혼과 이혼에 대한 예수 그리스도의 가르침이 나타나 있다. 예수께서는 인간의 성별은 하나님이 창조하신 것이며, 인간의 결혼은 하나님이 정하신 것임을 말씀하셨다. 그분은 "이러한즉 이제는 둘이 아니요 한 몸이니"라고 하신다. 그리고 "그러므로 하나님이 짝지어 주신 것을 사람이 나누지 못 할지니라"고 금지를 덧붙이신다. 결혼은 영구적인 것이며, 나눌 수 없는 것은 창조의 법이다.

그러나 이혼에 대한 모세의 규정은 인간의 죄성에 양보한 것임을 확인하셨다(신적 양보). 바리새인들은 질문하였다: "그리하면 어찌하여 모세는 이혼증서를 주어서 내어버리라 명하였나이까?" 예수께서는 이렇게 대답하신다: "모세가 너희 마음의 완악함을 인하여 아내 내어버림을 허락하였거니와 본래는 그렇지 아니하니라."

그것은 신적 의도라기보다는 인간의 완악함으로 인해 마지못해서 허락하신 것이라는 것이다. 그것은 신적 양보(궁여지책의 법)였다. 이혼에 대한 신적 양보는 원래 하나님이 결혼을 제정하신 것(창조의 법)과는 반대되었다.

이혼 후의 재혼은 '간음'이다. 음행이라는 단 하나의 예외에 의해서만 이혼과 재혼을 허락하신다. 예외조항의 목적은 이혼과 재혼의 한 가지 범주만은 '간음'이라는 낙인이 찍히지 않게 하기 위함이다. 불륜으로 인한 이혼은 허용되는 것이지 강제되는 것은 아니다. 그분이 전체적으로 강조하신 점은 결혼은 영구적인 것이며, 이혼과 재혼은 허용될 수 없다는 것이다.

예수께서는 타락과 인간 마음의 악함이라는 현실을 아셨지만, 당시 사람들에게 창조의 표준과 하나님의 변치 않는 목적을 상기시키셨다. 그분은 분리가 아니라 화해, 이혼이 아니라 결혼을 강조하신다는 사실에 주목하여야 할 것이다.

4_ 특수 사례

> 혼인한 자들에게 내가 명하노니(명하는 자는 내가 아니요 주시라) 여자는 남편에게서 갈리지 말고(만일 갈릴지라도 그냥 지내든지 다시 그 남편과 화합하든지 하라) 남편도 아내를 버리지 말라. 그 남은 사람들에게 내가 말하노니(이는 주의 명령이 아니라) 만일 어떤 형제에게 믿지 아니하는

아내가 있어 남편과 함께 살기를 좋아하거든 저를 버리지 말며, 어떤 여자에게 믿지 아니하는 남편이 있어 아내와 함께 살기를 좋아하거든 그 남편을 버리지 말라. 믿지 아니하는 남편이 아내로 인하여 거룩하게 되고, 믿지 아니하는 아내가 남편으로 인하여 거룩하게 되나니, 그렇지 아니하면 너희 자녀도 깨끗지 못하니라. 그러나 이제 거룩할지니라. 혹 믿지 아니하는 자가 갈리거든 갈리게 하라. 형제나 자매나 이런 일에 구속받을 것이 없느니라. 그러나 하나님은 화평 중에서 너희를 부르셨느니라. 아내 된 자여, 네가 남편을 구원할는지 어찌 알 수 있으며, 남편 된 자여 네가 네 아내를 구원할는지 어찌 알 수 있으리요.

고린도전서 7:10-16

바울은 이혼금지를 반복하고 확증한다. "여자는 남편에게서 갈리지 말고 남편도 아내를 버리지 말라." 일반적인 원리를 표현하고 있다. 바울은 믿지 않는 배우자에게서 버림을 받은 후에는 이혼을 허용한다. 그는 다른 종교를 가진 사람과 결혼한 특정한 사람들에 대해 말한다.

바울은 두 비그리스도인이 결혼했는데, 그 중 하나가 후에 그리스도인이 된 경우를 다룬다. 믿지 않는 배우자가 믿는 배우자와 "함께 살기를 좋아하거든" 그 신자는 이혼해서는 안 된다. 그 이유는 믿지 않는 배우자가 믿는 배우자에 의해 '거룩하게 되며' 자녀들도 마찬가지라는 것이다.

한편 믿지 않는 배우자가 기꺼이 머물려 하지 않는다면, 그리고 떠나기로 결정한다면 "갈리게 하라. 형제나 자매나 이런 일에 구속받을 것이 없느니라." 그 이유는 하나님이 우리를 화평 중에 살도록 부르셨으며, 신자는 믿지 않는 자가 지속시키고 싶어 하지 않는 연합을 영속시킬 것을 고집한다 해도 그를 구원하리라고 보장할 수 없다는 것이다.

하나님은 인류를 남자와 여자로 만드셨으며, 그분 자신이 결혼을 제정하셨다. 그분의 의도는 인간의 성생활이 결혼 안에서 충족되는 것, 그리고 결혼이 배타적이며, 깊은 사랑과 깊고 평생 동안 지속되는 연합이 되도록 하는 것이다. 이것이 결혼의 목적이다. 이혼은 성서 어디에서도 명령되거나 장려되고 있지 않다. 반대로 설사 성서적으로 정당화된다고 해도 여전히 신적 규범에서 벗어난 것이다.

이혼과 재혼은 두 가지 근거에 기초하여 허용(명령이 아니라)될 수 있다. 첫째, 무죄한 사람은 자기 배우자가 심각한 성적 불륜의 죄를 저질렀으면 그와 이혼할 수 있다. 둘째로, 믿는 자는 믿지 않는 배우자가 자신과 함께 살기를 거부한다면 그가 자신을 버리는 것에 묵종할 수 있다. 하지만 두 경우 모두 소극적인 혹은 마지못해 하는 견지에서 허용되었다. 부부 간의 부정에 근거해서 자기 배우자와 이혼할 때에만 그의 재혼은 간음이 아니다. 믿지 않는 자가 떠나겠다고 고집할 때에만 믿는 자는 구속받지 않는다.

Ⅵ. 파탄, 유책 또는 언약

성서는 결혼의 이상과 축복에 대해서 강조한다. 그럼에도 불구하고 결혼생활의 위기는 이혼을 생각하게 한다. 성서가 허용하는 배우자의 부정행위보다 더 심각하게 결혼관계를 깨뜨리는 것처럼 보이는 문제들에 대해서 어떤 태도가 필요할까?

생명을 위협할 정도로 지속되는 배우자의 육체적 폭력과 정신적 학대, 성적 학대, 자녀 학대, 무책임한 유기행위 등으로 심한 상처를 받고 최선의 노력을 기울였음에도 불구하고 신뢰와 헌신이 깨어져서 회복되기 힘든 경우라면 어떻게 할 것인가? 유일한 출구가 이혼이라고 생각될 때, 또는 결혼 유지보다 이혼이 오히려 작은 악으로 생각될 때는 어떻게 할까? 물론 이때도 결혼관계에 머무는 것이 더 큰 악이고, 이혼이 작은 악이라는 보장은 없다. 최선의 노력이라는 것이 말 그대로 자신의 기준에 불과한 것일 가능성도 많다.

만약 이 경우에 이혼이 허용된다고 하면 많은 사람들은 자신의 상황이 회복되기 어려운 상황이라고 결론을 내리려는 유혹에 빠지기 쉽지 않을까? 그렇다고 이혼 절대불가라고 하는 것만으로 곤경에 처해 있는 사람들에게 도움이 되지 않는 경우가 있다는 데 문제가 있다.

우리 민법은 당사자 사이에 이혼의사의 합치가 있을 때 성립되는 '협의상 이혼'과 법이 정한 일정한 이혼원인이 있는 경우에 인정되는 '재판상 이혼'을 규정한다. 재판상 이혼사유로 배우자의 부정행위, 악의의 유기, 배우자 또는 그 직계존속으로부터의 심히 부당한 대우, 자기의 직계존속에 대한 심히 부당한 대우, 3년 이상의 생사불명, 기타 혼인을 계속하기 어려운 중대한 사유를 들고 있다(제840조 1–6호).

이혼에 관한 입법주의에는 재판상 이혼인 경우 유책주의와 파탄주의가 있다. 유책주의는 주로 다음 세 가지의 내용을 담고 있다.

첫째, 배우자 일방에게 혼인의무 위반이 있을 경우에 한하여 이혼을 인정하고, 혼인의무위반의 사유(유책)가 법률에 규정되어 있다는 것이다. 세계 공통의 전통적인 이혼원인은 부정행위(간통)였으며, 그 후에 유기와 학대가 추가되었다.

둘째, 위의 결과로 무책(無責) 배우자의 이혼청구는 인정되지만 유책배우자의 이혼청구는 당연히 배척된다. 유책주의 이혼법에서는 가부장사회에서 많은 경우에 유책자였던 부(남편)의 이혼청구는 받아들여지지 않는 대신, 무책자인 동시에 사회 · 경제적 약자인 처의 이혼청구만이 인정되는 결과, 이혼으로 가는 열쇠가 무책자이며 경제적 약자인 배우자(대부분의 경우 처)에게 주어지게 된다. 이에 따라 이혼이 엄격하게 제한되어 가정을 보호하는 동시에, 유책자에 대한 제재를 통해 전통적으로 약자였던 대부분의 여성을 보호하는 순기능을 감당해 왔던 것이다.

셋째, 무책배우자는 이혼과 동시에 피해자로서 혼인을 파탄시킨 유책배우자에 대하여 손해배상을 청구할 수 있다는 점이다. 혼인의무를 지킨 배우자는 이혼 시에 보상받을 수 있다고 기대되는 대신 유책자는 그에 상응하는 대가를 치러야 한다는 교훈과 더불어 혼인의 규범을 지키도록 하는 인식을 갖게 한 것이다.

파탄주의[3]는 "혼인공동체가 심각하게 파탄되어 회복의 가망성이 없을 때"와 같이 '혼인의 파탄'을 유일한 이혼원인으로 규정한다. 이에 따라 혼인을 파탄시킨 주된 책임자도 이혼을 청구할 수 있으며, 유책자에 대한 손해배상 청구는 원칙적으로 인정하지 않는다. 대부분의 경우 무책자이며 동시에 경제적 약자인 처에 대한 보호장치는 제거되는 경향이 있다.

파탄주의 지지자들은 사실상 이미 심각하게 파탄되어 회복가능성이 없는 부부의 이혼을 법적으로 허용함으로써 이혼부부의 새 출발을 가능하게 한다고 한다. 특히 정신병, 성격 차이 등, 배우자에게 책임이 없는 사유로 혼인이 파탄된 경우에도 그 파탄의 정도가 심각하여 회복의 가능성이 없다고 판단된다면 이혼이 허용됨으로써 형식적인 혼인의 굴레로부터 부부를 구제할 수 있다는 점이 파탄주의의 순기능이라고 한다. 그리하여 '성숙한 이혼'과 혼인관계의 '깨끗한 청산'을 기대할 수 있다고 한다.

3) 파탄주의(破綻主義)
어떠한 사유로 부부가 공동생활을 더 이상 유지할 수 없게 된 책임이 어느 한쪽에 있다 하더라도 이와 무관하게 이혼을 인정하는 태도. 이에 대해 유책주의는 부부 중 일방이 이혼의 책임이 있는 경우에만 다른 한쪽이 이혼을 청구할 수 있는 입법주의.

이러한 파탄주의에 대해서는 여러 가지 역기능이 우려되기도 한다. 파탄주의는 법관의 재량에 의한 이혼의 인정 여부의 판단을 승인하며 유책적 이혼원인과 함께 무책적 이혼원인도 긍정하는 점에 특색이 있다.

우리나라의 다수설은 재판상이혼에 대한 민법 제840조 6호를 파탄주의적 일반조항을 채택하고 있는 것으로 파악하여 유책주의와 파탄주의의 절충적 입법유형에 속한다고 이해한다.

서구 제국의 이혼법은 전통적으로 유책주의를 기조로 해 왔으나, 자유주의적 내지 개인주의적 혼인관이 침투함에 따라 점차 유책주의로부터 파탄주의로 이행하는 경향을 보이고 있다. 파탄주의를 철저히 관철하면 피고의 유책 여부와 원고의 무책 여부도 문제시하지 않게 되어 이른바 유책배우자의 이혼청구도 인용하는 일반적 파탄주의로 된다. 그러나 이것을 인정하는 것은 사회 일반의 법감정에 반하며, 이혼법의 존재이유마저 없어지게 되므로, 파탄주의 입법 하에서는 일반적으로 유책배우자의 이혼청구를 부정하는 소극적 · 제한적 파탄주의를 지지하고 있다.

파탄(돌이킬 수 없는 와해)이라는 개념은 이혼을 너무 쉽게 만드는 바람직하지 못한 결과를 내포한다. 요구하기만 하면 이혼할 수 있는 문을 열어 놓는다. 결혼을 자기 희생 대신 자아 성취라는 견지에서 접근한다. 결혼이 당사자가 기대했던 것을 주지 않으면 파탄을 선언해 버릴 위험성이 있다.

파탄주의는 배우자 쌍방 중 누구의 책임도 묻지 않게 된다. 그 이혼에 누구도 책임이 없는 것이 된다. 유책주의는 비난할 만한 것이 있는 상대방 배우자의 책임요소(고의, 과실)를 입증해야 한다. 유책주의와 파탄주의 중 어느 하나를 선택해야 하는가, 아니면 또 다른 길이 있는가? 언약과 언약적 신실함이라는 성서적 개념에 유의할 필요가 있다. 이혼의 근거는 아무에게도 책임을 묻지 않는 파탄(와해)도, 입증이 필요한 잘못도 아니고, 결혼 언약을 위반한 비난받을 만한 것이다. 그런 의미에서 제3의 길이다. 성서는 결혼을 언약, 하나님이 제정하시고 증인이 되신 '하나님의 언약'(잠 2:17)으로 본다. 사랑, 가족으로 동거, 결혼 침소에의 성실, 남편의 아내 부양, 아내의 복종 등은 결혼언약의 조건이다.

에스겔서 16장에서 하나님과 예루살렘의 혼인언약이 언급된다. 하나님은 예루살렘에게 말씀하신다: "네게 맹세하고 언약하여 … 너로 내게 속하게 하였었느니라." 하지만 예루살렘은 창녀 노릇을 했거나, 아니면 간음을 행하는 죄를 지은 아내였다. 그러므로 간음하는 여인을 국문함같이 국문하겠다고 하셨다. 그녀는 언약을 배반함으로 맹세를 무시하였지만, 하나님은 이렇게 말씀하셨다: "내가 너의 어렸을 때에 너와 세운 언약을 기억하고 너와 영원한 언약을 세우리라"(60). 죄사함과 회개를 의미하는 것이다.

이러한 관점에서 결혼언약을 이해할 수 있다. 결혼언약은 한 쪽이 어기면 다른 쪽이 관계를 끊어 버릴 수 있는 보통의 인간적 계약이 아니다. 그것은 하나님이 그분의 백성과 맺으신 언약과 비슷하다. 성서에서 전개하는 이러한 유추에서는 성적 부정만이 언약을 깰 수 있다. 심지어 이것도 자동적으로 혹은 필연적으로 이혼을 가져오는 것은 아니다. 도리어 화해와 용서의 계기가 될 수도 있다.

Ⅶ. 결혼을 위한 마음의 준비

결혼은 준비를 요한다. 애정은 무책임하게 순간에 마음을 빼앗아 갈 수 있지만, 결혼에는 책임이 따른다. 결혼에 대해 올바른 성서적 견해를 갖도록 교육과 훈련에 시간을 투자해야 한다. 결혼이란 마음에 맞는 완벽한 파트너와 만나서 하나가 되는 것이 아니라, 마음에 맞는 파트너가 되어 가는 과정이다. 행복한 결혼이란 끊임없이 상대방을 수용하기 위한 노력과 지속적인 대화를 통해 하나가 되어가는 과정이며, 결혼 이후 이러한 노력이 없을 때 쉽게 깨질 수 있게 된다. 따라서 결혼 예비교육이 필요하다.

많은 사람들이 부모가 될 마음의 준비도 없이 부모가 되고 있다. 전문가들에 따르면 사람 몸에 들어간 알코올은 매우 오랜 기간 머물면서 영향을 미친다고 한다. 알코올 섭취 후에 아이를 갖게 되면 알코올이 아이의 뇌에 영향을 미쳐서 운명을 좌우할 수 있다고 한다. 많은 부부가 지식 없이 음주한 상태에서 부부관계를 갖고 자녀를 낳는다. 음주 운전자보다 더 위험한 것이 음주부모라 할 것이다.

약혼한 커플들을 위한 교육과정이 필요하다. 그들에게 도서목록을 추천할 수도 있다. 성숙한 부부들과의 만남이나 상호 가정방문은 실질적으로 큰 도움이 될 수 있다. 결혼 전 만남이 유익하고, 결혼 후에도 계속 만날 필요가 있다.

부부는 균형 있는 결혼생활을 위해 상호협력에 힘써야 한다. 신앙의 자유는 부부라고 하더라도 이를 침해할 수 없는 것이지만, 부부 사이에는 서로 협력하여 원만한 부부생활을 유지하여야 할 의무가 있으므로 그 신앙의 자유에는 일정한 한계가 인정된다. 만일 처가 신앙생활에만 전념하여 가사와 육아를 소홀히 한 탓에 혼인이 파탄에 이르게 되었다면 그 파탄의 주된 책임은 처에게 있는 것으로 인정된다는 판례가 있다.[4] 법원은 과도한 신앙생활로 인하여 가정 및 혼인 생활을 소홀히 한 경우, 이혼사유가 된다고 판시한 것이다.

결혼에는 배타적인 헌신이 요구되며, 평생에 걸친 신실함이라는 신적 의도와 규범이 적용된다. 또한 용서와 화해에 대한 실제적 교육이 필요하다. 세상에는 용서받지 않고 살 수 있는 사람은 없다. 낯설게 느껴질 수 있지만 가정은 사랑의 용광로이면서 동시에 가장 큰 상처와 다툼이 발생하는 곳이기도 하다. 그러니 용서와 화해를 연습하고 실천하기에 가정보다 더 용이한 곳은 없다.

화해는 궁극적으로 배우자가 상대방이 원하는 최소한의 필요를 채워줄 수 있도록 성숙해질 때 가능하다. 하지만 사람들이 성숙한 변화의 필요성을 느끼고 변화하도록 도와주는 데 종종 친구들이 촉매역할을 할 수 있다. 화해는 기독교의 핵심 가치이다. 결혼과 화해의 의미에 대한 진정한 이해가 없다면 이혼에 대해 말할 자격은 없다.

바리새인들이 이혼의 근거에 대해 물었을 때, 예수께서는 결혼의 원래 의도를 말씀하셨다. 하나님의 목적은 이혼이 아니라 결혼이며, 그분의 복음 자체가 화해의 복된 소식이기 때문이다. 결혼과 화해에 대한 이해 없이, 이혼이라는 주제에만 관심을 가진다면 바리새인들과 같은 오류에 빠질 수 있다.

4) 대법원 1996.11.15. 96므851.

Ⅷ. 파경 이후

불행하게도 현실사회에는 결혼에 실패한 가정이 적지 않다. 실패한 사람들에 대한 배려가 필요하다. 결혼은 '창조 규정'이며, 결혼에 대한 하나님의 목적은 변하지 않는다. 그리스도의 새로운 공동체에서는 더 높은 기준이 기대된다. 구약의 하나님의 백성과 마찬가지로, 새로운 언약백성의 경우에도 인간의 오류와 실패는 있을 수밖에 없다. 여기에는 선지자적 사역과 목회적 보살핌의 긴장이 있다. 한편으로 이혼을 허용하지 않는 분위기를 유지해야 한다. 국가는 계속 이혼법을 만들겠지만 제자공동체는 성서적 가르침을 따라야 한다.

다른 한편으로, 결혼생활이 실패로 돌아간 사람들에 대해 정죄하는 태도를 취할 것이 아니라 그들이 받는 고통에 대해서 깊은 동정심을 가지고 회복의 날을 기대하며 돌봄의 사역을 감당해야 할 것이다. 결혼의 실패에 대한 책임 중 각자의 몫을 받아들이도록 양쪽 배우자를 설득할 필요가 있다. 책임 전가가 아니라 자신의 역할을 제대로 감당하지 못한 부분을 인정하도록 해야 한다. 이혼의 개인적 책임을 받아들이는 것은 원한을 제거하고 자녀들이 경험할 상처를 가볍게 하는 데 도움을 줄 것이다.

이혼을 최종 결심하게 되면 소송을 제기하게 된다. 소송 중에 있는 자는 우울 증세와 자책감, 좌절감, 후회감에 시달릴 수 있다. 이혼이 최종적으로 확정되면 일시적인 무감각 상태를 거치면서 차차 참회와 비통으로 헤어나기 어려운 고독의 늪에 빠지고 수치감을 갖는 경우가 많다.

이혼자의 말을 경청할 뿐만이 아니라 그 가운데서도 소망을 줄 수 있어야 한다. 정서를 올바로 교정, 치유해 주어야 한다. 새로운 관계들을 계발하도록 도와야 한다. 이혼은 친척, 친구, 이웃들까지 빼앗아간다. 위기 중 하나는 관계 상실에서 오는 고독감과 외로움이다. 대부분의 이혼은 영적인 위기로서 다가올 수 있다. 이에 대한 치료는 그리스도의 이름으로 따뜻하게 돌봐주는 공동체를 통하여 이루어질 수 있다.

이혼의 아픔은 그대로 자녀들에게 전가된다. 이때 부모가 자녀와 대화하는 것이 중요하다. 우선은 부모가 자녀들이 겪는 심정을 이해하도록 도와야 한다. 그러나 보통 부모는 이 역할을 감당하지 못하는 것이 현실이다. 따라서 자녀에게 사랑과 관심을 쏟아야 하며, 자녀가 믿고 의지할 만한 선생님이나 목회자가 그 자녀와 함께 시간을 보내면서 대화하고 들어주는 것이 중요하다.

이때 이혼에 대해 설명해 줄 수 있다. 자녀들이 이해할 수 있도록 그들 수준에 맞는 설명을 나름대로 진실하게 해주어야 한다. 그리고 마음을 털어놓고 자신의 생각을 말할 수 있도록 경청해 주어야 한다. 자녀가 자신의 미래와 인생에 대해 불안감을 갖지 않도록 학교생활이나 개인적인 삶에 어떠한 변화가 있을 것인지 설명해 주며 안심시켜 주어야 한다. 혼자 남게 된 부모가 "나는 네 곁을 떠나지 않는다. 너를 보호하고 책임지겠다"는 것을 자녀에게 확신시켜야 한다. 동생들을 잘 돌보라든지, 엄마 말을 잘 들어야 한다든지, 이제는 네가 집안을 책임져야 한다는 과중한 부담을 자녀에게 주어서는 안 된다. 부부는 비록 헤어졌지만 자녀는 필요시 언제든지 부모를 만나거나 통화할 수 있도록 통로를 열어주어야 한다. 배우자의 역할은 포기했지만 부모의 역할은 여전히 감당하도록 상담해야 한다.

이혼은 불행한 일이지만 이혼으로 인해 반드시 자녀가 잘못되어서는 안 된다. 부모가 자신들의 한계와 잘못을 인정하고 용서를 구하면서 여전히 자녀에게 사랑을 표현하는 것이 중요하다. "네가 원할 때는 언제든지 엄마나 아빠를 만날 수 있다"고 말해 줄 수 있어야 한다. 자녀는 여전히 양쪽 부모에 의해 사랑받고 있으며 소중한 존재임을 알도록 해주는 것이 필요하다.

근래 결혼생활 20년이 넘은 부부들의 중년이혼과 이른바 황혼이혼[5]이 늘고 있다. 평생을 고통으로 살아 온 배우자의 일방이 늦게나마 자신의 인생을 찾고 싶다는 생각에서 비롯된 것으로 본인이나 가족 내에서 장성한 자녀가 권하는 경우도 있다. 이미 정서적 단절 상태에서 명목상으로만 부부로 지내온 관계에서 법적 이혼으로 종지부를 찍는 경우이다. 아내 쪽에서 청구하는 것이 대부분이고 오랫동안 남편의 육체적 · 정신적 학대를 경험한 사람들의 경우가 보통이다.

특히 재산문제에 있어 황혼이혼에 대한 법조계의 시선이 불가 입장에서 가능 쪽으로 시각이 바뀐 점에서 시사하는 바가 크다. 이것이 선례가 되어 황혼이혼 건수가 더 발생하지 않을까 우려하는 소리도 있다. 기독교적 윤리로 노인들에게 따뜻한 사랑을 줌으로 용납하고 치유를 통해 구속적 책임에 주목해야 할 것이다.[6]

5) 황혼이혼 (黃昏離婚)

일본의 경우는 황혼이혼이 전체이혼의 16% 정도. 그 중 80%는 할머니가 할아버지를 내 차는 것이며, 20%는 반대의 경우.

6) 대법원 1999.11.16. 99므180.

Ⅸ. 재 혼

1_ 재혼관계의 특성

재혼관계에는 과거의 상처 때문에 배우자를 전적으로 신뢰하지 못하는 어려움, 재혼 후에 형성될 가족문제, 재산소유와 유산문제 등이 충분히 고려되어야 하고, 또 한 번의 이혼을 초래하지 않는 지혜로운 선택이 되어야 한다. 재혼가족의 삶의 질을 향상시키기 위해 재혼가족의 구체적 현실에 기반한 전문교육 프로그램이 필요하다. 재혼가족은 가족구성원 간의 서로 다른 배경, 삶의 방식, 전혼 경험들을 배려해 주면서 원활한 가족공동체를 만들기 위한 준비과정이 필요하다.

재혼의 부정적인 면은 재이혼이다. 그리고 재혼한 사람은 처음 결혼한 사람에 비해 이혼할 확률이 두 배나 된다는 보고가 있다. 이혼 후 재혼한 사람들은 한 번 이혼을 경험한 사람들이기에 결혼에 임하는 각오가 남다르고 또 그만큼 노력도 기울인다. 그러나 구체적인 방법을 알지 못할 때 똑같은 실수를 되풀이 할 수 있기에 특별한 지도와 의사소통 훈련이 필요하다. 즉, 재혼이 변화에 적응할 수 있는 융통성과 갈등을 잘 견뎌낼 수 있는 인내심이 요구되는 힘든 일이라는 것을 일찍 깨달을수록 성공률은 높아진다.

또한 대부분의 재혼가족의 구성원들은 복잡하게 얽혀있는 가족구조를 이해하고 새로운 가족관계를 원만하게 형성해 나가기 위해 교육을 필요로 한다. 재혼가족은 결혼경험이 없는 두 사람이 만나 나름대로 가정의 모형을 만들어 가는 것과는 달리 다른 생활방식, 다른 인생경험, 다른 자녀들이 만나므로 시작부터 난제가 많다는 것을 인정하고 시작해야 하는 것이다.

2_ 성서적 관점

일반적으로 두 번 혼인하는 것에 대해 긍정적인 평가는 주어지지 않는다. 특히 이혼을 부정적으로 규정한 성서의 가르침에 따라 혼인관계 손상 후 수반되는 재혼에 대해서도 부정적인 시각이 있을 수 있다.

성서는 과부나 이혼한 여인에게 장가들지 말 것을 가르치고 있다.[7] 남편이 죽은 후에 주 안에서 시집가도 좋다(고전 7:39)고 가르쳤다. 이러한 내용을

7) 레 21:14, 사 54:6, 겔 44:22, 막 10:11-12, 눅 16:18, 고전 7:8-9.

중심으로 볼 때 성서는 재혼을 원칙상 금지한다. 그러나 성서에는 아름다운 재혼을 한 '룻'의 기사도 있다.

재혼에 대한 성서적 이해에는 두 가지 관점이 있다. 배우자가 살아 있는 동안 재혼금지를 보면 사별이 아닌 한 재혼불허이다. 다른 하나는 재혼허용이다. 성서적 근거는 남자가 아내와 이혼하는 경우 이혼증서를 주었던 것을 가르침, 또 믿지 않는 배우자와 사는 경우 상대가 이혼을 원하는 경우 헤어지라고 한 이른바 바울의 특권(고전 7:15)을 들 수 있다. 또한 젊은 과부들의 개가 권유(딤전 5:14)를 보면 젊은 과부들이 경제적 · 정서적으로 감당하기 어렵기 때문에 재혼을 해야 하는 것으로 보기도 한다.

결국 이전 배우자 생존 중의 재혼불허는 조건부 재혼허용으로도 볼 수 있다. 이혼증서를 써주어 재혼의 길을 열어주는 것과 경제적 · 심리적 · 정서적 이유 때문에 젊은 과부에게 재혼을 권유하는 것은 혼인관계의 정당한 청산 이후의 재혼허용으로 볼 수 있을 것이다. 성서는 가능한 한 홀로 지내되, 만일 홀로 된 사람이 정욕을 다스리지 못해 범죄케 될 경우 재혼은 고려될 수 있으나 권장할 만한 것은 아니며, 부득이 할 때 주님의 뜻 가운데 신중할 것을 가르치고 있다.

3_ 대 응

통계에 의하면, 두 번째 결혼이나 세 번째 결혼의 경우 이혼 가능성은 높아진다고 한다. 재혼 전의 자녀와 함께 살 경우에는 그렇지 않은 경우보다 이혼가능성이 두 배라고 한다. 통계는 이처럼 재혼가정이 초혼가정보다 더 취약함을 말해주고 있다.

초혼가족은 원가족으로부터 오는 정서적 짐들만을 지면 되지만, 재혼가족에게는 첫 번째 결혼의 가족관계 및 이혼기간 동안의 가족관계로부터 남은 정서적 짐들까지 추가된다. 이것은 재혼 가족구성원들이 신뢰감을 형성하는데 커다란 장애가 된다. 이전 가족관계로부터 온 정서적 짐과 상처를 새로운 배우자나 가족을 통해 해결하려고 할 때에는 실망을 겪게 된다.

또 하나의 문제는 경계의 문제이다. 재혼가족은 소속감(누가 가족의 구성원인가?), 공간(나의 공간, 우리의 공간), 권위(누가 결정하는가?), 시간(서로의 시간의 공유문제) 등에 관해 경계가 복잡하고 모호하다. 단순한 원칙이나 경직적인 경계는 문제가 되며, 매우 유연하고 다중적인 원칙과 경계가 요청된다.

그리고 재혼가족의 구성원들은 감정적 혼란과 갈등을 겪기 쉽다. 이전관계와 현재관계 사이에서 어디에 충성해야 할까 방황하며 포기된 관계에 대한 죄책감을 느끼게 된다. 이러한 재혼가족의 취약성은 돌봄과 도움을 매우 필요로 한다. 이들을 위하여 혼전 상담, 재혼을 고려하는 이혼자들을 위한 집단교육 및 워크숍, 그리고 재혼가정들끼리의 지원집단 형성이 필요하다.

03 Chapter

_동성 결혼

Ⅰ. 이성애 vs. 동성애

1970년대 프랑스에서 시작된 동성애자 인권운동의 주요 목표는 동성 커플에 대한 법적 지위의 부여였다. 동성애자들은 단순한 관용이나 존재의 인정을 넘어 동성 커플에게 이성부부와 동일한 법적 지위를 부여해 줄 것을 계속 요구해 왔다. 이들의 주장은 동성애는 기호에 따른 선택의 문제가 아니라 선천적으로 결정된 경향이라는 것이다. 그러므로 동성애에 대한 차별은 피부색이라든가 민족에 대해서 구분을 짓는 것과 다르지 않다는 것이다.

1989년 5월 덴마크가 최초로 동성애 결혼을 합법화했다. 그 후 벨기에, 네덜란드, 캐나다, 스페인 등 몇몇 국가가 뒤를 이었다. 교황 베네딕토 16세는 2005년 전통적인 가톨릭 국가인 스페인의 동성결혼 합법화법이 통과된 것을 '인류의 패배'라고 비난했다. 이들 법은 각 국가마다 결혼marry, 결합civil union 등 표현은 다르지만 동성부부에 대해 이성부부와 동등한 지위를 부여하므로써 상속권, 연금수급권, 자녀입양권 등의 이성 간 결혼에 해당하는 모든 재정적인 혜택과 권위를 동등하게 부여하는 내용을 가지고 있다.

사람은 성적인 존재이다. 성적 활동은 인간됨의 기본적인 요소 중 하나이다. 하나님은 인류를 만드실 때, 남자와 여자를 만드셨다. 그래서 성에 대한 이야기는 인격 가운데 한 부분을 건드리는 것이다. 사람의 정체성의 중대한 부분이므로 민감할 수밖에 없다. 사람은 성적인 존재일 뿐 아니라, 모두 특정한 성적 성향을 가지고 있다.

미국 동물학자 알프레드 킨제이는 1948년 한 보고서[1)]를 발표했다. 모든 사람은 전적인 이성애 성향과 전적인 동성애 성향 사이의 어딘가에 있다고 했다. 이 둘 사이에 다양한 양성애자가 있다고 보았다.

동성애는 정신질환으로 간주되어 왔지만 미국 정신의학협회가 동성애운동가들의 위협 속에 동성애를 정신질환목록에서 빼기로 결정한 이후(1973) 정신질환으로 보지 않는 분위기가 확대되면서 동성애 문제는 오늘날 주변부를 떠났다. 그 후(1977)의 여론조사에서는 정신과의사들의 대다수(69%)가 정신질환으로 인정했다.

동성애가 선천적인 것이라고 주장하는 동성애찬성자들의 주장은 입증되지 못했다. 임신 중 높은 호르몬 수치가 원인이라는 주장이 있지만 임신 중에 그러한 수치는 발생하지 않는다. 임신 중 복용 약물로 인한 비정상적인 홀르몬 환경이 원인이라는 주장과 관련해서는 실험 결과 오히려 반대로 증명되었다. 뇌 시상하부의 영역이나 좌뇌와 우뇌의 연결구조의 문제라는 등의 주장도 실험을 통해 재현되지 않았다.

오히려 반대의 결과가 입증되었다. 동성애가 유전이라면 유전자가 동일한 일란성 쌍둥이 중 한 명이 동성애자이면 다른 한 명도 동성애자일 것이다. 그런 결과라고 하는 연구결과(1952)는 통계조작임이 드러났다. 그 후의 연구결과에서도 동성애유전자는 발견되지 않았다. 1993년 해머가 Xq28을 동성애유전자로 지목했으나 Xq28을 가지고 있지 않은 동성애자들의 경우를 설명하지 못했다. 캐나다 연구팀의 연구(1999)는 Xq28과 동성애의 관계를 확인할 수 없었다. 뿐만 아니라 동성애자가 이성애자로 바뀌는 경우도 적지 않다는 사실을 보면 선천적이라는 주장은 성립하기 어려운 것이다.

동성애를 가장 강력하게 막고 있는 나라들은 아프리카 국가들이다. 55개 아프리카 국가들 중에서 38개국이 동성결혼을 불법으로 규정하고 있고 사형이나 종신형에 처하기도 한다. 나이지리아의 동성결혼금지법은 결혼의 금지만이 아니라 공개적으로 동성애를 하는 사람, 동성결혼식을 지켜보거

1) **「킨제이 보고서」 (Kinsey Reports)**

미국의 동물학자로서 인간의 성행위를 연구한 Alfred Kinsey가 1948년 10년간의 연구 결과를 엮어 만든 보고서.

나 도운 사람, 동성애자 권리옹호단체에 가담한 사람 등도 10년 형에 처할 수 있도록 함으로써 강력한 의지를 표명하고 있다. 이들 국가가 이렇게 강경한 태도를 보이는 것은 에이즈 때문이다. 과거 20여 년간 약 2천 5백만 명 이상이 아프리카에서 에이즈로 사망했다. 부모가 모두 에이즈로 사망해서 생긴 고아가 약 2천만 명에 달한다고 한다.

성적으로는 인간은 모두 비정상적이라는 견해도 있다. 성욕에 대한 창조주 하나님의 관점에서 벗어난 음탕한 생각을 하지 않은 사람이 과연 있을까? 그러므로 이 문제에 접근할 때 도덕적 우월감을 가지고 시작해서는 안된다. 성적인 죄가 유일한 죄도 아니고 심지어 반드시 가장 극악한 죄도 아니다. 동성애 성향과 동성애 행위는 다른 차원의 문제이다. 사람들의 행위do는 비난할 수 있지만 사람들의 존재be를 비난할 수는 없기 때문이다. 혹자는 이성 간의 결혼과 동성 간의 결합은 둘 다 똑같이 애정이 담기고 성숙하며 신실한 것으로 똑같이 타당한 두 가지 대안이라고 주장한다. 동성 간의 사랑의 결합에 대해 어떤 평가가 필요할까?

Ⅱ. 사상사

뒤에서 자세히 살펴보겠지만 동성애에 관한 성서의 기록은 창세기 등 모세오경이나, 1세기 바울의 서신서들에도 등장하며 부정적인 평가를 받고 있다. 현대 철학의 한 흐름은 니체, 프로이트, 마르크스를 통해서 계보를 이어가고 있다. 헤겔 이후에 마르크스-레닌주의로 발전하고 20세기 철학에 뿌리 깊은 영향을 남겼다. 푸코, 라캉 등은 여기에 자신의 기호를 첨가하며 강화시켰고, 허무와 우울을 부추기는 새 시대가 준비되었다.

프랑스 68혁명은 유럽에서 시작되어 전 세계로 퍼졌고 급기야 '혁명'이라는 수식어를 얻었고, 새롭게 등장하는 문화 정치 운동의 산파 역할을 했다. 문화의 다양한 영역들에서 새로운 발전이 있었고, 환경, 성소수자 등의 문제가 68년을 기점으로 진보적 지향성을 얻었다. 이 사건은 신속히 마무리되었지만 그 영향은 오늘날까지도 긍정적이거나 부정적으로 이어지고 있다.

학자들 사이에서는 68혁명으로 인해 벌어진 변화들을 사상적, 문화적 억압에 맞선 해방의 상상력을 자극한 것으로 보는 평가가 있지만, 작금의 프랑스 현실을 볼 때 재평가의 필요성이 대두되고 있다.

1_ 권위의 해체

전 세계에 영향을 끼쳤던 68혁명의 급진주의는 어디까지나 기존의 질서를 거부하는 특징을 가지고 있다. 국가, 선거제도, 학교, 군대 등의 시스템이 비판되었지만, 종교 역시 모든 압력의 공범으로 신랄한 비판의 대상이 되었다. 프랑스 사회의 세속화는 68혁명을 통해 새로운 차원으로 증폭되었다. 특별히 68혁명을 기점으로 프랑스에 등장한 포스트구조주의 poststructuralism 철학 사조들은 전통적인 가치에 대한 철저한 해체를 주장했다. 기독교 역시 해체되어야 할 전통적 가치에 속한 것으로 간주되었다.

'우리들의 시대는 권위에 대해서는 확고하다'라고 말했던 드골[2]의 주장에서처럼 전통사회는 권위에 그 바탕을 두었다. 그러나 68혁명의 세대들은 '권위라고 하는 모든 것들은 나에게 모욕을 불러일으키게 한다'고 주장하며 '금지를 금지하라'는 슬로건을 내세웠다.

전통적 가치관에 대한 68혁명의 저항에 대해 프랑스 사회는 제대로 대처하지 못하였다. 그 영향에 따라 새로운 세대들은 새로운 시대정신의 도래를 꿈꾸었지만, 프랑스 사회에서 68혁명의 여파는 아직까지도 개인간, 집단간, 세대간의 갈등을 불러일으키고 있다. 불확실성이 미래를 지배하는 결과로 남아있다.

2_ 성 정치(Sexuelle Politik)

서구 사회 일각에서는 '해방된 자유로운 인간과 아름다운 공산사회'를 기대하며 레닌의 혁명에서 희망을 발견하고자 했지만, 소련은 인간 해방이 아니라 학살과 정치범 수용소의 증가를 통해 많은 사람들을 좌절시키고 말았다.

당시 알튀세르[3]와 알랭 바디우[4] 등의 철학자들은 마오쩌뚱의 마오이즘에 주목하면서 자신들을 '마오이스트'라 지칭했다. 그러면서 중국의 마오이즘과 문화혁명이라는 이데올로기는 6천 5백만명의 생명을 학살한 것이었음에도 68혁명에 이데올로기로 역할을 하면서 혁명의 체계화가 되는 계기가 된다. 성적 쾌락의 금기 없는 추구를 주장하는 히피문화[5]를 넘어선 사상체계가 형성된다.

2) Charles (-André-Marie-Joseph) de Gaulle (1890-1970)
프랑스 제5공화정을 건설한 군인 · 저술가 · 정치가. 1958. 12. 21. 대통령에 당선. 그의 정치적 목표, 목표 실현을 위한 정책들은 프랑스 정치사에서 가장 다양한 해석과 추론을 낳음.

3) Louis Pierre Althusser (1918-1990)
알제리 출신 프랑스 마르크스주의 철학자. 프랑스 공산당을 선도한 이론가. 이데올로기론은 자크 라캉의 상상계 논의를 반영했고 라캉에게 미달함. 스피노자의 논의가 더 강하게 반영됨.

4) Alain Badiou (1937-)
모로코에서 태어난 프랑스 철학자. 현대 프랑스 철학의 주류인 반플라톤주의에 대응하는 신플라톤주의의 수호자. 혁명에 미온적이었던 알튀세르와 결별. 전투적 '마오주의'를 정치철학사상으로 수용.

5) 히피 (Hippie 또는 Hippy)는 기성의 사회 통념, 제도, 가치관을 부정하고 인간성 회복, 자연 귀의 등을 주장하며 탈사회적으로 행동하는 사람들 가리키는 단어

이 때 프로이트 철학과 마르크스 이론을 결합시킨 빌헬름 라이히[6]의 '성 정치–성 혁명' 이론이 재조명을 받는다.[7] 어린이와 청소년의 성 해방을 통한 오르가즘의 추구, 동성애를 포함한 모든 성적 금기의 타파의 주장이 주목받았다.

그동안 우리 사회는 동성간의 애정행각이나 성도덕 측면에서만 동성애를 인식해왔지만, 유럽에서 동성애를 정치투쟁의 전술 전략으로 활용하는 이들은 당당히 동성애 정치투쟁을 사회주의 혁명 그 자체라고 주장한다.

인권의 출발점이 되는 성서적 전통[8]에서 비롯된 자연법적 인권론이 폐기되고, 세속주의–무신론–유물론이 종교화되어 주도권을 잡으면서 인권 개념에 대한 근본적인 변혁이 시도되었다. 또한 여성 문제와 페미니즘이 결합했다.

이런 사상적 분위기 속에서 레즈비언 철학자 주디스 버틀러[9]의 저서 〈젠더 트러블〉은 생물학적 성SEX이 문화적 성(젠더)에 의해 규정된다는 주장을 내놓아 세계적으로 주목을 받았다.

'여성'이란 타고 나는 것이 아니라 억압과 착취를 위해서 문화적으로 만들어진 것이다. 젠더가 거꾸로 섹스를 규정한다는 것이다. 젠더는 고정된 것이 아니며 젠더 간 트러블을 일으키고, 이 트러블은 권장된다. 젠더 내에도 트러블이 발생할 수 있다는 주장이다. 그녀는 남학생과 여학생 대신 학생, 남성과 여성 대신 사람 등 중성적 언어gender–neutral language 도입을 시도했다.

SEX와 성역할은 자본주의를 지탱하기 위해 이데올로기적으로 조작된 것이므로 이것을 해체해야 한다는 목표가 설정됐다. 나아가서 가부장제가 해체되지 않으면 문화적 구성체인 여성의 해방은 불가능하므로, 가부장제의 가족제도와 이를 기초로 하는 자본주의는 해체해야 한다고 한다. 그런데 성서적 전통을 가진 사회는 이런 분위기에 참여하지 않는 방해세력으로 인식된다.

젠더 트러블의 명백한 증거는 동성애다. 그러므로 트랜스젠더[10] 등의 LGBT[11]가 이들에게 매우 중요할 수밖에 없다. 치료받기 위해 음지에서 사회로 나온 LGBT들을 젠더 이데올로기의 증거로 삼아 이들을 정치혁명의 수단으로 활용하면서 LGBT의 문제가 의료, 복지의 문제가 아닌 인권으로 포장되는 상황이 전개된다.[12] 나아가서 법을 통해 LGBT의 병리적 문제나 위험성에 대해 설명하거나 연구하는 것을 원천적으로 봉쇄하고 국민의 표현의 자유를 제한하려고 한다. 이러한 성 정치–성 혁명이 고통당하는 동성

6) Wilhelm Reich
(1897-1957)

오스트리아의 성과학자. 개별적 신경증후보다 성격구조 전반에 초점을 두는 정신분석체계 연구. 성정치운동(性政治運動) 관련 오르가즘론(orgonomy)이라는 유사과학 체계 제창.

7) 라이히의 책들은 볼셰비키 혁명 당시 청년들의 혁명정신을 훼손한다고 금서화 됨.

8) "하나님이 이르시되, 우리의 형상을 따라 우리의 모양대로 우리가 사람을 만들고 ……"(창 1:26)

9) Judith Butler
(1956-)

미국의 철학자. 젠더 이론가. 그의 저작은 정치철학, 윤리학, 여성주의, 퀴어 이론, 문학 이론에 영향을 줌.

10) Transgender (성전환자)

생물학적 성 또는 법적으로 지정된 성별과 자신이 생각하는 사회적 성 정체성이 일치하지 않는 사람. 즉, 남성이나 여성의 신체로 태어났으나, 스스로 다른 성이라고 여기는 사람을 뜻함. 트랜스젠더 중 성전환수술을 받은 사람을 트랜스섹슈얼(trans sexual)로 세분하기도 함.

11) 레즈비언(Lesbian), 게이(Gay), 양성애자(Bisexual), 트랜스젠더(Transgender)를 합쳐서 부르는 단어.

12) 이정훈, 교회해체와 젠더 이데올로기, 킹덤북스, 2018, 19.

애자들의 회복을 위한 구원의 소식이 될 것인지, 아니면 그들을 돌아오지 못하도록 사다리를 치워버리는 결과가 될 것인지 종합적 평가가 필요할 것이다.

3_ 현실 : 법과 제도

이러한 사상의 흐름은 68세대가 정치-사회의 주도권을 잡는 시기에 법제화되기 시작했다. 에릭 제무르[13]는 '프레벵Pleven법'(차별금지법)의 제정이 프랑스의 자살이 되었다고 했다.[14] 그는 인권이라는 이름으로 이런 사상에 기반한 이슬람, 이민자, 성소수자 등에 대한 부정적인 표현이 위축되고 이로 인해 프랑스 가치가 파괴되는 것을 구경하듯 지켜보았고, '모든 금지하는 것을 금지하라'는 생각이 자신들의 주장이나 노선을 비판하는 것을 완전히 금지시켰다는 주장이다. 이런 이슈에 대해 비판조차 할 수 없는 상황이 프랑스, 영국 등 유럽에 확산되었다.

이런 흐름은 유엔에서도 발언권을 잡았다. 유엔은 개도국을 원조하는 공식 개발원조기금ODA를 성주류화Gender Mainstreaming와 연계하여 성주류화 조건을 수용하여야만 원조를 하는 방식으로 이런 흐름을 세계적으로 확산시키고 있다. 성주류화란 남성의 시각에서 여성의 권리를 신장하는 것에는 한계가 있으므로 젠더를 해체해버리자는 것이다. 50가지가 넘는 젠더를 예시하는 것도 결국 젠더의 구분을 무의미하게 만드는 것이다. 또한 이 생각은 헌법에서 조례에 이르기까지 젠더 관점에서 법체계가 만들어져야 한다는 이념을 담고 있다. 중앙정부, 지방정부 등 모든 공적 기관은 젠더 인식을 반영한 정책을 취하여야 한다. 이것을 위한 예산을 편성해야 하며, '성인지예산'으로 이것을 이미 시행하고 있다.

1997년 세계여성회의는 성인지 관점gender perspective을 정책에 통합하여 참여국 정부가 성주류화를 추진할 것을 촉구했다. 2017년 우리 여성가족부를 통해 대통령직속 '성평등위원회'를 설치하기 위해 '성평등위원회 출범 준비 TF'를 구성했다. 이 경우의 성평등gender equality은 남녀의 성평등을 의미하는 것이 아니라, 성별의 구별 자체를 해체하는 성주류화 전략을 통해 젠더 평등을 실현하는 것이다. 이러한 생각은 여성 권익의 실현과는 아무런 관계가 없는 방향으로 흘러가고 있다.[15]

13) **Eric Zemmour** (1958-)
알제리계 유대인. 프랑스 일간지 〈르 피가로〉 논설위원. 프랑스는 이민자와 동성애 문제로 자살의 길을 걷고 있으며 그 시작을 68혁명으로 봄. 이민자와 다른 종교 포용, 자유, 환경, 페미니즘 등 비물질적 가치 존중의 혁명 가치를 프랑스 몰락의 원인으로 지적.

14) 에릭 제무르의 〈프랑스의 자살〉은 출간 3개월 만에 40만부 팔림. 소설 · 비소설을 통틀어 베스트셀러 3위 차지. 동성애, 인종차별주의, 사회주의, 이민자 문제 등 프랑스 사회의 가장 예민한 부분을 다룸.

15) 국내 성주류화는 여성가족부, 국가인권위원회, 여성정책연구원 등이 주도함.

이러한 흐름과 관련하여 우리 사회는 제대로 의사소통의 기회를 가진 적이 있는가? 또 이와 같은 상황에서 이 문제를 공론의 장으로 가지고 나올 준비는 되어 있는가? 시민의 덕이 강조되는 공화주의적 정치참여의 차원에서 상호 주관적 의사소통과정에서 자기실현을 추구하는 주체에게 필요한 것은 사상의 자유시장이 보장하는 '공론의 장'이다.[16] 찬성을 위한 찬성도, 반대를 위한 반대도, 오로지 좌우익의 진영논리도 인간의 존엄과 가치의 보장에, 그리고 우리 사회의 안전과 번영에 도움이 되지 않는다. 성급한 결과지상주의자들의 조급증은 수술용 가위를 꺼내지도 못한 채 봉합을 해버리는 우를 범할 염려가 있다. 소위 인권엘리트들이 국민을 인권 개념에 무지한 존재로 보고 계몽의 대상으로만 대한다면 진정한 국민을 위한 봉사자가 될 수 없다. 주권은 국민으로부터 나오고, 국민은 국가의 앞날에 대해 '제대로 된 정보를 바탕으로 의사결정'Informed-Decision을 할 권리를 가지고 있기 때문이다.

Ⅲ. 동성 결혼에 관한 논의

1_ 정당화의 논거

일반적으로 성서의 입장은 모든 동성애적 행위를 정죄하는 것으로 이해되어 왔다. 이에 대하여 성서 저자들의 관점이 그들의 경험과 문화에 속박된 것이라는 주장이 있다. 그들은 그들 시대의 그들의 문제를 다룬 것에 불과하다는 것이다. 그러나 이성 간의 일부일처제의 질서는 문화가 아니라 창조에 의해 확립된 것이기 때문에 영구적이며 동시에 보편타당하다. 창조질서에서 해방되는 것은 부당하다.

동성애자들은 하나님이 자신을 그렇게 만드셨기 때문이라고 하거나, 동성애적 행위가 자신에게는 비정상적인 일이 아니라고 한다. 혹자는 동성애 행동이 자연스러운 이유는 원시사회에서 수용될 수 있었다거나, 짐승들에게 널리 퍼져 있기 때문이라고도 한다. 그러나 짐승의 행동이 인간 행동의 기준이 된다는 데에 동의할 수 없다.

16) 이정훈, 교회해체와 젠더 이데올로기, 킹덤북스, 2018, 210.

하나님은 창조에 의해 성과 결혼의 규범을 확증하셨다. 짐승과의 성관계는 금지된다. 이는 자연을 침해하거나 혼동시키는 행위이다. 로마서 1장에서 바울도 동일한 개념을 쓰고 있다. “순리대로 쓸 것을 바꾸어 역리로 쓰는” 여자들과 “순리대로 쓰기를 버린” 남자들에 대한 부분에서, 그가 말하는 ‘자연’은 하나님이 확립하신 자연질서를 의미한다. 그러므로 바울이 정죄하고 있는 것은 ‘자연’, 즉 하나님의 창조질서에 반하는 인간의 모든 행동이다.

동성애자들은 왼손잡이라는 것을 한탄할 필요가 없는 것과 마찬가지로 동성애를 한탄할 필요가 없다고 하고, 중요한 것은 관계의 특성과 질이라고도 한다. 그러나 동성애 관계에서 부부에 준하는 평생 정절의 유지가 가능하다는 개념은 사실과는 모순되는 이론적 이상이다. 게이관계는 정절보다는 난잡함의 특징을 보여준다.

또 동성애 관행에는 간암의 위험을 증가시키는 전염성 간염, 치명적 직장암 위험, 25~30년의 수명 단축 등의 문제가 제기된다. 또한 구강 및 항문섹스로 인해 전염되는 일곱 가지 비바이러스성 간염의 전염가능성이 있다. 건강상의 문제들이 동성애자들 사이에 만연하고 있다. 난잡한 성생활과 동성애자들이 좋아하는 대부분의 행위에 의해 쉽게 전염되기 때문이다. 그 외에 에이즈문제가 있다. 이것들은 사랑의 대가라고 하기에는 너무나도 잔혹한 것들이다. 이러한 피해와 위험이 따르는 동성애 관계가 이성 간의 결혼과 마찬가지로 사랑의 표현일 뿐이라는 주장을 받아들이기는 어렵다.

또한 사랑의 질이 중요하기는 하지만 그 자체가 사랑의 진정함을 입증하는 충분한 판단기준은 아니다. 사랑만이 관계의 진정함을 판단하는 유일한 시험수단이라면, 일부다처제에 반대할 이유는 없다. 동성애 관계가 사랑의 관계가 될 수 있음을 부인할 수는 없다. 설사 왜곡된 사랑이라 해도 사랑의 숭고함을 어느 정도 포함할 수 있다. 그러나 그 사랑을 정당화할 만큼 충분하지는 못하다는 것이다.

현실적으로 작동하고 있는 보편적인 양심이나 가치기준 자체를 상대적인 것이라고 주장한다면 문제는 더욱 악화될 수밖에 없다. 정상적인 것에 대한 비교적 보편적인 사실마저 상대적이라고 믿기 때문이다. 이러한 태도를 취한다면 무엇이 좋고 무엇이 나쁜 것인지를 결정할 근거가 사라진다.

심지어 소아성애(小兒性愛)나 수간(獸姦)을 나쁜 것이라고 정할 기준은 남아 있는 것일까? 나아가서 도박, 술, 마약을 사랑하는 것도 개인의 권리라 할 것인가? 다수가 찬성하면 무엇이나 가능한 것이 아니다. 이런 사랑은 파괴적이라는 본질을 피할 수 없기 때문이다. 생명을 낳고 풍성하게 하는 사랑이 있고 죽이고 멸망시키는 사랑도 있을 수 있다. 동성애가 다수가 되는 순간 그 사회는 더 이상 지속가능하지 못하게 되고 몰락할 수밖에 없다. 생명이 창조되지 못하는 불임의 사회가 될 것이기 때문이다.

남아공의 인종차별정책을 반대하고 인종평등을 주창하여 세계적으로 추앙받았던 데스몬드 투투 주교[17]는 동성애 문제를 정의의 문제라고 말한 적이 있다: "성별과 피부색, 인종이나 계층에 의해 사람들을 차별할 수 없는 것과 마찬가지로, 사람들의 성적 편향으로 인해서 그들을 차별할 수 없다. 하나님은 정의의 하나님, 정의를 사랑하고 불의를 미워하는 분으로 묘사된 하나님이기 때문이다. 노예, 여성, 흑인은 해방되었는데도, 게이 해방은 오랫동안 지연되어 왔다. 오늘날 게이 권리를 주창하는 사람들은 50~60년대의 민권활동가들에 필적한다. 우리는 그들의 대의를 지지하고 그들의 투쟁에 참여해야 한다."

게이 해방은 동성애자들이 억압을 받고 있음을 전제로 하며, 게이의 권리는 동성애자들이 부당하게 권리침해를 당하고 있음을 암시한다. 성적 성향 때문에 사회 일각에서 무시와 거부를 당한다면, 그들이 동성애 혐오증의 희생자라면, 그들은 부당한 압박을 받는다고 할 수 있다. 하나님은 그러한 차별을 반대하시며, 모든 인간을 차별 없이 사랑하고 존중하라고 요구하시기 때문이다. 그러한 차별은 제거되어야 할 것이다.

다른 한편, 동성애 관계를 이성 간 결혼의 합법적 대안으로 인정하지 않는 것을 부당한 행위 혹은 불의라고 한다면 이것은 전혀 별개의 문제이며 정의를 논하기에 적절하지 않다. 하나님이 주시지 않은 것을 인간이 권리라고 주장할 수는 없기 때문이다.

17) Desmond M. Tutu (1931-)

남아프리카공화국 성공회 대주교. 1980년대 남아공 교회협의회의 인종차별 반대운동 주도. 인종차별 반대운동으로 노벨 평화상 수상.

2_ 현실

동성애자들은 높은 자살 위험에 시달리며(코크란, 2015 논문) 정신 건상상태가 좋지 않다.(로몬드 & 소럴-퀴비졸즈, 2009년 논문) 동성애자들 커플 사이에는 24-131배의 폭력이 발생한다.(P. Cameron, 2003) 성적으로 난잡하여 그 중 상당수(43%)가 평생 수백 명과 성관계를 한다는 통계도 있다.[18] 호주에서 증가하는 HIV 감염은 주로 동성애자들에 의한 것이며,(완드, 2010) 캐나다의 경우 HIV나 AIDS 감염자의 16.1% 정도가 동성애자라고 보고되었다.(에이브람, 1996). 미국에서 2014년 새로 HIV나 AIDS에 감염되는 사람의 대다수(72%)가 13-24세의 동성애자들이다. 이러한 질병은 양성애자들을 통해 사회에 전염된다.

우리나라의 경우 이러한 질병의 치료비용은 국가가 부담함으로 결국 국민들의 몫이 되고 있다. 일인당 AIDS 치료비용이 매달 300 내지 500만원이므로 매년 3천 6백만원에서 최대 6천만원이 사용된다.

동성결혼의 합법화는 계속적인 결혼 범위의 확대를 가져올 수 있고, 부모자식 간의 결혼, 동물과의 결혼, 일부다처, 일처다부, 다처다부 등을 금지할 근거도 사라지면서 사회적 문제가 걷잡을 수 없게 될 수 있다. 소의 뿔을 잘라내려다가 소를 잡아버리는 상황(矯角殺牛)이 될 수 있는 것이다.

3_ 합법화 이후

동성애자들은 동성결혼합법화를 통해 문제를 해결하고자 하고 있다. 소위 차별금지법을 만든 많은 나라들에서 동성애를 비판행위를 금지하고 그런 행위를 하는 자에 대해 형사처벌을 함으로써 표현의 자유를 침해하며 역차별의 문제를 발생시키고 있다.

동성결혼이 합법화되어도 문제는 해결되지 않고 있다. 동성결혼이 합법화(2001)된 네덜란드에서 동성애자들에게 정신질환이 더 높은 비율로 나타나고 남성 동성애자들의 삶의 질이 낮다거나(산드포르트, 2001, 2003) 남성동성애자들의 자살률이 상대적으로 높다거나(드 그르프, 2006), 동성애자들의 더 높은 자살률, 정신적 장애 등이 보고된 바 있다.(아가왈, 2014) 이러한 연구가 보여주는 바는 이 문제가 법적으로 해결될 수 있는 문제가 아니라는 것이다. 동성애 비판을 금지하는 차별금지법이나 동성결혼합법화는 문제의 해결보다는 더 큰 부작용을 가져오고 있는 것이 현실이다.

18) 김영한 외, 동성애, 21세기 문화충돌, 킹덤북스, 2016, 137.
동성애가 일종의 성중독이라는 논증도 있다.(펠란, 1998)

Ⅳ. 성서적 관점

1_ 고대

창세기는 “소돔 사람은 악하여 여호와 앞에 큰 죄인이었으며”, “소돔과 고모라에 대한 부르짖음이 크고 그 죄악이 심히 중했기 때문에” 하나님이 그것을 살펴보기로 하셨으며, 결국 정의로운 심판에 의해 그 성들과 온 들과 성에 거하는 모든 백성을 다 엎어 멸하셨음(창 19:25)을 밝힌다. 소돔과 고모라의 멸망을 가져온 죄가 무엇이었는가? 전통적으로 성서학자들은 그들이 동성애를 행하는 죄를 범하였다고 본다. 이는 그들이 롯이 자기 집에서 대접하고 있던 두 천사에게 시도했던 것이다. 여기에 ‘남색’이라는 말이 나왔다.

또 레위기는 이스라엘에게 율법을 따르고 애굽의 관행, 가나안의 관행 등을 본받지 말라고 한다. 금지된 사람들과의 성관계, 다양한 성적 일탈행위, 아이를 제물로 바치는 것, 우상숭배, 온갖 종류의 사회악이 포함된다. 그리하여 다음과 같이 선언한다: “누구든지 여인과 교합하듯 남자와 교합하면 둘다 가증한 일을 행함인즉 반드시 죽일지니 그 피가 자기에게로 돌아가리라(20:13).”[19] 남자들 간의 통상적인 동성애 행위를 금하고 있다.

로마서는 말한다: “이와 같이 남자들도 순리대로 여인 쓰기를 버리고 서로 향하여 음욕이 불일 듯 하매 남자가 남자로 더불어 부끄러운 일을 행하여 저희의 그릇됨에 상당한 보응을 그 자신에 받았느니라”(1:27).[20] 당시의 헬라, 로마 사회는 하나님에 대해 어느 정도 알고 있었으나 진리를 억눌렀다. 창조주를 피조물과 혼동하여 그 영광을 우상에게 돌렸다. 그에 대한 심판으로, ‘하나님이 저희를’ 그들의 부패한 마음과 그들의 타락한 관행에 ‘내어버려 두셨다’(1:24. 26, 30). 이에는 ‘역리로’ 쓰는 성도 포함된다. 동성애 행위에 대한 정죄인 것으로 이해된다.

그 밖에도 고린도전서 6장이나 디모데전서 1장에서도 ‘남색(男色)하는 자’에 대한 부정적인 평가가 등장한다. 동성애문제를 창세기의 성과 결혼에 대한 가르침에 비추어 볼 필요가 있다.

19) “너는 여자와 교합함같이 남자와 교합하지 말라. 이는 가증한 일이니라.” (레위기 18:22)

20) 이를 인하여 하나님이 저희를 부끄러운 욕심에 내어버려 두셨으니 곧 저희 여인들도 순리대로 쓸 것을 바꾸어 역리로 쓰며” (로마서 1:26)

2_ 동성애와 동성 결혼

창조에 대해 창세기 1장은 일반적인 내용으로 남성과 여성의 평등을 선언한다. 창세기 2장은 특수한 내용으로 남성과 여성의 상호보완을 선언한다. 그것이 이성애적 결혼의 기초를 이룬다. 창세기 2장에 등장하는 중요한 진리는 인간에게는 반려자(배우자)가 필요하다는 것이다.[21] 하나님은 사람을 그분의 형상으로 만드셨으므로, 사람에게 사랑하고 사랑받을 수 있는 능력을 주셨다. 홀로 외롭게 살기를 원하신 것이 아니므로 "내가 그를 위하여 돕는 배필을 지으리라"고 하셨다. 그를 위하여 돕는 사람이라고 공언하신 배필 혹은 반려자는 성적 상대방이 되어 한몸을 이루며, 그럼으로써 사랑을 완성하고, 자녀를 낳는다.

이러한 필요를 충족시키기 위하여 성별이 구분되었다. 남자에게서 여자를 창조하시고 난 후 하나님이 몸소 그녀를 그에게 인도하셨다. 아담은 역사상 최초로 사랑의 시를 읊었다.[22] 창세기 2장을 통해 여자의 창조 방식을 보면, 무로부터도 아니고, 흙으로부터도 아니고, 아담으로부터 만들어졌다. 그 결과 결혼제도가 탄생하였다: "이러므로 남자가 부모를 떠나 그 아내와 연합하여 둘이 한 몸을 이룰지로다."

결혼관계 내에서 이루어지는 이성 간의 성적 결합은 연합 이상의 것이다. 그것은 일종의 재연합이다. 그것은 서로에게 속해 있지 않는 이질적인 사람의 연합이 아니다. 그와 반대로 그것은 원래 하나였는데 서로에게서 분리되었다가, 이제 결혼으로 다시 하나로 결합하는 재연합이다. 이성 간의 성적 결합은 육체의 연합 이상의 것이다. 상호보완적인 인격체들의 연합으로 인간이 창조될 때 누리던 풍성한 하나됨을 다시 체험하게 한다. 육체적 상호보완은 심오한 영적 상호보완성을 상징한다.

예수께서는 결혼에 대한 창세기의 가르침을 인용하셨다. 하나님은 사람을 남자와 여자로 '만드셨다.' 하나님은 남자가 자기 부모를 떠나 자기 아내와 연합하라고 '말씀하셨다.' 하나님은 어떤 인간도 그들을 나누지 못하게끔 하나로 '짝지어 주셨다.' 그러므로 이성의 성은 신적 피조물이다. 이성 간의 결혼은 신적 제도다. 이성 간의 정절은 신적 의도이다. 모든 제품에는 설계도나 사용설명서가 있게 마련이다. 만약 설명서를 무시하고 마음대로 제품을 사용하면 무리가 되거나 망가질 수 있다. 창세기는 결혼제도를 창설하신 분

21) "사람의 독처하는 것이 좋지 못하니."(창세기 2:15

22) "이는 내 살 중의 살이요, 뼈 중의 뼈라."(창세기 2:23)

의 결혼설명서라 할 수 있을 것이다. 동성애는 이러한 설명서를 무시는 것이요, 세 가지 신적 목적에서 벗어난다.

결혼과 가정은 창조질서 속에 있다. 그리스도와 그분의 사도들 또한 친가족에 대한 의무를 언급한다. 부모와 자녀 간, 남편과 아내 간의 상호의무들이 포함된다(막 7:9~13; 엡 5:26~6:4). 새 창조는 옛 창조를 회복하고 구속한다. 옛 창조의 거부나 대체가 아니다. 동성애 관계는 본질적으로 한몸의 친밀함을 위해 정하신 결혼과 양립되지 않는다. 성서의 결혼은 이성 간의 일부일처제를 전제한다. 한 남자와 한 여자의 연합, 공개적 인정, 영구적 인정, 그리고 육체적 완성을 말한다. 성서는 다른 종류의 결혼이나 성관계를 인정하지 않는다.

그렇다고 동성애 성관계만 특별히 문제되는 것은 아니다. 성서는 여러 가지 잘못된 성관계가 하나님의 뜻에 어긋난다는 것을 명시한다. 일부다처제와 일부다부제, 동거와 내연의 관계, 일시적인 밀통, 간음과 이혼, 동성애 관계 등이다. 성서가 의도하는 유일한 한몸 체험은 남자가 "살 중의 살"이라고 인식하는 자기 아내와의 성적 연합뿐이다.

V. 소망과 사랑

이성 간 결혼에 대한 유일한 성서적 대안은 독신과 성적 절제다. 물론 이것은 말처럼 쉬운 것은 아니다. 세속 세상은 말한다: 성은 인간의 성취에 필수적인 것이며, 동성애자에게 동성애를 중지하라는 것은 그들을 정죄하고 좌절시키고, 노이로제와 절망 심지어 자살로 몰고 가는 것이다.

그러나 성적 경험은 하나님이 주신 선물이기는 하지만, 모든 사람에게 주어진 것은 아니다. 바울이나 그리스도의 경우에 비추어 본다면 필수불가결한 것만은 아니다. 제자도는 자기를 부인하는 것에서 시작된다. 제자도의 참된 성향은 체질(호르몬)이 아니라 선택(마음, 정신, 뜻)에 있다. 동성애자만이 아니라 수많은 독신 이성애자들도 있다.

결혼하지 않은 사람들의 외로움과 고통을 이해하는 것이 필요하지만 성서적 가르침을 포기하는 것은 전혀 별개의 문제이다. 상담학적 치유를 비롯한 다양한 치료방법이 개발될 필요가 있다. 동성애가 발생하는 다양한 원인에 적합한 치유방법이 필요하다. 약부강모의 가정환경(S. Freud), 동성부모와의 관계 결함(E. Moberly), 사회적 학습이나 성적 학대에 대한 조건반사(C. H. Rosik) 등 해당 원인에 따라 치료가 달라질 수도 있다.

동성애자들은 보통 치유 또는 치료라는 말을 거부하는 경향이 있으며, 변화하려고 하는 생각이 없는 것으로 보인다. 동성애에 대한 치유가능성의 문제는 동성애 상태의 원인을 어떻게 이해하는가에 좌우될 것이다. 다수의 학자들은 생물학적 기질(유전적 호르몬 관련), 문화적 · 도덕적 영향, 아동기의 환경과 경험, 반복하여 강화된 개인의 선택 등을 결합하여 다중원인이론을 따르고 있는 것으로 보인다. 원인에 대해 의견이 분분하듯 치유의 가능성과 수단에 대해서도 견해차가 있다. 치유가 불필요하다는 견해, 치유가 가능하다는 견해, 혹은 불가능하다는 견해 등이다.

엘리자벳 모벌리는 소망을 이야기한다. 그녀는 연구를 통해 동성애 성향은 유전적 소인이나 호르몬 불균형 혹은 비정상적인 학습과정으로 인한 것이 아니라, 부모–자녀 관계, 특히 인생의 초기에 이 관계에서 겪은 어려움으로 인한 것이라고 본다. 동성애자는 동성 부모와의 관계에서 부족함을 겪었으며, 그에 따라 같은 성 혹은 동성애 관계라는 매체를 통해 이러한 결함을 메우려는 충동이 있다고 한다.

동성의 사랑을 보상받으려는 충동 그 자체는 해결하고 치유하려는 시도라고 본다. 그러므로 적절한 해결책은 성적 활동이 없이 동성의 필요를 충족시켜 주는 것이다. 깊고 다정하며 지속적인 동성과의 관계, 하지만 비성적인 관계가 필요하다. 사랑이 기본적인 문제요 유일한 해결책이다.

동성애자들은 경멸과 모욕, 두려움, 편견과 억압의 대상으로 취급받는 것에 대해 불평을 토로한다. 그리고 매도되는 반응을 느낀다고 한다. 동성애 상태의 핵심에는 깊은 외로움, 상호적 사랑에 대한 자연스럽고 인간적인 갈망, 정체성 추구, 완전함에 대한 열망 등이 자리 잡고 있다. 동성애자들에게 이러한 것들을 제공하지 못하는 공동체는 건강성을 갖지 못한 공동체일 것이다.

꼭 동성애 성행위의 육체관계와 차가운 고독의 고통 중에서 어느 하나를 선택해야 하는 것은 아니다. 제3의 선택으로 사랑과 이해, 용납과 후원이라는 기독교적 환경을 조성할 필요가 있다. 동성애자들이 자신의 성적 성향을 공개할 필요는 없을 것이다. 그러나 대화하고 신뢰할 만한 친구가 필요하다. 그들을 멸시하거나 거부하지 않고 우정과 기도로 후원해 줄 수 있다. 그 후원은 전문적이고 개인적이며 비밀이 보장되는 목회상담일 수도 있고, 그에 덧붙여 전문가의 지도를 받는 치료집단일 수도 있으며, 그리고 모든 독신자의 경우처럼 남성과 여성 모두와 맺는 따뜻하고 애정 넘치는 우정의 관계일 수도 있다.

Ⅵ. 과 제

2018년 기독교학술원은 피터 바이어하우스[23] 박사를 초청하여, 제10회 〈해외 석학 초청 강좌〉를 개최했다. 그는 '젠더 이데올로기에 대한 대항'Resist Gender Ideology을 주제로 발표했다. "부부와 가정의 기초인 창조 질서를 해체시키려는 오늘날 모든 동향들에 대항해, 부부와 가정을 보호하고 지키는 것이 교회의 숭고한 의무"라고 강조했다. 그는 "현대 이데올로기(유사 종교)에 의해 동성애적 · 레즈비언 · 성전환적 · 혼음적 형태가 성적 다양성이라는 명목으로 생활공동체 속으로 들어오고 있다"며, "그들이 주장하는 '성 차별 교육 철폐론'의 목적은 남자와 여자라는 양성 사이에 존재하는 창조의 상반성과 한 가정 안에서 부모로서 갖는 위치를 완전히 무효화시키려는 것"이라고 설명했다.

이어 "젠더 이데올로기를 추종하는 이들은 새로운 세계관을 도입하는 선구자적인 도구로 '중성적인 언어'를 만들고자 한다"며, "때문에 스위스의 초중고에서는 현재 '부모1', '부모2'로 호칭함으로써 아버지와 어머니라는 양성적 역할의 차이에 대한 언급을 회피하고 있으며, 스웨덴에서는 선생님들이 학급에서 남학생 · 여학생 대신 공통적으로 '친구'vänner라는 호칭을 사용해야 한다"고 했다.

그는 "젠더 이데올로기는 건강한 이성과 사람의 마음에 새겨진 자연법과 성서적으로 계시된 하나님의 창조질서와 극단적으로 충돌하고 있다"며 "이 운동이 계속 진행되면 사회는 분별력을 잃어버리고 질서들이 해체됨으로 인해 혼란에 빠지게 될 것"이라고 경고했다. 끝으로 젠더 이데올로기에 대해 한국교회가 분별력을 가지고 깨어있을 것을 당부했다. 그는 "유치원과 학교, 입법부, 법제처까지 밀고 들어오는 젠더 운동과 관련해, 정부와 교회 지도

23) **Peter Beyerhaus** (1929-)
독일 튜빙겐 대학교 교수로 재직. 존 스토트 박사와 함께 유럽 복음주의 양대 신학자로 불림. 은퇴 후 1997년까지 선교와 에큐메니컬 신학연구소의 소장직 역임.

자들에게 청원서를 제출할 뿐 아니라 위험성을 진지하게 경고해야 한다"며, "기독교인들은 또한 이러한 모든 수고와 헌신과 노력에 기도로 동행해야 할 것"이라고 당부했다.

젠더 이데올로기Genderism는 지금까지의 서구 문화 중심개념들을 무가치하게 만들고 있다. 진리와 책임의 개념을 동시에 가진 자유의 개념을 "당신이 하고 싶은 대로 하라"는 식으로 책임과 의무를 파기하고 역기능화 시킨다. 이로 인해 동성애주의에 대한 가치평가와 양성주의bisexuality와의 일체감을 거부하는 사람들은 심지어 사회나 언론으로부터 동성애에 대한 두려움이나 미움 때문에 차별한다는 '호모포비아'homophobia, 동성애혐오자로 지탄받거나 정신이상자로 취급받는 시대가 다가온 것이다.

우리 일반 국민들은 인간의 형성과 국가와 사회의 근간이 되는 가족 제도의 해체까지 수용할 준비가 되어 있는가? 남이 하는 일이 좋아 보인다고 따라가는 일에만 조급하여 국민적 정서를 무시한 접근방식을 취한다면, 소모적인 갈등으로 인한 국력의 낭비, 국가 에너지의 고갈은 불을 보듯 뻔한 일이 되고 말 것이다. 정책 당국이 무지한 국민들을 계도하겠다는 태도를 취하는 것은 민주사회의 모습으로는 낯선 것이다. 더러워진 목욕물은 버리는 것이 맞다. 그러나 목욕시킨 아이까지 함께 버리는 일을 없어야 한다. 아이까지 버리자는 주장에 대해 의문을 가질 수밖에 없는 것이다. 그러나 헌법상 보호되고 있는 가정의 가치를 수호하면서도 우리 사회 구성원 모두의 아픔을 균형 있게 바라보는 노력 또한 필요하다.

Dialogue Between Law & Soul

인간의 생명

07 Part

01

Chapter

_생명의 시작 · 복제

1997년 2월, 영국 에든버러 로슬린 연구소는 암양에게서 채취한 체세포를 이용하는 복제기술로 세포를 제공한 암양과 똑같은 유전정보를 지닌 새끼 양 돌리Dolly가 1996년 7월 5일 태어났다고 발표했다. 생식세포를 사용한 복제기술은 이미 실용화되어 축산 등에 이용되고 있었지만, 이 경우는 다 자란 암양의 체세포를 이용하여 복제했다는 점이 획기적이었다. 복제양 돌리는 2003년 생후 6년 6개월 만에 심각한 폐질환으로 안락사 되었다.

2002년 12월 27일 캐나다 종교단체인 '라엘리안 무브먼트'의 클로네이드[1] 대표인 브리지트 부아셀리에 박사는 이브Eve라는 이름을 가진 최초 복제아의 탄생을 발표했다. 이 회사는 프랑스 언론인 출신의 클로드 보리옹이 1973년 설립한 종교집단 '라엘리안스'의 비밀 생명과학 회사이다. 클로네이드는 2002년 4월 '연구진이 만들어낸 복제 인간배아를 10명의 여성의 자궁에 착상시켜 5명은 유산됐으나 1명은 2002년 말, 나머지 4명은 2003년 2월 말 이전 출산할 예정'이라고 발표한 바 있다. 이 회사 한국 지사는 '한국인 여성 한 명이 복제된 배아를 임신 중'이라고 주장하기도 했다.

우리나라의 복제 기술은 이미 세계적인 수준에 도달해 있다. 전 서울대학교 수의학과 황우석 교수는 1995년 소의 수정란 복제에 성공했고, 1999년에는 복제 송아지 '영롱이'를 탄생시켰다. 그뿐만 아니라 마리아생명공

1) 클로네이드 (Clonaid)

2만 5천년 전 지구에 온 외계인들이 유전자 조작을 통해 최초의 인간을 만들었다고 믿는 종교단체. 라엘리언이 세운 것으로 복제인간을 만든다고 하는 생명공학 회사. 1999년 한국에 지사 설립.

학연구소의 박세필 소장은 사람의 체세포 핵을 소 난자에 이식, 사람 유전자를 가진 연구용 배아를 복제하는 데 성공했다.

2014년 4월에는 국내 연구진이 사람의 피부세포를 복제해 배아줄기세포를 만드는데 성공했다고 한다. 체세포를 복제해 인간 배아줄기세포를 만든 것은 미국에 이어 세계 두 번째다. 차병원과 차병원 계열사인 미국 차헬스시스템즈는 '살아 있는 성인 체세포로 복제 배아줄기세포를 수립한 건 세계 처음'이라고 밝혔다. 성인 체세포로 만든 복제 배아줄기세포는 면역거부반응이 없는 환자 맞춤형 세포치료제로 개발될 가능성이 있다는 점에서 주목이 되고 있다. 성공 확률이 현저히 낮은 것은 과제이다. 배아줄기세포는 인체의 모든 장기로 자랄 수 있어 이상적인 세포치료제로 각광받고 있다.

Ⅰ. 인간생명의 시작

1_ 논의의 전개

수정란은 여러 차례 세포분열을 통해 배아와 태아 단계로 발전하고 만기가 되면 출산에 이르게 된다. 사람 몸에서든 시험관 속에서든 23개의 염색체를 가진 정자와 23개의 염색체를 가진 난자가 하나로 합쳐져서 23쌍의 염색체를 가진 수정란이 형성된다. 수정 후부터 인간의 모든 기관이 형성되는 8주까지의 발전단계를 배아라고 한다. 수정 후 2주가 되면 배아가 자궁에 착상하게 된다. 수정 후 8주부터 출산하기 전까지는 그 다음 단계인 태아가 되고, 이 시기는 장기가 양적인 단순성장을 하게 된다. 그런데 수정란, 배아, 그리고 태아 중 어느 때부터 인간 생명으로 보아야 할 것인가?

(1) 생명과학자

생명과학자들도 대체로 생명은 수정에서 시작한다는 사실을 인정한다. 다만 그들은 세포형질에서 개체성을 획득하는 경계가 있다는 점과 그 경계는 원시선primitive streak이 출현하는 수정 후 14일이라는 점을 강조한다. 생명체의 발육 · 성장의 지속적인 변화 가운데 개체성 획득만큼 중요한 의미를 담고 있는 단계는 없을 것이다. 특히 낙태의 합법성 시비와 인간배아연구의 영역설정 문제 때문에 인간생명의 시작에 대한 논의가 필요한 상황이다. 착상 전 초기 배아가 개별적 인간이냐 아니냐는 바로 이 점을 염두에 둔 논의이다.

유전공학자들은 수정 후 14일까지의 초기 배아단계는 아직 개체성을 띤 생명체라기보다 단순한 세포덩어리 상태라고 본다. 개체성 없는 생명체는 살아있는 세포덩어리에 불과하므로 인간 생명의 시작을 수정 후 14일이 지난 시점부터 보자는 것이다. 그리고 개체성 확보 이전인 세포 차원의 생명은 체외에서 자유롭게 연구할 수 있는 대상이라는 것이다. 초기 배아단계에서의 인간배아복제 연구가 법적으로 금지된다면 생명과학분야에서 미래 첨단기술 사회로의 진입은 불가능하다고 한다.

(2) 일부 신학자

이 문제에 관하여 로마 카톨릭 신학자들 중에도 일부 이견이 있다. 호주 멜버른 카톨릭 신학대학의 노만 포드 신부는 수정 후 배아가 일란성 쌍둥이로 분할할 수 있다는 사실 때문에 그 가능성이 있는 임신 초기기간의 배아는 인간 개체라기보다 세포덩어리에 불과하다고 말했다. 인간생명의 시작은 수태되는 순간이 아니고 14일 뒤 쌍둥이로 될 가능성이 사라졌을 때라는 것이다. 중세 스콜라 철학자 토마스 아퀴나스도 산모가 처음 태동을 느끼는 순간부터 태아는 영혼을 얻게 된다고 보았다. 그는 남성 태아는 임신 후 40일, 여성 태아는 임신 후 80일이 지나면 영혼이 들어온다고 보았다.

(3) 영국 관습법 등

영국 관습법과 그 전통을 따르는 몇몇 나라에서도 낙태는 태아가 움직이고 살아있는 경우에만 범죄시했다. 최근 독일의 생명윤리학자 사스 HansMartin Saas, 1935- 는 뇌사와 대비해서 뇌의 활동이 시작되는 시점을 생명의 시작이라 주장했다. 뇌사를 생명의 종료로 받아들인다면, 뇌의 활동이 시작되는 신호들을 생명이 시작되는 신호로 보자는 것이다. 미국 프린스턴대 철학교수 피터 싱어Peter Singer, 1946- 도 수태되는 '순간'이라는 것은 과학적으로 성립하지 않는다는 이유로 확실히 수태 이후 14일이 지나 배아가 쌍둥이로 나뉠 가능성이 일단 사라지고 나면 살아있는 인간 개체가 된다는 견해를 따른다. 인간의 수태란 약 24시간에 걸쳐서 일어나는 하나의 과정이라는 것이다.

(4) 수정된 순간부터

교황 요한 바오로 2세는 1995년에 발표한 교서 「생명의 복음」에서 "난자가 수정된 순간부터 생명은 시작되었고, 그것은 아버지나 어머니의 것도 아닌 자신의 성장력을 지닌 한 새로운 인간의 생명이다. … 인간은 수태의 순간부터 한 개체로서 존중되고 정중히 다루어져야 한다"고 언급했다. 교황은 1979년에도 "인간의 생명권이 그가 어머니의 자궁에서 수정된 순간에 침해 된다면, 인간의 침해될 수 없는 선들을 확실하게 해 주는 도덕질서 전체에도 간접적인 타격이 가해진다. 이들 선들 가운데 첫 번째가 생명이다" 라고 선언 했다.

19세기 이후 죽임과 살림의 문화에 대한 인식이 깊어지면서 교회뿐만 아니라 영국과 미국의 법도 수태 후 인간생명이 시작된다는 전제에서 출발하도록 궤도를 수정했고, 1948년 스위스 제네바에서 열린 세계의사협회에서 현대식으로 새롭게 다듬어진 히포크라테스 선서[2)]에는 "나는 수태 순간부터 인간생명을 최대한 존중하겠습니다"라는 문구가 포함되었다.

2_ 초기배아의 지위

체세포복제실험의 진전으로 인해 인간배아복제는 지금 여기now and here에서 당장 우리 현실의 일부가 되었다. 법과 종교는 인간배아복제 문제를 더 이상 방치할 수 없는 상황에 처했다. 복제인간이 삶의 일부로 편입될 것인지의 여부는 사회정의와 공공선의 문제에도 심각한 영향을 미치는 지경이 된 것이다.

인간배아복제는 신경손상, 당뇨병, 백혈병, 파킨슨씨병 등의 치료에 사용될 수 있는 줄기세포stem cell 조직을 생산하기 위한 방법이 될 수 있다. 생명의료기술의 유전자기술 영역에서의 기여는 유전자치료의 가능성을 연다는 점에 있다. 체세포조작을 통해 유전적 결함을 제거하거나 시험관에서 유전자기술로 체세포내의 유전자를 변경시켜 환자에게 재이식하거나 또는 수정란에 재도입하여 환자의 유전자료를 변경시켜 유전적인 병인을 치료하는 것이 유전공학분야에서는 실현가능한 단계에 이르렀다고 한다. 유전공학은 이제 DNA 재조합 시험을 통해 유전자수선은 물론 새로운 형태의 생명창조까지 넘보고 있다.

문제는 체외수정된 수정란이나 체세포복제방법에 의한 인간의 초기배아

2) 히포크라테스 선서 (Hippocratic oath)

고대 그리스의 의사인 히포크라테스(BC 460-375?)가 만든 의료의 윤리 강령. 오늘날 의과대학에서 사용하는 선서문은 의사들의 나찌 참여를 반성하는 의미에서 제정한 1948년 세계 의사협회(WMA)가 제네바 에서 만든「제네바선언」

를 그 개체성을 획득하기 전인 14일 이전 단계에서 유전병치료의 목적 등을 위한 연구나 실험의 대상으로 삼는 것을 허용할 것인가에 있다. 수정란이나 체세포 복제방법에 의한 초기배아도 인간의 생명체로 간주하는 유전학파에서는 이에 반대한다. 이 생명체도 착상의 기회가 부여되어야 하며, 본질적으로 인간의 존엄성과 가치가 부여되어 있는 완전한 생명체임을 이유로 한다. 따라서 착상 전 유전자조작, 냉동보존, 폐기 등 일체 행위를 인정하지 않는다.

발달학파에서는 인간 생명에는 발달과정에 따라 단계와 질적 차이가 있으며, 그에 따라 상대적으로 가치에 차등을 둘 수 있다고 본다. 착상 전의 수정란은 신체조직보다는 더 존중되어야 하지만 착상 후의 태아와 같은 비중으로 다룰 필요는 없다는 생각이다.

물론 극단적인 사고로 체외수정란이나 체세포복제에 의해 배양된 배아는 착상되기 전까지는 사람의 분리된 체외신체조직의 일부로서 물건과 같이 취급할 수 있다는 견해도 있다.

3_ 법과 정책

복제된 인간초기배아나 체외수정란의 초기배아단계를 어떻게 다루어야 할 것인가에 관한 논의의 중심에 공리주의적 사고가 짙게 깔려 있음을 부인할 수 없다. 미국 대통령자문기구인 생명윤리자문위원회도 인간배아연구과정에서 인간배아를 파괴함으로써 초래되는 윤리적 문제점보다 이 연구로 얻을 수 있는 사회적 이익이 더 클 경우 연구를 지원하도록 의회에 권고키로 한 것이다. 복제인간 출산을 위한 배아복제는 허용될 수 없지만 치료용 등 다른 공리적인 목적을 위한 연구는 허용한다는 것이다. 그리하여 시험관에서 수정된 불임부부의 배아 중 부부의 동의를 얻은 경우 치료용의 다른 공리적 목적을 위한 배아연구에 연구비를 지원할 수 있게 되었다. 시험관 수정 시 보통 10여개의 배아가 생성되며 이중 3~4개만 자궁에 이식되며, 나머지는 냉동 보존되거나 폐기 대상이 될 운명이지만, 공리적 목적을 위한 배아세포에 대한 연구의 길이 실질적으로 열려야 한다는 입장이다.

공리적 목적을 위해 인간생명의 초기 14일간의 문을 열어 연구의 자유로운 광장을 마련하자는 주장에도 불구하고, 인간배아연구 및 인간배아복제

문제에 대한 각국의 법적 규제의 태도는 복잡한 양상을 띤다.

배아의 실험대상화에 비교적 엄격한 규제입장을 취하고 연구목적의 수정란 생산도 금지하는 나라로는 독일, 오스트리아, 스페인, 노르웨이 등을 들 수 있다. 이 중 가장 엄격한 규제를 하고 있는 곳이 독일이다. 1990년 12월 제정되어 1991년 1월부터 시행되고 있는 독일의 배아보호법은 연구목적의 수정란 생산금지 뿐만 아니라 수정란을 소모시키는 일체의 연구까지 금지한다. 독일의 배아보호법은 불임치료의 목적으로만 체외수정을 허용하고 타인의 난자사용 금지와 필요최소한의 수정란만 생산하도록 규제한다.

이에 비해 영국은 1990년에 제정된 '수태 및 수정란 보호법'에 의해 수정란 생산을 허용하고, 수정란 생성 후 14일까지 일정한 법적 제한 하에서 연구목적을 위한 수정란 사용을 허용한다. 14일 이상 수정란을 시험관에 보관하지 못하도록 규정한다.

1996년 11월 4일 유럽평의회Council of Europe에서 체결한 생명윤리협약은 인간에 대한 과학연구의 한계를 규정했다. 연구목적의 수정란 생산은 일반적으로 금지하지만, 공공의 안전보장 목적, 범죄예방 목적, 공중위생보전의 목적 또는 제3자의 자유와 권리보호를 목적으로 하는 수정란 생산 및 복제연구는 14일 이내에서 예외적으로 허용했다. 우리나라에서는 2004년 '생명윤리 및 안전에 관한 법률'이 제정되어, 2005년부터 시행되고 있다.

한 개의 수정란 자체가 개체성과 인간의 존엄성을 갖고 있는지는 과학적 지식으로써 해명될 수 없다. 그럼에도 불구하고 인간의 체세포나 생식세포의 복제에 의한 수정란이라 할지라도 단순한 포유동물의 세포형질 이상의 그 무엇이란 점은 부인할 수 없다. 인간존엄성이 깃든 생명체냐 단순한 세포형질이냐의 양극단의 중간에 문제해결의 길이 있어 보인다.

다만 위험의 예측이 불가능한 배아복제문제에 대해 과거처럼 '최대다수의 최대행복을 위한 적극적 공리주의'[3] 대신 '최대다수의 최대불행을 막기 위한 소극적 공리주의'와 부수효과가 예측불가능한 상황에서의 '행위절제와 관용의 원칙'이 우선 고려되어야 할 것이다.

3) 공리주의(功利主義)

'최대 다수의 최대 행복'을 추구함으로써 이기적 쾌락과 사회 전체의 행복을 조화시키려는 사상. 대표자: 영국의 벤담(Bentham, J.)과 밀(Mill, J. S.).

Ⅱ. 인간복제

1_ 유익과 문제

생식의료과학자들이나 유전공학자들은 인간복제의 유익에 대해 이야기한다. 즉, ① 생물학적 영속성에 기여한다. 인간복제는 한 세대 이상 주어진 유전자형을 보존할 수 있을 뿐 아니라 과거의 유전자형들을 소급하여 부활시킬 수 있다. ② 유전병을 막는 데 사용할 수 있다. 만약 결혼상대자가 유전병 열성유전자를 갖고 있다면 무성생식 방법에 의한 복제를 하여 아기는 보균자만 되게 하고 질병에는 영향을 받지 않게 할 수 있다는 것이다. ③ 생식 세포 없이 체세포와 핵을 제거한 난자와의 수정을 통해 이루어지는 무성생식[4)]에 의한 복제가 사회적 실험에 적용될 수 있다. 지금까지 인간의 성격, 행동양식이 유전과 환경, 어느 인자에 의해 결정되는지 결론이 안 났지만, 그 해답을 찾을 수 있는 길이 열린다는 것이다. ④ 인간복제가 심령적 의사소통을 증진시킬 수 있다. 복제를 통해 특별히 친밀한 의사소통을 상호 경험할 수 있고, 텔레파시의 능력을 발달시킬 수 있다는 것이다. ⑤ 인간복제가 개선된 장기이식에 사용될 수 있다. 인간복제 기술이 발달하면서 거부반응이 없는 장기기관 교환이 더 원활해 질 수 있다는 것이다.

인간복제는 유전자조작과는 구별된다. 그것은 유전적으로 동일한 인간을 남녀의 자연적인 성의 결합이나 난자와 정자의 수정에 의하지 않고 체세포나 생식세포의 인위적인 조작에 의해 복사하는 것이다. 그러므로 인간복제 그 자체는 생물학적으로 새로운 인간의 탄생이 아니라 인간과 똑같은 샘플의 복사판에 지나지 않는다. 여기에는 보통 체세포핵 이식이나 수정란 분할 등의 방법이 동원되며, 이 과정을 통해 유전정보가 같은 생명체가 복제되는 것이다.

인간복제가 현실화되면 양성 결합에 의한 잉태 및 결혼과 출산의 개념은 깨어지고, 부모와 가족의 개념도 무너질 수밖에 없다. 더 나아가 인간과 인간의 관계, 인간의 궁극적인 존엄의 근거, 형이상학적인 차원, 신과 인간과의 관계도 혼란 속에 빠지게 된다. 그밖에도 아인슈타인의 머리에 클레오파트라의 미모를 지닌 우수인자의 인간복제는 물론 인간의 지능과 말의 힘을 지닌 잡종인간, 키메라[5)]의 출현, 히틀러와 스탈린의 복제 등 상상력을 인간복제에서 그려볼 수 있다.

4) 무성생식 (無性生殖, asexual reproduction)

암컷과 수컷의 교배 없이 이루어지는 생식법. 그 자체가 갈라지거나 싹이 나서 두 개 이상의 새로운 개체를 만드는 것으로, 단세포 생물에서 흔히 볼 수 있음.

5) 키메라 (Chimera)

그리스 신화에 나오는 괴수의 하나. 머리는 사자, 몸통은 양, 꼬리는 용 또는 뱀의 모양을 하고 있으며 입으로 불을 뿜음. 한 개체 내에 서로 다른 유전적 성질을 가지는 동종 조직이 함께 존재하는 현상.

그러나 인간복제는 인간복사품의 제조일 뿐이다. 복사품 제조에는 원본이 필요하다. 이 원본은 신의 작품이지 인간 자신의 작품은 아니다. 인간은 신의 섭리나 자연법칙에서 벗어나 자기부정의 인간이 될 수 없다. 인간 자신을 인간 이하로 전락시키면서 인간의 행복과 복리를 추구하는 것처럼 자기모순은 없다.

2_ 법적 논의

이제 인간복제는 단순한 철학적 · 사회적 논의대상이 아니라 이미 법적 규제대상이 되었다. 인간개체복제에 대한 금지는 법학자와 윤리학자들은 물론 과학자들에게서도 광범위한 지지를 받고 있다. 개체복제의 무조건적인 금지는 유럽생명윤리협약이 지칭한 바대로 인간존엄성을 해친다는 점 때문이다. 단 한 번의 인간복제로도 인간은 자신의 품위와 가치에 대해 천부적으로 부여받은 모든 형이상학적 기반을 상실하게 된다. 그래서 유럽생명윤리협약 제1조 부속의정서는 유전적으로 동일한 개체복제를 예외 없이 금지시켰다. 유럽평의회는 이 조치와 함께 유럽평의회에 가맹한 모든 국가는 각국의 국내법으로 인간복제를 명백히 금지시킬 것과 가맹국 밖의 나라들도 이에 상응한 입법조치를 취할 것을 촉구하는 결의를 한 바 있다. 1997년 9월 유럽평의회는 유럽각료회의에 대해 UN으로 하여금 세계적으로 인간복제를 금지시키는 조치를 취하도록 촉구했다.

인간복제 찬성론이 정도의 차이는 있을지라도 공리주의에 기초하고 있다면, 유럽평의회에서 천명한 복제반대론은 인간 각자가 본질적으로 불가침적인 존엄성을 갖고 있다는 점 및 유럽인권협약 제2조에 규정된 절대적인 생명보호 및 양도할 수 없는 인권사상에 입각한 본질주의에 기초하고 있다. 인간복제반대론에서 펴고 있는 복제금지의 논증은 개인적 존재로서의 인격에 기초한 논증과 인류의 생존구조에 기초한 논증으로 분류될 수 있다.

첫째, 복제된 인간이 장래 필요에 따라 처분될 수 있는 인간 부류로 인간관계 속에 등장할 때 비인간적인 지배관계가 형성될 위험이 있다. 인간은 목적 그 자체로 실존한다. 어느 누구도 다른 사람의 목적을 위한 수단으로 취급되어서는 안 된다. 각자의 자율적인 인격 속에 인간의 존엄성이 깃들어 있기 때문이다.

둘째, 인간의 정체성 일부를 구성하는 요소가 무지의 권리이다. 복제인간은 유전적으로 결정된 객체이며, 자신의 타인에 대한 의존적인 운명을 미리 알고 살아간다. 인간은 자신의 운명을 알지 못하는 한에서만 자유로울 수 있다. 복제로 인해 인격의 교환할 수 없는 개체성과 유일성이 무너지고 각자가 자기 자신의 유일한 표본이 아니라 타인의 복사품이 된다는 사실은 인간의 존엄성과 상용할 수 없는 귀결이다. 유전적으로 유일하게 될 권리, 개인의 특성과 개성의 다양성에 관한 권리, 자유로운 개인으로서 프라이버시를 보호 받을 권리 등이 복제인간에게서는 애당초 교묘하게 박탈되어 버린다.

셋째, 인간복제를 허용할 수 없는 본질적인 이유는 인간성의 자연에 거슬리는 비자연성이다. 종교계에서는 인간 생성의 자연적 흐름에 인위적으로 개입하여 정상적인 양성의 결합이 아닌 체세포에서 인간배아를 복제하는 것이 신과 인간과의 관계를 침해하고 전통적인 가정을 파괴를 가져오는 행위로 본다.

넷째, 복제기술에 의한 인간의 초과생산 또는 대량생산이 이루어지면 인간 가족은 개성과 정체성 파괴로 상대적인 존재로 전락하고, 인간의 상품화와 인간존엄성의 상대화를 초래한다. 복제양 돌리 출생에서 보여주듯 돌리는 체세포에서 복제된 34개의 배아가 대리모에 착상되었고 그중 다섯 개가 양 새끼로 자라났다. 그런데 이 34개의 배아는 수백 개의 배아에서 선별된 것이고, 그 수백 개의 배아는 체세포, 생식세포, 낭배세포 등에서 얻은 것이었다. 그 과정에서 출생된 양의 3분의 1은 변형된 형질의 것이었다. 인간배아복제가 동물배아복제보다 성공률이 더 낮은 점을 감안하다면 인간복제가 성공할 경우 인간의 완전성과 정체성은 본질적으로 훼손되고 인간은 제조공정을 거쳐 나온 상품처럼 익명의 존재로 전락하는 것이다. 인간이 익명화한 대상물처럼 취급될 경우 인간의 비대체성, 비교환성, 독자성과 고유성은 본질적으로 사라지고 말 것이다.

가장 중요한 점은 인간복제가 인간의 존엄성에 반한다는 점, 그렇기 때문에 금지되어야 한다는 점이다. 법과 정책은 최대다수의 최대행복을 위해 골몰할 것이 아니라 칼 포퍼[6)]가 말했듯이 인간의 불행을 최소화하는 데로 나아가야 한다. 법과 정책의 과제는 오직 최대다수의 위험과 불행을 최소화하는 것이다. 행복의 발견은 각자가 그 안에서 추구해야 할 일인 것이다.

6) Carl Popper (1902-1994)

비엔나 출생. 오스트리아계 영국인으로 철학자이자 교수. 20세기 최고의 철학자 중 하나로 인정됨.

Ⅲ. 기독교적 이해

기독교는 인간을 '하나님의 형상'으로 이해한다. 인간 생명은 하나님으로부터 비롯되므로 모든 인간은 유일하고, 고유한 존재로 본다. 동시에 인간은 절대자유의 인격이다. 인간의 자율성을 파괴하는 생명복제와 같은 과학적, 문화적 조작을 수용할 수 없다. 복제된 인간은 복제한 인간의 비인간성의 소산이 될 것이기 때문이다.

인간복제는 삶의 기본 틀인 남성과 여성의 상호의존적인 관계를 허물어 버린다. 우성인자만을 선호, 복제하게 됨으로써 존재의 다양성이 파괴된다. 동일한 복제인간으로 인해 개개인의 본질적 개성이 사라진다. 인간에 대한 정의가 하나님이 아닌 생명공학으로부터 출발한다. 그리하여 신의 예정론은 실종되고, 인간 곧 생명공학에 의한 예정론이란 말이 등장한다.

인간복제는 이미 존재하는 세포의 조작이므로 복제자가 창조주가 될 수 없고, 복제된 인간도 하나님의 은총의 대상에서 제외되지 않는다는 생각도 있다. 그러나 생명공학이 생명을 살아있는 존재로 인식하지 않고, 그것을 물적 토대로 환원하여 일종의 정보로 처리하고 있기 때문에 소위 제2의 창조의 목적이 처음의 창조의 목적과 같을 수 없음은 분명하다. 체세포조작을 통해 무뇌상태의 복제인간[7]을 만들고 그로부터 필요한 장기 및 호르몬을 얻으려 한다면 법적으로 하자 없는 살인이 이루어지지 않겠는가?

또한 복제는 삶의 조건인 시간성을 파괴한다. 현대 물리학은 공간개념보다 시간개념을 더 근본적인 것으로 이해한다. 시간성의 붕괴는 생명자체의 파괴, 질적 파괴를 의미한다. 한 개체의 생명이 존재하기까지는 수 천만 년의 시간이 필요했다. 한 순간의 조작으로 생명체의 시간성을 파괴하면 그로 인한 부작용은 예측할 길이 없다. 이러한 상황에 대해 제레미 리프킨[8]은 '생태계를 향한 룰렛 게임' 또는 '파우스트의 거래'와 같은 것으로 이해한다. 기독교신학은 인간 생명이 인간기술에 방치되지 않고 하나님께 속해 있도록 하는 것이 인류의 미래를 위한 유익이라고 본다.

인간복제는 허용되지 않더라도 인간 이외의 동물의 유전자조작은 인류의 존속과 번영, 그리고 안정을 위해 필요하다는 견해도 있다. 생명복제가 가진 가장 큰 난제는 불안정성인 듯하다. 그것은 생명복제가 정상적으로 이

7) 무뇌아(無腦兒)는 분자생물학자, 유전학자 등이 장기 이식을 위해 체외수정 6주후 원시 뇌세포를 분리해 성장시킨 식물인간을 말함.

8) 워싱턴 경제동향연구재단 설립자. 자본주의 체제 및 인간의 생활방식, 현대 과학 기술의 폐해 등을 비판해온 세계적인 행동주의 철학자. 과학 기술의 변화가 경제, 노동, 사회, 환경에 미치는 영향에 대해 활발한 저술활동.

루어져도 그로 인하여 생태계 파괴의 위험이 있고, 비정상적으로 이루어진 결과로 다양한 부작용을 야기할 수 있다는 것이다. 생명복제는 유전자 조작과정에서 생태계에 어떤 영향을 미칠지 알 수 없다. 인간의 질병치유에 유익한 형질의 동물을 성공적으로 복제해도 그 동물이 생태계의 다른 부분에 어떤 해를 끼칠지는 알 수 없다. 특히 생명복제가 인간만의 유익을 위해 발전될 가능성이 크므로 인간 삶에 직접 영향을 미치지 않는 생태계에는 상대적으로 적은 관심을 가지게 된다. 또한 생태학적으로는 유전자군의 다양성이 생태계 건강과 비례한다고 보는데 생명복제로 인해 제한된 유전정보를 갖는 동물들이 많아지면 생태계가 허약해질 수도 있다. 이것은 생태계 파괴를 가져올 위험이 다분하다는 것을 의미한다.

복제생물의 위험도 무시할 수 없다. 우선 지금까지 복제된 동물들은 수많은 실패를 거쳐 태어났다. 그 중에는 많은 기형적 동물도 있었다. 그런데 외형적으로 쉽게 발견되는 기형도 있지만 현재 과학의 힘으로는 발견할 수 없는 새로운 내적 기형 동물이 태어나 생태계에 피해를 입힐 위험도 없지 않다.

그러나 생명 자체는 나름대로 고유한 가치를 갖고 있기 때문에 모두가 인간에 의해 변형되지 않도록 유전인자 내부의 금지장벽이 존중되어야 할 것이다. 모든 피조물들을 인간의 진보에 종속시키고 인간의 목적에 따라 규정 하는 일은 최소화되어야 한다. 상위개념으로서의 인간은 도롱뇽보다 의미와 가치가 중요할 수 있지만, 하위개념으로서 도롱뇽이 없으면 상위존재인 인간이 존재할 수 없다는 이치이다.

Ⅳ. 지속가능한 생명 문화

오늘날을 생명공학의 시대라고 한다. 인간을 둘러싸고 있는 환경이 더 이상 자연이 아니라 기술이라는 점을 부인하기 어렵다. 기술의 선택은 가장 중요한 선택이 되었다. 미래의 에너지원으로 각광받던 원자력이 그 위험성으로 인해 부분적으로 사용이 포기되거나 축소되고 있다. 이 점을 감안하면 생명 복제 기술도 제한적으로 발전시킬 가능성을 모색해야 할 것이다. 인간의 호기심에는 제동장치가 없다. 그러므로 기술 선택의 문제를 과학자들에게만 맡길 것이 아니라 모든 사람들이 관심하여야 한다. 인간의 지식과 경험은 절제와 여운이 동반될 때 비로소 인류에게 희망이 될 수 있다.

생명공학은 생명의 단위를 세포로 보고 인간정신을 물질로 환원시켜 이해하는 분자생물학의 응용분야이다. 극단적으로 말한다면 분자생물학에서 인간과 대장균의 질적 차이는 인정되지 않는다. 세포가 만든 단백질이 많고 적음에 따라 인간이 되기도 하고, 대장균이 되기도 한다. 그들은 유전학상으로 인간은 침팬지와 1~5% 정도밖에 차이가 없고 이러한 차이는 단지 아미노산의 배열구조에 기인할 뿐이라고 한다. 분자생물학의 세계관에서라면 인간복제 및 생명조작은 더 이상 주저할 일이 아닐 것이다.

그러나 생명의 개체성과 몸의 고유성은 신비라고 고백할 수밖에 없는 초월성을 웅변한다. 생명복제 등 인체조직을 대상으로 하는 유전공학 연구는 법적 규제의 차원을 넘어서 궁극적 신비 속에 있는 우주의 창조성과의 연계 속에서 접근해야 할 것이다.

생명복제기술은 탈자연화, 탈육체화가 아니라 자연 속에 내재하는 질병과 고통의 예방 및 치료에 초점을 맞추어야 한다. 생명공학으로 인해 인간 탐욕이 확대재생산 되어서는 안 된다. 멈추어진 것을 멈추어지도록 놓아두어야 한다는 태도가 필요하다. 2004년 생쥐의 정소 조직을 활용하여 인간의 미성숙한 정자를 숙성시키는 실험이 성공했다고 한다. '생쥐 아기'가 탄생한 것이다. 인간세포와 동물세포가 결합하여 어떤 부작용을 가져올 것인가? 당대에는 발견되지 않더라도 몇 세대 후 유전자 이상이 생길 가능성은 없는가? 환경 호르몬으로 인해 생태계 내의 전 수컷이 암컷화 되는 상황에서 생명복제로 인해 남성이 불필요한 사회가 가능해졌다고 축하할 것인가?

암 세포는 한 유기체 내에서 죽지 않고 계속 번식만 한다. 이처럼 한계를 넘어서려고만 하는 인간 욕망은 전체 생태계에 있어서 암적인 존재가 될 수밖에 없다. 한 개체로서의 슬픔과 안타까움은 전체를 위해 참아내야만 할 과제이다. 전 생태계의 조화와 질서를 생각한다면 인간 생명의 무한연장 및 인간 종족의 무한번식을 무조건 선이라고 할 수 없다. 자신의 시신을 인류 의학발전의 도구로 제공하기 보다는 한 그루 나무에 거름으로 제공하는 것의 가치를 이야기 할 수 있는 사회가 되어야 한다.

인간의 수명 연장이 절대적 선으로 평가되고 물질적 · 경제적 안정이 최고의 가치로 여겨지는 한, 인간 유전자 조작, 동물과 인간 간의 종의 경계

파괴, 생태계의 교란, 인간의 상품화, 인간복제 등은 지속적으로 등장할 것이다. 유전자는 이제 '녹색 황금'이 되었다.

인간의 삶에 있어서 죽음과의 연대성을 부정하는 것은 삶의 순환성을 거부하는 반자연주의, 반생태주의의 특징이며, 스스로 영원해지려고 하는 죄의 속성을 지닌다. 죽음을 의연하게 받아들이고 이웃과 다음 세대를 배려하는 것이 삶의 중심가치가 되는 문화풍토가 마련될 때 비로소 인간복제의 유혹을 떨칠 수 있을 것이다. 이것이 종교가 감당할 생명문화적 과제가 아니겠는가?

02 Chapter

_낙 태

Ⅰ. 낙태 현황

1948년 낙태자유화법을 채택한 일본에서는 처음 8년간 5백만 건이나 되는 낙태가 시행되었고, 1972년에는 150만 건으로 늘었다. 영국에서 1967년 낙태법이 입법되기 전에는 영국 국립보건국 병원에서 해마다 시술되는 낙태가 6,100건(1966)까지 조금씩 증가하였다. 그러나 1968년에 24,000건, 1973년에 167,000건, 1983년에 184,000건 이상으로 상승하였다. 미국 대법원은 1973년 1월 '로 대 웨이드 사건'에서 7대 2로 텍사스 주의 낙태금지법을 위헌으로 결정했다. 1969년 이전까지 미국에서 합법적인 낙태 숫자는 2만 건 이하였다가, 1975년에 100만 건을 넘어섰고, 1980년대에 150만 건 이상에 이르렀다.

세계적으로 1968년에 이루어진 합법적 · 불법적 낙태 건수는 3,000만에서 3,500만에 이를 것으로 추산된다. 오늘날에는 매년 5,500만 건 가량의 낙태가 일어나는 것으로 추산된다. 이는 1초에 한 건 이상의 낙태가 일어난다는 의미이다. 이러한 상황을 앞에 두고 프란시스 쉐퍼와 에버렛 쿠프는 '무죄한 자들에 대한 학살'이라 했고, 존 파웰John Powell SJ은 '태어나지 않은 아이에 대한 전쟁'이라는 표현을 썼다. 이러한 문제를 묵인하는 사회가 문명사회라고 할 수 있을까? 로마제국이 타락한 주요 표지 중의 하나가 원치 않는 아기들을 내다 버렸다는 것이다. 현대사회는 원치 않는 아기들을 동네 쓰레기더미 대신 병원 화장장에 넘겨주었다는 것 때문에 덜 타락했다고 할 수 있을까?

현대의 낙태는 상업화되었고, 일부 의사와 진료소에서는 수지맞는 돈벌이가 되고 있는 현실이다. 낙태되는 태아의 세포조직을 이용한 난치병 치료가 주목을 받고 있다. 6-11주에 낙태된 태아의 뇌세포를 파킨슨씨병에 걸린 환자의 두개골에 집어넣으면 환자의 뇌에 새로운 세포가 형성되고 '도파민'[1)]이 생성되어 병이 치료된다는 것이다. 척추 등 신경계 계통의 병을 앓고 있는 사람들에게 태아로부터 추출한 뉴런(신경세포)을 이식하면 신경을 회복할 수 있다고도 한다. 그 외에 어린 태아 세포는 콩팥, 간세포 등을 비롯하여 거의 모든 정상적인 기관으로 성장할 잠재력을 가지고 있기 때문에 태아 세포의 이식수술에 대한 연구가 급진적으로 진행되고 있다. 결국 이렇게 낙태의 대부분에는 비윤리적, 개인적, 경제적 이유가 있는 것이다.

Ⅱ. 낙태에 관한 법

1_ 형법상 낙태죄

낙태죄는 태아를 자연분만기에 앞서서 인위적으로 모태 밖으로 배출하거나 태아를 모체 안에서 살해하는 범죄를 말한다. 그러나 태아의 생명신체에 아무런 침해를 가져오지 않는 인공출산은 낙태 개념에 포함되지 않는다. 낙태죄가 보호하고자 하는 법적 이익(보호법익)은 태아의 생명이고, 부차적으로 부녀의 생명신체이다. 이에 대한 특별형법으로는 모자보건법이 있다.

태아의 생명에 대한 보호 필요성은 헌법 제10조의 인간존엄 규정으로부터 직접 도출된다. 헌법이 최고의 가치를 가진 것으로 규정하는 인간존엄은 모든 국가권력에 대하여 이 가치를 확인하고 보장할 의무를 부여한다. 이러한 가치는 생명보호를 전제로 하여 실현될 수 있는 것이다. 사람의 생

1) 도파민 (dopamine)

신경세포 간에 메신저 역할 하는 신경전달 물질. 뇌 속의 도파민은 주로 몸동작 기능, 인식능력, 뇌의 자극 보상 구조, 식사 및 음료 섭취 행위, 성행위, 신경계통의 대사산물의 조절 및 선택적 주의력 등 많은 기능과 행동에 영향. 과다분비 되면 정신분열증, 과소분비 되면 파킨슨씨병 위험

명은 절대적 가치를 가지고 있으며 또한 절대적으로 보호되어야 한다. 살 만한 가치가 있는 생명과 그렇지 않은 생명 사이의 구별은 있을 수 없다. 모든 생명은 예외 없이 보호되어야 한다는 원칙을 생명보호절대의 원칙이라고 한다.

태아는 사람인가? 태아가 사람에 해당한다면 그의 생명은 절대적으로 보호되어야 한다. 태아는 태어나지 않은 사람 또는 생성 중인 사람이다. 그러므로 그는 모체와 독립된 인간이고 그의 생명에는 모체와는 별도로 독자적 가치가 있다. 태아도 사람이기 때문에 태아의 생명을 침해하는 낙태는 살인행위와 다를 바 없다. 태아의 단계를 거치지 아니한 사람이 없음을 생각할 때, 태아의 생명보호 없이 사람의 생명보호는 불가능하다. 태아와 사람을 별개로 생각하는 점에 낙태의 문제성이 있다. 형법이 낙태를 범죄로 규정하고 처벌하는 것은 헌법의 당연한 요청이다.

연간 낙태로 죽어가는 태아는 150-200만 정도라고 한다. 그러나 낙태죄로 처벌받는 사람은 거의 없다. 그렇다면 형법상의 낙태죄 규정의 실효성에 의문이 생길 수 있다. 처벌이 이루어진다 해도 보통은 집행유예나 미제사건으로 처리되어 실제로 처벌되는 사람은 없는 실정이다. 낙태죄의 특별형법인 모자보건법이 적용되는 경우도 거의 없다.

헌법재판소는 2019년 산부인과 의사가 낸 헌법소원 사건에서 "임신한 여성의 자기결정권을 제한하고 있어 침해의 최소성을 갖추지 못했고 태아의 생명보호라는 공익에 대해서만 일방적이고 절대적인 우위를 부여해 임신한 여성의 자기결정권을 침해했다"고 판단했다. 낙태죄를 당장 폐지하면 부담이 따르는 만큼 2020년 12월 31일까지 법조항을 개정하라는 '헌법불합치' 결정을 내렸다.

2_ 모자보건법

모자보건법은 형법상의 낙태죄 규정을 유명무실하게 만들었다. 모자보건법은 낙태죄의 특별형법에 해당하므로 특별법인 이 법은 일반법인 형법에 우선하여 적용된다. 그리하여 형법상의 낙태에 관한 규정은 전체적으로 사문화되고 말았다. 모자보건법은 처벌을 모르는 특이한 법이라는 비판을 받고 있다.

모자보건법의 어디에도 낙태를 허용한다는 명시적 규정은 없다. 그러나 교묘한 방법으로 완전히 허용하는 방법을 사용하고 있다. 즉, 법의 가면을 쓴 불법이 이루어지고 있는 것이다. 결국 국가가 낙태죄의 보이지 않는 공범자가 되어버린 것이 현실이다.

(1) 낙태죄의 입법 경향

형법상 낙태규율 방식에는 기한방식과 정당화 사유방식의 두 가지가 있다. 전자는 자유롭게 낙태할 수 있는 일정 기한을 설정하고, 그 기한 이후의 낙태에 대해서도 광범위하게 정당화 사유를 인정한다(영국, 덴마크, 스웨덴, 오스트리아, 프랑스, 이탈리아 등). 후자는 기한과 상관없이 수태 후의 모든 낙태행위를 원칙적으로 금지하고 일정한 정당화 사유가 있는 경우에만 예외적으로 허용한다(독일).
정당화 사유가 있는 경우에도 일정한 기한을 두고 그 이후에는 낙태를 금지하는 것이 보통이다. 일반적으로 인정되는 정당화 사유는 다음과 같다.

① 의학적 정당화 사유
임신중독 경우와 같이 임신으로 모체의 생명이 위협받는 상황이 전개될 때 모체의 생명을 위하여 태아의 생명을 포기하는 경우가 이에 해당한다.

② 우생학적 정당화 사유
유전 또는 특수 사정에 의하여 저능아나 기형아의 출산이 확실시 될 때 낙태를 허용하는 경우가 이에 해당한다. 독일 형법은 임신 후 5개월(22주)까지 이 사유에 의한 낙태를 허용한다. 이러한 사유는 헌법 제10조의 생명존엄에 위반된다고 보아야 할 것이다.

③ 윤리적 정당화 사유
강간이나 기타 위계에 의한 간음 등 불법적 성행위, 반윤리적 성행위에 의해 임신된 경우에는 낙태를 허용하자는 경우가 이에 해당한다. 독일 형법은 임신 후 3개월(12주)까지 이 사유를 인정한다. 그러나 태아의 생명권은 부녀의 인격권과 별개의 것이라는 비판을 받는다.

④ 사회적 정당화 사유
청소년 임신의 경우와 같이 양육의 희망 · 기대가 절망적인 출생의 경우에 낙태를 허용하자는 것이다. 임부나 가족의 경제적 사정도 고려되어야 한다는 주장도 있다. 독일 형법은 임신 후 3개월(12주)까지 이 사유를 인정한다. 생명보호를 위하여 필요한 모든 조치를 취해야 할 국가가 태아의 생명을 담보로 펴는 사회정책은 곤란한 것이다.

(2) 모자보건법의 정당화 사유

낙태의 정당화 사유는 헌법 제10조에 의한 인간존엄에 태아의 생명뿐만 아니라, 임부의 생명 · 신체에 대한 보호도 당연히 포함된다는 점에서 인정된다. 태아의 생명권과 임부의 자유로운 인격권이 충돌하는 경우에 어느 이익을 우선하여야 하는가? 이 문제를 해결하기 위해 정당화 사유가 지침으로 마련된 것이다. 모자보건법은 낙태를 인공임신중절수술로 개칭하고(제2조 6호), 인공임신중절수술의 허용한계를 규정한다(제14조).

이 법은 다음과 같은 사유가 있는 경우 의사는 본인과 배우자의 동의를 얻어, 임신한 날부터 28주(7개월) 까지 인공임신중절수술을 할 수 있다고 규정한다.

· 본인 또는 배우자가 대통령령이 정하는 우생학적 또는 유전학적 정신장애나 신체질환이 있는 경우
· 본인 또는 배우자가 대통령령이 정하는 전염성 질환이 있는 경우
· 강간 또는 준강간에 의하여 임신된 경우
· 법률상 혼인할 수 없는 혈족 또는 인척간에 임신한 경우
· 임신의 지속이 보건의학적 이유로 모체의 건강을 심히 해하고 있거나 해할 우려가 있는 경우

이상의 정당화 사유는 문제점을 내포하고 있다. 의사가 얼마든지 합법적 낙태로 위장할 수 있을 정도로 정당화 사유가 광범위하게 규정되어 있다. 인정할 수 있는 것은 모체의 생명과 태아의 생명권이 충돌하는 한계상황과 강간 또는 준강간에 의하여 임신된 윤리적 정당화 정도라고 하여야 할 것이다. 그 밖의 문제에 대하여는 국가나 사회의 복지정책으로 태아의 생명권이 보장되어야 할 것으로 보인다. 태어나지 않은 사람의 인간존엄성 · 생명존엄성을 보호하지 않고는 태어난 사람의 경우도 보호할 수 없기 때문이다.

(3) 모자보건법의 문제점

이 법은 외관상으로는 세계의 보편적 경향이라고 할 수 있는 정당화 사유에 따른 해결방법을 취하고 있다. 그러나 실제로는 낙태를 완전히 자유화하여 형법의 낙태죄 규정을 사문화시키고 있다.

1) 정당화 실현의 전제조건

① 확인의사와 시술의사의 분리 : 정당화 사유가 지켜지기 위해서는 그 사유의 확인의사와 시술의사를 제도적으로 분리할 필요가 있다. 모자보건법은 양자를 분리하지 않고 있어서 부녀와 의사의 담합을 가능하게 하고 있다. 이 담합을 방지할 수 있는 유일한 방법은 확인의사와 시술의사를 분리하는 것이다.

② 불법 시술의사에 대한 처벌규정 : 정당화 사유의 객관적 확인을 위하여 이 사유를 확인하지 않거나 또는 허위로 판단하여 낙태시술을 한 의사는 처벌해야 한다. 제재가 없는 법이 지켜질 것으로 기대할 수 없다. 그런데 이 법 제14조는 처벌규정이 없다. 또 이 법은 형법적용배제를 선언한다.[2] 이는 국가가 낙태를 전면적으로 허용한다고 선언하는 것과 다를 바 없는 결과가 된다.

2) 낙태자유법

① 인구억제정책의 수단 : 모자보건법 제14조의 폭 넓은 정당화 사유, 그리고 나아가서 처벌규정을 두지 않음은 낙태자유화를 추진한 것과 다름없다. 그럼에도 불구하고 이 조항과 무관한 낙태행위가 형법의 적용을 받을 것으로는 기대할 수 없다. 이 법은 결국 낙태자유화법이 되고 말았다.

② 저출산 사태의 문제 : 1973년 모자보건법을 제정하면서 한국은 전세계적으로 가족계획이 가장 성공한 나라로 평가되었다. 그러나 40여년이 지난 지금 저출산의 문제는 국가경쟁력을 약화시키는 가장 심각한 사회문제가 되고 말았다. 출산율은 경제개발협력기구OECD 회원국 중 최하위를 점하고 있다. 통계청은 특단의 대책이 없는 한 저출산 현상은 지속될 것이라고 진단한다. 고령인구의 증가는 세계적으로 가장 빠른 속도로 진행되고 있고, 2020년부터는 본격적으로 인구가 감소하는 단계에 접어든다고 한다. 피터 드라커[3]는 인구감소의 심각성을 IT 혁명에 비교할 수 없을 정도의 중대한 사회변화라고 묘사한 바 있다.

③ 저출산 · 고령화사회기본법 : 2005년에 저출산 · 고령화사회기본법이 제정되었다. 이 법은 국가가 영유아에 대한 건강증진과 태아의 생명존중을 위한 시책을 수립 · 시행하고, 임신 · 양육 · 출산의 사회적 의미와 생

2) 모자보건법 제28조

이 법규정에 의한 인공임신중절수술을 받은 자와 수술을 행한 자는 형법 제269, 270조의 규정(낙태죄)에 불구하고 처벌하지 않는다.

3) Peter F. Drucker
(1909-2005)

오스트리아 빈 출생. 미국의 경영학자. 현대를 대량 생산원리에 입각한 고도산업사회로 보고, 그 속에서 기업의 본질과 이를 바탕으로 한 경영관리 방법 전개. 분권관리나 직장자치를 전개하는 등 체계화된 경영관리론 주창.

명의 존엄성, 가족구성원의 협력의 중요성에 관한 교육을 실시하도록 하고 있다. 또한 국가와 지자체가 임신, 출산, 양육, 교육에 따른 경제적 부담을 경감하기 위해 필요한 사회적 시책을 강구하도록 규정하고 있다.

모자보건법은 모자보건을 규정하면서, 인공임신중절수술을 광범위하게 합법화하고 있다. 출산을 직접적으로 가로막는 이 법을 방치한 채 저출산기본법을 제정하는 것을 합리적이라고 할 수는 없다. 모자보건법의 모자보건 개념이 살아 있는 한 저출산기본법은 정치적인 상징에 불과한 법이 되고 말 가능성이 크다.

(4) 모자보건법의 장래

우리나라의 낙태에 관한 현실은 형법으로 낙태를 금지하면서, 모자보건법으로는 낙태를 허용하는 상황이다. 생명은 보편적이고 자연적인 가치로서 이것이 법률 규정에 의해 좌우되는 것은 아니다. 태어나지 않은 사람을 보호하지 않는 사회는 태어난 사람의 생명도 존중할 수 없다. 낙태를 방치하면서 저출산 문제를 해결하려는 것은 이율배반적 태도라 하지 않을 수 없다. 인간의 존엄과 가치를 훼손하는 위헌요소를 가진 모자보건법 개정작업이 이루어져야 할 것이다.

Ⅲ. 낙태 논의의 쟁점

낙태찬성론자들은 어머니의 권리, 특히 임산부의 선택권을 강조한다. 반대론자들은 태어나지 않은 아기의 권리, 특히 그 아이의 살 권리를 강조한다. 낙태찬성론자들은 종종 동정심에 호소한다. 원치 않는 임신이 지속될 경우 기존의 가족들이 겪게 될 상황을 이야기한다. 사실 개인적으로 큰 고통을 야기하는 문제가 될 수 있다는 것을 인정하지 않을 수 없다. 그런 경우 일부 여성이 그들에게 유일한 도피처인 것처럼 보이는 낙태를 선택하고, 일부 의사가 낙태를 정당화하기 위해 법조항을 자유자재로 해석하는 이유를 이해하지 못할 것도 없을 것이다.

그러나 단순히 실용주의 차원으로 만족할 수는 없는 것이 아닌가. 진리나 정의를 희생시킨다면 더 이상 진정한 동정심이라 할 수 없다. 쟁점은 도덕적이고 신학적이다. 태아란 과연 어떠한 존재인가? 태아란 그저 젤리 모양의 덩어리나 조직 혹은 어머니의 자궁 안에 있는 증식물이며, 따라서 치아나 종양이나 편도처럼 빼버리거나 없애버릴 수 있다는 견해를 취하는 자들이 있다. 또한 태아가 인간화되는 결정적 순간을 수태와 탄생의 어느 지점에서 찾는 견해도 있고, 수태 혹은 결합을 인간이 시작되는 결정적인 순간으로 보는 견해도 있으며, 태아의 정확한 신원을 결정하는 것을 의도적으로 회피하는 입장을 취하는 자들도 있다.

Ⅳ. 낙태 수술과 그 방법

태아를 어떻게 이해하느냐에 따라 우리의 생각과 행동이 결정된다. 엄마와 태아를 서로 다른 발달단계에 있는 두 명의 인간으로 생각해야 할 것이다. 의료진들도 두 명의 사람을 돌보고 있다고 생각해야 한다. 유엔 '아동권리선언'[4]도 아이는 출생 이후와 마찬가지로 출생 이전에도 적절한 법적 보호를 포함한 특별한 안전장치와 보살핌을 받아야 한다고 선언한다. 성서는 무방비 상태의 사람들에 대한 하나님의 관심에 대해 말하고 있다. 사람 중 가장 무방비한 상태에 있는 사람은 태어나지 않은 아이들이다. 태아는 스스로를 보호할 수 없는 존재이다. 그러므로 그들을 돌보는 것이 우리의 책임이 되는 것이다. 낙태의 실상은 끔찍하다. 전혀 자기를 지킬 능력이 없는 천진난만한 아이에게 사지를 절단하는 가공할 낙태기구를 들이댈 수 있는 것은 괴물밖에 없을 것이다.

인공 임신중절이란 임신된 아기가 아직 작을 때, 기계를 사용해서 끌어내는 것을 말한다. 어떤 의미에서는 의사가 가장 싫어하는 수술이라고 할 정도로 힘든 수술이다. 다른 수술은 의사가 눈으로 보면서 할 수 있는 수술인데 비해 인공 임신중절은 의사가 눈으로 보면서 할 수 없다. 낙태수술은 기계를 사용하여 우선 태아의 사지를 잘라내고 몸통을 부숴 긁어낸 후 최후로 머리를 망가뜨려 그것을 끌어내는 것인데, 의사는 이 경우 기계에서 손으로 전달되는 촉감에 의지하는 수밖에 없다.

4) 유엔 아동권리선언(1959) (UN Declaration on the Rights of the Child)

1959. 11. 10. UN 총회에서 만장일치로 채택한 '아동의 권리선언'. 세계대전에 대한 반성기에 철저한 아동의 권리보장을 각국별로 실행하기 위한 기본선언. 한국은 1957년 대한민국 어린이헌장을 기초하여 UN 아동권리선언이 채택된 해인 1959년 5월 5일 어린이날에 선포함.

히포크라테스[5] 선서 중에는 이런 대목이 있다. "나는 수정의 순간부터 인간생명에 대해 지고의 존경심을 유지할 것이며, 어떤 위협 아래서도 인간성 법칙에 위배되게 나의 의학지식을 사용하지 않을 것이다." 그러나 미국의 경우 의대 졸업식에서 더 이상 히포크라테스 선서를 하지 않는 학교가 늘어나고 있다. 왜냐하면 그들이 학교를 다니면서 공부한 태아학의 결론을 알면서도 그대로 실천하지 않을 것이기 때문이다.

영국 로얄 칼리지Royal College 산부인과 의사들의 경우 92%가 낙태를 반대하고 4%가 찬성했다. 프랑스의 경우 1973년 6월 미국을 따라 낙태자유법이 상정되었을 때, 의사들의 동의서명이 필요해서 서명을 의뢰한 결과 5만 명의 의사 중 1만 7천 명이 반대 서명했고, 찬성 서명한 의사는 3백 명에 불과했다. 독일 의학협회의 경우는 소속 의사의 98%가 낙태를 반대한다. 그들은 이렇게 말했다. "낙태가 어떠한 것인가를 과거의 경험을 통해 알았고 또 그것이 어떤 문제(안락사)로까지 확산되는 줄을 알기 때문에 우리는 낙태를 반대한다."

그러면 한국의 경우 많은 의사들이 이론적으로는 태아를 인간으로 인정하면서도 왜 낙태시술을 하는가? 놀랍게도 여기에는 경제적인 문제가 그 결정적인 원인으로 작용하고 있다고 한다. 산부인과 의사들이 돈에 욕심이 있어서 분만보다는 훨씬 노동력이 덜 들고 수가도 고가인 낙태를 선호한다고 볼 수는 없다. 현실적으로 현재의 의료수가 제도로는 낙태를 하지 않으면서 산모의 산전관리와 분만에만 재정을 맡길 경우 병원운영이 쉽지 않다는 데 문제가 있다. 그러므로 한국에 있어서 낙태문제를 시급히 해결 할 수 있는 단서는 여기서 발견할 수 있다. 낙태시술을 하는 의사들만 나무랄 것이 아니라 그들이 양심껏 의료행위를 할 수 있도록 현실적인 여건을 마련할 필요가 있다.

진공흡입술은 가장 흔하게 사용되는 낙태방법으로 임신 12-14주까지 사용된다. 자궁 경부를 넓히고, 흡입펌프와 연결된 관을 자궁으로 삽입한다. 태아는 자궁에서 흡입되어 단지에 모이며 태아가 완전히 제거되었는지 확인하기 위해 신체 부분들을 세어 본다.

'D와 C', 곧 확장술dilation과 소파술curettage은 더 오래 된 방법이다. 도구를 삽입할 수 있도록 자궁 경부를 확장한다. 도구는 태아를 조각조각 내어

5) 히포크라테스
(BC 460?-BC 377?)

고대 그리스 페리클레스시대 의사. 의학사의 가장 중요한 인물 중 하나. 의학의 아버지라고 부르며, 히포크라테스 학파 만듦. 이 학파는 고대 그리스의 의학을 혁명적으로 바꾸었으며, 마술과 철학에서 의학을 분리 해 내어 의사라는 직업을 만들게 됨.

다 제거할 때까지 자궁벽을 긁어내는 날카로운 숟가락 모양의 외과수술용 기구(퀴레트) 혹은 임신 후기에는 태아를 조각조각 자르는 멸균 가제 겸자와 집게같이 생긴 도구, 둘 중의 하나이다. 폭력적이고 피비린내 나는 사지 절단 작업이 이루어진다.

또 어머니의 복부를 통해 태아를 둘러싸고 있는 양막에 긴 바늘로 유독성 용액을 주입하는 방법이 사용된다(12-16주 사이). 태아에게 독극물이 주입되면 부식되어 살해된다. 그러면 자연발생적으로 배출된다.

'D와 X', 즉 확장과 적출extraction의 방법은 쉽게 절단하기에는 태아의 조직이 너무 강해진 임신 후기에 시행된다. 아이의 위치를 잘 조정해서 골반위 출산위치로 돌려놓고, 머리만 자궁에 남을 때까지 발부터 먼저 부분적으로 출산한다. 마지막으로 가위를 두개골 밑 부분에 집어넣고 흡입 도뇨관을 집어넣어 뇌를 제거한다. 그러면 두개골이 무너져 버리고 죽은 아기를 제거하기 쉬워진다.

RU 486은 임신 초기 몇 달 동안 수술대용으로 프로스타글란딘과 함께 사용된다. 임신 9주째까지 복용할 수 있으며, 자궁 내면을 파괴함으로 낙태되게 한다. '모닝 애프터'약은 성관계 후 72시간 이내에 먹을 수 있다. 다량의 에스트로겐 정으로 자궁 내벽을 분열시킴으로써 착상을 막는 것이다. 이는 심지어 약제사도 처방을 내릴 수 있게 되어 있다.

현실로 사용되고 있는 낙태기술과 낙태가 이루어지는 현실을 이해한다면 낙태에 동의하기는 어려울 것이다. 또 대중적인 완곡어법은 진실을 숨기기 쉽게 한다. 아이의 생명이 살해되는 것을 '임신의 종료'라고 해도 좋다는 말인가? 유도된 낙태는 태아 살해이며, 무죄한 피를 흘리는 행위가 아닌가?

6) 마더 테레사
(1910-1997)

유고슬라비아에서 알바니아 집안의 3남매 중 막내로 출생. 1950년 '사랑의 선교 수녀회' 설립. 빈민, 고아, 나병 환자, 죽음 기다리는 사람들의 구원에 헌신. 이무렵부터 '마더 테레사'로 불리움.

V. 성서적 관점

성서적 관점에서 생명을 주고 취하는 것은 하나님의 특전이다. 그리고 살인을 금하는 율법이 어떤 경우에는 살인을 허용하기 때문에 살인하지 말라는 말을 절대적 금지로 해석할 수는 없다. 그럼에도 불구하고 인간의 생명을 취하는 것은 특정한 신적 명령에 의해서만 허용되는 신적 특전이다. 그러한 명령이 없음에도 인간의 생명을 끝내는 것은 교만이다. 마더 테레사[6]

는 낙태에 대해 인간의 손이 할 수 있는 가장 마귀적인 일이라고 했다.

낙태문제는 신론뿐 아니라 인간론과도 관계된다. 태아가 아무리 덜 발달되었다 해도 그 생명이 인간의 생명이라는 점은 모든 사람이 동의한다. 그러므로 어떤 식으로든 태어난 아이와 태어나지 않은 아이를 구분한다면 여기에는 인간의 생명에 대한 사람의 평가가 관여되는 것이다. 낙태는 인간의 존엄성에 대한 성서의 견해를 거부하는 것이다. 시편 139편은 시적 이미지와 비유적인 언어를 사용하여 중요한 진리를 보여준다.

첫째, 창조이다. "주께서 내 장부를 지으시며, 나의 모태에서 나를 조직하셨나이다"(13: 창조), 이어서 시인은 "내가 주께 감사하옴은 나를 지으심이 신묘막측 하심이라. 주의 행사가 기이함을 내 영혼이 잘 아나이다"(14: 태아의 발달), 시편 기자는 태아의 성장과정이 우연적 · 자동적인 것이 아니고, 하나님의 창조기술에 의한 작업이라고 단언한다.

다음으로 연속성이다. 시인은 자신의 실존을 네 단계로 개관한다. "주께서 나를 감찰하였나이다"(1: 과거), "주께서 나의 앉고 일어섬을 아시고, 나의 모든 행위를 익히 아시오니"(2-3: 현재), "주의 손이 나를 인도하시며, 주의 오른 손이 나를 붙드시리이다"(10: 미래), 그리고 "주께서 나의 모태에서 나를 조직하셨나이다"(13: 탄생 이전 단계). 그는 네 단계 모두에서 그 자신을 '나'라고 부른다. 자신이 태어나기 이전이나 이후나 동일한 사람이요, 동일하게 인격적 정체성을 가지고 있었음을 말한다.

그리고 친교이다. 시인은 하나님과 자신 사이에 이루어지는 인격적이고 특별한 친교를 의식하고 있다. 그분은 그를 창조하시고, 이제 유지하시고, 그를 알고 사랑하시고, 영원히 붙드실 동일한 하나님이시다.

유전자 암호의 해독을 통해서 정자가 난자를 뚫고 들어와 수정된 순간 23쌍의 염색체가 완성되며, 수정체는 양친 부모와 다른 독특한 유전자형을 가지게 되고, 아이의 성별 · 크기와 모양 · 피부와 머리카락과 눈동자의 색 · 기질 · 지능이 결정된다는 것을 알게 되었다. 인간은 단 하나의 수정세포로 시작되어 성인이 되면 약 30조 개의 세포를 가지게 된다. 융합과 성숙의 두 시점 간에 45세대의 세포분열이 필요하며, 그 중 41번은 출생 전에 이루어진다.

3주에서 3주 반이 되면 작은 심장이 뛰기 시작한다. 4주가 되면 머리와 몸을 식별할 수 있고, 눈과 귀와 입을 식별할 수 있다. 6주나 7주가 되면 뇌의 기능을 탐지할 수 있고, 대부분의 낙태가 시행되기 시작하는 8주가 되면 손가락과 지문, 발가락을 포함한 아이의 사지가 분명히 보인다. 9주에서 10주가 되면 아이는 엄지손가락을 빨 수도 있다. 13주가 되면 태아의 구성이 완성되며 축소판 아기가 엄마의 자궁에 누워있으며 심지어 딸꾹질을 할 수도 있다. 그때부터 아이는 크기와 힘만 자랄 뿐이다. 5개월 말 6개월 초가 되면 아이는 울고, 움켜쥐고, 주먹으로 치고 발로 찰 수 있다. 제왕절개로 낙태를 한 후 이런 일이 일어나는 경우에 의료진은 극도의 고통을 느끼게 된다. 임신을 한 어머니는 경험에 의해 자신이 살아있는 아기를 배고 있다는 것을 확인한다.

Ⅵ. 낙태의 정당화

낙태는 어떤 경우에도 정당화 될 수 없다는 말인가? 신실하고도 현실적인 해결을 위해 신학자와 의사는 서로를 필요로 한다. 의사들은 신학자들이 고통스러운 임상 딜레마는 이해하지 못한 채 거리가 있는 의견만을 말하고 비현실적이라는 점을 견디기 어려워한다. 신학자들은 의사들이 신학적 원리의 통제를 받지 않는 임상적 결정을 하면서 실용주의적 경향을 보이는 것에 어려움을 느낀다. 아마도 '정당화될 수 있는 낙태'의 윤리를 인정하여야 할 것이다. 이때 동의해야 할 원칙은 "인간의 생명은 긴급히 필요한 경우가 아니면 취해서는 안 된다"는 것이다. 그러나 인간 태아의 일반적인 불가침성을 인정한다면 예외의 경우에 대한 면밀한 검토가 필요하다.

로마 가톨릭교회는 눈감아 주지 않지만 산모의 생명을 구하기 위한 낙태는 인정되어야 한다고 보는 견해가 우세하다. 그러나 현대 의술의 발달은 이런 경우를 거의 발생시키지 않는다.

아이가 '심각한 장애'를 가지고 태어나게 될 상당한 위험이 있는 경우의 문제가 있다. 심각한 불구를 가진 사람의 생명은 살 가치가 없다는 말이 종종 나온다. 그러나 누가 그것을 결정할 수 있을까? 어떤 사람은 죽는 게 더 나으며 그러므로 그들 자신의 유익을 위해 죽여도 된다고 말하는 것보다 더 무서운 개념은 생각하기 어렵다. 그러나 장애가 있는 대부분의 사람은 그들 삶의 질에 상당히 만족한다고 하는 보고가 있다. 장애자의 삶을 살만한 것으로 만드는 것은 사랑이며, 그들에게 사랑을 줄 것인가 여부를 선택할 수 있는 것은 그들의 이웃이다. 그들의 삶의 질은 이웃에게 달려 있다.

장애가 있는 아이를 출생 전에 죽이는 것을 인정한다면, 출생 이후에도 그렇게 하지 말아야 할 논리적 필연성이 있는가? 사회가 태어나지 않은 아이를 장애라는 단 하나의 이유로 죽일 준비가 되어 있다면, 불구로 태어난 신생아, 자동차 사고로 혼수상태에 빠진 피해자, 정신박약자와 고령자를 죽이지 말아야 할 논리적 이유는 없다. 장애를 가진 사람들은 그들의 삶이 무가치하거나 비생산적이라고 판단될 때 마음대로 처분할 수 있는 존재가 되고 말 것이다. 프랑스 생물학자 장 로스탕Jean Rostan은 말했다: "우리 사회가 쓸모없고 무능하고 고칠 수 없는 병을 가진 구성원들의 생명을 유지시키는 사치를 바라는 것은 명예로운 일이라고 믿는다. 이것이 나의 약점이다. 나는 한 사회가 생명에 대한 경외감으로 주의를 기울이는 정도로 그 사회의 문명화 정도를 측정할 것이다."

장애를 이유로 낙태를 한다면, 인간이 하나님 노릇을 하는 행위를 할 위험에 빠지게 된다. 성경의 하나님이 장애자들과 약한 자들을 특별히 보호하고 돌보아주시는 분임을 기억해야 할 것이다.

Ⅶ. 과 제

한 설문조사에 따르면 성경험이 있는 남자의 30%가 임신을 시킨 적이 있고, 성경험을 한 여자의 15%는 임신경험이 있다고 한다. 또한 연간 200백만 건의 낙태 중 삼분의 일이 미혼여성에게서 일어난다고 한다.

이 자료에 나타난 바로는 태어난 아이의 4배가 낙태되고 있는 것이다. 단순히 사랑하니까 할 수 있는 행동에 대한 결과로는 성관계 후 부담이 너무 크다. 여성이 결혼 전에 임신했을 때 선택할 수 있는 대안은 별로 없다. 상대방과 결혼하거나, 미혼모로 자녀를 출산하여 양육하거나, 낙태를 하는 것 정도일 것이다. 그 어느 것도 개인의 일생에 돌이킬 수 없는 영향을 미치는 게 된다. 한 번 성관계를 맺는 단계를 넘기게 되면 쉽게 습관적인 성관계의 늪에 빠져들 가능성도 있다. 여성의 입장에서는 이런 관계가 반복되면 성적 만족을 느끼는 대신, 자신이 성적 유희의 대상으로 전락해버린 것 같은 비참한 생각에 빠질 위험성도 있다.

또한 낙태행위가 호흡하고 있는 천진난만한 천사를 예리한 살인도구로 잔혹하게 사지절단을 하는 행위라는 사실을 알게 된다면 누가 선뜻 동의할 수 있을까? 많은 여성들이 낙태로 인한 죄책감에 사로잡히고 건강을 상하고 고생하고 있다. 한 번의 사려 깊지 못한 성관계의 결과가 이토록 끔찍한 결과를 가져올 수 있음을 인식한다면 우리 시대의 왜곡되고 무책임한 성문화는 비판되어야만 할 것이다.

태어나지 않은 아이의 생명을 위해 떠벌리면서, 학대되거나 방치된 아이들, 매 맞고 버려진 어머니들, 빈민들 혹은 난민들 등 이미 태어난 사람들의 생명은 거들떠보지 않는다면 일관성이 결여된 것이다. 인간의 생명에 헌신하여 그 존엄성을 수호하고 그 질을 증진하여야 한다.

대가를 치를 준비 없이 선동하는 것은 위선일 것이다. 불법적인 뒷골목 낙태가 증가하도록 방치해서는 안 된다. 임신한 여성들이 자기 아이의 출산을 꺼리는 마음을 극복하도록 돕고, 그녀가 가능한 모든 개인적 · 의학적 · 사회적 · 재정적 지원을 받도록 해야 한다. 우리 사회가 짐을 나누어져야 할 것이다. 부모가 원치 않는 아이라 할지라도, 우리 사회 일반과 특히 교회 등 종교기관이 원치 않는 아이는 없다는 것을 알려주어야 한다.

세상에는 결혼은 했으나 아이가 없어서 입양의 기회를 기다리는 부부들이 줄을 서 있다. 특히 고아 수출의 오명을 가진 우리나라는 그들에게 큰 빚을 지고 있다. 마더 테레사는 늘 말했다: "우리는 입양에 의해 낙태와 싸우고 있다." 세계적으로 많은 기관들이 상담, 긴급한 도움, 조언, 거처 주선, 재정, 후원 그룹 등을 제공하는 사역을 감당하고 있다.

또 모든 낙태는 원치 않는 임신으로 인한 것이라는 점과 모든 원치 않는 임신은 실패로 인한 것임을 인정해야 한다. 사회적 교육이 필요한 것이다.

03 Chapter

_뇌 사

2014년 6월 26일 서울아산병원에서 미국인 가브리엘 앤드루스 씨(28)와 한국인 김OO 씨(41)가 수술을 받았다. 8년째 만성신부전증을 앓아온 김 씨에게 앤드루스 씨의 신장을 이식하는 수술이다. 얼굴 한 번 본 적 없는 이들이 생명을 주고받았다. 사랑의 장기기증운동본부에 따르면 앤드루스 씨는 우리나라에서 사는 동안 타인에게 순수하게 신장을 기증한 첫 번째 외국인이다. 그는 미국 하버드대에서 신학을 공부하다 2011년 한국에 왔으며, 대전 한남대학교 기독교학과에서 가르쳤다. 그는 "다른 사람을 위해 의미 있는 일을 하고 싶었다. 필요한 사람을 위해 장기를 기증하는 것은 의미 있는 행동이라고 줄곧 생각해왔다"고 말했다.

공자는 〈효경〉(孝經), 개종명의(開宗明義)에서 '신체발부는 수지부모'라 하여 부모님으로부터 물려받은 몸을 소중히 여기는 것이 효도의 시작이라고 가르쳤다.[1] 이러한 가르침을 배경으로 하는 우리의 전통적 정서에서는 장기 기증을 꺼려하는 분위기가 있기도 하지만, 오늘날 우리 사회에서는 점차 장기기증이 사랑의 실천이자 생명을 살리는 운동이라는 인식이 확산되고 있는 것으로 보인다. 그리하여 근래에는 장기기증의 릴레이가 이루어

1) 子曰 身體髮膚는 受之父母니 不敢毁傷이 孝之始也요. 立身行道하며 楊名於後世하여 以顯父母가 孝之終也라.

(공자가 말하기를 우리의 몸은 부모에게서 받은 것이니, 훼손하지 않고 다치지 않는 것이 효도의 시작이며, 출세하여 후세에 이름을 날려 부모를 드러내는 것이 효의 끝이다.)

지고 있다. 우리 현실은 장기기증의 활성화를 기다린다. 주변의 질병으로 인해 고통 받는 환우들을 보면 그 필요성을 공감할 수 있다.

또한 불법적인 장기매매가 기승을 부리고 있다. 신자유주의적 자본주의 시장구조에서는 언제든 장기매매시장이 형성될 가능성이 있다. 장기매매는 인간의 존엄성과 양립할 수 없다. 장기이식을 위한 용도로 하는 장기매매는 수용될 수 없다. 경제적 어려움에 처한 사람은 심리적 강제로 인해 장기매매의 희생양이 될 수 있기 때문이다. '목숨 건 중국행, 출처 없는 장기이식으로 사망피해 속출'이라는 등의 제목을 단 기사들은 장기기증이 활성화 되어야 할 이유를 말해준다.

현대 의학의 발달은 장기이식을 통해 많은 사람들의 삶을 회복시키거나 혹은 사람들의 생명을 구할 수 있는 새로운 가능성의 장을 열었다. 한국 교회 안에서 사랑의 장기기증 운동이 전개되고 있다. 생명사랑의 실천을 위한 장기기증의 권유는 이웃 사랑의 실천을 위한 노력으로 평가될 수 있다.

전통적인 사망의 판정방식인 심폐사를 전제로 할 때에는 각막이나 신장 등의 이식은 가능하지만 심장, 간, 폐 등의 장기이식은 의학적으로 어렵기 때문에 이를 가능하도록 뇌사 개념을 도입하게 되었다. 그래서 심장사 이전에 뇌가 죽은 단계에서 장기를 적출하여 다른 사람에게 이식할 수 있도록 하자는 것이다. 소생 희망이 전혀 없는 환자에게 고비용의 생명유지 장치를 장기간 부착함으로써 환자 가족들이 겪는 정신적 · 경제적 고통, 고가 의료장비 사용의 비효율성 등도 그 논거로 제시된다. 무익한 치료 중단의 길을 열어주고, 장기가 필요한 사람에게 장기 제공의 길을 열어주어야 한다는 것이다. 따라서 죽음의 기준이 논쟁거리가 된 것은 다분히 실용주의적 고려 탓이 라는 점을 부인할 수 없다.

이러한 유용성 문제와는 별도로 장기이식 문제는 뇌사 인정 여부 및 뇌사 기준의 정당성에 대한 법학적, 철학적, 신학적 성찰을 필요로 한다. 장기기증을 통해 이웃 사랑을 실천할 수 있다는 점만 부각시킬 것이 아니라, 인간 생명의 가치에 대한 근원적 문제에 관심을 기울이고 그 과정에서 이루어지는 일들이 성서의 가르침에 부합하는지를 살펴보아야 한다. '목적이 선하다 하더라도, 수단이 부당하면 수용할 수 없다'는 윤리원칙에 따라 장기기증 과정을 살펴보아야 한다. 고통 받는 이웃을 위한 사랑의 실천이라는 점에 소중한 의미가 있기 때문에 더욱 그 서약과 실천의 모든 과정에 대한 정당성 문제에 대해 신중하고 심층적인 접근이 필요하다.

특히 인간 생명의 가치를 질보다는 양으로 결정하거나 생명을 단순한 공리주의적 관점에서 취급하려는 태도를 경계해야 한다. 뇌사 상태에 있는 사람은 길어야 약 2주 정도밖에 살지 못한다는 것이 의학계의 통설로 알려져 있다. 그것도 외부 장치의 도움이 필요하다. 뇌사 상태의 사람은 그렇지 않은 사람과 비교할 때 생명의 양적인 면에서 오래 살 수 없는 사람이기 때문에 더 오래 살 수 있는 다른 사람에게 장기를 기증해야 한다는 단순 논리는 성립하지 않는다. 잔여 생존기간이 한 달 정도인 중환자나 말기 암환자를 법적 사망자로 보거나, 생존 징후가 불명확한 식물인간 환자를 법적 사망자로 보는 것과는 어떤 점에서 다른가?

어떤 의미에서 사람은 모두 태어날 때부터 사형선고를 받은 존재이다. 그렇다면 위의 단순 논리로 노인들은 젊은이들보다 일찍 죽을 수 있기 때문에 노인의 장기를 적출하여 젊은이에게 이식할 수 있다는 논리는 성립할 수 있을까? 법적으로 살아있는 인간이라는 기준을 어디에 둘 것인가?

Ⅰ. 논의의 전개

1967년에 남아프리카공화국 케이프타운 대학의 크리스찬 버나드 C.N.Bernard 박사가 교통사고로 희생된 25세 여성의 심장을 난치의 심장병 환자 55세의 식료품 세일즈맨 루이스 와슈칸스키에게 이식했다. "토요일에는 남아프리카의 이름 없는 외과의사였지만, 월요일에는 세계적으로 유명해져있었다"는 버나드의 말대로 당시 심장이식수술은 외과의사를 유명하게 만드는 지름길이었다. 이식수술은 성공했으나 심장을 이식한 환자는 거부 반응으로 인하여 18일간 생존 후 사망했다. 그 후 65개 외과팀이 시행한 170건의 수술결과는 1년 넘게 산 환자가 15%에 불과한 참담한 것이었다. 1971년 말경에는 그 열기가 거짓말처럼 싸늘하게 식어버렸다.

심장이식수술이 이루어지면서 뇌사에 관한 논란이 일기 시작했다. 1968년 8월 오스트레일리아 시드니에서 열린 제22차 세계의학협회WMA 총회는 '장기이식(臟器移植)에 관한 선언'(시드니 선언)을 채택했고, 이 선언에서 ① 심장 제공자에 대한 죽음의 판정은 뇌파측정기상의 뇌파의 정지(뇌사)로 결정해야 한다, ② 제공자의 죽음을 확인하는 데에는 2명 이상의 의사가 입회하여야 하며, 뇌사의 결정에 참여한 의사는 이식수술에 관여해서는 안 된다는 등의 내용을 채택했다. 그러나 뇌파측정만으로는 뇌간의 기능정지를 판정할 수 없고 뇌사의 판정도 질병의 종류나 진도에 따라 기준이 달라진다. 그러므로 판정기준의 검토가 필요하게 되었다.

1968년 미국 하버드대학 의학부에서 불가역적 혼수의 판정기준을 발표했는데 이것이 바로 뇌사에 관한 최초의 판정기준이다. 혼수상태에 있는 환자에 생명유지장치를 부착해서 인위적으로 호흡운동이나 혈액순환을 보조하거나 뇌간의 수명이 끝난 후에도 장치에 의한 강제적 호흡운동이나 혈액순환으로 외견상으로는 혈색도 좋고 흉곽이 상하운동을 하여 자발적 호흡을 계속하고 있는 것처럼 보이지만 뇌간의 기능은 영구적으로 불가역적으로 정지된 상태이다. 뇌사로 판정 받은 환자에서 생명유지장치를 제거하면 수 분 내지 수 시간 내에 심장활동 정지로 사망하게 된다.

2000년부터 시행되고 있는 '장기 등 이식에 관한 법률'의 주요 내용은 총 6장 49조 및 부칙 3개 항으로 구성되어 있으며, 제1장은 총칙, 제2장은 생명 윤리위원회 및 장기이식관리기관, 제3장은 장기 등의 적출 및 이식, 제4장은 감독, 제5장은 보칙, 제6장은 벌칙으로 구성되어 있다.

이 법의 주요내용을 살펴보면, 우선 뇌사의 판정에 관한 것으로 보건복지부가 지정한 의료기관의 뇌사판정위원회에서 판정위원 3분의 2 이상의 출석과 출석위원 전원의 찬성으로 이루어지며, 판정기준은 치료가능성이 없고 깊은 혼수상태로 자발적인 호흡 없이 인공호흡기로 생명을 유지하는 등 다섯 가지 선행조건과 두 눈동자가 확대, 고정되고 기침반사 등 뇌간반사가 소실되며 뇌파검사에서 평탄뇌파가 3분 이상 지속되는 등 아홉 가지 판정기준을 모두 충족시켜야 한다고 규정하였다.

이 법은 또한 장기이식에 대한 동의의 과정을 상세히 규정한다. 뇌사자가 생전에 장기기증에 동의하였거나 반대하였다는 사실을 확인할 수 없을 경우 가족이 동의하는 경우에 장기를 기증할 수 있게 했다. 뇌사자의 장기적출은 배우자, 14세 이상 자녀, 부모, 14세 이상 형제자매(모두 없는 경우에는 4촌 이내 친족)만이 동의할 수 있도록 제한했다. 뇌사자가 생전에 장기기증에 동의하였더라도 가족이 장기적출을 거부할 수 있게 하였다. 살아있는 사람의 장기 기증은 본인의 동의로 가능하지만 16세 미만의 미성년자, 정신질환자, 마약 등 약물복용자, 임산부 등의 장기적출은 금지하였으며, 16세 이상 미성년자의 장기적출은 배우자, 직계존비속, 형제자매, 4촌 이

내 친족에게 기증하는 경우에만 허용하고 반드시 부모의 동의를 얻도록 규정하였다.

2010년 5월에는 이 법을 전면 개정하여 의료기관에서 뇌사추정자가 발생하면 장기구득기관의 장에게 신고하고 장기구득 기관은 국립장기이식관리센터에 신고하는 제도를 도입하였다. 연간 4,000~6,000여명의 뇌사자가 발생함에도 불구하고 뇌사추정자 신고는 제대로 이루어지지 않는 상황이 반영된 것이다.

1968년 '시드니 선언' 이후 전 세계적으로 뇌사를 법률적으로 인정하고 있는 국가들이 점점 늘어나고 있다. 심장이나 간 등 하나밖에 없는 신체기관들 뿐만 아니라 각막, 신장 등을 적출할 법적 근거를 마련하여 더 많은 생명을 살리는 것을 목적으로 하고 있다. 뇌사 판정을 위해 여러 가지 방법들이 시행되고 있다. 각 국가가 사용하는 방법이 동일하지는 않지만 하버드 대학교 기준에서 크게 벗어나지 않는 것으로 알려져 있다.

Ⅱ. 사망과 뇌사

1_ 전통적 죽음 개념과 뇌사

의료기술이 현재처럼 발달되기 전에는 인간의 죽음을 굳이 심폐사, 뇌사, 세포사로 구분할 필요가 없었다. 왜냐하면 심장 활동이 정지되면 곧 뇌의 기능이 정지되고, 뇌의 기능이 정지되면 자연스럽게 세포의 활동이 정지되었기 때문이다. 그리하여 맥박이나 호흡이 완전히 정지된 상태를 죽음으로 보는 심폐사의 입장을 따르는 것이 전통이었다.

그러나 현재는 심폐소생술 등 의료기술의 발달과 인공호흡기를 비롯한 생명유지 기술의 발달은 사람의 사망 시기에 대한 판단을 어렵게 하고 있다. 뇌 기능이 정지된 상황에서도 심장이나 폐의 기능은 여전히 상당 기간 활동을 할 수 있게 된 것이다. 그리하여 전통적인 죽음에 대한 입장과는 달리 뇌사와 심폐사를 구분하려고 하는 움직임이 등장했다. 나아가서 장기이식 기술이 발달하여 신선한 장기의 확보를 위하여 심폐사에 이르기 전의 뇌사를 죽음으로 인정해야 한다는 주장도 나타나게 되었다.

그리하여 뇌사brain death, 腦死라는 용어는 대뇌를 포함해 연수 부분까지

기능이 완전히 정지되어 호흡이나 심장박동 조절을 회복할 수 없게 된 상태를 말하는 것으로 사용되고 있다(생명과학대사전). 뇌의 기능에는 대뇌의 기능 이외에 뇌간의 기능도 포함된다. 뇌사는 인간의 죽음과 같은 뜻이 아니고, 보통은 뇌사 다음에 죽음이 온다.

2_ 뇌사의 유형

뇌사는 보통 뇌간사, 대뇌사, 전뇌사의 세 가지 유형으로 분류된다. 먼저 뇌간사는 뇌간의 기능이 불가역적 상태에 빠진 경우이다. 뇌간腦幹, brain stem에는 의식 유지의 중심적 역할을 하는, 즉 모든 장기 기능을 통합 조절하는 신경중추와 반사중추, 그리고 생명유지에 가장 필요한 호흡과 순환 기능의 중추가 있다. 그러므로 뇌간 기능이 불가역적 상태에 빠지게 되면 인공호흡이나 생명유지 수단들을 동원해도 2시간에서 14일이 지나면 심폐사에 이르게 되기 때문이다. 여기서 뇌간사는 식물인간 상태에서 그 식물적 기능마저도 상실된 상태를 말한다. 그렇지만 뇌간 기능은 완전히 정지하였어도 대뇌나 뇌피질은 그 기능을 여전히 발휘하는 경우도 있다는 비판을 받는다.

대뇌사는 뇌의 기능 중에 대뇌의 기능이 불가역적 상태에 빠진 경우이다. 대뇌大腦, higher-brain는 의식을 관장하는 기관으로서 운동과 감각을 지배하는 중추신경이 있고, 언어, 정서, 의지, 기억, 사고와 같은 정신활동의 기능을 담당하는 중추도 있어서 인간의 고유한 인격을 구성하는 활동의 주요 기관이기 때문이다. 그런데 대뇌의 기능이 고차적 신경기능을 유지하는 것은 사실이지만 기본적인 생명의 유지와는 무관하기 때문에 대뇌 기능의 정지를 죽음으로 보는 것은 지나치게 급진적이라는 비판이 있다.

전뇌사whole-brain death는 뇌 전체의 기능이 불가역적인 상태에 빠져 있는 경우이다. 비록 생명 보조 장치에 의존하여 심장박동을 유지하고 있는 깊은 혼수상태의 환자일지도 죽음의 상태로 본다. 뇌사를 인정하는 사람들의 가장 일반적인 견해이기도 하다. 그 논거는 뇌는 인간의 가장 중요한 기관이며 한번 정지되면 회복이 불가능하다는 점, 뇌에는 유기체를 구성하고 있는 여러 신체적 기능들을 통합하는 중추가 있는데 뇌 기능이 불가역적 상태에 빠지면 그 통합하는 기능이 상실되어 더 이상 유기체의 기능을 할 수 없다는 점, 뇌 기능이 불가역적 상태에 빠진 사람에게 인공호흡을 시키는 것은 인간의 존엄성을 파괴하는 행위라는 점 등이다. 전뇌사는 2,000년 제정된 우리나라의 '장기 등 이식에 관한 법'을 비롯하여 세계 대부분의 사법권에서 수용되고 있다.

3_ 식물인간

뇌사와 식물인간 상태는 엄격히 구분되어야 함에도 불구하고 일부에서는 뇌사와 식물인간의 상태를 동일하게 여기기도 한다. 뇌사는 뇌의 기능의 불가역적인 정지 상태를 가리키는데 반하여 식물인간의 상태는 대뇌의 기능에 장애가 있기는 하지만 뇌간의 기능은 살아 있기 때문이다. 식물인간의 뇌간 기능에 속한 호흡, 순환, 대사, 체온조절 등 생명유지에 필수적인 기능들이 인위적인 수단의 도움이 없이도 여전히 유지되고 있다.

식물인간은 깨어 있기는 하지만 의식이 없다는 특징이 있다. 그러기에 외부의 자극에 아무런 반응을 보이지 못한다. 그러나 영양분만 제대로 공급된다면 식물인간 상태는 수개월 내지는 수십 년 유지되기도 한다. 심지어 뇌사의 경우와는 달리 정상적인 상태로 회복이 되는 경우도 있다.

Ⅲ. 뇌사 인정에 대한 근거와 평가

1_ 뇌사 인정의 근거

뇌사를 찬성하는 진영에서는 그 근거를 다음과 같이 제시한다. 인간의 개성이나 특성과 관련된 활동은 근본적으로 뇌의 기능에서 비롯되므로 생명의 핵심은 심장의 박동이나 폐의 활동이 아니라 뇌의 활동에 있다고 본다. 따라서 뇌 기능의 불가역적 소실은 인간으로서의 특성을 상실한 것이므로 뇌사 상태를 죽음으로 본다. 또한 현대 인공소생술은 호흡과 심장 활동의 자연적인 정지 이후에도 얼마 동안 연장시킬 수 있기는 하지만 그 기간은 4일을 넘지 못하며 뇌의 기능은 어떠한 경우에도 재생시킬 수가 없으므로 뇌 기능의 소실 시점을 죽음으로 본다. 뿐만 아니라 심장, 간장, 췌장 등 주요 장기는 아직 심장이 활동을 하고 있는 사람에게서 이식되어야 성공률이 높으므로 뇌사 상태에 있는 사람의 장기로 다른 사람들의 생명을 구할 수 있도록 죽음으로 인정하여 사회적 유익을 도모해야 한다(장기이식의 필요성). 나아가서 뇌사상태에 있는 환자에 대한 진료는 단순히 얼마동안 생명을 연장시키는 것에 불과하지만 경제적 비용은 매우 커서 가족들에게 엄청난 경제적 부담이 될 수밖에 없으므로 유가족의 형편을 생각한다면 뇌사가 인정되어야 한다. 그리고 인공소생술은 의사의 치료의무와 관련하여 의사에게 커다란 부담이 될 수 있고, 치료 중 부작용에 의한 형사책임 문제가 야기될 수 있으므로 인공소생술이 무의미하다고 판단될 때에는 의사에게 그것을 중지할 수 있는 길을 열어 주어야 한다는 것이다.

2_ 뇌사와 심폐사

뇌사를 찬성하는 견해에 대해서는 여러 가지 측면에서 의문이 제기된다. 뇌사는 모든 환자에게 문제되는 것이 아니라, 인공호흡기 등 생명유지장치에 의해서 생명이 유지되고 있는 환자의 경우에만 문제가 되고 있다. 그것도 원인질환이 확정되어 있고 치료될 가능성이 없는 뇌경변이 있는 경우에 한하는 등 매우 예외적인 경우에 한정되고 있다. 그런 점에서 뇌사설을 따른다 해도 생명의 종기(終期) 문제는 사실상 원칙적으로 심폐사 기준이 적용될 수밖에 없고 예외적인 경우에 한해 뇌사가 인정되게 된다. 그러므로 생명의 종기를 일반적으로 뇌기능의 전면적 손실에만 있다고 하는 주장은 지나친 것으로 보인다. 미국의 의학협회나 대통령자문위원회의 권고안에서도 죽음을 뇌사에만 두고 있는 것이 아니라 심폐사에도 두고 있다.

생명의 종기에 대한 판단은 과학적 근거를 기초로 하면서도 헌법상의 가치 체계에 합치된 기준에 따라야 할 것이다. 따라서 과학적으로 어떤 기능의 정지가 죽음의 결정적 요소인가를 확정할 필요가 있다. 그것은 일반적으로 뇌 기능, 호흡 기능, 그리고 혈액순환 기능의 세 가지로 받아들여지고 있다. 따라서 이들의 기능, 이들 사이의 관계가 규명되어야 한다.

일차적으로 심폐사가 그 기준이 되어야 할 것이다. 이에 부가하여 뇌의 기능이 전면적으로 상실되어 인공호흡기 등 생명유지장치에 의해 생명이 유지 되고 있는 환자에 대해서는 그의 자발적인 호흡과 혈액순환이 더 이상 불가능하여 그 유지장치를 제거하면 틀림없이 심폐사로 이어질 것이 명백히 입증되고 환자 가족의 동의나 환자의 추정적 승낙이 있으면, 담당의사에게는 인위적 생명유지의무가 면제된다고 할 것이다. 즉 이와 같은 요건이 충족되면 담당의사는 인위적 생명유지 장치를 차단할 수 있는 것이다. 그리고 그 차단으로 인하여 자연적 심폐기능이 정지되면, 사망한 것으로 보아야 한다. 이러한 기준에는 다음과 같은 장점이 있다.

생명의 종기를 뇌사, 즉 뇌의 전 기능의 상실이 있는 때라고 보는 견해는 일반 국민의 법감정과 괴리가 있다. 뇌 기능이 완전히 상실된 환자라 할지라도 인공호흡기에 의해 생명을 유지하고 혈액순환이 되고 있어 체온이 따뜻한 신체를 갖고 있는 한, 그를 시체로 간주하여 그가 누리는 인간의 존엄과 가치를 박탈하고 그를 물건처럼 다룰 수 있다는 생각은 일반의 윤리의식에 어긋난다.

또한 법적 개념으로서 생명의 종기인 뇌의 정지 여부를 누가, 어떻게 판단할 것인가? 이에 대한 명확하고 객관적인 기준이나 합의가 없다. 오직 전문가만이 특별한 실험이나 장치에 의해서 알 수 있게 된다. 그러나 생명과 같이 귀중한 법익을 보호하는 문제일수록 누구라도 명확하고 객관적인 기준이 있어야 하는 것이다. 오직 특수한 사람과 특수한 기준에 의하게 하면 할수록 자의성의 개입을 막기 힘들어 생명보호의 기능은 그만큼 약화될 수밖에 없게 된다.

나아가서 장기이식 등의 문제를 위해서 죽음의 시기를 뇌사로 결정하는 것은 생명의 절대적 보호 원칙에 어긋난다. 사망의 시기를 장기이식을 위해서 뇌사라는 하나의 기준에 의해서 판단하려고 한다면, 뇌사를 가장한 장기 공급이나 장기이식은 범죄집단에 더욱 매력적인 사업이 될 수 있다.

뿐만 아니라 인간 생명의 질에 근거하여 생명의 종기문제를 파악하는 뇌사설은 자칫 인간의 생명을 상대화할 가능성이 있다. 본래 생명권이라는 것은 자연현상으로서의 생명의 질 여부에 관계없이 인간의 존엄과 가치의 전제로서 모든 인간에게 보장된다. 생명의 질에 따라 인간을 달리 취급하는 것은 생명을 절대적 가치로 보호하고 있는 우리 헌법의 기본이념에 반할 수 있다. 극단적인 경우 살 가치가 없는 자나 사회적으로 유해한 자에 대해서는 국가적 이익이나 타인의 이익을 위해 생명훼멸의 빌미를 제공할 수 있기 때문이다.

그리고 근원적인 문제로서 뇌사를 죽음으로 인정한다면 인간 생명의 징후를 뇌를 중심으로 판단하는 것이기 때문에 또 다른 문제와 관련된다. 즉 인간 생명의 시작에 대한 유전자형의 시작 이론, 분할의 시기 이론, 착상 이론, 대뇌피질의 형성 이론 등 여러 가지 견해 중의 하나인 대뇌피질 이론에 동의하는 결과가 된다. 대뇌피질 이론은 뇌사이론에서 비롯된 것으로 죽음의 정의를 뇌 기능의 정지로 보기 때문에 생명의 시작도 의식이 시작되는 대뇌 피질이 형성되기 전까지, 즉 의식기능이 시작되기 전까지는 인간 본연의 생명이 아니므로 낙태도 할 수 있고 연구나 치료 목적으로 태아를 사용할 수 있다는 이론이 나올 수 있게 된다.

Ⅳ. 치료 중단 등과 장기 기증

1_ 법적 판단

자연사의 기준 시점은 원칙적으로 심폐사에서 찾아야 할 것이다. 그리고 여기서 심폐사라고 하는 것은 심장이나 폐의 기능정지로 더 이상 불가역적으로 호흡을 할 수가 없고, 혈류가 흐르지 않는 것을 의미한다. 따라서 호흡을 하고 혈액이 흐르고 있는 자는 비록 뇌 기능이 전면적으로 파괴되었다 하더라도 살아 있는 자라고 보아야 한다. 그런 자, 즉 지속적 식물인간에 대하여 이루어지는 심장 같은 장기의 적출행위는 살인행위가 되며 승낙이나 촉탁을 받았다고 해도 적극적으로 생명을 침해하면, 촉탁살인이나 승낙살인의 죄(형법 제252조)에 해당된다고 보아야 할 것이다.

같은 차원에서 뇌 기능이 파괴된 혼수상태의 환자에게 부착된 인공호흡기 등 생명유지 장치를 무단으로 차단함으로써 호흡을 못하게 해서 사람을 죽게 한 행위도 역시 살인 행위에 해당된다고 보아야 할 것이다. 또한 환자의 보호자나 담당의사는 환자의 죽음이 불가피한 길로 들어서기까지에는 환자 측의 사정과 병원 측의 사정을 충분히 고려하여 환자의 생명을 유지할 수 있는 최선의 방법을 이행해야 할 것이다. 주어진 조건에서 환자를 살릴 수 있는 길이 있음에도 의식적으로 그것을 포기하였다면, 관계자들은 살인죄의 책임을 부담할 수 있다.

이처럼 자연사의 기준을 심폐사로 보면, 의사의 환자에 대한 인위적인 생명유지의무도 원칙적으로 호흡이나 혈액순환의 완전한 정지가 될 때까지라고 보아야 할 것이다. 그러한 의무는 절대적인 것이 아니며, 환자의 자기결정권에 따른 의사나 죽어가는 자를 위한 도리에 대해 형성된 사회윤리의식 등에 영향을 받는 것이 현실이다. 즉, 환자는 치료나 수술 등을 거부하여 스스로 죽음의 길을 선택할 수 있으며, 치료를 하면 회복이 가능한 경우에도 치료를 거부할 경우, 의사는 강제로 치료행위를 할 권리도 의무도 없다고 보아야 할 것이다.

심폐사를 기준으로 할 때 특히 문제가 되는 것은 인공호흡기 같은 생명유지장치를 부착한 환자에 대하여 언제 의사의 생명유지의무가 면제되어 생명 유지장치를 차단할 수 있느냐이다. 즉, 생명유지장치를 차단할 수 있는 기준, 판단할 자, 그리고 의사의 인위적 생명유지의무의 종기 등이다. 회복가능성이 없는 환자에 대한 생명유지를 위한 치료계속의 법적 의무를 의사에게 부과하는 것은 환자 자신을 위해서나 환자 가족을 위해서 도움이 되지 않고, 오히려 고통을 주는 비인간적이라는 점이 생명유지 치료중단의 실질적 근거이다. 그러한 생명유지를 위한 치료중단 조건의 판단기준을 어떻게 정할 것인가가 문제된다.

치료중단 기준으로 뇌사 개념의 유용성은 인정되지만 이는 죽음으로 가는 과정의 시작을 의미할 뿐이다. 뇌사의 요소들이 죽음을 판단하는 유용한 요소라는 점이 현실적으로 인정될 수 있을지 모르지만, 뇌사의 경우에도 불가역적인 심폐기능 정지라는 의학적으로 증명 가능한 판단을 통해서만 아무런 문제없는 죽음 판단을 내릴 수 있다. 독일 연방법원은 일관되게 뇌사상태의 환자에 대한 치료의무의 면제를 인정한다. 이 법원의 판례에 의하면 의식불명 상태이거나 혹은 그 밖의 판단무능력 상태의 환자에게도 생명유지를 위한 의사의 치료는 죽음에 직면한 질병 혹은 사고의 경우에서 병세호전의 기미가 존재하는 한 계속되어야 한다고 한다.

국내에서는 1997년 서울보라매병원 사건에서 환자에 대한 엄격한 치료의무를 법적으로 인정하여 이를 위반한 환자 가족 및 의사에게 유죄판결을 내린 경우가 있다.[2)] 이 사건은 뇌사상태가 아닌 경우에 환자 가족의 요구에 따라 환자를 퇴원시킨 의사에게 치료의무 위반으로 유죄판결을 내린 경우로, 치료중지에 대한 엄격한 기준을 적용한 판결이다. 결론적으로 뇌사는 모든 경우에 있어서 의사의 치료의무를 면제시켜주는 한계로서 인정되고 있다.

2_ 장기 기증의 정당화

장기 기증은 타인의 치료를 목적으로 자신의 장기를 자발적으로 제공한다는 점에서 장기매매와는 분명하게 구별된다. 장기 기증의 활성화는 장기매매를 통한 생명가치의 포기를 근절할 대안이 될 것이며, 생명사랑을 위한 자발적인 헌신을 통해 가능하게 될 수 있을 것이다. 뇌사자의 장기 이식은 뇌사와 장기 이식이라는 두 개념이 연관되어 있고, 장기 기증은 그 필수요건이다.

장기 이식이라는 목적을 위해 사망 시기를 앞당기는 행위는 허용될 수 없다. 그러나 뇌사자 스스로가 자신의 장기를 필요로 하는 사람들에게 기증함으로써 불치병 환자에게 생명을 제공한다면 이는 자기희생을 통해 사랑이나 자비와 같은 인류애의 보편적 가치를 실현하는 방편이며, 수혜자의

2) 서울고등법원 2002.2.7. 선고 98노1310 제5형사부 판결.

입장에서는 자발적 희생을 대가로 주어지는 존엄한 선물로 이해되어야 할 것이다.

근래 장기이식의 가능성을 현실화한 의료기술의 발달로 뇌사, 장기 이식, 장기 기증 등의 개념을 자동적으로 연계시키려는 경향이 있다. 그러나 장기기증이 정당성을 확보하려면 생명윤리를 통해 검증되어야 한다. 정당성을 확보한 장기기증을 통해 생명존중, 생명나눔이 활성화될 수 있기 때문이다.

뇌사자의 장기기증은 생명을 살리는 일이기 때문에 무조건 타당하다고 할 수는 없다. 의도와 목적, 그리고 절차의 정당성에 대한 검토가 필요하다. 의료윤리학자들은 ● 자율성 존중의 원칙, ● 선행의 원칙, ● 악행금지의 원칙, ● 정의의 원칙을 '생명의료윤리 4대 원칙'이라고 한다. '충분히 정보를 제공 받은 상태에서 이루어진 승낙'informed consent이라는 개념은 4대 원칙 중 자율성 존중의 원칙을 구체화한 것이다. 환자에게 충분한 정보를 제공하고 그의 자율성에 기초한 동의가 있는 경우에만 의료행위는 정당성을 얻을 수 있다는 것이다. 뇌사 판정을 통한 장기이식은 뇌사자의 자발적인 동의가 전제되어야 한다. 동의는 장기기증을 정당화 하는 가장 중요한 개념이다.

그런데 뇌사자의 경우는 장기적출에 대한 그의 동의 여부를 확인하기가 쉽지 않다. 특히 우리나라에서는 아직까지 뇌사상태에 빠진 사람이 평소에 장기적출에 대한 동의서를 남기는 경우가 드물다. 그래서 우리 법은 일종의 법률적 대안으로 본인의 의사가 분명하지 않은 경우 가족 또는 유족에 의한 추정동의推定同意, presumed consent라는 개념을 인정하고 있다. 이 경우 뇌사자의 장기기증은 생명존엄을 위한 결단으로 인식되어야 한다. '시간이 지나면 장기기증도 못할 상태가 될 것이므로 기증을 서둘러야 한다'는 식이 되어서는 안 된다. 인간 생명은 어떤 이유로도 이식용 장기구득의 간소화와 극대화라고 하는 의학적 효율성에 매몰되거나 그것에 위협을 받아서는 안 된다. 비록 뇌사상태에 처한다 하더라도 여전히 존엄한 존재라는 전제에서 접근해야 한다. 또한 추정동의를 내려야 하는 유족의 고통과 슬픔을 고려하여 신중하고 책임 있는 자세로 접근해야 한다. 유족의 경제적 부담만이 아니라 영적이고 정신적인 고통까지 배려할 수 있어야 할 것이다. 이 점과 관련 하여 하우어와스[3]는 인간의 고통에 대한 대처는 의료만으로 충분하지 않으며, 병원이 진정한 의미에서 사랑의 집house of hospitality이 되기 위해서는 고통 받는 자와 함께 하는 일에 익숙한 교회 공동체를 파트너로 삼아야 한다고 했다.

나아가서 이러한 추정동의보다는 생전유언을 활성화하는 것이 더 바람직

3) Stanley Hauerwas (1940-)

듀크대학 신학부 간판 스타 교수. '타임'지가 2001년 미국 최고 신학자로 선정. 저서로 윌리엄 윌리몬 과의 공저, 〈하나님의 나그네 된 백성〉(Resident Alien), (복 있는 사람,2008)이 있음.

할 것이다. 추정동의에서 생전유언으로 그 중심이 이동하여야 한다. 뇌사라는 상황을 맞이했을 때를 가정하여 평소에 충분한 정보를 기반으로 자유의지에 따라 결단하고 그 의사를 표명할 수 있는 기회가 있어야 한다. 유족에 의한 추정동의가 논의되는 상황이 오기 전에 자발적으로 기증의사를 표현할 수 있는 건강한 상태에서 장기기증을 서약하는 것이 가장 의미 있는 일이라 할 수 있다. 장기기증에서 동의를 중시하는 것은 장기매매를 거부하는 의미이며, 동시에 장기기증을 숭고한 사랑의 실천으로 격상시키는 중요한 의미가 있다.

생명을 살리는 가치 있고 소중한 일에 동참하는 것은 아름다운 일이다. 아름답고 숭고한 일이기에 분위기에 휩쓸려 순간적으로 결정하기보다, 신중하고 자발적인 선택으로 생명존중과 생명사랑의 표현이 되어야 할 것이다. 이것은 예수 그리스도께서 자신을 바쳐 인류를 구속하신 위대한 사랑의 실천이다. 하나의 자기 의self-righteousness 또는 자기 업적을 만드는 차원이 아니라 진정한 사랑의 실천으로 격상되어야 한다.

Ⅴ. 과 제

1988년 한 민간연구소가 일반인을 상대로 한 조사에서 "뇌사를 인정할 것인가"에 대한 질문에 불과 47%만 찬성했으나 1992년에는 81%에 이르렀다. 이는 한국의 뇌사인정 분위기가 달라지고 있는 것을 보여주고 있다. 또한 1997년 5월 개신교 목회자 70명과 평신도 70명에 대해 기독신보사가 실시한 설문조사 결과에 의하면 뇌사 인정에 대한 거부감이 크게 나타났으며, 거부감의 이유는 의사들의 판정을 신뢰할 수 없다는 것이 23.6%, 하나님만이 하실 수 있는 영역을 의사가 침해하기 때문이라는 것이 35.7% 등으로 나타났다. 이러한 거부감과는 달리 자신이 뇌사상태에 이르게 되면 자기 장기의 적출을 허용하겠느냐는 질문에 대해서는 62.9%가 찬성하는 답을 하여 상반된 입장을 보였다. 현재 교회에서는 장기 기증이 최고의 이웃사랑이라고 소개하는 모습도 나타나고 있다. 천주교회의 경우는 뇌사를 죽음의 기준으로 명시하지 않지만, "죽음의 기준은 신학과 철학의 영역이 아니라 의학의 영역이다"는 교황 비오 12세의 말을 유력한 기준으로 삼아, 뇌사를 죽음으로 인정하려는 의사들의 입장을 지지하는 듯한 인상을 준다.

뇌사의 인정은 장기이식의 문제와 연관이 있다. 뇌사를 죽음이라고 주장하는 목적은 심장이 멈출 때까지 기다릴 필요 없이 인공호흡장치를 통해 심장 박동을 계속 유지시킨 상태에서 뇌사자로부터 장기이식을 목적으로 신선한 장기를 적출하는 데 있다. 뇌사의 인정과 관련하여 생명이 사망에 의해 잠식 되는 결과는 배제되어야 하며, 생명과 사망의 개념 정의는 생명권의 최대보장, 사망의 최후 불가피적 인정이라는 이념에 합치해야 한다.

독일 신학자 호프만Johann Christian Konrad von Hofmann, 1810~1877은 신앙적 입장에서 이웃을 돕기 위해 자신을 희생하는 것은 그리스도의 제자의 길로 간주하였다. 이를 통해 육체의 완전무결함보다 인품의 완전함을 추구하는 것이 하나님 뜻의 실천일 수도 있다고 생각하였다. 뇌사를 법적으로 인정함으로 인해서 종교적 측면에서는 죽어가고 있는 사람을 살리자는 운동으로서 다시금 새로운 길을 찾아가고 있다. 이것은 생명 경시가 아니라 반대로 하나밖에 없는 생명을 값지게 여기는 것이 되어야 할 것이다. 하나님의 성전인 육체를 죽어 가는 다른 사람에게 나누어줌으로써 더불어 살 수 있다면 이처럼 고귀한 일이 없으며 의지하며 돕는 공동체를 만드는 것과 동시에 예수께서 자신의 몸을 주심으로 이루신 희생의 윤리를 실현하는 과정이라고 할 수 있다.

인간의 영혼이 신체로부터 이탈하는 시기는 인간의 인식능력으로는 알 수 없다. 모르는 경우 가장 안전한 방법을 선택해야 한다. 그것은 바로 자발적으로 장기를 기증하는 방법이다. 하나님의 부르심에 순응하는 마음으로 건강한 신앙을 갖고 있을 때 죽음을 준비해야 할 것이다. 내가 식물인간 상태나 뇌의 모든 기능이 정지된 상태가 될 경우 나의 장기나 시신을 어떻게 할 것인지 하는 물음을 지금 기도하는 마음으로 준비해야 하지 않을까? 이를 사전 지시advanced directives를 통해 문서화하거나 가족에게 알려준다면, 가족과 의사의 부담을 줄여주고 또 내 장기를 통해 사랑하는 이웃의 생명을 건질 수 있을 것이다.

"사람이 친구를 위하여 목숨을 버리면 이에서 더 큰 사랑이 없나니"

요 15:13

04

Chapter

_안락사

2001년 4월 10일 네덜란드는 세계 최초로 적극적 안락사를 합법화하였다. 우리나라에서도 의료현장에서 특히 가족의 동의에 의한 치료중단이 실제로 이루어지고 있는 것으로 알려지고 있다. 1997년 12월 보라매병원에서 뇌수술을 받은 환자를 의사가 가족의 요구에 의해서 퇴원시켜 환자가 사망한 사건이 발생하였다. 법원이 의사에게 유죄판결을 내리자 연명치료의 중단과 관련해서 2001년 대한의사협회가 의사윤리지침을 제정하여 "사망이 임박한 환자의 생명유지치료를 중단하는 것은 윤리에 어긋나지 않는다"고 규정하였다. 그럼으로써 안락사문제가 사회적 쟁점으로 부상하게 되었다.

2005년 3월 과거 15년간 식물인간으로 살아온 미국의 테리 시아보(41)라는 여성이 숨졌다. 대법원의 결정에 따라 생명보조장치가 제거되었다. 이에 따라 수년간 뜨거운 안락사 논쟁을 불러일으켰던 사건이 마무리됐다. 시아보는 1990년 2월 심장발작으로 인한 뇌손상으로 식물인간이 됐다.

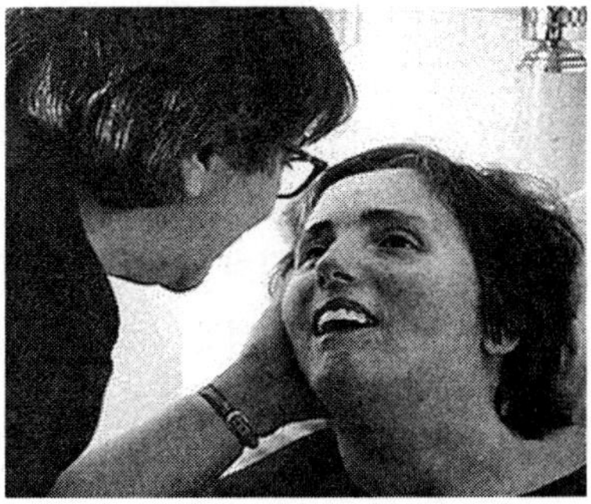

15년간 식물인간 상태로 지내온 테리 시아보

남편 마이클은 아내의 회복이 불가능하다며 6년 전부터 법원에 생명보조장치(영양공급 튜브) 제거를 청원해 왔다. 마침내 플로리다 주 항소법원의 명령에 따라 튜브가 제거된 것이다.

안락사 논쟁의 기원은 최소한 헬라 철학의 전성기까지 거슬러 올라간다. 오늘날 대중적 관심사가 된 것은 생명을 연장하고, 인구의 고령화에 기여한 의학기술의 진보, 특별히 사람들의 심금을 울린 몇몇 사례, 일종의 자발적 안락사 협회들의 설득력 있는 캠페인 등 많은 요소가 결합되었기 때문이다.

안락사라는 용어는 '아름다운 죽음'이라는 뜻을 가진 Euthantos라는 그리스어의 역어이며, 본래 불치의 병으로 사경을 헤매는 고통 받는 환자를 편안하게 임종하도록 돕는 것을 말한다. 서양에서는 안락사를 Euthantos에 뿌리를 둔 Euthanasie 또는 Euthanasia라고 부르거나 이를 번역하여 영미권에서는 Mercy-Killing이라고 하기도 한다.

그 밖에도 아름다운 죽음, 자비사, 임종의 고통완화 등 다양한 용어들을 사용한다. 우리나라에서도 역시 안락사를 안사술 또는 자비사라고 부르기도 하고, 또 인공호흡기 등 생명유지 장치에 의해서 생명을 유지하고 있는 자에 대해서는 특히 존엄사라는 개념을 새로 도입하여 종래 사용해 왔던 안락사 개념과는 다소 다른 의미로 사용하고 있다.

그럼에도 불구하고 안락사의 위험성을 잊어서는 안 될 것이다. 독일 나치 정권은 안락사라는 이름으로 적어도 9만명이 넘는 무고한 사람을 처형하였고, 우리나라에서도 병들고 생활능력 없는 노인에 대해 고려장[1]이라는 형식으로 생명의 조기단절의 습속이 있었다. 그러므로 안락사가 인간의 생존을 위협한 하나의 생명훼멸방식이라는 것을 외면하려 해서는 안 될 것이다.

불치병에 걸린 환자에게 쓸모없는 치료를 하지 않거나 그런 치료를 거두는 것은 안락사가 아니다. 또한 죽어가는 환자의 죽음을 가속화할 수는 있지만 일차적으로 고통을 경감시킬 목적을 가진 진통제의 투약도 마찬가지이다. 언제나 구분이 가능한 것은 아니지만 누군가를 죽게 만드는 것과 그 사람이 죽도록 허용하는 것 간에는 차이가 있다.

1) 고려장 (高麗葬)

늙은 부모를 산속 구덩이에 버려두었다가 죽은 뒤에 장례를 지냈다는 풍습. 오늘 날에도 늙고 쇠약한 부모를 낯선 곳에 유기하는 행위를 지칭하는 용어로 쓰임. 역사적 자료나 고고학적 증거는 발견되지 아니 함.

Ⅱ. 종류

안락사는 심한 육체적 고통에 시달리는 불치 또는 빈사의 환자에 대해 그 고통을 덜어주기 위한 목적으로 사기(死期)를 앞당기는 의학조치를 말한다. 그 행위효과는 살인행위와 같고, 환자의 승낙을 받고 시행한 경우에는 촉탁 · 승낙에 의한 살인행위와 같다. 그러나 생명 단축을 수반하지 않는 고통제거나 완화의 수단을 사용하는 것은 이에 해당하지 않는다. 우리 형법상 논의가 되는 안락사는 다음 세 가지 경우이다.

① 간접적 안락사Indirective euthanasia란 고통을 완화시키기 위한 처치가 필연적으로 생명의 단축을 가져오는 경우를 말한다.

말기 암환자에게 고통제거 수단으로 몰핀을 주사하는 경우에 이에 해당한다. 우리나라에서 간접적 안락사가 법적 문제로 된 적은 없다. 이 이론은 일정 요건이 구비된 경우 이러한 안락사가 허용되는 것으로 본다(다수설). 정당화 요건으로는 불치병으로 인한 사기 임박, 환자의 극심한 고통, 고통제거 또는 완화의 목적, 환자의 진지한 촉탁 · 승낙, 원칙적으로 의사의 시술, 그리고 방법의 윤리적 정당성 등이다.

정당화되는 법적 근거로는 피해자의 승낙(형법 제24조) 또는 피해자의 승낙과 정당화적 긴급피난(형법 제22조)을 든다.

② 소극적 안락사Passive euthanasia 또는 존엄사란 생명체가 어떤 원인으로 죽음의 과정에 들어선 것이 확실할 때, 시행자가 그 진행을 일시적으로나마 저지하거나 지연시킬 수 있는 데도 불구하고 생명연장의 적극적 수단을 사용하지 않는 것으로 부작위에 의한 안락사이다.

수혈, 인공호흡장치, 생명연장주사 등을 하지 않는 경우가 이에 해당한다. 이때 환자의 의사에 따라 생명연장의 적극적 수단을 취하지 않으면 환자의 진료거부권 행사로서 적법행위로 보게 된다. 의사에게는 환자의 의사에 반하여 그의 생명과 고통의 연장을 강제할 권리가 없기 때문이다. 그런데 환자가 의식불명 상태에 있어서 명시적인 진료거부 의사를 표시할 수 없는 경우에는 문제가 된다.

의학적으로 전혀 소생가능성이 없는 경우는 인공호흡기 등을 제거하는 행위(치료중단행위)는 허용된다고 본다. 학자들은 이러한 행위는 형법상의 정당행위의 기타 사회상규에 반하지 않는 행위로서 위법성이 조각되는 것으로 본다.

정당화의 요건으로는 간접적 안락사의 요건(환자의 촉탁 · 승낙 제외)과 함께, 보호자의 동의도 있어야 한다.

소극적 안락사문제가 사회의 주목을 받게 된 계기는 1998년 '보라매병원 사건'이었다.[2] 이 사건은 환자가 퇴원할 경우 사망할 수 있다는 것을 알면서도 가족의 요구로 환자를 퇴원시켜 사망에 이르게 한 의사들에게 대법원이 살인방조죄로 유죄판결을 내린 것이다. 이를 계기로 의료계는 소극적 안락사 허용문제를 적극 제기해 왔다.

또한 2001년 4월 20일 의사협회가 제공한 의사윤리지침에서 약물주입으로 생명을 단축시키는 '적극적인 안락사'는 금지하지만, 치료를 중단하는 '소극적인 안락사'는 인정하고 있다는 점에서 논란이 일고 있다.

소극적 안락사란 환자로 하여금 자연적인 죽음의 경과를 밟도록 하는 것이므로, 안락사라는 표현 대신 환자를 '자연사(自然死)하도록 함(letting die = LD 혹은 slowing death)'이란 개념이 더 적절한 것 같다. 왜냐하면 안락사란 역사적으로 볼 때 능동적 안락사를 지칭하는 경향이 있어 왔으므로 능동적인 것에 비해 수식어만 다른 수동적 안락사란 단어보다 LD란 다른 용어를 사용함으로써, LD는 환자를 직접 죽이는 그러한 안락사와는 다르다는 것을 나타내야 하기 때문이다.

③ 적극적 안락사Active euthanasia란 행위자가 고통제거의 수단으로 적극적으로 생명단절의 방법을 사용하는 경우를 말한다.

독약을 먹여서 살해하는 경우가 이에 해당한다. 보통 안락사라고 하는 것은 이러한 적극적 안락사를 의미한다. 이러한 안락사는 환자의 촉탁 · 승낙 여부와 무관하게 위법하고 유책한 살인행위가 된다. 촉탁 · 승낙이 있으면 촉탁 · 승낙살인죄, 그렇지 않으면 보통살인죄를 구성한다. 아무리 선한 목적을 위해서라 해도 거기에 투입되는 수단이 적합성 · 필요성 · 균형성이 없으면 정당성을 가질 수 없다.

외국에서 인간답게 죽을 수 있는 권리를 주장하는 시민단체를 중심으로 적극적 안락사의 합법화 운동이 전개되고 있기는 하지만, 남용 위험성을 간과해서는 안 된다. 판례는 이러한 안락사를 인정하지 않는다.

2) 서울지방법원 남부지원 1998.05.15. 98고합9.

Ⅲ. 논쟁의 역사

고대 로마시대에 안락사는 평범한 일이었다. 안락사를 금지한 '히포크라테스 선서'처럼 안락사 반대 여론도 있기는 했었지만 대개는 인간생명의 존엄성을 그리 강조하지 않았다. 당시 의사들이 많았기 때문에 안락사가 유행했다는 역설적인 주장도 있다. 많은 의사가 불치병 · 난치병 환자를 끝까지 치료하는 대신 안락사를 권했기 때문이라는 것이다.

그러나 기독교의 등장으로 안락사는 용인되지 않았고 이런 분위기는 지금까지 이어져 오고 있다. 안락사 금지는 생명존중사상과 의학의 발달이 어우러진 결과였다. 중세에는 생명존중사상을 지닌 의사들이 의학의 발전에 힘입어 불치병, 난치병 환자를 끝까지 치료했기 때문이다.

18세기에 이르면 유럽에선 한바탕 안락사 논쟁을 겪어야 했다. 계몽주의 철학의 영향으로 '생명은 자신의 것'이라는 생각이 팽배하면서 영국을 중심으로 안락사 찬성론이 거세게 일었다. 그럼에도 안락사 금지는 불변의 원칙이었다.

하지만 20세기에 들어서면서 이 원칙은 다시 흔들리기 시작했다. 1960년대 이후엔 "환자에겐 스스로 죽을 수 있는 권리가 있다"는 주장과 함께 안락사 찬성론이 다시 대두되었다.

Ⅳ. 인간 가치의 원천

피터 싱어[3]와 같은 몇몇 저술가들은 인간의 생명이 어떤 절대적 혹은 본질적 가치를 가지고 있다는 점을 부인한다. 그는 종(種)차별주의, 곧 인류의 우월성이라는 가정에 근거해서 인간이 특정한 동물 종들을 차별하든가 착취하는 것을 거부하였다. 인간과 인간 아닌 동물 간의 구별을 버려야 한다는 그의 주장은 동물학대를 고발하고 동물보호운동의 기반을 확보하기 위한 것으로 이해되기는 하지만 과도한 주장으로 비판받고 있다.

이러한 종차별주의에 반대하는 주장은 안락사에 영향을 미칠 수 있다. 인간의 생명이 짐승의 생명과 근원적으로 구별될 가치가 없다고 한다면 애완견을 안락사 시키듯 사람도 그렇게 할 수 있다는 식의 논리로 발전하여 인간생명에 대한 경시사상의 길을 여는 결과가 될 수 있을 것이다.

3) Peter Singer
(1946-)
호주의 철학자. 〈동물해방(Animal Liberation)〉이란 논문에서 동물해방과 동물의 권리에 관한 논의 시작. 종차별주의를 중지하기 위해 육식중단을 주장함.

성서적 대안은 하나님이 사람을 그분 자신의 형상으로 만드셨기에 사람이 본질적인 가치를 지니고 있다는 것이다. 인간은 하나님의 형상을 지닌 존재로서 짐승과 구분되는 독특한 기능을 다수 가지고 있다. 특히 사랑의 관계를 맺을 수 있는 능력이 있다. 하나님은 사랑이시기 때문이다. 그런데 사랑이 본질적으로 상호적 관계라고 한다면, 오랫동안 식물인간의 상태에 있는 사람처럼 우리의 사랑에 반응을 보이지 않는 자들을 사랑할 수 있을까? 반응을 보이지 못한다는 이유로 인간으로 대우받을 자격을 상실한 것은 아닌가? 바로 이 점 때문에 은혜가 개입된다.

원래 은혜는 반응을 보이지 않는 자들에 대한 사랑이기 때문이다. 설령 자녀가 부모님의 은혜에 반응을 보이지 않는다 할지라도 부모는 그와 관계없이 사랑하는 것이다.

시편 139편에서 시인은 그 자신의 인간됨과 존엄성을 자신이 하나님을 알고 사랑한다는 것에서가 아니라, 그가 하나님께 반응을 보이든 보이지 않든 하나님이 그를 알고 사랑하신다는 근본적인 진리를 발견한다. 사람을 인간으로 만드는 것은 반응을 보이는 것이 아니다. 그것은 사랑하는 것뿐 아니라 사랑을 받는 것이다.

Ⅴ. 대안과 인간의 자유

안락사 운동을 벌이는 사람들의 동기 중의 하나는 비참하고 고통스러움에 대한 두려움이다. 통제할 수 없고 견딜 수 없는 고통에 대한 두려움이며, 몸의 구멍마다 튜브를 꽂아 놓는 비인간화하는 현대 의술의 결과에 종속되는 것에 대한 두려움이고, 의존에 대한 두려움이다. 자신이 각본을 쓰고 자신이 퇴장을 결정하고 싶어 하며, 무력해져서 궁극적인 수치를 당하고 싶지 않은 것이다. 또 의사가 그들을 죽이는 사람이 되지 않을까 하는 두려움이다. 많은 사람들이 안락사를 고통, 모욕적 대우, 의존이라고 하는 삼중의 상처에서 벗어나는 유일한 길로 본다.

안락사에 대한 대안은 현대의 통증완화치료이다. 호스피스Hospice 사역에 헌신하는 이들은 자기 환자에게 말한다: "우리는 당신이 존엄성을 가지고 죽을 수 있도록 해줄 뿐만 아니라, 당신이 죽기 전에 삶다운 삶을 살 수 있도록 해줄 겁니다." 현재 90%의 통증이 통각상실에 의해 통제될 수 있다고 한다.

중세에는 예루살렘으로 가는 순례자나 여행자가 하룻밤 쉬어 가던 휴식처를 호스피스라 하였는데, 이러한 이유로 오늘날에는 호스피스의 개념이 한 생에서 다른 생으로 가는 여행자에게 문이 열려 있다는 것을 의미하는 것으로 해석되기도 한다.

오늘날은 임종이 임박한 말기 환자들에게 인위적으로 수명을 연장시키거나 단축시킴이 없이 자연스런 임종의 환경을 제공하는 것이며, 육체적 · 영적 · 심리적 치료를 통하여 환자로 하여금 자신의 죽음을 인간답게 수용할 수 있도록 하는 것이다. 이러한 호스피스운동[4)]은 안락사에 관한 논의의 방향을 다소 전환시키고, 이에 대한 마찰을 완화시킬 수 있는 방책으로서 영국을 중심으로 유럽에서 확산되고 있다.

우리나라에서는 환자가 자신의 병명에 대해 충분한 설명을 듣고 이를 의사와 충분히 의논한 후 본인의 진지한 자기 결정권에 따라 치료행위를 결정하거나 치료중지의 여부를 결정하기는커녕, 자신의 병명도 알지 못한 채 자신에게 무슨 일이 일어났는지도 모르고 생을 마감하는 경우가 다반사이다. 이것은 병명을 고지 받은 환자의 좌절을 염려하며 내린 의사와 가족의 배려일 수도 있으나 많은 환자들은 자신의 병명을 고지받기를 원하고 있다고 한다.

안락사에 대한 대안 중 하나는 죽어가는 환자를 인정 있게 보살펴주는 일, 즉 호스피스일 것이다. 만약 환자가 안락사나 자살에 대한 조력을 요청한다면 왜 그가 그런 요청을 했는지 원인을 찾아야 할 것이며, 그 원인을 고치기 위하여 노력해야 한다. 환자의 통증 · 구역질 · 변비 또는 불면증을 완화시키기 위하여 최대한 노력을 기울여야 하며, 또한 그 환자의 고독이나 영적인 고통, 경제적인 어려움을 덜어주려고 노력해야 하며, 환자에게 가능한 최대한의 통제력을 주려고 해야 한다.

이것이 바로 안락사의 대안으로서의 Hospice적 접근이라고 할 수 있으며, 이것은 의료기관의 환자에 대한 법적, 윤리적 책임에 대한 건전하고도 온전한 이해에 기초를 두고 있다. 일단 환자의 생명을 인위적으로 단축시키지 않는 면에서 윤리적으로 적절한 방법이며, 그 방법이 건전하다고 판단하기 때문에 종교계 등에서 안락사의 대안으로서 제시하고 있는 것이다.

4) 호스피스 (Hospice)

말기환자와 그 가족을 위한 프로그램. 편안하게 죽음을 맞이할 수 있도록 의학적 관리와 동시에 말기의 부정적 증상 경감을 위해 신체적, 정서적, 사회적, 영적으로 돕는 총체적인 돌봄.

안락사 주장자들은 종종 모든 인간이 스스로 결정을 내리고 자신의 생명을 처리할 수 있는 권리가 있고, 어떠한 제도나 기관도 그들의 권리를 부인할 수 없다고 한다. 그러나 자유에는 한계가 있다. 절대자유라는 개념은 환상이다. 하나님마저도 자신을 부인하거나 스스로 모순될 수 없기 때문에 (딤후 2:13) 하실 수 없는 일이 있다. 하물며 사람이겠는가?

우리는 하나님이 주신 본성에 저항할 때가 아니라, 그 본성에 따를 때 자유를 발견한다. 인간의 전적인 자율성이라는 개념은 신화일 뿐이다. 설사 자율성에 반대된다 해도 의존은 좋은 것일 수 있다. 예수께서 겸손의 모델로 어린이를 고르셨다. 어린이의 겸손은 그 성품에 있는 것이 아니라, 그들의 부모에게 의존하는 지위 혹은 상태에 있다. 인간은 하나님께 의지해야 하는 존재임을 겸손하게 인정하여야 한다.

성서의 전통에 따르면 하나님은 생명의 창조자, 주시는 자, 유지자, 거두어 가시는 분이다. 하나님의 손에서 생명이라는 선물을 받은 우리는 그것을 위탁받은 자이며, 보관하는 자이다. 그것을 돌보는 일에서 그분과 협력이 요구된다.

여기에는 치유하고 돌보는 것, 스스로를 보살필 수 없는 사람을 보살피는 것, 병든 사람의 건강을 회복시키려고 노력하는 것이 포함된다. 애완동물은 잠재울 수 있다. 그러나 인간은 짐승이 아니기 때문에 장애인이나 고령자나 죽어가는 사람에 대해서는 이러한 어휘를 사용할 수 없다. 하나님의 책임과 인간의 책임 간에는 언제나 명확한 한계를 설정할 수 없다. 하나님이 우리를 그분과 함께 하는 특권적 협력자로 부르시지만, 인간은 하나님의 영역을 넘어서거나 그분의 특전을 취해서는 안 된다.

05

Chapter

_자 살

고대 아테네에서는 국가의 승인 없이 자살을 행한 사람에 대해 일반적인 장례의 명예를 박탈했다. 자살자의 시체는 도시 변두리에 비석 없이 매장되었다. 프랑스의 루이 14세는 1670년에 보다 엄한 처벌을 명하는 법령을 발표했는데, 자살한 자의 몸을 얼굴이 땅에 닿은 채로 길거리에 끌고 다니고, 그 뒤에는 쓰레기 더미에 던져 버리게 했다. 또한 자살자의 모든 재산은 몰수되었다. 영국은 자살 시도를 범죄에서 제외한 1961년 자살법이 제정되기 까지는 자살에 대해 재산 몰수로 처벌하였다. 미국에서도 몇몇 주에서 자살이 중죄로 규정된 적이 있다. 오늘날에는 대체로 자살을 처벌하지 않지만, 많은 국가에서 남의 자살을 돕는 행위는 범죄로 취급된다.

Ⅰ. 세계 1위

2018년 경제협력개발기구OECD의 건강정보통계Health Data 2018에 따르면 한국의 자살 사망률은 10만명 당 25.8명으로 회원국 가운데 가장 높았다. 극심한 생활고, 학업부담 등 그 원인도 다양하다. 유명 연예인들이나 전직 대통령의 자살은 우리 사회에 커다란 충격을 안겨주고 있다. 이제는 인터넷에 버젓이 자살 사이트가 등장하여 생명 경시 풍조가 더욱 심화되고 있다. 정신적 장애나 우울증 환자들이 급증하면서 자살은 더 이상 방치돼서는 안 될 사회구조의 문제로 비화되고 있다.

자살 관념은 무의식적으로 강력한 에너지를 가지고 있어서 그것이 활성화되면 무서운 전염성을 발휘할 수 있다. 실제로 사회에 널리 알려져 있는 유명 인사들의 자살은 다른 사람들에게 또 다른 모방자살로 이어지기도 하고, 자살 보도 후에 연거푸 자살 사례가 발생하거나 집단동반자살의 참극이 벌어지기도 한다. 사회병리학자들은 자살과 관련하여 '베르테르 효과'라는 표현으로 사회적 전이 가능성을 말하고 있다. 자살에 대한 소식 자체가 또 다른 자살을 부추긴다는 지적이다.

Ⅱ. 법적 의미

중세 이래로 인류는 처음에는 교회법으로, 나중에는 형법으로 자살을 금하려고 해왔다. 1789년 프랑스 혁명 이후 유럽 국가들은 자살시도에 대한 형벌제도를 폐지했다. 많은 국가에서는 타인의 자살을 돕는 행위를 법으로 금하고 있다. 현대사회의 방임주의 경향은 일탈 행위들에 대해 보다 관대해짐으로써 자살행위, 특히 음독자살의 증가를 조장하고 있다.

오늘날 자살이 처벌되지 않는 형식적 근거는 형법이 이에 대한 처벌규정을 두고 있지 않기 때문이다. 즉, 자살은 구성요건해당성이 없다. 형법이 처벌규정을 두지 않은 이유는 처벌대상과 처벌이익이 없기 때문이다. 자기의 생명, 타인의 생명을 불문하고 생명은 어떠한 경우에도 존중되어야 하고, 또 존중해야 할 의무가 있다. 이는 형법 이전의 문제로서 우리 사회의 보편적으로 승인된 규범에 속한다고 할 수 있다. 따라서 자기 생명을 스스로 포기하는 행위는 사회적 비난의 대상이 되며, 결코 사회적으로 무의미한 행위에 해당하지 않는다. 그러므로 자살을 처벌하지 않는 근거를 피해자의 자유로운 의사결정에 의한 포기(형법 제24조 피해자승낙이론)에서 찾는 것은 형식논리에 불과하다.

형법이 자살을 허용하는 것으로 보는 것은 잘못 이해된 자유주의이다. 이는 보편적 생명관에 위배될 뿐 아니라 생명에 대한 금기를 무너뜨리는 것이다. 형법은 자살을 적법한 행위로 보기 때문에 처벌하지 않는 것이 아니다. 생각 같아서는 처벌하고 싶지만, 스스로 자신의 목숨을 끊음으로써 그의 실존이 세상에서 사라졌으므로 현실적으로 처벌이 불가능하게 되었기 때문에 어쩔 수 없이 처벌하지 아니할 뿐이다. 자기 자신의 생명도 존중하지 않는 사람이 타인의 생명을 존중할 것이라고 기대하기는 어렵다. 타인의 생명존중의 전제가 되는 자기의 생명존중을 무시하는 행위는 형법이 승인하기 힘든 자유의 남용으로 이해해야 할 것이다.

죽은 자를 처벌하는 것은 불가능하지만, 제3자가 타인의 자살행위에 관여하는 경우에는 자살자의 자살에 영향을 미친 원인의 강약에 따라 법의 개입 여지가 생긴다. 그러므로 타인의 자살에 관여한 행위는 당연히 처벌대상이 된다. 처벌대상과 처벌이익이 있기 때문이다.

그리하여 형법은 촉탁살인, 승낙살인(제252조 1항), 자살 교사, 자살 방조(제252조 2항), 위계위력살인(제253조)을 처벌한다. 촉탁살인, 승낙살인이란 사람의 촉탁 또는 승낙을 받아 살해한 경우이다. 자살 교사(敎唆)는 자살 의사가 없는 자에게 자살을 결의하게 하는 것을 말한다. 그 수단 방법에는 제한이 없고 명시적인 것만이 아니라 묵시적인 방법도 가능하다. 자살 방조(幇助)는 이미 자살을 결심한 자가 자살을 쉽게 할 수 있도록 도와주는 것을 말한다. 물질적, 정신적, 유형적, 무형적 방법 등 어느 것도 가능하다. 위계위력살인죄는 위계(僞計)나 위력(威力)으로 자살을 교사 또는 방조하는 경우를 말한다.

Ⅲ. 평가

자살을 포함한 죽음의 문제는 법과 종교에서 오랫동안 논의의 주제가 되어 왔다. 자살에 대해 대부분의 종교는 금지하는 입장을 취하며, 내세에서의 불이익이 언급되기도 한다. 원시종교에서는 자살자의 영혼이 쉼이 없이 살아가는 자들에게 항상 역사하는 악령으로 변한다고 믿기도 한다. 불교의 경우 자살을 할 경우 내세가 지옥, 아귀도나 축생계로 정해질 정도의 중대한 범죄행위로 간주하기도 한다.

고대 그리스와 로마인들 중에는 철학적인 이유로 자살에 대해서 긍정적으로 이해하는 입장도 있었고, 나아가서 자발적으로 죽음을 선택한 사람들에 대한 찬사를 보낸 자들도 있었다. 플라톤은 파이돈Phaidon에서 인간은 신들의 소유이기 때문에 마음대로 죽을 수 없다고 하면서 그렇지 않으면 신들의 진노가 있게 된다고 했다. 아리스토텔레스는 자살을 이성과 율법의 대립에서 일어난다고 보고 자살을 국가에 대한 범죄로 규정했다. 로마가 기독교를 국교로 인정하고 중세로 진입하면서 자살을 부정적으로 보는 사상이 주류를 이루게 되었다.

근대에 들어서 자연법 사상과 칸트 역시도 자살이 도덕적으로 정당화될 수 없다는 입장을 견지했다. 계몽주의 시대와 현대에는 자살을 과학과 심리학의 눈으로 바라보면서 자살을 자연법의 관점에서 보는 아퀴나스의 시각이 공격을 받게 된다. 기독교 신학은 자살을 '악마와 개인인 죄인 사이에 벌어지는 일'로 이해하였지만, 계몽주의 철학자들은 자살을 세상적인 관점에서 보고, 자살을 개인의 자연적 심리의 결과나 특정한 사회적 상황의 결과로 이해하였다.

공리주의는 자살의 도덕적 정당성을 주장하고 자살의 권리를 주장하기에 이르렀다. 특히 흄[1]은 자살의 권리를 공리주의적 관점에서 옹호하고 인간의 자유의 영역을 자살에까지 확장하려고 했다. 이성에 기초한 개인의 주체성에 절대적 권위를 부여하려고 한 근대 이후 인간이 신으로부터 부여 받은 생명을 향유할 권리만이 아니라 죽을 권리까지 주장하기에 이른 것이다. 그리하여 궁극적으로 '생명의 주인은 누구인가?' 라고 하는 철학적 및 신학적 질문과 연계되는 문제가 된다.

어거스틴은 자살에 대해 회개의 기회를 스스로 박탈함으로써 삶의 괴로움을 회피하는 비겁한 행동이라는 점, 자신을 죽인 것으로 살인하지 말라는 계명을 어긴 것이라는 점, 하나님의 은총에 대한 분명한 거부이며 불신이라는 점 등을 들어 자살을 금해야 한다는 태도를 취했다. 토마스 아퀴나스는 어거스틴의 주장을 더욱 강화하여 만물은 본래 자신의 생명을 유지하고자 하는 자연적 성향을 지니고 있는데 자살은 이러한 성향을 거슬린다는 점, 모든 사람은 공동체의 부분이므로 자살은 자신이 속한 공동체를 손상시키는 것이라는 점, 생명을 주관하는 것은 신의 권능에 속하는 것이기 때문에 자살은 신의 권리를 침범하는 것이라는 점 등을 들어 불법으로 규정했다.

성서에서 자살에 관한 분명한 교훈은 찾아보기 어렵지만, 기독교계는 어거스틴과 토마스 아퀴나스의 신학 전통에 따라 자살을 반대했으며, 교회사에서 자살을 죄악시했다. 자살을 심각한 죄로 보는 이유는 십계명에서 '살인하지 말라'고 하는 제6계명에 근거한다. 살인해서는 안 되는 이유는 사람이 하나님의 형상대로 창조되었기 때문이다(창 1:27). 인간이 타락한 이후에도 하나님의 형상은 잃지 않았으며 살인은 금지된다(창 9:6). 또한 인간 생명의 주인이요 주관자는 오로지 생명의 창조자이신 하나님 한 분 뿐이므

1) David Hume
(1711-1776)

18세기 스코틀랜드의 경험론 철학자, 역사가, 경제학자, 저술가. 경험을 떠나서는 어떤 인식도 불가능하다고 주장.

로 자기의 생명이든 타인의 생명이든 자기 마음대로 좌지우지할 수 없다는 것이다.

그리하여 단테[2]는 중세시대 신학을 반영하여 그의 신곡Divine Comedy에서 자살자들을 지옥의 제7구역에 위치시켰다. 이러한 전통에 따라 가톨릭교회는 중세 시대를 지나며 자살한 자에 대한 장례조차 거부했다. 교회 묘지에 묻히지 못하게 하거나 시신에 대한 훼손도 있었다. 1917년 제정된 종교법으로 교회의 장례금지 규정은 개정됐고, 1983년에 교회법으로 자살을 '교회가 자비를 베풀어야 할 절망에 빠진 사람의 표지' 라고 밝히면서, 오늘날에는 일어나지 말아야 할 불행한 일이 일어난 것으로 보게 되었다.

종교개혁시대에 개혁교회에서는 일찍이 루터나 푸치우스를 비롯한 종교개혁자들에 의해 '자살하면 지옥 간다'는 것은 비성서적인 교리로 거부되었다. 개신교회의 입장은 자살을 구원과 연결시키지 않는다. 자살이 큰 죄이고 자신을 죽이는 중대한 죄라는 점은 맞지만 그것을 구원과 연결시키는 것은 거부하는 태도이다. 루터는 자살자도 하나님의 구원의 은총에서 배제되는 것은 아니라는 것을 평민들에게 가르쳐서는 안 된다고 말했는데, 그 이유는 사탄이 이것을 악용하여 더 많은 살인을 할 우려가 있기 때문이라고 했다. 20세기에 칼 바르트나 본회퍼도 자살을 반대했으나, 자살방지는 도덕적 요구나 법적 수단으로는 되지 않고 오직 복음 안에서만 가능한 것이라고 했다.

19세기부터 서구 법철학에서 자살이 범죄행위라기보다는 사회학적, 병리적, 심리학적 문제로 취급하게 되면서 자살에 대한 현대적인 관점의 변화는 본격화하였다. 자살을 미화할 수는 없지만 자살이 영원히 저주받을 범죄는 아니며 일종의 질병에 가까운 것으로 보아야 한다는 견해가 제시되기에 이르렀다. 자살자의 구원 문제에 대해서도 구원은 하나님의 주권에 속한 문제이기 때문에 인간적인 심판이 하나님의 주권에 앞설 수 없다는 입장이 설득력을 얻어가고 있다. '자살하면 지옥 간다'는 말이 죽음을 생각하는 사람들의 마음을 돌려놓을 수 있을지 모르지만, 그것을 진리인 듯 이야기하는 것은 옳지 않다는 것이다. 오히려 더 효과적인 다른 방법으로 자살을 예방하는 것이 필요할 것이다. 가뜩이나 죄책감과 우울한 마음에 빠져 있는 유가족에게 지옥형을 말하는 것은 극단적인 폭력행사와 다를 바 없는 것이 될 것이다.

성서에 계시된 삼위일체의 하나님은 생명의 창조자이며 주인이시고, 생명을 사랑하고 돌보시는 분이시다. 비록 죄인이라도 죽는 것을 기뻐하지

2) Dante Alighieri
(1265-1321)

이탈리아의 가장 위대한 시인. 서유럽 문학의 거장. 〈신곡 La divina commedia〉 으로 제목이 바뀐 기념비적인 서사시 〈희극 La commedia〉 으로 널리 알려짐.

않으신다. 성서는 사람이 온 천하를 얻고도 자기 목숨을 잃으면 무엇이 유익한가 묻는다(마 16:26). 성서에 등장하는 몇몇 건의 자살은 모두 부정적이고 비참한 죽음이며, 성서는 그 죽음에 대해 직·간접적으로 하나님께 대한 죄와 악행의 결과라고 평가한다. 이들을 실패자로 본 것이다.

성서에 '자살을 금지한다' 혹은 '자살하면 지옥 간다'라는 명시적 언급은 없지만, 그렇다고 해서 자살을 옹호할 수는 없다. 도박, 마약, 탈세, 포르노, 고문, 테러, 각종 중독, 생태계 파괴, 환경오염, 낙태 등에 대해 성서가 명시적으로 금하지 않는다고 해서 성서가 이것들을 옹호하는 것으로 볼 수는 없는 것과 같은 이치이다.

기독교에서 자살을 죄로 간주하는 이유는 전통적으로 십계명 중 '살인하지 말라'는 제6계명에 있는 것으로 보았다. 다른 사람을 죽이는 것과 같이 자신을 죽이는 것을 살인으로 보아 자살을 살인과 동일하게 취급했다. 또 하나님이 선물로 주신 생명을 버리는 것은 곧 하나님을 버리는 것과 같다고 본다.

또한 예수께서 자신의 몸을 성전이라고 하시고 바울도 인간의 몸이 하나님의 성전이라고 한 점(고전 3:16~17)에 비추어 성전인 인간의 육체를 파괴하는 것은 하나님을 모독하는 것이기 때문이다. 나아가서 하나님의 형상대로 창조된 인간(창 1:27)이 자살로 자신의 육체와 생명을 파괴하는 것은 곧 하나님의 형상을 파괴하는 것이라는 것이다. 결론적으로 성서에서 구체적으로 자살에 대해 언급하지 않지만, 생명과 몸의 중요성, 하나님과의 관계에서 생명의 고귀함을 언급하고 있는 것으로 이해될 수 있다.

현대인들은 과거와는 달리 매우 복잡하고 어려운 현실 속에 있다. 그럼에도 불구하고 신학적 관점에서 생명의 주인은 사람이 아니라 하나님이시라는 점과 의도적으로 자신의 생명을 스스로 파괴하는 것은 죄라는 점은 분명한 것으로 받아들여진다. 그렇다 하더라도 자살이 다른 모든 죄보다 더 심각하여 '용서받지 못할 죄'로 미리 심판하는 것은 성서의 가르침을 넘어서는 것이 될 수 있다.

Ⅳ. 원인·동기

자살에 대해 명확한 정의를 내리기가 쉽지 않고, 그 원인을 분석하는 것도 복잡하며, 자살행위에 대해 잘잘못을 판단하는 것도 쉽지 않다. 자살과 자기 희생의 경계를 긋기도 어렵다. 자살과 비슷한 용어로 자결(自決)이나 자진(自盡)과 같은 말도 있다.

현대인들이 쉽게 자살의 충동을 느끼는 이유는 무엇일까? '생명경시의 풍조'와 '물질만능주의 세계관'이 주된 원인으로 볼 수 있을 것이다. 우리 사회가 철학에서는 가시적인 결과를 중시하는 공리주의가, 경제학에서는 보다 많은 이익을 창출하는 행위를 정당화하는 효율성이, 생물학이나 의학에서는 인간의 정신현상을 유전자결정론으로 규정해버리려고 하는 태도가, 그리고 종교에서는 신의 실재를 인정하지 않는 무신론이 그 배경이 되었다는 진단에 유의할 필요가 있다.

물질만능의주의 세계관에 사로잡힌 사회에서는 현세에서 얻을 수 있는 물질적인 것이 인생의 전부로 인식되기 쉽다. 이러한 것들을 상실하면 남은 것이 없다는 생각과 함께 살아야 할 이유를 잃고 자살의 충동을 느끼게 된다는 것이다. 또한 산업화와 IT혁명은 인간 사이에 장벽을 만들고, 개인주의적이고 이기적인 문화를 보편화시키고 있다. 그로 인해 인간 상호간의 정서적 연결고리는 끊어지고 무력한 현대인에게 '무기력한 자기 도피' 를 허용하는 것이다.

세계보건기구WHO는 인간의 자살 동기가 989가지에 이른다고 한다. 그러나 크게 나누면 '명예나 위신, 명분에 집착해 삶을 포기하는 경우'와 '지칠 대로 지쳐 목숨을 버리는 경우'로 나눌 수 있다. 심리학적으로 애착이론에 따르면 모든 자살행위의 심리적 배경에는 직업이나 재산을 잃었다거나 감정적으로 의지하던 사람을 상실한 경우와 같이 애착대상의 상실이 가장 크게 자리 잡고 있다고 한다.

자살자에게는 힘든 상황에 직면하여 해결하려는 심리가 작동한다. 이때 문제해결의 능력을 가지고 있으면 굳이 죽음을 선택하지 않을 것이다. 정신적 에너지의 고갈상태를 짐작할 수 있게 해주는 부분이다. 정신적 에너지의 고갈은 우울증과 관련된다. 스위스 정신의학자이자 심리학자인 융[3]에

3) Carl Gustav Jung (1875-1961)
프로이트 심리학에 영향을 받았지만, 정신현상을 성욕에 귀착시켜 설명하는 것을 반대함. 심층심리에는 개인적인 것뿐 아니라, 오랜 집단생활에 의해 심리에 침전된 '집단무의식'이 있음을 밝혀냄.

의하면 우울증은 의식에서 이용할 만한 정신적 에너지가 고갈된 상태라고 한다. 이 상태에서는 정신적 에너지가 무의식에 정체되고 지금까지 돌보지 않은 내면세계가 큰 세력을 가지고 의식을 압박하기에 이른다. 그러면 그가 느끼는 절망감, 허무감, 자살관념 등 자아의식이 한계에 도달한다는 것이다.

프랑스 사회학자이자 교육자인 뒤르껭[4]은 방대한 통계자료의 분석을 통해 빈곤도 자살을 증가시키지만, 경제적 번영도 자살의 원인이 된다고 했다. 경제적 환경의 급격한 변화는 기존질서를 깨뜨리고 흔드는 위기가 된다. 이러한 위기는 결국 자살에 대한 자극이 될 수 있다는 것이다. 또한 이혼이 많이 발생하는 곳에 자살도 많다는 점을 지적했다.

그는 이 모든 것의 중요한 원인을 아노미[5]라고 했고, 아노미의 원인이 인간의 욕망에 있다고 보았다. 인간이 자신의 능력을 넘어서는 욕망을 가지게 되고, 그러한 욕망의 추구가 좌절되면, 인간에게 남는 것은 불안뿐이고 평안을 누릴 수 없게 된다는 것이다. 따라서 이 욕망은 적절히 규제 되어 자신의 능력과 조화를 이루어야 하며, 이를 위해 정의의 법을 마련해야 한다. 이러한 조정의 역할은 사회만이 할 수 있다. 그 이유는 사회만이 개인보다 우월한 정신적 힘이며 개인이 존중하는 권위를 가지기 때문이다. 그의 사회에 대한 신뢰는 종교적 의미로 해석될 수 있다. 그는 종교가 사실상 자제를 가르치는 최선의 학교라고 한다.

이러한 아노미는 경제 문화와 관련되어 있다. 한탕주의나 요행주의 문화가 지배하는 사회는 아노미에 깊이 매몰된 사회라고 할 수 있다. 서로 부자 되라고 인사하는 이 사회에서 경제적 부를 가지는 것은 모든 사람의 희망이 되었다. 이런 문화에서 경제적 책임을 져야 하는 위치에 있는 사람은 경제적 성공이 삶의 모든 것이 되기 쉽다. 경제 중심의 사고가 자신을 움직이는 세계관이 되면 그 가운데에서 자연스럽게 아노미에 빠지게 되는 것이다. 규범을 잃어버린 상태라고 할 수 있는 아노미에 이를 때 삶이 아니라 죽음을 생각할 수 있다는 것이다.

4) Emile Durkheim (1858-1917)

사회학과 인류학의 형성에 크게 기여함. 교육, 범죄, 종교, 자살, 사회주의 등 사회의 여러 측면에서 수많은 사회학 연구서 출간.

5) 아노미 (anomi)

사회적 혼란으로 인해 규범이 사라지고 가치관이 붕괴되면서 나타나는 사회적, 개인적 불안정 상태. 아노미 상태에 빠지면 삶의 가치와 목적의식을 잃고, 심한 무력감과 자포자기에 빠지며 심하면 자살까지 하게 되는 현상이 발생함.

Ⅴ. 징후와 예방

자살한 10명 중 8명은 자살을 하기 전에 자살 의도를 다른 사람에게 알린 다는 보고가 있다. 자살 의도를 누설하는 방법은 직접적인 경우('나는 자살할 것이다')만이 아니라, 간접적인 경우('당분간 만나지 못할 거야')도 있다. 전문가들은 자살의 징조와 신호로 다음과 같은 것들을 제시한다.

첫째, 자주 죽음과 관련된 말과 행동을 한다. 심리적으로 어둠의 심연에 이르면 자주 죽음에 대한 말이 나오게 된다. 죽음에 대해 자주 언급하고, 죽음에 관한 책 · 영화 · 음악 등에 집착을 보이거나, 자살을 시도한 일이 있는 사람을 찾는 등의 언어와 행동이 관찰되면 주목할 필요가 있다.

둘째, 소중한 물건을 타인에게 나누어 준다. 그저 이웃에게 베푸는 차원의 문제가 아니라 자기의 주변을 정리하는 현상이다. 소유의 본능에서 이탈하는 것은 이 세상의 삶을 정리하고 싶은 생각에서 비롯된 것일 수 있다.

셋째, 자살하겠다고 위협하는 행동을 한다. 자살 위협이 자주 있었던 것이라면 단순히 위협의 수단으로 사용하는 경우가 되겠지만, 최근에 갑자기 하는 경우나 특정한 사건이 있은 후에 하는 것이라면 자살의 신호가 될 수 있다.

넷째, 평소와는 달리 행동에 큰 변화가 있다. 성실하게 직장생활을 하던 사람이 갑자기 휴가를 내거나 결근을 하는 경우이다. 학교 및 직장에서 문제를 일으키는 경우 자살의 신호가 될 수 있다. 여러 가지 복합적인 결과로 문제를 일으키는 것이다. 행동의 큰 변화는 심리적인 변화를 의미한다. 이미 마음속으로 큰 것을 결심했기 때문에 작은 것에 초연하게 되는 것이다.

다섯째, 정서적 교류의 단절이다. 사회생활과 사람들로부터의 고립이다. 내성적인 성격의 차원과는 달리 평소에는 그러지 않던 사람이 갑자기 시선을 회피하는 태도를 보이는 것이다. 교류와 관계의 단절은 자살하려는 사람이 마음의 문을 닫은 것을 의미한다.

여섯째, 급격한 에너지의 고갈은 사람으로 하여금 판단력을 흐리게 하는 위험한 상황으로 인도할 수 있다. 의욕을 저하시켜 정상적인 정신기능을 방해하기 때문이다. 평소에 판단력이 분명한 사람이라도 자기답지 않게 판단하거나 행동하여 주변 인사들로부터 핀잔을 받는 것이다. 평소에는 신중하고 지혜롭게 일처리를 하던 사람이 심각한 절망에 빠지는 것은 이런 신호가 될 수 있다.

계 속적으로 이러한 신호를 보냈음에도 불구하고 주변에 있는 사람들이 그 신호를 알아차리지 못하고 극단적인 길로 가도록 방치하는 경우가 많이 발생하고 있다. 이웃이 보내는 신호에 무관심하고 무디다면 이웃 사랑의 정신을 실천하기는 어려울 수 있다.

현대인의 삶의 정황은 다양한 스트레스에 노출되어 있고, 에너지가 고갈되는 상황을 경험하는 것이 일상이 되다시피 하고 있다. 스스로 마음을 강하게 하고 담대하게 하는 훈련을 하지 않는다면 유혹의 마수에 휘둘리지 않는다고 단언할 수 없는 것이다. 그러므로 급격한 에너지의 고갈을 조심해야 한다. 특히 특별하게 성실한 삶을 추구하며 '공부벌레, 일 중독'workaholic을 찬양하는 분위기에 젖은 많은 한국인들에게는 에너지 고갈이 먼 곳에 있지 않다. '지금까지 앞만 보고 달려온 결과가 이런 것이냐' 생각한다면 허무주의의 포로가 되어 버릴 수 있게 되는 것이다.

급격한 에너지의 고갈은 우울증상이기도 하다. 우울증은 삶의 의욕을 상실하게 만들어 극단적인 선택을 할 가능성이 높아진다. 우울증이 여러 정신질병 중 자살률을 가장 높게 점유하는 증상이다.

또한 평소에 부정적인 성향이 많은 사람은 상황을 긍정적으로 바라볼 수 있는 정신적 에너지가 고갈되어 버리기 쉽다. 그러므로 어떤 경우에도 부정적이지 않도록 자신의 마음을 가꾸어야 하는 것이다. 바다에는 거친 파도와 풍랑이 있기 마련이다. 우리 인생사에도 동남풍도 불고 서북풍도 불게 마련이다. 가시밭에도 백합화는 피고, 그 고운 향기는 바람이 불기에 멀리까지 날리는 것이다. 인생의 풍파를 겪지 않는 사람은 없다. 파도를 무서워하고 피하기만 할 수도 있지만, 밀려오는 파도에 몸을 맡기고 파도를 타는 묘미도 즐길 줄도 알아야 인생의 깊이를 아는 사람이라 할 것이다.

특히 '항상 기뻐하라, 쉬지 말고 기도하라, 범사에 감사하라'(살전 5:16-18)는 성서의 말씀대로 노력하며 살아간다면 부정적 에너지에 휘둘리지 않을 것이다. 그렇게 산다면 좋지 않은 상황에 직면해도 '합력하여 선을 이루는' 신비로운 경험도 할 것이다.

Ⅵ. 과 제

통계청 자료에서 보는 바와 같이 경제적 이유로 자살하는 경우가 많기는 하지만, 근원적으로 본다면 사람이 먹을 것이 없어서가 아니라 자신의 경제적 처지가 바뀐 것을 받아들이지 못하기 때문에 좌절하는 것이다. 고난 중에서도 삶을 포기하지 말아야 한다는 신념 내지는 규범을 갖지 못했기 때문에 극단적인 선택을 하는 것이다. 삶의 의미를 제공하는 것은 종교의 몫이 될 것이다. 종교는 현대인의 고단한 생활 속에서도 삶의 의미를 찾을 수 있도록 도움을 줘야 한다.

해 마다 수능시험을 치른 수험생들이 목숨을 끊는 사례가 보도된다. 교회가 그들을 위해 기도할 때, '머리가 되고 꼬리가 되지 않게 해달라'고 하는 광경을 보는 것이 흔한 일이다. 그러나 그 기도대로 모두가 머리가 된다면, 우리 사회는 머리밖에 없는 기형적인 사회가 되지 않겠는가? 영광의 신학에 물들어 성공만을 가르치는 교회가 되어서는 안 될 것이다. 많은 신앙의 선진들이 걸어간 것처럼, 어려운 여건에서도 하나님의 영광을 위해 사는 것이 무엇인지를 보여주고 가르쳐줘야 한다. 나아가서 나보다 더 어렵고 약한 사람들을 돕고 배려하는 삶의 가치를 보여줘야 한다. 건강한 민족 공동체의 가능성은 여기에서 비로소 그 싹이 트게 될 것이다.

궁극적인 자살예방활동은 바른 가치관을 가지도록 하는 것이다. 물질만능주의적 세계관이 아니라 올바른 세계관을 정립하는 것이 중요하다. 인생을 제대로 해석하고 올바른 행동의 기초를 가지는 것이 모든 사람들에게 필요하다.

뒤르껭은 자살이 개인적 행위로 보이지만 사실은 사회의 특정한 상태를 반영하는 것이라고 했다. 사회가 심한 아노미 현상을 겪으면 사회적 결속력이 약해져서 자살률이 높아지고, 반대로 가족, 종교단체 혹은 기타 사회그룹과의 강한 유대관계는 자살률을 낮추는데 기여한다. 나아가서 진정한 친구 한 사람만이라도 곁에 있는 사람은 자살을 감행하지 않는다고 한다.

자살은 인간관계의 단절을 의미한다. 그러므로 자살을 예방하는 길은 우리가 서로에게 진정한 이웃, 진정한 친구가 되어주는 데 있다. 마틴 부버의 말대로 나[I]는 너[You] 속에 존재한다. 우리가 만들어 갈 공동체는 나와 너가 하나 되는 것이어야 한다. 따라서 '네 이웃을 네 몸과 같이 사랑하라'는 가르침이야 말로 자살예방법의 기초석이 될 것이다.

06 Chapter

_죽 음

많은 현대 세속주의 사상가들은 죽음이 종교적 희망으로 극복해야 할 공포의 대상이 아니며, 두려워할 일도 못되고, 계속된 세상 이야기의 일부일 뿐이라고 한다. 혹자는 죽음은 지극히 자연스러운 현상이므로 겁낼 것이 없다고도 한다. "죽음을 두려워하다니 우습다" 라는 글을 쓴 어떤 작가는 죽음도 삶의 일부요, 흙의 생활 주기의 일부이기 때문에 죽음을 삶의 종말이라고 부르기를 거부했다. 죽음은 불가피한데, 불가피한 일은 자연스러워서 마냥 나쁠 수 없다고도 한다.

그러나 현실은 그렇지 않다. 절대다수의 사람은 죽음을 두려워한다. 아무리 생물학적으로 필요하다고 할지라도 죽음은 자연스럽게 느껴지지 않는다. 자신이 재활용 비료라고 생각하는 사람은 없다. 사람은 죽음을 부정하며 살지만 죽음도 우리를 방해하고 괴롭히며 희망을 고갈시킨다.

셰익스피어Shakespeare는 햄릿의 입을 통해 말했다. 사후의 무엇에 대한 두려움 곧 '어느 나그네도 돌아오지 못하는 가보지 못한 나라'를 두려워하는 탓에 우리는 "우리가 알지 못하는 저 세상으로 달아나느니, 차라리 지금 이 세상의 고통을 묵묵히 견딘다"고 하면서, 이 이유는 "양심이 우리 모두를 겁쟁이로 만들기" 때문이라고 했다.

Ⅰ. 법과 죽음

우리 민법은 "사람은 생존한 동안 권리와 의무의 주체가 된다"고 한다(제3조). 이에 따르면 사람이 사망하면 모든 권리와 의무는 사라진다는 것이다. 그리하여 재산법적으로 향유하던 모든 권리는 소멸되고, 그가 부담하던 부채도 더 이상 효력을 갖지 못하게 된다. 또한 가족법적인 차원에서 가지던 권리와 의무도 소멸된다. 배우자 관계는 해소되어 남은 배우자는 임의로 재혼을 할 수 있다. 민법은 일반 시민으로서 가지고 있던 모든 권리와 의무가 죽음에 의해 종결된다고 선언한 것이다.

오늘날 의학기술의 발달로 인하여 사망의 시기를 확정하는 문제가 여러 가지 복잡한 상황을 연출하고 있다. 전통적으로 심폐사를 사망의 시기로 인정해왔으나 새로운 문제들이 더해지고 있는 상황이다. 법은 사람이 생존하는 동안에 대해서 규율하기 때문에 죽음은 모든 법률관계를 종결짓는다.

Ⅱ. 죽음이 두려운 이유

사람은 왜 죽음을 두려워하는가? 그 이유는 죽음으로 모든 관계가 끝나기 때문이다. 삶을 의미 있게 하는 요소는 무엇보다도 사랑의 관계이다. 죽음은 사랑의 종말이다. 칼 융[1)]은 "죽음은 정말 무섭도록 잔인한 일이다. 그렇지 않은 척 해봐도 소용없다. 죽음은 물리적 사건으로만 잔인한 것이 아니라, 심리적으로는 훨씬 더 하다. 더는 관계의 희망이 조금도 존재하지 않는다"고 했다. 죽음은 오랜 세월에 걸쳐 그런 관계를 빼앗아 가서 사람을 점점 나목처럼 만든다. 마침내 본인에게까지 찾아와서 뒤에 남을 사랑하는 이에게서 본인까지도 빼앗아 간다.

진정한 사랑은 본질상 영속성을 갈구한다. 사랑하는 이와 이별하는 것을 바라지 않는다. 그런데 죽음은 삶을 의미 있게 하는 요소를 모두 앗아 간다. 사랑하는 이의 시신을 보는 일보다 더 끔찍한 경험은 없다.

죽음이 두려운 또 하나의 이유가 있다. 죽음이 자연스럽다는 관점은 사후에 아무것도 없음을 전제한다. 그런데 이것은 입증이 불가능하다. 루소[2)]는 죽음을 두려움 없이 맞이하는 척하는 사람은 거짓말쟁이라고 했다. 시인

1) **Carl (Gustav) Jung** (1875-1961)
스위스 케스빌 출생. 프로이트 정신분석학에 영향을 받아 분석심리학 기초 확립. 외향성·내향성 성격, 원형, 집단무의식 개념 제시. 정신의학과 종교·문학 관련 분야 연구.

2) **Jean-Jacques Rousseau**(1712-1778)
프랑스의 철학자·교육학자·음악가·음악평론가. 이성의 시대를 끝맺고 낭만주의를 탄생시킨 사상 전개. 자연의 아름다움에 눈뜨고 자유를 가장 보편적 동경의 대상으로 여길 것을 역설.

엘리엇[3]은 "죽음 자체가 두려운 것이 아니라 죽음이 곧 끝이 아닐까봐 그게 우리는 두려운 거다"라고 썼다. 그의 세속적인 친구들이 어떻게 사후에 아무것도 존재하지 않는다고 철석같이 믿는지 이해가 가지 않는다는 것이다.

Ⅲ. 죽음에 대한 해법

예수님은 나사로의 무덤에서 슬피 울고 분노하셨다.[4] 나사로를 살리실 것이었기 때문에 그의 죽음을 슬퍼하신 것은 아니다. 그분은 사랑하는 인간과 창조세계를 파멸에 빠뜨린 죄와 죽음에 격렬히 분노하신 것이다.

사람은 원래 늙어서 병약하고 존엄성을 잃은 초라한 모습으로 죽도록 창조되지 않았다. 죽음으로 끝날 사랑의 관계를 위해 창조되지도 않았다. 지금 우리에게도 "사람이 이별 없는 사랑을 나누며 영원히 존재하도록 지어졌다"는 의식이 있다. 이것은 사람이 신에게서 기원했다는 기억의 흔적이다. 지금은 비록 죽음의 세계에 갇혀있지만 본래는 이런 세계에 살도록 설계되지 않았다.

이에 대한 우주적인 해법이 성서에 제시되어 있다. 성자 하나님이 십자가에서 죽으셨다. 이 죽음은 죽음의 세력을 꺾는 죽음이며, "죽기를 무서워하므로 한평생 매여 종노릇하는 모든 자를 놓아주시는" 죽음이다.[5] 그분은 사망에 영원히 굴복하신 것이 아니라, 사망의 권세를 이기고 부활하셨다. 그분은 무죄한 분이시므로 죽음이 그에게 '왕 노릇'을 할 수 없다. 나아가서 죽음은 그분 안에서 '자는' 이들을 건드릴 최후의 권리도 없다. 죽음은 그분과 누릴 영생으로 들어가는 문일 뿐이다.

Ⅳ. 기독교와 죽음

리차드 도킨스는 천국의 상급 개념을 '우주적 뇌물'이라고 비난했다. 영원한 복이라는 보상을 목적으로 착하게 살아간다면, 이는 얄팍하고 타산적이라는 것이다. 대부분의 종교는 사후의 삶에 대한 보상을 말한다. 그러나 기독교적 관점은 매우 독특하다. 세속주의 사상가들이 말하는 사후의 존재는 사람 몸의 물질이 흙이 되고 비료로 변한다는 식이다.

3) T. S. Elliot
(1888-1965)

〈황무지〉·〈성당의 살인〉·〈칵테일 파티〉 등 통해 모더니즘 주도. 제2차 세계대전 중 발표한 〈4개의 4중주〉로 영국 시인이자 문학가로 인정받아 1948년 메리트 훈장, 노벨문학상 수상.

4) "예수께서 그가 우는 것과 또 함께 온 유대인들이 우는 것을 보시고, 심령에 비통히 여기시고 불쌍히 여기사"(요 11:33)

"이에 예수께서 다시 속으로 비통히 여기시며, 무덤에 가시니 무덤이 굴이라 돌로 막았거늘"(요 11:38)

5) "자녀들은 혈과 육에 속하였으매, 그도 또한 같은 모양으로 혈과 육을 함께 지니심은 죽음을 통하여 죽음의 세력을 잡은 자 곧 마귀를 멸하시며

또 죽기를 무서워하므로 한평생 매여 종노릇 하는 모든 자들을 놓아 주려 하심이니"(히 2:14-15)

동양 종교는 사람의 영혼이 사후에 우주의 영혼과 합일하며 물이 바다에서 합쳐져서 개별성을 상실하듯 사람도 만물을 하나로 합치는 비인격적 정신계의 일부가 된다고 한다. 이런 설명들에 따르면 사후에는 사랑도 없다. 인격체만 사랑할 수 있기 때문이다.

기독교의 사랑은 인격적이다. 인격체 간의 사랑이야말로 기독교 희망의 핵심이다. 여자의 돈을 보고 결혼하는 남자는 비난받아야 마땅하다. 돈은 사랑에 대한 합당한 보상이 아니기 때문이다. 그러나 결혼 자체는 사랑에 대한 참된 보상이며, 결혼을 바라는 사람을 타산적이라 할 수 없다.[6] 천국도 그런 것이다.

천국을 타산적으로 인식하는 사람은 천국의 진수를 놓친 것이다. 천국은 사랑의 세계다. 세 인격체이신 삼위의 하나님이 서로를 향한 한 없이 귀중하고 이해할 수 없는 사랑으로 연합되어 계신다. 이 하나님은 서로에게 사랑을 쏟아 부어 '사랑의 샘'이 되신다. 여기에 흐르는 사랑은 말할 수 없이 더 풍성하고 깨끗하다. 그 사랑으로 충만해져서 더는 속이 허하거나 결핍이 없기 때문에 우리는 사랑하는 대상의 행복을 내 행복으로 삼는다.

나아가서 사랑하는 이와 이별할 두려움도 다시는 없다. 이 땅의 삶에서 가장 큰 슬픔은 사랑이 중단되는 일이다. 천국에서는 그 상태가 영속된다. 천국의 사람들은 각자가 악보의 한 음표가 되어 다른 모든 음표들과 아름다운 화음을 이룬다. 사랑의 복된 열매인 하나님을 닮는 기쁨이 가득하다.

기독교의 미래는 구체적이다. 내세에 대한 갈망을 이기적이라고 비판하는 사람들이 있다. 그 반대로 오히려 세상을 사랑하고 찬미하는 마음이다. 기독교인은 영혼의 구원만이 아니라 육체의 구원도 고대한다.[7] 영혼과 육체까지 망라하여 이 세상을 구원할 희망이 있다고 주장하는 타종교는 하나도 없다. 고난, 악, 그리고 죽음은 이 세상의 삶을 망쳐놓았다. 그러나 기독교인은 잃어버린 삶에 대한 위로를 바라는 것이 아니다. 오히려 원하면서도 아예 얻지 못했던 삶의 회복을 원한다.

이 세상을 너무도 사랑해서 원래 창조되었을 때의 모습을 보고자 하는 마음을 이기적이라 할 수 없다. 세속주의자들도 오염되지 않은 자연, 더는 인간의 착취로 망가지지 않은 자연을 보기를 열망한다. 기아와 질병의 종식, 빈곤과 압제에서의 해방을 바란다. 기독교인들이 바라는 것과 다르지 않다. 그러나 그들이 믿지 않는 이유가 그 희망이 우리의 환심을 사려는 뇌물

6) C. S. Lewis. www.verber.com/mark/xian/weight-of-glory.pdf.

7) "그뿐 아니라, 또한 우리 곧 성령의 처음 익은 열매를 받은 우리까지도 속으로 탄식하여 양자 될 것 곧 우리 몸의 속량을 기다리느니라."(롬 8:23)

이기 때문이라고 말해서는 안 된다. 오히려 그 희망이 너무 좋아 꿈만 같기 때문인 것은 아닐까?

기독교 세상은 상상을 초월할 정도로 경이롭다. 소위 판타지 문학의 독자층은 현실주의 소설이나 그 밖의 비평가들이 선호하는 작품의 독자층보다 훨씬 두텁다. 〈반지의 제왕〉의 작가 톨킨[8]은 모더니즘이 여태 소멸시키지 못한 인간의 원초적 갈망이 많다고 한다.

공간과 시간의 깊이를 알아내려는 갈망, 가능하다면 죽음에서 벗어나려고 하는 '가장 오래되고 간절한 갈망'이 여기에 해당한다. 새, 짐승, 나무 등과 소통하고, 이별 없이 사랑하고, 선이 악을 이기는 최종 승리를 보는 것을 원한다. 이런 열망이 워낙 깊다 보니 이야기에 빠져 들어가고 거기에서 만족을 느낀다.

이런 이야기가 공감을 얻는 이유는 근본적인 실재를 증언해주기 때문이다. 우리는 성경의 줄거리, 즉 세상이 원래 낙원으로 지어졌으나 지금은 상실되었다는 사실을 직관적으로 이해하고 있다. 허구의 이야기 안에서 세상 본연의 모습과 우리가 지음 받은 목적이 느껴지기 때문이다. 현실주의 소설은 이런 목마름을 해갈시킬 수 없다는 것이다. 그는 예수 그리스도의 복음이야말로 모든 허구 이야기의 정수를 담아낸 더 큰 이야기라고 한다. 이 이야기만이 역사적 사실이기 때문이다.

기독교의 희망은 확실하다. 대부분의 종교가 말하는 내세는 종교규율을 지켜야 한다는 조건부적 내세이다. 그러나 기독교의 구원은 종교규율을 잘 지킨 착한 사람의 몫이 아니라, 자신이 충분히 착하지 못해서 구주가 필요함을 인정하는 사람의 몫이다. 영생을 누리기 합당한 이력은 예수께만 있고, 그분을 믿는 한 그분 안에서 안전하다. 십자가의 강도에게처럼 그분의 음성이 들려온다.

"오늘 네가 나와 함께 낙원에 있으리라."[9]

8) John Ronald Reuel Tolkien(1892-1973)

옥스퍼드대에서 앵글로색슨어 교수, 영어영문학 교수로 재직. 대하 3부작 〈반지의 제왕〉(1954~55)으로 명성 얻음.

9) 예수께서 이르시되 내가 진실로 네게 이르노니, 오늘 네가 나와 함께 낙원에 있으리라 하시니라.(눅 23:43)

Dialogue Between Law & Soul

인간의 경제

08 Part

01

Chapter

_계약자유

Ⅰ. 문화 속의 계약자유

1_ 금전소비대차 계약

베니스의 상인 안토니오에게는 바싸니오라는 친구가 있다. 이 친구는 안토니오에게 수차례 돈을 빌려서 방탕한 생활로 탕진했다. 이를 만회하려고 부자 상속녀 포오샤에게 구혼한다. 이를 위한 비용을 빌리려고 하는데 재산이 모두 배에 실려 바다에 나가있는 안토니오에게 현금이 없다. 결국 유태인 고리대금업자 샤일록에게 안토니오의 살 한 파운드를 담보로 돈을 빌린다. 안토니오로부터 갖은 박해와 모욕을 받아온 유태인 샤일록은 마음속으로 복수의 칼날을 갈면서 기회를 잡기 위해 돈을 빌려준다.

포오샤에게 몰려든 수많은 청혼자들은 포오샤의 아버지가 유언으로 남긴 수수께끼를 풀지 못하고 물러나고 결국 바싸니오가 포오샤를 얻는다. 하지만 행복도 잠시, 안토니오의 배들이 모두 침몰하여 기한 내에 채무변제를 하지 못하게 되자, 샤일록은 약속대로 살 한 파운드를 요구한다. 포오샤는 남편에게 많은 돈을 주어 친구의 생명을 구할 수 있도록 배려해 주지만, 그녀 스스로도 판사로 변장하여 베니스로 향한다.

샤일록은 자신의 권리를 고집한다. 법정에서 바싸니오는 세 배를 지불하겠다고 하지만 샤일록은 거절한다. 판사로 변장한 포오샤가 등장하여 샤일록에게 안토니오의 살을 베어내되 피를 흘리지 말 것과 정확하게 한 파운드를 베어낼 것을 요구한다. 살을 베어내며 피를 흘리지 말라니, 세상에 그런 법이 어디 있느냐고 항의하지만 상황은 이미 역전되어 있다. 포오샤는 기독교인의 생명을 위협했다는 이유로 재산의 반은 피해자 안토니오에게 주고, 나머지 반은 국가에서 몰수할 것, 기독교로 개종할 것을 요구한다. 모든 권리를 박탈당한 샤일록은 비참한 모습으로 법정을 떠난다.

2_ 계약은 지켜져야 한다 Pacta Sund Servanda!

『베니스의 상인』은 샤일록과 안토니오의 계약문제를 중심으로 셰익스피어[1] 작품 전체에 걸쳐 중요하게 제기되고 있는 정의와 자비의 문제를 다룬 작품이다. 철저히 계약서의 문자 그대로를 요구하는 샤일록의 태도는 엄격하게 정의실현을 요구하는 율법주의를 대변한다. 이에 대해 포오샤가 대변하는 용서와 자비의 정신이 대비된다.

포오샤는 샤일록에게 정의와 자비 가운데 선택할 기회를 주었지만, 샤일록은 자비대신 정의를 선택한다. "법이요. 내가 한 계약에서 정한 벌과 담보물 말이오."(4막 1장) 샤일록은 계약위반의 규정대로 살 한 파운드를 요구한다. 포오샤는 자비의 대변자의 자리에서 정의와 심판의 원칙의 대변자의 자리로 이동한다. 바싸니오는 법을 융통성 있게 적용하라고 애원하지만, 포오샤는 국가질서가 어지럽혀지기 때문에 베니스의 어떠한 권력도 선포된 법을 변경시킬 수 없다고 선언한다.

계약서를 직접 본 포오샤는 샤일록이 주장하는 단어들을 검토한다. 샤일록의 논리는 계약서에 없는 내용은 어떤 것도 행할 의무가 없다고 한다. 포오샤는 샤일록의 논리를 인정하고 법이 샤일록의 편이니 살을 떼어 내라고 명한다. 살 한 덩어리를 가질 법적 권리를 인정한다. 모두가 안토니오는 죽은 목숨이라고 한탄하고 샤일록은 승리의 미소를 머금고 칼을 가슴에 들이대는 순간, 포오샤는 "잠깐!"을 외친다.

그리고 말한다: "이 계약서에 의하면 당신에게 단 한 방울의 피도 줄 수 없소. 여기 적혀 있는 표현대로는 '한 파운드의 살'로 되어 있소. 그러니 계약서대로 이행하시오. 당신 몫인 살 한 파운드를 떼어 가시오. 하지만 살을 잘라내면서, 단 한 방울이라도 피를 흘린다면, 당신 토지와 재산은 베니스의 법대로 나라에 몰수될 것이오."(4막 1장)

1) William Shakespeare (1564-1616)

영국이 낳은 세계 최고 시인 겸 극작가. 희 · 비극을 포함한 37편의 희곡과 여러 권의 시집 및 소네트집 저술.

주요 작품으로 〈로미오와 줄리엣〉, 〈베니스의 상인〉, 〈햄릿〉, 〈맥베스〉 등 있음.

지금까지의 모든 것을 뒤집는 대 반전이다. 안토니오의 비극의 순간에 극의 흐름은 희극으로 역전된다. 포오샤의 논리는 샤일록 자신이 주장해 온 바로 그 원칙이다. 그러므로 "그게 법이오?"가 그가 할 수 있는 말의 전부였다. 그게 법이라면 그대로 적용되어야 하는 것이 엄격한 율법주의의 운명이다.

정의와 자비의 대립에서 셰익스피어는 심판과 응징의 개념인 정의보다는 사랑과 용서에 입각한 자비를 우선시한 것으로 보인다. 그러나 샤일록의 정의의 논리로 역전을 가져왔다는 점에서 오히려 정의가 재강조되고 있는 것으로도 보인다. 과연 진정한 정의란 무엇인가? 셰익스피어 당시의 이러한 논리는 오늘날의 법논리에서도 유지될 수 있을까?

Ⅱ. 근대 민법의 기본원칙

개인을 봉건적 · 신분적 여러 구속으로부터 해방하고, 모든 사람을 평등하게 다루며, 각자의 자유로운 활동을 보장하는 것을 지도원리로 하여 출발하였다. 따라서 근대 사법은 개인주의와 자유주의를 기본사상으로 하는 '자유인격의 원칙'을 전제하고 있다. 이러한 자유인격의 원칙을 실현하기 위하여 근대 민법은 사유재산권존중의 원칙, 개인의사자치(존중)의 원칙 및 과실책임의 원칙을 인정하고 있다.

1_ 사유재산권 존중의 원칙(소유권 절대의 원칙)

근대 사회에 있어서 개인은 봉건적 신분관계에서 해방된 대신에 타인의 보호를 받지 못하고 오로지 자기의 책임 아래 생활을 영위하여야 하기 때문에 그가 최후에 의지할 수 있는 것은 오직 그가 소유하는 재산뿐이다.

따라서 개인의 자유와 평등을 보장하기 위하여 모든 재화에 대한 완전한 지배를 인정하고, 국가나 사인은 이에 대하여 침해하거나 간섭하지 못하도록 하는 사유재산권 존중의 원칙이 인정되었다. 사유재산권 중에서도 소유권이 가장 중요하므로 이를 보통 소유권 절대의 원칙이라고도 한다.

이 원칙의 정신적 기초는 자연법사상에 두고 있으며, 1789년 프랑스 인권 선언과 그 뒤의 프랑스 헌법과 민법에서 성문화되었다. 우리나라도 이 원칙을 선언하고 있다.[2)]

2_ 개인의사 존중의 원칙(계약자유의 원칙)

개인은 그의 자유의사에 의하여 사법상의 권리의무를 취득한다. 사적 자치는 사회질서에 위반되지 않는 한 존중되어야 한다고 하는 원칙을 개인의사존중의 원칙이라고도 한다. 또한 이 원칙은 보는 각도에 따라서는 사적 자치의 원칙, 개인의사 존중의 원칙 또는 계약자유의 원칙이라고도 한다.

이 원칙은 경제적으로는 자유경쟁주의 내지 자유방임주의로 표현된다. 이 원칙이 인정됨으로써 개인은 그의 경제활동에 있어서 충분히 창의를 발휘하고 자유로이 활동하게 된다. 이 원칙은 사유재산권 존중의 원칙과 함께 현대 자본주의 사회의 발전에 원동력이 된 것으로 평가된다.

3_ 과실책임의 원칙

위법한 행위로서 타인에게 손해를 입힌 경우에는 그 행위가 고의 또는 과실에 기인한 경우에만 책임을 지고, 고의나 과실이 없는 행위에 대하여는 책임을 지지 않는다고 하는 원칙을 과실책임의 원칙 또는 자기 책임의 원칙이라고 한다. 이 원칙은 앞의 두 원칙과 같은 차원에서 취급하는 원칙이 아니고, 계약자유의 원칙을 뒤집어본 원칙이라고 할 수 있겠다.

법률행위의 변동은 모두 개인의 자유의사에 의하여야 이루어진다고 본다면, 그 자의 의사활동에 의한 것이 아니면 책임을 부담시킬 수 없는 법이다. 과실책임의 원칙이 인정됨으로써 개인은 자기의 행위에 대하여 충분한 주의만 하면 책임을 지는 일이 없이 안심하고 활동할 수 있게 된다. 민법은 "고의 또는 과실로 인한 위법행위로서 타인에게 손해를 가한 자는 그 손해를 배상할 책임이 있다"고 하여 과실책임의 원칙을 규정하고 있다(제750조).

2) 헌법 제22조 제1항

모든 국민의 재산권은 보장된다.
민법 제211조 : 소유권은 법률의 범위 내에서 그 소유물을 사용 · 수익 · 처분할 수 있는 권리가 있다.

Ⅲ. 현행 민법

1_ 근대 민법의 기본원칙의 수정

근대 민법의 기본원칙은 자본주의 사회의 발전에 원동력이 된 것은 사실이지만, 19세기 말 이후 자본주의의 고도의 발달로 인하여 새로운 국면에 처하게 되었다. 즉, 자본주의의 진전에 따라 빈부의 차는 점점 더 커져갔고, 경제적 강자와 약자의 계급적 대립을 격화시킴으로써 계약자유의 원칙 아래 점점 계약의 자유를 잃어갔다.

사유재산권은 있는 자가 없는 자를 지배하는 도구로 악용되는 등의 여러 가지 어려운 사회문제를 야기하게 되었다. 이리하여 참다운 개인의 자유와 평등을 확보하고, 보다 나은 복지사회를 건설하기 위하여 20세기에 이르러 사회 본위의 단체주의적 법사상이 나타났다.

따라서 소유권절대의 원칙은 소유권상대의 원칙으로, 계약자유의 원칙은 계약 공정의 원칙으로, 과실책임의 원칙은 무과실책임의 원칙으로 경우에 따라 수정하여 적용되지 않을 수 없게 된 것이다.

2_ 현행 민법상의 기본원칙

우리 민법도 헌법의 정신이나 민법전 제정의 연혁으로 보아 근본적으로는 근대 민법에 있어서와 같은 기본원리에 입각하고 있다. 그러나 현행 민법은 자유 · 평등을 기본이념으로 하되, 이것을 공공복리의 원칙으로 조절하고 조화하려고 하고 있다.

즉, 현행 민법은 자유인격의 원칙을 최고원리로 하고, 전체의 행복을 위하여 이를 공공복리의 원칙으로 조절하며 이 자유인격의 원칙의 실천원리로서 신의성실 · 권리남용금지 · 거래안전 및 사회질서의 여러 기본원칙이 있고, 다시 이러한 원칙 아래에 근대 민법의 기본원칙이 있고, 이 원칙은 공공복리의 차원에서 필요에 따라 수정원칙으로 존재하게 된다.

02 Chapter _사유재산제와 토지

Ⅰ. 사유재산제

고대 플라톤은 사유재산제도를 부정하고, 특히 상류층의 사유재산 취득금지를 주장했다. 공자도 사익 추구가 아니라 인의도덕을 중시함으로써 사유제에 강한 반감을 표시했다. 이러한 경향은 지속적으로 이어져 왔다. 동서양을 불문하고 사유재산제는 사실상 18세기 이전까지는 없었던 것이나 다름없었다. 극소수의 왕과 귀족만이 줄곧 소유를 독점해 왔기 때문이다. 재산은 권력의 상징이며 권력은 소유 자체였다. 계몽주의자들이 민주주의를 주장한 것은 동시에 재산권의 소유를 주장한 것이었다. 경제력을 확보해야 부모로부터 독립하는 것처럼 사유제는 중요한 문제였다.

소유를 어느 정도 확보한 이후에는 문제가 나타나기 시작했다. 사유제는 불평등한 사회구조를 야기하고 불평등은 소유자에게 엄청난 위협이 된다. 재산의 방어에 급급하여 국가를 자유와 평등의 보장이 아니라 부르주아지의 이익보장 도구로 전락시킬 위험에 빠질 수 있게 된 것이다.

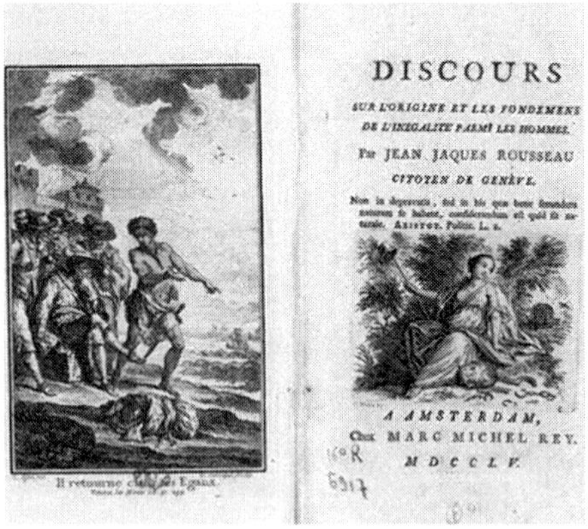

「불평등기원론」 원본

루소는 "사유재산제도는 만악과 불평등의 근원으로 사회의 암적 존재"라고 단정하고, 그의 저서 「불평등기원론」에서 넓은 땅에 울타리를 치고 "이것은 내 땅이다"라고 말하는 순간 사기꾼이 된다고 공격하면서 "땅과 땅의 결실을 모든 사람이 공유해야 한다"고 강조했다. 사유재산제가 인류에게 모든 범죄와 전쟁, 공포, 불신, 비참을 가져오는 원인으로 보았기 때문이다. 그는 국가와 법률마저도 부자, 소유자들의 기득권을 우선적으로 유지, 존속시켜 주기 위해 만들어졌다면서 만인의 평등하고 자유로운 삶을 위하여 혁명의 필요성을 강력히 시사했다.

사유재산제도는 그 자체에 관한 논란이 있기는 하지만 일반적으로 근세초기의 개인주의 사상에 의하여 확립되고, 계약자유의 원칙과 더불어 자본주의 문명의 원동력이 된 것으로 이해된다. 그러나 자본주의가 고도로 발달함에 따라 재산의 집중 현상이 나타나 이 원칙을 관철하면 무산계급의 생존을 위협할 뿐만 아니라, 재화를 사회 전체의 이익을 위하여 효율적으로 이용하고자 하는 이상에도 어긋나게 된다. 그러므로 20세기에 들어오면서 차츰 생산수단, 특히 천연자원이나 독점적인 기업시설에 대한 사유재산권을 적당하게 제한하는 경향이 나타나게 되었다. 다만 이러한 경향은 국가에 따라 차이가 있다.

공산주의 경제체제에서는 원칙적으로 소비재를 제외한 모든 재화의 사유를 인정하지 않는다. 그러나 그 밖의 국가에서는 모두 이 제도를 인정하고 있으며, 특수한 것만 국유(國有) 또는 국가관리 하에 두거나 적당한 제한을 가하는 태도를 취하고 있다. 헌법의 재산권에 대한 태도도 이에 속한다.

Ⅱ. 토지 공개념

토지 공개념이란 비록 개인의 토지라 할지라도 토지의 소유와 처분은 공공의 이익을 위하여 적절히 제한할 수 있다는 생각이다. 땅은 늘어나지 않기 때문에 국민이 골고루 갖고 효율적으로 이용할 수 있게 하자는 것이 토지 공개념의 배경이다. 비록 개인의 토지라 할지라도 그 토지는 전체 국민 또는 국가의 공공재(公共財)인만큼 공공의 이익에 반하여 행사되어서는 안 되는 것이므로 법률로 토지소유권의 행사를 제한할 필요가 있다는 것이다.[1]

독일 등 일부 유럽 국가가 주로 토지 공개념에 바탕을 둔 정책을 실시하고 있다. 개인이 땅을 가질 수는 있지만 땅을 이용하거나 개발해 돈을 버는 것은 땅 주인 대신 국가가 맡고 있다. 우리나라는 경제개발 수행과정에서 토지에 대한 신화가 자리 잡고 있으며, 토지와 연관된 금융관행 등 민간 및 기업 모두가 토지에 대한 사적 권리만을 주장할 뿐 토지의 효율적이고 유용한 이용에 대한 개념이 자리 잡을 곳이 없었다. 결과적으로 토지와 주택가격의 급상승, 기업의 임대비용 증가 등을 초래하였고 결국 경쟁력을 떨어뜨리고 말았다. 외국 기업이 토지비용으로 인해 투자를 꺼리는 사실도 결국은 우리나라의 생산력에 장애가 되고 있음을 보여준다.

1989년 땅값이 크게 뛰자 정부가 처음 토지 공개념을 내놓았다. 집 지을 땅의 크기를 제한하고, 땅을 개발해 이익이 생기면 세금으로 거둬들이고, 땅을 개발하지 않고 놀려도 세금을 매기는 법들이 나왔다. 내 땅을 내 마음대로 할 수 없게 된 것이다. 하지만 이들 법은 얼마 가지 못하여 없어지거나 시행이 중단됐다. 헌법이 보장하는 국민 재산권을 침해했다는 이유로 헌법재판소가 위헌결정과 헌법불합치[2] 판정을 내렸기 때문이다. 서울 같은 큰 도시에서 개인이 주택을 지을 땅을 200평 이상 갖지 못하도록 한 택지소유상한법(위헌결정)과 땅을 놀리는 사람에게 무거운 세금을 물리는 토지초과이득세법(헌법불합치)이 대표적인 사례이다. 토지 공개념의 이름 아래 만든 법들이 모두 '무용지물'이 된 것이다.

토지 공개념은 이론적으로는 부동산 가격을 잡고, 땅을 효율적으로 이용할 수 있다는 점에서 바람직한 제도로 여겨진다. 하지만 현실적으로는 자유로운 경제활동을 막고, 경기를 나빠지게 할 수 있기 때문에 제도 도입에 보다 신중해야 한다는 시각이 지배적이다.

1) 헌법 제123조

'국가는 토지소유권에 대해 법률이 정하는 바에 따라 제한과 의무를 과할 수 있다.'

민법 제2조 : 권리는 남용하지 못한다.

민법 제212조 : 토지의 소유권은 정당한 이익이 있는 범위 내에서 토지의 상하에 미친다.

2) 헌법불합치(憲法不合致)

위헌성이 인정되는 법률이더라도 위헌결정의 효력을 즉시 발생시킬 때 발생될 법률공백을 막아 법적 안정성을 유지시킬 목적으로 위헌법률의 효력을 일정기간 지속시키는 것.

Ⅲ. 토지사유제의 역사

오늘날의 토지제도는 흔히 근대적 혹은 근대 법적 토지소유 개념으로 설명되는 경우가 많다. 근대적 토지소유제 하에서는 한 토지에는 다른 사람들의 권리를 배제할 수 있는 하나의 소유권이 성립하는 것이 원칙이다. 대부분의 학자들은 이 근대적 토지소유제도가 근대 자본주의 사회의 필수적 전제조건이라고 생각한다. 많은 경제사학자들은 원시 공산제에서는 토지공유제가 원칙이었고 근대 자본주의 사회에서는 토지사유제가 원칙이므로, 역사는 토지를 공유하는 상태에서 사유로 하는 상태로 발전해 왔다고 본다.

1_ 원시시대

청동기시대 메소포타미아 지역 원시공동체에서는 구성원들에게 각각 가족부양이 가능할 정도의 토지가 배분되었고, 토지분배를 받은 구성원은 군사의무와 각종 부역노동을 담당하였다. 생계유지용 보유지의 판매나 몰수는 금지되었다. 그것은 구성원들이 공동체적 의무를 수행하기 어렵게 만들기 때문이다. 부채로 인해 토지가 몰수되는 경우가 있었지만 그것은 일시적이었다. 그리고 필요에 따라 토지를 팔았을 경우에도 친척이나 이웃들이 그 판매를 거부하거나 무를 수 있도록 하였다. 토지 중 일부는 공적 기능을 담당하는 사원과 왕실의 보유지로 따로 구분되었다. 이 토지의 사용료 수입은 관리들과 사회적 약자(과부, 고아, 병약자 등)의 생계비로 지급되었다.

원칙적으로 생계유지용 보유지의 판매나 몰수가 금지되어 있었지만 사유화 경향은 이때부터 나타났다. 이는 특히 홍수, 가뭄, 전염병, 전쟁 등을 계기로 발생했다. 이 경우 자기 보유지를 저당 잡히고 부채를 얻어 쓸 수밖에 없었기 때문이다. 보유지에 저당 설정을 하는 것이 토지사유화의 출발점이 되었다. 이 경우 채권자는 주로 왕실의 징세관이나 지방 유력자 혹은 상인들이었다. 토지를 획득한 채권자들은 기존의 토지보유자들을 그 토지에 그대로 두고 토지사용료를 징수하였다. 반면 채권자들은 토지보유자가 왕실에 부담하는 군사의무, 부역노동 등 각종 부담은 회피하였다. 토지사용료를 납부해야 했던 기존의 토지보유자들도 이 의무를 부담할 여력이 없었다. 그로 인한 공공재정의 부족은 공동체 일반 구성원들의 부담이 되었다.

공동체의 통치자들로서는 이러한 상황이 부담이 되었다. 토지사유화로 인한 군사력과 공공재정의 약화를 허용할 수 없었다. 그리하여 토지사유화 경향에 맞서 주기적으로 부채 탕감과 사람과 토지의 원상회복을 내용으로 하는 '청산선언'을 공포하였다. 이 청산선언은 적어도 한 세대에 한 번씩, 특히 새로운 통치자가 즉위할 때 혹은 통치자가 통치 30주년을 맞을 때 공포되었다. 성서의 희년제도는 기본적으로 이 청산선언과 동일한 정신을 가진 것이다.

2_ 고대시대

고전 고대에 와서는 토지에 대한 평등권이라는 이념과 토지사유화 경향 간의 투쟁은 두드러진 양상을 보였다. 스파르타의 리쿠르구스[3]의 개혁과 아테네의 솔론[4]의 개혁, 그리고 로마의 리시니우스법[5]등은 모두 그리스와 로마 사회의 토지사유화 및 토지집중 경향을 억제하고자 실시되었던 개혁조치들이었다. 이 개혁조치들로 인해 그리스와 로마 사회는 상당 기간 번영을 누릴 수 있었다. 그러나 사유화 경향이 다시 등장하여 지배적인 상태로 되면서 그리스와 로마 사회는 몰락하였다. 대토지소유로 그리스가 멸망하였고, 후에는 라티푼디움이 이탈리아를 멸망시켰다.

원래 로마사회의 형성 초기에는 각 시민은 양도할 수 없는 자기 보유지를 갖고 있었다. 그리고 공동지는 공동으로 사용되었다. 시민은 토지에 대한 평등권을 누리고 있었던 것이다. 그러나 도시국가로 출발했던 로마는 수백 년에 걸친 정복전쟁을 통하여 대제국으로 발전하였다. 토지평등권은 정복전쟁의 와중에서 유지될 수 없었다. 정복전쟁의 전개 중에 로마 귀족층은 토지를 집중하여 대지주화하였으나, 로마 군대의 중핵이었던 자유농민은 자기 보유지를 잃고 몰락해 갔다. BC 5, 4세기 이탈리아 반도 공략기에는 일반 농민도 정복지역의 토지분배에 참여하였다. 그러나 BC 4세기 중엽 이후 귀족에 의한 공유지의 사유화가 급속하게 진전되었다. 이때부터 귀족들이 전비 부담을 근거로 공유지의 지급을 요구하였다. 원래 고대사회에서는 전쟁 등의 비상사태 발생 시의 대처비용은 귀족이나 부유층이 부담하는 것이 원칙이었으며, 일반인에게 조세를 부과하는 일은 드물었다.

귀족들의 토지집중과는 대조적으로 자유농민들은 장기간의 참전으로 인한 토지 황폐화와 채무 증가 때문에 보유지를 상실하였다. 더욱이 광대한 정복지로부터 공조로서 대량의 농산물이 유입되면서 자유농민의 몰락은 더욱 가속화되었다. 라티푼디움, 즉 노예노동에 의한 대토지경영은 이렇게 해서 성립했다.

3) 리쿠르구스 (Lycurgos)

BC 7세기 경에 활동한 고대 스파르타의 입법자. 많은 사가들은 BC 7세기 후반에 일어난 스파르타 반란 이후 과감한 개혁이 리쿠르고스라는 인물과 연관이 있었을 것으로 봄.

4) Solon (BC 630경-560경)

그리스의 7현인 중 한 사람. 아테네의 시인, 정치가.

그의 시는 경고하고 도전하며 조언하고 행동을 촉구하는 매개수단이었으며, 정치술 발휘하는 도구로 쓰였음. 배타적 귀족정치를 종식시키고 금권정치로 대체함. 인도적인 법 도입.

5) Licinius (?-325)

일리리아의 농부집안 출신으로 군대에서 출세해 곧 군인 출신 황제인 친구 갈레리우스에게 황제 (Augustus)로 임명됨.

라티푼디움[6]은 이탈리아의 활력을 삼켜버린 후 계속 그 영역을 넓혀 갔으며 결국 시실리, 아프리카, 스페인, 갈리아마저도 거대 토지로 분할되어 노예와 소작인이 경작을 담당하게 되었다. 이에 따라 개인의 독립이 보장되는 사회의 건실성이 사라져 버렸다. 각처에서 소모적 농업이 영위됨으로써 토질은 떨어지고, 사람대신 짐승이 번성하고 마침내 평등 속에서 힘을 기른 야만족의 침입을 받았다. 로마는 멸망하고 말았다.

로마 귀족들은 토지보유자가 부담하던 공적 의무를 면제받기 위해 노력했고, 조세는 역진적이 되었으며, 빈부격차는 심화되었고, 국가재정은 고갈되어 갔다. 근대법적 토지소유라고 하는 절대적인 토지사유화 개념은 로마시대에 완전한 발달을 보았다. 그 정신은 로마법 속에 포함되었고 그것이 근대법이라는 이름으로 오늘날까지 계승되고 있다.

3_ 중세 봉건사회

로마에서 토지평등이 무너져 내릴 때, 게르만 사회는 건강한 상태를 유지하고 있었다. 중세 봉건사회는 토지평등권 이념과 토지의 절대적 사유 이념이 혼합된 결과였다.[7] 봉건사회에는 장원의 지배자인 영주와 그들에게 신분적으로 예속되어 있던 농노가 있다. 그리고 영주의 지대 수취와 그 수단으로써 신분적 속박이 특징을 이룬다. 그러나 봉건사회에는 평등과 정의의 정신이 살아 있었다. 노블리스 오블리주Noblesse Oblige, 즉 지위가 높은 자라 해서 의무 수행을 하지 않는 특권을 누릴 수는 없었고, 지위가 낮은 사람이라 해도 전혀 권리도 갖지 않는 경우는 없었다.

봉건사회에서는 적어도 이론상으로는 토지가 개인이 아닌 사회 전체에 속했다. 어느 누구도 배타적으로 토지권을 행사할 수 없었다. 영주들의 봉토는 본질적으로 상급 영주(결국은 사회)에 의해 신탁된 것이었기 때문에 봉토 향유의 대가로 상급 영주나 사회에 일정한 의무를 지고 있었다. 개별 영주들의 토지소유권은 상급 소유권에 의해 제약을 받았다.

영주들은 농노로부터 지대를 수취하였으나, 동시에 토지보호의 임무도 부담하였다. 다른 한편 상급 영주가 하급 영주 즉, 그 가신에게 토지(봉토)를 지급할 때 토지소유권뿐 아니라 과세권, 재판권 등의 공권력을 함께 제공하였다. 영주는 그 공권력을 배경으로 농노로부터 노동 지대, 생산물 지대, 화폐 지대를 징수할 수 있었다. 한편 농노는 노예처럼 완전히 영주의 소유물

6) 라티푼디움 (대농장)

고대 로마시대의 대토지소유제도. 오랜 정복전쟁으로 자영농민의 몰락 후 귀족층의 대토지사유. 노예노동에 의한 대규모경영의 비생산성과 노예공급원 감소로 인하여 차차 자유소작제로 전환.

7) 도파민 (feudalism)

법제사적으로 보면 봉주(封主)와 봉신(封臣) 간의 주종서약이라는 신분관계와 거기 대응하는 봉토(封土)의 수수라는 물권(物權)관계와 불가분의 결합체제. 서유럽에서 대략 8, 9세기에서 13세기까지.

은 아니었지만 영주에게 신분적으로 예속된 상태에 있었다. 농노는 영주의 관리인의 채찍 아래 노동하였고, 토지에 묶여서 마음대로 장원을 떠날 수 없었으며, 자기 재산에도 자유로운 처분권을 갖지 못했다.

요컨대 봉건사회는 평등 · 정의의 정신과 신분적 차별성이 결합된 사회였다. 봉건사회는 이 두 가지 요인의 쇠퇴와 함께 붕괴의 길로 갔다. 농노들은 신분적 예속과 봉건적 부담을 서서히 벗어나 지위가 상승되었고, 이를 반대하는 영주층과 충돌하여 농민반란[8)]을 일으킴으로써 영주의 지배체제에 타격을 가했다. 농노들이 봉건적 속박으로부터 벗어나는 데 성공한 지역에서는 광범위하게 중산층, 즉 농민층이 성립하였다.

다른 한편 토지소유의 특권에 붙어 있던 각종 의무와 제한도 사라지기 시작하였다. 그러면서 봉건적 속박을 벗어나 광범위하게 성립했던 중산적 농민층은 얼마 되지 않아 사라져 버렸다. 그 결과 원래 중세 봉건사회에서는 볼 수 없었던 인플레이션과 토지투기가 발생하고 빈부격차는 심화되었다. 신분적 차별성과 평등 및 정의의 동시적 쇠퇴는 바로 봉건제의 붕괴를 가져왔다.

4_ 근대사회

근대 자본주의 사회는 신분차별을 불식하고, 신분자유를 허용함으로써 유례없는 생산력의 발전과 사회의 진보를 이룩했다. 그러나 봉건사회의 중요한 장점, 즉 평등과 정의의 정신도 함께 버렸다. 그로 인해 자본주의 사회는 근대 이전 어떤 사회도 경험하지 못했던 주기적 불황, 실업, 극심한 빈부격차의 소용돌이 속으로 빠져들고 말았다. 근대사회가 달성한 개인적 자유도 이 새로운 속박을 막지는 못했다.

토지평등권이라는 인류의 귀중한 유산이 자본주의 사회에 들어와 사라져 버린 이유는 무엇일까?

첫째, 문명 발달과 함께 토지제도의 중요성이 외관상 불분명해졌고, 그로 인해 토지사유제에 내재해 있는 본질적 불의에 대한 관심도 줄어들었다.

둘째, 근대 법학의 근원인 로마법에서 나온 토지의 절대적 소유라는 법적 개념이 확립됨으로써 토지재산권과 다른 재산권 사이의 구분이 사라지게 되었다는 것이다.

이렇게 확립된 토지사유제는 근대 자본주의 사회 내에서 토지투기, 주기적 불황, 실업, 진보 속의 빈곤, 환경파괴 등 심각한 사회 · 경제적 문제를 야기하였다.

8) 농민전쟁 (Bauernkrieg)

서양의 봉건사회에서 농민들이 지배계급인 귀족과 봉건 영주에 대하여 일으킨 반란. 중세유럽의 봉건사회가 무너지는 과정에서 봉건 영주와 농노의 계급적 대립이 발전하여 반란으로 표면화함.

근대 이전에는 공공경비는 기본적으로 토지로부터 조달되었다. 조세부과의 경우가 있기는 했지만, 그것은 오늘날과 같은 일반 시민에 대한 보편 과세가 아니라, 점령지에 대한 공납으로 부과되었던 것이다. 따라서 그 납부의무는 피정복민에게 한정된 것이었다. 물론 비상시 조세 부과는 일반 시민에 대한 보편 과세가 아니라 부유층에게 부과되는 특별 조세였다. 부유층은 특별 조세를 부담하면서 사회적 명망을 얻을 수 있었다. 각각의 공공활동에는 고유한 공공수입의 원천이 정해져 있었으며, 그 원천들은 대부분 토지였다. 토지가 공공경비를 조달하였기 때문에 다른 조세 부과는 필요하지 않았다.

자본주의 사회에서는 토지사유제가 지배적으로 되어, 많은 사회 · 경제 문제들을 발생시키고 있지만, 토지를 공동재산으로 간주하고 토지평등권을 중시하는 관념이 완전히 사라진 것은 아니다. 첫째, 흔적들이 남아 있다. 토지수용의 원칙은 이론상 국가의 주권자를 토지의 유일한 절대 소유자로 보는 원칙에서 나온다. 또 재산을 부동산과 동산으로 나누는 법률 용어도 원래 공동재산과 개인의 고유한 재산을 구분하던 과거 제도의 자취라고 할 수 있다. 둘째, 토지공동성과 토지평등권을 인정하는 제도가 세계 각 지역에서 다양한 형태로 실시되어 왔고, 근대 이후 이를 지지한 사상가들도 많다. 대표적으로 헨리 조지[9]의 경제사상은 많은 지지자들을 낳았으며, 그들이 세계 각 지역에서 토지가치세제라는 이상을 실현하기 위해 부단히 노력하고 있다. 근대 이후 지배적 조류는 토지사유제를 받아들이는 쪽이지만, 그 부당성을 인식하고 토지공동성과 토지평등권을 추구하는 흐름이 이어져 온 것이다.

원시시대부터 토지사유 경향은 나타났으며, 특히 고대 로마에서는 토지사유가 제도적으로 발달했다. 토지제도는 공유에서 사유로 발전해 온 것이 아니라 공유와 사유가 뒤얽혀 갈등하는 형태로 전개되어 왔다. 토지사유가 발전한 사회는 몰락의 길로 접어들었다. 토지사유제가 자본주의 사회 내에서 주기적 불황, 실업, 진보 속의 빈곤, 환경 파괴 등의 심각한 문제들을 야기한다는 것은 논리적으로 실증적으로 입증되었다. 토지공동성과 토지평등권을 인정하는 제도를 채택하고 자본주의 경제를 성공적으로 발전시키는 사례도 존재한다. 싱가포르와 대만이 대표적이다.

9) Henry George (1839-1897)

미국의 경제학자. 단일토지세를 주장한 《진보와 빈곤》 저술. 19세기 말 영국 사회주의 운동에 커다란 영향을 끼쳐 '조지주의 운동'으로 확산됨. 토지공유의 필요성 설파. 모든 지대를 조세로 징수하여 사회복지 등의 지출에 충당해야 한다고 역설. 다른 조세의 철폐 주장.

Ⅳ. 토지 경제법

성서는 하나님이 정하신 법을 지켰을 때 받게 될 축복의 약속과 그것을 어겼을 때 받게 될 저주의 경고를 여러 곳에서 언급한다.[10] 레위기 25장은 경제적 풍요를 약속한다. 그런데 이 약속에는 조건이 있다. '내 법도를 행하며 내 규례를 지켜 행하면'이라는 것이다. 레위기 25장은 하나님의 경제법을 구체적으로 말하고 있는 대표적인 장으로 알려져 있다. 따라서 여기 언급된 '법도와 규례'를 하나님의 경제법이라고 말할 수 있다. 레위기 25:18과 비슷한 약속은 레위기 26:3~5에도 있다.

레위기 26:14~39은 경제적 재앙을 경고한다. 경제적 재앙의 경고에도 조건이 있다. '청종하지 않을 경우'이다. 하나님의 경제법을 청종하지 않을 경우 경제적 재앙을 내릴 것이라는 이야기이다. 유사한 경고를 다른 성경에서도 볼 수 있다. 그 중 이사야 5장은 경제적 재앙이 하나님의 경제법을 어긴 직접적 결과라고 분명하게 선포한다.

이사야 5:9은 레위기 26장과 마찬가지로 경제적 재앙을 예고하고 있다. "만군의 여호와께서 내 귀에 말씀하시되 정녕히 허다한 가옥이 황폐하리니 … 열흘갈이 포도원[11]에 겨우 포도주 한 바트[12]가 나겠고, 한 호멜지기에는 간신히 한 에바가 나리라." 그런데 그 바로 앞 절 5:8에는 재앙의 원인이 나타나 있다. "가옥에 가옥을 연하며, 전토에 전토를 더하여 빈틈이 없도록 하고, 이 땅 가운데서 홀로 거하려 하는 자들은 화있을진저." 경제적 재앙은 바로 토지를 집중함으로써 다른 사람들의 토지권을 부정하는 행위에 기인한다는 것이다. 성서에는 전토에 전토를 더하는 것을 허용하는 토지사유에 부정적인 태도가 나타나 있다.

1_ 토지매매의 금지

레위기 25장은 정의에 관한 경제법을 기록한다. 여기에는 다수의 중요한 규정들이 기록되어 있지만, 그 중에서도 이 25장의 정신을 압축적으로 표현하는 구절은 23절이다.[13] 모든 것을 당신의 것이라고 하실 수 있는 분이 하필 토지를 당신의 것이라 하신 이유는 인간에게 토지소유권을 인정할 경우 발생할 심각한 문제를 방지하기 위한 것으로 이해된다. 토지는 인간 생존의

10) "너희는 내 법도를 행하며 내 규례를 지켜 행하라. 그리하면 너희가 그 땅에 안전히 거할 것이라. 땅은 산물을 내리니 너희가 배불리 먹고 거기 안전히 거하리라." (레위기 25:18)

11) 약 4만 제곱미터, 약 5,000바트 생산 가능.

12) 1바트 = 약 22리터.

13) "토지를 영영히 팔지 말 것은 토지는 다 내 것임이라. 너희는 나그네요 우거하는 자로서 나와 함께 있느니라."(레위기 25:23)

가장 근원적인 기초이다. 토지 없이 살 수 있는 사람은 없다. 토지 없이는 생산과 교환 등, 어떠한 경제활동도 불가능하다. 토지사용이 불가능한 사람은 생존에 어려움을 겪을 수밖에 없다. 모든 사람이 토지평등권을 누려야 한다는 것이 성서의 기본정신이다.

토지소유권을 인정하고 그 매매를 허용하면 궁극적으로 토지평등권이 부정되는 결과를 초래할 것이다. 타인의 평등한 사용권을 부정하고 토지 독점을 추구하는 것은 타락한 인간의 탐욕에 기인한다. 토지소유가 탐욕의 대상이 되는 이유는 엄청난 이득과 권력을 가져다주기 때문이다.

2_ 지계표 변경 금지

성서는 토지에 대한 절대적 소유권을 부정할 뿐만 아니라, 모든 사람이 토지에 대한 평등한 사용권을 갖고 있음을 분명하게 밝힌다. 가나안 땅에 들어가기 전의 토지분배 명령에 명확한 형태로 나타나 있다. 가나안 입성을 앞두고 모압 평지에서 행해진 제2차 인구조사의 목적도 토지를 공평하게 분배하기 위한 것이었다.

여호수아서는 실제 토지분배 과정을 기록한다. 각 지파에서 세 사람씩 선정하여 그들로 하여금 그 땅에 두루 다니며 조사하여 상세한 지도를 제작하도록 하였으며, 여호수아가 제비 뽑아 토지를 분배하였다. 이렇게 각 가족에게 분배된 토지의 경계를 표시하기 위해 지계표가 놓여졌다. 신명기 27장에는 이스라엘 백성이 요단강을 건넌 후 그리심산과 에발산에서 행할 축복과 저주의 내용이 기록되어 있는데, 이웃의 지계표를 옮기는 행위는 저주받아야 할 12가지 죄악 가운데 하나로 명시되어 있다.[14)]

레위기 25장에는 토지거래 규정이 있다. 그러나 이때 거래되는 것은 토지 그 자체가 아니라 다음 번 희년까지의 토지사용권이었다. 그리고 어떤 사람이 가난이나 불의의 재난으로 인해 자기 기업의 사용권을 팔았다 할지라도, 자신이나 가까운 친척이 언제라도 토지를 무를 수 있도록 하였으며, 무르지 못하는 경우에도 희년이 되면 그 토지는 다시 팔았던 사람에게로 돌아가도록 하였다. 이것은 토지에 대한 평등한 사용권이 거래계약의 효력을 능가할 정도로 중요한 이상이었음을 보여주는 것이다.

14) "그 이웃의 지계표를 옮기는 자는 저주를 받을 것이라 할 것이요. 모든 백성은 아멘 할지니라." (신명기 27:17)

3_ 불로소득의 금지

> 그들이 가옥을 건축하고 그것에 거하겠고, 포도원을 재배하고 열매를 먹을 것이며, 그들의 건축한 데 타인이 거하지 아니할 것이며, 그들이 재배한 것을 타인이 먹지 아니하리니 … 나의 택한 자가 그 손으로 일한 것을 길이 누릴 것임이며, 그들의 수고가 헛되지 않겠고, 그들의 생산한 것이 재난에 걸리지 아니하리니.
>
> 이사야 65:21-23

성서는 부와 가난 그 자체에 대해 가치 판단을 내리지 않는다. 중요한 것은 부와 가난의 내용이다. 부가 땀과 노력의 결실인 한 성서는 선하고 복된 것으로 칭찬한다. 그렇지 않은 경우 성서는 가차 없이 정죄한다. 가난이 타인의 잘못이나 천재지변 및 사회구조적 요인으로 인해 발생한 경우, 성서는 하나님이 그렇게 가난해진 사람들과 함께 하시며 또 그런 사람들의 편이라고 선포한다. 그런 사람들은 복된 사람들이다. 그러나 가난이 그 사람의 게으름이나 잘못으로 인해 발생한 경우는 그렇지 않다.

소득에는 노력소득과 불로소득이 있다, 하나님은 노력소득을 기뻐하시며 그것을 저축해서 형성하는 부를 선하고 복된 것으로 보시지만, 불로소득은 싫어하시며 그것을 저축해서 형성하는 부는 악한 것으로 정죄하신다. 또 타인의 불로소득 추구로 인해 가난해지는 사람들을 불쌍히 여기시며 그들과 함께 하시고 그들을 오히려 복된 자로 여기신다. 마음 놓고 노력소득을 얻기 위해서는 토지평등권이 필요하다. 성서적 토지법의 제정 목적이 불로소득을 차단하고 노력소득을 보장하는 데 있다고 해도 과언이 아니다.

토지사유제는 하나님을 대적하고 이웃의 것을 도적질하는 행위가 될 수 있다. 이웃의 자연적 권리를 부정함으로써 가난으로 내몰 수 있다. 인간이 자연적 권리를 박탈당함으로 어쩔 수 없이 가난으로 내몰리는 것을 용인하는 것은 성서원리에 어울리지 않는다.

Ⅴ. 사유재산제와 토지사유제

사유재산제는 성서적 토지법과 모순되는가? 사유재산의 원칙은 원래 자유주의, 즉 자본주의의 철학적 기초를 놓았다고 평가되는 존 로크[15]의 작품으로 평가된다. 로크는 인간이 자기 자신에 대하여 배타적 권리를 가지기 때문에 그의 노동과 노동의 생산물에 대해서도 당연히 배타적 소유권, 즉 사유재산권을 가진다고 생각했다. 그러나 토지 또는 자연은 인류 공유물로 부여된 것으로 보았다. 토지가 인간에 노력으로 만들어진 것이 아니라는 점을 생각한다면 이러한 견해는 당연한 귀결이라고 해야 할 것이다. 원래 로크가 사유재산의 원칙을 말할 때 노동생산물, 즉 노력소득만을 염두에 두고 있었던 것이다.

물론 로크는 이와 반대로 토지도 사유화할 수 있다고 주장했다. 그러나 이 주장에는 중요한 단서가 붙어 있다. 그것은 '다른 사람에게도 동일하게 좋은 토지가 남아 있어야 한다'는 것이다. 이를 '로크의 단서'라고 한다. 다른 사람에게도 동일하게 좋은 토지가 남아 있다는 것은 토지가 무한하여 가치를 갖지 않는다는 것과 같은 의미이다. 그러나 현대사회에서 토지가 가치를 갖지 않는 경우는 찾아보기 힘들다. 로크라면 현대사회의 상황에서 토지사유제를 인정하지 않을 것이다.

토지사유제를 용인하지 않았던 것은 로크만이 아니다. 근대 이후 많은 사상가들이 이를 부정하거나 폐해를 지적하였다. "지구는 인간이 그 위에서 노동하고 살아갈 공동의 재산으로 주어졌다"(토마스 제퍼슨), "사람들이 지구를 만든 것이 아니다. … 개인의 재산이 되는 것은 개량물의 가치일 뿐이지, 지구 그 자체는 아니다. 모든 토지소유자가 토지로부터 지대를 얻는 것은 사회 덕분이다"(토머스 페인), "지주들은 잠자는 가운데도 더 부유해진다. 전 사회의 노력으로부터 발생하는 토지가치의 증가는 사회에 귀속되어야 하며, 소유권을 가진 개인에게 귀속되어서는 안 된다"(존 스튜어트 밀), "공기나 물과 같이 토지, 즉 하나님이 인간에게 가정과 생계를 위하여 주신 지구가 결코 어떤 사람이나 회사나 사회나 비우호적인 정부의 소유가 되어서는 안 된다."(아브라함 링컨) "토지문제를 해결하는 것은 모든 사회문제를 해결하는 것을 의미한다. … 사용하지 않는 사람이 토지를 소유하는 것은 노예의 소유와 같이 부도덕하다."(레오 톨스토이) "당신네 나라(미국)의 헨리 조지의 가르침이 우리의 개혁 프로그램의 기초가 될 것이다. 토지세를 정부 수입의 유일한 수단으로 삼는 것은 극히 정의롭고, 합리적이며 공평하다."(쑨원)

15) John Locke
(1632-1704)

영국 철학자, 정치사상가. 볼테르와 루소에게 영향. 미국 혁명, 스코틀랜드 계몽주의 사상가들에게도 영향. 미국 독립선언문에 그의 사상 반영됨.

03 Chapter

_투 자

근대 사회에 들어와서 개인은 중세의 봉건적 신분관계에서 해방되어 자유를 얻기는 했지만, 그 대신 타인의 보호를 받지 못하고 오로지 자기의 책임 아래 생활을 영위해야 하는 존재가 되었다. 자본주의 사회를 사는 모든 개인의 최후의 보루는 오직 그가 소유하는 재산뿐인 시대가 되었다. 그리하여 오늘날 헌법상으로도 개인의 재산권보장은 기본권의 중요한 내용을 이루게 된 것이다. 이러한 재산을 형성하기 위해 어떠한 투자원리가 확립되어야 할까?

혹자는 우리의 자본시장 또는 증권시장을 투전판에 비유하기도 한다. 그런가 하면 우리 속담에 “개처럼 벌어서 정승처럼 쓴다”는 말도 있다. 수단과 방법을 가리지 않고, 깨끗한 돈 더러운 돈 가리지 않고 벌어서 재산을 불리기만 하면 된다는 말일까? 그리고 그 돈을 가지고 떵떵 거리며 살면 그만인 것일까? 아니면 돈에도 영혼이 있는 것일까?

돈을 ‘잘’ 쓰는 것만이 아니라 돈을 ‘잘’ 버는 것도 중요한다는 생각, 정승처럼 벌어서 정승처럼 써야 한다는 생각을 가진 사람들의 이야기가 낯설게만 느껴지지는 않는 사회가 될 수 있을까?

Ⅰ. 성서와 투자

구약성서 모세오경[1]에는 이미 노예문제, 공정한 세금, 고리대금 및 공정거래 문제 등이 다루어진다. 또한 근래의 윤리투자원칙은 청교도들의 자본과 윤리 의식이 미국 정착과정에서 뿌리를 내리면서 정립된 것으로 평가된다. 특히 퀘이커교, 감리교, Mennoites, Anabaptist 등은 노예제도가 "인간은 신 앞에 평등하다" 라는 종교적 신념에 위배되기 때문에 노예산업에 대한 투자를 금지했고, 또한 비폭력 신념에 입각하여 무기의 제조 및 판매 등 군수산업에 대한 투자를 배제한다. 그리하여 신자들이 그러한 산업과 관련된 사업을 하거나 그에 투자할 때는 교회에서 퇴출시킬 만큼 엄격한 태도를 견지했다.

1920년대에 미국 기독교계에는 투자지침이 마련되었다. 이 기준을 바탕으로 1928년 Pioneer Funds Group이라고 하는 24개 윤리펀드가 탄생하였다. 이 펀드는 소위 '범죄주'Sin Stock로 규정했던 주류, 담배, 도박, 군수 등의 산업에 대한 투자를 제외하는 네거티브 심사 방법Negative Screening을 채택하였다.

1971년에는 미국 주주운동의 대부 격인 '기업책임에 관한 종교센터'ICCR가 창설되었다. 이 기관은 범종교적 사회책임투자 운동단체로서 미국 내 성공회, 가톨릭, 개신교, 유대교 등 275개 종교기관을 회원으로 확보하고 있는 명실상부한 사회책임투자 운동단체로 자리 잡았다. 특히 종교적 신념과 가치를 적용시킨 펀드를 개발하여, 주주로서의 권리를 행사하는 주주운동을 미국과 서구 유럽에 확산시키고, 영국과 캐나다에 각각 협력 단체를 설립하였다. 또한 2005년 4월에는 ICCR 주도로 홍콩에 'SRI international'이라는 기관을 창립하였다.

미국에서는 1960년대 후반부터 반전, 반핵, 인종차별, 여성인권, 환경 등 사회책임의식이 고조되었다. 이러한 사회 분위기에 힘입어 1971년도에는 최초의 뮤추얼 펀드가 개발된다. 이 펀드가 감리교와 퀘이커교를 중심으로 개발되어 세계적으로 널리 알려진 'Pax World Funds'이며 현재는 'Pax World Balance Funds'로 시장에 나와 있다. 이 펀드는 기독교인들이 펼쳐왔던 기존 네거티브 심사 방식[2]뿐만이 아니라 적극적 심사 방식[3]을 병행함으로써 사회책임투자의 획기적 발전을 불러왔다.

1) '모세오경'이란 구약성서의 첫 번째 부분에 등장하는 창세기, 출애굽기, 레위기, 민수기, 신명기의 5권을 일컫는 표현.

2) 술, 담배, 포르노그래피, 전쟁무기, 도박 등 반사회적 · 반인륜적 기업에 투자를 금지하는 방법.

3) 기업 수익, 사회 · 환경문제 등을 고려하여 삶의 질을 높일 수 있는 상품, 서비스, 기업에 투자하는 방식.

이제 이들 종교펀드는 종교가치 기준에만 머물지 않고, 사회가치를 통합한 사회책임투자펀드로 발전하여 사회책임운동을 활성화시키는 중요한 역할을 담당하고 있다. 기독교인들에 의해 시작된 사회책임투자는 2003년 기준으로 미국에서 약 3조 달러의 자산이 동참하고 있는 것으로 집계되고 있다. 이러한 액수는 세계적인 책임투자 단체인 Social Investment Forum에 따르면, 전체 미국 펀드 시장의 약 13% 정도 비중을 차지한다.

1991년에는 '악한 사업을 피하기'(avoid evil: 도박, 주류, 낙태 산업 등), '좋은 사업에 투자하기'(do good: 친환경기업, 대안 투자 등), '적극적으로 기업활동에 참여하기'(주주운동 등) 등의 전략을 제시했다. 2003년에는 사회책임투자 가이드라인을 정립하여, 자신들의 사회책임투자 운동에 대한 방법, 투자과정, 투자선별 원칙과 주제까지 천명하였다. 사회책임투자 운동에 대한 주제에는 인간 생명과 인격의 존엄성, 가난한 자들과 소외된 자들을 위한 우선적 선택, 노동의 신성함과 노동자의 권리, 자연보호, 평화와 비폭력, 청지기의 권리와 의무 등이 포함되어 있다.

Ⅱ. 설리반 원칙

설리반 원칙은 원래 1977년 설리반 목사[4]가 미국 GM사의 이사회 구성원이던 시절에 마련한 일련의 간단한 규칙이다. 이 원칙은 인종차별정책을 쓰는 남아프리카공화국에서 기업활동을 하는 미국 기업들에 대해 노동차별금지에 관한 일련의 기준을 이행하도록 압력을 행사할 의도로 만들어진 것으로, 기업의 자발적 참여를 유도하는 일종의 자발적 '기업행위규약'Code of Corporate Conduct, CCC이다.

당시 유색인종 노동자의 지위가 문제되던 남아프리카공화국에서 근로기준, 특히 고용기회의 균등화에 초점을 맞춰서 다국적기업 근로자들의 작업환경 개선을 목표로 했다. 이것은 국제노동기구가 마련한 국제근로기준의 성립과정에도 상당한 기여를 한 것으로 평가된다. 국제노동관계에 대한 규제는 국제인권을 주창하는 운동의 일부이기도 하다. 오늘날 각국 정부는 이 점과 관련하여 충분한 역할을 수행하지 못하고 있기 때문에, 인권침해문제에 있어서 민간부문의 역할이 주목되고 있다.

설리반원칙과 같은 기업행위규약을 마련하기 위한 또 다른 접근방식으로

4) Leon H. Sullivan
(1922-2001)

침례교 목사이며, 민권운동 지도자. 인종차별철폐 운동가.

소비자나 주주, 노동조합, 국제인권단체 및 환경단체 등 비정부기구들의 활약이 증대하고 있다. 전통적으로 이러한 집단들의 활동은 정부의 기업규제를 지지하는 형태를 취하였다. 그러나 오늘날 대부분의 정부 주도의 규제가 비효율적임을 알기 때문에 기업들에 대하여 압력을 가할 다른 수단을 찾고 있다.

이 문제와 관련하여 정부에 의존하기보다 그들 스스로의 행위를 통하여 기업들에 대하여 직접 압력을 행사하는 것이 효율적이라는 인식이 확산되었다. 시민단체들은 이러한 차원의 관련 전술개발에 노력을 경주하고 있다. 일반 시민들이 제기한 인권 및 윤리에 관한 사항도 잠재적으로 영업에 영향을 미칠 수 있다는 점, 그리고 소비자들의 신임과 근로자들의 협력을 얻기 위하여 또는 단순히 주주총회에서 어려움을 당하지 않기 위하여 그러한 문제를 신중하게 검토할 필요가 있다고 하는 점에 대하여 기업의 인식이 증대되고 있다. 그리하여 기업행위에 대해 민간차원의 요구사항을 담는 기업행위규약을 개발하고 있는 것이다.

이 규약은 구속력이 있는 것은 아니지만 기업들에 대해 자발적인 참여를 요구하고, 이 규약을 성실하게 이행하는 기업들에 관한 정보를 널리 시장에 공시함으로써 기업들의 자발적인 참여를 고취시키는 전략을 구사한다.

설리반 원칙은 자발적 기업행위규약의 효과를 보여준 대표적 사례로 자주 언급된다. 이 원칙의 다음 6개의 항에 대해 최초로 12개의 미국 기업들이 이를 준수하기로 서명하였다.

- 모든 식당, 휴게시설 및 근로시설에서의 인종차별 금지를 요구한다.
- 모든 근로자들에 대하여 평등하고 공정한 고용관행을 요구한다.
- 동일한 기간 중에 동등하거나 유사한 노동을 한 모든 근로자들에 대하여 동등한 급여를 요구한다.
- 실질적으로 흑인과 기타 유색 인종들이 감독직, 행정사무직 및 기술직을 수행할 수 있도록 준비하는 훈련 프로그램의 개시 및 개발을 요구한다.
- 경영진 및 감독직에 흑인 및 기타 유색 인종의 수를 확대할 것을 요구 한다.
- 고용주들에게 주거, 출 · 퇴근, 취학, 여가 및 건강시설 등과 같은 분야에서 노동환경 외부에서의 근로자의 삶의 질을 개선할 것을 요구한다.

이것은 그가 이사로 재직하던 GM 이사회에 제안한 것이었으나 그 당시에는 성공을 거두지 못했다. 남아프리카공화국에서 활동하는 미국 기업들은 이 선언에 서명함으로써 그 원칙에 대한 그들의 지지를 표시하도록 요구되었다.

설리반 원칙에 서명한 기업은 설리반 목사가 마련한 독립관리기관을 통하여 연차적으로 진행상황을 보고하고, 그가 지정한 모든 분야가 공인된 회계 법인에 의하여 감사를 받기로 하고, 모든 근로자들에게 회사의 연차보고서의 평가내용의 공시를 약속하였다. 소비자들에 대한 기업의 이미지 개선 필요성과 대중 매체에 의한 보도를 통하여 기업 측에 대한 압력은 증대되었다. 여기에 증권거래위원회SEC와 기관투자가가 가세하였다. 교회단체, 인권단체, 기관투자가, 대학 및 미국 몇몇 주 정부가 참여함으로써 무게가 실려졌다. 이 단체들은 그들이 계약을 체결하거나 투자하는 기업을 평가하기 위한 기준으로 설리반 원칙을 사용하였다.

이와 관련된 자료에 기초한 투자 및 선별적 구매정책들은 상당한 지지를 얻었다. 1993년의 한 조사결과에 의하면 미국 24개 주가 성문법에 의하여 또는 연금기금 이사회의 정책에 의하여, 그들의 연금기금의 남아프리카공화국 투자에 대해 제한조치를 취하였다. 극단적인 규제조치로는 남아프리카공화국 내에서 또는 남아프리카공화국과 거래를 하는 모든 기업으로부터의 자본철수 조치였다.

또 다른 방식으로는 설리반 원칙에 서명한 기업에 대하여만 투자를 할 수 있도록 제한하는 경우도 등장하였다. 이러한 경우에 몇몇 법률은 이 원칙의 이행 정도에 대한 적극적인 평가를 요구하였다. 주 정부 및 지방 정부만이 아니라, 기타 기관투자가들도 이러한 방법을 택하였다. 특히 뉴욕에 근거지를 둔 ICCR과 몇몇 기업들도 이러한 입장을 취하였다. 증권거래위원회 SEC가 마련한 규칙들에서 이와 같은 메커니즘의 이용가능성이 나타났다. SEC는 위임장설명서에 주주들이 제안한 모든 적절한 결의안을 포함시킬 것을 요구하였고, 주주들에게 반드시 이러한 결의안에 대하여 투표할 기회가 주어져야 한다고 규정하였다.

이 원칙은 나름대로 긍정적 효과를 가져 온 것으로 평가된다. 그러나 이 원칙의 효과를 이 원칙의 범위 밖에 있는 기타 유사한 활동의 효과와 구별하거나, 그 당시 남아프리카공화국에서 활동하던 대규모의 정치적 및 경제적 압력단체의 활동결과와 구별하기는 용이하지 않을 것이다.

Ⅲ. 사회책임투자의 전개 Socially Responsible Investment, SRI

설리반 원칙과 같은 기업행위규약과 관련하여 역할을 하고 있는 SRI 개념은 이제 남아공 상황을 넘어 그 자체로서 존재의의를 가지고 발달하게 되었다. 그러나 SRI 개념을 통일적으로 규정하는 것은 현실적으로 용이한 것은 아니다. 혹자는 적극적인 사회변화를 도모하면서 아울러 경제적 수익도 유지하는 것이라고 하고, 혹자는 기껏해야 고도로 개인적인 것이며 나쁘게 말한다면 가망 없이 불명료한 것이며, 대체적으로 그 중간의 어느 지점에 위치할 것이라고 한다. 그런가 하면 사회적으로 무책임한 회사에 투자하지 않는 관행이며, 그 대신에 사회적으로 건전한 기업에 투자하는 것이라고 하면서 어떤 사회적 원칙을 추구할 것인가와 어떤 투자가 이러한 원칙과 합치하는지 여부에 관하여 사회적인 합의가 존재하지 않는다고도 한다.

SRI는 계속적으로 성장을 거듭하고 있으며, 나아가서 SRI 기술도 더욱 발전하고 있다. SRI를 지지하는 자들은 SRI 원리를 투자전략에 편입시키는 것은 투자가에게 손해가 되는 것도 아니라고 한다. SRI 펀드의 특별한 수익과 광범위한 인기로 인하여 수익을 추구하는 투자가들은 무의식적으로 사회적 또는 윤리적 투자전략의 가장 강력한 지지자가 된다는 주장도 있다.

SRI의 배후에는 자신의 투자활동과 이상 및 사회변화의 통합이라고 하는 나름대로의 동기가 있다. 종교적인 동기를 가진 사회책임투자가들은 종교적 입장에 따라 죄를 피하려고 하는 요구에 의하여 움직인다. 그리하여 만약 음주행위가 죄가 된다면 주류 생산행위로 돈을 버는 행위도 죄가 될 수 있으며, 흡연행위가 죄가 된다면 담배의 제조행위에 의하여 이익을 얻는 행위 역시 죄로 볼 수 있을 것이다.

이러한 개인적인 동기 부여는 개인 또는 기관의 투자활동을 내심의 가치관과 일치시키고 재산형성 활동과 도덕적 목표를 통합시키려고 하는 욕구를 반영하는 것이다. 또 사회책임투자가들은 재산증식 방법을 자기의 가치관과 통합시키려고 하는 욕구가 반영된 사회적 기준에 따라서 재산을 운용하려고 한다. 모든 기관은 그의 사명과 그 사명을 성취하는 방법 간의 일치를 추구할 수 있다.

이러한 SRI 개념에는 많은 보완 개념이 포함되지만, 투자의사결정 과정에 사회적 또는 윤리적 기준을 통합한다고 하는 공통 개념이 있다. 그리하여 SRI 개념은 재무적 성과와 사회적 성과의 양자에 기초한 투자의사결정의 관행이라고 할 수 있을 것이다. 자신의 가치관과 일치하는 투자 개념이다. SRI 전략은 투자를 가치중립적인 것으로 보지 아니하며, 자금투자 방식에는 경제적 뿐만 아니라 윤리적 및 사회적 중요성이 존재한다고 보는 전략이다. 투자를 통하여 사회적 선을 달성하고자 하는 노력이다.

이러한 일반적인 정의를 넘어서 SRI는 환경영향, 평화, 근로자 관계, 인종차별 정책의 종식, 군사독재의 종식, 상품의 안전성과 질, 경제발전, 저소득층의 주거문제 등 각자가 달성하고자 하는 사회적 관심사 또는 사회적 목적에 따라 다양한 의미를 가지게 된다.

Ⅳ. 주주행동주의와 주주제안제도

1970년 2월, '기업책임에 관한 프로젝트'PCR의 설립자들은 기자회견을 했다. 그들은 GM사에 대하여 9개 사항을 위임장 설명서에 포함시킬 것을 요구하였다. 1970년 이래 많은 주주제안행위의 성과이며, 위임장 결의는 주주행동주의를 위한 매력적인 메커니즘이 된 것이다.

교회협의회는 60년대에는 주주행동주의에 대해 지나치게 과격하다고 보고 소극적인 태도를 보였으나, 70년대에는 카톨릭 및 유대교회와 보조를 같이 하여 기타 기관투자가들보다 더 많은 주주제안권을 행사했다. 1972년에 ICCR은 '투자에 있어서의 사회적 책임에 관한 전국교회평의회'를 창설하였다. ICCR은 네슬레사 제품 보이콧에 기여한 역할로 인하여 탁월한 지위를 인정받았다.

같은 해에 일단의 주요 대학과 재단들은 워싱턴 디시에서 '투자가책임연구센타'를 설립하여 주주제안제도를 연구하였다. 오늘날 거의 170개의 기관들이 그 연구결과에 동조하고 있다. '경제우선순위평의회'CEP 역시도 이 기간 중에 형성되었다. 뉴욕에 근거지를 둔 이 기관은 1969년에 설립 되어, 소비자, 활동가 그룹, 공공정책 분석가들을 위하여 작성한 기업연구보고서에 있어서 괄목할 만한 성과를 달성하였다.

1960년대와 1970년대 초반에 기업의 지배구조에 영향력을 행사하기 위한 위임장 절차의 사용에 대한 논쟁이 본격적으로 시작되었다. 공익주주 집단들은 월남전, 환경문제 및 직업적 안전장치에 대한 기업의 정책에 대하여 반대 의사를 공표하는 수단으로서 위임장 절차를 활용하였다. 중요한 초기 위임장 캠페인으로는 다우 케미칼社에 대하여 인간에게 사용되는 네이팜탄의 제조 금지를 요구했던 1968년의 인권의료위원회의 노력과 당시 미국 내 최대회사였던 제너럴 모터스社를 설득하여 대량운송, 대기오염, 자동차안전 및 소수 민족고용 등에 대하여 '사회적 책임'을 반영하는 정책을 채택하게 한 1970년의 '캠페인 GM'의 노력을 들 수 있다.

국가자원방위평의회NRDC는 1971년에 이와 관련된 관심을 반영하여 '연방증권위원회SEC가 회사에 대하여 환경문제 및 고용평등 관행에 관한 세부적인 정보를 공시할 것을 요구하는 새로운 규칙'을 채택할 것을 요구하였다. 이러한 각각의 공익 위임장 캠페인은 기업정책의 중요한 문제에 관한 '의식의 제고'와 관련하여 상당한 성과를 거둔 것으로 평가된다.

1970년대 초반에 기관투자가들의 회사지배구조에 대한 관심이 증대되었다. SEC의 1971년 기관투자가에 대한 연구결과는 비교적 소수의 기관투자가들이 블루칩 기업의 50% 또는 그 이상의 주식을 보유하는 것을 보여준다. 특히 이 연구에 의하여 213개의 은행신탁부서, 뮤추얼펀드, 보험회사 및 연금기금 등이 제록스社, 걸프오일社 및 포드社를 포함하는 몇몇 대기업 주식의 50% 이상을 보유하고, IBM社, 이스트만 코닥社 및 시어스社를 포함하는 기타 주요 기업의 주식의 거의 50%를 보유하고 있다는 사실이 드러났다. 1978년 말까지는 기관투자가들은 모든 유통주식의 36.3%를 보유하게 되었다.

이들 기관투자가들은 전통적으로 '증권가의 원칙'Wall Street Rule을 따라서 경영진에게 찬성하는 투표를 하거나 아니면 자신의 주식을 매도하기 때문에, 주식보유의 기관화는 주주의 투표가 기업의 경영진에 의하여 채택된 정책과 조치들에 영향을 미치는 범위에 관하여 문제점이 있었다.

그러나 사회적인 정서를 반영하는 많은 단체들이 증권가의 전통에 정면으로 대응하면서 환경과 관련된 문제를 포함하여 현대의 사회적 문제와 관련된 기업의 행위에 영향력을 행사할 의도로 주주총회에서 적극적인 역할을 하기 시작하였다. 그리하여 오늘날 다수의 주주제안이 매년 거대한 자금력을 가진 대규모의 기관투자가들의 지지를 받고 있다. 기업들은 기관투자가들이 많은 돈을 가지고 있기 때문에 그러한 영향력 있는 투자가들의 의안을 배제하거나 반대하기를 꺼리는 경향이 있다.

V. 환경 문제

투자가들은 투자대상을 심사함으로써 기업에 대해 압력을 행사할 수 있음을 알고 있다. 친환경 실적을 가진 기업에 투자하려는 투자기금의 증가세는 분명하다. 점차 투자가들은 주주결의안과 기타 회사 내부절차를 이용하여 경영진들에 대하여 투자자들이 선호하는 정책을 채택하도록 압력을 행사하고 있다.

다수의 환경단체들은 위임장장치와 주주총회를 이용하여 기업의 환경관행에 대한 변화를 도모하기 시작하였다. '엑슨 발데즈號 석유 유출사고'[5] 이후에 많은 사회적 · 정치적 단체들이 기업들에게 CERES 원칙 및 맥브라이드 원칙[6]과 같은 포괄적인 환경적 · 사회적 · 정치적 윤리협약의 채택을 권고하였다. 서던 컴퍼니스社, 아메리칸 익스프레스社, 켈맥기社, 유니온 퍼시픽 앤 엑슨社 등을 포함한 유수한 회사들에서 주주들이 후에 CERES 원칙으로 발전한 발데즈 원칙[7]을 채택하라고 하는 제안을 주주총회에 제출하였다. 이러한 결과는 환경행위에 대한 자발적 공시 경향이 꾸준히 확산되고 있음을 보여주는 것이다.

CERES 원칙과 같은 자발적인 환경규약은 기업에 대하여 SEC의 보고요건이 요구하는 환경정보 이상의 정보 공개를 요구한다. 그러한 규약 채택의 요구에 직면한 회사들은 CERES의 실질적인 내용, 그리고 CERES에 상응하는 프로그램에 대해 검토하게 되었다.

주주제안제도는 투자가들 특히 기관투자자들이 기업지배문제에 대하여 영향력을 행사하기 위하여 사용할 수 있는 거의 유일한 수단이라고 할 수 있다. 점차 기관들은 사회적인 관심뿐 아니라 기업지배 문제에 대한 자신의 입장을 표시하기 위하여 주주제안제도를 이용하고 있다. 이러한 경향은 특히 공공기금의 수탁자인 기관의 경우에 더욱 그러하다.

SEC는 주주가 제안한 의안을 위임장설명서에 포함시키는데 점차 더 관대한 태도를 취한다. '황금낙하산계약'[8]은 회사경영의 통상적인 문제이기 때문에 위임장 서류에 포함될 수 없다고 하는 경영진의 주장에도 불구하고, 1990년 SEC는 과거의 입장을 변경하여 이사회에 대하여 이 계약을 무효로 할 것을 요구하고 그 대신에 그것들을 주주총회에 제출할 것을 요구

5) 엑슨 발데즈號 석유 유출사고 (Exxon Valdez oil spill)

1989년 3월 24일 유조선 엑슨 발데즈가 좌초하여 1,100만 갤런의 기름이 캐나다 연안, 프린스 윌리엄 만에 유출됨. 해상에서 발생한 인위적 환경파괴 중 최악의 사건으로 간주됨. 해당 지역은 연어 · 해달 · 물개 · 바다새의 서식지.

6) 맥브라이드 원칙 (McBride Principles)

북아일랜드에서의 노동시장 불균형을 시정할 목적으로 탄생한 원칙. 설리반 원칙과 유사한 형태로 작성됨. 1984년 출범.

7) 발데즈 원칙 (Valdez Principles)

엑슨 발데즈 사건 (Exxon Valdez oil spill)을 계기로 환경경제연대(CERES)가 발표한 환경윤리에 관해 기업이 지켜야 할 10개 원칙.

8) 황금낙하산계약 (Golden Parachute)

해고 등을 이유로 현재 직장을 잃게 되면 회사가 당사자에게 많은 돈을 지급하기로 하는 계약. 적대적 인수합병을 하고자 하는 기업은 황금낙하산 때문에 거금을 써야 하므로 대표적인 경영권 방어 장치로 활용됨.

하는 주주의안을 허용하였다.

SEC는 점차 위임장 설명서에 환경의안을 포함시키는 것을 허용하고 있다. 특히 그렇게 함으로써 기업이 CERES 원칙이나 발데즈 원칙의 준수를 요구하는 의안이 위임장 설명서에 포함되었다. 또 기업활동과 긴밀하게 관련된 환경관련 정책을 포함하여 도덕적 · 정치적 기업정책문제는 이미 SEC 규칙에 따라 적법한 주주제안권 행사의 대상으로 인정되고 있다.

오늘날 SRI는 지속적으로 성장하고 있으며, 다수의 연금플랜이 참여함으로써 그 영향력은 무시할 수 없는 상태에 있다. 다양한 종류의 투자의 영향을 정확히 측정하기는 어렵지만, 남아프리카공화국의 인종차별 체제와 경제적인 관계성의 유지를 거부하는 기관 및 개인 투자가들의 움직임은 그 국가에서의 변화에 중대한 역할을 한 것으로 평가된다. 비록 일부 정치적 변화가 미해결인 채로 남아있고 그 장래가 확실하지 않기는 하지만, 이러한 투자자들은 남아프리카공화국의 개혁에 도움이 되는 분위기를 조성하는 데 도움을 준 것이다. 아마도 다른 SRI 캠페인에 대하여도 유사한 평가가 가능할 것이다.

Ⅵ. 현재와 미래

2005년 10월 UN 본부에서 UNEP/FI[Financial Initiatives] 글로벌 라운드가 열렸다. 이 행사에 참가한 세계 170여개 금융기관의 대표단 500여명은 세계 금융산업의 안정적인 발전과 인류 사회의 균형성장을 위해 금융기관이 역할과 책임을 다하는 것은 물론이요, 기업의 사회적 책임과 관련한 새로운 금융상품과 사업기회의 발굴을 위해 공동으로 노력할 것을 천명하였다.

UNEP/FI는 1991년에 설립된 선진 글로벌 금융기관들의 정기모임으로서, 은행산업과 보험산업 그리고 글로벌 금융기관 사이의 원활한 의견수렴을 목표로 한다. UNEP/FI는 금융기관들 사이의 자발적 모임이지만, 기본적으로 UN 산하의 모임이기 때문에 UN이 강조하고 있는 원칙들을 준수하고 국제 금융시장 및 산업계에 UN의 비전과 핵심가치를 확산하는 역할을 수행한다.

UN은 '환경과 사회의 균형발전'(ECOSOC)이라는 비전에 따라 ESGEnvironment, Society & Corporate Governance를 핵심가치로 설정하고 있으며, 이와 관련된 10대 원칙을 제정해 전 세계 금융기관과 산업계에 확산시키고 있다. 즉 UNEP/FI의 역할은 글로벌 금융기관과 산업계의 지속 가능경영 실천을 위한 혁신동력의 제공이다.

UNEP/FI는 매년 연례보고회를 통해서 연도별 사업성과를 확인하고 지속 가능 경영의 확산을 독려하고 있다. 그 주요 특징으로는 경제와 사회의 균형적 발전을 도모하기 위한 다양한 움직임이 구체화되고 있다는 점과, 금융기관의 글로벌 표준인 지속가능 경영이 그간 상대적으로 뒤처져있던 아프리카, 아시아, 남아메리카 지역의 금융기관들에게도 확산되고 있는 점 등을 들 수 있다. 또한 SRI를 위한 원칙 제정 및 공감대 형성이 특히 강조되었다. SRI 저변을 확대하기 위한 평가정보의 정량화를 둘러싼 논의도 활발하게 진행 됐다.

UN은 SRI의 중요성을 인식하고 책임투자원칙Principle for Responsible Investment, PRI을 제정했다. 여기에는 UN과 각 금융기관, 그리고 전문가 그룹이 공동으로 참여하고 있으며, 앞으로 UN이 중심이 되어 사회책임투자원칙을 전 세계에 촉구한다.

2006년 4월, 뉴욕증권거래소에서 뉴욕공무원연금 등 전 세계 30여개 금융기관장들이 유엔이 마련한 SRI 원칙에 서명하는 등 SRI에 대한 관심이 높아가고 있다. 2008년 국제표준화기구ISO도 기업의 사회적 책임에 관한 표준 가이드라인을 마련하여 각종 입찰이나 주식 상장 때 이를 준수하게 하고 있다.

이제 SRI 문제는 그저 소박한 감상주의자들이 지구촌 한 쪽 귀퉁이에서 자신의 이상을 실현하고자 실험극장을 운영하는 정도의 것으로 치부하기에는 이미 너무 커졌다. UN이 주도하고 세계적으로 주목받는 대표적인 금융기관들이 참여하면서 세계인의 이목이 집중되고 있는 된 것이다. 이러한 상황 에서 우리도 SRI 신용평가기관과 같이 금융권의 지속가능 경영과 SRI를 촉진할 수 있는 전문기관의 육성과 제도적 지원, 그리고 시민 사회의 보이지 않는 지지를 통하여 굳건한 기반이 마련되어야 할 것이다. 우리 금융시장도 세계적 표준에서 고립되지 않고 능동적으로 대응하며 세계 금융시장에서 마땅히 감당하여야 할 역할을 수행하여야 한다. 나아가서 우리 금융시장의 이러한 움직임은 우리의 삶의 자리를 친환경적으로 만들어 가는데 있어서 의미 있는 발걸음이 될 것이다.

04 Chapter

_노 동

Ⅰ. 일, 노동

그리스인들은 모든 육체노동은 쓸모없는 인간이 하는 것이라고 경멸했다. 개인 소유권과 이에 근거한 자본주의를 전면적으로 부정한 마르크스주의도 노동에 대한 부정적 입장을 견지하고 있다. 불교, 힌두교, 유교, 노장 사상 등 동양사상에는 노동을 천시 내지 경시하는 태도가 나타나있다. 이러한 노동의 비하는 사농공상(士農工商)이라고 하는 과거 우리나라의 신분제에도 나타난다. 이러한 사상은 영혼은 깨끗하고 육체는 더럽다는 그리스의 이원론적 사상과 같은 맥락에 있다고 할 수 있다. 또 노동이란 생존의 방편일 뿐이라거나 자아실현과 성취의 수단으로만 보는 태도도 있다.

성 어거스틴은 암울한 로마제국의 미래를 보면서 세상의 일들에 대해 적극적이지 않았고 노동에 대해서도 마찬가지였다. 인간의 삶을 활동적인 삶과 관조적인 삶으로 구분하면서 둘 다 선하지만 관조적 삶이 더 고상하다고 보았다. 아퀴나스도 활동적 삶은 현재의 육체적 필요를 위해 존재하고, 관조적 삶은 영원을 향한 것으로 보았다. 이러한 생각을 바탕으로 중세 기독교사상에서는 가장 고상한 소명은 사제나 수도사 등 성직자가 되는 것이라는 사상이 나온 것이다. 그들에게 노동은 신앙과는 무관한 세속적 의무에 불과했다.

성서는 노동을 신성한 하나님의 창조법칙이요 명령, 즉 문화명령Cultural Mandate이라고 가르친다. 타락 이전에 에덴동산에서의 일은 하나님의 일에 순종하면서 동역하는 것이었다. 밀턴[1)]의 표현대로 하나님이야말로 가장 위대한 고용주였다.

그러나 타락으로 노동의 의미는 변질되었다. 즐거운 일이 아니라 고역이 되었다. 타락이 노동관에 상처를 입혔지만 성서는 일 자체를 저주라고 하지는 않는다. 엿새 동안은 힘써 일하라는 말에서 노동이 신성한 하나님의 명령임을 밝힌다(출 20:9). 칼뱅은 축재와 사치로 타락한 수도사들의 무위도식을 보고 "잘 장식된 돼지우리에 들어가 아무 일도 하지 않고 다른 사람들의 돈으로 자신을 살찌우는 이들은 그리스도의 명령을 뒤엎어버리는 자들이다"라고 공격했다. 인간은 노동의 권리가 있고 동시에 노동의 의무가 있다(고전 9:9).

또한 노동은 인생의 의미와 가치에 연결된다. 사람에게는 저마다 하나님께로부터 부여받은 달란트가 있다. 그 달란트는 소명으로 이어진다. 노동을 삶의 방편으로 삼지 않고 삶의 한 부분으로 받아들일 때 노동에서도 가치와 즐거움을 찾을 수 있고, 그것이 직업윤리의 원천이 된다. 그런 점에서 까뮈Albert Camus, 1913-1960는 "일이 없으면 모든 인생은 부패하게 되고, 일에 영혼이 없다면 인생은 질식하고 죽어버린다"고 했다.

노동은 이웃을 섬기라는 하나님 명령에 순종하는 것이다. 루터는 이웃들을 섬김으로 자신의 소명을 이룬다고 했다. 칼뱅은 "나는 이웃을 위해서 이 재산을 하나님으로부터 받았다"는 말을 제네바 시민들에게 반복적으로 말했다고 한다. 경제행위의 목적은 첫째, 하나님을 위해서이고 둘째 이웃사랑을 위해서라는 것이다. 흩어 가난한 자에게 구제함이 영원한 의라고 외친 바울의 말은 십자가 사랑의 뜨거운 표현이다. "귀를 막아 가난한 자의 부르짖는 소리를 듣지 아니하면 자기의 부르짖을 때에도 들을 자가 없으리라"(잠 21:13) 는 말씀은 가난한 자의 구제가 하나님과 우리의 관계에 중요한 영향을 미치는 것을 말해준다.

1) **John Milton**
(1608-1674)

17세기 영국 시인. 장편 서사시 '실락원'(Paradise Lost)은 인간의 원죄를 주제로 한 기독교적 대서사시로서 영국 르네상스시대의 최고의 명작.

월요병을 의미하는 먼데이 블루스Monday blues라는 말은 토요일, 일요일 이틀간의 주말을 보낸 뒤 출근하는 현대인들의 우울한 마음을 나타내는 말이다. 노동은 누구를 위한 것이며, 무엇을 위한 것인가? 노동 자체를 부조리적 형벌, 혹은 운명이라고 보는 견해도 있다.

그러나 성서적 가르침은 일을 통해서만이 아니라 일 그 자체에서 창조주 하나님께 영광을 돌릴 것을 요구한다. 노동이 거룩한 창조의 법칙이요, 이웃 사랑의 표현일 때, 지상적인 것을 넘어서 천상적인 의미와 가치를 가진다. 노동은 마지못해 하는 일이 아니며, 자기표현과 성취의 수단도 아니며, 주를 위한 것이다. 비록 종으로서 일한다 하더라도 사람에게 하듯 하지 않고 주께 하듯 일을 해야 한다. 이렇게 살아가는 종은 고된 일도 신성한 일로 만든다.

Ⅱ. 노동법의 기본구조

남구만의 시조[2)]는 오늘날에 와서 노사관계와 관련하여 새롭게 읽혀지기도 한다. 노사 간의 평화는 모든 사람의 관심사이다. 올바른 관계의 문제이기 때문이다. 화목이 성서의 핵심 관심사이며, 복음의 핵심에 놓여 있다. 예수께서는 화목의 사명을 띠고 오셨으며, 화평케 하는 최고의 분이다. 그분은 제자들에게도 화평케 하는 자가 되라고 하셨다. 직장에서의 관계들은 특히 중요하다. 하나님은 일이 협력적인 사업, 즉 우리가 공동의 유익을 위해 그분과 그리고 다른 사람들과 협동하도록 하셨기 때문이다.

노동법이란 보통 자본주의 사회에 있어서의 근로관계를 규율하는 특수한 법의 영역이며, 사적 소유권불가침(所有權不可侵)의 원칙과 계약자유의 원칙 이라는 사적 자치(私的自治)의 대원칙에 입각한 근대 시민법에 대한 반성으로서, 또는 근로자의 실질적 평등과 자유를 보장함으로써 자본주의의 모순을 수정하기 위해서 생겨난 것이라고 말한다.

노동법은 그 규율 대상의 관점에서 볼 때 자본주의 경제질서에 있어서의 근로자들의 근로관계에 관한 법규의 전체라고 할 수 있고, 법이론적인 관점에서 볼 때는 근로자가 그의 노동에 의하여 생존을 확보할 수 있도록 하는 법규의 전체라고 할 수 있다.

이러한 개별법규로는 근로자들의 근로조건과 기타의 생활조건을 일정한 수준 이상으로 유지시킬 목적으로 최저기준을 정하여 국가권력으로 그 시행을 강제하는 근로기준법과 산업안전보건법, 근로자의 단결권 · 단체교섭권 · 단체행동권을 보장하는 노동조합법, 노동쟁의를 중심으로 노사분쟁을 공정하게 조정 · 해결하는 노동쟁의조정법, 노동행정의 민주화와 노사관계의 공

2) 동창이 밝았느냐 노고지리 우지진다
소치는 아이는 상기 아니 일었느냐
재 너머 사래 긴 밭을 언제 갈려 하느니.
-약천 남구만-

정한 조절을 기하기 위하여 준사법적 권한과 조정적 권한을 가지는 노동위원회를 설치하는 노동위원회법, 근로자의 업무상 재해에 대하여 신속하고 공정한 보상을 행하기 위한 산업재해보상보험법, 노사 간의 이해와 협조를 통하여 노사공동의 이익을 증진하기 위한 노사협의회법 등을 들 수 있다.

Ⅲ. 노동 민주주의

근대와 탈근대 정신의 전개과정을 살펴보면 노동에 대한 시각에도 관점의 변화가 나타나리라는 점은 이미 예고되어 있었다. 갈릴레오 효과, 다윈의 이론, 마르크스주의의 등장에서 기원을 보았고, 프로이트를 거쳐 니체에 이르러서 그 절정에 도달했다. 그들의 사상에 기반하여 기존 신념의 해체를 표적으로 하는 움직임이 구체적으로 나타난다.

1_ 인간과 자유

마르크스는 사회집단이 역사적으로 변화할 때 중요한 역할을 하는 요인으로 계급을 강조했다. 자신이 속한 계급에 따라 사고방식이 달라지는데 이것이 계급의식이다. 보편적 인간성이란 환상에 불과한 것이라는 분석을 내놓는다. 인간이 '자유롭게' 생각하고 있는 것처럼 보이지만 실제로는 계급적으로 생각한다는 것을 밝혀냈다.

프로이트는 인간은 우리 정신생활의 주인공이 아니라는 점을 명확하게 설명했다. 그의 심리학의 목적은 자아는 자기 집의 주인이 아니라, 마음속에 품고 있는 생각이나 감정 중 무의식적으로 일어나는 일들을 아주 드물게 보고 받고 있을 뿐인 허깨비임을 증명하는데 있다. 그는 인간이 '자유롭게' 생각하는 것처럼 보이지만 실제로는 자기가 어떤 과정을 거쳐 생각하고 있는지 제대로 모르는 채로 살고 있음을 간파한 것이다. 그의 연구는 "나는 나를 모른다"로 요약할 수 있다. 자유롭지 못한 인간의 실체를 밝힌 그의 이론은 철학사에 큰 영향을 주게 되었다.

니체 또한 '주체로서의 인간'이라는 믿음은 허구라는 사실을 명확히 밝혔다.

그는 인간이 주어진 규범의 노예에 불과하다고 주장했다. 문명에 의해 당연한 것으로 인정되는 규범들은 시대나 공간의 고유한 편견에 불과하고 이러한 외적 규범에 종속된 것이 대중이라고 한다. 기독교의 성윤리나 도덕법들은 유대-기독교 문명권에서 만들어낸 편견에 불과한 것이 된다. 기독교인들은 자신이 누구인지도 모르는 동물 같은 수준의 저급한 존재라고 비난한다.

그는 현대 대중사회가 구성원들이 무리를 지어 다른 대중들과 동일하게 행동하는 것을 중시하는 바보들의 사회이며, 이러한 비주체적 군중을 '짐승의 무리'라고 칭했다. 이 무리는 도덕성에 대한 판단을 그 행위 자체의 가치나 그 행위가 자신에게 가져올 이해관계가 아니라 다른 사람과 동일한지 여부를 기준으로 결정하기 때문에 '도착적'이고, 획일화를 좋아하기 때문에 점차 '노예'가 된다고 설명한다.

교회는 노예를 찍어내는 공장의 역할을 한다고 하며, 반기독교 철학을 완성했다. 노예와 다른 존재가 '귀족'이며 귀족 중의 귀족이 '초인'이다. 이러한 사상은 본질적으로 민주주의와 양립할 수 없는 것이며, 히틀러와 같은 전체주의 체제에서 인간을 학살하는 배경 사상의 기능을 하기도 했다. 우리는 초인이 되어야 할까, 노예가 되어야 할까?

2_ 노동력 억압, 착취 구조

이들의 사상을 기반으로 구조주의가 출현했다. '문화적 구조'를 통해 사물의 의미가 정의된다는 데서 출발한다. 후기 구조주의는 세계질서를 바꾸는 데 엄청난 영향력을 발휘했다. 정치, 경제, 사회, 문화 전 영역에서 근대성을 해체하고 포스트모던 세상을 열었다고 평가된다. 이 사상은 특히 인류의 전형적인 대립항인 성별과 성애에 관심을 기울였다. 기존의 가치, 그 가치를 유지시켜주던 신념을 해체하는 것이 인간 해방의 주요 과제가 되는 시대가 온 것이다. 기독교는 전통 유럽을 상징하는 가장 전형적 가치였기 때문에 포스트모던 투쟁의 대표적 표적이 된다.

근대 정신이 계몽주의 혁명으로 구현되었다면, 탈근대의 정신이 드러난 상징적 사건이 68혁명[3]이다. 이 혁명은 프랑스, 독일, 이태리, 미국, 일본 등 전세계적 혁명운동으로 전개된, 근대적 문화 전체를 반성하고 해체하려는 문화혁명이다.

프로이트의 제자인 빌헬름 라이히[4]는 프로이트를 뛰어넘어 성도덕과 성

3) 1968년 파리에서 학생중심으로 시작. 장 폴 사르트르 등 좌파 지식인들 동조. 반체제 성격으로 확산. 노동 운동가들 합세. 누적된 구시대의 압박을 일거에 붕괴하려는 혁명 성격을 띰. 사회 전반에 걸친 권위주의적 폐습을 소멸시켰다는 평가.

4) **Wilhelm Reich (1897-1957)**
오스트리아의 성과학자. 프로이트의 촉망받는 제자. 1920년대 공산당의 일원으로 성정치 운동 전개. 성격구조 전반에 초점을 두는 정신분석체계 발전시킴.

억압의 기제를 정치, 문화적 차원에서 파악하고자 했다. 특히 어린이와 청소년의 성충동과 성욕구를 부정하는 교육이 행해지는 사회의 구조와 도덕, 기독교 윤리의 위치를 분석한다. 일부일처제와 성도덕의 억압은 사회적 구조와 문화를 형성해 성적 억압과 착취를 만들어낸다고 분석했다. 가히 '성 정치', '성 혁명'의 시대를 열 이론을 제시했다. 어린이에게 성교육을 시키고 어린이와 청소년의 성적 욕구를 실현시켜주어야 한다는 이론의 원조라 할 수 있다.

라이히는 마르크스의 사회과학적 분석과 프로이트의 인간 정신에 관한 분석의 장점을 결합하여 '성경제학'이라는 개념을 제시했다. 노동력의 억압과 착취 구조에 대비하여 '성 욕구'에 대한 억압과 착취를 분석했다.

가부장제, 일부일처제는 기독교 윤리이며, 성에 대한 억압과 통제는 가족, 사회, 국가의 형성에 관계된다. 산업자본주의에 착취당할 가장은 가부장제-일부일처제 가정에 의해 만들어진다. 이러한 가정이 기본단위가 되어 자본주의가 유지된다. 일부일처제의 성 억압에 대한 교육을 교회가 강화한다. 교회와 결합한 자본주의는 산업질서에 맞게 가정을 유지하게 함으로써 착취당할 노동자를 재생산하고 가정에 충실한 억압적 부모를 생산해낸다.

3_ 노동 민주주의

성경제학 관점에서의 노동자의 삶은 어떤 모습인가? 성적 욕구가 억압된 상태로 공장에서 일한다. 퇴근 후 집에서는 비좁은 환경에서 노모와 아이들이 함께 산다. 공동주택의 성격상 성적 욕구를 충족시키기도 어렵다. 자본주의 노동력 착취 속에서 성욕도 억압된다. 기독교 윤리는 간통이나 성매매를 금기시 한다. 성적 일탈행위는 죄책감을 갖게 한다. 기독교 윤리에 억압된 성욕은 국가와 자본에 복종하게 만들고, 몸을 문화의 체제에 복종하게 한다.

그러므로 어린이와 청소년의 성을 억압하는 성도덕과 일부일처제를 강요하는 성도덕을 부정해야 한다. 노동자로서 착취당하지 않는 해방된 사회에서 민주주의의 주체로 살아갈 수 있다. 어린이와 청소년이 자유롭게 성적 자유를 만끽해야 한다. 이 아이들이 자라서 자유롭고 자치적인 노동자가 된다. 어린이와 청소년이 자유롭게 성적 쾌락을 탐닉하도록 하는 학생인권이 라이히의 주장과 맥을 같이 하는 것은 우연이라 할 수 있을까?

노동민주주의 성취는 모든 억압적인 성도덕을 부정하는 성혁명을 통해 이루어진다. 오르가즘이 충만한 건강한 정신을 가진 주체가 일터에서 상승된 노동력으로 즐겁게 일한다. 오르가즘을 느끼는 인간은 반사회적 성충동이 약화된다. 전통적 문화에서 인간은 성과 노동력을 착취당하고 있었다. 진정한 해방은 성 해방과 함께 하는 것이다.

전통적으로 성은 정치의 대상이 아니었으나, 라이히는 성 문제를 정치 문제로 다루기 시작함으로써 '성 정치'의 선구자가 되었다. 이러한 이론은 나중에 페미니즘과 결합하여 '젠더 이데올로기'의 발전에 영향을 끼치게 되었다.[5] 이하에서는 이상과 같은 논리와 성서적 전통에서 이해하는 논리를 비교해 볼 것이다.

Ⅳ. 성서적 관점

1_ 상호존중과 상호섬김

기업과 국가는 동일하지 않으므로 양자 간의 유추는 부분적인 것이 될 수밖에 없다. 하지만 몇 가지 중대한 유사점이 있다. 이스라엘 초기의 연합 군주국은 사울, 다윗, 솔로몬 치하에서 완전히 전제주의적인 것은 아니었다. 때로는 어느 정도 협의를 거치기도 했다. 하지만 다윗의 아들이며 후계자인 솔로몬은 지혜롭고 위대했으나 독재자였다. 그의 야심 찬 건축계획은 강제노동을 이용해 완성되었다. 정확한 표현은 아니나 넓은 의미에서의 노사관계는 좋지 않았다.

그래서 그가 죽자 백성은 억압적 체제를 무거운 멍에라고 표현했으며, 아들 르호보암에게 가볍게 해줄 것을 요구했다. 아버지의 원로정치가들에게 의논하자 그들은 "왕이 만일 이 백성의 종이 되어 저희를 섬기시면 저희가 영영히 왕의 종이 되리이다"(왕상 12:7)라고 조언했다. 르호보암이 이 원리를 거부하자 나라는 둘로 갈라졌다. 하지만 그 원리는 민주국가의 필수적인 기초이며 민주적 제도의 기초라고 할 수 있다.

상호섬김의 원리를 구현한다. "네가 그들을 섬기면, 그들이 너를 섬길 것이다." 예수께서는 참된 지도력은 타산적인 타협을 넘어, 섬김이라는 견지에서 해석되어야 한다고 단언하셨다(막 10:40). 바울도 그와 같이 말하고

5) 이정훈, 교회 해체와 젠더 이데올로기, 킹덤북스, 2018, 46.

그리스도의 성육신과 죽음을 근거로 들었다(빌 2:4, 5-8). 그 원리의 진정한 토대는 정의에 있다. 즉 상대방은 하나님의 형상으로 만들어진 인권을 가지고 있는 인간이며, 그렇기 때문에 우리가 그들의 존중을 받을 자격이 있는 것처럼, 그들도 우리의 존중을 받을 자격이 있다는 것이다.

가난한 사람을 학대 하는 자는 그를 지으신 분을 모욕하는 것이며, 그들을 섬기는 것은 그분을 영예롭게 하는 것이다(잠 14:31; 17:5; 22:2). 이러한 원리가 주인과 종이 서로 존중해야 한다는 신약명령의 배후에도 놓여 있다. 그들은 동일한 주님을 섬기며, 동일한 재판관에게 책임을 지고 있기 때문이다.

노사관계에 긴장과 충돌이 있을 때마다 한 쪽만 잘못하는 경우는 거의 없다. 자기중심성은 시각을 왜곡시켜서, 모든 것을 자신의 관점에서 보게 만든다. 존중과 신뢰에서 나온 상호섬김의 상황이 아니라 의심과 경쟁에서 나온 충돌의 상황이다. 그 같은 상태는 말할 것도 없이 성서의 가르침에 모순된다. 상호존중의 관계는 회사에 변혁적 영향을 미칠 수 있다.

상호존중과 상호섬김의 태도는 노사 간의 건전하지 못한 대결구도를 종식시킬 수 있다. 차별금지는 절대적 평등이 아니라, 특권의 불평등금지를 목표로 한다. 모든 차별대우는 특권으로 인한 것이 아니라, 각자의 공과(功過)로 인한 것이어야 한다. 차별이 급여에만 국한되고, 경영간부를 위한 감춰진 특권으로 확대되지 않는다면 그러한 차별은 건전한 것이며 신뢰를 해치지 않을 것이다.

보통 노사협상에는 공정성에 대한 요구와 불공정 관행에 대한 불만이 깔려 있다. 다른 한편으로 경영진들이 정기적으로 자기들끼리 가결시키는 터무니없이 높은 급료인상은 적절한 조정이 필요하다. 최고 임원들의 보수를 결정하는 급여위원회에 종업원 대표들을 참여시킬 것을 검토할 필요가 있다. 이로써 그들의 결정에 현실감을 가져다 줄 것이다. 급여, 조건 혹은 승진 면에서 특권에 기초하고 있기 때문에 '정당하다고 할 수 없는' 차별은 제거되어야 한다. 사회정의와 상호존중이라는 이상과 양립할 수 없기 때문이다.

2_ 노사의 공동결정 및 공동분배

근로자들은 기업의 의사결정 과정에 참여해야 한다. 일부 경영자는 이 점에 대해 불편하게 생각할 수 있지만, 이 원리는 자연적 정의에 부합한다. '하나님의 형상을 따라 창조되었음'을 어떻게 이해하든, 여기에는 선택하고 결정하는 능력이 포함된다. 창세기에서 아담은 도덕적으로 책임 있는 사람으로 인정되었다. 도덕적 자유는 인간 존엄성의 필수 요소이다. 자유에 따라 개인의 책임은 확장된다. 자유에 가장 걸맞는 선택을 책임 있게 실행해야 한다. 스스로 결정할 자유가 없으면 인간성은 손상되고, 어린아이나 인격체가 되는 대신 로봇으로 전락하고 말 것이다.

보통 교육과 주입은 구분된다. 주입은 지도자가 자신의 관점을 어린이의 부드러운 마음에 강요하는 과정이지만 교육에서 교사는 관찰과 추론에 의해 아동의 학습능력을 개발하는 촉매역할을 한다. 교사와 상호작용을 통해 스스로 교육이 이루어지는 것이 중요하다. 학생들은 나이가 들고 성숙함에 따라 스스로 결정을 내릴 기회를 점차 더 많이 가져야 한다. 죄수들을 자유로운 시민처럼 취급할 수는 없지만 노예나 로봇처럼 취급해서는 안 된다. 범죄로 인해서 벌을 받고 있더라도 여전히 하나님의 형상을 지니고 있기 때문이다. 환자들은 여전히 인격적 존재이며, 자기 건강과 심지어 생명에 영향을 미치는 결정이 필요할 때 스스로 결정을 내려야 한다. 의사가 환자에게 비전문적 언어로 설명해야 할 의무가 있다.

기업과 학교 · 대학 · 감옥 · 병원 간에는 차이점이 있지만, 의사결정문제가 인간의 기본권, 인간 존엄성의 필수적인 구성요소라고 보아야 할 것이다. 근로자들이 자기 회사에 더 많이 참여하도록 촉진하려는 산업 민주주의에 대한 외침은 사회를 인간화하려는 노력이 산업계에서 표현된 것이다. 정치적 민주주의를 당연한 것으로 여기며, 일반 시민들이 자기 나라를 다스리는 일에, 그리고 그들이 순종해야 할 법을 만드는 일에 참여할 수 있도록 보통 선거권을 확보하기 위해 오랫동안 노력해 왔다.

산업 민주주의의 적절성도 똑같이 자명한 것이다. 경제적 자유 안에서 정치적 자유가 성취될 때까지는 자유라는 대의는 확립되지 않았을 것이다. 산업혁명의 시작 단계에는 공장 노동자들의 인격을 거의 존중하지 않았다. 그들은 종종 '손'hands으로 불렸는데, 손이란 본래 '살아 있는 도구'로, 그 말은 노예에 대한 고전적인 정의였다.

노동자들은 그들 삶의 매우 많은 부분을 결정하는 경영자 측의 통제에 대해 발언권이 거의 없다. 모든 시민은 자신의 노동이 수행되는 산업현장에서 발언권을 가져야 한다. 노사분규의 핵심에는 규칙과 규칙제정의 문제가 있다. 경영자 측은 종종 일방적으로 규칙을 제정 · 개정하며, 이것을 '경영자 측의 특전'이라고 한다. 반면 노동자들은 보통 그들이 관습과 관행이라고 부르는 것을 기준으로 결정한다.

노동자와 기업가는 그 규칙을 합법화할 필요가 있다. 근로자들은 책임이 결여되어 있기 때문에 자존감도 결여되어 있다. 다른 사람이 결정을 내리고, 반면 그들의 역할은 '노예처럼' 오로지 그에 복종하는 것뿐이기 때문이다. 적절한 협의절차가 필요하다. 결국 생산은 팀 단위의 절차에서 근로자들의 공헌이 필수불가결하다. 의사결정 역시 근로자들의 기여가 필수불가결한 절차가 되어야 할 것이다.

일과 임금 간에는 어느 정도의 상호관계가 있어야 할 것이다.[6] 어떤 회사가 번창한다면 책임의 분담이 이윤의 분배를 일으켜야 한다. 주주들이 이윤으로부터 이익을 얻는다면, 근로자들도 그래야 한다. 회사의 주식을 보너스로 받는 등 다른 보장이 필요하다.

3_ 가치관의 공유

오랜 세월 동안 노동조합은 노동자를 위해 임금이나 노동조건 면에서 많은 진보를 이끌어냈다. 그렇기 때문에 노동조합은 절대적으로 필요했다. 그들의 집단 책임의식과 끈질긴 투쟁이 없었다면 노동자들은 오늘날에도 여전히 착취의 대상이 되고 있을 것이다. 하지만 21세기 노동운동은 여러 가지 이유로 서서히 그 힘을 잃어가고 있다. 노동조합의 힘이 더 잘 통제될 필요가 있다는 데에 많은 사람이 동의할 것이다. 동시에 조직화된 노동자들은 불의를 바로잡기 위해 적절한 장치를 필요로 한다.

노동자들의 첫 번째 충성의 대상이 회사보다 노동조합이 될 수는 없다. 산업구조 안에 대결구도가 뿌리깊이 박혀있는 것은 안타까운 일이다. 이러한 대결이 불가피하고 영구적으로 지속되어야 하는가? 협력적인 더 나은 구조는 없는가? 방어적 공존이 아닌 경영자와 근로자 간의 적극적인 협력이라는 목표는 요원한 것인가?

6) "일꾼이 그 삯을 받는 것이 마땅하다." (디모데전서 5:18)

경영자와 근로자들의 대결구도 하에서는 일반 대중 역시 고통을 당한다. 그들이 대중을 섬기는 일에서 협조할 때, 서로에 대한 관계도 개선된다. 협력은 저절로 이루어지지 않는다. 그것은 공동의 비전과 목표의 부산물이다. 훌륭한 경영을 추구하는 사람들은 이 사실을 점차 더 강하게 인식할 것이다. 회사가 성공하려면 전체 종업원을 하나로 묶어주고 동기를 유발하는 '가치관의 공유'가 필요하다. 가치관의 공유에서 발생하는 회사의 사기는 소규모 회사에서 활성화되기가 더 용이하다.

가치관의 공유는 책임의 인식이 필요하다. 사기업의 자율을 인정하면서 사회적 통제를 받도록 하기 위해서 모든 회사가 연차적 회계감사 외에 주기적으로 고객에게 영향을 미치는 가격정책, 종업원들에게 영향을 미치는 노동관계, 지역사회에 영향을 미치는 지역의 이익에 관련된 '사회감사'[7]를 받을 필요가 있다. 사회적 감사는 사업체가 자신의 온전한 책임을 받아들인 자연스러운 결과라고 할 수 있다.

기업의 사회적 책임[8]이 강조될 필요가 있다. 기업은 주주들을 위해 이윤을 극대화하는 수단일 뿐만 아니라 고객, 종업원, 지역사회까지도 섬기면서 이윤을 창출하는 유기적 조직체로 발전해야 한다. 기업을 책임 있는 존재 혹은 정의로운 존재로 만드는 것은 바로 이러한 균형이다. 사실상 협력자 의식의 창출이 가장 긴급한 과제이다.

기업은 이윤을 내야 하기는 하지만 최우선적인 관심사는 대중이 되어야 한다. 기업은 경영진 · 주주 · 근로자들과 함께 대중을 섬기기 위해 존재한다. 기업의 첫 번째 책임은 고객이다. 대중을 섬기는 것이 기업의 존재이유이기 때문이다. 기업은 고객에게 재화와 용역을 제공하기 위해 존재한다. 고객이 왕이며, 기업은 고객의 필요를 만족시키기 위해 존재한다. 경영진과 노동자와 주주들이 하나가 되어 대중을 섬길 때, 기업 자체가 섬김을 받을 수 있다.

"네가 그들을 섬기면 그들이 너를 섬길 것이다."

7) 사회감사 (Social Audit)

사회에 영향을 미치는 기업 활동의 조직적 평가 및 보고. 기업의 사회에 대한 책임이행도와 공헌도에 대한 평가 목적으로 실행.

8) 기업의 사회적 책임 (CSR)

기업이 사회의 목적이나 가치에 비추어 바람직한 정책을 세우고 결정을 하며 행동해야 하는 책임. 어떠한 정책 결정 행동이 사회적 책임을 수행하는 것인가에 대해서는 논란이 있음.

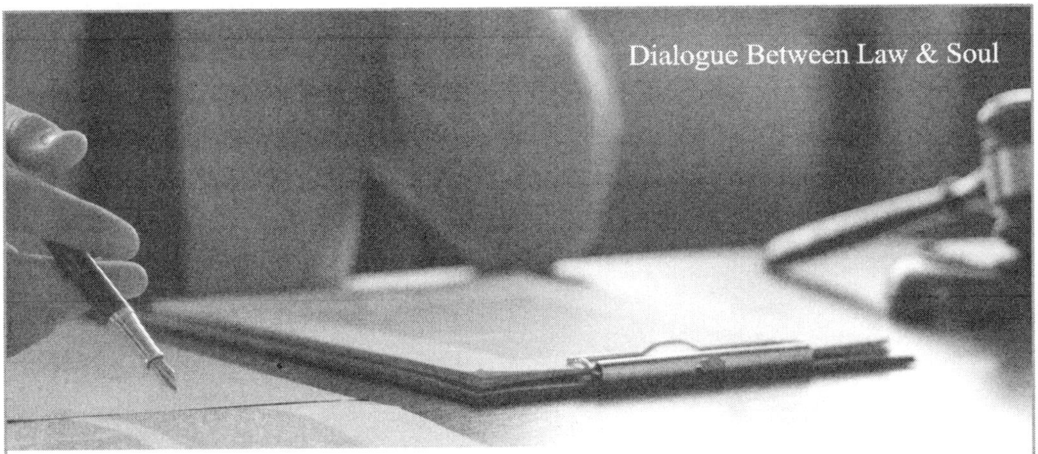

ㅣ에필로그ㅣ

그리스도의 십자가를 개인주의적인 관점에서만 보는 이들이 있다. 물론 그분의 죽음이 우리를 위한 것이라는 점은 맞지만 이러한 태도는 진리를 너무 축소시킨다. 그렇게 되면 제자의 사명은 전도에 국한되고, 삶의 대부분은 제자의 관심 밖으로 밀려날 것이다. 창조세계의 대부분을 악한 세력들의 주장대로 그들에게 내어줄 수밖에 없다. 결국 그리스도가 만유의 창조주시오, 주Lord시라는 선포는 공허한 것이 되고 만다.

구원 이야기의 주제는 잃어버린 창조세계를 되찾아 본연의 모습으로 되돌려 놓는 것, 즉 하나님의 선한 창조세계의 회복과 치유이다. 회복의 대상은 인간의 삶만이 아니라 인간 이외의 피조물 전체까지 포함된다. 성서 이야기는 예배에서부터 대인관계와 동물을 다루는 법에 이르기까지 창조세계 전 영역에 걸쳐있다. 그분의 십자가는 우주 역사가 흘러갈 노선을 확정지은 사건이다.

그리스도의 구속이 내세의 구원만이 아니라 창조세계 전체의 회복을 목적으로 하는 것이라면, 정치, 경제, 사회, 문화, 운동, 오락, 학문, 가정, 언론, 법률 등의 회복과 치유를 꿈꿀 수 있는 근거가 될 것이다. '법과 영혼의 대화'를 시도하는 이유이다.

법과 영혼의 대화

2012년 3월 1일 초판 발행
2020년 3월 1일 개정 발행
2021년 4월 1일 2쇄 발행

저　자 | 한 철
발행처 | 한남대학교출판부(글누리)
34430 대전광역시 대덕구 한남로 70(오정동)
Tel (042) 629-7536
Fax (042) 629-7264
인　쇄 | 바름
Tel (042) 628-2411

ISBN 978-89-7066-389-2 93360

가격 23,000원